龙泉年鉴

2023

龙泉市地方志研究室 编

方志出版社
Publishing House of Local Records

图书在版编目（CIP）数据

龙泉年鉴. 2023 / 龙泉市地方志研究室编. —北京：方志出版社，2023.12
ISBN 978-7-5144-6006-3

Ⅰ. ①龙… Ⅱ. ①龙… Ⅲ. ①龙泉—2023—年鉴
Ⅳ. ①Z525.54

中国国家版本馆CIP数据核字(2023)第253129号

责任编辑：刘方圆
责任校对：张玉霞
责任印制：梅中英
出 版 者：方志出版社
地　　址：北京市朝阳区潘家园东里9号（国家方志馆4层）
邮　　编：100021
网　　址：http://www.zgfzcb.cn
发　　行：方志出版社图书营销中心（010-67110500）
印　　刷：丽水市旺盛印刷有限公司
开　　本：889毫米×1194毫米　1/16
印　　张：21
字　　数：819千字
版　　次：2023年12月第1版
印　　次：2023年12月第1次印刷
定　　价：180.00元

编辑说明

一、《龙泉年鉴》是由中共龙泉市委、龙泉市人民政府主办，龙泉市地方志研究室负责编纂的综合性地方年鉴，每年编纂出版一卷，《龙泉年鉴(2023)》为第六卷。

二、《龙泉年鉴(2023)》(以下简称本卷年鉴)以马克思列宁主义、毛泽东思想、邓小平理论、“三个代表”重要思想、科学发展观、习近平新时代中国特色社会主义思想为指导，坚持辩证唯物主义和历史唯物主义的立场、观点和方法，实事求是记述龙泉地情和史实，全面客观真实地反映2022年龙泉市政治、经济、文化、社会发展以及生态文明建设的基本情况，充分发挥存史资政，为现实社会服务的作用，为广大读者了解和研究龙泉提供信息资料。

三、本卷年鉴记载时间为2022年1月1日至2022年12月31日，凡在文中未特别注明年份的，均为2022年。

四、本卷年鉴采用分类编辑法，全书主体内容设类目、分目、条目三个层次，条目为基本记述单位。

五、本卷年鉴数字用法、标点符号用法分别采用国家标准《出版物上数字用法》(GB/T 15835—2011)、《标点符号用法》(GB/T 15834—2011)，计量单位采用国家技术监督局1993年12月发布的《量和单位》系列国家标准，农田土地面积沿用“亩”为计量单位。

六、本卷年鉴由市直单位、乡镇(街道)和驻龙泉企事业单位提供初稿，经龙泉年鉴编辑部编辑，返回原单位复审确认，报龙泉市人民政府批准。年鉴中图片、数据均由各撰稿单位提供。由于各部门(单位)统计口径、方法不同等原因，致使同一项目数据有不一致现象，书中未全部作统一处理，请读者参照龙泉市统计部门发布的统计公报和统计年鉴斟酌采用，建议以各级统计部门发布的数据为准。部分数据因四舍五入原因，导致分项数与合计数不一致，不再一一说明。

2022年3月24日，省委书记袁家军（中）到龙泉市指导学习贯彻全国两会精神，考察调研山区26县高质量发展和基层治理工作，实地考察了龙泉宝剑厂、浙西南科创基地、龙泉市大数据发展中心等地　　（胡元勇/供图）

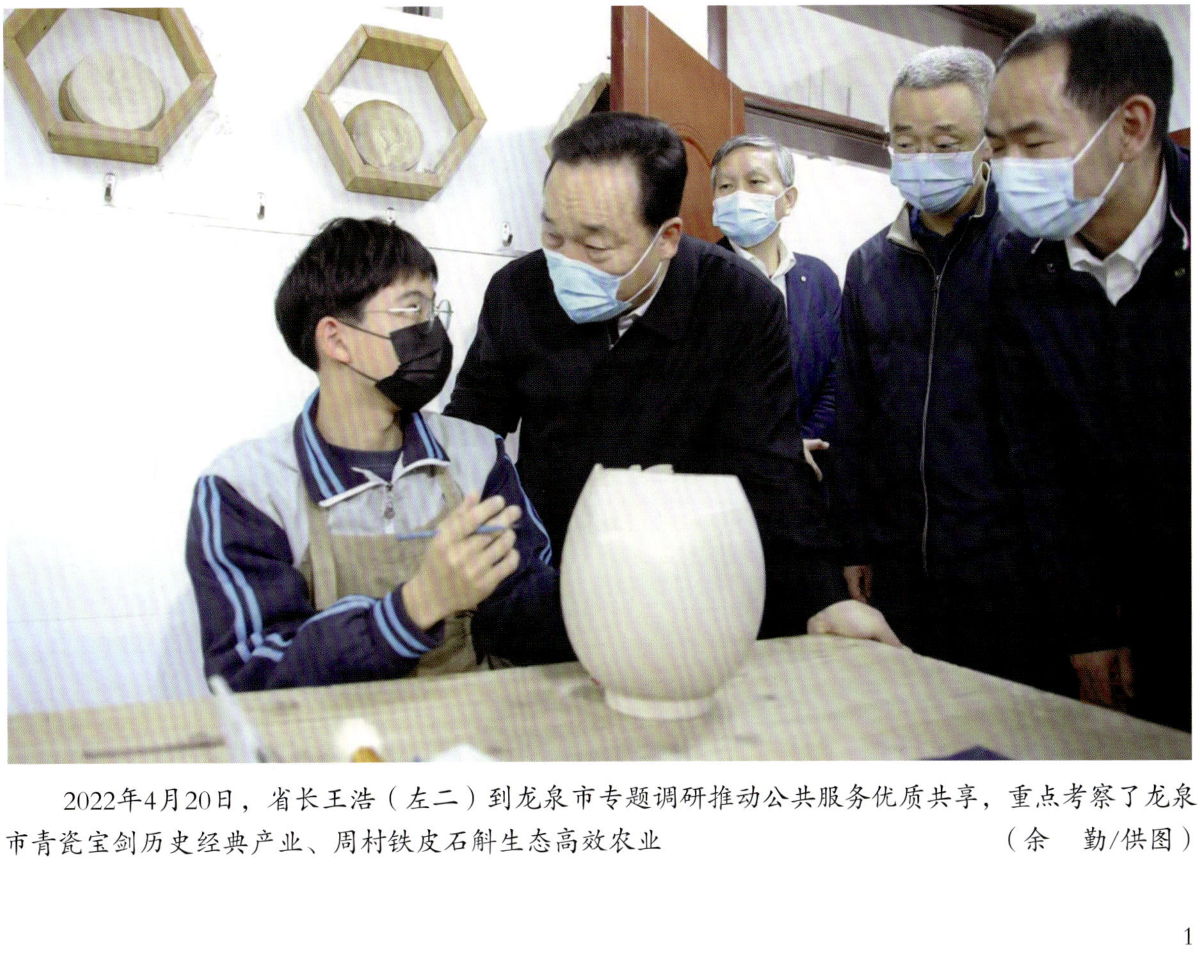

2022年4月20日，省长王浩（左二）到龙泉市专题调研推动公共服务优质共享，重点考察了龙泉市青瓷宝剑历史经典产业、周村铁皮石斛生态高效农业　　（余　勤/供图）

2022年9月15日，龙泉司法档案博物馆在龙泉市人民法院揭牌开馆。最高人民法院党组成员、政治部主任马世忠（左二），丽水市委副书记、市长吴舜泽（右二），浙江省高级人民法院党组成员、政治部主任何震（左一），丽水市中级人民法院党组书记、院长张军斌（右一）等领导出席揭牌仪式

（崔建霞/供图）

2022年9月，龙泉司法档案博物馆内景

（崔建霞/供图）

2022年10月11—12日，省人大常委会副主任赵光君（前排左二）率调研组到龙泉开展《浙江省促进中小企业发展条例（修订草案修改稿）》立法调研 （林欣颖/供图）

2022年9月5日，丽水市人大常委会主任李锋（右二）到龙泉调研全过程人民民主基层单元建设 （林欣颖/供图）

2022年6月7日，丽水市政协主席任淑女（中）到龙泉市调研政协工作，实地走访“政协党员委员活动室”建设情况和“共同富裕”委员示范基地建设情况　（项素兰/供图）

2022年3月22日，浙江省2022年春季新兵欢送暨“从戎之剑”赠剑仪式主会场活动在龙泉市举行（项素兰/供图）

2022年10月14日，丽水市委常委、宣传部部长李一波（中）到龙泉市调研宣传思想文化工作

（刘 茜/供图）

2022年10月12日，中国工程院院士、浙江大学能源工程学院院长、党委副书记高翔（左二），省科协党组书记、副主席谢志远（左三）等一行到浙西南科创基地调研，为龙泉汽车（空调）零部件产业把脉献策

（叶 萍/供图）

2022年9月13日，丽水职业技术学院龙泉分院挂牌暨“区域中高职一体化人才培养”丽水职业技术学院与龙泉市人民政府合作办学签约仪式举行，标志着龙泉人有了家门口的大学。丽水市副市长卢彩柳（上图左二），丽水职业技术学院党委书记周一红（下图后排左二）、校长梁伟祥（下图后排左一）等出席活动

（崔建霞/供图）

2022年4月2日，中国体育彩票“中国瓷·龙泉窑”主题即开型体育彩票上市发布

（市文广旅体局/供图）

2022年7月22日，在龙泉市城市开发建设大会上，龙泉市委书记王忠宝（前排左一）为新成立的龙泉市城市开发建设中心授牌

（崔建霞/供图）

2022年7月22日，国家林业和草原局竹林碳汇工程技术研究中心龙泉工作站揭牌成立，标志着龙泉碳汇工作跨出了新的一步　　（林欣颖/供图）

2022年7月23日，杭州国家版本馆正式落成，龙泉青瓷艺术屏扇成为门面担当

（王建龙/供图）

2022年9月1日，龙泉第一所九年一贯制学校龙泉市启明实验学校投入使用

（市教育局/供图）

2022年9月23日，龙泉市举行“护航二十大·忠诚保平安”誓师大会暨除险保安决战攻坚行动启动仪式

（张有钢/供图）

2022年9月30日，龙泉市在革命烈士陵园举行第九个烈士纪念日敬献花篮仪式

（崔建霞/供图）

2022年9月30日，龙泉市社会治理中心揭牌成立

（项素兰/供图）

2022年12月28日，衢宁铁路龙泉市站货运开通启用。图为首发专列

（叶　萍/供图）

2022年10月25日，《中国共产党浙江龙泉历史》第三卷编写工作全面启动

（叶炜婷/供图）

2022年10月，一座可以慢行的城市——龙泉

（张有钢/供图）

2022年8月，一座可以阅读的城市——龙泉

（张有钢/供图）

2022年9月，浙江龙泉经济开发区全景图

（项少艳/供图）

2022年8月1日，龙泉市在城市文化会客厅举办“风展红旗如画”天安门国旗展活动

（项素兰/供图）

2022年11月13日，第三届中国（龙泉）灵芝大会暨 龙泉人才科技峰会在龙泉市大剧院开幕

（市融媒体中心/供图）

2022年10月31日，第五届世界青瓷大会在省人民大会堂开幕

（市融媒体中心/供图）

目　　录

专　　辑

大 事 记

市情概览

中国共产党龙泉市委员会

龙泉市人民代表大会

龙泉市人民政府

政协龙泉市委员会

中共龙泉市纪律检查委员会 龙泉市监察委员会

民主党派 工商联

群众团体

法　治

军　事

财政　税务

金融管理

农业农村

林业　国家公园

水利水电　气象

工业　经济开发区

经济 商贸

经济管理

交　　通

教　育

科学技术

生态建设

文化　旅游　体育

融媒体　华数

大数据　通信　邮政

人力资源　社会保障

城乡建设与管理

自然资源管理和规划

卫生　健康

社会生活

乡镇 街道

人　物

附　录

专　辑

第五届世界青瓷大会

【概况】 2022年10月31日至11月1日，以“宋韵青瓷·品质龙泉”为主题的第五届世界青瓷大会在杭州市的浙江省人民大会堂举办。大会本着隆重、务实、开放、节俭、安全的原则，零距离展示天下龙泉的城市形象，宽领域汇聚八方贤达的精思睿智，多视角诠释青瓷文化的宋韵品质，把“宋韵青瓷”带到了南宋古都，让“品质龙泉”走向了世界舞台，办成了一届彰显国际化、聚力产业化、突出年轻化、体现融合化的经典盛会，受到了省市领导的高度肯定、大会嘉宾的高度赞誉、业界人士的高度认可、社会各界的高度关注。大会以“1+1+1+N”▲的框架进行活动安排，共有约300名外地嘉宾出席，国外嘉宾方面，有30余名外宾线上参加大会，14个国家的专家学者现场参与活动，更有国际陶艺学会主席、法国驻华大使发来祝福视频；国内嘉宾方面，4名副省级领导、近30名副厅级领导参加大会，100余名陶瓷界领军人物、顶级专家、业界大咖、知名学者齐聚一堂。大会有近40家国家级、省市级主流媒体和7名自媒体大V对大会进行宣传，共刊发报道110余篇，其中人民网、新华网、中新网3家国家级重点媒体发布报道17篇，浙江卫视《浙江新闻联播》等栏目三度播报大会新闻。微博话题“宋韵青瓷 品质龙泉”阅读量突破2.1亿人次。

▲“1+1+1+N”：3个“1”分别为1个开幕式、1个“青瓷复兴·共同富裕”主旨论坛、1个青瓷沉浸式交互艺术展，“N”为若干个平行论坛和主题活动，包括围绕青瓷产业艺术创新、科技赋能、青瓷溯源、知识产权保护等4个不同主题的分论坛以及“浙丽·龙泉十年”成就展、“龙泉青瓷的那些事儿”专家直播解读等活动。

【展现城市形象】 将“天下龙泉”“品质龙泉”等城市形象融入大会活动各方面、全过程，在省会杭州短时间内汇聚起远超往届的流量效应、品牌效益。省人民大会堂场馆内、广场外，龙泉元素抢眼，青瓷印记亮眼，大型布景、海报、道旗醒目迎接四方宾客、周

2022年10月31日至11月1日，“浙丽·龙泉十年”成就展现场　（市委宣传部/供图）

边人流。精心制作的城市宣传片《剑瓷之都 品质龙泉》、音舞诗《诗画江南 宋韵青瓷》、水影画《天下龙泉 瓷行天下》、VCR《一尊青瓷的"海外之旅"》、"青瓷·十二时辰双城记"快闪VLOG、青瓷UP说在大会开幕式上精彩演绎，成为线上线下关注的焦点。"浙丽·龙泉这十年"成就展、青瓷沉浸式交互艺术展全方位展示龙泉经济社会发展成就、龙泉青瓷宋韵文化，让龙泉城市形象更加立体、更加饱满、更加可感，释放强大的"磁场效应"。11月1日，在省人民大会堂参加全省县（市、区）委书记工作交流会的省领导、省直部门负责人、各市县负责人参观展览。

2022年11月1日，青瓷复兴·共同富裕"主旨论坛现场 （市委宣传部/供图）

【领略宋韵之美】 "宋瓷梦华"——青瓷沉浸式交互艺术展以天下龙泉、基因记忆、土火交响、礼乐雅颂、青瓷出海、世界传咏、烈焰涅槃七个章节为展览主线，分为"生活""礼乐""中国""世界"四大板块，通过数字化的3D裸眼技术、多媒体展示，实体化的80件"80后""90后"的省市级大师、年轻艺人作品，再现"宋代场景"，呈现"青瓷瓯乐"，展现"青瓷之美"，讲述"青瓷出海"，给广大参观者带来了视觉、听觉、触觉的全新文化体验感受，以及对龙泉青瓷从中国到世界发展脉络的深度理解与共鸣。

【思想力量引领】 在"青瓷复兴·共同富裕"主旨论坛上，钱塘江文化研究会会长、宋韵文化传承研究中心专家委员会召集人胡坚，国际陶艺学会IAC理事——中国区代表万里雅，中国美术学院民艺研究所所长吕品田等专家学者围绕宋韵文化、国际陶艺、青瓷技艺等不同主题，带来了生动、专业、精彩的主旨演讲，3位不同窑区、产区的代表分享发展案例，6位专家学者进行对话与交流，让龙泉青瓷的发展定位更明确、思路更清晰、任务更具体，为进一步推进龙泉青瓷文化的"深化""物化""转化"提供智慧与力量。

【跨界融合助力】 大会围绕青瓷产业艺术创新、科技赋能、青瓷溯源、知识产权保护等不同领域，同步举办4场分论坛。在"新文创·新力量"青瓷艺术创新论坛上，7位专家学者围绕青瓷跨界融合、青瓷艺术与文创设计、青瓷文创产业进行深度探讨，为青瓷传统文化"破圈"提供新的路径。在"新视野·新动能"青瓷科技与产业研讨会上，8位专家学者围绕日用青瓷科技、设计和品牌打造进行深度探讨，为青瓷产业科技赋能、设计定位和发展提供借鉴。在"诗路上行走的瓷音"产业沙龙活动上，8位专家学者围绕各窑区的历史、传承创新、未来发展进行深度探讨，为打造诗路青瓷文化产业带拓展思路和视野。在陶瓷行业知识产权保护论坛上，8位专家学者围绕不同维度的陶瓷行业知识

2022年10月31日至11月1日，"宋瓷梦华"——青瓷沉浸式交互艺术展现场
（市委宣传部/供图）

产权保护进行深度探讨，为青瓷行业持续健康发展奠定基础。

【双招双引赋能】 大会有力推动人才与产业同频共振、科技与发展互生共赢，签订景德镇陶瓷大学龙泉研究院项目、中国美术学院龙泉研究院项目、复星集团•龙泉东家文化产业战略合作项目、网易•龙泉剑瓷产业数字化提升项目、浙大•龙泉萧龙科创中心项目、龙泉市青瓷原料标准化建设与陶瓷新材料研发项目等。6个项目紧紧围绕数字化、产业化，涉及文化研究、文创产业提升、基金共建、电商品牌共建、青瓷基础材料研究等领域，将全力助推龙泉青瓷产业现代化发展，为建设品质龙泉夯实产业基础。（张俊杰）

优化营商环境

【概况】 龙泉市第十五次党代会上提出，要把优化营商环境作为引领龙泉跨越式高质量发展的“生命线”，并强调要以打造“丽水前列、全省一流”营商环境为目标，全力创建龙泉新时代“两个健康”示范区，全面推动民营经济高质量发展。2022年2月9日，中共龙泉市委印发《关于全面优化营商环境，创建新时代“两个健康”示范区的决定》；2月13日，龙泉市第十七届人民代表大会第一次会议第四次全体会议审议通过了《关于全面优化营商环境，创建新时代“两个健康”示范区的决议》；2月14日，龙泉市高规格召开营商环境建设、作风效能革命大会，动员全市上下高扬“丽水之干”奋斗旗帜，全面推进营商环境建设，大力开展作风效能革命，努力为全面复兴剑瓷之都、奋力打造品质龙泉注入澎湃动力，提供硬核支撑。

在《中共龙泉市委办公室 龙泉市人民政府办公室关于创建新时代“两个健康”示范区全面推动民营经济高质量发展的实施意见》指导下，龙泉市成立由市委主要领导为组长的创建新时代“两个健康”示范区工作领导小组，领导小组下设办公室，由市委组织部抽调干部组成专班开展工作，负责全市营商环境建设、协调、评价和督导等工作。另设立综合协调组、民营经济健康发展组、民营企业家健康成长组、改革举措创新突破组、法治营商环境建设组、涉企投诉查处组、新闻舆论组等7个小组，

2022年2月14日，“龙泉市营商环境建设 作风效能革命”大会现场

（市融媒体中心/供图）

形成1个办公室加7个小组的强力推进机制。各成员单位建立相应的工作机制，把创建工作作为“一把手”工程来抓，按照时间节点和责任分工，全力抓好工作落实。围绕“五大工作体系”▲，完善形成四级会议制度、交办督办机制、月度晾晒机制、工作专报简报、季度考核等19项工作机制，系统构建工作闭环，有效凝聚了一办七组、各部门单位的工作合力。

▲“五大工作体系”：工作例会、交办督办、指标晾晒、信息报送、动态督考。

2022年，全市共召开领导小组会议3次、领导小组办公室会议6次、“一办七组”工作例会30余次，编发工作专报21期并呈领导小组组长审阅，印发工作简报15期；按照“1+X”文件体系建设要求，共出台关于优化营商环境建设的政策文件62份；全市289名驻企服务员累计实地走访和线上联系企业7000余次，交办企业重点诉求问题260件，协调解决254件，问题解决率达97.69%；“龙财通”应用全年累计上线政策事项343个，受理企业申报项目6957条，核定奖补资金6.1亿元，惠及企业3600多家次；开展涉企“最多查一次”联合执法检查45次，累计减少检查频次58.6%，通过柔性执法方式办理涉企案件33件，合计减免处罚金额47.41万元；设

立企业家素质能力提升主体班次2个，累计举办各类教学、培训班次16期，参与2500余人次，并组织近100名企业家赴温州、杭州等先进地区学习考察；《龙泉市打造涉企服务“三极”模式，持续优化营商环境》一文获省委改革办《竞跑者》刊发点赞。

【民营经济健康发展】 2022年，在全市深入开展“千名干部驻千企”活动，组织全市副处级以上领导干部、市直各单位主要负责人、有关乡镇（街道）党委政府主要负责人及重点涉工部门班子成员联系全市重点企业328家，切实解决了一批用工、用地、用能、资金、灾后救援等问题。组织300多家企业对全年驻企服务进行测评，其中，驻企服务员知晓率为98.8%，全市服务企业满意度为96.98%。

2022年，大力实施减负稳岗等18条助企惠民政策，全面推进优化环境、科技创新、人才引培、金融惠企、减负降本、要素保障等六大助企活动，累计为企业减负5亿元以上，完成年度目标的111%；政策性融资担保公司在保融资担保项目456个，在保金额3.34亿元，较出资资本金放大6.68倍；企业服务中心办理转贷248笔，累计转贷金额10.97亿元。

深入开展“最多评一次”改革，创新推出涉企鉴定评估免评估、多评合一、一评多用、跨层级联办、区域评估等五大改革措施，为涉企办事“瘦身”减负。2022年，龙泉市共办理涉企鉴定评估178项，缩减中介服务时间50%，减费20%。打造“企业点单+中介跑单+政府买单”新模式，为企业投资项目提供“企业开办、施工许可、竣工验收”的“全流程代办”服务，实现项目全流程用时比原先减少50%以上。

【民营企业家健康成长】 2022年，龙泉市成立总商会党委，对12家经济类行业协会职能划转归口工商联管理。全面梳理整合龙泉市“创二代”、青年企业家、年轻的新经济新业态企业家，成立新生代企业家协会，推进新生代企业家“双传承”管理，以“一库一图一指数”为152名新生代企业家精准画像。

2022年6月8日，“千名干部驻千企”入企服务现场　　（市经济商务局/供图）

深化企业家素质提升培训工作，制定《开展新生代民营企业家培养行动实施意见》，挂牌成立民营经济研修院，将民营企业家培养纳入全市人才建设总体规划，围绕企业管理、营销破局、经济形势分析、惠企政策解读等热点问题，收集企业家培训需求清单，线上线下同步开展培训活动，有力构建企业家成长全过程、全周期的链式培育体系。

完善尊重企业家相关制度。建立龙泉市民营企业家智库，公布第一批52名具有行业代表性、影响力的领军人物和骨干人才和在外龙商代表名单；积极引导工商联界别企业家参政议政，37名非公经济人士代表提名为龙泉市第十届政协委员；不断健全企业家参与涉企政策制定机制，以“1主题+1部门”形式举办“亲清访会员 助企开门红”“亲清直通车 政企恳谈会”等活动，组织召开企业家代表参与政策制定座谈会9次，累计收集问题67个，现场解决49个。

着力展现企业家良好形象。陆续开展“劳动模范”、“十大极致匠心人才”（匠心企业家）等推选表彰活动；出版《风云龙商》系列丛书，围绕“两个健康”、科技创新、青蓝接力等推出“品质龙商说”专题访谈节目15期；开展“喜迎二十大•共筑希望”爱心慈善活动，鼓励企业家积极履行社会责任，如在“6•20”暴雨后，全市民营企业主累计捐款超150万元。

【法治营商环境建设】 2022年，龙泉市全面推行涉企“最多查一次”改革、柔性执法等工作，梳理涉企“最多查一次”17个应用场景417项检查事项，整合14个执法部门组建“最多查一次”改革联合执法工作组，有效破解多头执法、重复执法、执法扰企等问题，减轻企业重复检查负担；印发《龙泉市涉企柔性执法事项清单（第一批）》，涵盖10个执法部门217项涉企柔性执法事项，对涉企轻微违法行为优先运用提醒、教育、责

2022 年 10 月 24 日，“最多查一次”联合执法现场　（市综合行政执法局/供图）

令改正等行政指导手段，实行“首违不罚”。

加强涉企法律服务供给。成立金融“共享法庭”，通过统一在线立案、在线送达、在线开庭、在线生成简式裁判文书、在线退费的形式，推动涉企金融案件审理天数减少到 13.4 天，同比缩减 31%，被列入丽水市首批最佳实践应用“共享法庭”；开展“法治体检”行动，设立“助企观察点”“检企联络站”，通过公检法上门“组团式”服务、线上“点单式”服务，为企业提供专业化、多层次、全方位的优质法律服务。2022 年，累计为民营企业“法治体检” 158 家，收集并解决 87 家企业 256 条法律需求。

开设涉企信访“绿色通道”，建立“一企一警”派驻项目警长机制，以专人专线管理服务，着力解决企业急难愁盼问题。2022 年，全市累计下沉 192 名联企干警，帮助企业解决 1255 个问题。建立小微企业申执案件“企业账本”，实行涉企案件线索分类登记、快速处置、限期办结，并开展“扫黑除恶打霸治闹惩痞”等专项行动，构建起全范围的司法保障。2022 年，全市累计化解经济类矛盾纠纷 129 起，办理“扰企”发展、“损企”利益案件刑事 4 起，采取刑事强制措施 7 人。

【打造亲清政商环境】 2022 年，龙泉市开展作风效能革命，以“三清单一承诺”、“争先创优强效能”万人双评议活动、优化“龙泉聚焦”专项行动等为抓手，开展干部 KPI 管理，以干事创业提质增效推动建设良好政商环境。2022 年，组织全市中层以上干部签订优化营商环境承诺书 2000 余份，万人双评议已组织开展 2 轮日常测评，累计评议 13.83 万条，办事群众满意率 99.87%。深入开展“一月一主题”的正风肃纪活动，将作风效能、涉企服务等问题列入正风肃纪监督重点，2022 年累计开展 2 轮优化营商环境专项督查，下发通报 26 期，运用第一种形态批评教育帮助 132 人，问责 27 人。

扎实推动清廉民企建设，在全省率先推出“五不五有五好”▲首个县级清廉民企建设星级评价标准基础上，集成深化“5+5+5+N”工作机制，持续为民营企业注入清廉思想、清廉制度、清廉文化等“清廉因子”。浙江国镜药业有限公司获评“全省清廉建设成绩突出单位”，系丽水民企唯一。截至 2022年底，全市已创成 29 家清廉民企示范点，创建数量居丽水市前列。

▲“五不五有五好”：以不行贿、不欠薪、不逃税、不侵权、不踩红线的“五不”作为核心标准，以有文化、有活动、有阵地、有培训、有成效的“五有”作为外在表现，以好法人、好班子、好架构、好制度、好口碑的“五好”作为内在要求。

2022 年 12 月 7 日，优化营商环境专项督查现场　（市纪委市监委机关/供图）

【数字化手段应用】 2022年，龙泉市探索建设“龙财通”数字化政策兑现平台，通过政策归类、企业入库和数字化平台建设等手段，变“企业跑过来申报”为“我们提醒他申报”，变“线下办理”为“网络办理”，变“延期兑现”为“当季或当月兑现”，确保政策直达快享，为市场主体送上“及时雨”。2022年，该平台入选全省数字经济系统最佳应用，获全省财政数字化改革创新应用大赛二等奖。

重点谋划建设“剑瓷行业产业大脑”，构建“泥管家”“气安心”“人才汇”“好供销”“融汇通”“文旅通”“剑瓷宝”“剑保姆”等8个子场景，推进青瓷和宝剑产业数字化，2022年7月，该应用入选全省第二批工业领域行业产业大脑建设名单，11月初在“浙政钉”上架。

升级打造“龙剑链”2.0，立足文化产业富民，推动传统刀剑从“管控”领域向“流通”领域发展，使龙泉宝剑产业实现最大市场效益。截至12月底，该系统已注册企业787家，备案产品2968种，赋码宝剑96241把，为企业节省成本500余万元。《龙泉宝剑及日用刀具产业链标准体系建设指南》通过省专家组评审，系全国首个刀剑产业链标准。

上线“人才协同创新云”应用，推动企业和人才精准匹配，协同高效发展。截至2022年底，系统已归集入驻工程师（人才）信息199人，本地工程师298人，规模以上企业信息148家。

迭代和推广“汽配云”应用，完成“汽配检测”子场景优化提升工程，从为企业提供公共资源集成向企业产、供、销“全链条”精准服务转化，截至12月底，已为企业提供汽配产业资讯3451条、省市县涉企政策85项。（兰郑琪）

教育综合改革

【概况】 2022年6月17日，龙泉市高规格召开教育振兴发展大会，以破釜沉舟之心全面深化教育改革，推进系统重塑、更新迭代，探索“小县办大教育”龙泉模式。教育改革紧紧围绕丽水市委“强市必先强教、育人必先兴学”目标要求，注重系统性、整体性、协同性，龙泉市委、市政府半年内6次专题研究教育综合改革框架体系，经过充分交流讨论，构建并全方位开展“1+4+N”教育综合改革▲，系统实施“教育人才引进培育、教师队伍绩效管理、校长队伍绩效管理、教育提质系列行动”四大工程。通过改革实践，教育队伍面貌焕然一新，老百姓对教育信心、满意度显著提升，以实际行动诠释山区县也能办出“人民满意的教育”的自信自觉。

▲“1+4+N”教育综合改革：“1”，指一份纲领性文件《关于深化综合改革推进教育高质量发展的若干意见》；“4”，指加强教育人才引进培育振兴工作的十条政策、推进教师绩效管理改革的实施意见、加强校长队伍绩效管理考核的实施办法、教育提质系列三年行动计划等四项主要举措；“N”，指对应教师绩效管理改革的若干操作细则。

2022年6月17日，全市教育振兴发展大会召开　（市融媒体中心/供图）

【强化优先发展领导体制】 龙泉市四套班子主要领导带头到学校常态化开展教育专项调研，深化落实党政领导联系学校制度，成立市委教育工委，推进市委教育工作领导小组实体化运作，充分加强统筹协调，定期研究解决教育改革发展的重大问题。建立健全改革举措落实机制，强化组织领导，明确责任分工，将教育改革目标任务列入政府、相关职能部门年度工作计划，将教育现代化发展程度纳入乡镇(街道)和部门实绩考核指标，建立教育改革专项督查制度，由市委市政府督查办公室及时跟踪督促改革和重点项目进展，确保改革举措落地见效。

【营造教育良好法治环境】 2022年，龙泉市改革规范重大决策出台程序，规范意见征求、专家论证、风险评估等环节。如在“市管校聘”改革中，政策落实之前必须确保每位教师的知情权和建议权，政策落地之后通过民主方式组建校级适岗竞聘工作小组、争议协调小组等措施实现“刚柔并济”。深入实行义务教育阳光分班和公民同招改革，建立健全招生、分班、学区调整等制度方案，依法依规推进学位、生源公平分配。该年“小升初”分班中，家长满意率达到100%。在此推动下，全社会关心改革、支持改革氛围浓厚。

【推动教育均衡优质发展】 2022年，龙泉市挖潜扩容城区优质教育资源供给，将教育资源布局纳入龙泉市国民经济和社会发展总体规划，优先保障教育发展，学校布局持续优化调整。完成2所中学扩建工程，新建1所九年一贯制学校，新增义务教育公办学位2920个，城区教育资源布局基本到位。通过扩容、国资调剂、租赁改造等形式，新投入使用（扩容）幼儿园4所，新增公办园学位780个，新增托育学位199个，公办幼儿园在园幼儿占比实现50%目标要求，同比增长11%。调整优化农村小规模学校校网布局，出台《山区小规模学校布局调整方案》，根据近期和远期计划，对50人以下规模学校校网进行优化调整，将部分教学点、村小并入乡镇中心校，偏远乡镇校并入中心镇校，并投入资金对部分学校的餐厅、宿舍进行改造，解决学生食宿、接送等后顾之忧。2022年，一年级停招学校8所。深化城乡教育共同体管理体制改革，出台深化小学集团化办学改革实施意见，通过实施党建共抓、课改共进、资源共享、教学共研、师资共长、质量共赢（捆绑式考核）的"六共"运行机制，全面推动城乡之间、区域之间、学校之间办学水平的优质均衡发展。该做法入选2022年浙江省城乡义务教育共同体区域典型案例。该年，龙泉义务教育优质均衡差异系数小学为0.286，初中为0.194，校际均衡水平位居丽水前列。

【实施"县中崛起"提质强校】 2022年，龙泉市实施"县中崛起"工程，结合现有3所高中（含中职1所）特点，实施提质强校三年行动计划，不断提高教学质量和高考竞争力。实施省特色示范高中龙泉一中提质强校行动，市政府出台《关于支持省一级特色示范高中高质量发展的若干意见》《龙泉一中三年提质强校行动实施方案》，通过该政策，龙泉一中顺利引进优质高考资源，在全省范围内遴选11位名师，全面加强对新高考、新课标、新教材的研究。2022年，在龙泉一中高考中各项数据均创历史新高。推进普高教育多元特色发展，结合龙泉实际，推动龙泉浙大中学与龙泉一中错位发展。用好浙江大学市校合作平台，进一步优化开放办学、合作办学机制，全面提高浙大中学办学水平；立足浙大中学自身资源和基础，重点推进艺体特色创建，满足学生多元化需求。

【实施"职教崛起"工程】 2022年，龙泉市紧紧围绕"培养大批地方特色产业集群提升迫切需要的复合型高端技术技能人才"目标，加大改革创新力度，推动职业教育高质量发展，为地方产业发展提供强有力的人才支撑。深化产教融合，以服务高质量发展为目标，结合产业实际和企业真实人才需求，设计"公共课程+专业课程+教学项目+实践项目"课程体系，实现职业教育和产业人才需求精准对接。畅通学生培养路径，开展区域中高职一体化人才培养试点，中职学校、高职院校、行业协会及企业四方签订合作培养协议，开展五年长学制办学，学生毕业时能同时获得大专文凭和高级技工证书。立足剑瓷特色产业发展需求，与丽水职业技术学院合作开办丽水职业技术学院龙泉分院，于9月13日正式挂牌设立。首批招收58名艺术设计（工艺美术）专业学生，办学步入正轨。

【"市管校聘"改革】 2022年，龙泉市把实施中小学教师"市管校聘"作为教育改革"破题"之要，通过竞聘上岗、优胜劣汰等系统化举措，打破教师管理体制障碍，破解部分学校师资结构不优、城乡骨干教师比例失衡、教师职业懈怠等问题。该年，全市2200余名教师参加"市管校聘"，共产生交流教师77人，其中一轮跨校交流20人，二轮跨校交流57人，产生待岗教师14人，解除聘用合同2人。建立教师聘期考核、退出教学岗位机制，明确教师职级任务和专业要求，实行"半年一小考、一年一大考、三年定绩效"，考核结果直接跟绩效奖励、评聘晋升等挂钩，破解教师"职业倦怠"，激发队伍争先创优活力。打破职称聘任旧格局，明确规定从事教辅后勤岗位为主的教师不再晋升教师系列专业技术职务，转入教辅后勤岗位的高级教师一律予以低聘，实现了聘任的"竞争择优、能上能下"。2022年，10名教辅后勤教师退出高级职称岗位，让岗于一线教师，打破年轻教师职业上升"瓶颈"。

【推动校长职业成长】 2022年，龙泉市教育综合改革坚持严管与厚爱、考核与激励相结合，实行校长聘任制和任期制，以企业KPI理念对校长及其团队进行任期绩效考核，建立校长聘任、团队捆绑、强化考核、竞争择优、能上能下新机制，全方位提升校长专业能力，着力培养一批品质校长，让校长真正成为教育专家。加强校长队伍梯队建设，重视优秀年轻干部的选拔培养，把业务素质硬、管理能力好的年轻教师纳入后备人才库，把真正优秀的青年干部选拔到校长队伍中来，让校长岗位也通过竞争择优上岗。 （周晨婧）

大　事　记

2022年大事记

1 月

2 日　由龙泉市邮政分公司国家税务总局、龙泉市税务局共同打造的龙泉市首个“小瓯微税厅”启动运行，个人及企业客户在“小瓯微税厅”服务区即可自助办理发票信息查询、纳税记录打印、纳税信用级别查询、纳税人状态查询等多项业务，同时“一站式”完成银税业务办理。

5 日　龙泉双枪家居用品有限公司举行开工仪式，标志着双枪家居年产 3000 万件餐厨配件生产线建设项目正式落户龙泉。该项目总投资 2 亿元，选址浙江龙泉经济开发区塆头区块，总用地面积约 4 公顷，主要从事竹木及注塑类塑料制品生产销售，产品主要为宜家、沃尔玛、双立人等国际知名品牌进行配套。

6 日　龙泉市奋力打造山区跨越式高质量发展推动共同富裕县域样板领导小组第一次会议召开。会议听取了该市奋力打造山区跨越式高质量发展推动共同富裕县域样板工作总体推进情况，审议并原则通过了重点任务清单、突破性抓手清单、重大改革清单、典型案例清单等文件。市委书记王忠宝主持会议并讲话。

同日　龙泉市召开国有资产整合集中攻坚行动动员部署会，深入学习贯彻习近平总书记关于国有企业改革发展和党的建设重要论述，研究部署龙泉市国有资产整合集中攻坚工作，切实加强和规范国有资产管理，实现国有资产保值增值。

同日　龙泉市政府第 70 次常务会议召开，传达学习省委经济工作会议、全省“扩大有效投资、抓好重大项目”电视电话会议精神，讨论研究《龙泉市国有资产整合集中攻坚行动实施方案》《龙泉市贯彻落实浙江省新一轮制造业“腾笼换鸟、凤凰涅槃”攻坚行动实施方案（2021—2023 年）》《关于助力市场主体提质增效促进经济高质量发展的二十一条意见》等内容。

8 日　省民政厅厅长、省慈善联合总会常务副会长王剑侯带队赴龙泉市开展春节走访慰问活动，看望低保家庭、残疾人家庭等困难群众和抗疫一线的医护人员、公安民警。

9 日　经现场验收、拟认定公示，龙泉市住龙景区达到国家 AAAA 级旅游景区认定标准，正式评定为国家 AAAA 级旅游景区。

13 日　省级结对帮扶龙泉团组会议召开。省委农办副主任，省农业农村厅党组副书记、副厅长陈利江出席会议并讲话。龙泉市委书记王忠宝作工作汇报。

14 日　龙泉市召开 2022 年一季度经济指标“开门红”部署会，分析研判当前经济形势，安排部署下步经济工作，全力以赴确保实现“开门红”。

21 日　龙泉市召开全市领导干部会议，传达学习贯彻省两会精神。

22 日　龙泉市召开党史学习教育总结会议，深入学习贯彻习近平总书记对党史学习教育的重要指示以及中央、浙江省、丽水市党史学习教育总结会议精神，系统总结、巩固拓展龙泉市党史学习教育成果，推动党史学习教育常态化长效化。

25 日　龙泉市召开 2021 年度党委（党组）书记抓基层党建和人才科技工作述职评议会。

同日　龙泉市委财经委员会第五次会议召开，听取财经相关工作汇报，研究部署当前和今后一个时期龙泉市财经相关工作。

26 日　龙泉市税务局出台《关于

发挥税收职能作用助力打造品质龙泉的行动方案》，梳理推出五大类 30 条税收“硬举措”，切实用活用好各项税费政策，为企业稳市场、焕新机提供硬核税务支撑。

同日 丽水市汽车零部件工程技术人员中级专业技术职务任职资格评审委员会在龙泉市设立。该委员会系丽水市首个立足行业协会成立的中级职称评委会，也是龙泉市首个行业中级职称评委会，负责评审丽水市汽车零部件工程专业技术人员助理工程师、工程师职务任职资格。

27 日 龙泉市政府党组会议暨市政府第 71 次常务会议召开，传达学习推动长江经济带发展领导小组全体会议和省委常委会会议精神，研究部署一季度“开门红”“开门稳”工作，听取一季度开门红“四个体系”晾晒比拼办法汇报，讨论研究《2022 年度政府工作报告》及“十件民生实事”候选项目等内容。

28 日 龙泉市召开新时代“两个健康”示范区创建领导小组第一次会议。

29 日 丽水市委常委、纪委书记、监委代主任傅智超带队到龙泉开展节前走访慰问和安全生产检查工作。

同月 丽水海关龙泉联络处为天和农业集团浙江进出口贸易有限公司出口日本的 6080 千克干制黑木耳签发了 RCEP 原产地证书，这也是该市签出的首份 RCEP 原产地证书。凭此份证书，货物到日本后缴纳的关税税率由 9%降为 8.4%。

同月 浙江省经济和信息化厅公布了 2021 年浙江省“隐形冠军”企业名单，浙江新劲空调设备有限公司榜上有名，系龙泉市首家。

同月 县道村沈线公路提升改造工程一期（梧桐口至源口段）通过验收专业小组交工验收。

2 月

4 日至 20 日 第 24 届冬季奥林匹克运动会在北京举行。本届冬奥会奖牌“同心”正面浅刻装饰纹样，均来自中国传统纹样，其中冰雪纹是由龙泉青瓷冰裂纹与雪花结合而成，体现了冬奥会极冰绽放的寓意。

7 日 春节假期后的首个工作日，王忠宝、翁志鸿、叶砝仙、刘赤波、李舜等副处以上领导分赴企业开展“三服务”活动，送上新春祝福，了解发展需求，以精准服务为企业加油鼓劲、纾困解难，奋力助推“开门红”。

8 日 龙泉市青坑底矿泉水厂“丽水山泉”全自动生产线进入试生产调试。该水厂具备年产 15 万吨矿泉水的生产能力，水源点日出水量达 2500 吨，生产线每小时能生产 3.6 万瓶矿泉水。

同日 龙泉市安仁镇中心小学、杭州建兰教育集团龙泉二中被教育部认定命名为“全国青少年校园足球特色学校”。

9 日至 12 日 中国人民政治协商会议第十届龙泉市委员会第一次会议召开。

10 日至 13 日 龙泉市第十七届人民代表大会第一次会议召开。

14 日 龙泉市召开营商环境建设、作风效能革命大会，全面营造“开局就是决战、起步就要冲刺”的工作作风和意识，全市共 1000 余名干部参加会议。

15 日 龙泉市举行“双招双引”驻外招引分局出征仪式，7 个驻外招引分局“双招双引”人员集结出征，奔赴温台、上海、杭州、景金义、京津冀、粤港澳、中西部等地，围绕汽车零部件、机械电子、健康医药、竹木加工、剑瓷经典、文旅等产业开展“双招双引”工作。

18 日 龙泉市人民法院出台《龙泉市人民法院关于优化营商环境提供司法保障的实施意见》，共提出 15 项具体工作，主要涵盖诉讼服务、刑事审判、民商事审判、执行工作等方面的内容。

19 日 省供销社党委书记、理事会主任邵峰一行到龙泉调研，深入浙江金欣铝业有限公司、八都镇蔬菜种苗基地等地考察。

21 日 市委理论学习中心组举行专题学习研讨会，深入学习《中国共产党纪律检查委员会工作条例》，研究部署贯彻落实工作。

22 日 市纪委十五届二次全体（扩大）会议召开。市委书记王忠宝出席会议并讲话。市委常委、纪委书记、监委主任刘道华代表市纪委常委会作工作报告。

同日 浙江省文化会堂（浙江展览馆）和岩樟乡人民政府积极探索“结对帮扶+艺术乡建”工作模式，岩樟乡柳山头村艺术家工作室成为丽水市首个落地的艺术乡建主题工作室。

同日 龙泉市住龙镇生物多样性体验馆正式开馆，系全省首批。

28 日 龙泉市召开全市领导干部会议，传达学习贯彻丽水市第五次党代会精神。市委书记王忠宝主持会议并讲话，市委副书记、市长翁志鸿传达会议精神。

同月 丽水市献血工作领导小组发布《丽水市献血工作领导小组关于表彰 2021 年度无偿献血工作先进县（市、区）的通知》，龙泉市荣获 2021 年度无偿献血工作一等奖。

3 月

1 日 丽水市“双减”督查组到龙泉对相关职能部门、中小学校、校外培训机构落实“双减”工作情况等进行专项督查。

同日 龙泉市公安局举行表彰仪式，对林松山、丁振伟、林建树3位英勇救火的见义勇为人员颁发证书和奖金。

同日 《中华人民共和国市场主体登记管理条例》正式实施，龙泉市当天发出营业执照57份。

3日 中国农工民主党龙泉市支部委员会第二次全体党员大会召开，选举产生新一届主委、副主委和委员。

4日 丽水市政协副主席郑利剑带队到龙泉，就《丽水市政协常委会工作报告》《提案工作情况报告》征求意见建议。

同日 “品质龙泉•志愿同行”——龙泉市“3•5”学雷锋志愿服务活动正式启动，现场组织开展了“万朵鲜花送雷锋”、爱心义卖、无偿献血、义诊义剪、浙风十礼宣传等活动。

5日 浙江大学农业与生物技术学院与龙泉市住龙镇共建教学实践实训基地协议签约暨授牌仪式在住龙镇举行。

7日 龙泉市政府党组会议暨第一次常务会议召开，传达学习丽水市第五次党代会精神，讨论研究《龙泉市国企改革三年行动实施方案（2021—2023年）》《关于进一步加强龙泉市工业用地高质量利用全生命周期管理的实施意见》等内容。

同日 龙泉市妇女儿童服务中心正式对外开放，为广大妇女儿童提供多层次、宽领域的培训服务。

8日 省财政厅党组成员、总会计师倪学军一行到龙泉市调研百山祖国家公园建设情况。

9日 省司法厅党委书记、厅长陈伟到龙泉市调研指导基层法治化改革和“大综合一体化”行政执法改革工作。

10日 浙江省军区国防动员局大校局长赵存志到龙泉调研2022年春季征兵“从戎之剑”赠剑仪式筹备情况。

11日 龙泉市开展“我为亚运种棵树”暨2022年植树节绿化活动，全市2000多名党员干部群众参加义务植树，绿化面积达上百亩，种下香樟、红豆树、浙江楠等树苗1万多株。

14日 龙泉市召开2022年春季征兵工作定兵会议。

15日 龙泉市召开全市领导干部会议，传达学习贯彻全国两会精神和浙江省、丽水市领导干部会议精神。

17日 丽水市委常委、纪委书记、监委代主任傅智超到龙泉市专题宣讲丽水市第五次党代会精神。

同日 龙泉市委审计委员会召开第四次会议。

22日 浙江省2022年春季新兵欢送暨“从戎之剑”赠剑仪式主会场活动在龙泉市举行。

同日 中共龙泉市委社会建设委员会召开第一次全体会议。

同日 龙泉市鞋产业回归工程辅料区块标准厂房建设项目开工建设。

23日 龙泉市人才科技司法服务保障中心投入使用。

24日 省委书记袁家军到龙泉市指导学习贯彻全国两会精神，考察调研山区26县高质量发展和基层治理工作。在龙泉期间，袁家军实地考察了龙泉宝剑厂、浙西南科创基地、龙泉市大数据发展中心等地。

25日 龙泉市召开市委常委会（扩大）会议，传达学习贯彻省委书记袁家军到龙泉调研时指示精神。

同日 龙泉市召开扩大有效投资暨重大项目推进会议，各副处以上领导领办了重大项目，各市直部门、乡镇（街道）签订了固定资产投资、“四个一批”重大项目推进及项目谋划任务责任书。

29日 丽水市人大常委会主任李锋到龙泉调研人大工作，并走访看望了丽水市第五届人大代表龙泉中心组成员。

同日 龙泉市人民法院安仁商会“共享法庭”揭牌。

30日 龙泉市委理论学习中心组召开共同富裕专题学习会暨丽水市第五次党代会精神宣讲会，丽水职业技术学院党委书记梁忆南应邀作《永做“挺进师” 建设新丽水》丽水市第五次党代会精神专题辅导。

同日 龙泉市政府党组会议暨市政府第二次常务会议召开，传达学习全国两会精神和省委书记袁家军到龙泉调研精神，组织学习《最高人民法院关于行政机关负责人出庭应诉若干问题的规定》和《关于更加有效发挥统计监督职能作用的意见》，讨论研究《龙泉市公共资源综合交易管理暂行办法》《龙泉市工业投资项目准入决策评价机制》等内容。

31日 龙泉市召开全市领导干部经济责任审计和自然资源资产离任（任中）及生态产品价值责任审计集中动员会，各审计组入驻6家市直部门（单位）、3个乡镇（街道）全面开展相关审计工作。

同月 浙江三田汽车空调压缩机有限公司的“STAL-型新能源电动汽车空调压缩机”入选2021年度“浙江制造精品”名单。

4月

2日 龙泉市召开市委常委会会议，传达学习贯彻习近平总书记近期系列重要讲话精神及中央、省委、丽水市委相关会议精神。

同日 中国体育彩票“中国瓷•龙泉窑”主题即开型体育彩票上市发布。该主题彩票是顶呱刮系列票之一，票面采用龙泉青瓷经典器型凤耳瓶、玉壶春、铁胎鬲式炉、弦纹梅瓶、三足鼎为背景图案，单张面值10元，在全国各地体育彩票点均有销售。

同日 全省建设平安浙江工作会议召开，龙泉市以丽水第一、全省第六的优异成绩被省委、省政府命名为“平安县”，实现省级“平安县”十七连创。

5日 新时代“龙泉精神”内涵表述语正式发布，新时代“龙泉精神”内涵表述语为“剑瓷品质、极致匠心”。

7日 龙泉市召开十五届市委第一轮巡察工作动员部署会。经市委批准，十五届市委第一轮巡察共组建4个巡察组，对市民政局、交通运输局、农业农村局、文化和广电旅游体育局、青瓷宝剑产业局、总工会、移民工作中心、融媒体中心8家单位党组织开展政治巡察。

同日 龙泉市举行第19届杭州亚运会龙泉青瓷特许经营产品设计大赛评比活动。经过评比，最终评出获奖作品22件，其中，金奖2件，银奖4件，铜奖6件，优秀奖10件。

8日 龙泉市委召开第一季度实绩述职会，10名副处级以上领导和6个部门、4个乡镇（街道）负责人作实绩述职。

14日 省市场监管局党委书记、局长章根明到龙泉市调研灵芝食药物质管理、龙泉宝剑标准化建设等工作。丽水市人大常委会副主任杨秀清等参加调研。

同日 龙泉宝剑厂入选第八批浙江省科普教育基地。包括之前入选的龙泉青瓷博物馆，龙泉共有省级科普教育基地2家。

15日 龙泉市召开全市领导干部会议，传达学习贯彻丽水市两会精神。

20日 省长王浩到龙泉市调研，实地考察了龙泉宝剑厂、龙泉市中职校、周村铁皮石斛基地等地，重点了解龙泉市青瓷宝剑历史经典产业、生态高效农业等特色产业发展情况。

21日 龙泉市召开新时代“两个健康”示范区创建领导小组第二次会议，回顾总结前阶段工作，研究落实下阶段任务。

22日 龙泉市召开全市领导干部会议，传达学习贯彻省长王浩到龙泉考察调研时指示精神，部署龙泉贯彻意见。

同日 龙泉市召开2022年度市委政法委员会第一次全体（扩大）会议暨市域社会治理现代化试点工作推进会。

同日 龙泉市召开第三届新生代企业家联合会、第四届青年企业家协会会员大会，选举产生新一届市新生代企业家联合会、青年企业家协会理事会理事、副会长、常务副会长、秘书长、会长。龙泉农商银行现场授信10亿元，助力新生代企业家创新创业。

同日 龙泉市人民法院联合林业局、公安局举行“森林法官+三长一员”协作机制启动仪式，龙泉市森林“共享法庭”及“林长制森林法官”联络办公室揭牌成立。

24日 龙泉市召开“县乡一体、条抓块统”市域整体智治改革暨全领域“大综合一体化”行政执法改革推进大会，总结前阶段两项改革推进情况，部署下阶段工作，推动各项改革任务落地见效。

同日 中国龙泉鞋城项目（整鞋一期）鞋企入园动员会在温州市丽龙小微企业创业园召开。

25日 龙泉市委全面深化改革委员会第四次会议召开，深入学习贯彻中央、省委全面深化改革委员会有关会议精神，审议有关改革文件，对做好2022年改革工作提出要求。

同日 丽水市政协副主席郑利剑带队到龙泉市开展贯彻落实中央和省委政协工作会议精神进展情况“回头看”调研。

26日 龙泉市召开一季度经济形势分析会暨“项目建设大比拼”活动点评会，研判分析一季度经济形势，点评“项目建设大比拼”活动，部署下阶段工作任务。

同日 上午9时，经龙泉市经济商务局审核，龙鑫化工有限公司申领到龙泉第一张线上全国统一式样的浙江省重点物资运输车辆通行证，该日共办理线上审核40多份。

27日 龙泉市人民法院八都人民法庭揭牌成立，辖区范围包括八都镇、上垟乡、竹垟畲族乡、宝溪乡4个乡镇。

28日 龙泉市委财经委员会第七次会议召开，听取财经相关工作汇报，审议通过《关于进一步完善龙泉市项目招引全闭环管理工作机制的意见》《关于深入实施“大搬快聚富民安居”工程助力打造品质龙泉的若干意见》《龙泉市城市品质提升行动实施方案》等文件，研究讨论了近期拟调整、拟出让地块规划情况。

同日 省政府公布了2020—2021年“忠实践行‘八八战略’、奋力打造‘重要窗口’”立功竞赛先进集体和先进个人名单，龙泉市交通运输局获评“先进集体”，该局干部叶春龙获评“先进个人”。

29日 龙泉市政府党组会议暨市政府第三次常务会议召开，传达学习省委一季度经济形势分析会和省政府全体会议精神，讨论研究《龙泉市关于推进生态工业高质量绿色发展的若干政策》《龙泉市支持青年创业创新政策十二条（试行）》等内容。

同月 小镇书屋——龙泉市图书馆查田分馆通过验收，成为丽水市首个通过验收的2022年省民生实事城市书房项目。

5月

5日 龙泉市召开精神文明建设委员会全体会议。

6日 由龙泉市经济社会发展促进会牵头发起的“健康·品质龙泉”爱心基金在龙泉市红十字会设立，首轮募集专项资金45万元，用于龙泉籍困难患者救助、突发病患急救、健康宣教、应急救护站建设等内容。

7日 龙泉市委理论学习中心组举行《信访工作条例》专题学习会，推动条例在龙泉全面贯彻落实到位。

10日 龙泉市召开应急管理、安全生产和消防工作会议，全面落实全国、全省和丽水市安全生产电视电话会议精神以及全国、全省自建房安全专项整治电视电话会议精神，研究部署下步工作。

12日 龙泉市知识产权司法保护服务中心暨市人民法院“共享法庭”（龙泉剑瓷保护服务站）揭牌成立，标志着龙泉知识产权司法保护体系进一步完善。省高级人民法院党组成员、副院长许惠春，丽水市中级人民法院党组书记、院长张军斌等领导参加仪式。

15日 龙泉市首个全国家庭教育宣传周活动在兰巨乡启动。

19日 由文化和旅游部国际交流与合作局主办，中外文化交流中心、65家中国驻外文化和旅游机构共同承办的“2022中国旅游日”精品项目展播线上系列活动在多个网络平台同步推出，“一剑钟情·从瓷开始”龙泉非遗之旅被40多家驻外文化和旅游机构选播。

19日至20日 龙泉市委书记王忠宝率党政代表团到衢州市衢江区、常山县开展学习考察。

24日 龙泉市委常委会召开会议，传达学习贯彻近期习近平总书记系列重要讲话精神和上级有关会议、文件精神，审议《龙泉市国有企业党组织调整设置方案（试行）》《龙泉市人大常委会2022年度监督工作计划》等内容。

同日 龙泉市政府第四次常务会议召开，传达学习《关于深入贯彻〈关于更加有效发挥统计监督职能作用的意见〉的通知》，讨论研究《关于推进竹木产业高质量发展的若干意见》《龙泉市关于促进商贸流通业发展的实施意见》等内容。

25日 龙泉市委全面深化改革委员会召开第五次会议，审议通过《关于深化综合改革推进教育高质量发展的若干意见（试行）》《关于加强教育人才引进培育振兴工作的十条政策（试行）》《关于推进教师队伍绩效管理改革的实施意见》《龙泉市小微企业园高质量建设和管理办法》《龙泉市国有企业平台整合提升方案》《龙泉市国有企业信用等级提升及债券发行方案》等内容。

同日 现实题材重点电视剧《春风又绿江南岸》在浙江卫视、江苏卫视同步开播，龙泉青瓷、龙泉山、美丽乡村等元素频频闪耀剧中，生动展示龙泉的绿色发展成果。

26日 龙泉市委农村工作领导小组第一次全体会议召开，审议通过《中共龙泉市委农村工作领导小组工作规则》《龙泉市落实五级书记抓乡村振兴责任清单（试行）》《关于2022年全面推进乡村振兴助力打造品质龙泉的意见》等文件。

同日 龙泉市召开乡村振兴发展大会暨“三位一体”改革推进会，全方位部署乡村振兴工作任务。

31日 经过实地考察与现场汇报评比，龙泉市乡镇（街道）互看互学、市直部门互比互评活动成绩单出炉，八都镇、兰巨乡、道太乡分获一、二、三类乡镇（街道）第一名，市农业农村局、水利局、交通运输局获市直部门前三名。

同日 龙泉市首个涉侨法律服务站在浙江金言律师事务所揭牌成立。

同月 公安部、共青团中央对全国公安机关197个成绩突出青年集体、600名成绩突出青年民警予以通报表扬，龙泉市公安局经侦大队获评“成绩突出青年集体”，系丽水唯一。

同月 龙泉市首笔“乡村振兴—个体户”融资担保业务落地，担保金额为50万元，在浙江稠州银行龙泉支行顺利放款。

6月

1日 龙泉市党政代表团赴嘉兴市秀洲区对接山海协作工作。

同日 龙泉市委理论学习中心组召开加强党内法规制度建设和中国人权发展道路专题学习会。

7日 丽水市政协主席任淑女到龙泉市调研政协工作。

同日 丽水市委常委、组织部部长戴平辉到龙泉市调研人才科技、基层治理、乡村振兴等工作。

9日 龙泉市委人才科技工作领导小组（扩大）会议召开。会议审议了《中共龙泉市委人才科技工作领导小组2022年工作要点》《龙泉市2022年度干部教育培训主体班次计划》。

同日 龙泉市政府第五次常务会议召开，学习《浙江省综合行政执法条例》，讨论研究《关于深化综合改革推进教育高质量发展的若干意见（试行）》《促进房地产业健康发展和良性循环若干措施》等。

8日至9日 丽水市委常委、纪委书记、监委主任傅智超到龙泉市调研清廉村居建设。

9日 “浙里阳光公益发电站”在兰巨乡仙仁村正式揭牌投运，系全省首个公益性质的农光互补光伏发电项目。

11日 是“中国文化和自然遗产日”，龙泉市与浙江广播电视集团FM93交通之声联合在小梅镇金村村开展“我有一件瓷，出自龙泉窑”活动，再现龙泉青瓷传统龙窑开窑盛况，现场还发布了《龙纹杯》《西游》《百财瓶》《琮式瓶》《问佛》5件龙泉青瓷NFT数字藏品，多维推广龙泉青瓷品牌。

同日 在龙泉市小梅镇大窑村启动大窑龙泉窑“亭后窑址”考古项目启动仪式，省文物考古研究所联合故宫博物院、龙泉市文物保护中心选取年代跨宋元明时期的大窑“亭后窑址”进行考古发掘。

15日 中铁二院到龙泉市考察调研温武吉铁路前期推进工作，并召开座谈会。

16日 龙泉市召开特色产业发展大会，部署省市场监督管理局支持龙泉特色产业高质量发展、龙泉宝剑及龙泉灵芝产业发展相关工作。省市场监管局副局长卢永福出席会议。会上，龙泉市还与省标准化研究院、省食品药品检验研究院、省轻工检验研究院签订战略合作协议。

同日 全市建设平安龙泉工作暨政法信访工作会议召开。

同日 2022年第一期浙江法学沙龙在龙泉举行，来自浙江财经大学、浙江工商大学、中国计量大学及省法学会等高校院所的专家学者，围绕“龙泉司法档案在法治浙江建设进程中开发利用研究”开展讨论。

17日 龙泉市高规格召开教育振兴发展大会，部署“1+4+N”教育综合改革工作任务，全力推动教育提质振兴发展。

同日 龙泉市召开生态产业平台项目土地和房屋征收工作动员大会。该区块是继水南区块征迁后又一范围广、体量大、情况复杂的征收项目，第一阶段征收范围涉及兰巨乡5个行政村、300余户农户，面积3000余亩。

23日 温州肯恩大学与龙泉市人民政府举行共建“共同富裕示范区”——新生专项奖学金协议签订仪式，并向龙泉一中授予“优秀合作生源基地”牌匾。温州肯恩大学党委书记、理事长王北铰参加仪式。

同日 龙泉市发布《龙泉宝剑及日用刀具产业链标准体系建设指南》，这是全国首个刀剑及日用刀具产业链标准体系，构建了涵盖通用基础、设计与开发、原材料与零部件、工艺与装备、产品与技术、检验检测、服务与应用7个部分的龙泉宝剑及日用刀具标准体系。

24日 龙泉市委常委会召开扩大会议，传达学习省第十五次党代会精神，研究部署龙泉贯彻落实意见。

同日 龙泉市委常委会召开会议，传达学习贯彻近期习近平总书记系列重要讲话精神和上级有关会议、文件精神，研究龙泉贯彻落实意见，安排部署有关工作。

24日至25日 丽水市委副书记、市长吴舜泽深入龙泉受灾一线，看望慰问受灾群众和企业，现场指导灾后重建工作。

26日 龙泉市电商直播行业协会成立，浙江龙泉农村商业银行向电商直播行业协会授信2亿元金融信贷。

28日 龙泉市工商联（总商会）第九次代表大会召开，选举产生了第九届执委会，并举行了授牌仪式。

同日 龙泉市与华润万家生活超市（浙江）有限公司正式签约龙泉农特产品入驻项目协议，华润万家华东区70余家大型商超卖场全面铺入龙泉农产品。

29日 丽水市“红绿融合助共富”红色美丽村庄大比拼活动在龙泉市宝溪乡溪头村举行。丽水市委常委、组织部部长戴平辉出席。

同日 龙泉市政府党组第七次会议召开，传达学习省第十五次党代会精神和全省经济稳进提质攻坚行动工作会议精神，研究部署龙泉贯彻落实意见。

30日 龙泉市举行“6·20”集中强降雨赈灾“一日捐”活动，龙泉市四套班子领导在市行政中心带头捐款，当天共接收捐款519899.82元。

同日 龙泉市召开“浙江有礼·品质龙泉”文明实践品牌建设推进会暨县城文明程度指数测评工作动员会，推进“浙江有礼”省域文明新实践工作，部署县城文明程度指数测评相关工作。

7月

1日 龙泉市青年马克思主义者学习班在龙泉市委党校开班，市委书记王忠宝为学员上了开班第一课。与传统的干部培训不同，该学习班学制1年，每月1期，每期1天，课程除传统的理论课程外，还增加了调研报告、项目谋划等实践课程，旨在对年轻干部和青年人才的理论学习和能力提升进行有效探索。

2日 省级结对帮扶龙泉团组会议召开。省农业农村厅副厅长王宗明出席会议并讲话。

4日 温州市委常委、宣传部部长施艾珠带队到龙泉市学习考察剑瓷产业发展。

同日 龙泉市成立全省首个农特产品检测服务中心，实现食用农产品从田头至餐桌的全程可追溯体系。

5日 龙泉市政府第六次常务会议召开，讨论研究《龙泉市规范民办义务教育发展工作实施方案》《龙泉市关于推进“凤凰行动”计划支持企业股改上市的十五条意见》《龙泉市推动企业股改上市三年行动计划(2022—2024年)》《关于加快推进城乡公交一体化改革的实施意见》等。

同日 省林业局公布了浙江省林业推进共同富裕十大典型案例，龙泉市“‘益林富农’走出山区共富新路子”入选。

6日 省自然资源厅党组书记、厅长陈龙到龙泉市调研地质灾害险情处置、生态环境修复、“田长制”落实、“耕地智保”场景应用推广等工作。丽水市委常委、常务副市长杜兴林，丽水市政协副主席、自然资源和规划局局长张颖洁等参加调研。

同日 龙泉市召开落实国家统计督察反馈问题整改工作暨统计造假不收手不收敛问题专项纠治工作动员部署会。

7日 龙泉市委全面依法治市委员会第四次(扩大)会议召开，研究部署下阶段法治龙泉建设主要任务。

6日至7日 嘉兴市秀洲区委书记徐鸣阳带领党政代表团到龙泉市考察对接山海协作工作。双方签订了关于实施山海协作工程、特色产业提升项目合作、共建乡村振兴示范点合作等新一轮共建合作协议，秀洲区向龙泉市捐赠了飞地产业园返利收益、山海协作援建资金和“6•20”特大暴雨洪灾救灾资金。

8日 龙泉市委召开法院工作会议暨“共享法庭+诉源治理”推进会。省高级人民法院副院长朱新力，丽水市中级人民法院党组书记、院长张军斌出席会议并讲话。

同日 浙江省建设新时代美丽浙江暨生物多样性保护大会召开，龙泉市第三次获评“美丽浙江建设工作考核优秀县”、第二次获“五水共治(河长制)工作大禹银鼎”，是丽水市第一个连续两年获“大禹银鼎”的县。

同日 龙泉市慈善总会、残疾人联合会联合在萧山区举办“山海携手•同心聚爱”龙泉剑瓷作品义卖助残活动，共募集萧山区爱心企业家善款120余万元并设立“携手助残公益慈善基金”专户，用于龙泉市残疾人运动康复训练场所建设。

9日 全国高级法院院长座谈会暨全国法院文化建设工作会议通报了“全国法院文化建设特色项目”评选结果，龙泉司法档案博物馆成功入选。

10日 龙泉市东升教育集团“旭日”人工智能创客团队参加2021年世界机器人大赛总决赛，斩获“九宫(IER)智能挑战赛——九宫普及赛”小学组冠、亚军。

11日 浙江省科技创新大会在省人民大会堂召开，龙泉市获评市县党政领导科技进步目标责任制考核优秀单位，浙江创新汽车空调有限公司和浙江大学合作的《高效低阻换热装置与生产装备研发及产业化》成果获省科技进步三等奖。

14日 浙江龙泉抽水蓄能电站预可行性研究报告通过省专家组审查。

同日 龙泉市启动交通重点项目推进、安全生产、交通运输执法领域百日攻坚行动。

15日 丽水市委常委、纪委书记、监委主任傅智超到龙泉市西街街道西新社区，向基层党员干部宣讲省第十五次党代会精神。

同日 龙泉市委理论学习中心组召开专题学习会，深入学习《干在实处勇立潮头——习近平浙江足迹》和省第十五次党代会精神。

同日 省经信厅、省人力社保厅发文公布首批浙江省正高级工艺美术师职务任职资格人员名单，龙泉市11人上榜，其中青瓷行业8人、宝剑行业3人。

16日 第七届浙江省太极拳公开赛在龙泉市举行。

18日 全国中学生水科技发明比赛——浙江省选拔赛启动会在龙泉市召开。

19日 丽水市首个“不见面开标”项目——小额水利项目在龙泉市公共资源交易中心完成，标志着该市公共资源交易常规项目实现全流程电子化。

20日 龙泉市召开创建省级“双拥模范城”动员部署会。

同日 龙泉市反邪教主题嘉年华暨反邪教宣传月启动仪式及“乡村振兴、法治同行”送法下乡活动启动仪式在八都镇举行。

21日 龙泉市召开“除险保安”百日攻坚行动推进会。

同日 浙江省首个县级生态环境健康体检中心——浙西南生态环境健康体检中心龙泉分中心揭牌成立。

22日 龙泉市召开城市开发建设大会，向11家单位交办城市品质提升行动任务书，为龙泉市城市开发建设中心授牌。

同日 龙泉市林业局与浙江农林大学国家林业和草原局竹林碳汇工程技术研究中心签订“共同推进龙泉市竹林碳汇研究和产业发展”战略合作协议，国家林业和草原局竹林碳汇工程技术研究中心龙泉工作站同时揭牌。

23日 杭州国家版本馆正式落成，龙泉青瓷艺术屏扇成为门面担当，这也是国内建筑首次引入艺术青瓷屏扇。

同日 龙泉市“龙泉金观音•龙泉红”第六届斗茶赛开赛，农民伯伯家庭农场、铁骨家庭农场、宝溪红茶叶专业合作社、唐红家庭农场、地阳红生态农业有限公司选送的茶样分别荣获本次名优红茶组、大宗红茶组、野生红茶组、绿茶组、岩茶组“茶王”称号。

25 日 中国轻工业联合会发布第八届中国工艺美术大师评选结果公示，龙泉市青瓷大师卢伟孙上榜。

27 日 中共龙泉市委审计委员会召开第五次会议，听取上半年审计工作情况汇报，研究部署市委审计委员会相关工作，并审议了《龙泉市 2021 年度财政预算执行和其他财政支出情况的审计报告（送审稿）》《关于完善中共龙泉市委审计委员会办公室工作机制的实施意见（送审稿）》。

28 日 浙江省青少年皮划艇锦标赛开幕式在龙泉市开赛，来自杭州、温州、宁波、嘉兴、丽水等 9 个地市的选手参加比赛。

同日 龙泉市双拥办在龙泉万达广场拥军联盟成立暨龙泉市退役军人优待证首发仪式。

30 日 龙泉市十七届人大常委会第三次会议召开。会议经审议和表决，决定任命王国锋为龙泉市人民政府副市长、代理龙泉市人民政府市长，接受翁志鸿辞去龙泉市人民政府市长职务的请求。

8 月

1 日 龙泉市在城市文化会客厅举办“风展红旗如画”国旗展活动，通过展陈国旗诞生、国旗知识、国旗法、国旗与天安门广场四大板块内容，全方位展现国旗之史、国旗之姿、国旗之法、国旗之仪。龙泉市四套班子领导参加活动。

2 日 省科技厅副厅长吴卿带队到龙泉调研科技成果“转移支付”试点工作。

同日 省应急管理厅党委书记、厅长陈浩带队到龙泉调研基层应急管理体系和能力建设情况。丽水市委副书记、市长吴舜泽参加调研。

3 日 省统计局党组书记、局长吴胜丰率队到龙泉专题调研统计数字化改革工作。

同日 丽水市基层应急管理体系和基层防汛防台标准化推进会在龙泉市召开。丽水市委常委、常务副市长杜兴林出席并讲话。

同日 龙泉市消费者权益保护委员会、市场监督管理局、人民法院联合成立消费维权“共享法庭”，畅通消费者维权渠道，促进消费纠纷多元化解。

5 日 龙泉市召开创建全国基层中医药工作示范县动员部署会。

8 日 龙泉市政府党组会议暨第七次常务会议召开，重温习近平总书记三次到龙泉考察调研时的重要讲话精神，审议《2022 年公办幼儿园扩容工作汇报》等内容。

同日 龙泉市首支企业债券——龙泉市国资控股有限公司 2022 年企业债券成功发行，票面利率 3.35%，创丽水地区历史以来企业债券发行票面率最低。

同日 龙泉市在留槎洲公园举行“8•8”健步走系列活动启动仪式，来自市直各部门、各体育协会的 30 支队伍 1000 余人参加活动。

9 日 省市场监管局和省卫健委组织专家对龙泉市申报食药物质管理试点企业开展现场评价，4 家企业 7 个试点产品顺利通过现场评价和食品生产许可现场核查。

10 日 龙泉市委召开第二季度实绩述职会。

11 日 龙泉市召开创建新时代“两个健康”示范区领导小组第三次会议。

同日 龙泉市政府召开第一次全体（扩大）会议暨经济稳进提质大会。

12 日 丽水市委常委、统战部部长徐光文到龙泉调研统战工作。

同日 龙泉市委常委会召开会议，传达学习近期习近平总书记系列重要讲话精神和上级有关会议、文件精神，研究龙泉市贯彻落实意见，并审议了《龙泉市“除险保安”百日攻坚行动实施方案》《第五届世界青瓷大会总体方案（送审稿）》等文件。

13 日 农发行丽水市分行成功投放龙泉市首笔基础设施基金 6800 万元，用于支持青瓷小镇产业园项目建设。

同日 嘉兴《南湖晚报》嘉禾绿荫行动龙泉助学结对仪式举行，来自嘉兴社会各界的爱心人士和龙泉 22 名困难学子签下爱心协议，向每位学子每年提供不少于 5000 元的爱心资助。

15 日 龙泉市首次颁发“剑瓷英才奖”，主要用于奖励龙泉高考前十名的优秀毕业生。

17 日 龙泉市第五次归侨侨眷代表大会召开。大会听取并审议通过龙泉市侨联第四届委员会工作报告，审议通过《龙泉市侨联工作细则》，选举产生龙泉市侨联第五届委员会。丽水市侨联副主席王俊参加会议。

19 日 龙泉市高规格召开“双招双引”暨生态工业高质量发展大会。现场签约 24 个项目，累计总投资 117 亿元，项目涵盖战略合作、招商引资、人才科技等领域。

同日 龙泉市邮政管理局揭牌成立。

同日 丽水市首个政府采购远程异地评审项目——丽水学院电子商务综合实训平台项目采购项目顺利完成评标工作。

23 日 龙泉市委理论学习中心组召开专题学习会，深入学习领会丽水市委文化工作会议精神。

同日 丽水市首个采用网上不见面开标方式实施的全流程电子化招标项目——龙泉市生态清洁型小流域水土流失综合治理项目在龙泉市公共资源交易中心顺利完成开标。

24日 龙泉市委理论学习中心组专题学习(扩大)会召开，邀请数据智能上市公司"每日互动"创始人方毅作《数据智能赋能治理实战》专题辅导。

同日 龙泉市委常委会召开会议，传达学习近期习近平总书记系列重要讲话精神和上级有关会议、文件精神，研究龙泉贯彻落实意见，并审议了《关于开展社区规模调整工作的实施意见(送审稿)》《城区社区规模调整及兰巨乡拟设立社区建议方案(送审稿)》《龙泉市事业单位管理岗位职员等级晋升实施方案(送审稿)》等文件。

25日 中新社、新华网、《浙江日报》等14家主流媒体记者走进龙泉，围绕"坚毅笃行'丽水之干'推进老区共同富裕"开展集中采访。

26日 龙泉市召开现代社区建设工作推进会，标志着社区规模调整工作全面启动。

同日 龙泉市召开全市领导干部会议，传达学习丽水市委五届二次全会精神，研究部署贯彻落实意见。

25日至26日 "'投资浙里'跨国公直通车系列活动第二十四期跨国企业浙江行——走进丽水活动"在龙泉市举办，20余家国内外生物医药产业世界500强企业、跨国龙头及知名咨询机构、商协会参加活动。

29日 龙泉市入选第一批国家知识产权强县建设试点示范县，系丽水市唯一。

30日 龙泉市法学会第二次会员代表大会召开，审议通过龙泉市法学会第一届理事会工作报告，选举产生龙泉市法学会第二届理事会及其领导班子。

同日 龙泉市召开十五届市委第二轮巡察工作动员部署会，对十五届市委第二轮巡察工作进行动员安排。经市委批准，本轮巡察组建4个市委巡察组对12家单位党组织开展政治巡察，组建4个市委村(社区)巡察组对锦溪镇、小梅镇、岩樟乡、竹垟畲族乡4个乡镇下辖村和其他乡镇部分重点村党组织开展村(社区)巡察。

31日 龙泉市召开七张问题清单工作领导小组会议。

同日 龙泉市人民政府与浙商证券股份有限公司签订战略合作协议，双方围绕国资平台整合、信用等级提升、发行债券、产业基金、企业上市培育五大目标开展全方位业务合作，努力打造资本市场"龙泉板块"。

同日 龙泉市"益林富农"数字应用获评2022年浙江数字乡村"金翼奖"十佳应用，系丽水市唯一。

同月 龙泉市兰巨乡种粮大户雷少伟的400亩"甬优1526"再生稻头季开镰收割。经测产，亩产达699.9公斤(不含水)，比上年亩产最高的"甬优1540"高出47.2公斤。

9月

2日 龙泉市19个乡镇(街道)乡村振兴发展有限公司同时揭牌成立。

同日 龙泉市岩樟乡柳山头村、上垟镇源底村、安仁镇金蝉湖村通过2021年度全省传统村落风貌保护提升验收并获评优秀村庄。

同日 浙报集团、淘宝教育等单位联合举办的浙江省直播电商大赛首站在龙泉市启动。

5日 丽水市人大常委会主任李锋到龙泉调研全过程人民民主基层单元建设。丽水市人大常委会副主任邹向阳参加调研。

同日 龙泉市召开2022年扩大有效投资暨重大项目"百日攻坚"大会战动员部署会。

7日 龙泉市委林业工作会议暨第一次总林长会议召开，部署林业整体工作和林长制工作。

8日 14时，中央电视台新闻特别节目《考古中国 文明探源 圣杯屿水下考古特别报道》向全国观众直播福建漳浦圣杯屿元代沉船遗址首次文物的提取，对沉睡在海底700年的龙泉窑瓷器进行探索研究，全网直播观看点击量超500万人次。

9日 528国道龙泉西街至兰巨段改建工程、322国道安仁段改建工程的初步设计审查会议在杭州召开。

11日 龙泉市经济社会发展促进会在杭州市召开教育和医疗健康专题座谈会。

13日 龙泉市举行丽水职业技术学院龙泉分院挂牌暨"区域中高职一体化人才培养"启动仪式，丽水职业技术学院和龙泉市政府现场签订合作办学协议。丽水市副市长卢彩柳，丽水职业技术学院党委书记周一红、校长梁伟样等领导出席活动。

同日 龙泉市召开2022年秋季征兵工作定兵会议。

15日 龙泉司法档案博物馆在龙泉市人民法院揭牌开馆。最高人民法院党组成员、政治部主任马世忠，丽水市委副书记、市长吴舜泽，浙江省高级人民法院党组成员、政治部主任何震，丽水市中级人民法院党组书记、院长张军斌等领导出席揭牌仪式。

16日 丽水市2022年秋季新兵欢送暨"从戎之剑"赠剑仪式主会场活动在龙泉市体育馆举行。丽水市委常委、纪委书记、监委主任傅智超，丽水市人大常委会副主任潘碧武，丽水市副市长朱磊，丽水市政协副主席何卫宁等丽水市领导参加主会场活动。

同日 龙泉市委党校秋季主体班开班，部分新提任市管领导干部、优秀年轻干部、初任公务员、妇女干部、民营企业家参加培训。

20日 龙泉市委召开十五届二次全体(扩大)会议，市委书记王忠宝代表市委常委会作工作报告。会议审议通过《中共龙泉市委关于建设青年发展型城市的决定》和《中国共产党龙泉市委员会工作规则》。

20日至23日 龙泉市委副书记、代市长王国锋带队前往广州、深圳、佛山等地学习考察发达地区先进发展经验，对接招引"大好高"项目。

21日 龙泉市小梅镇强村富民邮政服务中心正式对外营业，新增金融业务和政务服务，实现邮政一站办。

21日至22日 宁波前湾新区——龙泉市山海协作工程联席会议在龙泉市召开，双方签订新一年度推进山海协作工程合作协议、乡村振兴示范点合作协议，宁波前湾新区向龙泉市捐赠2022年度援建资金122万元，新区商会、前湾控股集团和前湾产业集团向龙泉市慈善总会捐赠80万元社会帮扶资金。

23日 龙泉市举行"护航二十大 忠诚保平安"誓师大会暨除险保安决战攻坚行动启动仪式，市委书记王忠宝作动员讲话并宣布启动除险保安决战攻坚行动。

26日 龙泉市政府第十次常务会议召开，学习《中华人民共和国行政诉讼法》，审议《关于明确浙江龙泉经济开发区管辖范围项目管理职能的意见》，研究讨论《龙泉市宝剑产业高质量发展三年行动计划(2022—2024年)》等内容。

26日至27日 中国科学院院士、中科科技培训中心主任刘嘉麒带队到龙泉就共同打造"研学龙泉"IP进行深入交流探讨。

28日 百山祖国家公园龙泉市屏南镇生态保护与利用培训基地揭牌成立。同时，举行"屏南原茶"发布会。

28日至29日 龙泉市委书记王忠宝率党政考察团赴江西省景德镇市开展学习考察活动，并与景德镇陶瓷大学、景德镇陶文旅集团对接洽谈合作事宜。

30日 龙泉市在革命烈士陵园举行第九个烈士纪念日敬献花篮仪式，龙泉市四套班子领导参加。

同日 龙泉市社会治理中心揭牌成立。该中心常驻部门13个、平台(中心)16个、专业调委会6个，轮驻部门16个，划分为综合受理、多元调处、诉讼服务、行政执法、应急指挥等九大功能区，涵盖运行监测、矛盾调处、分析研判、协同流转、应急指挥、督查考核、执法联动、疫情防控八大核心功能。

同月 龙泉青瓷(套装餐具、套装茶具)被省市场监督管理局列入GM2D(全球二维码迁移计划)示范区建设第一批试点行业。

同月 浙江新劲空调设备有限公司新能源汽车热管理系统智慧型膨胀阀数字化车间入选2022年度第一批省级智能工厂(数字化车间)。

10月

8日 龙泉市绿谷实验幼儿园正式投入使用，标志着该市公办幼儿园在园幼儿占比达到50%以上。

11日 龙泉市委常委会召开会议，传达学习近期习近平总书记系列重要讲话精神和上级有关会议、文件精神，研究龙泉贯彻落实意见，安排部署有关工作。

同日 龙泉市委常委会扩大会议暨市委理论学习中心组专题学习研讨会召开，深入学习《习近平法治思想学习纲要》，市委理论学习中心组部分成员联系工作实际作交流发言。

同日 龙泉市委外事工作委员会召开2022年度会议，研究部署外事工作。

11日至12日 省人大常委会副主任赵光君率调研组到龙泉开展《浙江省促进中小企业发展条例(修订草案修改稿)》立法调研，丽水市人大常委会主任李锋、副主任沈根花等参加调研。

12日 中国工程院院士、浙江大学能源工程学院院长、党委副书记高翔，省科协党组书记、副主席谢志远等一行到调研，为龙泉汽车(空调)零部件产业把脉献策。

13日至14日 国家林业和草原局集体林业改革发展研究中心调研组到龙泉市调研深化集体林权改革工作。

14日 丽水市委常委、宣传部部长李一波到龙泉市调研宣传思想文化工作。

同日 龙泉市举行首批"排污权"抵押贷款集中授信仪式，浙江龙泉农村商业银行为13家企业共授信3650万元。

16日 中国共产党第二十次全国代表大会在北京开幕，龙泉市各界干部群众积极收听、收看党的二十大开幕会盛况，副处以上领导集中收看。

18日 龙泉市委网络安全和信息化委员会召开第四次全体会议，研究部署网络安全和信息化工作，审议了《龙泉市加强网络文明建设工作的实施方案(送审稿)》。

19日 丽水市政协主席任淑女率统战部、科技局、民政局、生态环境局、烟草公司等单位负责人到联系乡镇龙泉市竹垟畲族乡走访调研。

21日 省总工会组建的省劳模

工匠助力山区26县高质量发展医疗卫生志愿服务队走进龙泉，浙江大学党委委员、全国先进工作者姚玉峰，省中医院（学院）党委书记、全国先进工作者何强等8位知名专家，在龙泉市人民医院开展了省级医疗专家门诊、培训讲座、学术交流、疾病查房带教等系列活动。

23日至24日　中国首档世遗揭秘互动纪实节目《万里走单骑——遗产里的中国》第三季到龙泉市录制节目，中国文物学会会长单霁翔与明星嘉宾周韵、牛骏峰、唐九洲、李治廷组成的“万里少年团”走进枫洞岩考古遗址、制瓷企业等地，了解龙泉青瓷“人类非遗”的保护传承弘扬，讲述青瓷背后的故事。

24日　龙泉市政府第11次常务会议召开，学习《政府隐性债务管理相关文件》《浙江省生态环境保护条例》，研究讨论《龙泉市新时代医疗卫生人才振兴“八条新政”》《龙泉市医疗救助实施办法》《第三届中国（龙泉）灵芝大会暨龙泉人才科技峰会活动总体方案》等内容。

25日　龙泉市召开全市领导干部会议，市委书记王忠宝传达学习了党的二十大精神和省、丽水市有关会议精神，对龙泉市学习宣传贯彻党的二十大精神进行部署。

同日　龙泉市政府召开党组会议，龙泉市委副书记、代市长王国锋传达学习党的二十大精神和省、丽水市、龙泉市领导干部会议精神，研究部署政府系统贯彻落实意见。

同日　龙泉市艺术文化交流与宝剑技艺传承委员工作室、青瓷文化传承发展委员工作室正式挂牌成立。截至该日，龙泉市政协已建立委员工作室13个，其中界别型4个、集体型9个，涵盖党史教育、剑瓷文化交流与传播、法律咨询及援助、基层社会治理等领域。同时，13个委员工作室均在省政协同心在线“委员工作室”应用上线，提供线上咨询服务。

同日　龙泉市召开《中国共产党浙江龙泉历史》第三卷（1978—2012）专题资料征编工作推进会暨业务培训会，标志着龙泉党史三卷编写工作全面启动。

28日至29日　龙泉市组织了4场“龙泉青瓷的那些事儿”专家直播活动，邀请浙江大学艺术与考古学院教授周少华、故宫博物院馆员吴闻达、龙泉青瓷非遗传承人李震等做客直播间，向全球解密与龙泉窑青瓷相关的热门话题。

31日　第五届世界青瓷大会在省人民大会堂开幕。泰国驻华大使阿塔育·习萨目及夫人美苹·习萨目、国际陶艺学会IAC理事——中国区代表万里雅、中国文物学会会长单霁翔、中国工程院院士高翔，省人大常委会副主任史济锡、副省长成岳冲、省政协副主席陈小平，丽水市领导吴舜泽、李一波、蓝伶俐、卢彩柳、邵祥军等出席大会。

同日　龙泉市委副书记、代市长王国锋在杭州会见了前来参加第五届世界青瓷大会的泰国驻华大使阿塔育·习萨目一行。

同日　“宋瓷梦华”——青瓷沉浸式交互艺术展在省人民大会堂开展，展览以“天下龙泉、基因记忆、土火交响、礼乐雅颂、青瓷出海、世界传咏”六个章节为内核展览主线，系统介绍自古以来的龙泉青瓷从中国到世界的整体发展脉络，以“烈焰涅槃”展区为外围展览辅线，系统介绍20世纪以来的龙泉青瓷研究的年表大事，同时加以科技手段的沉浸式体验，让“宋韵文化”更加可见、可感、可传。

同月　省妇联、省农业农村厅公布了2022年度“浙江省美丽庭院特色村”名单，龙泉市住龙镇住溪村、宝溪乡溪头村上榜。

同月　“旱优73”“旱优3015”2个品种的节水抗旱稻在龙泉市小梅镇毛山头村试种成功，其中，“旱优73”鲜产每亩585.68公斤，“旱优3015”鲜产每亩686.2公斤，亩均成本下降200元。

同月　浙江省农村文化礼堂建设示范县（市、区）、示范乡镇（街道）名单公布，龙泉市获评省农村文化礼堂建设示范县，系丽水市唯一；住龙镇入选省农村文化礼堂建设示范乡镇，岩樟乡岱岭村入选省级特色礼堂。

同月　建行龙泉市支行成功为龙泉市人民医院发放丽水市首笔设备更新改造贷款，贷款资金专项用于医院的设备更新改造。

11月

1日　“青瓷复兴·共同富裕”主旨论坛在省人民大会堂举行，钱塘江文化研究会会长、省人民政府咨询委员会特邀委员、宋韵文化传承研究中心专家委员会召集人胡坚，国际陶艺学会IAC理事——中国区代表万里雅，中国美术学院民艺研究所所长、中国美术学院特聘教授吕品田等专家学者围绕宋韵文化、科技、产业等主题进行主旨演讲。

同日　“青风宋韵”中国青瓷创新链产业链融合发展学术论坛在杭州举行。相关行业代表、专家学者聚焦宋韵文化、青瓷文化，深入讨论中国青瓷的文化精神、当代青瓷的弘扬振兴和青瓷产业的传承、创新和发展等时代课题。

同日　由浙江省高级人民法院指导，丽水市中级人民法院主办，龙泉市人民法院、龙泉青瓷行业协会承办的陶瓷行业知识产权保护论坛在杭州举行。论坛分“陶瓷企业知识产权保护的经验与困境”“陶瓷行业知识产权的司法和行政保护路径”“陶瓷创新与知识产权保护”三个主题进行，省高院党组成员、副院长许惠春，丽水中院党组书记、院长张军斌等领导参加活动。

同日 “新文创·新力量”青瓷艺术创新论坛在杭州举行。博乐设计集团董事长、杭州市工业设计协会会长周立钢，中国美术学院教授、浙江省创意设计协会会长吴海燕，东京艺术大学名誉教授、宁波大学特聘教授岛田文雄等嘉宾进行了主旨演讲。

同日 “新视野·新动能”青瓷科技与产业研讨会在杭州召开。中国建筑卫生陶瓷协会高级顾问、原驻会副会长夏高生，浙江大学艺术与考古学院教授周少华，中国美术学院教授徐捷，丽水学院教授周晓峰等专家学者聚焦打造新时代文化艺术标识进行主旨演讲。

同日 龙泉市在杭州举行“诗路上行走的瓷音”产业沙龙活动，来自全国各地的陶瓷界领军人物、顶级专家、业界大咖、知名学者、行业先锋及学生代表紧扣“洞察文化遗产活化方式、锚定瓷器产业未来”主题，围绕龙泉窑与越窑、瓯窑、婺州窑等各窑区的历史、传承创新、品牌打造及如何高品质打造青瓷文化产业带等议题开展深度探讨。

2 日 龙泉市举行宝剑小镇风情街开街仪式，中国工艺美术协会驻会副会长王志杰出席活动。

3 日 龙泉市召开重大项目“百日攻坚”大会战和大花园建设工作推进会。

4 日 龙泉市委常委会（扩大）会议暨市委理论学习中心组党的二十大精神专题学习会召开，传达学习贯彻近期习近平总书记系列重要讲话精神和上级有关会议、文件精神，专题学习贯彻党的二十大精神，安排部署有关工作。

5 日 龙泉市在第十五届中国义乌国际森林产品博览会期间，举行了龙泉竹木区域公用品牌“龙尚竹”发布会，并与全球知名户外品牌挪客签订“宅野趣”居家露营系列产品战略合作协议。

2 日至 5 日 浙江省第十一届残疾人运动会赛艇皮划艇比赛在千岛湖国家水上训练基地举行，龙泉籍运动员占先平获男子 KL2 级 1000 米银牌、500 米铜牌、200 米铜牌。

7 日 龙泉市政府理论学习中心组召开党的二十大精神专题学习会，各党组成员围绕学习贯彻党的二十大精神进行深入的交流发言，推动党的二十大精神在龙泉落地见效。

9 日 龙泉市残疾人联合会第八次代表大会召开。会议选举产生市残联第八届主席团委员、主席、副主席和出席丽水市残联第八次代表大会代表；选举产生新一届执行理事会和各专门协会领导班子；审议通过丽水市残联第八届主席团委员候选人名单。

同日 2022 年世界互联网大会乌镇峰会开幕，龙泉青瓷再度作为大会定制礼品赠送给与会嘉宾，这是龙泉青瓷第九次入选世界互联网大会定制礼品。本届大会入选的龙泉青瓷定制礼品分别为青瓷艺人王武的作品《富贵如意》、青瓷艺人徐星的作品《一鹿相伴》、青瓷艺人徐诗微的作品《静水斑斓》。

9 日至 10 日 丽水市政协副主席何卫宁到龙泉市征集 2023 年重点履职议题，并召开“老区不老、共富先行”专题调研月活动座谈会。

10 日 丽水市委常委、纪委书记、监委主任傅智超到龙泉宣讲党的二十大精神。

11 日 龙泉市召开党管武装工作会议暨市国动委第二十四次全体会议。

同日 龙泉市委召开议军会议，深入学习贯彻党的二十大精神和习近平强军思想，分析形势、解决问题，推动党管武装工作和国防后备力量建设再上新台阶。

同日 龙泉市召开投资促进工作委员会第一次全体（扩大）会议。

同日 龙泉市住龙镇入选全省第一批生物多样性体验地。

12 日 在第十三届全国交通运输行业职业技能大赛总决赛公路收费及监控员赛项中，代表浙江队参赛的龙泉籍高速收费员刘诗雨摘得金牌。

12 日至 14 日 第三届中国（龙泉）灵芝大会暨龙泉人才科技峰会在龙泉市举行。大会围绕“龙泉的灵芝 道地的灵芝 世界的灵芝”“天下龙泉 青年创谷 共富先行”两大主题，开展了 3 项主体活动、6 项灵芝产业类活动和 4 项人才科技类活动。

13 日 第三届中国（龙泉）灵芝大会暨龙泉人才科技峰会举行“芝”未来主旨演讲，中国食品土畜进出口商会副会长戎卫东主持。全国脱贫攻坚楷模、中国工程院院士李玉，中国工程院院士、食品工程专家单杨，上海市农业科学院食用菌研究所所长张劲松等专家作主旨演讲。浙江省农业科学院园艺研究所副所长、浙江省食用菌协会副会长蔡为明等领导嘉宾出席活动。

同日 第三届中国（龙泉）灵芝大会暨龙泉人才科技峰会举行“引领热能、创新发展”新能源汽车热管理论坛。中国汽车工业协会汽车空调委员会秘书长薛庆峰，省工程热物理学会理事长、浙江大学教授樊建人，杭州电子科技大学自动化学院（人工智能学院）党委书记、能量利用系统与自动化研究所所长姜周曙，同济大学汽车学院教授、博导倪计民，吉利研究院热管理开发部部长凌学锋等行业专家学者分别作了学术报告。

同日 龙泉市举行“特派连心、才助共富”科技特派员论坛，与会人员聚焦科技特派员助力乡村振兴和共同富裕主题，交流分享科技特派员工作经验，把脉问诊龙泉特色产业，共商共议特派员服务企业和乡村的新模式新途径。

同日 在第三届中国（龙泉）灵芝大会暨龙泉人才科技峰会开幕式上，中国食品土畜进出口商会副会长戎卫东发布了《2022中国灵芝区域品牌价值榜单》，其中，龙泉灵芝以44.96亿元的品牌价值（含龙泉灵芝孢子粉14.49亿元）荣登榜单。开幕式同时发布了《地理标志产品 龙泉灵芝》《地理标志产品 龙泉灵芝孢子粉》两个丽水市级地方标准，实现全省地理标志产品市级地方标志“零的突破”。

同日 龙泉市举行“品质青春、逐梦龙泉”青年创业创新中心集体（首期）入驻仪式，23支青年创业团队获得免费创业空间和青创公寓的“大礼包”。

14日 龙泉市民营经济研修院揭牌成立，“品质龙商”企业高质量发展研修班、“品质龙商”青蓝接力研学班同步开班。

15日 省财政厅举行财政数字化改革创新应用大赛决赛，龙泉市开发的“龙财通”应用获二等奖。

同日 龙泉市委统一战线工作领导小组会议暨全市民族宗教工作会议召开。

17日至18日 2022年度丽水市民族乡村振兴现场推进会暨民族乡镇工作例会在龙泉市召开。丽水市委常委、统战部部长徐光文出席会议并讲话。

18日 龙泉市委召开第三季度实绩述职会。

同日 龙泉市召开老干部经济社会发展情况通报会，市委副书记、代市长王国锋向老干部们通报了2022年前三季度龙泉经济社会发展情况。

22日 瓯江源头龙泉溪（武潭段）水生态修复工程子项目黄灌生态景观堰坝工程开工。

23日 龙泉市“互看互学·互比互评”争先创优活动举行第二次乡镇（街道）集中点评会。

24日 根据丽水市委统一部署，学习贯彻党的二十大精神丽水市委宣讲团到龙泉宣讲党的二十大精神。龙泉市委书记王忠宝主持报告会，丽水市委组织部常务副部长陈科强作专题辅导报告。

同日 龙泉市政府党组第13次会议暨市政府第12次常务会议召开，传达学习近期上级系列会议精神，研究讨论《龙泉市城乡公交一体化改革实施方案》等内容。

同日 丽水市健康促进县建设评审专家组一行到龙泉市开展健康促进县市级评审。

同日 龙泉市实职副处以上退休干部理论学习中心组开展“走基层、看变化、促发展”活动，走访重点项目、工程，感受龙泉经济社会发展变化。

26日 龙泉市首届江南之巅·半程马拉松比赛在屏南镇举行，该赛事系江浙海拔最高的半程马拉松比赛，100名跑步爱好者参加此次比赛。

17日至28日 “青风海上来——浙江考古与中华文明：浙江青瓷巡礼”展览在开罗马尼亚尔宫博物馆展出。现场展出了由龙泉青瓷博物馆和马尼尔宫博物馆提供的29件当代龙泉窑青瓷作品、9件馆藏中国古代青花瓷器。展览结束后，其中28件由龙泉青瓷博物馆提供的龙泉青瓷作品被开罗中国文化中心永久收藏。

27日 龙泉市“青年马克思主义学习班”剑瓷匠人班在龙泉市委党校开班，来自龙泉青瓷宝剑行业的40多位青年剑瓷匠人成为首批学员。

28日 龙泉市先后召开市委常委会和市委常委会（扩大）会议，传达学习贯彻近期习近平总书记系列重要讲话精神和上级有关会议、文件精神，审议《关于开展村改居工作的实施意见》等文件，听取全市安全生产、村改居工作相关情况汇报。

同日 龙泉市召开现代社区建设推进会暨“四个一批”（晾晒一批、协商解决一批、暖心帮扶一批、调解诉讼一批）提高物业服务费收缴率现场会。

29日 龙泉市高规格召开村改居工作动员大会暨村改居工作培训会，正式启动龙渊、西街、剑池3个街道的村改居工作。

同日 龙泉市召开青年工作联席会议第三次全体会议暨县域共青团基层组织改革动员部署会，部署2023年青年工作重点。会议审议通过了《龙泉市2023年青年十件民生实事项目》，并举行青年创业贷款10亿元授信仪式。

30日 龙泉市召开山区26县高质量发展实绩共同富裕及丽水市综合考核推进会。

同月 龙泉市八都镇章府会村21位村民领到了全省第一批碳汇权证，2951亩林地测得碳汇储量6398吨。

12月

1日 龙泉市政府与上海厚同瑞吉股权投资管理合伙企业（有限合伙）在杭州签订战略合作协议，双方在汽车科技产业领域开展深度合作。

同日 龙泉市文化旅游投资发展股份有限公司与浙江君兰文旅公司签订西街宿集商业业态合作协议，以西街历史文化街区优质国有资产为基础，以宿集的概念为出发点，打造集文化、娱乐、生活、住宿于一体的创意街区目的地。

2日 龙泉市大型媒体问政栏目《阅卷》第一期在龙泉大剧院进行现场直播。首期节目以"聚焦机制砂专项整治"为主题，关注该市相关部门单位在机制砂专项整治工作中落实责任情况，展开问政互动。该节目系龙泉市打造的群众议政新平台，通过视联网进行线上线下同步直播。

4日 龙泉市45家单位在市人民广场联合举办国家宪法日普法宣传活动。

6日 党中央、全国人大常委会、国务院、全国政协、中央军委在北京人民大会堂隆重举行江泽民同志追悼大会。龙泉市副处以上领导、曾担任实职副处级以上的离退休老干部，以集中收看电视实况直播的方式沉痛悼念江泽民同志。

7日 龙泉市青创办、共青团龙泉市委创新推出的"青创一卡通"正式上线，为外来创业青年提供专属优惠，实现"吃住创享"一卡通办。首批签订合作协议的"青创门店"20家、"共享食堂"4家，涵盖咖啡、甜品、健身房、民宿酒店、食堂等青年消费业态，可享受7.5折到9折不等的专属折扣优惠。

7日至8日 龙泉市"互看互学•互比互评"争先创优活动举行第二次市直单位集中点评会，50家市直单位负责人逐一登台，亮晒比拼项目"成绩单"，接受现场测评。

9日 龙泉市市管领导干部学习贯彻党的二十大精神专题培训班开班，市委书记王忠宝作开班动员讲话并上主题党课，市委副书记、代市长王国锋和市委副书记李舜作专题辅导。

同日 华楼街东延工程——执中大桥项目开工仪式举行，龙泉市委书记王忠宝出席致辞并宣布开工。该项目是拉开龙泉城市框架的一个牵引性、引领性工程，概算投资1.092亿元，主桥单跨80米，路线呈东西走向，起于华楼街与东茶路交叉口，向东延伸跨越龙泉溪，终于武潭村北，路线全长600米。

同日 龙泉市召开劳动模范和模范集体表彰座谈会。

同日 仙居至庆元公路龙泉下庄儿至兰头段叶山头隧道正式贯通。

13日 龙泉市八都镇获评全省五星级乡镇(街道)食安办，系丽水市首个。

13日至14日 省工商联党组副书记、副主席蔡晓春带队赴龙泉开展"知名浙商助力龙泉高质量发展"活动。省工商联联系对接龙泉市企业家代表，杭州市萧山区工商联、嘉兴市秀洲区工商联负责人及相关企业参加活动。

15日 龙泉二中与匈牙利道包什市坦契奇高中开展线上"虚拟互访"活动，通过"云端对话"方式开展友好交流，道包什市市长佐尔丹应邀参加。

同日 龙泉竹垟溪入选省2022年美丽河湖名单。

17日 龙泉市兴龙生物科技有限公司会同省农科院园艺所等项目单位承担的"灵芝新品种选育与高质高效栽培研创及产业化应用"通过省科技成果鉴定。

18日 龙泉市亭后窑址入选2022年度浙江考古重要发现。

20日 龙泉市召开全市领导干部会议，传达学习省委十五届二次全体(扩大)会议暨省委经济工作会议精神，部署龙泉市贯彻落实意见。

23日 萧山区、龙泉市以视频会议的形式召开2022年度山海协作联席会议。会上，两地政府签署了新一轮合作签约，内容涵盖制造业、农业、科技、卫健等多个领域；萧山向龙泉市政府返还消薄增收资金1000万元，捐赠2022年度山海协作援建资金330万元、11个结对乡镇(街道)年度援建资金220万元、省级结对帮扶资金100万元、"6•20"特大暴雨洪灾救灾资金20万元。

同日 省科技厅下达2023年度第一批"尖兵""领雁"研发攻关计划立项项目清单，龙泉市《新能源车用膨胀阀智能柔性生产线关键技术与应用示范》《低碳环保新能源汽车空调关键技术研发及应用》2个项目入选。

26日 龙泉市召开全市领导干部会议，传达学习丽水市委五届三次全体(扩大)会议精神，部署贯彻落实意见。

27日 龙泉市政府党组第14次会议暨市政府第13次常务会议召开，学习习近平总书记近期系列重要讲话精神，省委十五届二次全会暨省委经济工作会议、丽水市委五届三次全会等会议精神，听取当前新冠疫情防控、消防安全形势分析等情况汇报，讨论研究《关于鼓励企业留员工稳生产的政策意见》等内容。

28日 龙泉市委常委会召开会议，传达学习习近平总书记近期系列重要讲话精神和中央经济工作会议等上级有关会议、文件精神，研究贯彻落实意见，部署村改居、国资整合下步工作。

同日 龙泉市举行衢宁铁路龙泉市站货运开通仪式，市委书记王忠宝宣布衢宁铁路龙泉市站货运正式开通启用。随着分别满载着9车砂石料的49102次货物列车从庆元、龙泉市站先后鸣笛启程，标志着衢宁铁路浙江段车站货运业务全面开通启用。

同日 龙泉市政府新闻办举行作风效能革命工作新闻发布会，相关部门新闻发言人对该市作风效能革命工作的总体情况、取得成效及存在问题作了介绍。

29日 龙泉市政府新闻办举行城乡公交一体化改革工作新闻发布会，相关部门新闻发言人对该市城乡公交一体化改革工作总体情况、取得成效及下步工作计划作了介绍。

同日 经县级申请、核查报送、专家评审、社会公示等程序，龙泉市成功入选“四好农村路”全国示范县创建单位。

同月 省交通运输厅公布2022年交通数字化改革基层和社会“最佳实践”，龙泉市“智安农路”数字化应用成功入选30佳。

同月 龙泉市不动产登记中心为2位海宁客商成功登记办理农房（宅基地）使用权流转证，系该市发出的首批农房（宅基地）使用权流转证。

同月 中华保险公司向龙泉市3户承保养殖户发放了共计14.2万元的2022年生猪价格保险理赔款，龙泉市生猪价格保险项目也是该保险公司在浙江省承保的首单生猪价格保险。

同月 丽水市纪委监委发布了2022年度丽水市乡镇（街道）政治生态排行榜评选结果，龙泉市西街街道、住龙镇入选优胜榜。 （许家琦）

2022年十件民生实事

表1

序号	候选项目	具体内容
1	城市品质提升工程	完成西街西寺门至桃园路段区块内的里弄小巷及主路的给排水、污水、弱电管道的改造及道路铺装；完成新增天然气居民小区入户1000户；完成滨江花园小区、老一中宿舍改造；完成供水管网建设8公里；建成城区垃圾分类定时定点收集点（房）10个（上茶街1个、鼎丰天璟湾2个、西街1个、龙翔小区1个、二村1个、莱茵花园1个、苍松路1个、尊龙广场2个），并组织工作人员进行垃圾分类宣传引导,居民基本形成分类投放意识；完成改造垃圾中转站1个
2	食品安全工程	建成6家农特产品服务检测中心；提升改造农村家宴放心厨房8家，并完成验收；建设完成食品生产企业阳光工厂32家；景赞、剑池、安仁3家农贸市场内经营户激活“浙食链”
3	交通治堵工程	完成城市道路改造2.1千米；新增公共停车位500个，并完成规划核实确认书；新增3路高空鹰眼；新增（改）10处智能红绿灯信号机
4	农村出行工程	完成农村公路路面维修100千米；完成农村公路提升改善80千米；新增农村港湾式停靠站10个
5	教育提质工程	完成二中、四中、五中中学新（改扩）建项目；完成西新小学、中职校校园改造与提升工程
6	幼儿照护工程	上城花园配套幼儿园投入使用，新增公办园学位90个；新增普惠托位210个；南大洋幼儿园完成搬迁协议签订及开工建设、美林公馆幼儿园完成毛坯房交付
7	敬老服务工程	完成为70周岁以上老年人免费提供流感疫苗接种服务10010人；建成1家智慧养老院，智慧养老终端实现互联互通，5个场景必建内容达标可用；新增认知障碍照护专区床位20张；19家乡镇（街道）居家养老服务中心无感服务智能终端设备完成安装调试，并完成验收
8	助残康复工程	完成残联儿童康复救助130人；建成省级残疾人之家2家；完成10个重要公共场所无障碍改造建设
9	应急救护工程	建成民生药事服务站2家；完成救护员培训3149人，普及救护知识12081人次；建成2家乡镇院前急救服务站；完成新改扩建规范化村卫生室（社区卫生服务站）7家
10	生态治理工程	新增国土绿化面积2400亩；完成1个（条）美丽河湖创建工作；完成20平方千米水土流失治理工程：完成封育治理1951.9公顷、经济林地治理48.1公顷、护岸/护脚2638米、水源涵养林4.3公顷；完成拦沙堰6座；建成雨量监测站10个并投入使用

（李骋熙）

市情概览

历　史

【概况】 龙泉市历史悠久，牛门岗出土文物证明，早在新石器时代，龙泉土地上就有人类活动。东晋太宁元年（323），属永嘉郡松阳县，置龙渊乡。唐武德三年（620），因避高祖李渊讳，改龙渊乡为龙泉乡。唐乾元二年（759），建立龙泉县，县治地黄鹤镇（今龙渊街道）。北宋宣和三年（1121），诏天下县镇凡有“龙”字皆避，龙泉县改为剑川县。南宋绍兴元年（1131），复名龙泉县。南宋庆元三年（1197），析龙泉县之松源乡及延庆乡部分地设置庆元县。明洪武三年（1370），庆元县并入，洪武十三年（1380）十一月复置庆元县。清承明制未变，属浙江省处州府。

1949 年 5 月 13 日，龙泉解放。1958 年 11 月，庆元县并入。1973 年 7 月复建庆元县，至 1975 年 8 月，龙、庆二县开始分署办公。1990 年 12 月 26 日，经国务院批准，撤销龙泉县，设立龙泉市（县级市），仍属丽水地区行政公署。2000 年 5 月，撤销丽水地区，设立地级丽水市，原丽水地区管辖的县级龙泉市由浙江省人民政府直辖，其行政管理委托丽水市人民政府代管。

【历史名人】 龙泉人杰地灵，人文昌盛。宋朝天圣至咸淳 251 年间，龙泉一县就出进士 260 名，创造了古代科举奇观。思想文化人才辈出，政治家、思想家、文学家、史学家和能工巧匠星光璀璨。南宋永嘉学派主要代表和集大成者叶适，思想博大精深，成为温州模式和温州精神源头活水；南宋著名“江湖派”代表诗人、历史学家叶绍翁，千古名句“春色满园关不住，一枝红杏出墙来”至今广为传诵；南宋著名考古学家叶大庆所著《考古质疑》，被录入《永乐大典》《四库全书》；南宋著名历史学家鲍彪所著《鲍氏战国策注》，至今仍为权威注本。在宋朝，龙泉先后出了 2 位宰相、3 位副宰相和 2 位兵部尚书，分别为北宋宰相何执中、副相管师仁，南宋宰相汤思退，副相何澹、真德秀，南宋兵部尚书季可、陈存，其中副相何澹未忘乡土建设，疏浚处州通济堰，开凿保定洪塘，并修撰龙泉第一部县志，志中记载了生产香菇“砍花法”和“惊蕈术”，对世界香菇发展起到了重大作用，他因此被称为世界香菇文化之父。明初官员、学者章溢，辅佐朱元璋开国立业，与刘伯温、宋濂、叶琛一起并称“浙东四先生”。

【菇民文化】 龙泉是世界香菇发源地，自古被誉为“菇民之乡”，民国 13 年（1924）就出版了香菇栽培专辑《菇业备要全书》。在世代的香菇生产过程中，菇民为了防止盗贼和野兽的侵扰，在自卫中练就了“凳花”“扁担功”等独特的菇民防身术。特色菇民美食有黄粿、蒸粉皮、泥鳅豆腐、紫苏鱼头、土豆饼、灰碱粽等。这些习俗和美食，共同记载着龙泉人民勤劳的香菇种植历史，是菇民文化流传的活历史。香菇砍花技艺、菇民防身术已被列入丽水市、浙江省非物质文化遗产代表作名录。

【剑瓷文化】 龙泉因剑得名，凭瓷生辉，是中国青瓷之都、中国宝剑之邦和国家历史文化名城、全国文化先进市，自古就有“处州十县好龙泉”的美誉。龙泉窑是中国制瓷史上时间最长、影响最大窑系之一。龙泉宝剑凭借“坚韧锋利，刚柔并寓，寒光逼人，纹饰巧致”四大特色被公认为剑中之魁。2006 年 6 月，龙泉宝剑锻制技艺与龙泉青瓷烧制技艺双双被列入首批国家“非遗”。2009 年，龙泉青瓷传统烧制技艺入选人类“非遗”，成为全球陶瓷类首个入选人类“非遗”的陶瓷类项目。近年来，龙泉做深做实剑瓷文化“深化、物化、转化”文章，独一无二的剑瓷文化被赋予新的生命力。中国青瓷小镇成为住建部第一批中国特色小镇和浙江省“十大示范特色小镇”，龙泉宝剑小镇入选第二批浙江省特色小镇创建名单。大窑龙泉窑入选国家考古遗址公园，龙泉青瓷文化省级旅游度假区获批设立，龙泉青瓷传统烧制技艺、龙泉宝剑传统锻制技艺入选首批国家传统工艺振兴目录。

【浙西南革命老区】 龙泉是革命老根据地县，浙西南革命老区所在地的中心区域。1934年9月，中国工农红军北上抗日先遣队在龙泉开展活动。1935年，刘英、粟裕率领的中国工农红军挺进师在宝溪乡溪头村打响入浙第一仗，从此拉开了红军挺进师进入浙江开展革命斗争，建立浙西南革命根据地的帷幕。红军挺进师每到一处，都把群众组织和发动起来，建立党的地方组织，领导开展“打土豪，分田地”和反“围剿”斗争，让劳苦人民情绪大为振奋，有力推动了新的革命高潮到来。从1935年至1942年，龙泉先后成为中共龙浦县委、中共龙遂县委、中共浙西南特委、中共处属特委的驻地；中共浙江省委第一部电台设在龙泉，中共处属第一次党员代表会议在龙泉召开，中共处属特委在龙泉举办基层干部训练班。龙泉留下刘英、粟裕、宗孟平、许信焜、张麒麟等革命先辈足迹，洒下方志富、洪家云、李重才、欧阳道等无数革命烈士鲜血。1988年，浙江省人民政府批准龙泉为革命老根据地县。2011年4月1日，龙泉披云山苏维埃旧址被列入全国红色旅游经典景区名录。重要革命遗址有龙泉市革命烈士陵园、龙浦县苏维埃政府旧址、上田战斗纪念馆、仓砝红军挺进师政委会会议旧址，水塔、湖住溪革命纪念碑亭，浙西南特委（处属特委、闽浙边委）驻地遗址，溪头战斗、凤阳山战斗遗址等。

【西街历史文化街区】 西街起源唐朝，格局富有特色，是“一街一渠”景致的代表。西街街区位于龙泉溪北岸，东西走向，西起披云桥，东至新华街，全长1417米。街区内龙泉溪、岩樟溪、锦溪三江汇合，有省级文保单位蒋溪堰、云水渠，始建于北宋重和元年（1118），是具有独特历史价值的水利文化遗产。街区两边店铺多为二层木结构，挑楼外悬，雕窗镂栏。弄堂里巷民居粉墙黛瓦，雕梁画栋，砖雕木刻，飞檐翘角，错落有致。作为传统商业街区，保留有打铁铺、古玩店、理发店、草药铺、点心铺、杆秤铺等民间老行当，是龙泉古城昔日繁华历史见证，也是新时代文化龙泉建设重要工程。

2018年，龙泉市全面启动西街历史文化街区保护利用工作，主要建设内容有保护利用蒋溪堰、云水渠，新建三江口堰坝、留槎洲汀步，新建云水榭（水文化展览馆），修复三江口两侧堤岸生态、马鞭厂（原竹制品厂），恢复修建吊脚楼，修建留槎洲情景展示工程等。2019年，西街历史文化街区保护利用工作效果初显：重建后的披云桥、三江口堰坝汀步成为市民休闲打卡热门地，江滨北路西街段道路逐步打通，改善老城区道路交通堵点问题，蒋溪堰、云水渠修旧如旧，老街区（新华街—公园路段）综合整治效果显著，现代和复古魅力并存，被网友誉为龙泉版“田子坊”。2020年，三江口堰坝建成，堰坝东接西街，西连古村落宫头村，坝体全长150米，空中俯瞰宛如一条舞动的“丝带”，在“丝带”中嵌入龙泉青瓷凤尾瓶建成两处青瓷形状的亲水平台，结合留槎洲景区形成一瓷一舟造型，寓意着龙泉青瓷通过海丝之路走向世界，第三届世界青瓷大会期间，“千年守艺·匠心如初”西街风情活动吸引数万游客观光游览，成为新兴“网红打卡地”，周边县（市、区）党政代表团多次到街区考察学习。2021年，龙泉市启动三江口区块综合整治提升项目，11月，经过保护建设与提升修缮的西街街区三江口区块正式对外开放，第四届世界青瓷大会在该区块举办天下龙泉·风华宋韵沉浸式演出、《三春与高机》越剧舞台剧、“知否·宋韵”文化游和“寻宋·西街”——宋韵生活节等大型活动，有效激活龙泉“夜经济”，成为拉动龙泉城区游、过夜游的重要平台。2022年，西街街道持续推进街区三江口区块的“微改造、精提升”，“宋韵西街”拆改项目获评浙江省“十佳拆改”示范典型，系丽水市唯一，“宋韵西街社区”入选浙江第五批未来社区创建名单（旧改类）。在三江口区块举办丰富多彩的节庆活动，持续擦

2022年11月，西街历史文化街区节庆活动　　（王镇西／供图）

亮“宋韵西街”金名片，精心塑造文化地标，协同建设局、文旅公司等单位下足“绣花”功夫，活化西街历史文化街区，推动新旧业态融合，探索“文化+商业+创意”发展月光经济，街区诸多商铺成为热门打卡点，累计举办10余次大型月光集市活动，引流量20万人次，进一步激活街区人气。

地　　理

【地理位置】 龙泉市位于浙西南浙闽边境，是浙江省进入江西、福建主要通道，素有“瓯婺八闽通衢”“驿马要道、商旅咽喉”之称。地处北纬27°42′—28°20′、东经118°42′—119°25′，东与云和县、景宁畲族自治县毗邻，南与庆元县相连，西与福建省浦城县交界，北与遂昌县、松阳县相接，东西宽70.25千米，南北长70.80千米，总面积3059平方千米。

【地形地貌】 龙泉是“九山半水半分田”的山区县（市），海拔500米以上的中、低山占龙泉市面积的69.2%，丘陵占27.9%，河谷平原占2.9%。武夷山系分2支从龙泉西南部逶迤入境，西北支为浙江省中部主干山脉仙霞岭主体部分，经闽浙赣交界枫岭，龙遂交界九龙山，直向东北展开；东南支从福建省戴云山开始，越过闽江经鹫峰山，直达闽浙边境向东北延伸到龙泉东南部，称洞宫山脉。境内崇山峻岭，层峦叠嶂，襟带众流，枕山带水。海拔千米以上山峰有730余座，其中境内凤阳山国家级自然保护区主峰黄茅尖海拔1929米，为长三角第一高峰。

【江溪湖泊】 龙泉是瓯江、闽江、钱塘江（乌溪江）三江源头。瓯江发源于龙泉与庆元交界的百山祖西北麓锅冒尖，自龙泉西南向东北贯穿而过后流入云和，境内流长125千米。西北部住溪，是钱塘江水系乌溪江源流。西部宝溪，是福建闽江水系支源流。位于龙泉溪下游的紧水滩电站水库即仙宫湖，面积34.3平方千米，是丽水市最大的人工湖泊。

环　　境

【生态宜居福地】 龙泉是国家森林城市、国家园林城市、国家卫生城市、国家重点生态功能区、浙江省生态市和环保模范城市，省生态文明示范县、省首批大花园示范县、省新时代美丽城镇建设优秀县（市）、省级美丽乡村示范县、省乡村振兴战略实绩考核优秀县（市）、省“清三河”达标县（市）、省级清新空气示范区、省级首批水生态环境示范试点县、首批省级碳汇能力提升类试点县和第三批省级减污降碳协同试点县。2022年，全市环境空气质量综合指数2.00，位列全省第二；细颗粒物（PM2.5）年平均浓度为17微克/立方米，位列全省并列第二；可吸入颗粒物（PM10）年平均浓度为25微克/立方米，位列全省第一；环境空气优良天数比例99.5%，位列全省并列第三。市地表水环境功能区水质达标率、跨行政区域交接断面水质达标率和集中式饮用水水源地水质达标率始终保持100%。其中，龙泉—云和跨行政区域交接断面水质达到Ⅰ类水质标准，达标率100%。

截至2022年底，龙泉市60岁以上老年人口60686人，占年末总人口的21.24%，其中65岁以上老年人口45818人，占年末总人口的16.04%；70岁以上老年人口28522人，占年末总人口的9.99%；80岁以上老年人口9146人，占年末总人口的3.20%；90岁以上老年人口1230人，占年末总人口的0.43%；100岁以上老年人口14人，其中100周岁6人，占年末总人口的4.91/10万。

【气候特征】 龙泉市位于中亚热带季风气候区，四季分明，春早夏长，雨量丰沛，温暖湿润，无霜期长。因地形复杂，海拔高低悬殊，气候随海拔高度呈垂直分布，光、温、水地域差异明显，具有明显山地立体气候。海拔800米以下区域属亚热带湿润季风气候，海拔800米以上区域接近暖温带湿润季风气候。

2022年，龙泉市平均气温19.0℃，比历年值偏高1.0℃；年极端最低气温-4.6℃，出现在12月18日；年极端最高气温40.7℃，出现在8月23日。春季日平均气温稳定通过10℃初日出现在2月27日；秋季日平均气温稳定低于22℃初日出现在10月7日。年总降水量1888.3毫米，比历年值偏多14.5%；年日照总时数1709.9小时，比历年值偏多5.5%。

2022年，龙泉市气象局发布气象服务材料188期，启用“12379”国家突发公共事件预警信息发布平台发布气象灾害预警信号146次，启用云MAS移动短信发布平台发布天气预警短信194次，接收达31.8万人次。

注：历年值统计时段为1991—2020年30年资料。

2022年，龙泉市气温显著偏高但起伏大、高温日数异常偏多且强度强、低温日数明显偏少且强度偏弱，降水较常年偏多但分布极不均匀，暴雨日数偏多，日照较常年略偏多但起伏大。主要天气气候事件有：1月22日至2月23日长达1个月的阴雨寡照天气；3月下旬多暴雨过程引发较明显的春汛；梅汛期明显的降水集中期，不仅暴雨过程多、强度强，而且累计雨量大；6月16—22日受梅雨带南北摆动影响，龙泉全市出现持续强降水天气，其中6月20日全市普降大暴雨，局地特大暴雨，多地多时段雨量达到《龙泉市气象灾害防御规划》中100年一遇标准，甚至突破历史极值。6月19日20时至20日20时全市平均雨量167.2毫米，共有21个站超过200毫米，最大为披云山321.6毫米，为全省最大。夏季出现自1953年有完整气象记录以来综合强度最强高温；夏秋的伏秋连旱，引发较明显的水资源短缺；10月初罕见酷热天气；夏末冬初冷空气强度强，夏秋和秋冬季节转换快。

资源·物产

【自然资源】 2022年，龙泉市土地总面积304417.32公顷，各地类情况为：湿地76.24公顷，其中内陆滩涂76.24公顷；耕地面积20869.6公顷，其中水田18115.33公顷，旱地2754.27公顷；园地面积1981.15公顷，其中果园624.2公顷，茶园814.69公顷，其他园地542.26公顷；林地面积261949.56公顷，其中乔木林地175095.46公顷，竹林地40526.18公顷，灌木林地32378.03公顷，其他林地13949.89公顷；草地1021.96公顷，其中其他草地1021.96公顷；城镇村及工矿用地5834.59公顷，其中城市1479.69公顷，建制镇349.72公顷，村庄3675.63公顷，采矿用地254.97公顷，风景名胜及特殊用地74.58公顷；交通运输用地3345.8公顷，其中铁路用地154.22公顷，公路用地1809.56公顷，农村道路1379.82公顷，港口码头用地2.2公顷；水域及水利设施用地4779.24公顷，其中河流水面2812.94公顷，水库水面1784.73公顷，坑塘水面127.56公顷，沟渠11.21公顷，水工建筑42.8公顷；其他土地4559.18公顷，其中设施农用地246.79公顷，田坎4233.13公顷，裸土地36.21公顷，裸岩石砾地43.05公顷。

【矿产资源】 2022年，龙泉市境内已发现矿产22种，矿床、矿点177处。目前开采的矿种有铅锌矿、普通萤石、金矿，叶蜡石、方解石、建筑用凝灰岩及黏土，其中规模开采的矿种主要为铅锌、萤石。截至2022年底，龙泉市有探矿权3宗，采矿权19宗，地下开采矿山12家，露天矿山7家，国有矿山1家，有限责任公司18家，主要矿山有浙江佳和矿业集团有限公司龙泉铅锌矿、龙泉市砩矿有限责任公司八都萤石矿、龙泉市龙阳矿业有限公司铁矿、龙泉市金诚矿业有限公司，其他矿山企业规模较小。2022年，年产矿石总量217.9千吨，同比上涨137%，年产值2.97亿元，利税总额4450万元。

【森林资源】 龙泉市素有“浙南林海”之称，为中国南方重点林区县(市)，是浙江省最大林区县(市)之一。全市森林面积386.9万亩，森林覆盖率84.73%，林木蓄积量达2409.78万立方米，境内有凤阳山国家级自然保护区(百山祖国家公园)，省级野生动植物自然保护小区16个，省级森林公园1个。2022年，竹林面积61万亩，立竹量9600万株，是浙江省第二大竹乡；林权流转118.7万亩，林权流转全省面积最大、流转率最高；建成省级以上重点公益林180.4万亩，占林地面积46.6%，其中国家级公益林99.4万亩，省级公益林81万亩。登记在册古树5409株，古树群128处，其中一级保护古树414株，二级保护古树1531株，三级保护古树3464株。

龙泉市森林资源丰富，特色林产品种类多，竹砧板、胶合板、竹家居、竹木玩具、竹木太阳伞等竹木制品广泛应用于群众日常生活，香菇、木耳、灵芝、厚朴、茯苓、笋干等林特产在国内外久负盛名，珍贵树种、棘胸蛙、苗木、蜜蜂、三叶青、铁皮石斛等特色产业发展迅速，是“中国竹木户外休闲用品产业基地”“中国特色竹乡”“中华灵芝第一乡”“中国黑木耳之乡”“中国茶文化之乡”“全国重点产茶县”“中国棘胸蛙之乡”等，龙泉灵芝、龙泉灵芝孢子粉被列入国家地理标志产品保护，龙泉黑木耳被列入国家生态原产地产品保护。

【水力资源】 2022年，龙泉市年降水量2060.5毫米，水资源总量43.58亿立方米，产水模数142.5万立方米/平方千米。人均年拥有水资源量17501.41立方米，城乡人均用水量39.44立方米，农灌亩均用水量271立方米。万元GDP用水量53.16立方米，水资源利用率2.08%。龙泉市内溪流纵横，水能蕴藏量相当丰富，水力理论蕴藏量为38.5万千瓦，可开发水电装机容量28.07万千瓦，在运行农村水电站97座(含在建2座)，总装机容量22.4695万千瓦，安装水轮发电机组222台，年度总发电量5.51亿千瓦时。

【动植物资源】 龙泉市拥有多种珍稀、濒危植物，以及特有树种、模式植物、经济植物，境内东南方向凤阳山国家级自然保护区被植物学界称为华东地区古老植物的摇篮和天然珍稀动植物园。龙泉植物属于华东植物区系，与毗邻华南、华中、西南地区以及日本、北美植物区系关系密切，以中亚热带地区成分最多，南亚热带地区成分次之，热带、温带地区成分也有一定数量分布。有种子植物、苔藓植物、蕨类植物和真菌等3560种，种子植物1800余种，其中野生及习见栽培的木本植物103科357属1105种(含种下分类群)，苔藓植物66科

170属368种，蕨类植物37科74属196种，大型真菌11目33科73属256种。有珍稀濒危保护植物66种，占全省50%，药用植物1385种，其中一级重点保护植物有红豆杉、南方红豆杉、银杏3种，二级保护植物有香果树、钟萼木、福建柏、鹅掌楸、蛛网萼、白豆杉、华东黄杉、厚朴等40种。有野生动物2005种，其中兽类64种，鸟类124种，爬行类49种，两栖类33种，鱼类45种，昆虫类1690种。有珍稀濒危保护动物74种，其中一级保护动物有金钱豹、云豹、豹、大灵猫、小灵猫、黑麂、黄腹角雉等，二级保护动物有黑熊、水獭、猕猴、红嘴相思鸟、苍鹰、大鲵等55种。

人口·民族

【人口概况】 2022年，龙泉市总户数99972户，总人口286572人，其中男性145688人，女性140884人，男女性别比103.41（女性为100）；城镇人口98382人，乡村人口188190人。人口出生率5.64‰，死亡率7.52‰，人口自然增长率为－1.89‰。

【民族概况】 2022年，龙泉市除汉族外，还有畲族、回族、苗族、满族、土家族、彝族、壮族、侗族等少数民族，人口13643人，占龙泉市总人口的4.7%。少数民族以畲族为主，呈“大散居，小聚居，交错杂居”特点，部分畲族人员仍用畲语为日常交流用语，能唱山哈歌。该市设民族乡1个，民族村19个，民族中学1所。

行政区划

【概况】 2022年，龙泉有龙渊、剑池、西街、硋石4个街道；八都、上垟、小梅、查田、屏南、安仁、锦溪、住龙8个镇；兰巨、宝溪、龙南、道太、岩樟、城北、竹垟7个乡。龙泉市行政村共214个，社区28个，新增更换门牌843块。

【地名工作】 2022年，为加强地名文化建设，规范地名命名程序，三次邀请

表2

2022年龙泉市行政区划一览表

乡镇(街道)名称	面积(平方千米)	户籍人口(人)	行政村数(个)	社区数(个)	村民小组数(个)	行政村(社区)名称
合计	3059	287755	214	28	2796	—
龙渊街道	85	31600	8	9	140	小白岸村、村头村、石马村、沙潭村、张村、竹坑村、梧桐口村、硋步村 社区：城东、东升、大洋、金乐、贤良、后甸、东景、古井、黄灌
西街街道	67	20888	4	4	114	联新村、周村、新民村、白云岩村 社区：清风、西新、白云、凤凰
剑池街道	41	23119	3	14	99	茶坦村、石武村、宏阳村 社区：水南、南秦、南大洋、大沙、棋盘山、青瓷苑、周际、松溪弄、秦溪、望江、芳野、江南、七星井、宏山
硋石街道	109	8930	11	1	104	秋丰村、季边村、瞿源村、枣山村、南弄村、垟畈村、李山头村、上坞村、炉地垟村、黄土村、山际口村 社区：金岗
八都镇	143	24997	22	—	235	枫锦村、安田村、石川村、樟溪村、一村、章府会村、青山村、四村、高大门村、吴公村、双溪口村、松际村、小窖村、长安村、松渠村、东音村、大坦村、野窖村、白角村、溪坪村、署网村、龙竹村
上垟镇	162	17191	12	—	165	花桥村、供建村、木岱口村、五都楼村、双际村、源底村、双源村、五都垟村、木岱村、生源村、泗源村、昌岗村
小梅镇	98	12399	14	—	100	台湖村、梅一村、大梅村、半边月村、毛山头村、孙坑村、梅三村、郑边村、大窑村、梅二村、大梅口村、黄南村、骆庄村、金村
查田镇	123	17050	17	—	156	隆丰村、溪口村、小砻坑村、查三村、查四村、小查田村、查二村、下保村、竹舟村、横坑村、赵麻圩村、查一村、东皇村、茶丰村、青坑村、大樟村、墩头村
屏南镇	285	10062	9	—	117	均溪村、顺合村、合兴村、金何、琉盘村、坪田村、周铺垟村、瓯江源村、瑞垟村
安仁镇	208	19080	14	—	254	金蝉湖村、胜利村、项边村、安严村、安福村、大丘另村、广田村、大舍村、天平村、黄硋村、刘坊村、安仁口村、张畈村、安源村

续表2

乡镇(街道)名称	面 积(平方千米)	户籍人口(人)	行政村数(个)	社区数(个)	村民小组数(个)	行政村(社区)名称
锦溪镇	162	10863	10	—	148	黄永村、下锦村、吴林村、新锦村、百里村、岭根村、中锦村、肖庄村、岭上村、上锦村
住龙镇	269	6178	6	—	81	龙星村、红星村、建平村、住溪村、碧龙村、建明村
兰巨乡	156	18007	18	—	179	蜜蜂岭村、豫章村、大巨村、南山村、大赛村、炉田村、砖湖店村、五梅垟村、大汪村、梅垟村、独田村、砖湖村、安吉村、下沙桥村、官浦垟村、桐山村、净信村、仙仁村
宝溪乡	151	7716	6	—	85	溪头村、宝鉴村、高塘村、高山村、龚岭村、溪源田村
龙南乡	212	21316	15	—	221	黄万岱村、龙溪村、蛟垟村、东峰村、五星村、竹川村、建兴村、建龙村、凤阳村、兴川村、粗溪村、坞坑村、大垟村、下田村、周庄村
道太乡	351	14948	19	—	263	王庄村、大白岸、仙源村、夏安村、安平村、荷上畈村、黄金坑村、际头村、凤山村、新和村、大地村、雁川村、供村、雁溪村、锦安村、和兴村、双平村、外洋村、源口村
岩樟乡	101	4025	4	—	56	柳山头村、郑庄村、坑源底村、岱岭村
城北乡	233	11680	14	—	183	季岱村、双溪村、金黄鹤村、上田村、方西源村、川溪村、新宏村、东莱村、河里村、大贵溪村、河坑塘村、吴岱村、麻垟桥村、东书村
竹垟畲族乡	103	7706	8	—	96	五四村、盖竹村、罗墩村、良溪村、山溪口村、金田村、后排岭村、际上村

地名专家认证组进行研究探讨，促进地名命名规范化、专业化。积极参与地名志的撰写、核对、修正等相关工作，做出力所能及的贡献。与庆元、景宁、云和、松阳、遂昌、松溪、浦城共同完成县际、省际界碑勘界工作。全年完成地名证明15件，道路命名11条。

国民经济与社会发展

【概况】 2022年，龙泉市实现生产总值(GDP)170.32亿元，按可比价计算，同比增长3.1%。分产业看，第一产业实现增加值18.09亿元，同比增长4.5%；第二产业实现增加值59.63亿元，同比增长1.5%，其中，工业增加值45.56亿元，同比增长2.1%；第三产业实现增加值92.60亿元，同比增长3.8%。三次产业占比从上年的10.6:35.4:54.0调整为10.6:35.0:54.4。

【财政收入】 2022年，龙泉市实现财政总收入16.86亿元，同比增长3.7%，其中，实现一般公共预算收入11.54亿元，同比增长10.3%；一般公共预算支出58.00亿元，同比增长11.2%。全年民生支出42.81亿元，占全部支出的73.8%，其中，社会保障和就业支出7.88亿元，同比增长4.6%；文化旅游体育与传媒支出1.58亿元，同比增长1.9%；科学技术支出1.40亿元，同比增长15.1%；卫生健康支出6.39亿元，同比增长11.6%。

【居民消费价格】 2022年，龙泉市居民消费价格总指数(CPI)101.3，比上年同期高0.2个百分点。八大类商品和服务价格"六涨二降"。

【农业和农村建设】 2022年，龙泉市围绕创建绿色发展先行市、打造中国特色农产品优势区的目标，多措并举、高质高效推进农业供给侧结构性改革，实施农业八大产业提质增效行

2022年龙泉市居民消费价格变动情况(上年=100)

表3

项目名称	龙泉市
居民消费价格总指数	101.3
食品烟酒	101.5
衣着	96.1
居住	101.1
生活用品及服务	99.5
交通和通信	104.7
教育文化和娱乐	101.0
医疗保健	100.3
其他用品和服务	100.7

2022年龙泉市主要农产品产量一览表

表4

产品名称	绝对数(万吨)	同比增长(%)
粮　食	7.70	-1.8
油　料	0.15	-37.2
其中,油菜籽	0.12	11.9
食用菌	1.51	2.8
其中,香菇	0.36	-27.2
蔬　菜	18.70	7.0
茶　叶	0.27	7.0
园林水果	0.93	8.8
其中,柑橘	0.28	1.1
猪、牛、羊肉	0.99	17.4
禽　蛋	0.04	18.3

2022年龙泉市规模以上工业主导产业发展情况表

表5

行业名称		同比增长(%)
全市		7.0
精密制造	汽车(空调)零部件	17.5
	不锈钢	23.2
	泵阀	17.3
时尚产业	剑瓷文化	11.3
	竹木加工	-11.8
健康医药	食品加工	5.3
	医药	7.5
一新	战略性新兴产业	18.7

2022年龙泉市规上工业结构性指标对比表

表6

指　　标	增速(%)
高新技术增加值	3.9
装备制造业增加值	9.4
战略性新兴产业增加值	6.0
新产品产值	17.8

动,持续加强"茶菌蔬"主导产业和"蜂果药牧渔"特色产业培育。该年,实现农业总产值26.2亿元,同比增长4.9%,扣除价格因素实际同比增长4.8%。农林牧渔业发展较为稳定,其中,农业产值16.61亿元,同比增长2.05%;林业产值5.45亿元,同比增长3.80%;畜牧业产值3.49亿元,同比增长18.58%;渔业产值0.40亿元,同比增长3.97%。

2022年,龙泉市粮食总产量为7.70万吨,同比减少1.8%。全年农作物总播种面积23550公顷,同比增长0.8%,其中,粮食播种面积为12100公顷,同比减少1.8%;果用瓜种植面积190公顷,同比减少3.1%;药材种植面积520公顷,同比增长8.0%;油料种植面积910公顷,同比减少8.6%;蔬菜种植面积7760公顷,同比增长5.1%;花卉面积60公顷,同比增长5.0%。

2022年食用菌产业总产量15124.9吨,同比增长2.8%,实现产值5.65亿元,同比增长3.4%。茶叶总产量2698.05吨,实现产值2.01亿元,均同比增长7.0%。蔬菜播种面积11.64万亩,实现产值3.50亿元,分别同比增长5.1%、-0.8%。

生猪出栏为10.72万头,同比增长22.7%;家禽出栏59.46万羽,同比减少22.4%。猪、牛、羊肉产量0.99万吨,同比增长17.4%;禽蛋产量0.04万吨,同比增长18.3%。牛奶产量10.93吨,同比增长56.1%。

【工业和建筑业】 2022年,龙泉市工业增加值45.56亿元,同比增长2.1%,占GDP比重达26.8%。其中,规模以上工业增加值同比增长2.1%。规模以上工业亿元以上企业34家。全年规模以上工业总产值同比增长7.0%,34家亿元企业产值占规模以上工业总产值的58.1%。实现规模以上工业新产品产值率39.4%,比上年提升3.6个百分点。实现利润总额同比增长-15.0%。

特色产业蓬勃发展。规模以上工业中三大主导产业工业总产值同比增长9.5%,占全部工业总产值的77.1%。其中,精密制造产业工业总产

2022年龙泉市规模以上工业企业主要产品产量一览表

表7

产品名称	产量	同比增长(%)
铁矿石成品矿(吨)	114940	-23.6
铅金属含量(吨)	814	-26.5
锌金属含量(吨)	1030	-25.4
萤石(吨)	66934	2.3
农产品加工专用设备(台)	102	3.0
食品添加剂(吨)	1682	25.8
人造板(立方米)	82042	-38.7
家具(件)	2115275	-42.7
纸制品(吨)	76536	-2.0
初级形态塑料(吨)	30716	-2.7
塑料制品(吨)	2302	0.0
商品混凝土(立方米)	788218	-32.1
砖(万块)	1207	132.6
钢材(吨)	74343	7.1
泵(台)	16073	-39.7
气体压缩机(台)	1429279	19.3
阀门(吨)	45109	6.3
金属紧固件(吨)	2940	28.6
自来水生产量(万立方米)	1554	6.2

值同比增长19.1%;时尚产业工业总产值分别同比增长-9.1%;健康医药产业工业总产值同比增长6.6%。全市战略性新兴产业工业总产值同比增长18.7%。

转型升级持续推进。高新技术产业增加值、装备制造业增加值、战略性新兴产业增加值和新产品产值较去年同期均有所提升。

从主要产品产出情况看,全市19种主要产品产出量同比"10升9降",其中砖、金属紧固件、食品添加剂生产量增长较快,而家具、泵生产量下滑程度较大。

2022年,龙泉市实现建筑业总产值46.61亿元,同比增长0.3%。房屋建筑施工面积117.25万平方米,同比下降44.9%,其中,新开工面积32.33万平方米,同比下降41.1%。全市拥有资质建筑企业51家,应交增值税1.39亿元,同比下降42.8%。

【固定资产投资和房地产业】 2022年,龙泉市固定资产投资同比增长13.0%。民间投资同比增长17.6%,占固定资产投资的64.8%。三次产业同比分别增长15.9%、下降16.5%、增长24.9%,占固定资产投资的0.5%、21.1%、78.4%。交通投资同比增长24.8%;高新技术产业投资同比增长21.9%;项目民间投资(不包括房地产投资)同比增长0.1%;生态环保、城市更新和水利设施投资同比增长25.4%。

2022年,房地产开发投资27.69亿元,同比增长35.7%。其中,住宅投资25.19亿元,同比增长36.6%。商品房销售面积15.34万平方米,同比下降29.2%。其中,住宅销售面积13.42万平方米,同比下降37.8%。商品房销售额17.40亿元,同比下降36.9%。其中,住宅销售额16.45亿元,同比下降40.1%。

【国内贸易】 2022年,龙泉市实现社会消费品零售总额83.82亿元,同比增长3.5%,比丽水平均水平低0.7个百分点。其中,限额以上消费品零售总额15.55亿元,同比增长10.1%。按销售所在地分,城镇消费品零售额11.04亿元,同比增长5.2%,乡村消费品零售额4.51亿元,同比增长23.9%。按消费形态分,商品零售额14.28亿元,同比增长10.3%,餐饮收入额1.27亿元,同比增长7.4%。

【对外经济】 2022年,龙泉市鼓励企业积极开拓市场,全年组织企业参加展会60余家,4家企业参加第131、132届网上中国进出口商品交易会,组织企业参加首届全球数字贸易博览会、海南国际自贸港建设博览会、中国国际进口博览会等国内大型展会,该市青瓷老字号企业已经连续4年参加上海国际进口博览会人文展。1—12月,实现出口总额25.6亿元,同比增长26.2%。

【交通运输、邮电和旅游】 2022年,龙泉市交通运输、仓储和邮政业增加值3.81亿元,同比下降8.9%。全市公路客货运周转量56933万吨千米,同比下降8.8%。境内等级公路里程2749.24千米,其中,高速公路里程88.68千米。

2022年,快递业务量累计完成1866.02万件,同比下降19.01%。实

2022年龙泉市境内等级公路里程情况表

表8　　　　单位：千米

指　标	2022年
境内等级公路里程	2749.24
其中，高速	88.68
一级	3.14
二级	201.99
三级	107.66
四级	2347.77

现快递业务收入15593.14万元，同比下降4.77%。邮政行业业务总量累计完成24760.4万元，同比下降7.06%。电信业务收入27831万元，同比增长23.9%。年末固定电话用户16560户，移动电话用户299127户。该年，互联网宽带接入用户数（固定互联网宽带）127237户。

2022年，全市实现旅游总收入29.7亿元，同比下降16.3%，游客总人数269.8万人次，同比下降16.3%。该市入选全国县域旅游综合实力百强县、中国县域旅游发展潜力百强县、中国十佳体育旅游目的地。龙泉宝剑小镇景区创成国家AAA级旅游景区，创成省中医药文化养生旅游示范基地1家、省工业旅游示范基地1家、省AA级采摘旅游体验基地2家、“丽水山景”示范基地4家。截至年底，共有国家A级旅游景区13家，其中AAAA级4家、AAA级8家、AA级1家；星级饭店4家，其中三星级3家、二星级1家；银鼎级特色文化主题饭店2家；银树叶级绿色旅游饭店6家；银宿5家；非遗主题民宿1家；旅行社15家，其中：四星级2家，三星级3家。

【金融和保险】　2022年，龙泉市金融机构本外币各项存款余额305.7亿元，余额同比增长15.9%；本外币各项贷款余额291.0亿元，余额同比增长20.0%，存贷比95.19%。

2022年，龙泉市财产险保费收入2.25亿元，同比增长8.9%；累计赔款支出1.66亿元，同比增长37.9%。龙泉市人身险（剔除万能险）保费收入3.09亿元，同比增长0.7%；累计给付支出0.53亿元，同比增长14.3%。

【教育和科学技术】　2022年，龙泉市中等职业教育学校1所，招生594人，在校生1488人，毕业生570人。普通高中学校2所，招生1238人，在校生3844人，毕业生1221人。初中学校7所，招生2546人，在校生8059人，毕业生2577人，初中毕业升高中段的比例为98.84%，比上年提高0.22个百分点。普通小学24所，招生2214人，在校生14776人，毕业生2558人；小学毕业生升学比例达100%，初中入学率、巩固率均达100%。幼儿园48所，在园幼儿7373人，省等级幼儿园幼儿覆盖率达93.25%。

中等职业教育专任教师262人，生师比6:1，专任教师学历合格率为98.09%，比上年上升了2.6个百分点，双师型教师占专业课教师的比例为96.32%，比上年下降1.93个百分点；普通高中专任教师308人，比上年增加4人；义务教育专任教师1729人，比上年减少16人；幼儿园专任教师566人，比上年增加31人，幼儿教师学历合格率为100%。

2022年，龙泉汽车空调工程师协同中心共入驻专家团队40个，集聚了来自浙江大学、浙江工业大学、杭州电子科技大学、中国计量大学、西安交通大学、中国汽车研究中心（天津）、丽水学院及汽车空调企业的265名工程师，现已对企业亟须攻关的31个技术难题进行了“张榜招贤”并成功揭榜。推进浙江大学与龙泉市合作，双方在第十一届“智汇丽水”人才科技峰会开幕式上成功签约，支持龙泉产业创新研究院建设。

全年认定国家高新技术企业30家（新认定16家，重新认定14家）、省级科技型中小企业54家、省级高新技术企业研究开发中心4家；完成省级新产品试制计划项目立项51个；组织科技特派员项目工业11个、农业项目22个（省级14个、丽水市5个、省团队科技特派员项目3个）。争取省科技发展专项资金297万元，下达市本级科技专项资金3395.68万元。全年实现高新技术产业增加值同比增长3.9%。

2022年，龙泉市专利申请量840件，同比下降34.7%，其中发明专利114件，同比增长2.7%；专利授权量为1264件，同比下降16.7%，其中发明专利55件，同比下降3.5%。

【文化、卫生和体育】　2022年，龙泉市建成“15分钟品质文化生活圈”75个、城市书房2个、文化驿站1个，启动新建3处“城市书房 百姓健身房”项目。全市文化活动累计5779场，参与307.7万人次。开展送戏下乡374场，送书下乡12108册，送展览讲座223次，引进优秀剧目6场次。全民阅读活动137场、讲座61场、展览72场。举办成人艺术公益培训班、“走近艺术”线上小课堂等系列培训活动78期，建成4个“青苗培育”点。举办19场“不灭窑火”、31场“乡村文化漫游节”活动。“黄粿制作技艺”入选第六批省级非物质文化遗产代表性项目。龙泉青瓷文化入选省首批文化标识建设创新培育项目。“龙泉青瓷非遗产业在线”入选省文化和旅游数字化改革第二批试点应用名单。龙泉青瓷文化传承生态保护区入选省级文化传承生态保护区名单。龙泉亭后窑址入选2022年度浙江考古十大重要发现。龙泉青瓷成为杭州国家版本馆重要设计元素，龙泉青瓷烧制技艺作为浙江省代表性非遗项目，在央视综合频道(CCTV-1)大型文化节目《非遗里的中国》播出。组织旅游企业赴杭州、温州等主客源地市场开展“剑瓷之都·品质龙泉”2022文旅推介活动共12场。联合浙江经视、浙江交通之声推出“我有一件瓷·出自龙泉窑”系列推广活动，全网直播观看超120万人次。“‘稻香鱼肥、共品秋味’秋季丰收体验之旅”入选“稻花香里说丰年”全国乡村旅游精品线路。“一‘剑’钟情，从‘瓷’开始——龙泉青瓷宝剑之旅”入选省首批非遗主题旅游线路。

2022年，全市共有医疗卫生机构248家，注册执业医师(含执业助理医师)848人，注册护士702人，核定床位数1412张。

2022年，龙泉市文化和广电旅游体育局获评“2018—2021年度浙江省群众体育工作成绩突出集体”。建成1个村级全民健身广场、2个社区多功能运动场、6个百姓健身房。入选省优秀社会体育指导员5人，龙泉市社会体育指导员协会入选省最佳体育志愿服务组织。完成浙江省第十七届运动会五块金牌任务。圆满承办第七届浙江省太极拳公开赛、2022年浙江省青少年皮划艇锦标赛等省级赛事，举办“全民健身日”系列活动启动仪式暨龙泉市健步走活动、龙泉市“农商银行杯”第五届全民篮球联赛等20余场群众体育赛事活动。龙泉市代表队在省山区26县篮球联赛中夺得冠军。发布上市全国首款非遗主题“中国瓷·龙泉窑”即开型体育彩票，浙江省销售额达1440万元。

【人民生活和社会保障】 2022年，城镇常住居民人均可支配收入57331元，同比增长4.4%；农村常住居民人均可支配收入30424元，同比增长7.2%。

2022年，城乡居民人均消费性支出分别达40213元、24871元，分别同比增长5.7%、8.0%。

2022年，失业人员再就业622人，其中困难人员194人，城镇登记失业率为1.26%。开展职业技能培训8036人，其中创业培训803人。截至12月底，全市各类养老保险参保人数22.02万余人，工伤保险参保人数达7.58万人。企业离退休人员基本养老金实现“十八连调”，企业离退休人员调资后人均月养老金2714元。12月，在册低保4982户，7715人。

【资源、环境和社会安全】 2022年，龙泉市拥有林业用地397.89万亩，其中毛竹林面积61万亩。全年实现森林面积386.23万亩、森林覆盖率84.73%、森林蓄积量2312.91万立方米、林木蓄积量2427.86万立方米，林木蓄积量年增量161.79万立方米。建成住龙镇省级森林休闲养生小镇、龙泉市泉灵谷省级森林康养基地、宝溪乡省级森林城镇，成功申报西街街道白云岩村、八都镇章府会村、住龙镇住溪村等国家“森林村庄”10个。建设“益林共富”多跨场景应用，入选全省高质量发展建设共同富裕示范区典型案例清单，获评全省数字政府系统最佳应用，竹木产业示范园入选国家林业产业示范园区名单(浙江仅4个)，成功争取全省第一批林业增汇试点县，全省仅4个，系丽水唯一。

全市环境空气质量综合指数2.00，环境空气优良天数比率为99.5%，并列全省第三；PM10年平均浓度为25微克/立方米，并列全省第一。PM2.5年平均浓度为17微克/立方米，并列全省第二。市地表水断面水质达标率、跨行政区域交接断面水质达标率和集中式饮用水水源地水质达标率始终保持100%。

2022年龙泉市城镇、农村居民消费结构一览表

表9

消费类别	城镇消费占比(%)	农村消费占比(%)
1.食品烟酒	26.9	27.8
2.衣着	8.9	8.0
3.居住	27.5	18.7
4.生活用品及服务	5.4	5.7
5.交通通信	10.4	16.0
6.教育文化娱乐	11.5	14.6
7.医疗保健	6.7	6.7
8.其他用品和服务	2.7	2.5

根据执法计划，依法依规开展执法检查。在监管执法过程中始终保持“打非治违”高压态势，依法查处违法行为，全面推动企业落实主体责任。2022年，共查处非事故案件16件，处罚金额58.25万元。

全市2022年规模以上工业能源消费总量15.39万吨标准煤，同比下降3.2%。规模以上工业单位增加值能耗0.6073吨标准煤/万元，规模以上工业单位增加值能耗降低率5.2%。（陈文贵）

群众性精神文明创建活动

【概况】 2022年，龙泉市扎实推进“浙江有礼”省域文明新实践，全力打造“浙江有礼·品质龙泉”县域品牌。持续开展新时代文明实践中心建设工作，已建成249个实践站所，实现19个乡镇（街道）全覆盖。注重特色文化融入，结合乡土、清廉、孝道文化等，让富有本地特色的新时代文明实践阵地“遍地开花”。住龙镇整合苏维埃政府旧址、红军学堂、老街等阵地，建成“红色住龙”全域性文明实践矩阵；八都镇“打造‘善好’文明带”，入选浙江有礼省域文明新实践案例汇编。

【开展文明实践活动】 2022年，龙泉市注重新时代文明实践云平台的使用，综合呈现文化活动、景观风貌等文明实践活动风貌，如岩樟乡全民公益毅行、城北乡“一路向北·金秋十月”等乡村文化漫游活动，实现线上直播和线下同频共振。同时围绕生产发展和共同富裕行动，打通各类资源壁垒，推动职能部门服务下沉一线，实施多层次扶贫济困，助力乡村振兴，全年共开展文明实践活动700余场，惠及16万余人次。在各主要公共场所推出“浙江有礼”公益宣传，打造剑瓷文化街区、西街“文明小巷”等场地，浓厚全民学礼的氛围。深化“浙风十礼”系列文明实践活动，结合端午、中秋等“我们的节日”开展“亲有礼”“帮有礼”等活动60余场，开展“模范讲家风”活动等宣讲10余期。持续深化“随手做志愿”“爱心暖厨房”等文明行动，龙渊街道爱心暖厨房持续为辖区困难居民提供餐饮服务，疫情期间还推出送餐上门服务。结合优质生态代表产品“丽水山泉”推荐的“光瓶行动”宣传登上多家中央级媒体。举办“浙江有礼 品质龙泉”公益广告创意大赛，推出各类主题公益海报30余幅，手绘浙风十礼漫画11幅，设立有礼主题城市公益宣传标志3处，在各窗口单位、餐饮单位等重要点位张贴宣传单2000余份。

【开展志愿服务】 2022年，龙泉市推出“文化铸魂赋能共富路”志愿服务文化菜单，提供点单式服务，群众点单2570余场，服务群众数量达16.25万人次。举办首届志愿服务项目大赛，遴选培育“‘让爱更完整’失独家庭帮扶”“护苗行动”等特色项目14例，永和义警“乡音反诈”项目获第三届省志愿服务项目大赛优秀奖。在文明城市创建、应急救援等工作中，提高应急处置能力，共参与志愿者1.8万余人，“6·20”特大暴雨期间，党员志愿者们带领群众携手自救，撑起了“保护伞”，让一城百姓平安渡过“大考”。探索志愿服务精准触达机制改革，依托社区网格和“互联网+”，建立需求采集机制，组织“银龄跨越数字鸿沟”、关爱“一老一小一弱”等志愿服务活动。常态化开展社区共建，组织各乡镇（街道）、市直部门用好“志愿浙江”等数字化应用，全年通过志愿浙江平台开展志愿服务活动7700场，共计参与志愿者12.37万人次。

【公民道德建设】 2022年，龙泉市持续打造“最美龙泉人”品牌，评选龙泉好人40例，其中入选浙江好人1例，丽水好人9例，涌现出危急时刻义无反顾的最美货车司机团体、“英勇跳水救人”的英雄周叶春、李林锦等优秀典型。推出第七届道德模范事迹宣传10余期，在图书馆、文化馆、青少年宫等场馆设置专题展览。慰问帮扶道德模范、“龙泉好人”等先进人物21例，发放关爱金2.7万元。组织“万朵鲜花送雷锋”活动，评选2021年度优秀志愿服务组织6个、优秀志愿者47名。以“践行浙风十礼 喜迎党的二十大”为主题，举办第十一届未成年人思想道德文化节，选树表彰新时代好少年20名。组织各学校围绕弘扬践行浙西南革命精神、“扣好人生第一粒扣子”主题教育实践、“文明健康，绿色环保”系列主题教育，开展“春泥计划”活动30余场，创新活动形式，推出诸多未成年人道德建设活动。（吴南俊）

平安龙泉建设

【概况】 2022年，龙泉市共立刑事案件699起、治安案件1588起，行政处罚1564人，刑事起诉282人、批捕54人，接处警数、刑事发案数、交通事故亡人数、电诈发案数分别同比下降1.53%、6.67%、25%、17.31%，万人刑事发案数24.19，远低于全省平均水平。群众安全感满意率98.23%，平安指数高于全省平均数，以全省第六、丽水第一的成绩实现省级平安县（市、区）十七连创。

【平安护航党的二十大】 2022年，龙泉市委市政府切实扛起党的二十大维稳安保主体责任，建立“党委领导、政府负责、社会协同、全员参与”工作体系，市四套班子主要领导出席召开“护航二十大·忠诚保平安”誓师大会暨除险保安决战攻坚行动启动仪式，部署推进“除险保安”十二大专项行动。市四套班子领导每天轮流到信访局开展值班接访并带队赴各街道开展“护航党的二十大”平安大巡防，不定期深入一线开展明察暗访、督促检查，党的二十大期间全体副处级以上领导累计督查72次、参加平安大巡防37人次。决战决胜期间，全市启动战时模式，组建19个乡镇(街道)防控办和247个工作组实行24小时值班运转，高效联动运作，圆满完成党的二十大安保维稳工作。

【县域社会治理现代化】 2022年，龙泉市聚焦“工作指引清单”指标内容，科学细化县域社会治理现代化建设重点任务职责清单、全力压实各单位主体责任，不断推动体制现代化，防范化解政治安全、社会治安、社会矛盾、公共安全和网络安全“五类风险”，发挥政治、法治、德治、自治、智治“五治”作用，凝心聚力构建上下联动、左右协调工作格局。坚持治理经验提炼，探索迭代宝溪乡“三化治理”▲、锦溪镇“信访超市”▲、安仁镇“永和义警”▲等一批共治共建模式，率先在全省推行“共享法庭”分级分类规范化建设，结合龙泉实际打造“大综合一体化”行政执法改革“共享法庭”、森林“共享法庭”等一批特色“共享法庭”，该年，县域社会治理现代化专项工作考核位列丽水第一。

▲“三化治理”：宝溪乡溪头村在村党支部书记带领下开展全民化治理、公平化治理、全域化治理三种治理方式。

▲“信访超市”：锦溪镇整合乡、村调解能手、贤达组建草根调解员人才库，由群众能够自主“点菜”式选择调解人员提供专业调解服务，打造“自主选择—审核建卡—调解反馈—回访—档案规范”纠纷调处新路子。

▲“永和义警”：安仁镇联合安仁派出所坚持和发展新时代“枫桥经验”，结合本地“板龙”和“永和”文化，整合综合执法、市场监管、农业、林业、学校等18个职能部门和社会组织进驻，建立“永和义警”工作站，组建起10支总人数达300多人的“永和义警”志愿者队伍，构建“党建共融、职责共抓、平安共建、矛盾共调、警民共赢”的治理局面。

【扫黑除恶打霸治闹惩痞】 2022年，龙泉市贯彻落实《中华人民共和国反有组织犯罪法》，组织召开常态化扫黑除恶工作部署会议、推进会，制定出台《龙泉市黑恶违法犯罪举报奖励方案》，深化行业整治，精准开展“扫黑除恶、打击招投标、机制砂、寄递物流、扰企损企、黄赌毒等违法犯罪”六大专项行动，查处九类涉恶案件39起，办理机制砂案件10起，串通投标案件6起，袭警案件1起，打掉垄断龙泉至义乌物流行业十余年的“市霸”周某团伙。

【除险保安】 2022年，龙泉市建立平安建设动态情况约谈机制、风险隐患暗访督查机制、平安建设挂牌整治晾晒机制等，进一步完善风险闭环“大平安”机制。建立“除险保安”晾晒工作领导小组，制定印发《龙泉市“除险保安”晾晒工作方案》，常态化通过工作群开展“除险保安”工作晾晒，开展专报晾晒6期，挂牌整治消防安全领域、生产安全等领域问题2个。聚焦社会治安、安全生产、消防安全等重点领域，先行一步开展“除险保安”七大专项行动▲，并根据省、丽水市部署，结合龙泉自身特点，制定《龙泉市“除险保安百日攻坚行动”实施方案》，全力开展“除险保安”十二大专项行动，下发除险保安工作交办单，督促整改丽水市五轮除险保安督查检查发现的87个问题，进一步除风险、保平安。

▲“除险保安”七大专项行动：开展社会治安安全防控、道路交通安全治理、社会矛盾纠纷“大排查、大化解”、消防安全隐患排查整治、安全生产风险隐患排查整治、食品安全“守底线、查隐患、保安全”、平安宣传等七大专项行动。

【社会治理中心建设】 2022年9月30日，正式揭牌成立龙泉市社会治理中心，研究编制形成七大类42项中心运行暂行管理办法以及配套机制，涵盖运行监测、矛盾调处、分析研判、协同流转、应急指挥、督查考核、执法联动、疫情防控八大核心功能。中心共6层，整体面积4655平方米，相关单位以“常驻+轮驻+随驻”方式入驻，其中常驻部门13个、平台(中心)16个、专业调委会6个，轮驻部门16个，随驻单位涵盖全市市直相关职能单位和乡镇(街道)等，现有工作人员130余人，实现矛盾化解“一扇门”进、治理指导“一张网”管、事件处置“一站式”解。全年办理治理事件157044件，处置办结率99.99%；调处各类矛盾纠纷1590件，成功调处1480件，调解成功率93.08%。

【固本强基】 2022年，龙泉市标准化推进网格优化调整工作，坚持“支部建在网格上、党员嵌入网格中”，层层建立党组织，全市共优化划分网格630个，设置微网格1947个。科学调配专职网格员职数，将农村专职网格员职数79个划归社区网格，充实社区专职网格员队伍力量，全市共配备专职网格员630名，确保一格一员。形成“1+3+N”配备模式▲，配齐微网格（楼栋）长1947名，志愿者3894名，人员力量均已到位。迭代乡镇（街道）综合信息指挥室，完成第一批10个乡镇（街道）（龙渊街道、西街街道、剑池街道、砒石街道、安仁镇、八都镇、小梅镇、查田镇、上垟镇、锦溪镇）市域整体智治改革工作办公场所建设，10个乡镇（街道）均揭牌成立综合行政执法队，65%执法力量共204名干部以“全时、分时、实时”三种模式下沉。

▲“1+3+N”配备模式：“1”是1名网格长，一般由村（社区）干部担任；“3”是1名专职网格员、1名兼职网格员、1名包联干部担任的网格指导员；“N”是网格内的其他包联干部、专业执法力量、基层党员干部、在职党员、志愿者等。（兰 亦）

中国共产党龙泉市委员会

综　　述

【概况】 2022年，面对复杂严峻的外部环境、艰巨繁重的改革发展稳定任务和新冠疫情影响，中共龙泉市委坚持以习近平新时代中国特色社会主义思想为指导，深入学习贯彻党的二十大精神，全面落实中央、省委和丽水市委重大决策部署，按照“疫情要防住、经济要稳住、发展要安全”总要求，团结带领全市各级党组织和广大党员干部群众，紧紧围绕“全面复兴剑瓷之都、奋力打造品质龙泉”战略目标，深入推进“人产城”融合发展，全面建设共同富裕的现代化品质龙泉迈出坚实步伐、取得明显成效，获得了“四优三鼎”的好成绩，即省科技进步目标责任制考核优秀等次、省乡村振兴战略实绩考核优秀县、美丽浙江建设考核优秀县、新时代美丽城镇建设考核优秀县，荣获“五水共治大禹鼎·银鼎”、首批“二星平安金鼎”和“神农鼎·铜鼎”。

【党的建设】 充分发挥市委统揽全局、协调各方的作用，党的政治领导力、思想引领力、社会号召力全面彰显。深入开展“六学六进六争先、极致匠心谱新篇”学习实践活动，打造“剑瓷青年说”“草根宣讲团”“8090和00后宣讲团”等特色品牌，迅速掀起学习宣传贯彻党的二十大精神热潮。健全以“七张问题清单”为牵引的党建统领机制，推动深改委、财经委等七大议事协调机构实体化运作，把党的领导贯穿于各领域各方面，问题管控力指数位居丽水前列。以全员绩效考评为总指挥棒，全方位梳理落实“八重”清单，创设乡镇部门“互看互学·互比互评”“每周实绩晾晒”等活动载体，推动各项工作落地落细，真正让干部动起来、跑起来、干起来。实施“红耀绿谷、强基共富”工程，基层党组织战斗堡垒作用和广大党员先锋模范作用充分发挥，特别是在征地拆迁、“6·20”特大暴雨抢险救灾中，全市广大党员干部“5+2”“白+黑”，充分展示了特别能吃苦、特别能战斗、特别能奉献的过硬作风。深入开展作风效能革命，组织实施正风肃纪“月亮”行动、“万人双评议”等系列专项行动，用心办好“龙泉聚焦”“阅卷”等问政监督栏目，有效破除“庸懒散慢推拖”现象。“清廉龙泉”建设持续发力，启动新一届市委巡察，综合运用“四种形态”处理377人，处置问题线索460件，立案168件，有力巩固风清气正的良好政治生态。

【经济发展】 始终坚持“产业为基、工业为先、项目为王”，奋力推进龙泉经济跨越式高质量发展。统筹实施“拓增量、优存量”系列行动，举全市之力开发建设约11.2平方千米的生态产业平台，大力推进开发区整合扩容提升和“五未”用地整治，新增工业用地619亩，盘活低效用地1079亩。扎实推进山海协作工程，萧龙科创园、平湖产业园等“飞地平台”建成投用。全力推进“双招双引”，系统重塑“1+8+10”招商体系，围绕汽车空调、竹木加工、健康医药等10条重点产业链，招引落地国镜药业二期、双枪家居、科博乐等50余个补链强链延链项目，孔山重工实现工程机械整车试生产。生态产业持续壮大，新能源汽车热管理产业全面起势，三田空调压缩机公司成为丽水首家省级“未来工厂”，新增国家级专精特新“小巨人”企业3家，重点“小巨人”企业实现“零的突破”。特色产业加快振兴，高规格举办第五届世界青瓷大会、第三届中国(龙泉)灵芝大会，构建全国首个宝剑及日用刀具产业链标准体系，在全省率先发布龙泉灵芝、龙泉灵芝孢子粉两个地理标志产品市级地方标准，荣获“中国道地灵芝核心产区”称号，入选第一批省级重要农业文化遗产资源名单。

【改革创新】 坚持向改革要动力、向创新要活力，努力让改革创新的“关键变量”转变为跨越争先的“最大增量”。把营商环境优化提升作为“一号改革”工程，制定出台各类惠企政策130余项，创新推出“容缺受理”“极简审批”“最多评一次”“最多查一次”等改革举措，企业投资审批时间从17个工作日缩减至6个工作日，营商环境无感监测指标丽水第一。深入实施千名干部驻千企、万人双评议、政企交往“三清单一承诺”活动，集中开展招投标、机制砂、寄递物流等领域专项整治，有效破除了一批“中梗阻”和“扰企”“损企”违法违纪行为，创成首批国家知识产权强县建设试点县，2022年市场主体同比增长12.2%。以数字化改革引领撬动国企国资、农业农村等各领域改革，梳理国有资产3117宗，优化重组五大国有公司，成功盘活固定资产240余亿元，“益林共富”入选省数字化改革“最佳应用”和“一地创新、全省共享”名单，“龙财通”获评省数字经济系统最佳应用，集体林权制度改革荣获省改革突破奖，入选全省首批林业增汇试点县，形成了一批具有龙泉辨识度的标志性硬核成果。深入实施科教强市、人才强市战略，高标建设浙西南科创基地，汽车空调产业创新服务综合体成为国内汽车空调领域唯一获CMA(中国计量认证)、CNAS(中国合格评定国家认可委员会)资质的第三方检测机构，工程师协同创新中心成为全省首批试点，产业创新服务中心获评全国中小企业公共服务示范平台，连续3年获省科技进步目标责任制考核优秀。

【城乡建设】 坚持以人为核心，系统实施城乡规划、建设、运营、管理，加快实现县域内城乡融合发展。深入实施“东拓、西进、南优、北连、中兴”战略，一体推进武潭临江、火车站前商贸区、“河山田”生态融合示范区、剑川大道北延伸线和棋盘山城市中央公园等区块开发建设，“一江两岸、一核四区”城市发展格局初具雏形。城东综合体“双子楼”成功结顶，江滨北岸改造工程全线竣工，欧冶大道全线贯通，水南未来社区、凤起路区块等城市有机更新项目稳步推进，一批城市书房、百姓健身房、游步道建成投用。深入实施美丽龙泉建设行动，创成省级美丽城镇8个，入选省级未来社区3个，“烟雨瓯江·古城新韵”传统风貌样板区入选全省首批新时代富春山居图城市样板区名单，系丽水唯一。

【青年发展】 坚持把青年发展摆在更加突出的战略位置，全面激发青春活力，汇聚青年力量。出台《关于建设青年发展型城市的决定》，制定《支持青年创业创新政策十二条》等系列扶持政策，创新推出“青创贷”“新生贷”等普惠金融产品，“青年发展环境”“青年社会参与”指数均获全省优秀等次。创建浙江大学龙泉产业创新研究院、中国美术学院龙泉研究院、景德镇陶瓷大学龙泉研究院，扎实推进青年双创园、宝剑产业园、科创园等创业创新平台建设，为青年自主创业、灵活就业提供有力平台支撑。高规格召开龙泉人才科技峰会，引进高校毕业生6386人，引进青年创业团队158支，均创历史新高。创新举办“青马学习班”，推动青年干部、企业家、教师、医护等各领域青年群体系统学习习近平新时代中国特色社会主义思想，引领全市青年奋进新征程、建设新龙泉。

【民生事业】 坚持以人民为中心的发展思想，聚焦群众所急所盼，全面增进民生福祉。实施教育综合改革，深入推进市管校聘、教师职称聘任管理、校长团队绩效管理等举措，第一所九年一贯制学校启明实验学校开办，龙泉二中、龙泉四中扩建工程投用，丽水职业技术学院龙泉分院成功创设，新增义务教育阶段学位2920个，公办幼儿园在园幼儿占比从40.2%提高到51.2%，高考总上线人数喜获“十二连升”。中医院迁建工程、公共卫生应急救治中心、公共卫生综合服务中心等项目全面推进，成功引进温州康宁医院合作建设龙泉市精神病专科医院，人民医院深度托管浙大二院，公立医院门诊人数同比增长11.4%，“浙丽乡村好医”数字化应用扩面推广，健康浙江考核实现“三连优”。实施“扩中”“提低”改革，建设“共富工坊”60家，实现“零就业”家庭动态清零。大力推进“大搬快聚、富民安居”工程，全年异地搬迁2225户8156人，农民人均可支配收入同比增长7.2%。

【社会治理】 扎实推进除险保安各项工作，圆满完成党的二十大维稳安保任务，实现省级平安县“十八连创”。开展“大排查大起底大整治”行动，电诈发案数、安全生产亡人事故数分别下降17.3%、60.0%，人民调解矛盾纠纷1723件，成功率达99.5%。持续开展“服务群众大接访、积案化解大攻坚”活动，完善“周五开门接访日”等机制。统筹实施“县乡一体、条抓块统”“大综合一体化”行政执法改革，特色构建基层智治“1411”体系。高标完成社区规模调整和“村改居”，13个社区调整优化为28个，22个村以90%以上高同意率完成“村改居”。整合提升社会治理中心，全面建强三级网格，实现网格党组织覆盖率、楼栋长建立率和“1+3+N”网格力量配备率3个100%，切实以最小治理单元释放组织根系最大效能。

市委重要会议

【市委全会】 2022年9月20日，市委十五届二次全体（扩大）会议举行。全会以习近平新时代中国特色社会主义思想为指导，深入贯彻落实省第十五次党代会、丽水市第五次党代会和丽水市委五届二次全会部署要求，动员全市上下以永做新时代"挺进师"的奋进姿态，坚毅笃行"丽水之干"，大力弘扬践行新时代"龙泉精神"，深入推进"人产城"融合发展，全面建设共同富裕的现代化品质龙泉。市委常委会主持会议。市委书记王忠宝代表市委常委会作工作报告，并作总结讲话。市委副书记、代市长王国锋，市委副书记李舜及其他市委常委出席会议。全会审议通过了《中共龙泉市委关于建设青年发展型城市的决定》和《中国共产党龙泉市委员会工作规则》。全会号召，没有等出来的精彩，只有干出来的辉煌。全市上下要坚毅笃行"丽水之干"，坚定不移推进"人产城"深度融合，坚实迈出全面建设共同富裕的现代化品质龙泉铿锵步伐，为创建革命老区共同富裕先行示范区贡献更多龙泉力量，以优异的成绩迎接党的二十大胜利召开。

【市委常委会会议】 2022年1月11日，市委常委会召开第一次会议。传达学习贯彻近期习近平总书记重要讲话精神和上级有关会议精神。听取龙泉市第十七届人民代表大会第一次会议安排及筹备情况、政协第十届龙泉市委员会第一次会议筹备情况汇报。研究确定龙泉市第十届政协委员人选建议名单。讨论研究《龙泉市综合管理类公务员职级晋升量化考评办法（试行）》。研究干部人事方案。书面听取市法院党组贯彻落实丽水市委法院工作会议精神情况。

2022年1月27日，市委常委会召开第二次会议。传达学习贯彻近期习近平总书记重要讲话精神和上级有关会议精神。传达学习全省全面推开排查整顿农村发展党员违规违纪问题工作部署会精神。讨论市人大、市政府、市政协、市法院、市检察院工作报告；讨论龙泉市2021年国民经济和社会发展计划执行情况及2022年国民经济和社会发展计划草案的报告，龙泉市2021年预算执行情况和2022年预算草案的报告。听取市人大常委会党组、市政府党组、市政协党组、市法院党组、市检察院党组2021年度工作汇报。研究确定丽水市第五届政协委员初步人选名单，龙泉市第十七届人大常委会委员组成人员建议名单，政协第十届龙泉市委员会常务委员会组成人员建议名单，龙泉市人大常委会法制（内务司法）委员会、财政经济委员会、社会建设委员会组成人员建议名单。研究干部职级晋升工作。书面审议《关于印发加强对"一把手"和领导班子监督"五张责任清单"的通知》《龙泉市全面实施作风效能革命行动方案》《2022年度龙泉市"争先创优强效能"万人双评议活动实施方案》。书面审议《关于龙泉市2021年生态环境状况和环境保护目标完成情况的报告》。

2022年2月8日，市委常委会召开第三次会议。传达学习贯彻近期上级有关会议精神。审议《关于创建新时代"两个健康"示范区全面推动民营经济高质量发展的实施意见》《关于全面优化营商环境 创建新时代"两个健康"示范区的决定》。讨论研究《龙泉市2022年基本建设投资项目计划》。讨论研究《龙泉市"十四五"基本建设项目库》《龙泉市2022—2024三年行动计划项目清单》《龙泉市2022年重点项目清单》。听取龙泉市一季度开门红"四个体系"晾晒比拼机制相关情况汇报。审议《关于开展"县乡一体、条抓块统"市域整体智治改革的实施方案（送审稿）》《龙泉市"县乡一体、条抓块统"市域整体智治改革工作领导小组及推进办成员名单（送审稿）》。讨论研究考核有关事项。市委常委个人有关事项公开说明。书面审议《关于全面优化营商环境，创建新时代"两个健康"示范区的决议（草案）》。

2022年2月21日，市委常委会召开第四次会议。传达学习贯彻近期上级有关会议精神。书面传达丽水市纪委四届七次全体会议精神，听取市纪委十五届二次全会筹备情况汇报，审议纪委全会工作报告。听取农工党龙泉市支部换届工作有关情况汇报。研究干部人事方案。

2022年4月2日，市委常委会召开第五次会议。传达学习贯彻近期习近平总书记重要讲话精神和上级有关会议精神。传达学习贯彻全国、全省、丽水市组织部长会议精神。审议新时代"龙泉精神"内涵表述语。听取关于调整设置部分局级事业单位情况汇报，研究讨论《中共浙江龙泉经济开发区工作委员会、浙江龙泉经济开发区管理委员会职能配置、内设机构和人员编制规定（送审稿）》、政协龙泉市委员会2022年度协商计划汇报。书面审议《关于调整市委常委分工的通知》《关于进一步深化副处以上领导"八联八促"推动学习实践活动深入开展的通知（送审稿）》。书面审议研究十四届市委巡察综合情况、审议《中国共产党龙泉市第十五届委员会巡察工作规划（试行）》。书面听取2021年度法治政府建设情况汇报。

2022年4月6日，市委常委会召

开第六次会议。研究干部人事工作。

2022年5月24日，市委常委会召开第七次会议。传达学习贯彻近期习近平总书记重要讲话精神和上级有关会议精神。通报赴省对接工作情况并交办有关事项。听取龙泉市隐形债务化解方案汇报。审议《龙泉市国有企业党组织调整设置方案（试行）》。听取龙泉市排查整顿农村发展党员违规违纪问题认定处置意见情况汇报。听取龙泉市人大常委会2022年监督工作计划。传达学习贯彻丽水市委对台工作领导小组会议、丽水市对台工作会议精神，听取龙泉市对台工作情况汇报（书面汇报）。

2022年6月24日，市委常委会召开第八次会议。传达学习习近平总书记关于统计监督工作重要讲话精神、《关于更加有效发挥统计监督职能作用的意见》和全省统计法治工作暨统计造假不收手不收敛问题专项纠治、统计督察问题整改动员部署视频会议精神。传达学习贯彻近期上级有关会议精神。传达学习全省、丽水市现代社区建设领导小组第一次会议精神，研究龙泉市贯彻落实意见。审议《龙泉市工商联（总商会）第九次代表大会人事安排及大会方案》。听取2021年龙泉市管领导干部年度考核情况汇报。书面审议《2022年意识形态工作组织领导与责任分工》。书面审议《中共龙泉市委统一战线工作领导小组工作规则（送审稿）》《中共龙泉市委统一战线工作领导小组成员单位职责分工（送审稿）》《关于废止一批涉计划生育文件的决定》《2022年党风廉政建设和反腐败工作组织领导和责任分工》。

2022年6月29日，市委常委会召开第九次会议。研究干部人事工作。

2022年8月12日，市委常委会召开第十次会议。传达学习贯彻近期习近平总书记重要讲话精神和上级有关会议精神。书面传达丽水市“除险保安”百日攻坚行动推进会暨反恐怖工作会议精神，审议《龙泉市“除险保安”百日攻坚行动实施方案》《第五届世界青瓷大会总体方案（送审稿）》。听取龙泉市归国华侨联合会第五次代表大会人事安排及大会方案的情况、听取龙泉市法学会第二次会员代表大会人事安排及大会方案的情况汇报。书面审议《中国共产党浙江省龙泉历史》第二卷、“深入践行‘龙泉精神’，争当县域社会治理现代化‘排头兵’”有关情况汇报、2022年上半年安全稳定情况汇报。

2022年8月24日，市委常委会召开第11次会议。传达学习贯彻近期习近平总书记系列重要讲话精神和上级有关会议精神。审议《关于开展社区规模调整工作的实施意见（送审稿）》《社区规模调整建议方案（送审稿）》《龙泉市事业单位管理岗位职员等级晋升实施方案（送审稿）》，研究干部人事工作。书面审议《关于2022年全面推进乡村振兴助力打造品质龙泉的实施意见》《2022年度上半年公安工作》。

2022年8月31日，市委常委会召开第12次会议。传达学习贯彻近期习近平总书记系列重要讲话精神和上级有关会议精神。听取司法公正感受度提升工程开展情况的汇报。审议《关于深化基层管理体制改革加快推动基层治理体系建设的实施意见（送审稿）》。研究干部职级晋升工作。

2022年9月15日，市委常委会召开第13次会议。传达学习贯彻近期习近平总书记系列重要讲话精神和上级有关会议精神。研究市委十五届二次全体（扩大）会议有关事项，审议全会报告和《中共龙泉市委关于建设青年发展型城市的决定》《中国共产党龙泉市委员会工作规则》。审议《关于发挥退出领导岗位干部作用的暂行办法（送审稿）》。

2022年9月27日，市委常委会召开第14次会议。专题学习中共中央办公厅文件精神。

2022年10月11日，市委常委会召开第15次会议。传达学习贯彻近期习近平总书记系列重要讲话精神和上级有关会议、文件精神。听取全市“护航党的二十大”工作情况、设立市综合行政执法队、市委教育工委、市社会治理中心、核销事业单位专业技术性领导职数相关情况、共青团龙泉市第二十次代表大会筹备情况及人事安排相关情况、龙泉市第八届残疾人代表大会筹备情况及人事安排相关情况汇报。书面审议《关于当前我市意识形态领域形势的通报》。

2022年11月28日，市委常委会召开第16次会议。传达学习贯彻近期习近平总书记系列重要讲话精神和上级有关会议、文件精神。审议《关于开展村改居工作的实施意见》《关于五大核心公司主要职责、内设机构和定员规定方案》。听取龙泉市与浙大二院深化打造“山海提升工程”升级版有关情况汇报。研究干部人事工作。书面审议《龙泉市“扩中”“提低”行动方案（2021—2025年）》

2022年12月16日，市委常委会召开第17次会议。传达学习贯彻近期习近平总书记系列重要讲话精神和上级有关会议、文件精神。听取市纪委、市人民法院党组、市人民检察院党组，市委相关部门（市委办、组织部、宣传部、统战部、政法委、编办、巡察办、信访局、老干部局、党校、档案馆）以及人民团体党组（总工会、团市委、妇联、科协、工商联、文联、残联、红十字会、侨联）的工作汇报。审议《龙泉市深化国防动员体制改革实施方案(审议稿)》。听取关于组建市国防动员办公室有关情况的汇报。研究干部人事工作。书面汇报省工商联助力山区26县高质量发展专项行动情况。书面汇报龙泉市2022年社会治理现代化工作情况。

2022年12月28日,市委常委会召开第18次会议。传达学习贯彻近期习近平总书记系列重要讲话精神和上级有关会议、文件精神。听取《龙泉市人民政府关于同意龙渊街道村改居方案的批复》《龙泉市人民政府关于同意西街街道村改居方案的批复》《龙泉市人民政府关于同意剑池街道村改居方案的批复》有关情况汇报。听取龙泉市国有资产整合集中攻坚行动复盘情况汇报。书面审议《关于2022年度意识形态工作主体责任落实情况的报告(送审稿)》。

【全市领导干部会议】 1月21日,龙泉市召开全市领导干部会议,传达学习贯彻省两会精神。市委书记王忠宝出席会议并讲话,市委副书记、市长翁志鸿主持会议,市人大常委会主任叶碗仙、市政协主席刘赤波分别传达了省两会精神,市委副书记李舜等副处级以上领导参加会议。

2月28日上午,全市领导干部会议召开,传达学习贯彻丽水市第五次党代会精神。市委书记王忠宝主持会议并讲话,市委副书记、市长翁志鸿传达。叶碗仙、刘赤波、李舜等副处级以上领导参加会议。3月15日上午,全市领导干部会议召开,传达学习贯彻全国两会精神和省、丽水市领导干部会议精神,研究部署龙泉市贯彻落实意见。市委书记王忠宝主持会议并讲话。市委副书记、市长翁志鸿传达省、丽水市领导干部会议精神。市人大常委会主任叶碗仙、市政协主席刘赤波分别传达了全国两会精神。

4月15日,龙泉市召开全市领导干部会议,传达学习贯彻丽水市两会精神。市委书记王忠宝出席会议并讲话,市委副书记、市长翁志鸿主持会议,市人大常委会主任叶碗仙、市政协主席刘赤波分别传达了丽水市两会精神。

4月22日下午,龙泉市召开全市领导干部会议,传达学习贯彻省委副书记、省长王浩到龙泉考察调研时的重要指示精神,部署龙泉市贯彻意见。市委书记王忠宝主持会议并讲话,市委副书记、市长翁志鸿传达相关指示精神,叶碗仙、刘赤波等副处以上领导出席会议。

8月26日上午,全市领导干部会议召开,传达学习丽水市委五届二次全会精神,研究部署贯彻落实意见。市委书记王忠宝主持会议并讲话。刘赤波、李舜等副处以上领导参加会议。

10月25日,全市领导干部会议召开,传达学习党的二十大精神和省、丽水市有关会议精神,对全市学习宣传贯彻党的二十大精神进行了部署。市委书记王忠宝传达并讲话。市委副书记、代市长王国锋主持会议。叶碗仙、刘赤波等副处级以上领导参加会议。

12月20日,全市领导干部会议召开,传达学习省委十五届二次全体(扩大)会议暨省委经济工作会议精神,部署龙泉市贯彻落实意见。会议强调,要对标对表全会提出的各项部署要求,以忠实践行"八八战略"、坚定捍卫"两个确立"、坚决做到"两个维护"的政治担当,坚毅笃行"丽水之干",深入推进"人产城"融合发展,以赶考的姿态全面建设共同富裕的现代化品质龙泉,为"两个先行"贡献更多龙泉智慧和力量。市委书记王忠宝传达并讲话。市委副书记、代市长王国锋主持会议。叶碗仙、刘赤波等副处级以上领导参加会议。

市委办公室工作

【督查和考核】 2022年,龙泉市委办公室督查室完成国务院大督查、省民生实事交叉检查、丽水重要事项报告督查等上级到龙泉实地督查。全年跟踪政府工作报告244项,党代会工作报告148项,并在此基础上谋划形成年度"八重"工作清单,落实"分管市领导领衔挂帅、责任单位具体落实"的工作机制。跟踪省市县三级民生实事82项570余个项目点位,提前完成年度任务。2022年,共办理上级重要事项交办单32件,市委主要领导批示620件;下发交办单42件、督办单98份,交办任务525项;开展民生实事、重大项目等实地督查28次;编发《督查专报》14期、《龙泉督考》15期、《每周实绩晾晒》42期;紧盯《今日聚焦》《每周聚焦》《龙泉聚焦》等媒体曝光问题整改41个。制定出台《龙泉市"七张问题清单"应用运行规则》,完成省市县"七张问题清单"问题办结销号223个,发布县级问题209件,入选省级示范案例2件、丽水示范案例3件,全年管控力量化指数排名丽水第二位、全省第39位。考核方面,制定下发《龙泉市2022年度乡镇(街道)综合考核办法》《龙泉市2022年度部门综合考核办法》和《全员绩效考核办法指导原则》,重塑年度乡镇(街道)、市直单位考绩指标体系,创新过程动态督考模式,推行单位内部全员绩效考核机制。通过开展重点指标季度晾晒、"互看互学·互比互评"争先创优活动、内部全员绩效考核等活动,营造争先进位的良好氛围,激励广大干部树牢"不争先进就是落后、不在上游就是下游、不抢先机就有危机"的理念,进一步发挥考核指挥棒作用,有力地推动了市委、市政府重大决策和重要工作部署的贯彻落实。

【综合调研】 2022年，市委办政研室(调研科)、综合科坚持以习近平新时代中国特色社会主义思想为指导，及时跟进学习党的二十大精神、各级党委重要会议和各级领导重要讲话精神，充分发挥以文辅政服务决策作用。做好龙泉市委重要文稿和各类会议文稿起草、修改、整理和把关等工作，起草、审核各类材料500余篇。做好市委主要领导日常服务保障、工作安排、文件办理等工作，编写市委主要领导每周工作安排，组织专题会议260余次，交办落实市委主要领导批示310余件。围绕市委中心工作统筹安排调研课题，合理谋划开展调研工作，加强对全市经济社会发展重大问题的综合分析研究，撰写各类调研报告10余篇，其中《关于青年发展型城市建设的思考与研究》《共同富裕背景下农村居民财产性收入增收难点研究——以龙泉市为例》2篇调研报告分别在丽水党政系统评比中荣获一等奖和三等奖。

【信息与新闻报道】 2022年，市委报道组(信息科)累计编发《龙泉每日信息摘报》365期、《龙泉党委信息》19期，向上报送各类信息1430条，丽采、省采共527篇(条)，问题类信息《基层反映传统刀剑"生存难、传承难"影响刀剑历史文化弘扬》被中央办公厅单篇采用，实现中采单篇"零的突破"；每日要情(丽采305条)、工作交流(丽采、省采分别8篇)录用量位列丽水九县(市、区)第一。丽水党委信息排名跃升到第三位。累计在上级党报党刊发表新闻稿件201篇，其中，《浙江日报》发稿40篇，一版稿件7个，专版3个；在《丽水日报》发稿161篇，头版头条9个，重点稿发稿量均位于丽水前列，获评2022年度全省"优秀报道组"。

【台务工作】 2022年，龙泉市专题召开市委对台工作领导小组(扩大)会议，书面信封交办了市委对台工作领导小组成员单位及有关单位工作任务。制定出台《2022年中共龙泉市委对台工作领导小组成员单位及有关单位任务分工》和《龙泉市涉台突发公共事件应急预案》等文件，明确各成员单位工作职责。共开展了三次线上交流活动，分别为1月22日，"因菇结缘•共话菇事"活动；3月16日，再续瓷缘、守正创新——龙台两地陶艺家线上"云"交流活动；7月22日，2022年龙台两地共祭菇神吴三公线上交流活动。聚焦民族融合，推进竹垟畲族乡丽水市级对台交流基层组织示范点创建，6月3日，在竹垟畲族乡开展了"粽情粽意——两岸一家亲"端午节活动；11月12—14日，"两岸一家亲、丽台融合情"主题宣传活动在龙泉开展，两岸媒体记者探寻剑瓷文化、感受历史传承、采访多名青瓷宝剑大师，刊发新闻报道30余条，全平台短视频3个，活动数据亮眼，取得良好的宣传效果。

【外事工作】 2022年，对外交流活动不断深入：友城交流持续深化。6月，韩国康津郡市长姜珍远获得连任，龙泉市联系外事工作副市长杨摄智发去祝贺视频；10月，龙泉市与意大利卡里市正式签署友好交流协议书；12月，龙泉市第二中学在"五十年校庆"之际与友城匈牙利道包什坦契奇高中开展线上"虚拟互访"活动，龙泉市委常委、副市长孔金峰与匈牙利道包什市市长佐尔丹参与视频会晤；文化宣传有声有色，坚持以文化为媒，推动剑瓷文化走近国际友人，通过"外国人眼中看龙泉"，让更多的外籍人士走进龙泉，了解龙泉。邀请龙泉市迪迪教育有限公司外教Domz老师及土耳其籍龙泉女婿Selim夫妇拍摄了介绍龙泉的短视频并通过丽水外事和龙泉视频公众号进行了宣传。龙泉市委外事办全年接待外宾2批19人次：8月，由浙江省外国专家局主办，丽水市科技局承办的2022年度"外国专家疗休养"团队到龙泉考察，来自12个国家的25人参加了本次活动。活动期间，外国专家先后到住龙镇、龙泉青瓷博物馆、龙泉汽车空调创新服务综合体展示中心、龙泉宝剑厂、龙泉山等地，一路感受了龙泉的山水美景、深厚的剑瓷文化以及先进的汽配产业。10月，第五届世界青瓷大会期间，邀请泰国驻华大使一行以及美国、俄罗斯、意大利、日本、新加坡、希腊等12个国家的专家学者、陶瓷爱好者现场参加活动。新增第二个领事保护联络站——西街街道西新社区领事保护联络站，为华侨、留学生家属、在龙外籍人员提供贴心服务和帮助，为龙泉籍海外公民提供及时的领事保护与协助，更好服务龙泉籍华侨，实现龙泉人发展到哪里优质领保服务就同步跟进到哪里。

【档案执法监督】 2022年，严格贯彻执行档案法律法规和国家、省、市有关档案工作方针政策、决策部署，加强档案基础业务建设。加强档案业务培训，已累计开展"兰台说"业务培训56期；对全市19个乡镇(街道)档案规范管理情况进行全方位调查摸底，并对后续整改情况进行了跟踪督查，并进行全市通报，完成八都镇、西街街道丽水市级档案服务基层社会治理试点考核验收；加强重点档案的收集，归集汇总脱贫攻坚档案11463

件、2852 卷。开展档案行政检查 36 次，发表档案宣传稿 45 篇，开展档案普法宣传 1 次。

【文秘和法规工作】 2022 年，市委办秘书科规范发文程序，严格行文制度，严把政策关、文字关、格式关；认真贯彻执行党的机关公文处理条例，严把程序关，规范办文操作，努力做到办文零差错；坚持少发文、发短文，重点精简，全年以市委、市委办名义共发文 280 件，其中重点精简三类文件 47 件，同比下降 6%；办理各级来文 788 件；归档中央、省、丽水市和龙泉本级文件 1170 件；组织保障各类会议 500 余场，其中以市委、市委办名义举办大、中型会议 42 场。严把规范性文件制定关，严格做好规范性文件备案审查工作，加强制定规范性文件的必要性，确保文件合法合规，全年向丽水市委备案规范性文件 17 件，实现“零纠错”；审核乡镇（街道）、市直单位党组织发文 600 余件，审查乡镇（街道）上备规范性文件 7 件，提醒 1 件。严格落实各项责任，把党内法规工作情况纳入党政领导干部实绩考核范围，作为党员干部考核评价的重要依据。

【保密工作】 2022 年，保密工作按照省委保密委、丽水市委保密委每年工作部署，围绕龙泉市工作实际，积极开展各项相关工作。深入开展保密宣传教育工作。邀请市国安局专家，通过理论学习中心组学习大会开展《中华人民共和国数据安全法》宣传教育；运用夜学、干部大会、专题会议等形式开展全体干部保密宣传教育；通过征订《保密工作》杂志，开展理论知识学习教育；通过开展“保密宣传月”“全民国家安全教育日”等活动进行全民保密宣传教育。推进各项保密工作落实。根据“谁主管、谁负责”的原则落实保密工作领导责任制，强化“定密责任人”职责；完善全市涉密人员数据库，所有涉密人员均签订保密承诺书；严格执行“涉密不上网、上网不涉密”的规定，落实各单位保密责任。严格执行保密执法检查。各单位每季度开展保密自查，保密主管部门每季度开展保密检查，切实防堵不足和漏洞；协助省保密主管部门部署龙泉市二级节点保密信息镜像采集设备，加强网络监管。做好保密服务。积极与考试主管部门协作，参与试卷、保密库房的监管，考场巡查等相关工作，服务全国高等教育考试和公务员考录工作。

（蔡如葵）

组织工作

【概况】 2022 年，龙泉市共有党的基层组织 1071 个，其中党委 62 个、总支部 93 个、支部 916 个；党员 20483 人，其中农村党员 10847 人（占 52.96%）；党龄 50 周年以上的党员 1086 人，其中，中华人民共和国成立前老党员 14 人（农村党员 2 人）。全市有 214 个行政村、28 个社区，其中村“两委”班子 1531 人，平均年龄 50.1 岁，村党组织书记大专及以上学历 62.6%，每村均配有 1—2 名 35 岁以下年轻村干部。全市共有省级兴村（治社）名师 1 名，丽水市级兴村（治社）名师 9 名，省级担当作为好支书 2 名。

2022 年，全市共有市管科级领导干部 590 人，其中正科 180 人（男性 158 人、女性 22 人，35 岁以下年轻干部 3 人，平均年龄 47.6 岁），副科 410 人（男性 309 人、女性 101 人，35 岁以下年轻干部 72 人，平均年龄 43.5 岁）。公务员 2041 人（含参公），其中男性 1339 人，女性 702 人，性别比为 190.74（女性为 100）；本科生占比 84.6%，研究生占比 4.9%。

2022 年，全市统计内人才总量达 4.07 万人，占总人口的比重为16.29%，其中党政人才 2041 人，企业经营管理人才 8033 人、高技能人才 7973 人、专业技术人才 12710 人、农村实用人才 9677 人、社会工作者 295 人。

【党员队伍结构】 2022 年，龙泉市有党的基层组织数 1071 个，党员 20483 名，其中预备党员 294 名，占 1.43%；女党员 6035 名，占 29.46%；少数民族党员 552 名，占 2.69%。外出流动党员 1599 名，占 7.80%。

年龄结构：35 岁及以下 4113 人，占 20.08%；36—45 岁 3257 人，占 15.90%；46—55 岁 4388 人，占 21.42%；56—60 岁 2625 人，占 12.82%；61 岁及以上 6100 人，占 29.78%。

学历结构：研究生 185 人，占 0.90%；大学本科 4848 人，占 23.67%；大学专科 3873 人，占 18.91%；中专 1282 人，占 6.26%；高中、中技 2890 人，占 14.11%；初中及以下 7405 人，占 36.15%。

职业结构：在岗职工党员总数为 6520 名，比重为 31.83%，其中公有制经济单位职工党员 5272 名，占 25.74%；非公有制经济单位党员 1074 名，占 5.24%；社会组织党员174 名，占 0.85%；农牧渔民党员 10463 名，比重为 51.08%；离退休党员 3140 名，比重为 15.33%；其他党员 360 名，比重为 1.76%。

2022 年，发展党员 285 名，大专及以上学历和 35 周岁及以下分别达到 87.36%、76.49%，高知群体 15 名，占比 5.26%。

2022 年，开除党籍 28 名，取消预备党员资格 8 名，党内警告 66 名，党内严重警告 43 名，撤销党内职务 2

名，留党察看11名。

【基层组织建设】 2022年，龙泉市制定“红耀剑瓷、奔跑共富”基层党建高质量发展榜单指数，建立“六力榜单”考赛机制▲，压实基层主体责任，推动党建工作高质量发展。全面开展村社换届“回头看”，聚焦“六感”▲全面评价村（社区）班子运行情况，逐村逐社过筛研判，有效整转后进村党组织19个，切实巩固换届成果。深化党建联建助共富机制，以13个红色美丽村庄为主体，建立“守护红色根脉”党建联建，将红绿资源有效转化为发展力量，做法在丽水市红色美丽村庄大比拼活动中获第一名。深入推进“十万技能人才共富能力大提升行动”、百万农民大培训，创设青瓷、宝剑、中草药等特色产业共富学堂，实现乡镇（街道）共富学堂点位建设全覆盖，累计举办技能学习和比拼活动76场，完成技能人才培训1.1万余人次。

▲“六力榜单”考赛机制：以政治执行力、基层组织力、党建统领力、争先创优力、党群共进力、组织保障力等“六力”为榜单开展考赛。

▲“六感”：筑基坚实感、共富获得感、服务满意感、治理安全感、村社和美感、班子认同感。

龙泉市稳妥有序完成农村发展党员违规违纪排查整顿工作和清查整治突出问题规范党务工作，建立发展党员质量定期评估制度，实行发展党员档案“一查二看三对照”，有效预防违规违纪发展党员。成立“96345”党员志愿服务龙泉总站和19个乡镇（街道）分站，承办丽水市“96345”党员志愿服务中心党员志愿服务“大篷车”进龙泉活动，开展“红耀剑瓷、点亮微心愿”活动，收集并实现3049个群众微心愿，全市党员干部深入基层体民情、听民声、解民忧、暖民心。动员广大党员干部在抗洪救灾一线发挥先锋模范作用，倡议动员万余名党员参加“6·20”防汛救灾取得“零伤亡”的胜利，让党旗在一线高高飘扬。

龙泉市通过“一季一赛”“一月一考”“一年一特训”，实行“匠心书记”全流程培育。制定出台“一肩挑”后村（社区）干部履职积分管理办法，对执行上级决策、为群众办实事、疫情防控等履职情况开展调度评价，强化村（社区）干部监督管理。围绕乡村振兴、共同富裕主题，开展村（社区）党组织书记集中轮训，赴省委党校开办村（社区）党组织“匠心书记”特训班，举办3期村（社区）“互看互比互学奔共富”擂台赛，“头雁”赛马争先意识进一步增强，先后获评省“担当作为好支书”1人、丽水市“十大强基先锋”1人和丽水市“担当作为好支书”4人。

【现代社区建设】 2022年，龙泉市全面完成社区规模调整及村改居工作，撤销了龙渊、西街、剑池3个街道22个城中村行政村建制，将主城区13个社区优化为28个社区。全面规范提升社区阵地优化标准体系，形成社区阵地建设统一标准，通过外观统一标识、明确功能布局设置等，进一步优化提升社区阵地建设，完成社区党群服务中心新建、提升16处。不断充实社区队伍力量，招录两批次社区专职工作者65人，下派11名街道干部担任社区书记，派出18名退出领导岗位干部担任社区指导员、组织7133名党员干部职工下沉社区。

龙泉市创新推行无物业管理小区清零新模式，全市50个商品房住宅小区实现物业管理全覆盖，探索党建引领“四个一批”▲新模式破解物业费收缴难的囚徒困境，完成佳德名苑小区试点工作，物业服务费收缴率从87.3%提高至100%。积极探索数字化系统化赋能社区治理，开发打造“剑瓷红·城市管家”数字化应用覆盖全市28个社区，并在浙里办、浙政钉上架运行，集成“AI社工”智能外呼系统，破解社区数据采集负担重、下沉力量管理难、居民服务不够精准等共性问题，累计完成7万余条社区人口底数信息归集，实现3700余名党员公职人员精准报道，参与志愿服务达2152余人次，总积分达10.89万余分。

▲“四个一批”：分类采取通报晾晒一批、协商解决一批、暖心帮扶一批、调解诉讼一批。

【机关党组织建设】 2022年，龙泉市委直属机关工委始终坚持以党的政治建设为统领，深入学习贯彻落实党的二十大精神和省、市党代会精神，组织全市380余名机关党组织书记参加“红耀剑瓷·强基共富·双建争先”工程研讨班。牵头开展市直机关党务清查整治工作，梳理排查党务问题72项，完成整改72项，整改率100%。

龙泉市委直属机关工委牵头打造“剑瓷红·城市管家”数字化应用，着力破解社区数据采集负担重、下沉力量管理难、居民服务不够精准等问题。2022年，该应用已累计完成7万余条社区人口信息归集，实现4200余名在职党员干部精准报到，完成近万条信息发布和收集，有效赋能28个社区整体智治，是该年度龙泉市浙政钉月均活跃度最高的数字化应用。同时，制定《龙泉市在职党员、干部职工志愿服务积分管理办法（试行）》，将志愿服务事项细化为常态化、临时性、专业性等6个大类28个小类内容进行差异化赋分，通过线上报到和积分管理制度，实现在职党员干部到社区报到率99.2%以上。组织动员全市7133名机关党员、干部职工下沉到居住地社区开展志愿服务，择优选派机关696名在职党员担任社区楼栋长（微网格长），带动全市机关党员“组团联户”服务群众4350余户。

龙泉市委直属机关工委围绕“剑瓷红”县域品牌，持续深化培育机关党建品牌，财政局的“数字财政”、行政服务中心的“龙易办”等党建品牌特色工作被评选为丽水优秀案例；选送的综合行政执法局“三张报表大比武”获评丽水市机关党建“实招妙招大比拼”十佳优秀案例；申报龙泉青瓷博物馆成功入选省直机关主题党日教育基地；指导税务局的清廉文化长廊、市委党校的红色基因教育基地等党建阵地建设，累计接待参观培训2800余人次。

【“两新”组织党建】 2022年，龙泉市“两新”组织总数973个，其中非公企业532个，社会组织441个。“两新”党组织有91个，其中党委3个、党总支2个、党支部86个，有党员925名。全年大力实施“两新”组织党建“3346”工程▲，推动“两新”组织党建工作全面建强、整体跃升。聚焦党建引领，培育优化“两新”组织“三支队伍”▲。开展政治铸魂领航行动，指导“两新”组织开展中共二十大精神宣讲等活动200余次，推动党员队伍政治建设走深走实；开展素质能力提升行动，赴绍兴市委党校开展“两新”书记示范培训班，并累计评定“两新”领域“剑瓷红领”23名；开展企业家成长赋能行动，在住龙镇、宝溪乡设立民营经济人士理想信念教育基地，组建30人青年企业家培养池，发放“新生贷”近4亿元。聚焦提质增效，做实作用发挥“三大载体”▲。深化“两新”组织党建项目，“3T”党建、“红动国镜、点绿成金”均被评为“丽水市十佳两新党组织品牌”；优化红色助企服务，选派党建指导员289人开展党建指导等工作；统筹推进“共富工坊”建设，建成“共富工坊”60家，吸纳就业4000余人，人均月增收2500元。聚焦问题短板，打好“两新”组织党建“四场战役”，打好两个覆盖攻坚战，实现50人以上企业党建双覆盖100%；打好开发区整园建强战，健全“五有”园区两新党建工作体系，其中开发区非公党建工作不到位整改案例入选“七张问题清单”示范榜；打好新兴领域探索战，成立龙泉市交通运输行业党委，开展“温暖小哥，齐心防疫”等系列活动，送出慰问品2000余份，评选“最美”剑瓷骑士21名；打好行业党建突围战，以汽配、建设等行业为重点，深入推进党建工作扩面提质，打造省市县级“红色物业”5个。聚焦示范创建，持续迭代升级“六星争创”。持续开展“双强先锋、六星争创”活动，累计培育示范型党组织26个，整转后进党组织10个。

▲“3346”工程：主要指培育优化两新“三支队伍”、做实作用发挥“三大载体”、打好两新党建“四场战役”、持续迭代升级“六星争创”等。

▲“三支队伍”：两新党组织书记队伍、党员队伍、新生代企业家队伍。

▲“三大载体”：两新党建项目、红色助企服务、“共富工坊”建设。

【党员电教】 2022年，龙泉市在党员教育片制播、远教站点建管学用、信息挖掘宣传等方面取得新突破。根据上级制播要点和选题要求，加强优质教学资源开发，《木偶情缘》《国境药业党总支》在省委组织部“之江先锋”视频号展播。围绕中心工作和关键节点，加强本土教学资源开发，完成《“瓷”情可待》、《稳进提质支部在行动》、《来浙丽当主角》、“剑瓷红·城市管家”数字应用介绍等视频拍摄，征集《喜迎二十大 银铃心向党》等短视频。参加2022年省党员教育电视片观摩活动，拍摄活动现场短视频，组织共产党员杨树长接受节目现场采访；打造远教影院1个，为32个远教站点更新配备电脑16台、投影仪16台，夯实远教站点基础，扩大党员教育电视片的受众面和群众喜爱度。举办远教站点管理员、业务骨干培训班，夯实远程教育队伍基础。以远教站点平台为依托，宣传共产党员网、时代先锋网优秀党员教育片，组织观看《二十大代表风采录》《党课开讲啦》《我们一起学二十大报告》等课件，每月按时督促乡镇（街道）、村（社区）完成远教站点学用任务，该年全市远教站点活跃度达100%。探索远教站点运行新模式，探索建立“先锋直播间”“共富学堂”，利用远教站点进行助农直播、技能培训等，推动远程教育助力乡村振兴工作。加强组织工作、党建工作宣传报道，全年丽水市级录用新闻、信息31篇，省级录用新闻、信息11篇，中央组织部录用信息1篇。做好“先锋云社区”平台的综合运用工作，使用“提示、指导、督促”等方式，提高基层党组织对平台的使用效果。

【干部队伍建设】 2022年，龙泉市根据干部队伍“全方位结构优化行动”要求，以实干为导向，以实绩论英雄，选拔使用担当作为、业绩突出的优秀干部，推进干部能上能下，对不担当、不作为、不胜任现职的干部，坚决进行调整。紧盯选好干部、配强班子、调优结构，切实改善干部队伍年龄结构、专业结构，拓宽干部来源渠道，激活干部队伍活力与干事热情。全年共开展人事调整6批次，涉及干部194人次，调整后全市全日制大学以上学历领导干部比例达21.9%，其中包含3名全日制研究生；乡镇领导班子35岁以下比例达29.8%，市直单位达7.1%。着眼于龙泉市事业薪火相传、后继有人，结合开展的优秀年轻干部推荐选拔、乡镇换届“回头看”、市直部门领导班子届末调整等行动，发现培养选拔优秀年轻干部，为中国式现代化品质龙泉建设提供充足的干部储备和人才保证，分“86后”“91后”“96后”3个年龄梯队，常态化掌握约160名优秀年轻干部的基本情况，对综合素质好、有培养潜力的好苗子进行有针对性的培养。坚持以考促干、凭绩用人的原则，借鉴KPI绩效管理理念，开发建设干部实绩动态考评系统，导入各类考核指标187项，动态监测、实时调整，推动干部考核工作从模糊到精准、从单面到立体、从单极到多维。全力整治人员抽调乱象，临时性工作机构从原来的27个减少到17个，专班人员从原有的267人减少到89人，清理未经审批的挂职、抽调、顶岗锻炼人员30人。

【公务员管理】 2022年，龙泉市深化“阳光考录”机制，通过计划编报、报名与资格审查、考试、体检、考察、公示、审批等环节，从1240名考生中择优录用63名公务员；组织2022年机关事业单位公开选调（聘）考试，12个单位通过差额方式调（聘）14人；持续优化综合管理类公务员职级晋升工作，建立职级晋升量化评分机制，着力解决“到点晋升”“人人有份”“吃大锅饭”等问题，全市共晋升三级调研员14人，四级调研员38人，一级主任科员41人，二级主任科员24人，三级主任科员17人，四级主任科员19人；稳步推进“大综合一体化”行政执法改革工作，牵头制定行政执法改革人员下沉方案及管理考核办法，推动全市65%的执法力量共204名干部以“全时、分时、实时”三种模式下沉10个驻地乡镇（街道），其中全时下沉人员144名、分时下沉人员60名、实时下沉人员由全时、分时人员兼任；做好公务员登记、调（转）任等工作，全年累计办理公务员登记98人次，录用63人次，转任42人次，调任1人次，辞职4人次。

【干部教育培养】 2022年，龙泉市全面贯彻落实《浙江省2018—2022年干部教育培训规划》，充分发挥组织部门干部培养牵头抓总的作用，以建设青年发展型城市为重点，整合优化各类培训资源，开展大规模干部培训工作。党校教学中理论教育和党性教育课程总量达到总课时的75%，举办主体班次培训班22期、部门班22期。开设系列“青马学习班”，广泛吸纳新生代企业家、青年工匠、教师、医护、农师、妇女等各行业、各领域中的青年才俊，形成青年剑瓷匠人、青年巾帼等7个学习班，分类别、分专题开展特色学习培训。同时构建起县乡村三级联动格局，全市19个乡镇（街道）及若干村（社区）同步铺开培训。培训副科以上干部2500余人次，科级以下干部2100余人次，基层干部3200余人次，企业经营管理人员200余人次，专业技术人员3600余人次。在各主体班次中，领导干部讲课课时比例达到总课时的21%。重点抓好科级干部、优秀年轻干部等培训，590多名科级干部全年参加培训累计达到90学时。坚持每年举办优秀年轻干部培训班。持续转好“赴上来龙”挂职锻炼工作，选派23名优秀干部赴上级部门挂职锻炼，其中省直机关10人、丽水市级11人、山海协作1人、援青1人，选派25名优秀年轻干部组成7个龙泉市“双招双引”工作驻外招引分局、2个工作专班，接收到龙泉挂职干部人才12人。继续做好选调生招录培养工作，招录8名选调生，选派10名任职期满选调生到村挂职锻炼，18名选调生被纳入优秀年轻干部库，9名选调生参加青马学习班，接收10名省、市级选调生到龙泉市进行基层锻炼。

【干部监督管理】 2022年，龙泉市探索开展中层干部大交流大比选。提级调度市直单位、乡镇（街道）中层岗位资源，推出市直单位综合岗位、专业岗位和乡镇（街道）团妇等重要中层岗位共计61个，分两批次开展大交流大比选，158名优秀年轻干部参与角逐，共交流优秀干部61人，其中乡镇、部门之间相互交流的达到23人。压茬推进“十大专项整治行动”，9月21日，制定下发《推动选人用人问题起底清零“十大专项整治行动”实施方案》，并召开动员部署会议，全市各单位对干部违规调动问题、巡察问题整改、信访问题整改、个人有关事项报告问题、因私出国境管理问题、领导干部违规兼职、干部抽调问题、“三超两乱”▲、干部人事档案专项审核遗留问题、国企选人用人问题等十大问题进行自查，同时在自查的基础上，召集相关职能单位对问题进行比对核查。通过自查和核查，起底问题1172个，完成整改1172个，整改率100%。

▲“三超两乱”：超职数配备干部、超机构规格提拔干部、超审批权限设置机构，擅自提高干部职级待遇、擅自设置职务名称。

2022年，龙泉市股级干部审核选任361人次，预审否决11人；严格执行领导干部个人有关事项一月一申报制度，收集1600余人次有关事项情况；严格落实领导干部外出报告、操办婚丧嫁娶备案、出国境证件管理、离任经济责任审计等制度，备案领导干部外出报告600余人次。发挥组织监督、群众监督、社会监督、舆论监督作用，畅通“12380”监督举报电话，对7名干部信访反映问题进行核查。

【干部人事档案管理】 2022年，龙泉市干部人事档案管理中心围绕“补短板、强弱项、增优势”目标要求，持续抓好档案集中管理，不断夯实统一存放、统一管理、统一开发的基础，全力构建规范存档、从严管档、科学用档的格局。集中保管档案11249卷，其中在职干部档案4850卷；累计完成6018卷数字化制作，数字化率79%；完成日常散材料扫描3000人次，高质量推进日常档案的数字维护工作。围绕制度建设、日常监督、专项审核等三方面推动档案从严管理，制定下发《干部人事档案收集、转递制度》等，明确档案收集、整理、查阅、转递、核对等工作机制，做到收转有登记，查借阅有手续，管理有章法，工作有条理。全面推动干部人事档案专项审核工作，完成5590卷在职企事业干部档案专项审核任务，对4565人次“三龄两历一身份”▲不一致情况进行核实认定。

▲“三龄两历一身份”：“三龄”指年龄、工龄、党龄；“二历”指学历、工作经历；“一身份”指干部身份。

【人才引育】 2022年，龙泉市深入实施人才引领工程，聚焦“双招双引”，坚持以人才科技“关键变量”激活高质量发展“最大增量”。出台科技、青创、卫生、教育、剑瓷产业等领域的人才政策体系，扩大人才政策的覆盖面，落实专业人才专项扶持，并上线“剑瓷人才汇”“龙泉市人才云”“龙泉人才码”等应用上线运行，全年累计引进高校毕业生6386人，其中博士208人，硕士298人，发展高知群体党员16名。国家海外高层次人才申报3人，省海外引才申报20人，省高层次人才特殊支持计划申报3人，引进外国专家智力1人。申报“绿谷精英”项目21个，已入选项目14个，落地项目4个。

龙泉市深入推进“双招双引”战略性先导工程，高规格高质量举办人才科技峰会，邀请80位专家教授参会，高质量举办新能源汽车热管理论坛、青年创业创新中心集体入驻仪式、科技特派员论坛等子活动。紧贴产业发展需求，在浙江大学的支持下建立实体化的产业创新研究院，与中国美院和景德镇陶瓷大学分别合作建立龙泉研究院，成立丽水职业技术学院龙泉分院。有效推进浙西南科创基地“扩容提质”，工程师协同创新中心新增入驻7家团队，完成汽车空调国家CNAS认可实验室复审整改，市食品药品安全检验检测中心入驻基地。全力推进青年发展型城市建设，推动创业中心、人才公寓等建设，推出100余套创业场所和300余套青创公寓供青年免费使用，成功举办首批入驻仪式，招引青瓷宝剑类创业团队158支，“青年创谷”图景初步构建。综合运用“希望之光”组合式人才帮扶团资源，制定《龙泉市汽车热管理产业培育方案》，梳理“龙泉市汽车（空调）零部件产业技术需求清单”68条，首批签约帮扶合作意向项目8项。持续放大科技特派员人才效应，新选派科技特派员30名，先进经验在全省山区海岛县人才工作现场会上交流。

龙泉市做优做足“人才安居”“人才成家”“人才成长”“政治吸纳”四大工程，用心用情营造更优人才服务环境。围绕人才全要素全生命周期，办好人才安居、医疗健康、子女教育、配偶就业、婚恋交友等“关键小事”，为人才安家立业配备全周期“服务套餐”，已举办“关键小事”活动7次，惠及人才200余人，统筹解决人才子女入学9人，人才安居正常惠及200余户高层次人才。在全市教师、医护、企业家、农师、工匠群体中评选20名“十大极致匠心人才”及提名奖并进行表彰宣传，营造全社会尊才、爱才、惜才的浓厚氛围。推动“人才码”落地，累计领码7700余人，开通扫码场景337个，开展“人才码”上有福利7期，覆盖各类人才超2000人次。（张　平）

宣传工作

【概况】 2022年，龙泉市宣传思想文化战线坚持以习近平新时代中国特色社会主义思想为指导，深入贯彻党的十九大和党的二十大精神，紧紧围绕中央和省委、市委工作大局，坚持守正创新，大力弘扬践行浙西南革命精神和新时代“龙泉精神”，坚毅笃行“丽水之干”，全面落实“文兴丽水、挺进共富”工程，扎实推进各项重点工作，为全面复兴剑瓷之都、奋力打造品质龙泉提供了有力思想保证、精神动能、舆论支持和文化引领。龙泉市入选浙江省农村文化礼堂建设示范县（市、区）；入选省委宣传部“领航”主题集中采访报道，全省仅3例。

【专题学习会】 2022年2月21日，龙泉市委理论学习中心组召开《中国共产党纪律检查委员会工作条例》专题学习研讨会；3月30日，召开共同富裕专题学习会暨丽水市第五次党代会精神宣讲会，邀请丽水职业技术学院党委书记梁忆南作专题辅导；5月7日，召开习近平总书记关于加强和改进人民信访工作的系列重要论述和《信访工作条例》专题学习会；6月1日，召开人权和党内法规制度专题学习会；7月15日，召开《干在实处勇立潮头——习近平浙江足迹》和浙江省第十五次党代会精神专题学习会；8月11日，召开“总体国家安全观”“反邪教警示教育”“党管武装工作”专题学习（扩大）会；8月12日，召开《论“三农”工作》和《习近平谈治国理政》第四卷专题学习会；8月24日，召开丽水市委文化工作会议专题学习会、全省数字化改革会议精神专题学习（扩大）会；10月11日，召开《习近平法治思想学习纲要》专题学习会；11月4日，召开党的二十大精神专题学习会；11月24日，召开学习贯彻党的二十大精神丽水市委宣讲团报告会。

【重要制度文件】 6月12日，印发《中共龙泉市委宣传部2022年宣传思想工作要点》；10月11日，印发《关于当前我市意识形态领域形势的通报》；10月21日，印发《关于进一步加强和改进新闻发布工作的实施意见》；11月5日，印发《中共龙泉市委关于认真学习宣传贯彻党的二十大精神的通知》；11月27日，印发《关于建立龙泉市互联网信息内容“分业分层监管联合联动执法”工作机制（试行）的通知》；12月23日，印发《龙泉市加强网络文明建设工作的实施方案》；12月30日，印发《龙泉市文艺奖奖励办法》。

【党的创新理论学习】 2022年，龙泉市坚持将习近平新时代中国特色社会主义思想作为党委（党组）理论学习中心组学习的主题主线，开展“六学六进六争先、极致匠心谱新篇”学习实践活动。严格落实重大决策前专题学习制度和党委（党组）理论学习中心组学习巡听旁制度，全年巡听旁听乡镇（街道）10个。下发《干部学习参阅》16期。实施“新时代理论宣讲提升行动”，组建“剑瓷”青年宣讲特战队，充分发挥“市领导+乡镇（街道）和部门党员干部、专家学者、青年宣讲员、媒体记者、草根宣讲员”宣讲体系整体效应，举办“喜迎二十大，奋进共富路，品质话龙泉”2022年“剑瓷青年说”理论宣讲大赛暨微型党课团课大赛，推动党的创新理论飞入寻常百姓家。全年开展理论宣讲2300余场，展播《剑瓷青年说》宣讲视频35期，覆盖群众10万余人次。

2022年4月29日，“喜迎二十大，奋进共富路，品质话龙泉”2022年“剑瓷青年说”理论宣讲大赛暨微型党课团课大赛举办 （市委宣传部/供图）

【宣传舆论引导】 2022年，龙泉市紧紧围绕“党的二十大”“浙江省第十五次党代会”“丽水市第五次党代会”“龙泉市第十五次党代会”等重大主题，在本级媒体平台策划推出《喜迎二十大》《二十大精神在身边》《全面复兴剑瓷之都 奋力打造品质龙泉》《营商环境看这里 效能革命在基础》等专题专栏135个，全年推出新闻报道15000余篇（条）。以迭代升级“天下龙泉”融媒客户端为抓手，坚定不移推动媒体融合向纵深发展，媒体融合指数全省排名从87位提升至35位。重磅打造大型电视问政栏目《阅卷》，切实发挥舆论监督作用，助推相关部门解民生难题、抓工作落实，不断增强老百姓的获得感、提升企业满意度。全年制作播出《龙泉聚焦》34期，曝光问题28个，50余名领导干部“出镜”接受质询、主动认领任务，作出整改承诺。

加大对外宣传力度，全年共邀请中央、省级主流媒体近50批次300多人次来龙泉开展采访报道，在省级以上主流媒体平台刊播报道521余篇（条），其中，《人民日报》、新华社、中央广播电视总台三大央媒各平台累计刊发报道77篇[《人民日报》（含客户端）44篇、新华社（含客户端）12篇、中央广播电视总台（含客户端）21篇]；《浙江日报》刊发报道44篇（头版3篇）；浙江卫视播报16条（《浙江新闻联播》4条）。做好重大主题活动策划报道，春秋两季新兵欢送暨“从戎之剑”赠剑仪式累计吸引50多家主流媒体刊发报道，抖音、快手、视频号发布短视频20余条，总计播放量1800万+，点赞50万+，全网综合阅读量超4亿人次。邀请近40家上级主流媒体对第五届世界青瓷进行矩阵式宣传，推出报道108篇，其中《人民日报》、新华社刊发6篇稿件，《浙江日报》《香港经济日报》《丽水日报》等均刊发重点新闻，浙江卫视《浙江新闻联播》等栏目三度播报大会新闻，人民网、新华网、中新网3家国家级重点媒体分别就活动各不同板块刊发报道25篇，大会开幕式全程网络直播，共推送发布10个平台，互联网社交平台总关注度超3亿人次，微博话题“宋韵青瓷　品质龙泉”阅读量突破2.4亿人次。高质量开展“第三届中国（龙泉）灵芝大会暨龙泉人才科技峰会”对外宣传工作，联动20多家国家级、省级媒体推送报道近70篇，累计阅读量超过800万人次。

2022年12月2日，大型问政栏目——“阅卷”第一期直播节目开播　（市委宣传部/供图）

【意识形态工作】　2022年，龙泉市完成省高质量全面落实意识形态工作责任制综合试点，挂牌意识形态工作责任制督查室，首次党委（党组）书记抓意识形态工作述职评议会，总结提炼“‘三化’闭环管理机制聚力深化知责履责”标志性成果。分类梳理各责任主体核心任务共40项，推出《龙泉市意识形态工作“四项责任清单”》，每季度派发“工作提示单”。在住龙镇试点推广《行政村意识形态工作指数清单》，层层传导压力。每季度对责任制落实单位进行预警提醒。成立意识形态工作责任制专项检查工作人才库，开展意识形态工作责任制专项检查，在龙泉市委1—2轮巡察工作中对12家单位进行专项检查。全力“扫黄打非”专项整治，开展“执法蓝护苗行动”，立案查处“扫黄打非”案件11起，抓捕犯罪嫌疑人7人，收缴各类非法出版物160余册。

【文化龙泉建设】　2022年，龙泉市发布《龙泉市文化产业发展“十四五”规划》，并首次将“促进文化产业发展”作为重点工作任务列入综合考绩。制定《龙泉市环国家公园文创大走廊建设工作实施方案》，推进四大行动9项重点任务。全年共兑现文化产业发展专项补助资金16.12万元。城北乡上田村钢笔画项目入选2022年丽水市艺术助推乡村振兴扶持项目，获100万元的建设资金补助。2022年，新增浙江省成长型文化企业1家，丽水市重点文化企业3家，丽水市成长型文化企业2家。成功申报丽水市文化产业重点县，获150万元的专项资金扶持。“龙泉青瓷非遗产业在线”入选省文旅厅第二批试点应用。大窑龙泉窑国家考古遗址公园被列入《大遗址保护利用“十四五”专项规划》。溪口瓦窑垟遗址乡村博物馆正式建成开放。推出“形而上下——宋韵视野下的龙泉青瓷”展览，发布《千古大窑图》画卷。组织参加“2022文旅市集•宋韵杭州奇妙夜”，超14万名游客到现场观看体验。开展“宋韵龙泉青瓷海外遗珍寻访行动”，通过网络渠道，收集到25个国家的67个博物馆及3家拍卖行的896件龙泉青瓷藏品信息，丰富龙泉青瓷海外传播历史实证。“舞开心”数字文化应用成为丽水市数字文化系统第一批重点推荐类应用，获龙泉市数字化改革大比武第二名。

【文化事业】　2022年，龙泉市送电影下乡2800场、送戏下乡演出374场、送展览讲座下乡223场，组织开展全民阅读系列活动2000余场，引进优秀剧目6场。举办2022年宝溪乡篝火晚会暨啤酒音乐节等8场乡村文化漫游节、龙庆景毗邻乡村第十三届香菇文化节暨龙台两地共祭菇神吴三公活动、2022年“不灭窑火”传统龙窑烧制活动融入“文化和自然遗产日”系列活动，推出“我有一件瓷　出自龙泉窑”系列活动，举办“清风送福，廉进万家”春联义写活动，“我眼中的浙西南革命精神”主题征文比赛，“文艺星火赋美”2022龙泉市文化志愿者走基层文艺演出走进八都镇、住龙镇等文化文艺活动。举办“龙渊春秋”特展、“案上云烟”荟萃斋笔筒·瘦石斋砚台联展、“民艺·融”浙江省民间工艺融创作品展——龙泉巡展、“水墨丹青·品质龙泉” 暨2022龙泉市美协绘画双年展、“宋韵瓷源·共富小梅” 优秀摄影作品征集活动、“6·20”防汛救灾纪实摄影大赛，联合举办“剑瓷廉韵润龙泉、同心喜迎二十大”廉洁文化作品展等展览和赛事。青瓷文化入选省首批100项“浙江文化标识”培育项目，龙泉青瓷成为浙江文化新地标杭州国家版本馆的重要设计元素。在龙泉大剧院开展《三春与高机》越剧戏迷演出分享活动，散文《江南烟雨里，家乡日日新》获长三角网络文学大赛一等奖，故事《婆婆的私心》获浙江省第十六届新故事作品征文大赛一等奖，诗歌《故乡的柳杉》获浙江省第十三届“中国梦 故乡情”乡村诗歌大赛二等奖，2个作品分别获得丽水市第十七届乡村春晚原创歌曲大赛创作金奖、表演金奖。组织参加第五届阿拉伯艺术节“丝路瓷源 和光接物”陶瓷版权创意设计大赛，荣获第五届阿拉伯艺术节景德镇市执委会颁发的优秀组织奖。入选2022年丽水市文艺精品扶持项目3个，1人获得中国民间文艺“山花奖”，1人获得浙江民间文艺“映山红奖”，1人入围浙江省“五个一批”文艺人才孵化项目·新峰人才（工艺美术类），1人获得丽水文学创作大赛散文类金奖。

【社会主义核心价值观弘扬】 2022年，龙泉市全力打造“浙江有礼 品质龙泉”文明新实践品牌。深化“浙风十礼”系列文明实践活动，打造西街“文明小巷”等载体，浓厚全民学礼的氛围，《打造“善好”文明带》入选浙江有礼省域文明新实践案例汇编。发挥龙泉市志愿者联合会作用，实体化、常态化运作“小清泉之家”。探索志愿服务精准触达机制改革，创新开展“文化铸魂赋能共富路”行动，依托社区网格和“互联网+”，建立需求采集机制，组织开展“银龄跨越数字鸿沟”等活动，群众点单2570余场，服务群众达16.25万人次。举办新时代文明实践志愿服务项目大赛，共评选14个优秀项目并推动实施。抓实好人选树宣传和先进典型帮扶礼遇，评选龙泉好人40例，其中入选浙江好人1例，丽水好人9例，发放关爱金2.7万元。组织“万朵鲜花送雷锋”活动，评选2021年度优秀志愿服务组织6个、优秀志愿者47名。举办第十五届社区邻居节，营造邻里和睦氛围。举办第十一届未成年人思想道德文化节，选树表彰新时代好少年20名，组织开展“春泥计划”活动30余场，引导未成年人扣好人生第一粒扣子。依托数字化改革开展全域文明创建，扎实有效维护城乡环境面貌，提升文明程度。常态化开展“全民清洁日”活动，全年累计参与3300余人次。

【农村文化礼堂建设】 2022年，龙泉市持续推进农村文化礼堂“建、管、用、育”工作，文化礼堂建设纳入省级民生实事工程，新建农村礼堂65家，提升10家，获评入选省农村文化礼堂建设示范县（市、区）。汇集文广旅体局、农业农村局、卫健局、教育局、民政局、司法局等10余个单位服务资源，推出2022年度龙泉市农村文化礼堂“服务菜单”。推进文化礼堂使用效能长效常态化，关注重要节点、紧贴群众需求、利用特色文化，组织开展具有龙泉特色、群众喜闻乐见的活动；推进文化礼堂个性化打造，住龙镇、岩樟乡岱岭村分别获评省农村文化礼堂建设示范乡镇（街道）和省级特色礼堂，住龙镇建平村、住龙镇红星村西井村、城北乡上田村、查田镇隆丰村、道太乡安平村西坑下村、西街街道河星村、屏南镇琉盘村、剑池街道南秦村等8个村文化礼堂获评浙江省五星级农村文化礼堂。（张俊杰）

统战工作

【概况】 2022年，龙泉市统一战线坚持以习近平新时代中国特色社会主义思想为统领，全面贯彻《中国共产党统一战线工作条例》，深入学习宣传贯彻党的二十大精神、中央和省委统战工作会议精神，紧紧围绕市委部署要求，锚定年度目标任务，系统谋划、守正创新，完善制度、强基固本，发挥优势、服务大局，为全面建设共同富裕的现代化品质龙泉贡献统战力量。

【思想政治引领】 2022年，龙泉市统一战线围绕迎接党的二十大召开和宣传、贯彻党的二十大精神主线，开展“矢志不渝跟党走、携手奋进新时代”“喜迎二十大·同心跟党走”等主题实践活动，引导广大统战成员坚定拥护“两个确立”，坚决做到“两个维护”。坚持学懂弄通做实习近平总书记关于做好新时代党的统一战线工作的重要思想，贯彻落实省第十五次党代会、丽水市委五届二次全会、龙泉市委十五届二次全会精神，引导党外代表人士坚定不移同中国共产党想在一起、站在一起、干在一起。团结一切可以团结的力量，调动一切可以调动的积极因素，画出最大同心圆，汇聚强大正能量。

【多党合作及党外干部队伍建设】 2022年，龙泉市农工党基层党支部完成换届。各民主党派、工商联、无党派人士深入实施“参政议政提质”行动，累计开展党委委托课题和重点课题调研

28次，形成调研报告32份，共向丽水市、龙泉市两会提交大会发言10篇，团体提案22件，个人提案、建议案68件，为党委政府决策提供“统战方案”。深化政党协商、议政“直通车”、市领导对口联系、专项民主监督等工作，搭平台、拓渠道、建机制，不断提升履职效能。市委召开或委托召开政党协商会议5次，先后就市党代会和市委全会报告、政府工作报告等同党外人士真诚协商、听取意见。通过“统战专报”向市委市政府报送高质量建议4篇，获市委、市政府主要领导批示。开展党外人才培育，55名优秀党外干部被纳入人才培养库，5名无党派人士入选丽水市“青苗计划”。开展党外代表人士“双走访”工作▲，累计组织走访党外代表人士423人次，走访率达122.97%。

▲“双走访”工作：统战部定期走访党外代表人士所在单位和本人，了解掌握其政治表现、思想状况、履行职责、廉洁自律等情况。

【民族工作】 2022年，龙泉市围绕铸牢中华民族共同体意识主线，坚决贯彻落实新时代党的民族工作重大决策部署，弘扬民族传统文化,促进民族共同富裕。深入开展“之江同心•石榴红”品牌建设，成功培育“石榴红”家园、驿站、工作室、服务队、宣讲团等单位和组织8家（个），4个村（社区）分别入选首批丽水市“石榴红”民族文化社会实践基地和丽水市“石榴红”民族非物质文化遗产传承基地名单。举办竹垟畲族乡“三月三”、八都镇署网村畲歌会等民族民俗活动，开展“民族团结一家亲”“快闪献礼祖国”等民族团结进步宣传月系列活动。龙泉市竹垟畲韵文化旅游有限公司、八都民族中学入选第五批省级民族团结进步示范单位培育名录。落实少数民族专项资金561万元，4个民族村集体经济经营性收入超50万元，八都镇署网村入选省级民族乡村共同富裕示范点。高质量承办2022年丽水市民族乡村振兴现场推进会。

【宗教工作】 2022年，龙泉市紧紧围绕宗教中国化，实施“党建引领”“宗教智治”行动，稳步推进宗教事务治理现代化。推动“永远跟党走•奋进新时代”主题教育活动，组织宗教界人士积极参与体悟文化、共谋发展、讲经交流等爱国爱教活动11次，不断增进宗教界人士“五个认同”▲。完成市道教协会换届工作。兰巨乡龙祥观入选首批省级宗教中国化场所名单，市基督教堂（城关堂）创成省级法治宣传教育基地。建立宗教团体“财务代理”模式，实现场所、团体财务上线报账率100%。

▲“五个认同”：对伟大祖国、中华民族、中华文化、中国共产党、中国特色社会主义的认同。

【民营经济统战】 2022年，龙泉市探索建立经济类枢纽型社会组织，成立龙泉市总商会党委，以“三方治理”（政府+企业+群团组织）模式实现12个经济类行业协会统一归口管理。完成市工商联及5个商协会、新生代企业家换届工作，指导新成立市电商直播行业协会，实现乡镇(街道)商会建设全覆盖。谋划实施“品质龙商”素质提升、组织建设、青蓝接力、亲清助企、共同富裕等项目，全力推进县级“两个健康”示范区创建。扩面提质打造“清廉民企”，完成29家清廉民企示范点创建，创建数量居丽水市前列。市工商联获“全省工商联系统先进集体”称号；国镜药业获“全省清廉建设成绩突出单位”称号，系丽水市民企唯一。

【乡贤工作】 2022年，龙泉市深化“乡贤+”模式，开展党的政策、同心人物、乡村故事等交流活动410余次，筹划举办宣传乡贤好故事150余次。发挥乡贤联谊会优势作用，帮助调解矛盾纠纷310余件、建言献策500余件，推动公益事业、助力乡村振兴。创新商协会、乡贤会助力“双招双引、两进两回”机制，积极对接、主动服务7个驻外招引分局。梳理建成统战领域对外推荐和龙商回归项目库并入库项目51个，累计协助签约项目29个，合同投资达14亿余元。发挥龙泉市经济社会发展促进会作用，牵头成立“健康•品质龙泉”爱心基金。对接杭州资源，开展送医、送教活动。

【统战社团建设】 2022年，龙泉市顺利完成市知联会、市网联会换届工作。各统战社团先后精心策划“同心话共富•E起向未来”网联公益行、“爱国奋斗宣讲”“寻美龙泉”等活动，组织开展“龙泉精神”热议笃行、爱心暖心慰问等活动。新联会“剑瓷爱心拍卖”获评丽水同心共富“三服务”品牌项目，市网联会会长被丽水市委统战部评为优秀会长。市知联会获丽水市优秀知联会称号；“关爱星星的孩子”品牌故事入选丽水案例，在浙江省“之江同心•党外知识分子爱国奋斗报告会”上进行宣讲。 （项　松）

改革工作

【概况】 2022年，龙泉市认真贯彻省委、丽水市委改革办决策部署，紧扣中心、服务大局，坚持重点突破和整体推进并重，以实战实用实效为导向，一体融合推进全面深化改革、数字化改革和共同富裕示范区重大改革，各项改革工作取得了新的突破。实行市领导领衔、“1+6+1”系统▲牵头、单位比武晾晒、专班例会、重点应用“周晾晒”等机制，推动各项工作责任到位、落实到位。举办第二次多跨场景谋划大比武活动，比选出 10 个场景入选为全年重点打造的场景应用库。召开数字化改革专题培训会和“头脑风暴”“智囊沙龙”等数字化改革理论研讨会 40 余次，参加干部达 2000 余人次。

▲“1+6+1”系统:“1”是指一体化智能化公共数据平台，“6” 是指党建统领整体智治系统、数字政府系统、数字经济系统、数字法治系统、数字社会系统、数字文化系统，“1”是指基层智治系统。

【系统推进】 2022 年，龙泉市调整全面深化改革专项小组和数字化改革系统跑道设置，推动全面深化改革、共同富裕示范区重大改革和数字化改革一体融合。一体化智能化公共数据平台在 IRS(一体化数字资源系统)建设中数据资源目录建设指标完成率达 100%，六大系统省级重大应用贯通率 100%，形成理论、制度成果 60 余项。加快迭代升级“141”体系▲建设，社会治理中心完成入驻并正式运行，打造“城事共治”提升基层治理水平，“以‘匠心网格’助力基层除险保安”等经验做法在《浙江信息》刊发。承接数字化改革省级试点 27 项。

▲“141”体系:“1”是县级社会治理中心。“4”是乡镇(街道)基层治理“四个平台”，即党建统领、经济生态、平安法治和公共服务四条跑道。第二个“1”是村社与基层网格。

【改革成果】 2022 年，改革工作荣获丽水优秀等次，基层智治工作排名丽水第一、全面深化改革工作排名丽水第四，形成了一批具有龙泉辨识度的标志性硬核成果。其中，益林共富入选省数字化改革“最佳应用”，系丽水县级唯一；龙财通获评省数字经济系统最佳应用；深化集体林权制度改革获浙江省改革突破奖提名奖，同时作为协同单位参与的“建立健全公权力大数据监督机制”改革获浙江省改革突破奖金奖，实现奖牌“零的突破”；“大综合一体化”行政执法改革得到时任浙江省委书记袁家军的肯定，改革指数排名全省第一；省部级“国家知识产权强县建设试点” 等 30 余项改革试点全面推进。 (叶勇珍)

机构编制管理工作

【概况】 中共龙泉市委机构编制委员会办公室是中共龙泉市委机构编制委员会的办事机构，承担市委机构编制委员会日常工作，作为市委工作机关，归口市委组织部管理。2022 年，中共龙泉市委机构编制委员会研究调整机构编制事项 49 项，核定行政事业单位用编计划 427 名。全市有行政机关 71 家(不含垂管的法院、检察院、税务局)，事业单位 383 家；行政机关实有人员 1669 人，事业单位实有人员 5885 人。

【局级事业单位优化设置】 2022 年，市委编办聚焦中心工作优化部门组织架构，在机构总量不突破限额的前提下，调整系列局级事业单位布局，打造科学规范、运行高效的机构职能体系。立足品质城市“东拓、西进、南优、北连、中兴”战略布局，设立城市开发建设中心，为市政府直属公益一类事业单位，机构规格相当于正科级，核定事业编制 15 名。整合市综合信息指挥中心、市城市智慧治理中心、矛盾纠纷调处化解中心(平台)等，迭代升级组建物理集中、功能集成的社会治理中心，统筹落实运行监测、矛盾调处、分析研判、协同流转、应急指挥等职能，助力基层治理体系和治理能力现代化建设。为满足新形势下考核考绩工作要求，在市全面深化改革服务中心增挂市督查考绩服务中心牌子，增加督查考绩相关辅助职责。推进开发区管理机构整合提升，调整经济开发区生态产业服务中心为副科级事业单位，突出企业服务、优化营商环境相关职能。

【基层管理体制改革】 2022 年，在全市 19 个乡镇(街道)开展基层管理体制改革，统筹整合党建、经济、治理、服务等方面的职能和力量，形成党委领导、党政统筹、平台运行、岗位管理的基层组织运行模式。构建“跑道+”运行架构，按照“1+4+1+X”▲模式设置乡镇(街道)机构，精简机构 49 个，精简率 27.2%。建立健全乡镇(街道)岗位管理机制，统一编制岗位目录，推动人员身份管理向岗位管理转变。打破条线壁垒，探索乡镇(街道)行政人员与事业人员、乡镇(街道)之间行政事业编制、乡镇(街道)与部门派驻机构人员统筹使用，乡镇(街道)中层职数和部门派驻机构中层职数统筹调配。

▲“1+4+1+X”:“1”为综合信息指挥室；“4”为对焦“党建统领、经济生态、平安法治、公共服务”4 条跑道，统一设置党建综合办公室、发展服务办公室、平安法治办公室、公共服务中心 4 个内设机构或事业单位；“1”为赋权乡镇(街道)综合行政执法队；“X”为因地制宜设置 1—3 个特色机构。

【“大综合一体化” 综合行政执法改革】 2022 年，市委编办推动执法机构、执法权责、执法力量集中协同。设立综合行政执法队，与市综合行政执法局实行“局队合一”管理体制，在市综合行政执法局加挂市综合行政执法指导办公室牌子，设立综合行政执法指导科，明确改革牵头协调和指导职责。精简整合执法队伍，将13支行政执法队伍整合形成“1+8”执法队伍架构▲。根据“省定标准、市县统一、同步划转”原则，划转执法事项1435项，赋权街道330项，乡镇386项，促进执法有单可依。以“县属乡用”模式锁定编制248名，将65.5%的执法力量下沉乡镇（街道），推进乡镇（街道）“一支队伍管执法”，设立10支乡镇（街道）综合行政执法队，以“赋权+辐射”模式实现基层执法力量全覆盖。

▲“1+8”执法队伍架构：“1”为综合行政执法队，“8”为自然资源行政执法队、交通运输行政执法队、农业行政执法队、文化市场行政执法队、卫生监督所、应急管理行政执法队、市场监管行政执法队、生态环境保护行政执法队。

【编外用工清理规范】 2022年，龙泉市全面开展新一轮编外用工清理规范行动，研究制定《2022年机关事业单位编外用工清理规范工作实施方案》，全年清理编外人员114名，核减比例14.1%，超额完成全年核减8%的目标任务。修订完善《龙泉市机关事业单位编外用工管理办法》，同步出台人员招录和薪酬管理等配套制度，构建形成编外用工计划申报、人员招聘、薪酬核定、管理考核的全流程闭环管理体系，不断推进编外用工精细化、规范化、一体化管理。

【重点领域编制周转管理】 2022年，市委编办加大编制“周转池”统筹管理调配力度，破解部门之间“空编不用”与“无编可用”难题，推动编制资源有序流动、科学调配。健全行政、事业编制“周转池”，周转使用行政编制56名、事业编制118名。出台《机构编制保障“双招双引”六条措施》及配套实施细则，统筹30名编制建立高层次、高技术人才、高校优秀毕业生人才编制“储备库”。按“减小、稳中、扩大”的原则，统筹乡镇（街道）93名编制、15名中层职数建立“周转池”，首批调剂58名编制、12名中层职数用于龙渊街道、剑池街道等大镇大街，为现代社区建设、乡村振兴发展等重点工作持续注入编制“活水”。

【用编计划审批】 2022年，市委编办结合市委市政府中心重点工作、部门编制空缺情况、人才引进需求等综合因素，统筹做好编制使用计划管理，核准机关事业单位用编计划427名，其中，人才引进事业用编100名，占事业用编计划的34.2%。全面深化“县管校聘”管理机制，支持市教育局在核定总量内统筹各中小学教职工编制，促进县域内师资均衡配置。重点保障丽水职业技术学院龙泉分院、龙泉市启明实验学校等教师用编87名，核增绿谷实验幼儿园等公办幼儿园编制108名，开辟教育人才招引绿色通道，推行教师编制使用预核制度，支持紧缺学科专业教师提前招引用编45名。动态更新全市机关事业单位人员招录、调入、调出、退休等编制变化情况，全年共办理进出编业务1458次。

【事业单位登记管理】 2022年，龙泉市持续推进事业单位登记全流程网上办，实现事业单位登记和机关、群团统一社会信用代码赋码的“最多跑一次”。办理龙泉市启明实验学校等7家事业单位法人设立登记，完成龙泉市城北乡中心小学等123家事业单位法人变更登记，办理龙泉市劳动保障中心等43家事业单位法人证书到期换证，完成龙泉市林业局等29家机关、群团统一社会信用代码证书信息变更，核准龙泉市不动产登记中心等39家事业单位章程网上备案。5月底，完成全市306家事业单位2021年度法人年度报告公示工作，公示率100%。

【机构编制监督检查】 2022年，市委编办严格落实机构编制法定化要求，加大机构编制日常管理、审核审批和监督检查力度。开展新任党政主要负责人机构编制事项“函告”工作，落实机构编制事项申报的合规性审查，规范股级职数审批，贯彻执行年度报告制度，持续推动机构编制监督检查与审计、巡视巡察、选人用人专项检查等深度融合，全年共发现并整改机构编制违纪违规问题27个。（周 慧）

党校工作

【概况】 2022年，市委党校坚持“党校姓党”根本原则，认真贯彻落实《中国共产党党校（行政学院）工作条例》，深入学习贯彻习近平新时代中国特色社会主义思想、党的二十大精神，围绕市委市政府中心工作，积极开展干部培训、思想引领、理论建设、科研咨政等工作。全年共组织教职员工参加各类教学、科研培训35人次。在校园内建成“新时代‘红色基因’现场教学基地”。该校获评全省党校系统首批绿色学校创建“优秀”等次、丽水市县级党校考核综合先进单位。

【教育培训工作】 2022年，市委党校持续深化“用学术讲政治”教学改革，成立教学指导委员会，优化教学管理体系，全年开发新教学专题 12 个。全面落实干部教育培训计划，共举办各类培训班 34 期，培训学员 3029 人次。其中，举办新提任领导干部培训班暨民营企业家青蓓班、优秀年轻干部培训班、新录用公务员初任培训班等主体班次 15 期，培训 1748 人次，教学测评优秀率达 96%；举办妇女干部培训班、“双招双引”工作专题培训班、浙大控股集团基层党组织书记培训班等社会培训班次 20 期，培训 1281 人次。2022 年，深入基层开展理论宣讲 57 场，受众 3073 人次，其中党的二十大精神专题宣讲 27 场，受众 1515 人次。

2022 年 7 月 1 日，龙泉市青年马克思主义者学习班开班　（市委党校/供图）

【科研咨政工作】 2022 年，市委党校开展科研工作“争先进位”活动，重点抓科研任务领办落实，打造具有龙泉特色的“品质智库”。全年，完成省级课题成果 3 项、丽水市级课题成果 9 项、龙泉市统计局委托课题 6 项；23 篇征文在省级、丽水市级、龙泉县级征文活动中获奖或入选；获得不同层级领导批示 8 项；在各类平台发表科研论文 25 篇，完成市政协重点提案、发言材料 3 份，完成《品质智库》论文集汇编工作，收录 22 篇教师的科研成果。

【现场教学基地建设】 2022 年，市委党校以建校 70 周年为契机，在校内建成“新时代‘红色基因’现场教学基地”，并于 9 月投入使用。全年，该校教学基地共接待 66 批 2540 人次。组织龙泉市多个现场教学基地参与丽水市委组织部和市委党校开展的“教学基地星级管理”评定，住龙镇、浙西南科创基地、宝溪乡获评丽水市干部教育五星、四星、三星现场教学基地。出台《关于实施龙泉市干部党性教育现场教学基地“星级管理”工作的意见》，进一步发挥各基地特色，综合提升管理水平。

【青年马克思主义者学习班】 2022 年，市委组织部和市委党校联合举办青年马克思主义者学习班，40 名“86 后”副科领导干部和 40 名“91 后”年轻优秀干部参加培训。该学习班学制一年，每月一期，每期一天，共 12 期。其间，学员除规定的理论学习外，还需完成撰写学习心得、项目谋划以及课外阅读等任务，旨在提升青年干部的综合素养和专业能力。该培训班共举办 6 期教学活动。　（何仲达）

信访工作

【概况】 2022 年，龙泉市信访总量 58020 件(批)次，其中，来信 295 件；网上信访 3891 件；来电 53495 件；走访 339 批次 1006 人次。

【积案化解工作】 2022 年，市信访局谋划 2 次积案化解攻坚行动，系“服务群众大接访、积案化解大攻坚”行动、除险保安百日攻坚行动信访事项“市领导包案”活动。通过市委市政府主要领导领衔化解最难积案，各事权单位借力“4+X”▲积案化解平台，找出问题症结，推动积案化解。市信访联席办通过分类协调督办、分级会商研判，推进积案化解工作，并实行“实时晾晒”“三色图”等机制对信访积案化解情况进行“点对点”通报。组建听证和复查复核专班，推进依法终结工作，通过听证程序终结 4 件，司法程序终结 2 件，复查复核程序终结 1 件。两次攻坚活动共化解各级交办信访积案 150 件，化解率达 100%。

▲“4+X”：联系市领导+包案市领导+诉求事项分管领导+乡镇主要负责人+相关职能部门。

【访源治理工作】 2022 年，市信访局夯实基层基础，推动信访工作重心下移、关口前移，强化源头化解。在全市 19 个乡镇(街道)和 5 个重点部门(综合行政执法局、自然资源和规划局、建设局、市场监督管理局、教育局)开展“周五开门接访日”工作。全年共接访群众 730 批 1564 人次，其中现场接访解决问题 694 个，创新“有事您说话”“书记会客厅”等接访平台，有效畅通了民诉渠道、提高初次信访一次性化解率。全年，新增积案率 0.48%，排名丽水前三。

【重大信访问题清单工作】 2022 年，市信访局重点推进重大信访问题清单工作，组建“七张问题清单”重大信访问题应用工作专班，定期召开工作例会，切实有效整改清单问题。全年，共收到各级重大信访清单问题 14 个，全部问题按时完成整改销号，其中省级清单问题 1 个，市级清单问题 5 个，县级清单问题 8 个；“龙泉市 53 件积案化解问题”被列入丽水市第二季度重大信访问题示范榜案例。

【《信访工作条例》宣传工作】 2022 年 5 月 1 日，中共中央、国务院印发的《信访工作条例》（以下简称《条例》）正式施行。市信访局组织开展《条例》实施集中宣传月活动，5 月 6 日，组织开展《条例》现场宣传活动，通过摆放展板、发放宣传资料、现场答疑解惑等方式对《条例》进行宣传。5 月 26 日，省信访局一级调研员柴洪力为全市信访专干专题解读《条例》。 （游若静）

老干部工作

【概况】 2022 年，龙泉市有离休干部 51 人（含异地安置龙泉市 1 人，代管 8 人），其中异地安置 14 人，居住龙泉 37 人，共有实职副处及以上离退休干部 36 人（其中 2 人为离休）。2022 年，市委老干部局以喜迎、欢庆党的二十大胜利召开为主线，举办“余热践初心”老干部“走基层、看变化、促发展”、“真情系桑榆”走访慰问、“不忘老革命”纪念日缅怀先烈、“红心代代传”老干部讲党史、“向党话初心”离休干部话心声、“银发助发展”老干部经济社会发展通报会、“笔墨庆辉煌”老年书画展、“放歌新时代”老年大学文艺汇演、“奋进新征程”老干部读书会等系列活动，用心做好新时代老干部工作。

【离退休干部政治思想建设】 2022 年，市委老干部局举办老干部“学习日”活动 12 场，发布报告会、离退休支部每月学习提示、重要文件及会议精神传达等学习内容 30 余篇，老干部参与 5000 余人次。1 月，开展“党建春联进万家”活动，组织老年书画研究会会员、老年书法爱好者到农村社区为市民写春联，共举办 15 场次，参与 120 人次，送出春联 4200 副、“福”字 1800 个。龙泉市第十五次党代会、两会召开前夕，市领导就会议报告上门听取老干部意见建议。5 月 12—16 日，面向离休干部、科级及以上退休干部、市老年大学学员举办“建言二十大暨金点子助力省党代会”老干部座谈会，并通过线上调研、上门走访慰问等方式，征集老干部意见建议 20 余篇。7 月，组织开展“我看中国特色社会主义新时代”主题调研。12 月 14 日，开展“整治养老诈骗行为 维护老年人合法权益”专题活动。全年，举办老干部“市领导接待日”活动 3 场，1 月 7 日，市委副书记李舜接待老干部，听取老干部反映问题及意见建议；3 月 24 日、12 月 20 日，市委常委、组织部部长潘光明接待老干部，听取老干部工作、生活中遇到的困难和问题，及时为他们排忧解难。

【离退休干部党组织建设】 2022 年，龙泉市创建省级“三强六好”示范离退休干部党支部 3 个、省级规范离退休干部党支部 17 个。3 月，组织引导老干部参与“喜迎二十大 开好党代会 贡献好智慧”浙江省党代会意见征集活动。9 月 7—9 日，举办全市离退休干部党支部书记培训班，共有 73 名支部书记参加，推进离退休干部党支部规范化建设。

【落实老干部待遇】 2022 年，市委老干部局开展服务管理提质行动，推进离休干部“一人一策”精准服务行动，为全市 55 名离休干部建立基本信息数据库，开展实时管理，提供个性化服务。推出“局长周访老干部”服务机制。开展

2022 年 11 月 16 日，“讴歌二十大 银耀新时代”2022 年龙泉市老年大学专场文艺演出举行 （廖舟莹/供图）

“五必访”▲工作,走访400余人次,拨打慰问电话500余个,该工作入选“浙江省服务管理重点特色亮点工作”。

▲“五必访”:重大节日必访、生病住院必访、遇到困难必访、逢十生日必访、去世必访。

【老干部志愿服务】 2022年,市委老干部局挖掘“银色人才”,转化共富资源。建立老干部共富政策宣讲团、产业升级帮扶团、文化艺术服务团,开展老党员老干部志愿服务400余人次。组织退休干部党支部结对农村基层党支部、离退休干部党员结对农村创业青年和基层干部“双结对”活动,通过百名老科技专家联百村,结对粮油、蔬菜等8个合作社和基地,开展技术指导和农产品推广,助力乡村振兴。打造“银龄工作室”,关爱“一老一小”,组织银龄志愿者结对在龙泉的45位离休老干部,为30户贫困、残疾、孤寡老人和25位长寿老人提供上门服务;结对困难留守儿童、服刑人员未成年子女和残障儿童68名,关爱未成年人健康成长。

【两个阵地建设】 2022年,龙泉市老干部活动中心(老年大学)开设16个班级(团体),包括声乐班、葫芦丝初级班、越剧班、歌唱班、诗词班、文史班、舞蹈班、太极拳班、太极剑班、京剧(黄梅戏)班、柔力球班、山歌班、艺术团、诗词协会、书画研究会、门球协会,学员共有782人。3月,组织老干部参加丽水市“五廉”活动暨“纵横联动5+5”书画作品展,6幅作品入展。5月,组织老干部参加丽水市喜迎党的二十大暨“红耀绿谷增银龄能量 强基共富展桑榆风采”手机摄影比赛,荣获一等奖1名、三等奖1名、优秀奖2名。5月17—18日,组织老干部参加丽水市“迎亚运 展风采”全市老干部中国象棋比赛。11月8日,举办“礼赞二十大 翰墨颂辉煌”龙泉老年书画展。11月16日,举办“讴歌二十大 银耀新时代”2022年龙泉市老年大学专场文艺演出。

【组织离退休老干部开展正能量活动】 2022年,市委老干部局组织“建言二十大暨金点子助力省党代会”老干部座谈会等正能量活动11场次,参与1400余人次。

2023年龙泉市离退休干部开展活动一览表

表10

序号	活动	时间	地点	人员
1	“建言二十大暨金点子助力省党代会”老干部座谈会	5月12日	老干部活动中心	老年大学学员
		5月13日		科级及以上退休干部
		5月16日		离休干部
2	“走基层、看变化、促发展”活动	6月8日	锦溪镇	实职副处以上退休干部
3		9月16日	浙江芳野食品有限公司	离休干部
4		9月22—23日	青田县	实职副处以上退休干部
5		11月24日	龙泉东互通项目(础石)、旅游集散换乘中心、社会治理中心	实职副处以上退休干部
6	烈士纪念日敬献花篮仪式	9月30日	革命烈士陵园	离休干部
7	“礼赞二十大 翰墨颂辉煌”2022龙泉老年书画展	11月8日	龙渊文化驿站	老年大学学员
8	“讴歌二十大 银耀新时代”2022年龙泉市老年大学专场文艺演出	11月16日	大剧院	老年大学学员
9	老干部经济社会发展情况通报会	11月19日	市政府	离退休干部

2022年9月30日,离休干部烈士纪念日敬献花篮仪式举行 (廖舟莹/供图)

关心下一代工作

【概况】 龙泉市关心下一代工作委员会（以下简称“市关工委”）是以老干部、老战士、老专家、老教师、老模范（以下简称“五老”）为主体，以关心、教育、培养青少年健康成长为目的群众性工作组织，是党和政府联系青少年的桥梁和纽带。2022年，市关工委坚持立德树人，坚持关爱服务，发挥“五老”的政治、经验和威望优势，教育引导广大青少年树立和践行社会主义核心价值观，实现关心下一代工作高质量发展。

【青少年思想道德教育】 2022年，市关工委为进一步加强青少年党史学习教育，弘扬革命精神、激发爱国热情，市关工委宣讲团开展红色革命传统教育宣讲活动，录制革命传统教育宣讲视频，并将学习材料发放至全市40所中小学校，组织学生集中观看和学习。受疫情影响，将线下祭扫改为线上祭扫，引导广大少先队员学习红色故事、弘扬英烈精神、传承红色基因，不断增进爱党、爱国的朴素情感。

【基地建设】 2022年7月，龙泉市青少年“庆党建学党史”中小学红色研学活动在住龙镇红色教育基地举行，主题为“追忆浙西南革命史 传承百年红色基因”。同时青少年思想道德教育实践基地采用“菜单式”选课方式，进一步实现教育资源共享，为共同培养青少年成长成才提供教育平台。

【帮困助学】 2022年，市关工委把帮困助学作为重要工作来抓，认真做好贫困学生走访调查并建立相应档案；与吴永昌助学团、《南湖晚报》等多个

2022年7月，龙泉市青少年“庆党建学党史”2022年中小学红色主题研学活动在龙泉市住龙镇红色教育基地举行 （王 丹/供图）

助学团队建立长期稳固的助学合作关系。举行嘉禾绿荫行动助学结对仪式，22名贫困学子得到每年每人不少于5000元的爱心资助；开展“爱心圆梦•浙狮情”专项助学行动，14名大学新生收到了8000元助学金和爱心行李箱。全年，共募集爱心资金126.21万元，让326名孩子圆了“读书梦”。

【关爱青少年】 2022年5月，市关工委配合开展未成年人保护检察开放日活动。6月，前往小梅镇中心小学、青溪小学开展“六一”节日慰问；市关工委银耀志愿服务分队赴培智学校开展“大手牵小手”关爱行动；在市实验小学、东升小学开展“快乐的小脚丫”2022年乡村儿童“六一”关爱行动，为留守儿童发放童鞋315双。“七一”期间，市关工委邀请离休老战士吴智勇、江德芳、周水运走进滨江幼儿园，为小朋友们讲述刻骨铭心的烽火岁月。7月，赴龙泉市第一中学开展军训送清凉关爱活动。

【“双百”活动】 2022年，根据丽水市关工委“双百”活动▲的统一部署和要求，市关工委科技教育咨询委员会9名老科技专家开展联村、联基地、联合作社、联企业等活动，重点帮扶“菜篮子”工程建设、优质米生产以及茶叶、畜牧生产、渔业养殖等特色产业项目，深化科技扶贫和科技教育咨询活动，开展技术指导和推广，为培养农村青年科技人才做出贡献。定期开展老科技专家座谈和经验交流。1月，组织召开科技委工作会议，对“双百”活动统一部署。6月、11月，组织科技委成员实地考察“双百”基地。

▲“双百”活动：每年关爱帮扶百名特困家庭青少年、技能培训百名农村贫困青年。 （王 丹）

党史方志工作

【概况】 2022年，龙泉市委党史研究室（市地方志研究室）紧紧围绕省、丽水市党史和地方志工作部署要求，以忠实践行“八八战略”、奋力打造“重要窗口”的使命担当，紧紧围绕服务经济社会发展和强化史志部门建设，努力推进党史研究、资料征编、党史宣传和史志队伍建设，较为充分履行了编史修志、资政育人的职责使命，推动党史和地方志事业取得长足发展。

【党史著作编写】 2022年，根据丽水市党史研究室主持召开的《中国共产党浙江龙泉历史》第二卷(1949—1978)复审会上专家提出的1000余条意见、建议，编写组再次对文稿进行认真梳理和修改完善，于6月形成终审稿，7月6日丽水市委党史研究室批复同意正式公开出版，8月12日通过龙泉市委常委会终审，同月交付中央党史出版社进入出版社程序。9月，党史三卷专题资料征编工作正式启动，10月，召开龙泉市专题资料征编工作推进会暨业务培训会，上下联动、统筹推进龙泉党史三卷工作。

【地方志编撰】 2022年，《龙泉市志(1989—2010)》印刷完毕，完成出版。按照中指组下发的《关于地方综合年鉴编纂出版若干问题的补充规定》以及龙泉市社会经济发展的新变化、新成就，调整《龙泉年鉴(2022)》框架，优化年鉴纲目，《龙泉年鉴(2022)》经梳理，共约82万字，设类目36个，分目228个，条目1170个。

【革命遗址保护利用】 2022年，市委党史研究室持续加强对全市党史教育基地和纪念场馆的展陈指导和资料审核，全年接待史志资料咨询、查询、审核300余人次。做好革命遗址调查、保护和开发利用等工作，新建成市委党校党史校史馆、西街红色知青馆，提升建成住龙水塔"中共处属特委干部训练班"展示馆、城北新宏村红色记忆馆、锦溪上锦村红色纪念馆、宝溪溪源田村红色文化展示厅，完工建成道太仙源村红色宣教广场、八都龙竹村枫树湾县委旧址纪念碑，提升改造牛头岭、坑源底县委旧址等。配合市文广旅体局，做好全省革命文物认定申报工作，提供党史和地方文献知识竞赛题库。

【史志成果应用】 拓宽红色文化转化形式，6月取材于浙西南革命题材的红色电影《地下兰花》在住龙镇红星村西井自然村开机拍摄，该片有周恩来、陈毅、宋美龄等特型演员参演，增添了乡村旅游吸引力；城北乡用好木偶戏非遗资源，通过编排红色主题皮影戏，为文旅融合增添新活力，还登上央视《乡村大世界》节目；丰富旅游形式，利用住龙镇现有的红色街景、历史背景打造沉浸式实景体验剧本杀，让游客在游戏中学习浙西南革命根据地历史，带旺团队游；活化利用龙泉民国司法档案资源，浙江省首个司法档案博物馆——龙泉司法档案博物馆在龙泉市法院建成开馆。协助龙泉青瓷博物馆提供史料，反映现代龙泉青瓷发展变迁史的《龙泉青瓷博物馆馆藏龙泉国营瓷厂精品图书》一书由浙江教育出版社出版发行。同时，完成《浙西南革命人物》等上级党史、地方志部门落实的文稿审读任务。

【党史宣传教育】 2022年，市委党史研究室适应宣传思想工作新形势新任务新要求，不断创新和丰富"党史七进"的载体和形式，教育引导党员干部群众"知史爱党、知史爱国"，全年开展宣讲50余场次。八一期间，与市委宣传部成功举办"风展红旗如画"天安门国旗龙泉站巡展活动，通过展陈国旗诞生、国旗知识、国旗法、国旗与天安门广场四大板块内容，以及富有地方特色文化表演活动，开展党史学习教育，吸引全市100多个党支部、5000多名党员干部群众前来观看。梳理红色故事，在当地报纸、微信公众号、新闻客户端开设党史专栏，推出"党课开讲啦""浙西南革命故事少年说"等新媒体栏目，让党史宣传活起来。同时，积极用好"学习强国"学习平台、"浙里学史"频道资源，做好龙泉史志外宣工作，并在丽水市、省媒、央媒等主流媒体发布党史主题稿件100多篇。

【党史数字化改革】 2022年，市委党史研究室以数字化改革为牵引，全力配合做好"红立方——革命遗址数字智治应用"建设，龙泉市革命烈士陵园与住龙镇住溪苏维埃政府旧址两处省级党史教育基地已在红立方数字智治应用平台上线。积极为市退役军人事务局争取2023年省党史和文献资料征编保护利用资金，用于龙泉市革命烈士陵园党史教育基地数字化提升改造。整理党史、地方志家底，提交档案馆进行数字化归档。 （兰珺淇）

档案工作

【概况】 2022年，龙泉市档案馆共有全宗卷197个，总卷数179769卷，总件数188578件，窗口累计接待1137人次，受理浙江档案服务网异地跨馆查档申请128人次。创成龙泉市级年度清廉机关建设试点。举办"兰台说"创新论坛12期，组织全市各单位档案工作人员交流档案整理、档案年报填写、档案新媒体宣传等数十项内容。

【档案资源建设】 2022年，市档案馆接收市委办、市府办的文书档案2582件，"不忘初心、牢记使命"主题教育档案467件，《龙泉吴氏统谱》等宗谱5本、《香菇栽培史》等书籍3本。成功申报2022年度浙江省重要珍贵档案抢救保护试点，争取省级资金73万元，完成民国司法档案裱糊修复1413卷、84524页。开展剑瓷匠人名人库一对一建档活动，采集到档案数据21.7GB，实物档案8件。采集到龙泉香菇发展史口述档案视频66条、音频14条。采集到老战士口述档案视频6条、实物

1件、数字化成果116MB。对脱贫攻坚档案、疫情防控档案、高质量建设共同富裕示范区档案、数字化改革档案、实施碳达峰碳中和行动档案等五大专题档案进行归集整理;组织完成73家单位2021年度档案管理情况登记,完成农业农村局农村集体三资管理系统备份,共计4个批次,数据容量8.28GB。开展“基层档案强基”活动,对全市19个乡镇街道及32家部门进行档案建设情况摸底调查,并对各单位档案员进行面对面业务指导。

【档案利用】 2022年,市档案馆举办“档案见证龙泉蝶变·兰台助力剑瓷发展暨第十五个‘6·9’国际档案日图片展”,设山城巨变、生态工业、民国老字号等八大主题,选取200余张馆藏照片,以档案视角展现龙泉建设发展的重大成就。联合省电视台完成《跟着档案去旅行》系列专题片拍摄工作,通过档案追溯龙泉西街历史和文化故事,展现乡村振兴新面貌。为法院建设司法档案博物馆提供1213件档案文献,为党校建设校史馆提供73幅图片及百余份档案文献。

【档案助力营商环境建设】 2022年,市档案馆整理出1330份民国商号登记档案,为青瓷大师徐建新、隆兴铁铺何世高所在企业申请“百年老字号”提供关键性证明。开设“兰台助企”绿色查档窗口,开通“龙泉记忆”抖音号和微信视频号,设置“助企专栏”,为龙泉市民营企业提供档案管理指导服务、档案专业技术服务、查档绿色通道。 (柳雪珍 廖宗敏)

龙泉市人民代表大会

综　述

【概况】 2022年，龙泉市召开市人民代表大会会议1次、市人大常委会会议6次、市人大常委会主任会议12次，听取审议"一府一委两院"工作报告25个，对4部法律法规实施情况开展检查，对3名政府组成部门负责人开展履职评议，形成调研(检查)报告19个，作出决议决定10项，发出审议(评议)意见17份，任免国家机关工作人员77人次，完成了龙泉市十七届人大一次会议确定的各项任务。

2022年是党的二十大胜利召开之年，也是龙泉市十七届人大履职的开局之年。龙泉市人大深入践行全过程人民民主重大理念，为党传声、依法履职、为民尽责，为全市经济社会发展和民主法治建设贡献了人大智慧和力量。

龙泉市十七届人大一次会议重点建议计划一览表

表11

序号	类别	提议人(建议号)	标　题	主要内容
1	经信商贸	范爱松等11人(90号)	关于加快龙泉汽车配件产业升级的建议	1.从实验设备和人才引进等方面，进一步提升和完善龙泉市汽车空调检测中心的整体实验能力；2.加快龙泉市汽车空调检测中心市场化的进度，提升龙泉汽配的知名度；3.鼓励龙泉的汽车空调企业逐步转向新能源汽车热管理系统零部件的生产制造，制定相应的扶持和奖励政策
2	经信商贸	吴丽蓓等11人(91号)	关于加强公共交易资源领域中介机构管理的建议	1.明确行业主管部门，对涉及的相关职能单位进行统一协调，形成监管合力，加大行业监管力度；2.完善建立中介服务机构监督管理办法，健全考评体系，完善工作机制；3.加快出台扶持政策，鼓励各方面兴办工程中介服务机构做精做优
3	生态旅游	孙　宝等11人(117号)	关于西街文化古街运营的建议	1.调整业态布局，增设夜经济，结合社会性活动；2.引进专业人才，实行规范化、标准化、制度化的统一管理；3.深入挖掘西街古街文化，开发特色文化资源；4.不断完善景区配套服务设施建设，加强景区管理，制定符合街区发展的改善计划
4	交通运输	李子龙等11人(55号)	关于加快国家公园大道(创业大道至国家公园入口道路)规划建设的建议	1.政府给予高度重视并大力支持，积极做好项目规划及土地、交通等部门间的沟通对接；2.交通局继续牵头加快项目推进实施；3.建设一条24米宽双向四车道的由创业大道南延伸段—天堂山—兰巨蜜蜂岭一级公路(国家公园入口)；4.项目资金通过政府投资筹措
5	规划发展	季立婧等9人(2号)	关于科学编制国土空间规划保障农村产业发展用地的建议	1.优化调整产业用地的类别、布局和规模，为农业农村的长足发展留足设施农业用地空间；2.适当增加建设用地指标；3.规划建设二期农业加工园区，促进农产品由粗加工向精深加工转变，向健康产业转型升级

续表11

序号	类别	提议人（建议号）	标　题	主要内容
6	城建环资	陈　建等11人（133号）	关于进一步加大城区“污水零直排区”创建力度的建议	1.责任再落实，要充分认识开展截污纳管工作的重要性和紧迫性，制定工作方案，明确职责，统筹协调。2.规划再到位，进一步完善规划设计，保证规划的科学性、可行性和长远性。3.监管再严格，要建管并举，实现城区污水零排放
7	农林水利	曾高平等11人（21号）	关于加大农产品、新品种和新技术引进推广应用力度的建议	政府和有关部门要加大力度，多了解全国各地高技术价值的农产品品种，并选择适合在山区小规模种植的优秀品种进行培育试种，推广使用，让更多的农民受益，促进共同富裕
8	生态旅游	孙　宝等10人（110号）	关于推进龙泉市全域旅游体系建设的建议	1.建好互联互通的旅游交通体系和设施完备的旅游接待体系；2.发展传承历史，保护生态，突出特色，强调创意的旅游产品；3.建立高效的旅游营销体系，发展旅游品牌效应
9	教科文卫	应　慧等11人（149号）	关于加强城区文化印记建设“赋能”城市品质提升的建议	1.对城区带有历史文化印记的资源进行全面调查梳理，结合城市规划项目建设，将珍贵文化遗存融入城市规划建设中；2.酌情谋划建设一批“城市文化印记”的惠民项目
10	社会保障	林梅、叶继清、吴丹等31人（158号）	关于优化社区配置提升城市基层治理水平的建议	1. 由相关部门联合，根据街道人口数与区域面积重新规划调整社区区域，增设城市社区数量；2.结合社区的实际情况，按需配置社区工作人员；3.明确完善社区工作者的薪酬提升待遇制度，出台建立社区工作者薪酬自然增长机制，完善社区工作者的相关福利政策

重要会议

【十七届人大一次会议】 2022年2月10—13日，龙泉市十七届人大一次会议在龙泉召开，与会代表196名，列席人员88名。会议听取和审议“一府两院”工作报告及市人大常委会工作报告，审查关于龙泉市2021年国民经济和社会发展计划执行情况及2022年国民经济和社会发展计划草案的报告、关于龙泉市2021年预算执行情况及2022年预算草案的报告，审议龙泉市2021年生态环境状况和环境保护目标完成情况报告，并做出各项决议，批准各项报告、2022年国民经济和社会发展计划、龙泉市2022年预算；审议通过市十七届人大一次会议《关于全面优化营商环境，创建新时代“两个健康”示范区的决议》；开展新时代“龙泉精神”大讨论。

会议依法选举叶砝仙为龙泉市第十七届人民代表大会常务委员会主任，选举陈有南、陈惠锋、杨洪斌、卢士俊、李力为龙泉市第十七届人民代表大会常务委员会副主任，选举毛秀梅、邓红华、叶兰华、叶亚东、叶苏婧、兰雪飞、汤俊峰、牟春雷、吴金铿、张永呈、张志伟、张金树、陈建、陈义达、林峰、季文峰、周池梅、柳盛华、徐宇、唐军、黄忠毅、葛基传、曾高平、游金元为龙泉市第十七届人民代表大会常务委员会委员。依法选举翁志鸿为龙泉市人民政府市长，厉亚萍、孔金峰、余盛全、金伟君、王晓燕、全开林、吴华军为龙泉市人民政府副市长，刘道华为龙泉市监察委员会主任，叶爱英为市人民法院院长，周翔为市人民检察院检察长。通过龙泉市第十七届人民代表大会监察和法制（内务司法）委员会、财政经济委员会和社会建设委员会组成人员名单。选举产生龙泉市出席丽水市第五届人民代表大会代表36名。会议收到代表团和代表提出涉及规划发展、农林水利、经信交通等方面建议199件，合并后确定建议180件，交市政府办公室及相关部门单位研究处理并负责答复。会议票决出龙泉市政府2022年度“十件民生实事”项目。

【十七届人大常委会历次会议】 龙泉市十七届人大常委会第一次会议于2022年4月14日举行。会前集中学习《中华人民共和国地方各级人民代表大会和地方各级人民政府组织法》。会议表决通过了一批人事任免事项，圆满实现了组织意图，并组织举行宪法宣誓仪式。

第二次会议于2022年5月17

日举行。会前集中学习《丽水市制定地方性法规条例》。会议听取和审议市公安局关于打击治理电信网络诈骗犯罪工作情况的报告，听取市人大常委会监察和法制（内务司法）工委的相关调研报告；听取和审议市政府关于贯彻实施《中华人民共和国节约能源法》和《浙江省实施〈中华人民共和国节约能源法〉办法》情况的报告，听取市人大常委会财经工委的相关执法检查报告；表决通过关于许可对市十七届人大代表钟李荣依法采取刑事强制措施的决定；表决通过市十七届人大常委会各工作委员会组成人员名单、市十七届人大常委会代表资格审查委员会组成人员名单。

第三次会议于2022年7月30日举行。会前集中学习《丽水市大窑龙泉窑遗址保护条例》。会议听取和审议市政府关于2022年上半年经济社会发展和下半年政府主要工作的报告、关于龙泉市2022年上半年国民经济和社会发展计划执行情况的报告，听取和审查市政府关于龙泉市2022年1—6月预算执行情况的报告，听取市人大常委会财经工委的相关调研报告；会议听取和审议市政府关于2021年财政决算（草案）的报告、关于2021年预算执行及其他财政收支情况审计工作的报告，听取市人大常委会财经工委的相关审查报告，表决通过《龙泉市人民代表大会常务委员会关于批准龙泉市2021年度财政决算的决议》。会议表决通过有关人事任免事项，并组织举行宪法宣誓仪式。

第四次会议于2022年9月28日举行。会前集中学习《丽水市饮用水水源保护条例》。会议传达学习市委十五届二次全体（扩大）会议精神。会议听取和审议市政府关于贯彻落实义务教育“双减”政策情况的工作报告，听取市人大常委会教科文卫工委的相关调研报告；听取和审议市政府关于贯彻实施《浙江省综合行政执法条例》情况的报告，听取市人大常委会城建与环资工委的相关执法检查报告；听取和审议市政府关于“大搬快聚 富民安居”工程实施情况的报告，听取市人大常委会农业与农村工委的相关调研报告；听取和审议市政府关于社会救助工作情况的报告，听取市人大常委会社会建设工委的相关调研报告；听取和审议市检察院关于法律监督工作情况的报告，听取市人大常委会监察和法制（内务司法）工委的相关调研报告；会议还根据宪法法律规定和上级文件要求，听取了市监察委员会关于开展重点领域监察监督专项工作情况的报告；会议听取和审议市政府关于2022年度地方政府债务限额的报告、关于2022年度财政预算调整方案的报告，听取市人大常委会财经工委的相关初审意见，依法表决通过关于批准龙泉市2022年度地方政府债务限额的决议、关于批准龙泉市2022年度财政预算调整方案的决议；听取市政府关于竹垟畲族乡盖竹村、城北乡上田村历史文化名村保护规划编制情况的报告，审议通过关于批准龙泉市竹垟畲族乡盖竹村、城北乡上田村历史文化名村保护规划的决议。会议还听取市发改局、综合行政执法局负责人的个人履职报告及市人大常委会履职评议组的评议报告，并进行满意度测评。会议表决通过有关人事任免事项，并组织举行宪法宣誓仪式。

第五次会议于11月30日举行。会前集中学习《丽水市城市市容和环境卫生管理条例》。会议听取和审议市政府关于市十七届人大一次会议代表建议系统办理落实情况的报告，听取市人大常委会代表与选任工委关于市十七届人大一次会议代表建议、批评和意见督办工作情况的报告；听取和审议市政府关于龙泉市2021年度预算执行及其他财政收支审计结果整改落实情况的报告；听取和审议市政府关于龙泉市竹产业发展情况的报告，听取市人大常委会农业与农村工委的相关调研报告；听取和审议市政府关于2021年度全市国有资产管理情况的综合报告、关于2021年度全市国有自然资源资产管理情况的专项报告，听取市人大常委会财经工委的相关调研报告；听取和审议市政府关于城区“污水零直排区”建设情况的报告，听取市人大常委会城建与环资工委作的相关调研报告；会议听取市人大常委会监察和法制（内务司法）工委关于2022年规范性文件备案审查工作情况的报告；会议还听取市民政局负责人的个人履职报告及市人大常委会履职评议组的评议报告，并进行满意度测评。会议表决通过《龙泉市人民代表大会常务委员会关于加强新时代检察机关法律监督工作服务保障山区共同富裕县域样板的决定》《龙泉市人民代表大会常务委员会关于废止〈龙泉市荣誉市民称号授予办法〉的决定》《龙泉市人民代表大会常务委员会关于补选龙泉市第十七届人民代表大会代表的决定》；表决通过有关人事任免事项。会议期间，还举行市人大常委会领导与列席常委会会议的人大代表座谈会，听取代表意见建议。

第六次会议于12月26日举行。会议审议通过《龙泉市人民代表大会常务委员会关于补选龙泉市第十七届人民代表大会代表的决定》；会议表决通过有关人事任免事项，并组织举行宪法宣誓仪式。

讨论决定重大事项

【重大事项决定】 2022年，龙泉市人大常委会围绕“抓大事、议要事、解难事”行使好重大事项决定权，围绕支持保障组织人事、财政经济、乡村规划和检察工作等依法作出决议决定10项，其中，决定分别为《龙泉市人民代表大会常务委员会关于接受翁志鸿请求辞去龙泉市人民政府市长职务的决定》《龙泉市人民代表大会常务委员会关于王国锋代理龙泉市人民政府市长职务的决定》《龙泉市人民代表大会常务委员会关于加强新时代检察机关法律监督工作服务保障山区共同富裕县域样板的决定》《龙泉市人民代表大会常务委员会关于废止〈龙泉市荣誉市民称号授予办法〉的决定》及《龙泉市人民代表大会常务委员会关于补选龙泉市第十七届人民代表大会代表的决定》(2次)；决议分别为《龙泉市人民代表大会常务委员会关于批准龙泉市2021年度财政决算的决议》《龙泉市人民代表大会常务委员会关于批准2022年度地方政府债务限额的决议》《龙泉市人民代表大会常务委员会关于批准2022年度财政预算调整方案的决议》《关于批准龙泉市竹垟乡盖竹村、城北乡上田村2个历史文化名村保护规划的决议》。

人大监督

【经济发展监督】 2022年，龙泉市人大常委会着力经济稳进提质促进高质量发展，推动市十七届人大一次会议作出《关于全面优化营商环境，创建新时代“两个健康”示范区的决议》。听取和审议市政府2022年上半年经济社会发展情况和下半年政府主要工作报告，审议、审查2022年上半年国民经济和社会发展计划、预算执行情况，审查批准2021年决算、债务限额报告和预算调整方案，听取和审议2021年度预算执行及其他财政收支情况审计工作报告，促进稳经济一揽子措施和积极财政政策落实。

落实《市委关于建立市政府向市人大常委会报告国有资产管理情况制度的意见》，听取审议市政府关于2021年度全市国有资产管理情况的综合报告、关于2021年度全市国有自然资源资产管理情况的专项报告，督促政府加强统筹完善机制、健全空间规划体系、优化自然资源配置，进一步摸清自然资源资产家底。

【司法领域监督】 2022年，龙泉市人大常委会听取市政府关于2021年度法治政府工作情况的报告，专题调研法院司法档案博物馆，积极参与宪法宣传日活动并支持法治政府建设。首次听取市监委重点领域监察监督专项工作报告。组织开展《中华人民共和国就业促进法》《中华人民共和国节约能源法》《浙江省实施〈中华人民共和国节约能源法〉办法》《浙江省综合行政执法条例》执法检查。在听取审议检察院法律监督工作基础上深化作出《关于加强新时代检察机关法律监督工作服务保障山区共同富裕县域样板的决定》。听取和审议市公安局关于打击治理电信网络诈骗犯罪工作情况的报告，在调研中积极听取职能部门、社区基层、金融机构和电信运营商等多方意见，分析对策形成建议。审查政府行政规范性文件37件并首次组织听取备案审查工作报告，受理群众来信来访54件，坚决维护人民权益和社会稳定。

【民生事业监督】 2022年，龙泉市人大常委会持续推动公共服务体系完善和人民群众急难愁盼问题解决。面对“6·20”集中强降雨，龙泉市人大常委会主任会议及时专题听取灾情和灾后重建情况，促进灾后重建任务落实。龙泉市人大常委会开展贯彻落实义务教育“双减”政策工作情况专项监督，助力教育综合改革增效，促进学有优教。开展社会救助专项监督，推进社会救助工作更加规范、更有效率、覆盖更广，促进弱有众扶。开展“大搬快聚富民安居”工程专项监督，外出学习考察异地搬迁工作先进经验，提出科学评估加强引导、拓宽就业培育产业、统筹要素强化治理等意见，推动做好“富民安居”后半篇文章。开展竹产业发展情况调研，全方位视察抚育管理、基础保障和设计营销等工作。开展城市“污水零直排区”建设工作调研，系统检视政府及有关部门过去五年来城市“治污水”工作情况，针对资金要素保障、污染点面管控、运维机制健全等持续性长期性工作谋对策促解决。

协助人代会审议环境保护状况和环境保护目标完成情况报告，监督指导乡镇(街道)落实环境状况和环境保护目标完成情况报告制度。

【票决项目监督】 2022年，在做深民生实事项目代表票决制上下功夫，全面推进项目征集初定、审议票决、监督评估等各环节，通过县乡两级74件民生实事项目办理落实，切实解决一批有关城乡建设、生态保护、基础设施、民生保障等问题。听取和审议市政府2021年度“十件民生实事”项目完成情况和2022年民生实事项目谋划情况的报告。通过建议提交源头把控、交办预评估、重点建议“市长领办”“主任督办”、办理结果通报和建议办理评先评优等制度，不断提升代表建议督办实效。以跟踪督办“加快汽车配件产业升级”“加强公共交易资源领域中介机构管理”等10件重点建议为主线，专题听取审议政府系统办理代表建议情况，市十七届人大一次会议180件代表建议悉数办结，代表对办理态度和办理结果满意率分别达到99.4%和98.3%。关注乡镇（街道）民生实事项目票决制度落实情况。

专题视察和调研活动

【概况】 2022年，龙泉市人大常委会围绕该市工作大局和人民关心热点难点问题，组织市人大代表开展专题调研，助推经济社会发展和改革攻坚任务落实。

市人大常委会组织代表视察全面优化营商环境，创建新时代“两个健康”示范区工作，着眼政策系统集成、工作平衡推进和整体氛围营造，形成意见向政府反馈，该项工作被丽水人大评为履职优秀案例；适时跟踪国土空间总体规划编制，主任会议专题听取编制进展情况；组织开展残疾人帮扶工作、粮食生产工作专题调研，视察全域旅游发展情况。

【视察活动】 2022年10月27日，龙泉市人大常委会组织部分市人大代表视察全面优化营商环境、创建新时代“两个健康”示范区工作。龙泉市人大常委会主任叶砇仙，副主任陈惠锋参加视察。代表们先后到浙江东龙工贸有限公司、浙江孔山重工机械有限公司、浙江创丰密封科技有限公司、龙泉双枪家居用品有限公司，听取了解“最多查一次”工作、项目建设等情况，并到市大数据发展中心视察“龙财通”应用平台建设情况。随后召开的座谈会传达学习了党的二十大精神，听取相关部门关于优化营商环境、工业经济稳进提质、促进民营企业家健康成长及“最多评一次”“最多查一次”改革等工作情况汇报，与会人员结合视察内容纷纷发表意见建议。会议强调，要进一步提高站位，推进工作乘势而为。提高对优化营商环境发展民营经济重要性的认识，通过系统深入地学习贯彻党的二十大精神来提振信心，变顺势为胜势，做到着眼更长远，政策更完善，抓手更有力，以营商环境之“优”促经济之“稳”、发展之“进”。要进一步加深认识营商环境没有最好，只有更好。从高处着眼，积极借鉴民营经济发达地区的先进经验和做法，持续优化民营经济健康发展的政策服务体系，持续推动民营经济人士健康成长；从实处着力，系统梳理问题清单，锚定工作目标任务，强化督查考评，确保有实效、有典型；从细处着手，加强资金、土地、用工等要素保障，推动相关政策措施落地落实、落细落小。要进一步履职尽责，更好发挥人大作用。紧紧围绕市委中心工作，突出发挥监督推动作用、法治保障作用、桥梁纽带作用，主动倾听和关注企业家的需求和诉求，积极建言献策，力求在优化经济发展环境、推动项目建设和产业发展等方面发挥更大的作用。

人事任免

【概况】 2022年，龙泉市人大常委会坚持任前法律知识考试和任前审查，把好干部“入门关”，常委会依法任免77人次，实现党委人事安排意图。对辖区内宪法宣誓制度贯彻实施情况进行月督查机制，组织宪法宣誓43人次。强化干部任后监督，根据《龙泉市人民代表大会常务委员会任命的政府组成部门负责人履职工作评议办法（试行）》，对市发改局、市综合行政执法局、市民政局等部门主要负责人开展履职工作评议，督促依法行权、勤勉履职。

龙泉市十七届人大常委会任免一览表

表12

时间	姓名	职务（任职）	职务（免职）
2022.4.14	余华明	龙泉市人民政府副市长（挂职）	
	杨摄智	龙泉市人民政府副市长（挂职）	
	徐宗南	龙泉市人民政府办公室主任	
	张晓峰	龙泉市发展和改革局局长	
	周光洪	龙泉市经济商务局局长	
	曾国健	龙泉市教育局局长	
	周品旺	龙泉市科学技术局局长	
	吴华军	龙泉市公安局局长	

续表12

时间	姓名	职务(任职)	职务(免职)
2022.4.14	张　平	龙泉市民政局局长	
	杨孔发	龙泉市司法局局长	
	林晓军	龙泉市财政局局长、国有资产监督管理办公室主任	
	项伟剑	龙泉市人力资源和社会保障局局长	
	余海清	龙泉市自然资源和规划局局长	
	叶庾杰	龙泉市住房和城乡建设局局长	
	魏　平	龙泉市交通运输局局长	
	曾春一	龙泉市水利局局长	
	季向阳	龙泉市农业农村局局长	
	黄培松	龙泉市林业局局长	
	胡武海	龙泉市文化和广电旅游体育局局长	
	胡盛锋	龙泉市卫生健康局局长	
	陈齐军	龙泉市退役军人事务局局长	
	骆营彪	龙泉市应急管理局局长	
	夏　卫	龙泉市审计局局长	
	李良忠	龙泉市市场监督管理局局长	
	朱秀亮	龙泉市统计局局长	
	庄承玲	龙泉市医疗保障局局长	
	蔡章辉	龙泉市综合行政执法局局长	
	邱张平	龙泉市青瓷宝剑产业局局长	
	连福茂	龙泉市监察委员会副主任	
	游金元		龙泉市监察委员会副主任
2022.7.30	翁志鸿		辞去龙泉市人民政府市长
	王国锋	龙泉市人民政府副市长、代理市长职务	
	吴孝龙	龙泉市人民法院副院长、审判委员会委员、审判员	
	毛向东	龙泉市人民法院副院长、审判委员会委员、审判员	
	郑向东		龙泉市人民法院副院长、审判委员会委员职务
	邓雪蓉		龙泉市人民法院审判委员会委员职务
	龚贤伟		龙泉市人民法院审判员职务
	许志军		龙泉市人民法院立案庭(诉讼服务中心)副庭长
	程建勇	龙泉市人民检察院副检察长、检察委员会委员、检察员	
	吴孝龙		龙泉市人民检察院副检察长、检察委员会委员、检察员职务
2022.9.28	胡武海	龙泉市人大常委会财政经济工作委员会主任	
	管忠新	龙泉市人大常委会城乡建设与环境资源保护工作委员会主任	
	毛金廷	龙泉市人大常委会教育科技文化卫生工作委员会副主任	

续表12

时间	姓名	职务(任职)	职务(免职)
2022.9.28	陈龙根		龙泉市人大常委会财政经济工作委员会主任职务
	方晓龙		龙泉市人大常委会城乡建设与环境资源保护工作委员会主任职务
	李青羽		龙泉市人大常委会教育科技文化卫生工作委员会副主任职务
	张金树		龙泉市人大常委会西街街道工作委员会主任职务
	蓝幸杏	龙泉市文化和广电旅游体育局局长	
	胡武海		龙泉市文化和广电旅游体育局局长职务
	余海敏		龙泉市监察委员会委员职务
	吴孝森	龙泉市人民法院八都人民法庭庭长	
	施逗逗	龙泉市人民法院审判员	
	叶妙金	龙泉市人民法院审判员	
	赖新燕	龙泉市人民法院审判员	
	朱德宇	龙泉市人民法院审判员	
	陈丽丽	龙泉市人民法院审判员	
2022.11.30	余华明		龙泉市人民政府副市长职务
	叶永菊	龙泉市人民法院审判委员会委员	
	陈伟良	龙泉市人民法院民事审判庭副庭长	
	黄方方	龙泉市人民法院行政审判庭(综合审判庭)副庭长	
	张巍华	龙泉市人民法院八都人民法庭副庭长	
	项水强	龙泉市人民法院审判员	
	沈　丹		龙泉市人民法院民事审判庭副庭长职务
	陈　龙		龙泉市人民法院审判员职务
	杨　娟		龙泉市人民法院审判员职务
	管晓昕	龙泉市人民检察院检察委员会委员	
	李嘉骏		龙泉市人民检察院检察员职务
2022.12.26	丁　杰	龙泉市人民政府副市长(挂职)	
	余良德	龙泉市人大常委会西街街道工作委员会主任	
			龙泉市人大常委会办公室副主任
	黄　斌	龙泉市人大常委会办公室副主任	
	吕　俊	龙泉市发展和改革局局长	
	张晓峰		龙泉市发展和改革局局长
	吴宝霖	龙泉市监察委员会委员	
	钟连福	龙泉市人民法院副院长、审判委员会委员、审判员	
	刘　勇	龙泉市人民法院审判员	

服务代表履职及代表中心组活动

【代表工作】 2022年，龙泉市人大常委会继续落实市人大代表列席人大常委会会议、代表述职、常委会组成人员联系代表、常委会领导与列席常委会会议代表座谈等制度，密切常委会与代表、代表与选民之间联系。该年组织常委会领导与列席常委会会议代表座谈1次；有22位代表列席常委会会议。

2022年，龙泉市人大常委会通过人大常委会领导开班授课和各工委分别参与跟班培训这一集中培训的方式，分2期在浙江大学对市第十七届人大代表，各乡镇人大副主席、人大常委会街道工委副主任和市人大常委会机关干部进行培训；分10期在龙泉市对乡镇人大代表（居民议事员）采取集中授课和现场教学相结合的方式进行封闭式授课，进一步加强人大机关与乡镇人大和人大代表的联系，为代表履职提供服务保障，提高基层人大工作水平。

市人大常委会指导完成1个街道（西街街道）全省首批基层单元试点工作，成功探索出"一站一厅N点"议事模式▲，西街街道人大代表联络站获2022年度"践行全过程人民民主基层单元先进单位"称号；9月基层单元工作在各乡镇（街道）全面铺开，全市19个人大代表联络站在开展"六访六促""四级人大八万代表助力八大攻坚行动"的同时，继续深化龙泉市本级"五进五助创五好"▲活动，指导各联络站谋划"一月一主题"代表活动机制，形成"一乡镇一品牌"发展态势。龙泉市代表联络站组织学习培训98次，组织视察调研187次，组织代表走访接待选民1888人次，收集民情民意4772件，解决落实4772件。

▲"一站一厅N点"议事模式：龙泉市西街街道在现有一个街道人大代表联络站的基础上，借鉴传统"八仙桌"议事模式，全新打造一个具有"宋韵西街"特色兼具"老街议事"主题的西街议事厅，增设白云社区人大联络点、周村村人大联络点等N个代表联络点，实现村社人大工作组织服务全覆盖。

▲"五进五助创五好"：是龙泉人大开展基层单元建设工作的主抓手主品牌。"五进"为积极服务各级人大代表履职尽责进联络站；领导干部人大代表参加活动进联络站；部门单位负责人听取意见建议进联络站；选民反映社情民意、意见建议进联络站；化解纠纷矛盾开展基层治理进联络站。"五助"为助力解决突出问题，谋划发展思路；助力兴办民生实事，关心民生发展；助力掌握民情民意，征求意见建议；助力开展村级事务，夯实基层基础；助力落实重点任务，推动社会发展。"创五好"为创建履职尽责的"好平台"、联系群众的"好桥梁"、听取意见的"好场所"、代表交流的"好阵地"、展示形象的"好窗口"。

市人大常委会引领示范、紧密配合、多措并举推动代表建议整体办理工作，充分发挥督办效果。做好与专项工作、工委工作、代表活动3个工作相结合。重点落实"主任督办"制度、办理单位"一把手"负责制度、"三见面"制度▲，促进代表建议高质量办理。市十七届人大一次会议上，收到代表建议179件，闭会期间收到代表建议1件，合计180件，从反馈的满意度征询意见来看，对建议办理态度表示满意179件，占99.4%；对办理结果表示满意178件，占98.3%。

▲"三见面"制度：建议办理单位在代表建议办理前、办理中、办理后与代表面对面沟通，接到人大代表建议后，马上与代表见面，了解代表所提建议的意图，此为"一见面"；承办部门在办理过程中，要与代表见面讲明具体办理计划，此为"二见面"；代表建议办理完毕后与代表见面，全面和详细地答复代表，此为"三见面"。

【代表补选（另行选举）】 2022年，共有14位龙泉市级人大代表（因工作调动）辞去或终止代表职务，共出缺23名龙泉市级人大代表。龙泉市人大常委会精心组织、提前谋划、试点先行，人大常委会领导包片指导，确保人大代表补选（另行选举）工作风清气正、依法规范，通过选民依法行使民主权利，补选（另行选举）产生龙泉市级人大代表20名，代表结构进一步优化，基层政权建设进一步加强。

【基层人大工作】 2022年，龙泉市人大常委会认真贯彻实施《浙江省街道人大工作条例》，指导4个街道人大开展街道居民议事员培训，召开街道第二届居民议事会第二次会议，落实街道居民议事会制度。实行听取和审议街道人大工作年度报告制度，听取和审议了4个人大街道工委2022年工作情况和2023年工作计划的报告。

2022年，龙泉市人大常委会持续加强乡镇人大建设，落实中央人大工作会议精神和省委、丽水市委、龙泉市委高水平推进新时代人大工作和建设意见，加强对乡镇人大的指导。指导乡镇开好一年两次人代会，圆满完成乡镇人大代表补选（另行选举）工作。组织召开乡镇（街道）人大工作例会，促进全过程人民民主理念在基层贯彻落实。

2022年，龙泉市委出台关于转发《中共龙泉市人大常委会党组关于推进浙江龙泉经济开发区人大工作的实施方案》的通知，在开发区建立人大工作领导小组，设立人大工作办公室，开发区分管人大工作领导任办公室主任，职能科室负责人任副主任，其他科室人员为成员，实现“有机构管理、有人办事”；按照丽水市规范化人大代表联络站建设标准建成开发区人大代表联络站，依法开展人大代表工作，实现“有平台议事”；依法开展对开发区的工作监督和法律监督、对开发区财政预决算的审查及预算执行情况的监督、对开发区国有资产的监督；建立健全有利于共同开展人大工作的协调沟通机制，加强与开发区的日常联系，进一步形成工作合力。

【代表中心组活动】 2022年3月28日至29日，丽水市五届人大代表龙泉中心组开展会前视察和初任培训。丽水市人大常委会主任李锋以代表身份参加相关活动。龙泉市人大常委会主任叶砇仙参加活动。代表们先后视察百山祖国家公园龙泉保护中心宣教中心、兰巨乡大健康产业平台规划建设情况、国家公园野外博物馆展线、“丽水山泉”青坑底矿泉水厂项目、浙江国镜药业有限公司、三田产业园、浙西南科创基地等地，围绕优化营商环境，创建新时代“两个健康”示范区和产业发展、城市建设等主题，实地了解百山祖国家公园建设与管理工作、生态产品价值转化实现机制、大健康产业平台建设等相关情况，为切实提高人大代表议案建议质量、开好丽水人代会做足准备工作。视察结束后，召开了丽水市五届人大代表龙泉中心组初任培训会，围绕新时代人大代表履行职责这一主题进行培训。部分人大代表作交流发言。会议要求，要铭记党的历史，坚持党的领导，从历史的维度把握人民代表大会制度的性质、地位和作用，进一步坚定践行国家根本政治制度的道路自信、理论自信、制度自信，始终确保人大工作正确的政治方向。要加强代表培训，提高履职意识，牢固树立终身学习的理念，坚持在工作中学习，在实践中学习，在学习中提高，不断提升自身素养，深入了解代表履职的法律性、重要性，为依法履职奠定坚实基础。要践行初心使命，厚植为民情怀，坚持问题导向、推动问题解决，围绕改革发展的重点、工作推进的难点、百姓民生的痛点，运用各种手段积极推动决策部署落实到位、法律法规有效执行、热点难点问题有效解决。要汇集多方力量，凝聚广泛共识，通过共同努力，更好形成人大常委会、人大代表、人民群众之间畅通无阻、联结无碍的生动局面，为人大工作发展提供源源不断的动力源泉，为人大代表履职提供有序参与的广阔舞台。3月30日，中心组还就议案建议件的撰写开展专题调研。

2022年12月2日，丽水市五届人大代表龙泉中心组组织开展以“访城乡区域发展，促乡村振兴农民共富”为主题的代表活动。龙泉市人大常委会主任叶砇仙、副主任陈惠锋参加活动。代表们一行先后视察322国道龙泉安仁段改建工程、义龙庆高速公路龙泉段工程（含龙泉北互通连接线）、528国道龙泉西街至兰巨段改建工程、龙泉市龙窑路西延工程等项目线位方案；仙居至庆元公路龙泉下庄儿至兰头段工程、龙泉市旅游集散换乘中心工程、G25长深高速（丽龙2段）龙泉东互通改建工程等建设情况，实地了解龙泉交通事业发展情况。随后召开的座谈会听取龙泉市交通重点工作情况汇报，与会人大代表积极参与讨论并提出意见建议。 （周晓寅 杨 艳）

龙泉市人民政府

综　　述

【概况】 2022年，龙泉市政府坚持以习近平新时代中国特色社会主义思想为指导，在上级党委、政府和市委的坚强领导下，坚决贯彻落实“疫情要防住、经济要稳住、发展要安全”的总体要求，坚毅笃行“丽水之干”，深入开展“全面复兴剑瓷之都、奋力打造品质龙泉”学习实践活动，实现了经济社会平稳较快发展。全年实现GDP增长3.1%，增速高于全国，与全省持平；固定资产投资增长13%；规模以上工业增加值增长2.1%；一般公共预算收入增长10.3%；社会消费品零售总额增长3.5%；城乡居民收入分别增长4.4%、7.2%；民生实事全面完成。同时，取得了“四优一鼎”好成绩：获得省科技进步目标责任制考核优秀等次及省乡村振兴战略实绩考核优秀县、美丽浙江建设考核优秀县、新时代美丽城镇建设考核优秀县称号，荣获“五水共治”大禹鼎“银鼎”。

【减负降本】 开展经济稳进提质“八大攻坚行动”，出台稳经济政策“三十六条”，政策知晓度、政策受益面均居丽水第一。打通政策快享尽享通道，全面应用“龙财通”数字化兑现平台，政策兑现时间缩短1/3，兑现资金6.1亿元。加大财税、金融等支持力度，助力企业减负降本，实施大规模增值税留抵退税、减征小微企业“六税两费”等支持政策，减轻企业和个体税费负担5.64亿元，惠及市场主体1.64万户，新增小微企业贷款余额17.14亿元，惠及市场主体2400余户。累计协调解决企业问题260余件，为企业减负4.6亿元，提供转贷服务10.97亿元，办理无还本续贷24.2亿元，制造业贷款余额增长33.9%，企业问题解决率97.7%。

【开放合作】 2022年，龙泉引进产业项目50个，其中大项目17个，与吉利集团旗下厚同资本签订战略合作协议，组建规模10亿元的汽车科技产业投资基金，引进博士研究生210人、硕士研究生298人。“山海协作”持续深化，萧龙科创园、平湖产业园竣工验收，上海双创园启动招商，萧龙“产业飞地”汽车零部件智能化工厂等项目开工建设。加快构建外联大通道，龙泉市站货运开通启用，仙庆公路下庄儿至兰头段、G25龙泉东互通改建等工程有序推进，义龙庆高速龙泉段通过初设技术审查，温武吉铁路拟按新建双线标准建设。

【改革创新】 2022年，龙泉市积极推进数字化改革，“益林共富”入选全省最佳应用，“深化集体林权制度改革”获评省改革突破奖。着力推进国有企业改革，大力开展国有企业平台整合提升和国有资产整合攻坚行动，理顺国企股权架构，排摸国有资产3117宗，盘活固定资产240余亿元，首次发行企业债5.2亿元。“大综合一体化”行政执法改革指数位列全省第一，实现执法力量下沉乡镇（街道）。入选全省首批科技成果转移支付试点县，实施“揭榜挂帅”项目15个，实现省“领雁”项目“零的突破”，获省科技进步三等奖1项，新增省科技型中小企业54家、国家高新技术企业16家。

【产业发展】 2022年，龙泉市开展重大项目建设攻坚大会战，高新技术产业投资、生态城建水利投资、交通投资分别增长21.9%、25.4%、24.8%，省“4+1”重大项目和省“六个千亿”产业项目投资完成率分别为133.2%、130.2%。完成建设用地复垦入库479亩，向上争资11.6亿元，新增债券额度12.5亿元，争取政策性开发性金融工具1.6亿元。抢抓扩大投资窗口机遇，谋划项目88个，总投资249.4亿元，入选丽水亿元以上前期项目25个。统筹谋划“六大区块”空间开发，生态产业平台完成控制性详规、产业规划等编制工作，共谋划项目56个，总投资324.5亿元，完成土地征收3500

亩，新增工业用地619亩。推进“腾笼换鸟、凤凰涅槃”攻坚行动，开展“两高一低”企业、“用而未尽”土地等专项整治，制定工业用地空间“一张图”，联动完善项目准入、用地转让等配套办法，形成对工业用地、项目引进、产业效益的全方位管理体系，盘活低效闲置用地1079亩。

【名城提质】 2022年，龙泉市扎实推进“一江两岸、一核四区”城市格局，全面推动城市核心组团开发利用，谋划推进重要区块重点项目28个。城东综合体双子楼顺利结顶，瓯江北岸基础设施改造工程全线完工，欧冶大道全线贯通，中山东路、东茶路、凤起路等城市道路完成改造提升，华楼街东延—执中大桥、322国道安仁段开工建设，龙窑路西延完成施工招标，528国道西街至兰巨段发布施工招标公告，城市文化客厅、旅游集散换乘中心、火车站场商贸圈等加快建设。宋韵西街项目获评省“十佳拆改示范典型”，“烟雨瓯江·古城新韵”传统风貌样板区入选全省首批“新时代富春山居图城市样板区”，系丽水唯一。

【乡村振兴】 2022年，龙泉市入选省农业“双强”行动赛马激励县，兰巨现代农业园区获评“省十佳”园区，农林牧渔业增加值增长4.6%。入选省食品药品物质管理试点，启动灵芝、铁皮石斛全产业链高质量发展助力共同富裕示范区建设计划，举办第三届中国灵芝大会。出台竹木产业高质量发展“一方案两政策”，创成国家林业产业示范园区。入选“四好农村路”全国示范县创建名单，获评省农村文化礼堂建设示范县，8个乡镇完成省美丽城镇创建验收，“大搬快聚”搬迁8156人。

【剑瓷文化】 2022年，龙泉市推进剑瓷产业高质量发展，剑瓷规模以上产值、税收分别增长11.3%、16%。出台推进剑瓷产业高质量发展新政，发布全国首个刀剑产业链标准体系。宝剑小镇创成国家AAA级旅游景区，通过省级特色小镇验收命名，宝剑风情街开街运营。剑瓷行业产业大脑入选省建设名单，成功搭建海关出口刀剑产业云通关平台，剑瓷工场、龙泉陶溪川等非遗电商直播基地投入运营，入驻电商300余家，全市剑瓷电商销售额增长44.1%。“龙泉青瓷宝剑之旅”入选省首批非遗主题旅游路线，“西街宿集”项目正式签约，完成文旅“微改造”示范点30个，红色旅游教育基地、工业旅游示范基地、采摘旅游体验基地等品牌创建全面推进，入选全国十佳体育旅游目的地，系全省唯一。

【生态环境】 2022年，龙泉市环境空气质量持续位居全省前列，水质达标率始终保持“3个100%”。瓯江源头区域山水林田湖草沙一体化保护修复工程完成投资1.07亿元，完成国土林草植被覆绿1万余亩，创成瓯江源——龙泉溪国家水利风景区、省生物多样性体验地，入选全省首批林业增汇试点县，新增造林面积2600亩。加快绿色能源项目建设，全省首个500千伏“绿色建造”输变电工程顺利投运，全省电网侧储能示范项目开工建设。

【民生福祉】 2022年，龙泉市出台支持青年创业创新政策“十二条”，举办“创意龙泉 创业青春”大赛，搭建年轻创客“创业园”，孵化创业实体31家，“青年发展环境”和“青年社会参与”指数均获全省优秀等次。建成“共富工坊”60家，完成职业技能培训8000余人次，“就业快递”模式获省就业服务案例优胜奖，实现“零就业”家庭动态清零，城镇登记失业率为1.22%，低收入农户人均可支配收入增长15.1%。全面构建“1+4+N”教育综合改革政策体系，第一所九年一贯制学校开学招生，新增义务教育学位2920个、公办幼儿园学位780个，正式设立丽水职业技术学院龙泉分院，填补龙泉高等教育空白。中医院迁建工程、公共卫生应急救治中心、综合服务中心等项目建设有力推进，县域就诊率提升3.84个百分点，健康浙江考核实现“三连优”。完成社区规模调整，22个城中村完成“村改居”。

【政府履职】 2022年，龙泉市组建社会治理中心并实体化运作，全市安全生产形势总体平稳，成功护航党的二十大，以丽水第一的成绩实现省“平安县”十七连创。法治建设群众满意度位列全省前十，龙泉司法档案博物馆入选“全国法院文化建设特色项目”。面对“6·20”百年一遇强降水自然灾害，以高度的政治责任感，坚持人民至上、生命至上，科学决策、高效应对，实现人员零伤亡，将灾情损失降到最低。压减一般性支出1.5亿元用于“三保”等领域，“三公”经费较上年度下降7%。

市政府重要会议

【龙泉市政府常务会议】 2022年，龙泉市政府共召开常务会议14次。

1月6日，市政府召开第70次常务会议。审议《龙泉市关于精准落实乡镇干部待遇倾斜政策实施方案》《龙泉市国有资产整合集中攻坚行动实施方案》《关于给予城市更新·未来社区——水南区块土地和房屋征收工作中成绩突出集体和个人行政奖励的决定》《龙泉市贯彻落实浙江省新一轮制造业“腾笼换鸟、凤凰涅槃”攻坚行动实施方案（2021—2023年）》《关于加快推进科技创新引领高质量发展的十八条暂行意见》《关于助力市场主体提质增效促进经济高质量发展的二十一条意见》《龙泉市高排放非道路移动机械禁止使用区的通告》《龙泉市关于划定范围内禁止经营和燃放烟花爆竹的通告》，听取《龙泉市第三次全国国土调查工作汇报》《浙江荣鑫电源科技有限公司补偿申请拟处置意见》的汇报。

1月27日，市政府召开第71次常务会议。审议《2022年度龙泉市政府工作报告》《关于龙泉市2021年国民经济和社会发展计划执行情况及2022年国民经济和社会发展计划草案的报告》《龙泉市2022年基本建设投资项目计划》《龙泉市“十四五”基本建设项目库》《龙泉市2022—2024三年行动计划项目清单》《关于龙泉市2021年预算执行情况及2022年预算草案的报告》《关于龙泉市2021年生态环境状况和环境保护目标完成情况的报告》《龙泉市人民政府关于公布2021年龙泉市人民政府质量奖获奖组织的通知》《龙泉市全面实施作风效能革命行动方案》《2022年度龙泉市“争先创优强效能”万人双评议活动实施方案》，听取《龙泉市一季度开门红“四个体系”晾晒比拼汇报》2021年度评比达标表彰、行政奖励、通报表扬评选结果情况汇报。

3月7日，市政府召开第1次常务会议。审议《龙泉市国企改革三年行动实施方案（2021—2023年）》《龙泉市机制砂行业集中整治行动方案》《龙泉市人民政府办公室关于进一步规范设施农业用地管理的通知》《关于妥善处置龙泉市国有资产不动产登记历史遗留及疑难问题的办法》《关于开展龙腾虎跃，“泉”民迎春促消费消费券发放工作的通知》《关于进一步加强龙泉市工业用地高质量利用全生命周期管理的实施意见》。

3月30日，市政府召开第2次常务会议。学习习近平总书记关于统计监督工作重要讲话精神及《最高人民法院关于行政机关负责人出庭应诉若干问题的规定》《关于更加有效发挥统计监督职能作用的意见》，审议《龙泉市开发区整合提升方案》《关于进一步完善浙江龙泉经济开发区财政体制的意见》《关于进一步完善乡镇财政体制的意见》《龙泉市公共资源综合交易管理暂行办法》《关于将部分行政执法职能赋权至八都镇、安仁镇、查田镇、锦溪镇、上垟镇、小梅镇的通告》《龙泉市产业链链长制工作方案》《2022年龙泉市“双招双引”驻外招引分局管理办法》《龙泉市工业投资项目准入决策评价机制》。

4月29日，市政府召开第3次常务会议。学习《河南郑州“7•20”特大暴雨灾害调查报告》，听取关于做好天然气管道建设工程善后有关工作的处理意见的汇报、关于建议巨龙五金汽配科创园准许刀剑行业企业入园的汇报、关于企业职工基本养老保险全国统筹有关工作情况的汇报，审议《关于龙泉市项目用能权交易价格的建议方案》《龙泉市财政专项资金竞争性分配办法》，审议《龙泉市产业政策财政奖补资金兑现管理办法》《龙泉市国资办监管企业负责人经营业绩考核及薪酬核定办法（试行）》《龙泉市2022年度数字化（信息化）项目计划》《关于促进房地产市场健康稳定发展的实施意见》《龙泉市关于推进生态工业高质量绿色发展的若干政策》《龙泉市县级以上饮用水水源地生态保护补偿机制实施意见》《关于深入实施“大搬快聚富民安居”工程助力打造品质龙泉的若干意见》《龙泉市支持青年创业创新政策十二条（试行）》《龙泉市“扩中”“提低”行动方案（2021—2025年）》《2022年度龙泉市人民政府重大行政决策事项目录》《龙泉市关于新时代进一步深化生产供销信用“三位一体”改革推动农合联服务乡村振兴促进共同富裕的实施意见》《龙泉市关于鼓励备案非标电动自行车提前淘汰置换实施方案》《龙泉市政府投资项目工程总承包管理办法（试行）》《建筑业产值、税收全闭环管理工作操作细则》《龙泉市关于加快建筑业改革创新高质量发展的若干意见》。

5月24日，市政府召开第4次常务会议。学习《关于深入贯彻〈关于更加有效发挥统计监督职能作用的意见〉的通知》，审议《龙泉市林业发展和资源保护扶持政策》《关于推进竹木产业高质量发展的若干意见》《关于开展农村宅基地“三权分置”改革工作的若干意见（试行）》《龙泉市“亩均论英雄”改革实施意见2.0版》《龙泉市关于促进商贸流通业发展的实施意见》《龙泉市关于进一步促进开放型经济高质量发展的若干意见》《龙泉市国家级电子商务进农村综合示范工作实施方案（2021—2023）》《龙泉市关于促进制造业信贷投放的实施意见》《龙泉市创业创新孵化园委托运营政策》《龙泉市事业单位管理岗位职员等级晋升制度工作实施方案》《龙泉市2022年度银行业保险业金融机构考绩办法》《关于进一步完善龙泉市招商引资项目全闭环管理工作机制的意见》，听取关于龙泉市祥禾农事服务中心建设项目相关事项的汇报。

6月9日，市政府召开第5次常务会议。学习《浙江省综合行政执法条例》，审议《龙泉市“大综合一体化”行政执法改革下沉乡镇（街道）行政执法人员管理考核办法》《龙泉市国有企业平台整合提升方案》《龙泉市国有企业信用等级提升及债券发行方案》《关于深化综合改革推进教育高质量发展的若干意见（试行）》《关于加强教育人才引进培育振兴工作的十条政策（试行）》《龙泉市学前教育高质量发展三年行动计划（2022—2025年）》《龙泉市义务教育高质量发展三年行动计划（2022—2025年）》《龙泉一中三年提质强校行动实施方案（2022—2025年）》《龙泉浙大中学三年提质强校行动实施方案（2022—2025年）》《龙泉市职业教育高质量发展三年行动计划（2022—2025年）》《促进房地产业健康发展和良性循环若干措施》《龙泉市生态产品价值实现产业平台项目土地房屋征收工作实施方案》《龙泉市工业用地供应差别化管理实施意见（试行）》。

7月5日，市政府召开第6次常务会议。听取关于光伏等新能源项目招商遴选情况汇报、国资整合阶段性工作及资产划转建议方案汇报、龙泉市2022年度上半年消防安全形势分析情况汇报，审议《龙泉市规范民办义务教育发展工作实施方案》《龙泉市建设工程项目招标“评定分离”实施细则（试行）》《龙泉市关于推进“凤凰行动”计划支持企业股改上市的十五条意见》《龙泉市推动企业股改上市三年行动计划（2022—2024年）》《关于加快推进城乡公交一体化改革的实施意见》《龙泉市农村公路养护与管理办法（修订）》。

8月8日，市政府召开第7次常务会议。学习《浙江省法治宣传教育工作规定》、全市“除险保安”百日攻坚行动推进会暨反恐怖会议精神，审议《第五届世界青瓷大会总体方案》，听取2022年公办幼儿园扩容工作汇报，审议《龙泉市房屋征收和“以房换地”项目“房票”安置办法（试行）》《关于进一步完善和规范城区留用地处置工作的实施方案》《关于对龙泉市综合电商中心项目相关内容进行调整的方案》《龙泉市小微企业园高质量建设和管理办法》《龙泉市人民政府关于发布陆生野生动物禁猎区和禁猎期的通告》，听取龙泉市2022年上半年法治政府建设工作情况汇报、丽水职业技术学院龙泉分院开办工作情况汇报。

8月22日，市政府召开第8次常务会议。学习《中华人民共和国安全生产法》，听取龙泉市国资控股有限公司企业债募集资金使用项目工作汇报、第四批龙泉市级劳动模范和模范集体前期评选情况汇报、关于龙泉市“十大极致匠心人才”评定工作情况汇报，审议《关于推进剑瓷产业高质量发展若干意见》《龙泉市生态工业项目招商中介机构奖励实施办法（试行）》《关于开展社区规模调整工作的实施意见》《城区社区规模调整及兰巨乡拟设立社区建议方案》《关于2022年全面推进乡村振兴助力打造品质龙泉的实施意见》《关于加快推进龙泉市农家乐（民宿）发展若干政策》《关于推进特色精品农业高品质发展的若干政策》《关于推进灵芝、铁皮石斛全产业链高质量发展的若干政策》《龙泉市灵芝、铁皮石斛全产业链高质量发展助力共同富裕示范区建设三年行动计划（2022—2024年）》《龙泉市行政机关合同管理办法》《龙泉市行政机关合同信息化监管细则》。

9月5日，市政府召开第9次常务会议。听取关于凤起路区块土地出让相关事项的汇报，审议《龙泉市人民政府关于同意龙渊街道等4个乡镇（街道）社区规模调整方案的批复》。

9月26日，市政府召开第10次常务会议。学习《中华人民共和国行政诉讼法（2017年修订版）》，听取2022年度财政预算调整方案及地方政府债务限额情况的报告、城市文化客厅项目政策兑现情况的汇报、城东综合体《龙泉市招商引资项目补充合同二》汇报、龙泉市生态产业平台国防光缆迁改项目代业主工作情况汇报，审议《龙泉市城市文化客厅运营政策兑现认定细则》《龙泉市事业单位绩效奖金实施方案》《关于明确浙江龙泉经济开发区管辖范围项目管理职能的意见》《龙泉市宝剑产业高质量发展三年行动计划（2022—2024年）》。

10月24日，市政府召开第11次常务会议。学习政府隐性债务管理相关文件、《浙江省生态环境保护条例》，听取投资嘉兴市麟湖控股集团有限公司参与“秀水新城 科技产业园项目”事宜的汇报、第三届中国（龙泉）灵芝大会暨龙泉人才科技峰会活动总体方案的汇报、龙泉市瓷土资源开发经营项目投资合作协议的汇报、龙泉市人民政府与上海市农业科学院食用菌研究所战略合作框架协议的汇报、龙泉市人民政府—浙江工业大学关于合作共建浙江工业大学龙泉创新中心的协议的汇报，审议《龙泉市政府投资项目代建制管理办法》《龙泉市新时代医疗卫生人才振兴“八条新政”》《龙泉市医疗救助实施办法》《龙泉市国有土地上房屋征收与补偿实施细则》《龙泉市征收集体土地房屋补偿暂行办法》《调整征地补偿安置政策的通知》。

11月24日，市政府召开第12次常务会议。学习《关于进一步优化新冠疫情防控措施科学精准做好防控工作的通知》，听取关于给予“浙江龙泉磷酸铁锂储能示范项目”“一事一议”的政策建议的汇报、关于科博乐项目抓落地工作计划及需明确事项的汇报、关于水南未来社区水南区块土地出让相关事项的汇报、关于宝剑小镇大师园核心区配套工程（二期）相关情况汇报、2022年全市应急管理安全生产和消防工作情况的汇报、关于区域协调资金调配使用的相关事宜的汇报，审议《五大核心公司主要职责、内设机构和定员规定方案（送审稿）》《关于加强机制砂行业长效管理实施意见》《龙泉市机制砂整治收回砂石处置方案》《龙泉市2021年度企业亩均效益综合评价结果》《关于开展撤村建居工作的实施意见》《龙泉市城乡公交一体化改革实施方案》《龙泉市人民政府景德镇陶瓷大学合作共建景德镇陶瓷大学龙泉研究院协议》《龙泉市人民政府中国美术学院关于共建中国美院龙泉研究院协议书（送审稿）》《龙泉市第四批历史建筑保护名单》。

【龙泉市国有资产整合集中攻坚行动动员部署会】 2022年1月6日，龙泉市国有资产整合集中攻坚行动动员部署会召开。龙泉市委书记王忠宝出席会议并讲话。龙泉市委副书记、市长翁志鸿主持会议。

会议强调要切实提高政治站位，充分认识到开展国有资产整合集中攻坚行动是做大国资“家底”、增强国资监管的需要。要聚焦做强国资国企，通过激发国企市场主体活力、鼓励国企深耕主责主业，全面提升国有资产管理的效率和能级。要严格落实责任分工，坚持党建引领，充分发挥各级党组织把方向、管大局、保落实的领导作用。要有力推动建章立制，结合数字化改革，完善国资监管体系，健全在建工程监管制度，确保各项工作严格按照制度机制有力有序开展。

会议还解读了《龙泉市国有资产整合集中攻坚行动方案》，部署了下一步工作；龙泉市国资办、自然资源和规划局、财政局、教育局、卫生健康局、纪委监委机关、八都镇等单位负责人作表态发言。

【龙泉市营商环境建设 作风效能革命大会】 2022年2月14日，龙泉市召开营商环境建设、作风效能革命大会，龙泉市委书记王忠宝出席并讲话。龙泉市委副书记、市长翁志鸿作“优化营商环境、开展效能革命”相关工作部署。

会议强调，要强化目标引领，坚持高标定位，大胆先行先试，争创一流抓推进。要突出重点攻坚，坚持“刀刃向内、自我革命”，打造高效便捷的政务环境；坚持“锦上添花、雪中送炭”，打造精准有效的要素环境；坚持“有呼必应、无事不扰”，打造公平公正的法治环境；坚持“开放赋能、创新驱动”，打造活力创新的市场环境；坚持“企业至上、亲清共融”，打造尊崇礼遇的社会环境。要明确阶段要求，压紧责任，强化保障抓推进。要对标目标任务，集中兵力，确保责任落实全覆盖、完成任务不打折。

会议宣布考核评比结果并颁奖，相关单位作表态发言，企业代表作发言。

【龙泉市扩大有效投资暨重大项目推进会】 2022年3月25日下午，龙泉市扩大有效投资暨重大项目推进会召开，总结分析前阶段抓项目扩投资工作，研究部署下阶段工作任务。龙泉市委书记王忠宝出席会议并讲话。龙泉市委副书记、市长翁志鸿主持会议。叶砝仙、刘赤波等副处以上领导出席会议。

会上，龙泉市各副处以上领导领办了重大项目，各市直部门、乡镇（街道）签订了固定资产投资、“四个一批”重大项目推进及项目谋划任务责任书，龙泉市发改局、建设局、浙江龙泉经济开发区、经济合作交流中心、自然资源和规划局等负责人作了表态发言。

【龙泉市2022年自然资源工作暨土地整治工作部署会】 2022年4月1日，龙泉市2022年自然资源工作暨土地整治工作部署会召开，总结前阶段工作情况，研究部署下阶段工作任务。龙泉市委副书记、市长翁志鸿出席会议并讲话。

会议强调，要把好关键高效干。发挥主观能动性，深入推进土地整治工作，摸清底数，把握关键、精准分类施策，实行“挂图作战”“清单管理”方式，高效稳妥推进整治工作。要凝聚合力比拼干。责任压实要到位，加强组织领导，全面做好统筹调度，确保责任到位、力量到位。督查问效要到位，充分运用现场督查、定期通报、责任约谈等综合手段，盯紧看牢项目进度，做到奖优罚劣、激励担当。政策集成要到位，集聚资源、集中力量攻坚克难。协同联动要到位，树立“一盘棋”思想，凝聚合力，确保土地整治工作加快落地见效。

会议还部署了卫片执法等工作，八都镇、安仁镇、小梅镇、上垟镇分别作表态发言。

【“双招双引”暨生态工业高质量发展大会】 2022年8月19日，龙泉市高规格召开“双招双引”暨生态工业高质量发展大会，龙泉市委书记王忠宝出席会议并讲话。龙泉市委副书记、代市长王国锋主持会议。叶砝仙、刘赤波、李舜等副处以上领导参加会议。

会议强调，要始终把生态工业摆

在核心地位。要牢固树立工业为基的理念，坚定不移实施“工业强市”发展战略，奋力推动生态工业跨越式高质量发展；大力推动平台扩容提级，实施“双招双引”、推动企业做大做强。大力营造最优营商环境，广泛汇聚工业经济发展磅礴伟力；强化企业家主体意识，健全抓落实的工作机制。完善工业发展工作体系和协调机制，市四套班子领导要守土有责、守土尽责，兢兢业业、如履薄冰，履行好各自岗位职责，服务好企业发展和生态工业振兴。要构建督查考核体系。加大督查考核力度，确保工作抓实、抓细、抓出成效，对于不作为慢作为的曝光一批、通报一批、问责一批。

会议表彰了2021年度优秀企业家、十佳亩产贡献企业、优秀出口企业、市场开拓贡献企业，并举行了项目签约仪式，累计总投资117亿元，涵盖战略合作、招商引资、人才科技等多个领域。

会上还部署了“双招双引”和生态工业工作，龙泉市经济商务局（经济开发区）、投促中心、市委组织部（人才办）、“两个健康”办等单位作表态发言。

【防汛防台风工作部署会】 2022年9月2日下午，在浙江省、丽水市防汛防台风工作部署会议后，龙泉市立即召开防汛防台风工作部署会，做好防汛防台风备战工作。龙泉市委副书记、代市长王国锋参加并讲话。

会议强调要围绕“一个目标”，宁可十防九空，不能失防万一。坚决克服麻痹思想和松懈心理，守护好全市人民群众生命财产安全。把握“两个可能”，根据气象台预报，台风“轩岚诺”9月3日夜间将逐渐向浙江中北部一带沿海靠近，受其环流影响，影响龙泉市的可能性大，影响时间可能较长。要做好“三个到位”，预警预报要到位，防台风准备要到位，宣传提醒要到位。要抓好“四个严实”，要严实防台风责任、隐患排查、人员转移、救援保障等四个方面。严格按照“市领导包乡、乡领导包村、村干部包户到人”责任制要求，层层压实责任。

【扩大有效投资暨重大项目“百日攻坚”大会战动员部署会】 2022年9月5日，龙泉市召开2022年扩大有效投资暨重大项目“百日攻坚”大会战动员部署会，龙泉市委副书记、代市长王国锋出席会议并讲话。

会议成立了以龙泉市委副书记、代市长王国锋为总指挥长的市“百日攻坚”大会战指挥部，设立了五大专项攻坚组，制定了九张专项攻坚清单，明确重点攻坚任务。从9月1日开始，龙泉市利用百日时间，集中全市力量和资源，聚焦奋力扩大有效投资、加快项目推进实施、促进项目招引落地、攻坚专项债券项目、项目土地要素保障、政策处理集中清零等6个方面，举全力强化项目协调和服务，确保实现全年固定资产投资增长13%，力争15%；省重点实施类项目等省市县三级重大实施类项目年度投资完成100%，力争120%以上；全年招引项目50个，力争55个等目标。

【龙泉市召开村改居工作动员大会暨村改居工作培训会】 2022年11月29日，龙泉市召开村改居工作动员大会暨村改居工作培训会，龙泉市委书记王忠宝出席会议并讲话。龙泉市委副书记、代市长王国锋主持会议。叶砝仙、刘赤波、李舜等副处以上领导参加会议。

会议强调，要深刻认识村改居工作的重大意义，通过村改居这一基层组织架构的探索变革，进一步理顺社区管理服务职能，加快推动县域基层治理体系和治理能力现代化。精准把握村改居工作的重点难点，毫不松懈守牢稳定底线，耐心细致开展思想工作，及早处置小矛盾、小问题，确保矛盾不出村、矛盾化解在本村。强化责任担当，底线思维，以最周密的工作部署干出最好的工作结果。严格遵守村改居工作各项政治纪律、组织纪律、廉洁纪律、群众纪律、工作纪律、生活纪律，严厉打击工作过程中的恶意阻挠和蓄意破坏行为。要凝聚工作合力。团结一切可以团结的力量，做好政策宣传工作，最大限度赢得广大群众主动理解、配合、支持。

会议还全面具体部署了村改居工作，并分别部署了纪律保障、组织设置和社会维稳工作。龙泉市委宣传部、民政局、农业农村局、龙渊街道、西街街道、剑池街道等6家单位和3个行政村作表态发言。会上还开展了村改居工作业务培训。

【山区26县高质量发展实绩共同富裕及丽水市综合考核推进会】 2022年11月30日，龙泉市召开山区26县高质量发展实绩共同富裕及丽水市综合考核推进会，查漏补缺、精准补短，部署推进举措，推动全市各项工作争先创优。龙泉市委副书记、代市长王国锋出席会议并讲话，市委副书记、政法委书记李舜主持。

会议强调，要抓重点，着力围绕重点考核工作，加强沟通对接，集中攻坚，全力冲刺，争取在考核中取得优异成绩。要补短板，坚持“优势指标抓巩固、落后指标抓进位、不确定指标抓攻坚、重点工作抓冲刺、加分项目抓争取”的原则，对标对表考核任务清单，确保不失分、得高分。要重实效，加强精准对接，勤于跑动，讲求效率，善抓善为，掌握一手信息，全力推动各项指标任务落细落实。

【征迁工作部署会】 2022年12月27日，龙泉市召开征迁工作部署会，全力推进项目区块政策处理工作，确保龙泉市交通项目、产业平台、城市建设等项目顺利落地建设。龙泉市委书记王忠宝出席会议并讲话，龙泉市委副书记、代市长王国锋主持会议，龙泉市委副书记李舜等市领导参加会议。

会议强调，要统一思想、提高站位，充分认识征迁工作的重要性。要讲究方法、有序推进，确保各项征迁工作顺利开展。要认清目标，实行挂图作战。要把握政策，确保连续平衡。要紧盯难点，突出重点攻坚。要综合施策，确保政策处理清零。要善于统筹，实行多头并进，提高征迁效率，通过利益调剂方式来加快政策处理工作。要压实责任、强化保障，形成强大的征迁合力。强化宣传引导，在全市形成全面征迁的强大气势、高压态势。强化督查激励，开展征迁工作大比拼，拼进度、拼作风、拼业绩，定期开展通报，确保征迁工作高效有序推进。

会上，部署了“龙泉市项目区块土地和房屋征迁攻坚行动任务交办”相关工作。龙泉市征储中心、自然资源和规划局、财政局(国资办)、交通运输局、经济开发区(经济商贸局)等部门和龙渊街道、西街街道、剑池街道、础石街道、安仁镇、兰巨乡等负责人作表态发言。

重要活动

【浙江省2022年春季新兵欢送暨“从戎之剑”赠剑仪式主会场活动】 2022年3月22日上午，浙江省2022年春季新兵欢送暨“从戎之剑”赠剑仪式主会场活动在龙泉举行。浙江省人民政府征兵办公室、丽水市、丽水军分区和龙泉市领导依次向新兵赠送刻有入伍批准书编号的“从戎之剑”。浙江省军区动员局大校局长赵存志代表浙江省人民政府征兵办公室向全省光荣入伍的新战友们表示热烈祝贺，向家属朋友们表示慰问，向关心国防和军队现代化事业的地方各级党委、政府和广大人民群众表示崇高敬意。

丽水市常务副市长杜兴林代表丽水市委、市政府对新兵寄语，做一个忠诚可靠的人，充分发扬“亮剑”精神，立志保家卫国，做一个正义担当的人。

龙泉首创的新兵欢送暨“从戎之剑”赠剑仪式，网上点击量达2.1亿人次，受到人民网、央广网、新华社等主流媒体及退役军人事务部、浙江省退役军人事务厅等机关单位网站等40多家新媒关注报道。

【“激发非遗活力 创造美好生活”系列非遗文化活动】 2022年6月11日，龙泉市举办“激发非遗活力 创造美好生活”系列非遗文化活动。省级非遗项目“开天门”“炼火”等精彩项目轮番上演，惊险刺激的表演让群众近距离感受非遗文化的魅力。

龙泉致力于非遗的活态传承和创新转化，“文化和自然遗产日”系列展示活动，要让老百姓认识到非遗之美，从而让非遗文化更好地走进当代社会、更好地融入日常生活，进一步促进文化和旅游的深度融合。

【第五届世界青瓷大会】 2022年10月31日，第五届世界青瓷大会在浙江省人民大会堂拉开帷幕。大会由中国工艺美术协会、中国陶瓷工业协会、浙江省经济和信息化厅、浙江省文化和旅游厅、丽水市人民政府主办，龙泉市委、龙泉市人民政府承办，浙江省委宣传部、浙江省委统战部、浙江省工商联指导。泰国驻华大使阿塔育·习萨目及夫人美苹·习萨目、国际陶艺学会(IAC)理事—中国区代表万里雅、中国文物学会会长单霁翔、中国工程院院士高翔，省人大常委会副主任史济锡、副省长成岳冲、省政协副主席陈小平，丽水市领导吴舜泽、李一波、蓝伶俐、卢彩柳、邵祥军等出席大会。大会开幕式第一阶段议程由李一波主持。中国美术学院、景德镇陶瓷大学、浙江大学等高校领导，龙泉市领导王忠宝、王国锋、叶硋仙、刘赤波、李舜等出席。

大会开幕式通过“瓷之魅力、瓷之润力、瓷之活力”3个篇章共同展现大会主题，通过领导、外宾致辞、重点项目签约、优秀匠人颁奖、瓷行天下水影画讲述、青瓷UP说等方式面向国际分享多元视角和精彩观点。

大会现场还对景德镇陶瓷大学龙泉研究院项目、中国美术学院龙泉研究院项目、复星集团·龙泉东家文化产业战略合作项目、网易·龙泉剑瓷产业数字化提升项目、浙大·龙泉萧龙科创中心项目、龙泉市青瓷原料标准化建设与陶瓷新材料研发项目六个项目进行签约，围绕产业数字化、产业化，涉及文化研究、文创产业提升、基金共建、电商品牌共建、青瓷基础材料研究等领域，将助推龙泉青瓷产业现代化发展。

【龙泉宝剑小镇·风情街开街】 2022年11月2日，龙泉宝剑小镇·风情街开街仪式举行。中国工艺美术协会驻会副会长王志杰，市委副书记、代市长王国锋等出席并致辞。

王志杰表示，龙泉宝剑小镇依托首批国家非遗——龙泉宝剑锻制技艺，逐步形成了集宝剑文化朝圣、宝剑产品研制和宝剑主题文旅等于一体的全产业链集聚区，为龙泉宝剑行业从业者人才培养和学习提供广阔舞台，会成为促进宝剑文化的传承和发展、推进文化交流互鉴、推动宝剑产业高质量跨越式发展的又一重要载体。

王国锋表示，龙泉宝剑小镇•风情街的开街，为宝剑产业“集聚要素、集成创新”搭建了新平台，为宝剑文化“彰显魅力、交流互鉴”打开了新窗口。

开街仪式还进行了授牌，龙泉宝剑小镇正式成为了国家AAA级旅游景区、东阳市玉蟾影视有限公司影视拍摄取景地。

【第三届中国（龙泉）灵芝大会暨龙泉人才科技峰会】 2022年11月13日上午，第三届中国（龙泉）灵芝大会暨龙泉人才科技峰会在龙泉大剧院开幕。大会围绕“龙泉的灵芝 道地的灵芝 世界的灵芝”以及“天下龙泉 青年创谷 共富先行”两大主题共开展3项主体活动、6项灵芝产业类活动和4项人才科技类活动。全国脱贫攻坚楷模、中国工程院院士李玉，中国食品土畜进出口商会副会长戎卫东，浙江省农业农村厅副厅长唐冬寿，浙江省市场监管局一级巡视员卢永福，丽水市领导李一波、蓝伶俐、叶伯军、丁岳清，中国汽车工业协会汽车空调委员会秘书长薛庆峰等出席大会并致辞。参加开幕式的还有行业知名专家、知名企业代表，国内各大灵芝产区代表，各大高校、科研院所、协会领导及专家教授等。龙泉市领导王忠宝、王国锋、叶砝仙、刘赤波、李舜等出席。开幕式上，国际蘑菇学会主席格雷格•西蒙发来视频，向大会召开表示祝贺并致辞。大会发布《2022中国灵芝区域品牌价值榜单》，龙泉灵芝和龙泉灵芝孢子粉品牌分别以30.47亿元和14.49亿元的价值位列第二和第六，并获得“中国道地灵芝核心产区”殊荣。

市政府办公室工作

【政务信息】 2022年，龙泉市政务信息工作，致力于服务领导决策、指导工作、推动问题解决。在丽水市政务信息平台上，被上级信息刊物录用400条，其中国务院办公厅采用31条，国务院领导批示11条，省级采用76条，省领导批示3条。在浙江政务信息“千里眼”平台上，被采用16条，获省政府领导批示6条。同时，刊发《龙泉政务信息要情》24期、《龙泉政务信息专报》24期，获市政府领导批示8条，其中主要领导批示2条。龙泉市府办获评2022年度浙江省政务信息优秀单位，获评丽水市政务信息工作考核三等优秀单位。

【信息公开】 2022年，龙泉市全面贯彻落实上级年度政务公开工作要点，重点做好共同富裕、营商环境、民生实事、稳岗就业等信息规范公开；新增和调整交通运输、自然资源、旅游、新闻出版版权、统计、广播电视等6个领域目录及开设相关专题；开设村（居）务公开专区；开展线上线下“政策进万企进万家”活动。全年在信息公开平台主动公开各类信息1.9万余条；受理依申请公开件148件，申请内容主要涉及土地征用、房屋征迁、政策文件等领域。同时，开展基层政务新媒体规范化建设工作，全面整合清理政务新媒体账号24个，注销历史遗留的长期无人运营账号22个，打造形成“1+8”精品政务新媒体矩阵。（李骋熙）

机关事务保障中心

【概况】 2022年，龙泉市机关事务保障中心圆满完成省委省政府主要领导相继到龙泉调研、市两会、“从戎之剑”赠剑仪式、第五届世界青瓷大会、第三届中国灵芝大会暨龙泉人才科技峰会等重要政务保障以及436余批次常规性公务接待任务，其中省、部级领导4人次，厅级以上领导167人次。高质量高标准完成770场次会议活动、5900多批次公务出行、24万多人次就餐、1200余次日常维修维护等服务。中心获国家级节约型机关，浙江省机关事务工作先进集体、“示范数字档案室”，丽水市机关事务管理工作优秀单位（第一名），龙泉市综合考绩优秀单位、“比学赶超•打造品质龙泉”年度先进集体等荣誉称号。

【行政保卫】 2022年，龙泉市行政保卫工作聚焦保障党政机关高效安全有序运行主责主业，为市行政中心日常办公秩序提供有力保障。完善日常处置、人员管理、绩效考核、党风廉政等工作制度，提升队伍管理效能。定期开展服务礼仪、应急反恐、消防演练等专题培训，确保熟练掌握各种装备使用技巧，提高自我防护和应急处置能力。建立工作例会制度，紧绷抓好教育这根弦，提高全体安保人员的安全意识。强化与公安、信访部门的联动，一旦发现异常情况，在启动应急响应的同时及时将情况反映至相关单位进一步处置，形成齐抓共管、各司其职、群防群治的多方联动体系。制订严密细致的巡逻方案，明确巡逻时间、地点、路线和巡查重点区域，提高主动服务意识，最大限度消除安全隐患。

【机关政务接待】 2022年，龙泉市政务接待工作站在“为龙泉赢得更多关注和支持”的政治高度，严格贯彻落实中央八项规定精神及实施细则和习近平总书记关于制止浪费行为的重要指示，坚决落实“过紧日子”要求，规范接待流程。注重从“坚持标准”和“提升品质”上下功夫，立足当前环境，全程谋划抓细节，构建通畅、高效、协作的公务接待网络，突出地域特色、强化精准服务，以内涵式的服务宣传展示推介龙泉剑瓷、宋韵、山水文化，充分发挥窗口形象作用。

【机关食堂】 2022年，龙泉市机关食堂重点打造五个“展示窗口”，着力提升干部职工满意度、幸福感。打造“节约粮食、拒绝浪费”的展示窗口，从源头制止浪费，推出小份菜、半份菜，为干部职工提供更多选择；食堂工作人员佩戴监督袖章，餐厅明显位置摆放提示牌、宣传标语，每张餐桌上粘贴提示标语，提醒用餐人员适量选购或取用，避免浪费。打造“助力乡村振兴、支持产业扶贫”的展示窗口，定期采购扶贫产品，将各乡镇的农产品送到餐桌上，在帮助解决农产品的销路问题的同时为干部职工们提供了生态环保、质量安全的食品，助力乡村振兴。打造“弘扬民族传统文化”的展示窗口，以清明节、端午节、中秋节等传统节日为契机，开展系列传统民俗体验活动，进一步引导干部职工感知文化底蕴。打造“垃圾分类”的展示窗口，严格遵守垃圾分类原则，规范厨余废弃物处置，将废弃物无害化处理，泔水类垃圾（食物残渣、饭、菜汤水等）按照规定倒入专用泔水桶，由专人每天回收。打造“特色美食”的展示窗口，定期推出卤味拼盘等特色餐品，满足广大干部职工的需求，提高用餐体验感，得到一众好评。

2022年龙泉市接待部分省部级以上领导情况

表13

时间	姓名	职 务	活动内容
3月24日	袁家军	浙江省委书记、省人大常委会主任	调研工作
	陈奕君	浙江省委常委、秘书长	
4月20日	王 浩	浙江省委副书记、省长	调研工作
5月11日至12日	王成国	浙江省政府副省长、公安厅厅长	开展“公安大脑”建设专题调研

【综合服务】 2022年，龙泉市综合服务工作聘请优质维保公司和物业服务公司，强化会务、用电、用水、绿化、消防、内外墙、停车场等设施设备日常维保及卫生保洁，提升管理服务品质。聚焦机关运行保障新需求和干部职工新向往，顺利完成了行政中心人脸识别系统安装、中央空调深度清洗、快递驿站优化、污水零直排、西副楼楼顶防漏层翻新等工作，在会议中心开展“光瓶行动”、改造LED显示屏、安装AED（体外自动除颤器），在机关食堂开展“我们的传统节日”系列活动、设立生活超市等新一轮10件“关键小事”，提升干部职工及办事群众良好体验，其中带走会场“半瓶水”活动得到人民网、中新网宣传报道。用心用情做好集中隔离观察点储备安排和后勤保障，“六个一”暖心礼包▲服务机制得到丽水市委主要领导高度赞誉并在各县区推广。

▲“六个一”暖心礼包：礼包内包含一封感谢信、一对“福”、一份年夜饭、一份水果、一束鲜花、一个小礼盒。

【办公用房管理】 2022年3月30日，办公用房管理职能从国资办划回龙泉市机关事务保障中心。该中心强化政策宣传和指导，以“数字监管+实地督查”推进日常监管，起草完成《龙泉市党政机关办公用房管理实施细则（试行）》，编制部分单位办公用房调剂安排方案，推进办公用房使用规范化合理化。在不新建、不购置、一般不租赁的总前提下，依靠现有房产资源深入挖潜，10个乡镇（街道）执法队伍办公场所于8月25日全部完成建设并挂牌，服务保障“大综合一体化”行政执法改革落地见效。围绕中心大局做好办公用房保障，顺利完成“社会治理中心”组建，水利局、征储中心整体搬迁，协助做好村改居、城市开发建设中心、百姓健身房和城市书房、创业创新孵化园、青创办、安仁镇人民法庭等12处办公场所落实，共调剂使用面积15700平方米。

【公务用车管理】 2022年，龙泉市公务用车管理工作贯彻落实“坚持勤俭办一切事业”要求，根据财政情况，削减公车更新数量，同时加强车辆检修，达到更新年限的仍可使用的车辆继续使用。深入推进驾驶员企业化管理模式，通过定期开展安全教育、优秀班组评比、优秀驾驶员评比等活动，营造比学赶帮超浓厚氛围，违章次数同比下降26%，零违章率为50%。联合上级部门开展公车督查，重点检查公车使用管理，进一步提高党政机关与事业单位使用业务用车的规范性。落实节假日封存制度，通过下发通知、实地检查、GPS抽查等措施规范党政机关应急保障用车和事业单位业务用车的封存情况。开展全市公车GPS定位排查行动，督促存在GPS停机情况的单位整改。落实加油抽查工作，每月到各大加油站通过视频监控对加油情况进行抽查。

【机关后勤服务集中统一管理】 2022年3月29日，经市政府同意，龙泉市机关事务保障中心注册成立“龙泉市后勤服务有限公司”，形成以国有企业为运营主体，机关事务保障中心全权管理公司人、财、事、物的机关后勤服务创新管理模式，对全市行政事业单位后勤服务进行集中统一管理。4月6日，市府办印发《关于对全市行政事业单位、国有企业后勤服务进行集中统一管理的通知》，明确后勤公司承接全市行政事业单位、国有企业后勤服务业务，合同未到期的，以三方协议形式实现业务移交、资金流输入；合同到期的，全盘承接业务，为承接后勤服务业务提供政策支持，就此拉开后勤公司实体化运作的序幕。截至12月31日，该公司承揽全市109家单位252项保洁、安保等后勤服务业务，项目承接率75.2%，经营性收入2620万元，成功上规入统，服务龙泉市经济指标，全市后勤服务集中统管局面基本形成。子公司金盾公司的智慧楼宇、智慧消防数字平台于11月底投入使用，可承接全市145家消防安全重点单位远程消控执勤、200余家重点安保单位视频监控远程值守，依托平台24小时不间断值班，做到即时安防接警、处警。（刘鹏程）

退役军人事务工作

【概况】 2022年，龙泉市退役军人事务局坚持以习近平新时代中国特色社会主义思想为指导，在丽水市局的精心指导和龙泉市委、市政府的坚强领导下，以优抚安置、困难帮扶、双拥共建、就业创业、服务体系建设等重点工作为依托，不断提升退役军人服务保障水平。

【拥军优抚】 2022年，市退役军人事务局在春节、八一期间等重要时间节点，牵头做好市领导带队走访慰问丽水军分区、驻龙部队官兵、军休干部工作。组织走访抗美援朝老兵、困难退役军人、三属人员（烈士遗属、因公牺牲军人遗属、病故军人遗属）、荣立二等功以上退役军人等共计1.2万余人次，发放慰问金58.7万元。与慈善总会联合走访慰问65名特困、低保、低边退役军人，发放慰问金6.5万元。完成优抚对象抚恤补助标准年度调整工作、享受定期抚恤补助优抚对象的年度确认工作，为优抚对象发放抚恤补助1431万元、物价补贴27万元，临时救助40万元，重点优抚对象医疗补助80万元。上门为13名荣立三等功军人家庭送喜报，发放奖励金3.68万元。组织320名义务兵父母进行健康体检和45名重点优抚对象赴嘉兴荣军医院疗养，同时将丽水市范围内医疗援助纳入“一站式”结报，减少中间环节。从5月起，每月深入一个乡镇（街道）一个村（社区）开展“听老兵声·暖老兵心”走基层活动。

【安置就业】 2022年，市退役军人事务局共接收13名政府安排工作退役士兵，该局提供21个岗位供其选择，通过公开选岗、阳光安置，12人安置到事业单位、1人安置到中央企业。9月3日，专人赴丽水迎接返乡的退役军人，并举行欢迎仪式，同时退役军人服务中心为退役士兵提供退役一件事办理。探索退役军人数字化改革，提出构建“退役军人就业技能培训应用”平台。组织4期创业就业、适应性培训，30多名退役军人取得电大学历、驾照技能等证书，同时发放2021年自主就业退役士兵一次性经济补助244万元。协调相关部门，在社区专职工作者招考中设置5个岗位对符合条件的退役军人进行招聘。联合金融机构，为辖区现役军人军属、退役军人等提供“拥军贷”，提供就业创业扶持贷款192户共计4155万元。

【宣教权益】 2022年，市退役军人事务局融合运用“报、网、端、微、屏”等资源，及时报道国防教育和双拥工作新动态。在长途汽车站、金融机构等窗口单位设立现役军人、退役军人、三属依法优先服务窗口、标志及军人专座。在龙泉山、青瓷小镇景区实行现役军人、退役军人、三属免门票优待。在汽车站、万达广场等人流量大的地方播放双拥公益广告、宣传片。开展“奋进2022·清明祭英烈”网上致敬英雄烈士、抗美援朝老战士走进幼儿园、送政策进军营、抗战胜利77周年纪念日等主题活动，营造浓厚氛围。

【服务体系】 2022年，市退役军人事务局创建“新时代枫桥式服务站”创建23个，其中乡镇（街道）退役军人服务站10个、村（社区）退役军人服务站13个。扎实开展退役军人建档立卡和优待证发放工作，在规定时限内高质量完成涉及个人信息240多项，分别经乡镇、县、市、省四级审核通过的退役军人建档立卡工作。组织退役军人、退役军人事务工作人员参与丽水市局组织的歌咏大赛获银奖，参加丽水市退役军人创新创业大赛获三等奖。1人获评全省军休工作成绩突出个人，获省级表彰，系丽水市唯一。

【烈士褒扬】 2022年，市退役军人事务局提早谋划、统筹规划开展省级烈士陵园创建工作，做好烈士陵园的日常管理，组织开展清明节代祭扫仪式、烈士纪念日向烈士敬献花篮仪式。全年共接待前来瞻仰、参观的人员1500多人次。4月起，对零散烈士纪念设施系统内的烈士纪念设施做好核实工作。11月3日，该局获评浙江省烈士褒扬工作成绩突出单位，系丽水唯一，全省共20个。

【“从戎之剑”赠剑仪式】 2022年，市退役军人事务局牵头举行2022年春、秋季新兵欢送暨“从戎之剑”赠剑仪式。3月，在省军区，丽水市委、市政府，丽水军分区的关心下，赠剑仪式逐步由龙泉走向全省、由初步探索走向制度化、精品化，全年共向全省入伍新兵赠送“从戎之剑”9600余把。3月22日，龙泉市作为浙江省主会场，举办“浙江省2022年春季新兵欢送暨‘从戎之剑’赠剑仪式”，省军区、丽水相关领导出席赠剑仪式；9月16日，龙泉作为丽水市主会场，牵头举办了“丽水市2022年秋季新兵欢送暨‘从戎之剑’赠剑仪式”。秋季赠剑仪式特邀一名荣立战时二等功的老兵叶忠宪参与赠剑并寄语新兵，传承亮剑精神、军人精神。赠剑仪式引发媒体聚焦、网友点赞转发。

【双拥工作】 2022年7月20日，市退役军人事务局召开龙泉市委退役军人事务工作领导小组会议暨创建省级“双拥模范城”动员部署会。完成实施方案制订，明确各成员单位职责。同时，把双拥创建工作纳入年终考核。每月编辑一期双拥简报。制定《关于龙泉市打造“拥军挺进师”的实施方案（试行）》，探索建立“拥军联盟”，举行龙泉万达广场拥军联盟成立暨龙泉市退役军人优待证首发仪式。建成双拥文化长廊、双拥主题公园，双拥一条街基本建成。8月1日，万达广场内的双拥文化长廊正式对外开放，现场滚动播放独具龙泉特色的双拥视频，以音频、图文形式展示双拥工作。通过市委议军会议，为部队解决自动报靶系统、训练场地改造、营房维修等实际问题4个。

【剑瓷老兵志愿服务队】 2022年，市退役军人事务局积极向上级推荐、对外宣传退役军人先进典型，完成全国“最美退役军人”推荐工作。组织“剑瓷老兵”志愿服务队开展走访慰问、植树、防汛救灾等志愿服务，共开展志愿活动30余次、组织人员900余人次。同时，有针对性地开展“困难退役军人千家万盏亮化”活动。3月，“剑瓷老兵”志愿服务队获评“龙泉市优秀志愿服务组织”。 （叶亚菲）

行政审批工作

【概况】 2022年，龙泉市行政服务中心紧紧围绕“便民、利企”两大原则，以打造“丽水前列、全省一流”的营商环境为目标，全力推进“放管服”改革工作。全年办件41.46万件，其中，通过智慧大厅办理15.18万件，浙江政务服务网办理17.05万件，网办率达到41.13%，通过浙里办App办理9.09万件，自助机办理0.14万件。《龙泉市打造涉企服务“三极”模式优化营商环境显成效》专报获得丽水市副市长朱磊批示。

【“最多评一次”改革】 2022年，龙泉市行政服务中心出台《龙泉市涉企鉴定评估“最多评一次”改革（涉企强制性重复鉴定评估清理）工作方案》，梳理涉企鉴定评估事项39项，免评估事项6项，对鉴定评估事项予以明确，从制度层面精简流程、明确规范。推出涉企鉴定评估免评估、多评合一、一评多用、跨层级联办、区域评估等五大改革措施，涉企鉴定评估数量减少超25%，为企业建设运营缩减鉴定时限、降本减负。全年累计办理涉企鉴定评估178项，其中免评估36项，多评合一、一评多用17项，跨层级联办1项，区域评估惠及企业42家。

【便民服务“一件事”改革】 2022年，龙泉市行政服务中心实行企业开办“0110”▲标准，通过“减材料、减环节、减时限”实现“一日办理、立等可取、零成本办结”。该年，新设企业888家，企业“一日办结率”保持100%。开设“歇业一件事”专窗，开通歇业登记“绿色通道”，落实专人专窗受理，该年，共为19家市场主体办理了歇业备案登记，歇业环节由5个压缩至1个，提交材料压缩70%以上，办理时限平均压缩90%以上。推行“不动产+公证+税务”一件事办理改革，实现涉公证不动产登记、手续“一窗办、全网办”，实现不动产、公证、缴税“一站式”办理，只需进“一家门”就能办“三家事”，该年累计办理业务67件。

▲“0110”：0纸质材料、1次申请、1日办结、0成本办结。

【涉审中介机构服务集成改革】 2022年，龙泉市行政服务中心实施涉审中介机构服务集成改革，推动营商环境优化。与改革前相比，该市平均涉审中介收费降低20%以上，服务时间缩减50%以上。制定出台《龙泉市优化营商环境深化涉审中介机构服务改革工作方案》，梳理涵盖16个部门81项的《龙泉市行政审批中介服务事项清单（2022年版）》，对鉴定评估事项予以明确。推动“多评合一”“一评多用”“打捆审批”等改革制度，以集成式评估和审批降本提速。建立涉审中介机构服务“报备制”，审批部门对项目开展前期咨询辅导审核工作，破解中介评估文本来回修改拉长审批时间、质效不高等问题。依托丽水市网上中介超市，推行限额以下中介服务项目全流程网上阳光交易，网上公开市内外5784家中介服务机构，提供98项服务，全年累计完成网上竞价项目561个，成交平均用时2.2天，合计成交金额843.51万元，降价率20.8%。

【跨省通办服务】 2022年，龙泉市行政服务中心梳理编制在外丽水人跨省可办高频事项清单67项，外省人员在丽可办高频事项清单32项。将跨省通办服务延伸至基层服务网点，在开发区设立“跨省通办专窗”实现“15分钟办事”，全年为在龙外省人办理2444件。在成都市成华区、江苏省吴中区、福建省浦城县等多地行政服务中心设立专窗，建立“异地受理、属地审批、快递送达”的全新服务模式，全年外地中心跨省通办共办理事项1310件。在江苏省吴中区龙泉市商会设置“跨省通办标准化示范点”，设置专用办事场地150平方米，组建志愿服务队伍，有志愿者20名，其中党员10名，为在外丽水群众提供便捷的跨省服务。

【代办服务】 2022年，龙泉市行政服务中心打造“企业点单+中介跑单+政府买单”新模式，通过政府购买中介代办服务的方式，为企业投资项目提供“企业开办、施工许可、竣工验收”的“全流程代办”服务，实现企业人员从原先最少跑17次减少至0或1次，全流程用时比原先减少50%以上，累计为15家企业提供代办服务。政银合作“上门办”，依托农商行打造基层政务服务体系，各便利化服务网点为基层群众上门办2000余次，提高基层服务效率。（赵雅琪）

公共资源交易

【概况】 龙泉市公共资源交易中心在丽水市中心的带领下，通过数字化改革，全力推进数字化、信息化、电子化交易平台建设，着力在优流程、提效能上下功夫，进一步规范交易行为。2022年，龙泉市公共资源交易中心完成各类交易388宗，累计交易额22.94亿元，其中，建设工程92宗，交易额8.41亿元，节约资金1.05亿元；政府采购168宗，交易额3.25亿元，节约资金0.25亿元；产权交易119宗，交易额0.07亿元，增值86.89万元；其他交易9宗，交易额11.21亿元，增值0.23亿元。集中采购工作连续6次在两年一度的浙江省政府集中采购考核中获评优秀单位。

【不见面开标】 龙泉市公共资源交易中心率先全面启用丽水公共资源电子交易2.0系统应用，41个类别实现不见面开评标，同时创新开发产权交易、施工评定分离、小额建设项目不见面开评标系统。2022年，完成丽水市首个设计类评定分离不见面开评标，各项工作的率先实施将龙泉公共资源交易工作推向数字化引领的“新纪元”。

【全流程电子化交易】 2022年，龙泉市公共资源交易中心承接丽水市水利项目全流程电子化交易试点，通过招投标工具升级、计价软件更新、对接测试和投标测试等，先后试标15次，整改问题92个，成功完成各类评标办法的试标和正式项目，并完成招标文件范本编制和2022版计价清单测试，于8月正式在全丽水推广实施，推动丽水水利项目从线下交易实现全流程电子化不见面开评标。推行工程远程异地评审和政府采购远程异地评审试点，迭代升级开评标设备，建立工程建设项目远程异地评审标准机位5个、政府采购远程异地评审标准机位2个。

【电子保函】 2022年，龙泉市公共资源交易中心完成丽水市第一单省平台电子保函使用。8月30日，龙泉市永达建设工程有限公司完成了丽水市第一单省平台电子保函（保险保单）。9月6日，该公司再次以省平台电子保函（保险保单）的形式交纳投标保证金。2022年，工程建设项目（需交投标保证金）开标55宗，参与投标单位1387家，使用保函661家，占比47.66%，其中银行保函135家、保险保单148家、担保保函288家、新点保函90家。

【公共资源交易监管】 2022年，龙泉市公共资源交易中心全面加强公共资源交易领域监管制度建设，4月6日，在丽水市区域内率先出台《龙泉市公共资源综合交易管理暂行办法》，提升综合监管水平，加大依法监管力度。开展小额建设项目“回头看”活动，对全市1月1日至5月31日的小额建设项目[10万元（含）至200万元（不含）]管理情况开展了“回头看”活动，推动小额建设项目管理工作向纵深发展。5月，公管办与行业主管部门联合研究制订《龙泉市工程建设项目招投标领域突出问题专项整治方案》，开展招投标领域违法行为专项治理工作，进一步优化营商环境，推动招投标领域营商环境实现根本性好转。加强评标专家管理，严格执行丽水市招投标统一制度、全力落实《浙江省综合性评标专家库管理办法实施细则》和《浙江省综合性评标专家“一标一评”管理实施细则》，加大评标专家违纪行为处罚力度，实行招标项目“一标一评”率为100%，累计扣分处罚88名家评标专家违纪行为。加强进场中介代理机构的管理，与34家代理公司在线签订《龙泉市公共资源电子交易平台使用合同》，对全市203名代理从业人员进行从业素质提升培训考评，通过在线培训、在线笔试考试、在线题库考试

等“三道关”，切实提高代理人员从业水平。（赵雅琪）

住房公积金管理

【概况】 2022年，龙泉市新增住房公积金开户单位98家，净增484人，实际正常缴存开户单位783家，实际缴存18233人；归集住房公积金46802万元，归集总额41.07亿元，住房公积金缴存余额12.50亿元；提取住房公积金3.52亿元，支取总额32.59亿元；发放住房公积金贷款499笔，金额1.95亿元，贷款发放总额33.67亿元，住房公积金贷款余额11.53亿元，存贷比92.30%；待分配增值收益期末数2307万元；上缴市财政廉租房补充资金603.04万元。

2022年，住房公积金聚焦惠民生，对各项政策进行调整，具体包括延长贷款年限、降低贷款首付比例、提高贷款额度和租房提取额度、现役军人家庭贷款优惠政策以及恢复商转公业务等。该年，龙泉市住房公积金在“争先创优强效能”万人双评议中被评为“先进单位”，服务窗口11次被评为“五星级窗口”，连续6年获“年度优秀窗口”称号。

【数字化改革】 2022年，龙泉市住房公积金继续深化服务提升，推进数字化改革。推行业务“线上办”，全年“浙里办”App和浙江政务服务网的收件量分别为5739件、881件，推广单位版网上办事大厅开通使用，累计有664个缴存单位开通，占比71.47%。同时，配合做好机关事业单位人员职业生涯全周期管理“一件事”、住房公积金提前还贷（结清）“一件事”和办理企业开户“一件事”场景应用。设立“跨省通办”服务窗口，运用全国住房公积金监管服务平台、长三角“一网通办”和浙江政务服务网，通过全程网办、代收代办、两地联办等方式，推进住房公积金服务“跨省通办”和住房公积金长三角政务服务一体化工作，全年累计受理长三角异地件20件。（王　莎）

政协龙泉市委员会

综　述

【概况】 2022年，在中共龙泉市委的坚强领导和上级政协的正确指导下，市政协及其常委会认真贯彻落实中共二十大和各级党委政协工作会议精神，坚持发扬民主和增进团结相互贯通、建言资政和凝聚共识双向发力，充分发挥专门协商机构作用，不断提高政治协商、民主监督、参政议政水平，为“全面复兴剑瓷之都，奋力打造品质龙泉”作出积极贡献。

重要会议

【十届一次全体会议】 2022年2月9—12日，政协第十届龙泉市委员会第一次会议召开，会议听取和审议政协第九届龙泉市委员会常务委员会工作报告；听取和审议政协第九届龙泉市委员会常务委员会关于提案工作情况的报告；列席龙泉市第十七届人民代表大会第一次会议，听取并讨论政府工作报告及其他有关报告；选举政协第十届龙泉市委员会主席、副主席、秘书长和常务委员；审议通过政协第十届龙泉市委员会第一次会议提案审查委员会关于十届一次会议提案审查情况的报告；审议通过政协第十届龙泉市委员会第一次会议决议。会议通过“智慧政协”系统共收到提案269件，经龙泉市政协提案审查委员会整理、审查，立案244件，并案处理后为208件，其中，集体提案50件，委员个人提案158件。

【政协常委会会议】 2022年1月21日，九届常委会第三十五次会议召开，听取市政府关于2021年“十件民生实事”完成情况的通报；协商讨论政府工作报告（讨论稿）、市人民法院工作报告（征求意见稿）、市人民检察院工作报告（征求意见稿）、龙泉市2021年国民经济和社会发展计划执行情况、2022年国民经济和社会发展计划（草案）、龙泉市2021年度预算执行情况及2022年预算（草案）；审议通过政协第十届龙泉市委员会委员名单以及关于召开中国人民政治协商会议第十届龙泉市委员会第一次会议的决定（草案）、会议议程（草案）和提案提交截止时间（草案）；通报市政协十届一次会议筹备情况；审议通过《政协第九届龙泉市委员会常务委员会工作报告》（审议稿）和《政协第九届龙泉市委员会常务委员会关于九届提案工作情况的报告》（审议稿）及报告人建议名单，邀请、列席人员范围和名单，授权委托事项；通报2021年度政协工作先进集体和先进个人名单，其他事项。

4月27日，十届常委会第一次会议召开，围绕“着力优化营商环境 持续推动我市民营经济健康发展”开展“请你来协商”活动；通报《政协龙泉市委员会2022年度协商计划》；审议通过《关于政协第十届龙泉市委员会专门委员会设置的决定》《政协第十届龙泉市委员会各专门委员会组成人员名单》《关于推进“请你来协商·民生议事堂”平台建设，密切联系群众推动政协履职向基层延伸的实施意见》和十届市政协相关制度。

8月9日，十届常委会第二次会议召开，听取龙泉市政府关于2022年上半年经济社会发展情况和下半年政府主要工作的通报；围绕“全力推进做大产业扩大税源行动，加快山区跨越式高质量发展”常委会建议案开展专题协商活动；协商通过《关于围绕数字化改革推进情况开展三级政协联动专项集体民主监督报告》。

11月10日，市政协十届常委会第三次会议召开，听取龙泉市政府关于2022年政府性投资计划执行情况的通报；围绕“加快低效企业整治，助推生态工业高质量发展”开展“请你来协商”活动；听取《关于加快我市竹木产业高质量发展的调研报告》；部署市政协十届二次会议提案与大会发言征集工作、市政协十届二次会议筹备工作；协商通过人事事项。

【政协主席会议】 2022年1月13日，九届四十四次主席（扩大）会议召开，协商讨论政协第十届龙泉市委员会委员建议名单、关于召开市政协十届一次会议的决定（草案）、市政协十届一次会议有关事项、《常委会工作报告（讨论稿）》和《提案工作报告（讨论稿）》及报告人建议名单，协商讨论市政协九届三十五次常委会会议方案、授权决定和市政协委员履职评价量化考核办法，协商通过十届市政协委员培训方案。

2月25日，十届一次主席（扩大）会议召开，学习传达市纪委十五届二次全体（扩大）会议精神；协商确定市政协主席、副主席、秘书长分工；协商通过《政协第十届龙泉市委员会第一次会议专题协商建议书》《政协龙泉市委员会2022年度协商计划课题》和《关于全市政协系统建立完善习近平新时代中国特色社会主义思想学习座谈会制度的通知》。

4月15日，十届二次主席（扩大）会议召开，传达学习丽水市两会精神、市委第一季度实绩述职会议精神，协商讨论《关于“着力优化营商环境，持续推动我市民营经济健康发展”的调研报告（征求意见稿）》《关于推进“请你来协商•民生议事堂”平台建设，密切联系群众推动政协履职向基层延伸的实施意见（征求意见稿）》，协商讨论修订《提案工作条例》《重点提案办理民主评议办法》《市政协重点提案遴选与办理办法（征求意见稿）》，协商讨论市政协十届一次常委会会议方案（请你来协商），协商通过《政协第十届龙泉市委员会界别组年度工作考核办法（试行）》、政协第十届龙泉市委员会各专门委员会组成人员名单。

5月9日，十届三次主席（扩大）会议召开，传达学习《中共浙江省委办公厅印发〈关于加强和改进新时代市县政协工作的实施意见〉的通知》精神，协商通过《围绕数字化改革推进情况开展三级政协联动专项集体民主监督的实施方案》《中共政协龙泉市委员会党组关于调整和完善党组成员联系政协各方面经常性工作的实施意见》和《政协龙泉市委员会应用型智库实施意见》，听取“请你来协商•民生议事堂”平台建设推进情况和委员培训工作汇报。

6月24日，市政协十届四次主席（扩大）会议召开，传达学习贯彻省第十五次党代会和市委常委（扩大）会议精神、丽水市“请你来协商•民生议事堂”平台建设推进会精神；听取龙泉市“6•20”百年一遇强降水防御工作情况通报；协商通过“百名政协委员联系帮扶百户低收入农户，促乡村振兴、促共同富裕”活动方案；听取“民生议事堂”“协商驿站”“三位一体”全面创建工作、重点提案办理进度情况、市政协委员工作室创建工作情况、2022年2—6月政协界别组履职得分情况和“市政协会议室信息化提升建设系统”推进情况汇报。

8月2日，十届五次主席（扩大）会议召开，协商讨论《关于“全力推进做大产业扩大税源行动，加快山区跨越式高质量发展”的调研报告（征求意见稿）》《关于围绕数字化改革推进情况开展三级政协联动专项集体民主监督报告（征求意见稿）》《关于聚力破解“新农人”返乡创业“五大”瓶颈的调研报告（征求意见稿）》、市政协十届二次常委会会议方案；协商通过社情民意工作相关制度；听取市政协党建工作会议筹备情况、全市政协系统暑期读书会方案、市政协“民生议事堂”平台建设推进情况汇报和2022年龙泉市政协委员履职能力提升培训班总结以及其他事项。

8月18日，十届六次主席（扩大）会议召开，传达学习丽水市政协主席暑期读书会精神；协商讨论《民生议事堂“助力共同富裕示范区建设专题协商议事月”活动方案（征求意见稿）》《“加快低效企业整治，助推生态工业高质量发展”专题协商活动方案（征求意见稿）》。

10月21日，十届七次主席（扩大）会议召开，协商讨论《关于“加快低效企业整治，助推生态工业高质量发展”的调研报告（审议稿）》《关于加快我市竹木产业高质量发展的调研报告（审议稿）》、市政协十届三次常委会会议方案、2022年度重点提案办理民主评议工作方案、市政协十届二次会议筹备工作方案；听取“民生议事堂”协商议事月活动总结、2022年度重点提案办理情况、市政协十届二次会议提案与大会发言征集有关情况和市政协考核相关工作汇报；协商通过《政协龙泉市委员会委员工作室实施办法（审议稿）》以及人事事项。

重要活动

【民生议事堂】 2022年，在经济开发区和19个乡镇（街道）全面铺开“请你来协商•民生议事堂”平台建设，按区域设立政协委员履职小组共20个。各政协委员履职小组聚焦党委政府中心工作要事、民生改善实事、社会治理难事，从“加强紧水滩库区旅游开发”“着力促进低收入群体”“加强精品水资源保护和开发利用”等选题入手，累计开展协商议事活动41场，八都镇、西街街道、兰巨乡、安仁镇、查田镇、宝溪乡等乡镇（街道）和经济开发区被列入2022年度丽水市“民生议事堂”星级平台。在9月集中开展民生议事堂“助力共同富裕示范区建设专题协商议事月”活动，参与达309人次，参与部门35个，提出意见建议280余条，有效推进协商议事活动成果转换落地，切实推动政协协商向基层延伸。

【委员会客厅】 2022年，剑瓷龙泉政协委员会客厅以助推龙泉青瓷、龙泉宝剑产业发展为重点，运用专题协商、座谈交流、主题沙龙、跨厅协商等多种形式，助推剑瓷产业跨越式高质量发展。4月，会客厅以委员人事调整为契机，吸纳更多剑瓷领域专业人才进入会客厅，不断扩大"朋友圈"，增强影响力。聚焦"学习交流的新载体、联系群众的新纽带、协商民主的新路径、团结联谊的新平台"的功能定位，会客厅以服务剑瓷发展为履职主线，先后开展"提升拓展龙泉剑瓷文化发展新路径"等专题协商活动；以弘扬剑瓷文化为履职核心，参与浙江省陶瓷艺术精品艺术展、第五届世界青瓷大会等重大活动；以提升委员能力为履职关键，组织开展"建功示范区，喜迎二十大""学习党代会精神，争当履职排头兵"等主题活动。

【委员工作室】 市政协先后制定出台《龙泉市政协"民生议事堂""协商驿站""三位一体"全面创建工作方案》《政协龙泉市委员会关于推进委员工作室建设的实施意见》，挂牌成立青瓷文化传承发展委员工作室、艺术文化交流与宝剑技艺传承委员工作室等13个委员工作室，涵盖党史教育、剑瓷文化交流与传播、企业发展、法律咨询及援助、基层社会治理等不同领域，并在省政协掌上履职"同心在线"应用上线，与"民生议事堂"、社情民意信息联系点融会贯通，形成"三位一体"复合型基层履职平台。相关做法获《人民政协报》头版头条报道。

【暑期读书会】 8月3日，市政协首次举行全市政协系统暑期读书会，邀请专家学者围绕省第十五次党代会精神作专题讲座，组织学习中共龙泉市第十五次代表大会精神、《中共浙江省委办公厅关于加强和改进新时代市县政协工作的实施意见》文件精神，部署"书香政协"建设和委员读书活动相关工作，永葆政协组织的初心使命和政治属性。

协商议政

【概况】 2022年，市政协常委会坚持突出协商主责主业，深入协商议政，广泛建言资政，全面完成《政协龙泉市委员会2022年度协商计划》确定的26个专题协商计划。在十届一次全体会议上，全体政协委员协商讨论"一府两院"工作报告，开展"深化数字化改革，提标打造多跨场景应用县域样板""加快城市有机更新，提升城市品质""推动'两进两回'，促进乡村振兴"等3场专题协商。围绕市委市政府工作目标和重点任务，就"着力优化营商环境，持续推动龙泉市民营经济健康发展""加快低效企业整治，助推生态工业高质量发展""聚力破解'新农人'返乡创业'五大'瓶颈"等开展"请你来协商"，活动成效得到省政协主流媒体点赞。围绕"全力推进做大产业扩大税源行动，加快山区跨越式高质量发展"开展重点协商，形成政协常委会建议案报送市委、市政府。聚集"全面推进'双减'政策落地"等8个社会发展和民生热

龙泉市政协2022年度重点提案一览表

表14

序号	内容
1	关于着力优化营商环境，持续推动龙泉市民营经济健康发展的建议
2	关于加快低效企业整治，助推生态工业高质量发展的建议
3	关于聚力破解"新农人"返乡创业"五大"瓶颈的建议
4	关于吸纳青瓷"龙漂"涌入，助力青春品质城市建设的建议
5	关于传承创新宋韵文化，重塑历史经典辉煌的建议
6	关于加快龙泉市住龙AAAA红色小镇建设的建议
7	关于坚持把非诉纠纷解决机制挺在前面，推进诉源治理的建议
8	关于推进龙泉竹制品产业创新发展的建议
9	关于提质公立医院改革打造县级强院品质，推进健康龙泉建设的建议
10	关于全力推进做大产业扩大税源行动，加快山区跨越式高质量发展的建议
11	关于引导大学生创新创业的建议
12	关于关爱残疾儿童，发展特殊教育的建议
13	关于加大短视频带货直播、带货人才队伍培养的建议
14	关于加快推进老旧小区改造，打造宜居宜业"品质龙泉"的建议
15	关于践行绿色发展方式，深化"无废城市"建设的建议
16	关于推动"两进两回"，促进乡村振兴的建议
17	关于加快构建乡村物流体系的建议
18	关于龙泉市刀剑管理的建议

点问题，联合相关部门开展对口协商。形成以全会协商为龙头，以常委会会议协商、主席会议协商为重点，以“请你来协商”平台为主轴，以对口协商、界别协商、提案办理协商为常态，集协商、监督、参与、合作于一体的“1+2+6+X”协商议政格局。

提案办理

【概况】 2022年，市政协健全完善《中国人民政治协商会议龙泉市委员会提案工作条例》和《中国人民政治协商会议龙泉市委员会重点提案遴选与办理办法》等相关制度，深化“做深前期、做实中期、做强后期、做优期末”的分期推进法，构建提案“征集、提出、办理、落实、反馈、评价”的闭环机制，全年提案立案209件，办复率100%，提案人对办理满意率达99%以上。创新重点提案协商办理机制，深化落实市领导领办重点提案“五个一”制度▲，有效实行“清单式”办理，进一步规范办理流程、细化办理事项、明确办理要求。

▲“五个一”制度：听取一次办理方案汇报、参加一次实地调研、召开一次沟通协商会、听取一次办理情况汇报、参加一次办理座谈会。

民主监督

【概况】 2022年，市政协根据省、丽水市政协统一部署，围绕数字化改革推进情况开展三级政协联动专项集体民主监督，成立6个监督小组，开展场景谋划大比武观摩和民主监督培训，累计召开座谈交流会11次，实地监督调研部门企业24个，观摩考察场景应用30个，专题听取市政府数字化改革推进情况汇报，形成专项集体民主监督报告，有力推动相关工作落地实施。组织政协委员参与市直部门、乡镇(街道)“互看互学•互比互评”争先创优活动评议打分，推荐委员参加“聚焦机制砂专项整治”“阅卷”栏目问政，参与“十大民生实事审计调研”“城区公办幼儿园新生招生摇号”“非法占用农用地刑事附带民事公益诉讼案件”和“法院集中宣判拒执案件”等重点领域监督，切实增强民主监督的刚性和实效。

专委会工作

【提案委员会】 2022年，市政协提案委员会不断优化工作理念、工作方式和工作机制，推动提案工作和“请你来协商”“民生议事堂”两大平台建设取得新进展新成效。全年收到提案269件，经审查、并案和立案后为209件，其中委员个人提案159件，占76.08%，集体提案50件，占23.92%，提案数量、立案数量均创历年之最，所有提案均已通过“智慧政协”线上办理完毕。着力推进提案工作的制度体系建设，相继修订和制定《提案工作条例》《重点提案民主评议办法》和《重点提案遴选与办理办法》等系列文件，组织新一届委员开展提案撰写专题培训。牵头推进“请你来协商”工作，全面落实“6+X”▲工作要求，邀请党政主要领导分别参加“着力优化营商环境”“加快低效企业整治”专题协商活动，具体承担两会期间“深化数字化改革，提标打造多跨场景应用县域样板”和常委会建议案“全力推进做大产业扩大税源行动，加快山区跨越式高质量发展”等2场“请你来协商”活动。全面推进“民生议事堂”平台建设，制定《关于推进“请你来协商•民生议事堂”平台建设的实施意见》《“民生议事堂”“协商驿站”“三位一体”全面创建工作方案》等文件，覆盖经济开发区和19个乡镇(街道)开展协商议事活动41场，在9月集中开展“助力共同富裕示范区建设专题协商议事月”活动，《人民政协报》专门点赞该市“民生议事堂”相关做法。

▲“6+X”：6场由党政主要领导或分管领导参加的协商活动，以及X场界别协商、对口协商等协商活动。

【经济委员会】 2022年，市政协经济委员会聚焦全市经济社会发展的难点热点问题，紧紧围绕《龙泉市政协2022年度重点协商工作计划》，认真履职，扎实工作。配合丽水市政协调研组来龙开展“推动山区26县跨越式高质量发展的丽水路径”“重点提案办理工作”等专题调研活动，走访委员企业，召开专题座谈会，提出意见建议20余条。参与“着力优化营商环境，持续推动龙泉市民营经济健康发展”“加快低效企业整治，助推生态工业高质量发展”等调研活动，提出有针对性的建议意见30余条。在大会期间，经济委承办“加快推进老旧小区整治提升”专题协商活动，组织50余名委员参加协商。推进所联系的乡镇街道片组“民生议事堂”和“协商驿站”建设，参加锦溪镇“统筹谋划强化锦溪镇教育品质提质增效”、住龙镇“发展壮大本地茶产业”等多场“民生议事堂”活动。组织委员开展十届一次会议大会发言撰写工作，“加快传统制造业改造提升 推进生态工业高质量发展”在大会上作发言并得到领导批示。走访经济领域委员，加强沟通联系，听取委员诉求，协调解决困难，特别在“6•20”百年一遇强降水后，迅速组织界别组到企业视察灾情，开展捐款捐物活动。接待山西省汾阳市、绍兴市上虞区、嘉兴市桐乡市等政协调研组到龙泉考察6批次，不断扩大朋友圈，绘好同心圆。

【农业和农村委员会】 2022年，市政协农业和农村委员会围绕农业农村工作，开展各项履职活动。履行十届一次会议专题协商组职责，牵头组织协调大会期间举行的3场专题协商活动的具体工作，具体开展“推动‘两进两回’，促进乡村振兴”专题协商活动，并形成专题协商建议书报送市政府。围绕全市竹产业发展方面开展深入调查研究，撰写形成《关于加快我市竹木产业高质量发展的调研报告》，就林业抚育、竹木加工、竹木产品销售等方面提出有针对性的研究建议，供市委市政府决策参考。开展“聚力破解‘新农人’返乡创业五大瓶颈”重点提案的协商办理工作，赴安吉、象山等地学习先进经验，撰写形成《聚力破解“新农人”返乡创业五大瓶颈的调研报告》，组织相关单位与政协委员开展广泛协商，推动提案办理。开展“数字化改革推进情况”三级政协联动专项集体民主监督，具体围绕数字政府系统建设开展走访调研和协商交流。推进剑池街道、础石街道、龙南乡“民生议事堂”“协商驿站”建设，指导开展并参与“着力促进低收入群体迈向共同富裕”等多场协商议事活动。陪同省、丽水市政协到龙泉视察检查及各地政协到龙泉调研考察，全年共接待服务6批次50余人。

【社会法制和民族侨台委员会】 2022年，市政协社会法制和民族侨台委员会积极履行法治建设、少数民族发展、宗教工作等方面职能。牵头围绕数字化改革推进情况开展三级联动专项集体民主监督，开展场景谋划大比武观摩和民主监督培训，实地监督调研相关部门和企业，形成数字化改革民主监督报告。组织开展《关于坚持把非诉纠纷解决机制挺在前面，推进诉源治理的建议》《关于加快全面推进城区老旧小区改造打造宜居宜业“品质龙泉”的建议》等重点提案协商，化解群众关切问题。协助开展“请你来协商·民生议事堂”建设工作现场会，先后指导八都镇、上垟镇、竹垟畲族乡、宝溪乡等地召开专题协商会6场次。9月下旬，联合市委依法治市办、市司法局、市普法办开展“法助共富 法护平安”送法下乡活动，赴道太乡开展法律宣传和服务，现场发放各类宣传资料3000余份，接待法律咨询30余人次。为少数民族乡村发展、宗教工作等建言献策，提交《关于进一步壮大少数民族村集体经济的建议》《关于畲族文化保护和传承的建议》《关于良溪村至盖竹村道路改造提升的建议》等提案。加强与统战、民宗、侨联、台联等部门的联系交流，组织相关委员赴清修寺、崇仁寺、昴山寺和龙翔观等地开展调研，指导宗教工作法治化、宗教治理社会化、宗教事务信息化等工作；参与市政协少数民族和社会福利界别组相关履职活动，组织开展扶贫帮困，关心帮扶“6·20”受灾群众，走访慰问有关受灾企业。

【文化文史和学习委员会】 2022年，市政协文化文史和学习委员会立足本职工作，做好文史资料征集编撰工作。配合省政协开展《浙江城市名片》图书征编工作，历时5个多月，高质量完成《剑瓷之都 品质龙泉》文字稿件，提供精美图片10幅。编辑出版《龙渊春秋——龙泉宝剑文献资料汇释》文史专辑，包含古代文献记载、历代方志记载和龙泉剑诗文选粹，推动龙泉宝剑文化传承弘扬。在《今日龙泉》报开设文史专版，以刊发“三亲”（亲历、亲见、亲闻）史料为主，出刊8版，刊发文稿13篇、图片20幅。参与龙泉“十四五”文化产业发展规划编制、新时代龙泉精神的提炼、《中国共产党浙江龙泉历史》第二卷（1949—1978）的审读等工作，推动文史工作与宣传、文化、党史等工作相融相通。牵头组织西街街道、住龙镇、宝溪乡开展“西街历史文化街区业态植入及市场化运营”“西街危旧房改造和修缮”“促进红旅融合、加快旅游发展”等民生议事堂专题协商活动。落实《关于传承创新宋韵文化，重塑历史经典辉煌的建议》《关于我市刀剑管理的建议》等年度重点提案办理工作，“推进龙泉窑大窑——金村遗址申遗”提案在省政协《联谊报》和《丽水日报》刊发。带队对城北、住龙等4个乡镇（街道）的“浙文惠享”民生实事项目进行督查，涉及32个点位。在础石街道上坞村举办“喜迎二十大·同走共富路”2022年送文化下乡文艺演出，省政协《联谊报》头版刊发活动图片新闻。开展送文史书刊进乡村、进社区活动，先后向住龙镇西井村、城北乡上田村、上垟镇源底村、西街街道西新社区等赠送《大美龙泉》《中国西街》等文史书刊。开展“书香政协”建设和委员读书活动，将《千年名邑——中国龙泉》等文史书刊列为推荐书目，组织委员阅读学习。

【委员工作委员会】 2022年，市政协委员工作委员会着力提升委员履职能力，不断加强委员管理服务。举办初任委员培训班一期，赴浙江省委党校举办政协委员履职能力提升培训班两期，组织广大政协委员深入学习领会习近平总书记关于加强和改进人民政协工作的重要思想，委员参训率达到90%以上。运用“数字政协”掌上履职系统，组织各界别委员开展“深入学习贯彻党的二十大精神，奋进新征程，建功新时代”“红耀绿谷·同心向党——深学热议省第十五次党代会精神”等主题学习活动。牵头督办《关于吸纳青瓷“龙漂”涌入，助力青春品质城市建设的建议》《关于加快龙泉市住龙AAAA红色小镇建设的建议》等重点提案办理。指导参与兰巨乡、查田镇、小梅镇、屏南镇等乡镇民生议事堂协商活动，其中兰巨乡“打造美丽乡村向美丽经济迭代升级的典型示范”专题协商入选丽水市政协“民生议事堂”典型案例。邀请委员参加党委政府重要活动及各类意见征求会20余场110余人次，派驻委员担任各类监督员20余人。党的二十大召开期间，推出“新征程同向奔赴 新时代共谱新篇” 政协委员热议党的二十大报告系列主题活动，并邀请18位委员开展“贯彻二十大 委员话担当”系列宣讲。开展“百名政协委员联系帮扶百户低收入农户，促乡村振兴、促共同富裕”活动，组织政协委员到乡村振兴重点帮促村和红色示范村开展联系帮扶活动。“6•20”汛情期间，组织广大委员与群众一同奋战在一线，团结动员社会各界开展献爱心、送温暖、捐款捐物等活动，其中政协委员捐款捐物达40余万元。提升打造剑瓷龙泉政协委员会客厅，开展“疫情常态化下剑瓷产业发展的新路径”等主题协商活动。全面推进“委员工作室”创建，挂牌成立青瓷文化传承发展委员工作室、艺术文化交流与宝剑技艺传承委员工作室等13个委员工作室。

【人口资源环境委员会】 2022年，市政协人口资源环境委员会切实履行政治协商、民主监督、参政议政职能，完成专题调研、协商等各项工作任务。大会期间，协同提案委组织开展“深化数字化改革，提标打造多跨场景应用县域样板”专题协商，形成专题协商建议书报送市政府。围绕“无废城市”建设、区域人口变化趋势及生育政策支撑体系、碳汇交易等内容开展调研视察，其中《关于践行绿色发展方式深化无废城市建设的建议》入选重点提案。参与丽水市“请你来协商——抓实无废城市创建，努力把丽水市建设成卓越美丽的大花园”专题协商会，指导龙泉绿谷外国语实验小学在会上作“无废校园”创建经验介绍。开展《关于引导大学生创新创业的建议》《关于践行绿色发展方式深化无废城市建设的建议》等重点提案办理。围绕规范小区物业管理、瓷窑文化开发展示等主题，参与龙渊街道、安仁镇等地的“民生议事堂”“协商驿站”活动，组织道太乡、龙渊街道联合举办“加强紧水滩库区旅游开发”协商议事活动。参与围绕数字化改革推进情况开展三级政协联动专项集体民主监督工作，实地走访调研发改、财政、市监等部门，对“龙财通”“浙里报”等数字社会系统多跨协同场景应用进行测试查验，并召开专题座谈会开展协商交流。协助组织界别组开展“送科技下乡”“送科技入企”等帮扶活动。

【教育科技卫生体育委员会】 2022年，市政协教育科技卫生体育委员会围绕市委、市政府的中心工作，服务大局，关注民生，履行政治协商、民主监督、参政议政职能。围绕“关于提质公立医院改革打造县级强院品质推进健康龙泉建设”牵头开展重点提案办理面商，在人才队伍建设、重点学科培育、数字化改革等方面建言献策。参加宝溪乡、竹垟畲族乡、屏南镇等多个乡镇“民生议事堂”协商活动，其中宝溪乡“德引新风尚，共富一村人”专题协商活动入选丽水市政协 “民生议事堂”典型案例。配合省政协体育界别组到龙泉调研教体结合工作，走访教育局、卫健局等联系部门，实地调研人民医院清廉文化建设、“智慧医院”打造情况和启明实验学校建设运行情况等。开展“送教、送医、送科技”下乡活动，6月29日联合民盟走进培智学校开展“玩心理游戏，迎快乐暑假”活动；9月19日赴查田镇开展“送科技下乡”活动；11月14日联合龙泉市人民医院呼吸防办、呼吸与危重症医学科在安仁镇张畈村开展“送医下乡”活动。紧盯民生热点，撰写社情民意6件，其中《在守正创新中实现非遗产业化》在《人民政协报》刊登。（金　鑫）

中共龙泉市纪律检查委员会
龙泉市监察委员会

综　　述

【概况】 2022年，龙泉市纪委市监委紧扣高质量发展主题主线，强化监督执纪问责，坚决纠治“四风”问题，严肃查处发生在群众身边的不正之风和腐败问题，纵深推进清廉龙泉建设，全市政治生态持续净化。市委全面从严治党主体责任考核在丽水排名并列第一，市纪委在丽水市纪检监察工作“高质量发展指数”考核中荣获金奖，获评2022年度浙江省改革突破奖金奖主要参加单位；“龙泉市数字化改革让公益林更加山清水秀”典型案例被省委重大巡视问题清单采用；监督推进全市“白条抵库”清理、城区天然气管道连接线工程等工作获得《中国纪检监察报》、中纪委网站等媒体点赞。

市纪委全会

【市纪委全会】 2022年2月22日下午，龙泉市第十五届纪律检查委员会第二次全体(扩大)会议召开。全面贯彻落实十九届中央纪委六次全会、省纪委十四届七次全会和丽水市纪委四届七次全会精神，回顾总结2021年纪检监察工作，研究部署2022年工作任务。会议审议通过市委常委、纪委书记、监委主任刘道华代表市纪委常委会所作的《坚持自我革命 保持政治定力 为全面复兴剑瓷之都 奋力打造品质龙泉提供坚强保障》的工作报告和全会决议。市委书记王忠宝出席全会并讲话，翁志鸿、叶砝仙、李舜等副处以上领导出席会议。

政治监督

【政治监督】 2022年，市纪委市监委全面加强政治监督，围绕推进共同富裕、贯彻“两山”理念、落实稳经济“一揽子”政策等重要部署开展监督，发现并督促整改问题325个。围绕市委市政府督办事项、主要领导批示等，开展专项督查，通报了国有资产租赁审核把关不严、宝剑小镇等重点项目推进较慢等问题。聚焦关键少数，加强对“一把手”和领导班子监督，对标“五张责任清单”健全谈心谈话、季度工作提醒等监督机制，27人因责任落实不到位被问责。深入开展政治生态评估，以“五色图”形式定期对各单位进行精准“画像”，发出红牌警告1个、黄牌警告23个，每季度对各单位政治生态进行动态研判，形成横到边、纵到底的政治生态分析研判工作格局。西街街道、住龙镇入选丽水市政治生态排行优胜榜。

腐败惩治

【案件查办】 2022年，市纪委市监委持续保持高压态势，共受理处置问题线索480件，党纪政务立案168件(其中科级干部8人)，监察留置5人，移送司法机关7人；精准运用“四种形态”处理461人，其中第一、第二种形态占90.9%。坚持受贿行贿一起查，行受双方同步留置等措施，查处了龙泉市原交通运输局党组成员、副局长程某某及项目经理王某某等一批受贿行贿人员。

【专项整治】 市纪委市监委紧盯重点领域和关键环节，坚决清理风险隐患大的行业性、系统性腐败，在机制砂领域专项整治中，追责问责公职人员38人，监察留置1人。紧盯群众急难愁盼问题，以精准的监督执纪执法回应群众关切。充分发挥乡镇(街道)监察办、村(社区)联络站作用，深入开展漠视侵害群众利益问题专项治理，对生态公墓整治等12个治理项目开展专项监督，在生态公墓整治中，督促全面拆除安泽园超标准建设的高价墓，并全额退回销售资金；在社会救助工作“人情保”“关系保”专项治理中，督促追回违规发放救助金27.79万元，追责问责17人。紧盯农村“三资”管理问题，对“白条抵库”清理专项行动进行督查，清理规范“白条抵库”450笔777万元，追责问责27人，其中党纪政务处分8人。

【案件查办“后半篇文章”】 市纪委市监委坚持审查调查和安全工作一体推进，严格落实安全首课和领导首谈制度，健全安全工作责任制。做实案件查办“后半篇文章”，发出纪检监察建议书51份，制作《交通系统违纪违法串案》等“身边人”警示教育片，用“身边案”教育引导党员干部增强纪律意识。发挥回访教育工作在纪律审查治本功能中的作用，对76名受处分党员干部开展思想转化教育管理工作。

【智慧监督】 市纪委市监委有序推进林业领域公权力大数据监督公益林补偿金子场景建设省试点工作，建立预警模型，在丽水市级各县（市、区）发放预警1390条，查实1295条，转问题线索15件，处理1174人，追回资金121万余元。公益林补偿金子场景获评省纪委大数据监督最佳场景，市纪委获评浙江省公权力大数据监督应用2022年度“成绩突出建模单位”。运用好基层小微权力监督系统，重点针对红色预警中核查出的涉及民生领域问题开展专项整治，收到并处置红色预警信息376条，查实308条，追责问责154人，挽回损失96万余元。

【信访举报】 市纪委市监委深入开展重复检举控告“清零”专项行动，以“双百双提升活动”为抓手，持续推进信访举报质升量降，共受理群众信访举报124件，同比下降28.3%。其中，检举控告、初信初访、重复信访以及中央、省纪委转送件，分别同比下降29.9%、7.1%、69.4%、46.6%。

巡视巡察

【概况】 2022年，龙泉市启动十五届市委巡察，分两轮对20个单位开展常规巡察，对39个行政村开展村（社区）巡察，对4个单位开展回访检查，共发现问题1303个，移交问题线索12条。通过问题整改，追责158人，其中党纪政务处分6人，清退款项81.15万元，完善制度147项。

【清单落实推动治理】 2022年，龙泉市以“重大巡察问题清单”整改为抓手，推动领域治理能力提升。上报省市县三级重大巡察清单问题29个，指导督促经济开发区完成丽水市委交办的重大巡察问题清单“非公党建工作不够到位”问题整改，被丽水纳入整改典型示范案例在全市推广。上报的省委巡视整改示范案例《龙泉市数字化改革让公益林更加山清水秀》被省委巡视分清单采纳。

作风建设

【作风效能】 市纪委市监委以“抓作风、强效能、优服务”为总目标，深入开展作风效能革命。紧盯“四风”顽疾，强化正风肃纪专项检查，发出通报31期，追责问效132人，查处违反中央八项规定精神27人。开展“万人双评议”活动，建立并运用数字化评议系统，评选出年度最满意单位和最不满意单位，并强化结果运用，17个排名靠后科室以评促改实现作风提升。

【优化营商环境】 市纪委市监委持续推动构建亲清政商关系，实施“三清单一承诺”优化营商环境行动，建立涉企投诉查处组，将监督“探头”延伸至涉企部门和行业协会，查处违规借贷等不正当政商交往关系问题6起。进一步深化容错纠错机制，为13人进行容错预警备案。建立常态化澄清正名机制，为3名受到不实举报的党员干部进行澄清正名，推动形成激浊扬清的干事创业环境。

清廉龙泉建设

【清廉单元建设】 市纪委市监委坚持主体责任和监督责任同向发力，清廉龙泉建设持续推进。做实做优清廉单元建设，推进清廉机关、清廉社会组织等“7+5”重点清廉单元建设▲，督促推进“一单元一品牌”建设，着力打造一批清廉单元示范标杆，创建市本级示范点68个。国镜药业获评全省清廉建设基层成绩突出单位，溪头村和金田村获评全省清廉村居示范单位，监督推动“溪头治村”工作荣获第三届基层清廉建设（浙江）十大创新经验创新提名奖。

▲“7+5”重点清廉单元建设：清廉机关、清廉村居、清廉学校、清廉医院、清廉国企、清廉民企、清廉交通、清廉公安、清廉财政、清廉市场监管、清廉医保、清廉社会组织。

【廉洁文化建设】 市纪委市监委全面推进廉洁文化建设，开展“剑瓷廉韵润龙泉 同心喜迎二十大”廉洁文化作品展等活动，有序推进“清风瓷路”廉洁文化带建设，持续推进剑瓷廉韵馆项目建设，推动龙泉市中小学素质教育实践活动中心创建成为丽水市廉洁文化示范点。（吴克珍）

民主党派　工商联

民盟龙泉市基层委员会

【概况】 2022年，民盟龙泉市基层委员会有盟员110人，下设教育、医卫、科技、农业、文化等5个支部，发展新盟员5名。该年，民盟龙泉市基层委获评民盟省委会"五星级盟员之家"、民盟丽水市先进盟组织。6人获评优秀盟员，3人获评民盟丽水市委会参政议政工作先进个人。

【组织建设】 2022年，民盟龙泉市基层委员会规范制定《民盟龙泉市基层委员会参政议政工作制度(试行)》《民盟龙泉市基层委财务管理制度(试行)》《民盟龙泉市基层委宣传工作制度》，建立支部活动晾晒比评制度，规范化建设民盟组织。以"基层委会议+主题学习会"模式，全年召开基层委全体(扩大)会议12次，支部会议30余次。开展"不忘合作初心，继续携手前进""矢志不渝跟党走、携手奋进新时代""迎接党的二十大•培根铸魂育新人"等系列主题教育活动，组织"纪念五一口号""热议中共二十大报告""盟言青语"等活动。

【参政议政】 2022年，民盟龙泉市基层委员会向政协第十届龙泉市委员会第一次会议、丽水市政协五届一次会议提交大会发言7篇、集体提案113件，个人提案41件。创新打造"聚薪社"履职平台，全年累计报送社情民意80余件，民盟浙江省委会、丽水市政协等录用50余件，其中《建议进一步加强宗教事务管理工作》被浙江省政协录用，《河道非法采砂活动呈上升趋势亟待重视》被全国政协办公厅每日社情采用，《在守正创新中实现非遗产业化》被《人民政协报》录用。《浙大龙泉分校民盟先贤的精神内核及其时代价值探析》获民盟浙江省委会2022年度参政党理论研究课题二等奖；《龙泉青瓷在宋韵文化品牌塑造中的角色定位与创新路径》获全市政协系统优秀理论文章和调研成果一等奖。

【协商监督】 2022年，民盟龙泉市基层委员会参加龙泉市委、市人大、市政府、市政协及市委统战部组织的民主监督及协商活动，就市党代会、市委全会报告、政府工作报告以及全市重大决策部署、重要人事安排等进行政治协商。履行民主监督职能，聚焦"宋韵文化"和人民群众关心的热点难题，提出建设性意见和建议。

【社会服务】 2022年，民盟浙江省委会助力乡村振兴实践基地落户八都镇安田村。民盟浙江省委会组织盟员专家两次赴安田村实地指导，定制《龙泉市萌芽茶叶包装方案》《安田村容村貌整治提升方案》。建立"基层委+5支部+1名共富员"帮扶机制，推动"菌菇+白鹅"双产发展。整合各类帮扶资金400余万元，帮助落实结对帮扶资金20万元，同时民盟龙泉市基层委赴八都镇、城北乡开展"微心愿""送教下乡"系列活动，联合开展"同心送温暖"社会服务活动。龙泉"6•20"特大暴雨期间，组织捐赠各类物资及款项共计2.96万元。

（李思思　李　悠）

农工党龙泉市支部

【概况】 农工党龙泉市支部成立于2016年6月3日。2022年3月3日，支部召开了第二次全体党员大会，完成换届工作，选出新一届领导班子：主任委员李文英，副主任委员戴岸、王武，委员毛华新、季立婧。

农工党龙泉市支部现有党员19人，有农工党丽水市委会委员1人，农工党丽水市委监委会委员1人；省人大代表1名，丽水市政协委员1名，龙泉市人民代表1名，龙泉市政协委员5名；行政机关6人，医药卫生界4人，资源环境界4人，新社会阶层3人，经济界1人，教育界1人；"60后"3人，"70后"8人，"80后"6人，"90

后”3人；研究生学历3人，大学学历14人，硕士学位5人；正高职称3人，副高职称5人，中级职称6人。

2022年3月3日，中国农工民主党龙泉市支部委员会第二次全体党员大会召开

（农工党龙泉市支部／供图）

【思想建设】 2022年，农工党龙泉市支部组织学习中央会议精神，注重联系龙泉的实际和农工党工作实际，通过举办座谈会、开展宣讲活动等形式，认真学习贯彻习近平总书记重要讲话精神，用心学习党的二十大精神。同时，认真组织学习市委全会精神，参加龙泉市委统战部举办的统一领导小组读书会、党外人士培训班等活动，准确把握市委市政府的工作中心和年度工作目标。通过学习，广大党员进一步坚定了走中国特色社会主义发展道路的政治信念，巩固了多党合作的思想政治基础，使农工党工作更加切实有效地围绕中心、服务大局。通过浙江新闻客户端，丽水市统一战线、丽水农工党、龙泉统战微信公众号、丽水农工杂志等媒体上累计发表宣传信息30余篇，第一时间展示组织及党员的活动动态，扩大农工党龙泉市支部的社会影响力，提高组织的凝聚力。

【参政议政】 龙泉两会期间，来自农工党龙泉市支部委员会的4名市政协委员和1名市人大代表履职尽责，完成各项会议任务，展现了龙泉农工党党员的良好风采。会议期间，代表委员们围绕学生“双减”、关爱残疾儿童、青瓷产业、农产品销售等方面积极建言献策，共提交了2篇大会发言，4篇集体提案，5篇个人提案。4月9日至13日，丽水两会期间，党员王武列席丽水市五届人大一次会议，张海菊参加丽水市政协五届一次会议。2022年，丽水市政协录用了《助力“腾笼换鸟”促进“凤凰涅槃”》《共富路上，超龄农民工“三难”困境需要关注》《加快推进养老院建设，实现全体老年人享有基本养老服务的建议》等社情民意信息。

【社会服务】 农工党龙泉市支部的党员广泛分布在医疗卫生系统，大部分都是医院的技术骨干。该支部发挥联系广泛的优势，开展送医送药下乡、走访残疾人之家、关爱残疾人等社会实践活动。2022年，累计开展6次社会服务活动，受到社会各界和老百姓的好评和赞誉。其中，党员王武、汤汝平、张浩参加“山海携手，同心聚爱”龙泉剑瓷作品义卖助残活动，捐赠4件作品，拍得善款近5万元。（徐静怡）

龙泉市工商业联合会（总商会）

【概况】 2022年，龙泉市工商业联合会（总商会）下属异地商会19个，基层商会2个，行业协会12个，海外设欧洲龙泉总商会。第九届执委会成员165人，设主席1人，专职副主席（副会长）3人，兼职副主席10人，兼职副会长7人。2022年，市工商联获全省工商联服务“两个健康”工作成绩突出集体、龙泉市部门综合考核“优秀

2022年6月28日，龙泉市工商业联合会（总商会）第九次代表大会召开

（张有钢／供图）

单位”、龙泉市“比学赶超·打造品质龙泉”先进集体称号。

【龙泉市工商业联合会(总商会)第九次代表大会召开】 2022年6月28日,市工商联(总商会)第九次代表大会在市行政中心召开,正式代表201人。丽水市委统战部副部长、工商联党组书记王炜,市委书记王忠宝出席会议并讲话。大会听取和审议了八届工商联执委会工作报告,并明确了今后工作任务。会议选举产生了龙泉市工商业联合会(总商会)第九届执行委员会领导班子,其中,选举产生第九届执行委员会委员165名,常务委员会委员56名,选举陈庆华为主席(会长),系首次由民营企业家担任工商联主席、总商会会长;桂滨为常务副主席(副会长),周火松、李强为专职副主席(副会长),叶伟锋等10人为兼职副主席;李伟等7人为兼职副会长;周火松为秘书长(兼)。

【组织建设】 2022年,龙泉市工商联(总商会)实施“品质龙商·组织建设”项目,开展经济类枢纽型社会组织建设工作,11个经济类行业协会变更业务主管部门,实行“三方治理”模式▲,归口工商联综合管理。指导成立龙泉市直播电商行业协会,指导新生代企业家联合会、汽配行业协会、广东龙泉商会等3个商协会完成换届工作。

▲“三方治理”模式:发挥民政部门、工商联和各行业主管部门的职能作用,分别从登记监督管理、业务管理、行业指导等方面,对经济类行业协会商会实施综合管理模式。

【素质提升】 2022年,龙泉市工商联(总商会)实施“品质龙商·素质提升”项目,提升企业家综合素养。设立龙泉市民营经济研修院,在住龙镇和宝溪乡建立民营经济人士理想信念教育基地,打响“品质龙商”品牌,持续举办“品质龙商大讲堂”“品质龙商云上学”等系列培训,累计开展各类教学、培训和外出考察等活动17场次,参与2500余人次。

【青蓝接力】 2022年,龙泉市工商联(总商会)实施“品质龙商·青蓝接力”项目,加强新生代企业家队伍建设,组织举办新生代创业创新专题培训5期,考察学习2次,主题沙龙3场,累计参与600余人次。152名新生代企业家录入“双传承”应用场景形成精准画像;组建38人导师智库和30人青年企业家培养池,10名优秀代表参加市委组织部“青蓓班”学习。12月11日,新生代企业家青马学习班在科创中心举行开班仪式。

【亲清助企】 2022年,龙泉市工商联(总商会)实施“品质龙商·亲清助企”项目,提升亲清政商关系。举办“亲清直通车·政企恳谈会”4次,开展银企对接活动6次,设立了“助企观察点”“检企联络站”“共享法庭”“企业法律顾问团”等,营商法治环境进一步优化。刊发《龙泉工商界》《风云龙商》等刊物3期,推出“品质龙商说”企业家访谈11期。在全省率先推出“五不五有五好”首个县级清廉民企建设星级评价标准,创建示范型清廉民企29家,其中浙江国镜药业有限公司获“全省清廉建设成绩突出单位”称号,为丽水市唯一上榜的民营企业。

【助力共富】 2022年,龙泉市工商联(总商会)实施“品质龙商·助力共富”项目,提升企业家社会责任感。组织爱心助学、赈灾等各类公益活动10余次,如助力“6·20”暴雨灾害赈灾工作等,受助300余人次,捐物捐资价值150余万元。推进共富行动,开展“知名浙商助力龙泉高质量发展”活动,建设万企兴万村行动实验项目县级示范点3个、共富工坊11个,做好东西部扶贫协作,会员企业浙江国镜药业有限公司和农商行结对帮助四川叙永县两个贫困村。

【商会党建】 2022年,龙泉市工商联(总商会)有序推进商会党组织建设。8月25日,召开龙泉市总商会党委第一次党员代表会议,选举产生总商会机关委员会和纪律检查委员会。汽配行业协会、建筑行业协会和青瓷宝剑协会等3个党支部整建制转入总商会党委。加强商会入党积极分子培养,发展商会党员6人。

【牵头推进民营企业家健康成长组工作】 根据龙泉市新时代“两个健康”示范区创建工作部署要求,市工商联牵头民营企业家健康成长组工作,成立领导小组,出台丽水市首个民营企业家健康成长实施意见,全力实施民营企业家健康成长“八大行动”▲,并在市委统战部、创建办的认真指导及相关部门配合下,定期召开工作例会,有序推进各项工作。

▲“八大行动”:《龙泉市促进民营企业家健康成长实施意见》(龙“两个健康”办发〔2022〕10号)文件提出的龙商向党政治引领行动、龙商赋能平台整合行动、品质龙商素质提升行动、和谐龙商法治护航行动、礼遇龙商尊商重商行动、亲清政商互帮互促行动、青蓝接力迭代升级行动、助力共富情系桑梓行动等八大行动。

(泮芳霞)

群众团体

龙泉市总工会

【概况】 2022年，龙泉市有工会会员28777人；基层工会549家，其中独立建会528家；联合工会21家，覆盖基层单位272家。工会建会率和职工入会率均达95%以上，实现25人以上单位应建尽建，有序推进新经济新业态新领域工会组织建设入会，成立了龙泉市家庭服务业联合工会，填补该行业建会“空白”。2022年，新建工会29家，新增会员813人，其中新业态2家，新增会员445余人。累计新就业劳动者群体独建单位6家，联合工会21家，会员1085人，涵盖家庭服务、快递物流、民宿（农家乐）、互联网等行业。

【新时代产业工人队伍建设改革】 2022年，龙泉市总工会认真履行产改协调小组办公室职责，协调召开会议部署产改工作，开展产改专项督查等，选树浙江国镜药业有限公司、浙江新劲汽车空调有限公司两家企业分别为省、丽水试点非公有制企业。与龙泉行知职业技能培训学校合作，举办育婴员、安全员、手机摄影、电脑软件应用、古建筑工程等培训班21个，共培训1178人次。其中，由市总组织开展转岗、再就业职工就业技能培训2场，共培训职工60人，有效提升职工素质能力，促进职工再就业。同时，在非公有制企业中开展“名师带徒”等活动，鼓励职工学习新知识、掌握新技能、提升竞争力。

【职工疗休养】 2022年，龙泉市总工会开展长三角地区三省一市疗休养协作，对接山海协作地、兄弟县市进行疗休养线路考察活动。参加浙江大学疗休养线路遴选，并入选浙江大学疗休养目的地，推介7家站点成为甬丽人才疗休养基地。开展龙泉市各级职工疗休养站点申报、复核及项目化补助工作。2022年，1万余名职工参加龙泉本地疗休养，助力经济恢复3600余万元，外市来龙疗休养职工3200余人。

【新时代劳模精神】 2022年，龙泉市总工会牵头组织开展了第四批龙泉市劳动模范和模范集体的评选工作，选树6个“龙泉市模范集体”和15名“龙泉市劳动模范”。开展2022年浙江工匠的推选工作，4人入选2022年“浙江工匠”培养项目人员名单。牵头完成了“十大极致匠心人才”中9名工匠初选工作。

【精准帮扶】 2022年，龙泉市总工会会同人社局举办线上线下3场招聘会，共有168家用工单位参与招聘，提供岗位1800多个，咨询报名3000余人次，初步达成就业意向871人。元旦、春节期间，慰问困难职工、农民工、新就业形态劳动者34名，发放送温暖资金13.1万元。开展“送清凉、送法律、送安全”慰问和“6·20”特大洪灾慰问，发放慰问物资价值12.1万

2022年龙泉市“浙江工匠”培养项目人员一览表

表15

序号	姓名	性别	当时所在单位	荣誉称号	命名单位	命名年月
1	王传军	男	浙江新劲空调设备有限公司	浙江工匠	省人社厅、省总工会	2022年9月
2	陈 义	男	浙江毅力汽车空调有限公司	浙江工匠	省人社厅、省总工会	2022年9月
3	龚益华	男	龙泉市龚三兴青瓷作坊	浙江工匠	省人社厅、省总工会	2022年9月
4	徐建新	男	龙泉市寸土文化创意有限公司	浙江工匠	省人社厅、省总工会	2022年9月

元。同时,督促用人单位履行主体责任,落实各项保障措施,有效维护职工合法权益。

【职工文体活动】 2022年,龙泉市总工会组织开展以《中华人民共和国民法典》、新《中华人民共和国工会法》、《中华人民共和国妇女权益保障法》等法律法规为主要内容的公益活动。举办了全民篮球赛、"送万福、进万家"书法公益活动、"共享悦读人生,共建品质龙泉"女职工读书会、青年职工交友联谊、"喜迎十二大,一起向未来"儿童节关爱等公益性活动。全年各基层工会组织开展各类主题文体活动90余场次,参与职工2700余人次。 (白 蕾)

指数和"青年社会参与"指数均获全省优秀等次。

【"青春向党"工程】 2022年,团市委引领全市青少年开展"喜迎二十大""学习二十大"系列主题教育、宣讲实践活动80余场次。举办"品质话龙泉·青年说"微型党课团课大赛、党团史知识竞赛、"红领巾喜迎二十大 争做新时代好队员"经典诵读大赛、"学习二十大·龙泉青年说"等活动,让伟大建党精神代代相传。动员广大青年加入"青年大学习""浙里潮音"学习热潮,青年干部带头学、主动学,累计参与学习35万余人次。持续深化青年典型选树,先后推出"青春榜样""致敬青春奋斗者"系列宣传报道12期。龙泉第三中学叶芳玲老师荣获"全国优秀共青团员"称号,龙泉市公安局经侦大队获评全国"成绩突出青年集体",均获共青团中央通报表扬,充分发挥榜样示范效应,传递了青春正能量。

2022年,龙泉市总工会组织举办"爱心托班"暑期公益培训班 (市总工会/供图)

共产主义青年团龙泉市委员会

【概况】 2022年,龙泉市共有下级团组织829个,其中基层团委34个,团工委13个,团总支15个。团员11417人,少先队员17207人,青年52143人,团青比21.9%。在全省青年工作联席会议正式发布的浙江青年发展综合指数(2022)中,龙泉"青年发展环境"

【"青春共富"工程】 2022年,团市委制定出台《龙泉市支持青年创业创新政策十二条(试行)》,构建全要素、全周期的创业服务体系,最大限度释放青年人才政策红利。自新政实施以来,共接待120多批次1000多名青年到龙泉创业考察,成功招引青瓷宝剑类创业团队150余支,其中博士团队2支,硕士团队4支。开展"青聚浙丽"暑期社会实践活动,吸引276名大学生走进龙泉、感受龙泉;引进清华大学、浙江大学等高校10余支暑期社会实践队伍到龙泉调研,为"品质龙泉"建设建言献策;联合浙江大学开展"青马班"培训,选送15名博士、3名硕士挂职乡镇(街道)团(工)委副书记,为乡村振兴注入青春活力。实施"银团合作"项目,持续深化青年创业贷款工作,为638个项目扶持对象授信金额2.5亿元,为青年企业家协会授信10亿元。深入推进"青创农场""青春集市"等青年创业平台建设,举办"真西宋·月光青春集市""后备箱集市"等特色集市8场次,积极打造美食、潮玩等彰显青年特点的新业态,助力青年创业创新。成功争取团省委"浙里青年携手共富·泰隆创业助跑计划"落地龙泉,为10名青年农创客提供300万元资金扶持和项目指导等服务,助力青年创业。推动视频电商发展相关内容纳入《关于推进龙泉市商贸流通高质量发展的若干政策》,助力视频电商产业发展,全年开展各类新媒体直播培训18场,覆盖青年1000余人。举办"一见钟情·从'瓷'开始"等主题青年交友联谊活动7期,为青年交友搭建平台。

【"青春护航"工程】 2022年,团市委深入实施青少年心理健康"阳光护航"行动,通过"线上咨询+线下辅导"方式,累计为97名青少年开展心理疏导。开展流动少年宫"助力中高考"活动5场次,覆盖学生2600余名,为

2022 年 9 月，龙泉市举办“匠心筑品质 青春正当时”青年人才交友活动(龙南站)

（庄肖磊 / 供图）

2022 年 11 月 13 日，23 支青年创业团队集体入驻青年创业创新中心

（金伟红 / 供图）

学生营造轻松的备考氛围。联合公检法司等部门开展“开学法治第一课”“三禁三防三自”等各类法治宣传教育活动 75 场，覆盖青少年 1.5 万余名。持续深化重点青少年群体帮扶机制，214 名重点青少年实现帮扶全覆盖。开展“喜迎二十大 同献爱心·共筑希望”爱心慈善活动，为全市青少年发展筹集爱心资金近 20 万元。持续做好“爱心助学”工作，结对资助 245 名大一新生，资助总金额 174.5 万元。带领青年企业家等走进龙泉市贝爱康复教育、江南小学、道太乡双平小学和城北小学，点亮“微心愿”651 个，将关心关爱送给困难学生。实施“希望小书房”项目，招募志愿者 23 人，为 25 名困难青少年赠送爱心书桌，并开展暖心陪伴活动。

【“青春共治”工程】 2022 年，团市委联合组织部印发《青年入党项目化管理实施方案》，将入党积极分子、预备党员力量充实进志愿服务队伍。建立健全志愿服务激励机制、宣传机制、培训机制等三大机制，全力保障世界青瓷大会等全市大型活动志愿服务，全年累计开展各类志愿服务活动 350 余场次，参与青年 7000 余人次。实施“青春社区”助力计划，组织团员青年向社区报到，在社区“一老一小”服务等方面发挥作用。全年累计组织 45 批次 2000 余名团员到社区报道，服务市民 2 万余人，协助化解社区矛盾纠纷 42 件。深入开展“共青团与人大代表、政协委员面对面”“模拟政协提案”等活动，引导青少年积极、规范、有序参与政治生活。全市 4 个案例获评丽水市十佳模拟政协提案。

【“青春团建”工程】 2022 年，龙泉市着力打造“品质青春”县域团建品牌，构建“1+X”团建体系，按照“一乡一品”要求，完成 19 个乡镇(街道)、3 个市直部门 22 个团建子品牌创建工作，成功打造了“八都彩虹跑”、市监“红盾青年” 等具有辨识度的团建子品牌，推动全市团建提质升级。持续开展推优入党工作，联合组织部出台《青年入党项目化管理实施方案》，把好党员“入口关”，累计推优入党 37 人。联合组织部举办“龙泉市青年马克思主义者学习班”，组织青年干部走进企业车间、项目现场，以“学员分享、部门解惑、书记点评”等形式加强青年干部培养。推动《中共浙江省委关于全面加强新时代少先队工作的实施意见》落地见效，成立宝溪乡少工委、龙泉市中小学素质教育实践活动中心少工委，依托校外阵地建设，深入开展“青春自护·暑期安全”防溺主题活动、春泥计划暑托夏令营等活动，丰富青少年校外生活，提升少先队社会化工作水平。（金伟红）

龙泉市妇女联合会

【概况】 2022 年，龙泉市妇联坚持以“龙泉娜妮”工作品牌为抓手，以服务妇女儿童为目标，奋力打造涵盖维权关爱、女性创业、家庭教育等多功能、宽领域、优服务的群团组织，荣获“浙江省平安家庭建设优秀单位”称号。2022年，龙泉市有妇女组织280个，其中乡镇妇联组织15个，街道办事处妇联组织4个，村（社区）妇联组织227个，机关企事业单位妇委会34个。

【阵地建设】 2022年3月，龙泉市妇女儿童服务中心正式对外开放，引入银龄爱心互助协会、旗袍协会等女性社会组织入驻，打造集教育培训、创业帮扶、权益保障、公益关爱、儿童服务等于一体的综合枢纽，举办特色美食、茶艺、舞蹈等公益培训10期，培训760人次。在妇女儿童中心成立“兑兑红娘工作室”，登记会员480余人，推送缘分墙11期，开展相亲联谊活动1场，成功牵手10对。创建妇女儿童综合服务驿站24家，其中省级综合服务驿站（三星级）1家，丽水市级综合服务驿站（二星级）6家，龙泉市级综合服务驿站（一星级）17家。新建儿童之家9家，全市共有35家，实现儿童之家19个乡镇（街道）全覆盖。

【来料加工】 2022年，市妇联紧扣“共同富裕 巾帼建功”工作主线，多措并举推动新时代来料加工共富产业转型升级，创成11家“巾帼共富工坊”，其中省级共富工坊1家，丽水市级共富工坊5家，龙泉县级共富工坊5家。修订出台《龙泉市来料加工共富产业发展扶持政策（2022—2024年）》，培育经纪人278名，发展加工队伍2.4万人，年发放加工费3.31亿元，人均增收13792元。开展来料加工经纪人、新从业人员等培训19场次，共培训752人次。举办龙泉市“倾青饰界·未来之星”青瓷饰品创新设计大赛和来料加工共富产业平车技能比武大赛各1场。开展“金融支持妇女创业助力共同富裕”行动，为全市246名妇女提供创业贷款8197万元，助力妇女创业促发展。2022年，市妇联获丽水市新时代来料加工共富产业发展工作考核优秀等次。

【维权关爱】 2022年，龙泉市成立婚姻家庭纠纷人民调解委员会驻乡镇（街道）工作室3家，系剑池街道工作室、八都镇工作室及安仁镇项边村工作室，全年共接待妇女群众来信来访来电48件，服务90多人次，调处率达100%。每月8日开展“平安丽姐妇女儿童权益日”活动，累计开展12次，发放资料5000多份，咨询500多人次。排查出红色家庭6户，黄色家庭44户，蓝色家庭347户。走访家事案件当事人5人次，调解并发放《接受家庭教育指导令》《监护督促令》15件。开展爱心援助活动，“姜奶奶”爱心援助帮助100个贫困家庭实现微心愿；“爱云慈母基金”帮扶贫困妇女61人，资助金额20.9万元；为“6·20”特大洪灾影响严重的贫困妇女送2.4万元慰问金及大米等慰问品；为5名患病妇女送上“两癌”救助关爱慰问金2.5万元；完成康乃馨女性保险350份和“两癌”筛查对象保险1000名；开展2022年度中央专项彩票公益金支持低收入妇女“两癌”救助，1名妇女获得补助。

【家庭家教家风】 2022年，市妇联推荐选树“最美家庭”“绿色家庭”26户，评出“慈孝母亲”32名，引领各行业妇女学有榜样行有标杆。组织幸福e家之“家家讲堂”家庭教育讲座69场次，受益家长8000余人，并在市妇女儿童服务中心开展《中华人民共和国家庭教育促进法》专题学习培训活动4期。结合传统节日开展“垃圾分类我在行”“传统民俗我知道”“你心中的世界儿童日”等系列亲子活动6期。探索组建由热心家长组成的“栀子花”亲子阅读吧家长互助组织，开展分享和互动活动15期，参加儿童160余人次。

【组织建设】 2022年，市妇联组织召开第十三届六次执委（扩大）会议。指导推动龙泉市应急管理局和龙泉市中医院等两家单位成立妇联。完成

2022年8月，龙泉市妇联和美家庭工作室开展“平安丽姐在身边 维权工作进基层”活动

（市妇联／供图）

19个乡镇(街道)妇联换届工作,乡镇妇联干部年龄结构和学历结构整体优化,其中妇联主席35岁及以下14人,本科以上学历占比100%。举办全市女干部培训班1期,组织5名干部参加丽水市妇联系统女干部培训班,提升妇女干部履职能力。指导市乡村妇联执委三级用好"浙里家•连心桥"场景应用,以"四必访四必应"推进基层妇联工作,市乡村三级妇联参与走访2000人,帮助协调解决实际问题147个。

【美丽庭院】 2022年,市妇联开展美丽庭院创建,助力美丽城乡建设。制定美丽庭院工程建设实施方案,建设花园庭院样本村1个,花园庭院样本户10户,花园阳台样本户10个,花园庭院创建户2000户。举办"十佳"多肉主题阳台(庭院)评比大赛,开展花园庭院培训和主题活动3期,其中吴小英的"音花故事"花园阳台和曾丽娟的花园阳台在丽水视频和摄影大赛中均获一等奖,在"浙江女性"微信公众号、《处州晚报》上刊登报道。宝溪乡溪头村、住龙镇住溪村获评2022年"浙江省美丽庭院特色村"。

【妈妈的味道】 2022年,市妇联激活美丽经济,推广"妈妈的味道"活动,开展"妈妈的味道"时令食品的宣传和制作培训活动4期。举办"龙泉娜妮"甜品创意设计大赛,在"学习强国"学习平台上宣传报道。组织参加省妇联"妈妈的味道"山乡26味活动,其中"甜酒酿""青瓷饰品"被列入"山乡26味一县一品"产品。组织参加丽水市"妈妈的味道"粽子大赛和主题茶歇大赛,均获得二等奖。

【巾帼建功】 2022年,市妇联不断深化巾帼建功工作,创成省级巾帼文明岗3家,丽水级巾帼文明岗5家。推荐4名优秀创业女性参加"创意龙泉 创业青春"创业创新大赛,1人获一等奖,1人获三等奖。推荐4名优秀创业女性加入"新生代企业家",15名优秀创业女性加入丽水市女企业家协会。 (潘芳红 余建秀)

龙泉市科学技术协会

【概况】 2022年,龙泉科协下属学会(协会、研究会)15个,企业科协6个,园区科协1个,乡镇(街道)科协19个。市科协荣获2020—2022年度浙江省农函大先进分校、2022年度丽水市科协系统先进集体称号。科协干部黄冰梅荣获2022年度丽水市科协系统工作先进个人称号;兰巨乡科协干部汤旭日、卓丽云、张慧荣获2022年度丽水市基层科协组织建设工作先进个人称号。推荐雷慧仙、金鑫、叶正茂、蒋斐奕、杨乐平、廖道康、毛俊钦、叶蓬芹、徐俊杰等9人入选丽水市"绿谷英才"科技新秀("丽水三宝"新秀)。

【科普宣传】 2022年,市科协联合市社科联举办2022年"全国科普日"科技咨询服务活动,现场赠送银龄数字科普、四季养生、反邪教、防诈骗等科普书籍(折页)800余份,并指导老年人使用智能手机等。参加"品质龙泉•志愿同行"、"3•5"学雷锋志愿服务活动,现场赠送科普书籍及科普宣传品700余份。联合市民间中草药研究会在住龙镇红军广场参加丽水市96345党员志愿服务活动,现场赠送科普书籍及小礼品1500余本(份),接受群众咨询并赠送祛湿等中草药包200余份,义诊100余人次。联合龙泉市卓越文化传播有限责任公司,举办进社区、进乡村、进学校等"科普讲坛"25场,人数达1500余人;依托市老年大学、安仁区域成技校等14个教学点,完成老年人智能手机应用科普培训7467人次。推送健康知识、反邪教等科普彩信50条,服务近5000名服务对象24.89万人次。在省、丽水市级科协网站刊发科协工作动态8篇。

【青少年科普】 2022年,市科协在东升小学、住龙镇小学、小梅素质教育培训中心3所学校开展"中国流动科技馆"巡展活动,累计5700余名中小学师生前往参观体验。在城区8所小学举办"筑梦冬奥 一起向未来"主题科普教育宣传活动,累计11250余名师生到现场参观。邀请中科院老科学家科普演讲团白武明、徐德诗、徐邦年3位教授到龙泉为民族中学、第二中学、实验小学等学校师生开展科普宣讲。分两批次向龙泉市第三中学、安仁中学、民族中学、江南小学、道太乡双平中心小学等10所城乡中小学校赠送科普书籍1000余本,助力"双减"工作。

【"千博助千企"促共富行动】 2022年,市科协推进博士创新站申报工作,浙江欧特立汽车空调有限公司、龙泉市周哥家庭农场等2家企业(单位)被认定为丽水市博士创新站、7家企业(单位)入选博士创新站培育名单。通过省科协"希望之光"帮扶活动,成功引进中科院院士高翔为龙泉新能源汽车热处理系统首席专家,并和省热处理系统协会成功签订合作协议。

【赋能乡村振兴】 2022年,市科协评定和晋升农民技术人员职称26人,其中,农民技师4人、农民技术员22人;向浙江省农职称评定工作领导小组推荐水果种植户徐昌根,其成功获得农民高级技师职称。围绕丽水市"百名专家联百村"活动,组织龙泉"双百"专家先后赴础石街道炉地垟村"地垟红"茶叶基地、上垟镇源底村"龙泉市花果山家庭农场"水果示范基地考察指导，促进产业增收。扎实开展联系村产业帮扶活动，向联系村提出产业帮扶建议并被采纳，全年帮助联系村落实产业帮扶资金30余万元。

2022年10月12日，中国工程院院士，浙江大学能源工程学院院长、党委副书记高翔（前排左二），浙江省科协党组书记、副主席谢志远（前排右二）等一行到龙泉调研龙泉汽车（空调）零部件产业

（市科协/供图）

【青少年科技创新大赛】 2022年11月9日，市科协与市教育局、科技局、团市委联合举办龙泉市2022年度青少年科技创新大赛，共评出龙泉市级科技创新成果22项，其中一等奖4项、二等奖7项、三等奖11项；科技辅导员创新成果一等奖2项、二等奖2项；4名教师被评为龙泉市优秀科技辅导员。推荐优秀作品参加丽水市第37届青少年科技创新大赛，其中学生作品一等奖1项、二等奖1项、三等奖7项，科技辅导员创新成果二等奖3项、三等奖1项。西新教育集团教师周雪芳获"丽水市优秀科技辅导员"称号，绿谷教育集团和南秦教育集团获"丽水市优秀组织单位"称号。

【青少年"发现之旅"科技体验活动】 2022年10月15日，市科协联合市教育局组织举办龙泉市第八届青少年"发现之旅"科技体验活动。组织在浙江省级、丽水市级36届青少年科技创新大赛中获奖学生到省级农村科技示范户项永年野生灵芝种植基地参观实践体验，深入了解基地的基本情况、准野生灵芝菌种培育、种植方式以及孢子粉采集、破壁等技术。

【老年科技工作者协会】 2022年，老科协向市委、市政府提交13篇建言献策文章，其中6篇获得市领导批示。《把江西会馆建设成我市爱国主义教育的主阵地》获市委书记王忠宝批示；《龙泉市古树名木生长状况堪忧，必须引起高度重视》《保护与开发龙南乡后岙"柳杉王"旅游景点的建议》获代市长王国锋和副市长王晓燕批示；《关于推进龙泉青瓷产业规模化发展的调研报告》《关于龙泉宝剑产业发展的调研报告》获副市长金伟君批示；《龙泉市松材线虫病防治工作的调研报告》获市人大常委会副主任陈有南批示。承接市科协、林业局、卫健局、教育局、民政局、社科联、市慈善总会和西街街道等单位委托的9项课题调研项目。各分会共组织80批次450余人次进乡村、进企业开展调研活动，举办25期专业技术培训，500余名农村科技示范人员参加培训。老科协科普讲师团28名成员深入乡镇（街道）、村（社区）、单位、中小学校、老年大学、敬老院等，共举办科普讲座84场，3500余人次现场聆听讲座。

【学（协）会、研究会活动】 2022年8月29日，龙泉市测绘学会联合市自然资源和规划局测绘与地理信息科在人民广场开展"全国测绘法宣传日"活动，通过现场悬挂横幅、有奖竞猜、咨询服务等多形式开展宣传，并向市民发放《浙江省交通旅游图》《龙泉市交通旅游图》等宣传资料。同时配合浙江省自然资源厅自然灾害防御和安全生产委员会开展2022年地质勘查和测绘行业安全生产检查等。

5月15日、5月24日，龙泉市社会经济学会分别前往市残疾人托养中心、贝爱儿童康复中心及南秦残疾人庇护中心等地，举办3场慰问残疾人慈善活动，邀请龙泉追梦文艺团为残疾人演出，并送上慰问品等。

6月7日，龙泉市护理学会召开第八次会员代表大会，选举产生新一届理事会班子。选举产生36名第八届理事会理事，选举季晓英任新一届学会理事长。

龙泉市民间中草药研究会组织举办7场科技咨询服务活动，40余名会员现场为群众义诊，发放健康知识科普资料1000余份。申报歇力茶入选第五批龙泉市非物质遗产名录。

龙泉市兰花协会组织会员参加浙江省兰花协会网络线上平台组织的春兰网络展7期、蕙兰网络展6期、秋兰网络展4期和寒兰网络展6期。12月25日，召开了2022年兰花协会年会，会议通报协会财务收支情

况，总结2022年度工作及部署2023年的工作。 （黄冰梅）

龙泉市归国华侨联合会

【概况】 2022年，全市共有华侨华人1331人，归侨147人，留学生302人。主要分布在西班牙、意大利、法国、意大利、德国等69个国家和地区。海外侨团2个，分别是2017年成立的欧洲龙泉同乡总会（总商会），2018年成立的西班牙巴塞罗那龙泉侨乡会（商会）。

【组织建设】 2022年，龙泉市归国华侨联合会（以下简称市侨联）召开了龙泉市第五次归侨侨眷代表大会，大会听取并审议通过了龙泉市侨联第四届委员会工作报告，审议通过了《龙泉市侨联工作细则》，选举产生了新一届侨联领导班子。成立了八都少数民族侨胞之家，并获评浙江省“五星级侨胞之家”、丽水市“最美侨胞之家”。

【为侨服务】 龙泉市首个“涉侨法律服务站”在浙江金言律师事务所揭牌成立，为侨胞侨眷提供法律咨询、政策解答、法律宣传、法律援助等专业的法律服务。开展“新春慰问送关怀，岁寒情深暖人心”“今年中秋不回家，侨干带您看家人”等节日走访活动，慰问侨领家属，传递党和政府的关怀。对遭受“6•20”集中强降雨的侨资企业和侨眷家庭开展灾后慰问，并给予应急物资帮扶。

【联络联谊】 2022年，市侨联举办了“喜迎二十大 龙泉话共富”留学人员卫生文化进龙泉活动，丽水中心医院海归医疗专家团队为150余名龙泉群众提供义诊服务。开展“不忘初心•筑梦龙泉”沙龙活动，20多位龙泉市归国留学生及家属代表参加活动。指导海外侨团和华侨开展“同心•颂祖国”等爱国活动、传统佳节庆祝活动。接待来自马来西亚、乌克兰、塞尔维亚等国家的温州侨商团到龙泉考察文旅项目。

【侨助共富】 2022年，市侨联牵线侨企浙江省尚越光电有限公司结对小梅镇台湖村，成功建设光伏发电项目，每年可增加村集体经济收入3万余元。打造培育了一批具有侨特色的乡村侨舍、侨助工坊，其中步远山房、忆半民宿客栈获评丽水市示范“乡村侨舍”。龙泉青瓷博物馆获评浙丽侨助共富“文化润侨”交流实践基地。 （吴 哲）

2022年8月17日，龙泉市第五次归侨侨眷代表大会开幕式现场 （吴哲／供图）

龙泉市文学艺术界联合会

【概况】 2022年，龙泉市文联发挥“团结引导、联络协调、服务管理、自律维权”新职能，按照“抓住一个点，串成一条线，辐射一个面”的工作思路，围绕中心、服务大局，发挥文艺优势，谋划工作载体，组织各类文艺活动，推动文艺精品创作，健全完善人才培养机制，优化文艺志愿服务机制，为新时代文化龙泉建设贡献文艺力量。2022年，市文联文艺队伍建设取得新进展，文艺平台搭建实现新突破，文艺创作呈现新局面，剑瓷文化研究不断向深处发展。

【文艺队伍建设】 2022年，市文联围绕中心工作，开展文艺培训5次，所属协会开展线上研学交流活动48期；推荐5人参加丽水市文艺精品扶持与文艺人才奖励计划，3人获得奖励与扶持；推荐2人参评省文化艺术发展基金扶持项目。民协会员李震的作品《昨天今天明天》入围中国民间文艺“山花奖”；民协会员叶芳的作品《同心向党》获浙江民间文艺“映山红奖”（民间工艺美术类）；作协会员吴梅英的作品《戏班记》获2022年丽水文学创作大赛散文类金奖，鲁丫、王少珺获诗歌类铜奖，徐新花获诗歌类优秀奖，洪峰获纪实类优秀奖。民协会员杨盛侃入选2022浙江省“五个一批”文艺人才孵化项目•新峰人才（工艺美术类）；有1人加入中国作家协会，4人加入中国民间文艺家协会。

【文艺平台建设】 2022年，龙泉市文联编辑出版《龙泉人文》杂志4期，其中《龙泉人文•草涧弥生——梅夫人青瓷作品集》作为第五届世界青瓷大会资料交付组委会使用。组织举办“龙渊春秋”特展、“案上云烟”荟萃斋笔筒•瘦石斋砚台联展、“民艺•融”浙江省民间工艺融创作品展——龙泉巡展、“水墨丹青•品质龙泉”暨2022龙泉市美协绘画双年展共计4次。为理顺文艺激励机制，文联为协会活动开展经费筹措，通过项目的形式，吸纳协会参与，部分解决协会经费短缺的问题。加强与机关单位、乡镇（街道）的合作关系，为协会活动开展搭建好平台，推动协会正常运作和活动的顺利开展。打造龙泉市文艺创作采风基地，为文艺家参与龙泉青瓷创作提供场所。根据市委书记王忠宝的批示意见，市文联对《龙泉市文艺奖奖励办法》进行了修订，12月30日，由市委宣传部等四个部门联合出台文件。

【文艺活动与创作】 2022年，市文联多次组织开展文学、摄影、书画等文艺活动。组织举办“宋韵瓷源•共富小梅”优秀摄影作品征集活动、“6•20”防汛救灾纪实摄影大赛、岩樟乡红绿融合“治水杯”摄影大赛、“我眼中的浙西南革命精神”主题征文比赛、《凤阳山文集》历史文稿征集活动、新时代“龙泉精神”大家写书法大赛等文艺赛事和活动6次。截至11月，各文艺家协会开展文艺采风创作12次，开展文艺志愿服务活动400多人次。全年龙泉市文联所属各协会会员作品发表及获奖数量共计145项，其中1人获得香港2022中国摄影金龙奖，1人获得香港2022第十届中华艺术金马奖，1人入选中国作家协会2022年度定点深入生活项目，3个作品入选2022年丽水市文艺精品扶持项目与文艺人才奖励计划，一批作品在国家级、省级、丽水市级以上刊物、比赛、展览上发表、获奖、展出，1人获丽水文学大赛散文金奖。开展艺术助推乡村振兴文艺志愿服务，组织邀请多批次名家走进龙泉创作采风。

2022年龙泉市文联所属各协会会员作品发表、获奖情况表

表16

编号	作品名称/获奖者	发表奖项情况
1	钟剑宝《书法作品》	获得浙江省书法家协会主办的“献礼二十大奋进新征程”浙江省书法篆刻主题评展优秀奖
2	钟剑宝《书法作品》	在浙江省书法家协会主办的第二届“卫夫人杯”全国书法篆刻作品展入展
3	钟剑宝《书法作品》	在浙江省书法家协会主办的浙江省第六届“温泉杯”书法大赛上入展
4	范树花《烈日之下，云端之上》	获得丽水美术家协会、丽水市美术馆主办的2022“圆梦青苗•以艺育美”丽水市钢笔画巡回展优秀奖
5	顾松铨《千古大窑》	在第五届世界青瓷大会中，作为大背景图展
6	吴梅英《戏班记》	获得丽水文学大赛散文金奖
7	吴梅英《曾芹记》	在大型文学期刊《大家》2022年第五期发表
8	胡友龙《盛夏如冬》	获得2022年“童话云和杯”“瓯江行”摄影大展收藏奖
9	郑叶青《云和梯田》	获得2022年“童话云和杯”“瓯江行”摄影大展收藏奖
10	殷翔耿《留恋忘返》	获得2022年“童话云和杯”“瓯江行”摄影大展优秀奖
11	朱向晖《层叠》	获得2022年“童话云和杯”“瓯江行”摄影大展优秀奖
12	叶绍强《最美医护人员》	获得2022年“童话云和杯”“瓯江行”摄影大展优秀奖
13	郑叶青《龙泉“6•20”暴雨洪灾城区集景》	获得2022年“童话云和杯”“瓯江行”摄影大展优秀奖
14	胡友龙《盛夏如冬》	获得2022年“童话云和杯”“瓯江行”摄影大展优秀奖
15	潘世国《行李箱》	获得2022年“童话云和杯”“瓯江行”摄影大展优秀奖
16	潘世国《汛期山村》	获得2022年“童话云和杯”“瓯江行”摄影大展优秀奖
17	张晓华《放飞希望》	获得香港第十二届全国摄影艺术展览新媒体摄影系列金奖
18	郑叶青《隧道施工圆舞曲》	获得香港第十二届全国摄影艺术展—建筑类金奖
19	郑叶青	获得香港2022年中国摄影金龙奖

续表16

编号	作品名称/获奖者	发表奖项情况
20	郑叶青《喜事多多》	获得香港第十二届全国摄影艺术展评委会大奖
21	张晓华	获得香港2022年第十届中华艺术金马奖
22	殷翔耿《伴耕图》	获得“丽农奔共富”全省摄影大赛优秀奖
23	殷翔耿《乐丰年》	获得“丽农奔共富”全省摄影大赛优秀奖
24	祝坚军《金色田野》	获得“丽农奔共富”全省摄影大赛优秀奖
25	郑叶青《春回大地》	获得“丽农奔共富”全省摄影大赛银奖
26	郑叶青《鲜笋出山》	获得“丽农奔共富”全省摄影大赛优秀奖
27	郑叶青《乡村民宿》组照	获得“丽农奔共富”全省摄影大赛优秀奖
28	郑叶青《机械收割展风采》组照	获得“丽农奔共富”全省摄影大赛优秀奖
29	张有钢《农耕田园》组图1—6	获得“丽农奔共富”全省摄影大赛优秀奖
30	《黄粿飘香》组照1—6	获得“丽农奔共富”全省摄影大赛优秀奖
31	《大汪茶园》	获得“丽农奔共富”全省摄影大赛铜奖
32	《深山晨韵》	获得“丽农奔共富”全省摄影大赛优秀奖
33	《大学生农二代》	获得“丽农奔共富”全省摄影大赛铜奖
34	夏伟《白笋飘香》	获得“丽农奔共富”全省摄影大赛优秀奖
35	蔡锦伟《梦幻茶园》	获得“丽农奔共富”全省摄影大赛优秀奖
36	张晓华《新农人》	入选 2022年庆丰收浙江摄影作品展
37	张晓华《赶金猪》	入选 2022年庆丰收浙江摄影作品展
38	张晓华《天津—海河垂钓》	入选2022年丽水世界摄影大会“世界之城”全球摄影主题联展
39	张晓华《上海—陆家嘴》	入选2022年丽水世界摄影大会“世界之城”全球摄影主题联展
40	张晓华《悉尼的中国风》	入选2022年丽水世界摄影大会“世界之城”全球摄影主题联展
41	张晓华《和谐相处》	入选2022年丽水世界摄影大会“世界之城”全球摄影主题联展
42	张晓华《黄金海岸》	入选2022年丽水世界摄影大会“世界之城”全球摄影主题联展
43	张晓华《斐济楠迪市场》	入选2022年丽水世界摄影大会“世界之城”全球摄影主题联展
44	张晓华《悉尼之夜》	入选2022年丽水世界摄影大会“世界之城”全球摄影主题联展
45	张有钢《构成》	《中国摄影报》发表
46	钟云光《喵趣》	《大众摄影》发表
47	张有钢《“速度与激情”浙江省青少年皮划艇锦标赛在龙“开战”》	《人民日报》发表
48	张有钢《龙泉青瓷小镇新貌》	《人民日报》发表
49	沈志远《500千伏丽西输变电工程投运》(26秒)	浙江卫视 正午快讯栏目播出
50	沈志远《浙江龙泉:浙江清洁能源外送重点工程启动投产》	人民网发表
51	沈志远《浙江清洁能源外送重点工程启动投产》	新华网发表

续表16

编号	作品名称/获奖者	发表奖项情况
52	蒋离子《星河指引》	中国作家协会2022年度定点深入生活项目
53	毛日晶 杨丽华《伞中情》	浙江省首届青少年艺术大赛(舞蹈)丽水赛区选拔赛获一等奖
54	刘素萍 赖晶晶《夺帅》	浙江省首届青少年艺术大赛(舞蹈)丽水赛区选拔赛获二等奖
55	杨丽华 李熙熙 金晶晶《草儿青青花儿笑》	浙江省首届青少年艺术大赛(舞蹈)丽水赛区选拔赛获二等奖
56	金兰 魏梦琦《精卫填海》	浙江省首届青少年艺术大赛(舞蹈)丽水赛区选拔赛获三等奖
57	刘锡豪 杨丽华 彭存昌《街舞精神》	浙江省首届青少年艺术大赛(舞蹈)丽水赛区选拔赛获三等奖
58	李熙熙 谢烁芳 廖方望《盛放吧,烈焰中的彩虹》	浙江省首届青少年艺术大赛(舞蹈)丽水赛区选拔赛获三等奖
59	杨盛侃	入选浙江省新峰人才计划
60	叶芳	获得浙江省映山红奖

【"艺术乡建"暨龙泉市"文艺助企"志愿服务行动】 2022年4月初,市文联出台《"艺术乡建"暨龙泉市"文艺助企"志愿服务活动实施方案》,由47名作家、书法家、美术家、摄影家、电视艺术家组建成15支"文艺助企"小分队,结对15家文化类企业,为企业提供文学艺术类的志愿服务,梳理实施46项"文艺助企"志愿服务项目。该年,"文艺助企"志愿服务活动以项目为载体,除了本地文艺工作者,鲁迅文学奖得主陈仓、省作协全委会委员杜文和等省内外知名文艺家也参与了该活动,凝聚文艺力量。以剑瓷为题材,创作一批文艺精品,其中创作文学作品50余篇,书法作品60余幅,美术作品20余幅,摄影作品300余幅,开发文创系列产品2个,短视频3条,出版专刊2期。以服务为导向,开发的文创产品《刻鼓铭心》——龙泉青瓷鼓形座右铭提升了企业的销售额,出版的专刊及线上媒体宣传提高了企业的美誉度、知名度,助力产业发展。龙泉市"文艺助企"活动开展以来,中国文联、省文联、丽水市文联先后来龙泉市文艺创作基地,参观指导交流。

2022年4月6日,"艺术乡建"暨龙泉市"文艺助企"志愿服务行动启动仪式举行

(市文联/供图)

【"龙泉青瓷海外遗珍"信息大采集项目】 2022年,市文联通过网络资源、海外资源和文献资料等对国外知名博物馆、收藏机构珍藏的"龙泉青瓷海外遗珍"作品进行信息采集,收集龙泉青瓷海外遗珍相关的文献资料、分布情况、藏品信息、背后可挖掘的文艺创作素材等,基本掌握龙泉青瓷海外遗珍的分布情况,为2023年实施"龙泉青瓷海外遗珍"复刻及文艺创作夯实基础。截至10月底,通过艺术机构官网检索、邮件咨询以及文献查阅3种方式,总共收集到47个国家、90家博物馆、3个拍卖行、8个历史遗址共394件龙泉青瓷海外遗珍信息。与同济大学王荔教授讨论"雪拉同"故事创作事宜,已完成项目策划书讨论稿。

【龙泉宝剑对外表述语】 2022年,根据市委"深挖新时代龙泉宝剑文化内涵,提炼龙泉宝剑对外宣传表述语,加强龙泉宝剑文化研究研讨"工作事项交办要求,龙泉剑瓷文化研究院组织研究人员,立足龙泉宝剑文化和产业基础,以文化研究为重点,系统梳理研究龙泉宝剑文化内涵,并进行表述语提炼。4月起,对胡小军、查长伟、汤汝平等在龙泉市内外的十余位宝剑行业从业人员及爱好者进行走访，组织数场座谈会探讨、研究表述语。5月形成“龙泉宝剑标准定义大纲”材料初稿，6月底，组织专家对龙泉宝剑对外表述语进一步讨论、论证，形成定稿，提交市委宣传部领导审阅。（范良妤）

龙泉市残疾人联合会

【概况】 2022年，龙泉市残联稳步有序开展市乡两级残联换届工作，认真把握换届工作的关键环节，从严从紧落实换届选举工作。9月，顺利完成乡镇(街道)残联换届，共选举产生了19个乡镇(街道)残联主席。11月8—9日，顺利完成龙泉市残联换届，选举产生第八届主席团、执行理事会。

2022年，龙泉市持有第二代残疾人证10697人，其中视力残疾1208人，听力残疾2946人，言语残疾82人，肢体残疾4056人，智力残疾761人，精神残疾873人，多重残疾771人。

【举办剑瓷义卖助残活动】 2022年，市残联联合慈善总会举办“山海携手，同心助残”龙泉剑瓷作品义卖助残活动，向龙泉青瓷宝剑大师发起爱心助残募捐活动，共收到爱心作品119件。7月，在杭州市萧山区举办现场义卖活动，仅半天时间所有捐赠作品均被萧山龙泉两地爱心企业家和爱心人士购买，共筹集助残资金125.47万元。设立“携手助残”公益慈善基金，将助残资金专项用于残疾人和残疾人事业，为更好地帮助残障人士和开展各类助残活动创造了有利条件。

【“我为残疾人办实事”行动】 2022年4月，市残联持续推进“我为残疾人办实事”行动，制定《“手牵手，我为残疾人做实事”行动实施方案》，参与单位从残工委成员单位延伸至龙泉19个乡镇(街道)，建立长效工作机制，搭建助残服务平台。该年，共谋划实施助残实事63件。“我为残疾人办实事”行动得到省残联的表扬，并在《浙江残疾人工作》上以专刊的形式在全省残联系统推广，还被作为典型案例收录在光明日报出版社发行的《残疾人事业高质量发展与服务保障探索》一书中。

【残疾人民生实事】 2022年，市残联完成多件省民生实事项目。新建查田镇残疾人之家，完成八都镇残疾人之家三星级到四星级提升工作，两家机构共为30多位三、四级精神智力和重度残疾人提供康复医疗、娱乐健身、辅助性就业等服务。此外，八都镇残疾人之家还设立了法律咨询室、辅助器具租赁点等服务功能。按照早谋划，早实施，早见效的原则，4月底完成建设、提升工作，5月中旬通过验收，项目进度在丽水市排名并列第一。选择人民医院、农贸市场、客运中心、龙渊公园等10个残疾群众出行较多、人员较密集、需求最急切的公共场所率先开展无障碍环境改造，选择的10个点位得到丽水市残联的高度肯定。在改造中，坚持边审边改、立审立改原则，严格落实无障碍设施标准，顺利通过丽水市初验且排名靠前。落实残疾人康复服务制度，对142名0—8岁听力语言、脑瘫、孤独症、智力残疾儿童实施康复训练和提供困难残疾人家庭生活补助，完成率109.2%。

【残疾人兜底保障】 2022年，市残联投入残疾人事业经费1919.3万元。落实残疾人两项补贴制度(困难残疾人生活补贴、重度残疾人护理补贴)，为3717位残疾人发放重度残疾人护理补贴714.78万元，为3299位残疾人发放困难残疾人生活补贴935.08万元。落实残疾人社会保险补贴，为残疾人代缴城乡居民基本医疗保险、城乡居民基本养老保险、残疾人代缴意外伤害保险和浙丽保医保，实现残疾人社保全覆盖。对参加职工基本养老保险缴费的个体就业和灵活就业的残疾人按当地最低缴费标准，给予1000元的补助，其中对低收入残疾人社保个人缴费部分给予50%的补助。

【残疾人康复服务】 2022年，市残联全面实施精准康复行动，为8名残疾人白内障患者免费实施复明手术，免费安装上下假肢20条，为8名残疾人提供髋关节、膝关节置换手术补助，同时为残疾人配送轮椅、护理床和相关辅助器具，服务率达83.55%，累计服务650人。残疾人家庭医生签约8656人，服务率达85%。推进精神残疾人门诊服用基本抗精神病药物个人自付部分全额保障制度，全年精神残疾人申请录入系统978人。提升成人康复水平，在改造康复中心大楼一楼辅具展示厅添置康复设施、培训康复人才、加强日常管理等，进一步发挥成人康复站的服务作用。

【残疾人就业帮扶】 2022年，开展残疾人与残疾人家庭成员就业情况专项调查，摸清残疾人家庭成员就业情况和就业培训需求，为精准就业帮扶提供基础数据支撑。依托青瓷产业优势，开办“技能学习+岗位培训+就业推荐”的残疾人青瓷制作技能培训班，邀请青瓷企业对学员进行结业考核，现场签订就业意向书8份，打通了“培训—实训—就业”通道，同时举办残疾人专场就业招聘会，为企业与残疾人搭建用工桥梁，新增残疾人就业80人。推动共富帮扶从“帮助残疾人就业”向“帮助残疾人家庭就业”转型升级，通过开发公益性岗位、来料加工、扶助种养殖业等方式，确保有劳动能力的残疾人家庭成员至少有1人就业，基本实现零就业残疾人家庭“动态清零”。针对重度残疾人难以就业且需要照护的实际情况，探索家人陪护式就业模式，在残疾人服务机构为重度残疾人家属开发就业岗位，兼顾陪护的同时解放家庭劳动力，增加家庭收入。

【“残健融合”教育行动】 2022年，完成贝爱儿童康复中心规范化提升行动并通过省级验收，现有在册康复儿童178人，其中来自其他县市区和省外儿童72人，是全省7家全日制康复儿童数超百人的儿童康复中心之一。贝爱儿童康复中心全面启动学前融合教育，持续深化特殊儿童幼小转衔教育，全年选送4批共54人次到滨江幼儿园随班就读，累计帮助36名智力残疾和孤独症儿童顺利进入普通小学就读。贝爱儿童康复中心的工作成效得到了省市残联的肯定和其他康复机构的认可，杭州、温州等多地考察团到龙泉学习“残健融合”教育经验，浙江经视也对中心的融合教育进行了6分钟的专题报道。

【无障碍环境建设】 2022年，以习近平新时代中国特色社会主义思想为指导，深入践行以人民为中心的发展思想，遵循“平等、融合、共享”原则，依照丽水市无障碍环境建设“示范引领、全域推进”工作，持续推进无障碍环境建设。开展无障碍社区、村（景区）建设，对创建社区（村）内公共服务设施进行坡道改造、盲道修补、公共厕所改造，增加不锈钢扶手、无障碍通道标牌、无障碍专用标识等，于12月通过验收，创成省级无障碍社区1个（西街街道西新社区）、丽水市无障碍村（竹垟畲族乡盖竹村）1个、景区（竹垟畲族乡国家AAAA级旅游景区）1个。开展无障碍进家庭改造，根据残疾人及其家庭住房的实际改造需求，实行“一户一策”个性化服务，改善出入口、户门、卫生间、厨房等无障碍状况，完成40户困难残疾人家庭无障碍改造。（毛利莹）

龙泉市红十字会

【概况】 2022年，龙泉市红十字会在市委市政府的坚强领导下，党建引领红建、红建促进共建，紧紧围绕“助力山区共富 打造品质龙泉”的总目标，以“救”在身边•“生命守护”工程、搭建平台聚爱心、为生命救援加油、博爱送到家、博爱家园建设等5个项目建设为契机，突出重点、真抓实干，有效打开工作新局面，主责主业亮点纷呈，红十字事业稳步发展。2022年，红十字会获“2021年度浙江省红十字工作先进单位”“红十字担当作为奖先进集体”称号。

2022年，市红十字会有乡镇（街道）红十字会19个，学校红十字会26个，村（社区）红十字会251个，建会率均达到100%，新发展会员4806人。有5支志愿服务队伍，系无偿献血及造血干细胞志愿服务队伍、红十字应急救援队伍、红十字北斗救援队、防溺水志愿服务队、应急救护志愿服务队。

【“生命守护”工程】 2022年，市红十字会根据《关于高水平推进应急救护工作的实施意见》文件精神，结合龙泉实际，成立了龙泉市高水平推进应急救护工作领导小组。3月31日，在丽水率先出台《关于高质量推进应急救护工作助力打造品质龙泉的实施方案》。同年，市红十字会安装了15台AED，对AED周边75名“第一响应人”——红十字救护员开展培训。同时，深入学校、机关、乡村、企业和应急救援等领域开展红十字应急救护培训150余场，培训应急救护员4494人，普及救护知识19610人次。

【搭建平台聚爱心】 2022年，市红十字会整合资源，创新筹资工作思路、方法和手段，实施线上线下、县乡村一体推进，促成“龙泉为生命救援加油”“品质龙泉博爱家园”“爱心助学”等项目的落地实施。5月，设立了由在杭乡贤主导发起的“健康•品质龙泉”爱心基金，首轮募集45万元，主要救助大病致贫群体；由快递行业发起的伟林爱心快递基金，自成立以来，每月募集爱心资金1万余元，主要救助快递从业人员贫困学生和家庭；由宝溪乡溪头村发起的“垫脚人”爱心基金，首轮募集10.3万元，主要关爱村内一老一小；龙泉首个镇级消防安全公益基金在八都镇成立，首轮募集5万余元；八都、龙南、宝溪等也纷纷设立爱心助学、扶贫帮困等基金。全年，募集爱心资金484.8万元，爱心物资价值45万元，筹款额度创历史新高。各志愿服务组织积极有为，无偿献血与造血干细胞志愿服务队60余名志愿者一年来累计服务时长达2500多小时；红十字教师志愿服务队开展为乡镇（街道）病残和困难老人送温暖、关爱留守儿童、为环卫工人送清凉、为防疫人员送点心等活动；龙泉市红十字医院积极开展应急救护培训、“卫生便民进社区、卫生便民走基层”、结对帮扶等活动。

2022 年 5 月 6 日,“红十字博爱周”启动仪式举行　　（市红十字会 / 供图）

【为生命救援加油】 2022 年,市红十字会在腾讯网络募捐平台设立了“龙泉为生命救援加油”爱心募捐项目,获得捐款 4 万余元。为进一步提升突发灾害救援应对能力,市红十字会与公羊会签订战略合作协议,多次组织救援队开展大型水陆空实地搜救演习,有效提升救援队队员的理论和实战水平。在世界急救日期间,北斗救援队开展为龙泉生命救援赋能活动,自筹资金 4 万余元,给 30 位记忆功能障碍患者发放定位手表。在“6•20”特大水灾发生后,第一时间组织人员开展救援,做好应急抢险救援工作,妥善安置受灾群众,快速恢复灾区生产生活,切实把保障人民生命财产安全放到第一位。

【博爱送到家】 2022 年,市红十字会组织开展“博爱送到家”结对帮扶活动,给 408 户困难群众送去爱心物资;开展“与爱同行”爱心救助活动,分别对 121 名困难学生和 225 户困难家庭提供资金帮扶;开展“红色根脉爱相随•致敬英雄”活动,给 10 位老英雄或烈士家属送去慰问金和爱心物资;开展“爱心救助”活动,对 30 名重病患者开展爱心基金困难补助,对 20 名联系村困难群众给予人道救助;联合市卫健局向 1050 名一线医务人员送上慰问品;对造血干细胞捐献者进行回访慰问,为他们送上慰问金和鲜花。“6•20”集中强降雨灾害发生后,市红十字会第一时间组织救助并向全市发出募捐倡议书,及时与各乡镇(街道)等基层组织打开对接通道,随时关注灾情,更新工作动态,统计受灾群众,争取到省、丽水市红十字会的救助物资 500 余份、价值 5.2 万元,共募集资金 337 万元;组织招募会员(志愿者)开展灾情走访、慰问和核实工作,第一时间给 162 户房屋倒塌的困难群众和 339 户受灾困难群众送去关爱,向受灾群众、企业发放救助资金 287 万元,发放救灾物资价值 9.8 万元。

【阵地建设】 2022 年,市红十字会新建博爱家园 4 家,投入资金 10 万元,并争取上级资金提升建设丽水市博爱家园示范点 3 家。7 月 27 日,第一家博爱超市在安仁镇张畈村开业,有效调动广大干部群众参与村级事务综合治理积极性;对龙泉市中小学生素质教育中心应急救护培训基地进行提升,建成浙江省“山区行”应急救护培训驿站;在东升小学建成博爱校医室。　　(李廖珍)

法　　治

政法工作

【概况】 2022年，在市委市政府正确领导下，政法委弘扬践行新时代“龙泉精神”，匠心实干，聚焦社会治理效能和县域社会治理现代化水平提升，深化除险保安晾晒机制和风险闭环管控大平安机制，防范化解各类重大风险隐患。坚持和发展新时代“枫桥经验”，提升社会矛盾纠纷多元预防化解综合机制。常态化推进扫黑除恶打霸治闹惩痞专项行动，依法打击各类违法犯罪行为，一体推进平安龙泉、法治龙泉建设，有力维护社会大局平安稳定。

【平安龙泉建设】 2022年，市委召开全市建设平安龙泉工作会议，全面部署各项工作，压实各方责任。全市上下紧扣党的二十大维稳安保这一主线，全力开展“除险保安”十二大专项行动，督促整改丽水市五轮除险保安督查检查发现的87个问题，进一步除风险、保平安。迭代升级“1411”体系，构建五级党组织治理体系▲，规范化打造基层治理“最小作战单元”，扎实推进市域社会治理现代化建设工作。建立平安建设动态情况约谈机制、风险隐患暗访督查机制、平安建设挂牌整治晾晒机制等，进一步完善风险闭环“大平安”机制，一体推进平安龙泉建设，以全省第六、丽水第一的成绩连续17年被省委省政府命名为“平安县（市、区）”，获评丽水市社会治安综合治理优秀县（市、区）。

▲五级党组织治理体系：街道大工委—社区大党委—小区工作党支部—楼栋党小组—党员编组联户。

【维护社会稳定】 市委市政府高度重视安全稳定工作，市委常委会多次听取安全稳定工作汇报并部署推进，构建起统揽全局、协调各方工作机制，严格落实维稳安保等各项工作机制。牵头推进“除险保安”十二大专项行动，制定并抓实党的二十大维稳安保“九大机制”，防范化解各类风险隐患，圆满完成党的二十大、冬奥会等维稳安保任务。

【新时代“枫桥经验”】 2022年，市委政法委坚持发展新时代“枫桥经验”，深化宝溪乡“三化治理”、矛调“八法”▲、锦溪镇“友谊林”▲做法，调解人民矛盾纠纷1723件，成功率99.5%。开展“党群连心·网格走亲”活动，依托网格系统采集实有人口数据21.7万余人，最小单元采集员配备率100%、采集员活跃率99.65%、最小单元采集覆盖率99.73%。推进共享法庭建设，整合网格员、党员等力量建立乡贤庭务主任队伍，该做法获得省高院批示肯定。安仁镇创新打造“永和义警”基层治理金名片，成功获评省“二十佳平安类社会组织”。

▲矛调“八法”：“七步诗”“一张图”“走出去”“点单式”“分级联动”“永和说事”“拘所帮教”“法律援助”八类矛盾调解方法。

▲“友谊林”：“友谊林”是锦溪镇“草根调解超市”为做好纠纷调解后半篇文章提出的创新做法，鼓励矛盾双方握手言和后“同栽一棵树，共育一片林”，用一牌一树见证友好关系，营造与人为善、互相谦让的良好社会风尚，以乡风文明护航乡村振兴。

【打击违法犯罪】 2022年，全市共立刑事案件699起，治安案件1588起，采取强制措施235人，移送起诉429人，行政处罚1564人，刑事起诉282人、批捕54人，执结执行案件2641件、到位金额1.52亿元。扎实推进扫黑除恶打霸治闹惩痞专项行动，深化行业整治，查处并移送公安立案侦查“机制砂”案件10件，起诉3起、5人，采取强制措施15人；针对招投标领域违法违规行为，共排查项目68个，对1个项目4家单位串标情况进行行政处罚，处罚金额12万余元；查处道路运输案件16件，罚款13.83万元，地方海事案件查处1件，罚款2000元，交通工程案件查处1件，超限超载案件查处114件，罚款14.69万元。

【八个多跨制度】 2022年，政法委扎实推进《关于加强政法干警依法履职保护工作的意见》《浙江省政法机关执法司法信息共享工作办法(试行)》《关于依法规范诉讼行为工作办法(试行)》《关于进一步规范减刑假释工作的若干意见》《关于切实解决"判实未执、应收未收"问题的若干意见》《关于预防和清理涉民营企业刑事诉讼"挂案"的若干规定(试行)》《浙江省刑事诉讼涉案财物取证管理处置工作指引》《关于进一步规范法官、检察官、人民警察与律师接触交往行为的若干规定》等8个跨领域跨部门制度落实落地。同时制定《依法规范诉讼行为专项整治实施方案》《龙泉市政法机关执法司法信息共享工作实施意见》《"判实未执、应收未收"集中清理专项活动的工作方案》《关于进一步规范法官、检察官、人民警察与律师接触交往行为的若干规定工作实施方案》等文件，依法处置13起涉政法干警维权、伤害案事件，查处虚假诉讼案件7件、采取惩戒措施8次。

【法治营商环境建设】 2022年，政法委出台《关于进一步改善民营经济法治环境的意见》，政法各单位分别出台相关配套机制文件，健全法治化营商环境制度机制、设立"检企服务站""驻企观察点"等，该做法得到时任丽水市委副书记、政法委书记郎文荣批示肯定。推行涉企柔性执法、"最多查一次"改革，梳理《龙泉市涉企柔性执法清单》事项217项，制定《龙泉市涉企"最多查一次"改革联合执法检查工作方案》，全年开展联合执法检查45次，累计减少检查频率58.6%，办理涉企柔性执法案件33起，切实为企业减负、为执法增效。

【队伍建设】 2022年，政法委推进依法履职保护工作，成立政法干警依法履职保护委员会并出台《关于认真落实加强政法干警依法履职保护工作的实施方案》，政法各单位成立保护办，全年依法处置13起涉政法干警维权、伤害案事件，及时为干警澄清正名，有效提升政法干警依法履职积极性。开展政治轮训，组织全市政法干警、乡镇(街道)政法委员及平安建设重点单位分管领导近200人开展综合素能提升培训，加强党性修养，提高履职能力，强化纪律作风建设，全面提升政法队伍综合素能。　(兰　亦)

公　安

【概况】 2022年，龙泉市公安局一体推进战疫情、保稳定、护发展、创平安等各项工作，全面助力"人产城"融合发展、共同富裕的现代化品质龙泉建设，教育训练、追逃、反诈、信访以及打击经济犯罪、网络安全犯罪、食药环知领域犯罪等7项工作位居丽水前列。全年，影响群众安全感的接处警数、刑事发案数、交通事故亡人数、电诈发案数"四项指数"分别同比下降1.53%、6.67%、25%、17.31%，打击邪教、扫黑除恶治闹惩痞、打击矿产资源违法犯罪等实现新的突破，命案、重特大刑事案件、重特大群体性事件、重特大网络舆情事件等零发生，社会治安持续向好。2022年，共立刑事案件699起，治安案件1588起，采取强制措施235人，移送起诉429人，行政处罚1564人。

2022年，龙泉市公安局有行政编制371名，实有民警338人、行政职工7人，辅警351人，领导班子成员9人，实有中层干部108人，副科以上干部22人，正股60人，副股37人。该局为正科级单位，共设部门33个，内设科室22个、派出所11个(含水上所)，警务室13个。

2022年，龙泉市公安局被评为丽水市公安机关全时空全要素动态现场勘查工作优胜单位，荣获龙泉市"比学赶超、打造品质龙泉"工作先进集体称号，经侦大队被评为全省人民满意公务员集体，安仁派出所入选全省枫桥式公安派出所，食药环知大队被评为全省"除险保安"百日攻坚成绩突出集体、全省"最美警队"。共有5个集体、2人次获省级先进称号，5个集体、18人次获市级先进称号，2个集体荣立集体二等功，1人荣立个人二等功，1个集体荣立集体三等功，13人次荣立个人三等功，7人获得二等治安荣誉奖章，20人获得三等治安荣誉奖章，5个集体和31人荣获嘉奖。

【社会治安】 2022年，龙泉市接处警39122起，同比下降1.53%，有效接警11698起，同比下降6.43%，指令出警12235起，同比下降4.41%。市公安局妥善处置各类纠纷1400余起，保障村改居、项目征迁等党委、政府重点工作、重点项目顺利推进。

【党的二十大安保维稳】 2022年，市公安局开展为期三个月的"夏季治安打击整治百日行动"和"除险保安百日攻坚"，特别是党的二十大安保决战决胜阶段，全警连续在岗29天，圆

2022年龙泉市公安局先进集体一览表

表17

受表彰(先进)单位	荣誉称号/所获荣誉	发文单位	发文号	发文时间
龙泉市公安局	全市公安机关全时空全要素动态现场勘查工作优胜单位	丽水市公安局	丽公网传〔2022〕21号	2022年1月24日
龙泉市公安局	龙泉市“比学赶超、打造品质龙泉”工作先进集体	龙泉市委市政府		
经侦大队	全省人民满意公务员集体	省委省政府	无	2022年9月25日
安仁派出所	全省模范公安基层所队	省政府、浙江省公安厅	无	2022年12月28日
行动侦察大队	全省护航党的二十大成绩突出集体	省委省政府	便签	2023年1月17日
交通警察大队	全省创文明交通治秩序乱象“减量控大”系列行动成绩突出集体	浙江省公安厅	无	2022年9月28日
安仁派出所	集体二等功	浙江省公安厅	浙公令〔2022〕7号	2022年8月22日
经侦大队	集体二等功	浙江省公安厅	浙公令〔2022〕10号	2022年10月16日
刑侦大队	丽水市优秀公安基层所队	丽水市人民政府、丽水市公安局	丽政发〔2023〕1号	2023年1月4日
食药环知大队	丽水市食药环知(森警)侦查业务评估优胜单位	丽水市公安局	丽公网传〔2023〕16号	2023年1月19日
经侦大队	丽水市经侦工作绩效考核优胜单位	丽水市公安局	丽公网传〔2023〕14号	2023年1月19日
情指中心	丽水市情报指挥业务优胜单位和情报研判及信息工作先进单位	丽水市公安局	丽公网传〔2023〕10号	2023年1月10日

2022年龙泉市公安局先进个人一览表

表18

受表彰(先进)个人	荣誉称号/所获荣誉	发文单位	发文号	发文时间
徐起金	全省护航党的二十大成绩突出个人	浙江省委平安浙江建设领导小组	浙平安〔2023〕1号	2023年1月17日
杨善珅	全省优秀人民警察	省政府、浙江省公安厅	无	2022年12月28日
曾光磊	个人二等功	浙江省公安厅	浙公令〔2022〕13号	2022年12月12日
周辉	个人三等功	丽水市公安局	丽公令〔2022〕4号	2022年7月15日
叶军	个人三等功	丽水市公安局	丽公令〔2022〕4号	2022年7月15日
刘博斯	个人三等功	丽水市公安局	丽公令〔2022〕4号	2022年7月15日
黄继新	个人三等功	丽水市公安局	丽公令〔2022〕6号	2022年9月12日
罗晓波	个人三等功	丽水市公安局	丽公令〔2022〕6号	2022年9月12日
徐志恒	个人三等功	丽水市公安局	丽公令〔2022〕6号	2022年9月12日
李金权	个人三等功	丽水市公安局	丽公令〔2022〕6号	2022年9月12日
付晓乐	个人三等功	丽水市公安局	丽公令〔2022〕2号	2022年4月29日
余凡	个人三等功	丽水市公安局	丽公令〔2022〕10号	2022年12月27日
叶庆庆	个人三等功	丽水市公安局	丽公令〔2022〕10号	2022年12月27日
吕俊敏	个人三等功	丽水市公安局	丽公令〔2022〕10号	2022年12月27日
项译磊	个人三等功	丽水市公安局	丽公令〔2022〕10号	2022年12月27日

续表18

受表彰（先进）个人	荣誉称号/所获荣誉	发文单位	发文号	发文时间
蒋一豪	个人三等功	公安部	公奖字〔2022〕134号	2022年12月9日
刘毅	丽水市特级优秀人民警察	丽水市人民政府、丽水市公安局	丽政发〔2023〕1号	2023年1月4日
王静宜	全市优秀人民警察	丽水市人民政府、丽水市公安局	丽政发〔2023〕1号	2023年1月4日
叶鑫	全市优秀人民警察	丽水市人民政府、丽水市公安局	丽政发〔2023〕1号	2023年1月4日
张传喜	全市优秀警务辅助人员	丽水市人民政府、丽水市公安局	丽政发〔2023〕1号	2023年1月4日
连晓锋	全市公安工作先进个人	丽水市人民政府、丽水市公安局	丽政发〔2023〕1号	2023年1月4日
陈志金	全市公安工作先进个人	丽水市人民政府、丽水市公安局	丽政发〔2023〕1号	2023年1月4日
周智俊	全市公安工作先进个人	丽水市人民政府、丽水市公安局	丽政发〔2023〕1号	2023年1月4日
刁叶锋	全市公安工作先进个人	丽水市人民政府、丽水市公安局	丽政发〔2023〕1号	2023年1月4日
吴伟金	全市公安工作先进个人	丽水市人民政府、丽水市公安局	丽政发〔2023〕1号	2023年1月4日
罗占	全市公安工作先进个人	丽水市人民政府、丽水市公安局	丽政发〔2023〕1号	2023年1月4日
梅鸿明	全市公安工作先进个人	丽水市人民政府、丽水市公安局	丽政发〔2023〕1号	2023年1月4日
季秀英	全市公安工作先进个人	丽水市人民政府、丽水市公安局	丽政发〔2023〕1号	2023年1月4日
方惠民	全市公安工作先进个人	丽水市人民政府、丽水市公安局	丽政发〔2023〕1号	2023年1月4日
练志成	个人嘉奖	丽水市公安局	丽公令〔2022〕10号	2022年12月27日
吴伟金	二等治安荣誉奖章	丽水市公安局	丽公政治〔2022〕23号	2022年9月5日
刘正福	二等治安荣誉奖章	丽水市公安局	丽公政治〔2022〕23号	2022年9月5日
叶建东	二等治安荣誉奖章	丽水市公安局	丽公政治〔2022〕23号	2022年9月5日
徐仙明	二等治安荣誉奖章	丽水市公安局	丽公政治〔2022〕30号	2022年12月29日
张厚华	二等治安荣誉奖章	丽水市公安局	丽公政治〔2022〕30号	2022年12月29日
李永忠	二等治安荣誉奖章	丽水市公安局	丽公政治〔2022〕30号	2022年12月29日
余盛伟	二等治安荣誉奖章	丽水市公安局	丽公政治〔2022〕30号	2022年12月29日
刘伟庆	全市公安机关刑事技术现场勘查优秀技术员	丽水市公安局	丽公网传〔2023〕15号	2023年1月10日
周唐军	年度优秀指挥调度民警	丽水市公安局	丽公网传〔2023〕10号	2023年1月10日
叶俊勇	年度优秀情报信息民警	丽水市公安局	丽公网传〔2023〕10号	2023年1月10日
杨相连	年度优秀接警员	丽水市公安局	丽公网传〔2023〕10号	2023年1月10日

满完成党的二十大安保维稳工作。

【打击违法犯罪】 2022年，市公安局持续开展打击黄赌毒、盗抢骗、非法采集矿产资源、电信网络诈骗等各类专项行动，快侦快办“2·8”阻碍竹垟一级水库建设案、“3·11”砂产资源案、“6·7”大沙龙湾养生会所组织卖淫案、“11·16”利用App聚众赌博案等一批案件，全链条侦破百万案损的“叶某某被诈骗案”和“2·18”百万案损案等一批大要案，电信网络诈骗案件实现发案、案损双下降，分别同比下降17.31%、18.82%。护航“两个健康”示范区建设，查处涉案金额3000余万元的围标、串标案件。全年命案零发生，八类恶性案件发生20起、破案19起，破案率高于95%。

【开展“扫黑除恶打霸治闹惩痞”行动】 2022年，市公安局开展“扫黑除恶打霸治闹惩痞”行动，办理九类涉恶案件22起，打掉涉恶团伙1个。联合市纪委开展一案双查打击围标串标行为，办理碰石“4·29”案件等5起围标、串标案件，涉案金额3000余万元。集中攻坚开展打击非法采集矿场资源专项行动，办理涉矿案件11起，其中“3·11”非法采矿案被评为全省典型案例。

【优化营商环境】 2022年，市公安局推出涉企执法管理55个事项“首次不罚”“轻微免罚”，开辟服务企业“绿色通道”，开展“最多查一次”改革，上线运行“龙剑链”系统，柔性执法减免处罚20余万元，减少检查70余次，让企业感受到“办事不求人、无事不打扰”。出台优化营商环境“十二条措施”，设立“11087警企服务站”，下沉130名联企警官到全市规模以上企业和重点企业，帮助解决难题67个，及时挽损200余万元，打造最佳营商环境，建设经验在省公安厅营商环境现场会上做经验交流。

【“公安大脑”建设】 2022年，市公安局以“公安大脑”建设牵引改革，揭榜承接省厅押回再审等两个子场景和省委政法委、省财政厅实有人口精密智控系统建设，上线运行“作战110平台”，以“一地建设、全市共享”，服务全市。推进“龙泉市大数据智能警务应用系统”建设，加密升级前端感知系统，建有智安小区79个。推广“危险物品精密智控平台管制刀具管控模块（龙剑链系统）”，累计注册单位775家，赋码刀剑90894把，为企业节省成本500余万元，实现保护刀剑产业发展和安全监管双成效。

【交通管理】 2022年，市公安局全市道路共接处警6170起，同比下降3.7%。一般程序处理事故64起，同比下降1.5%；发生死亡事故16起，死亡17人，同比下降15%。办理交通肇事刑事案件14起，危险驾驶40起，行政拘留168人，办理酒驾积案171起，同比上升13.2%；逃逸事故6起，侦破率100%，未发生“两客一危”车辆伤亡交通事故。

【车辆管理】 2022年，龙泉市车管所办理车驾管业务总量60544辆次，其中注册登记11227辆次，转移登记5426辆次，变更882辆次，抵押1779辆次，注销登记1308辆次，转入2179辆次，档案更正25辆次，车辆年检32247辆次，监管审核33584辆次。共计组织驾驶证考试24552人，包括摩托车驾驶证考试12916人。全年市公安局开通便民电动自行车上牌点11处，共计办理电动自行车上牌业务1.98万辆。

【道路交通隐患排查与治理】 2022年，龙泉市投入资金100万元用于城市标志标线更新完善，优化标志标线14802.9平方米，减速带173米。投入资金50余万元用于建设电子警察，新增护栏224米，减速带11处，新增停车位施画36个。投入隐患排查经费20万元，累计排查整改城区交通设施护栏、警示柱、隔离立柱等交通设施损毁893处，推动列入政府性投资“打卡连断”项目的城区隐患道路7处，国道、省道隐患路段10处。

【禁毒工作】 2022年，市公安局开展“净毒2022”专项行动，以“健康人生、绿色无毒”为主题开展禁毒宣传月、国际禁毒日宣传活动。全年共抓获涉毒犯罪嫌疑人2人，查处吸毒人员2人，查获非法种植毒品原植物案件4起，铲除罂粟149株，行政处罚5人。

【打击经济违法犯罪】 2022年，市公安局开展“猎狐”“云端”专项行动，抓获3名境外逃犯，列为“猎狐”对象，发起“云端”集群战役1起，受案30起，其中立案17起，不予立案14起，抓获犯罪嫌疑人21名，其中刑拘5人、逮捕2人，取保候审16人，起诉11人。

【开展打击招投标领域违法犯罪专项行动】 2022年，市公安局开展打击招投标领域违法犯罪专项行动，联合出台《龙泉市打击招投标领域违法犯罪专项行动工作方案》，通过各种媒介向社会广泛收集串通招投标线索。该年，共办理串通招投标案件6起，抓获2名嫌疑人，起诉1人，解回重审1人。

【打击食药环知违法犯罪】 2021年12月23日，龙泉市编委发文批复同意将森林警察大队更名为食品药品环境知识产权犯罪侦查大队，2022年4月13日举行揭牌仪式。2022年1月起，食药环知大队以森警大队架构为基础，承担打击食品药品犯罪、生态环境犯罪、假冒伪劣商品罪和知识产权犯罪职责。该年，共侦办环食药领域刑事案件32起，破案23起，采取刑事强制措施50人，起诉48人，打掉犯罪窝点7个。

【生态警务建设】 2022年，市公安局全面推进林区警长制，做强林区基层基础，织密“人力+云上”情报信息、“防控+预警”网格巡防、“联动+合成”部门联络三张网，构筑立体式生态屏障。全年涉林刑事案件发案9起，同比下降60%。

【开展打击“机制砂”行业违法犯罪专项行动】 2022年，市公安局开展打击“机制砂”行业违法犯罪专项行动，立案10起，破案10起，抓获犯罪嫌疑人17名，其中“3·11”特大非法采矿案，非法采矿量达8万余立方米，涉案价值 271 万元，该案入选省厅“剑锋 2022—2 号”专项行动典型案例。

【“3·11”特大非法采矿案】 2022 年 3 月，市公安局侦破一起特大非法采矿案。犯罪嫌疑人俞某、徐某某从 2014 年开始在未办理河道采砂许可证、采矿许可证的情况下，擅自组织工人在龙泉市“松干溪”“大贵溪”河道内非法采挖砂石料，并将采挖的砂石料加工后出售进行牟利，致使国家矿产资源遭受严重损失。经核查，俞某、徐某某非法采挖砂石料 9118 车，涉案砂石矿产品 83934.3 立方米，价值 271 万余元。

【“10·18”非法生产、销售有毒有害食品案】 2022 年 7 月 6 日，经过 6 个多月的专案侦查，市公安局摧毁以周某为首的涉及跨多省的生产、销售有毒、有害减肥产品的犯罪网络组织。经查，广东的周某从山东的安某某处购买生产含有“呋塞米”成分的“唯美嗖”植物果蔬压片糖果，利用微信组织起销售网络，通过 20 余名层级代理将压片糖果销售至全国各地。共抓获犯罪嫌疑人 9 名，捣毁黑加工窝点、仓库 5 处，扣押有毒有害减肥产品 4000 余粒，原料药片 3000 余粒，涉案价值达 1000 余万元。11 月 10 日，“10·18”非法生产、销售有毒有害食品案第一批 8 名犯罪嫌疑人被移送龙泉市人民检察院审查起诉。

【钟某某被诈骗案】 2022 年 2 月 19 日，钟某某通过陌生人的微信推荐，关注了公众号进行刷单，按对方要求操作后被骗金额 40 余万元。经研判和侦查，龙泉市局组织警力赴广东、江苏、福建等地抓获犯罪嫌疑人 5 人，追回损失 13 万元。

【叶某某被诈骗案】 2022 年 2 月 17—18 日，叶某某在色情网站上下载“春香阁”App，被此 App 引导赌博，分 15 次向嫌疑人账户转账，共被骗 147 万余元。接报后，市公安局开展研判侦办，抓获犯罪嫌疑人 16 人，挽回资金 10 余万元。

【“4·22”寻衅滋事案】 2022 年 5 月 31 日，市公安局组织 50 名警力赴湖南长沙成功收网一涉网催债犯罪团伙，现场抓获犯罪嫌疑人 21 人，扣押电脑主机 37 台、固定电话 33 部、手机 26 个、网络服务器 1 台、通话录音设备 1 台、银行卡 29 张、越野车 1 辆。（周璐琳）

检察工作

【概况】 2022 年，龙泉市检察院共受理各类案件 337 件，办结 337 件，先后荣获“全省检察工作先进院”“丽水市护航二十大先进集体”等称号 10 项，有 2 个案例获评最高人民检察院典型案例，2 个案例获评浙江省检察机关精品案例，2 个案例获评丽水市检察机关“十大精品案事例”。

【刑事检察】 2022 年，市检察院受理审查逮捕案件 101 人，审查起诉案件 426 人，监督立案、撤案 30 件，追捕追诉 6 人，提出、提请抗诉 2 件。其中，办理涉邪教案件 5 件 19 人，健全完善相关案件信息通报和办案指导机制，坚决遏制邪教组织发展蔓延。办理最高检与公安部联合挂牌督办的“3·3”电诈专案、朱某某非法吸收公众存款等一批重特大案件，挽回群众损失 400 余万元。办理市监委移送职务犯罪案件 7 件 8 人，其中科级以上干部 2 人。同时，顺应严重暴力犯罪持续下降，轻罪犯罪占比上升的刑事犯罪结构变化，依法不批捕 41 人，不起诉 91 人，适用非羁押强制措施 332 人。

【民事检察】 2022 年，市检察院办理民事检察监督案件 61 件，深入推进车辆查封扣押专项监督，针对案件执行完毕车辆未及时解除查封、案件终本后未按规定开展财产查询等问题，制发检察建议 7 件。开展虚假诉讼专项监督，查办涉交通事故纠纷调解和涉物业费纠纷调解的虚假司法确认案件 20 件，该系列案件获评最高检典型案例。

【行政检察】 深度参与“大综合一体化”行政执法改革，联合市综合行政执法指导办出台《关于在“大综合一体化”行政执法改革中探索构建严密法治监督体系 促进县域整体智治的实施意见》，加强行政违法行为监督，针对行政机关存在行政处罚不当、市场主体监管漏洞、办案程序违法等问题，向职能部门提出类案监督检察建议，推动 115 起案件得到整改。开展行政非诉执行专项监督，针对程序违法的 74 件案件开展类案监督，对 5 起案件开展行政争议实质性化解，相关工作获《丽水日报》头版报道。

【公益诉讼检察】 2022 年，市检察院办理行政公益诉讼案件 15 件，发出诉前检察建议 14 件。开展土地资源保护和生态修复监督，针对某工程在施工中造成部分耕地、林地被破坏的情况，依法向职能部门发出检察建议，督促企业支付生态修复金 1530 余万元，及时修复受损的耕地、林地 357 余亩。开展“耕地占用税催缴”公益诉讼专项行动，依法助推税收征管，督促有关部门追回税款228万余元。开展古窑址保护专项监督，向有关部门制发检察建议，在市委的支持下，协同推动出台《大窑龙泉窑遗址保护区保护补偿机制实施意见》，合力守护历史文化遗产。

【服务保障市委中心工作】 2022年，市检察院以强烈的检察担当服务保障市委中心工作，全年共获得丽水市、龙泉市主要领导批示8次。其中，紧扣龙泉市第十五次党代会精神，制定出台《为龙泉创建新时代“两个健康”示范区提供坚强司法保障的实施意见》《关于开展“守护美好生活，打造品质龙泉”公益诉讼专项行动的实施意见》等文件，部署开展国有财产保护、生物多样性保护等专项监督，服务保障市委决策落地落实。深度参与市委机制砂整治、环城北线环境整治等各类专项专班。在机制砂整治中，建议行政机关移送涉嫌犯罪案件2件，行政公益诉讼立案5件，民事(含刑附民)公益诉讼立案5件。帮助挽回国家损失近3600万元。

【法治化营商环境创建】 2022年，市检察院创新建成以“涉企案件办理”“检企联络站”“助企观察点”为核心的“三企联动”模式，在工商联、行业协会设立“检企联络站”，在龙头企业、高新企业、涉案企业设立“助企观察点”，通过“点线面”相结合的方式，深入贯彻各级检察机关涉企政策，实现对青瓷宝剑、空调汽配等特色产业、支柱产业的全方位司法保护。全面落实最高人民检察院“七号检察建议”，整治寄递企业寄递违禁品，相关做法在全省作经验交流。因地制宜开展食用菌企业合规工作，从传统产业发展、推进乡村振兴与生态环境保护间存在的矛盾出发，依法能动履职，实现从“个案合规”向“行业合规”延伸，该案获评最高检企业合规典型案例。

【服务保障县域治理】 2022年，市检察院紧扣百山祖国家公园创建，联合国家公园龙泉保护中心、林业局等部门出台《关于建立“瓯江源”生态保护联盟协作配合机制的意见》，共建“瓯江源”生态保护联盟。出台全省首份《在环境资源案件中探索适用生态产品价值核算评价的工作指引》，探索开展受损生态环境价值的量化核算方法，相关做法获得丽水市人大李锋主任批示肯定。持续深化未成年人司法保护工作，办理全省首例未成年人涉新型毒品“上头电子烟”案件，撰写《当前涉未成年人电子烟犯罪案件情况分析》，获得省委主要领导批示肯定，推动全省开展专项行动。扎实开展党的二十大期间的矛盾排查工作，在检察环节化解矛盾纠纷18件，办理的周某某申请监督生效裁判案件，联合有关部门通过检察和解、司法救助，并在此基础上出台全省首份《关于律师代理民事行政申诉案件的实施办法(试行)》。

【经典案例】 2022年，市检察院参与市委“砂石资源管理整治”专项过程中，坚持数字化思维研判专项数据资源，发现2016年2月至2021年11月期间，曾某某、雷某某从事机制砂生意，擅自改变用途林地3.7935亩、非法占用一般耕地26.99亩，造成耕地原有种植条件严重毁坏，依法建议行政机关移送涉嫌犯罪案件。同时，针对全市范围内机制砂企业存在砂石原料来源不明、违法占用耕地林地、偷逃税款、无照经营等问题，规范行政部门对机制砂企业管理、明确相关部门职责分工，助力企业规范经营，该案获评全省“刑事营商环境”主题精品案例。 (林　瑶)

法院工作

【概况】 2022年，龙泉市人民法院新收各类案件5459件，办结5423件，分别同比下降12.36%和14.5%，基层法院案件质量综合指数排名位居全省第九，龙泉司法档案博物馆入选“全国法院文化建设特色项目”，龙泉法院被省高院评为“全省突出贡献法院”，14个集体和个人获得丽水市级以上荣誉。

【刑事环资审判】 2022年，龙泉市人民法院新审结刑事案件204件，判处罪犯320人，其中判处五年以上有期徒刑30人。严惩严重暴力犯罪，审结强奸、故意伤害等案件20件20人；重拳打击涉电信网络犯罪，审结诈骗、非法吸收公众存款、非法经营等案件67件108人，其中冯某等17人设立非法网站经营期货、炒外汇案，涉案标的2.2亿元，已追缴到位赃款8700余万元；保持惩腐肃贪高压态势，审结潘某、罗某等职务犯罪案件8件11人；严惩破坏环境资源行为，审结非法采矿、非法占用农用地、非法捕捞等案件5件11人。注重未成年人挽救，审结涉未成年人犯罪案件9件10人，免缓刑适用率60%，发送家庭教育指导令、责令履行监护责任告诫书4份。落实宽严相济刑事政策，适用认罪认罚案件184件296人，对189名具有从轻、减轻情节的被告人适用非监禁刑。审结环资案件83件，保护最优生态环境。联合检察院出台工作指引，探索生态产品价值核算结果在环境资源案件中的应用。牵头发起“我为新疆种棵树”捐款活动，筹集公益资金53180元继续支援新疆新和县公益林建设，助力跨省域补植复绿，彰显生态文明建设先行示范的浙江担当。加大生物多样性司法保护力度，参与龙泉市住龙生物多样性体验馆建设。与市林业局、公安局联合建立“森林法官+三长一员”协作机制，设立森林“共享法庭”，助力打造浙江省大花园最美核心区。

【民商事审判】 2022年，龙泉市人民法院审结民商事案件2414件，涉案标的5.3亿元。审结买卖、承揽、运输等合同案件1085件，有力维护市场交易秩序；审结教育、医疗、劳动争议等案件274件，其中涉民工工资128件、追回欠薪360.74万元。判决挪用子女儿童救助金且不支付抚养费的父亲吴某尽数返还不当得利，保护弱势群体合法权益；审结婚姻家庭、抚养赡养、遗产继承等家事案件327件，发出人身安全保护令6份。裁定驳回侵占人诉请，依法保护台胞张某房屋征收权益，事后张某专门致信市长并表示要将67万余元拆迁款悉数捐赠，用于设立教育奖学金，彰显向上向善力量；审结涉房屋买卖、建设工程、租赁、物业等案件110件，服务房地产市场健康发展；审结土地承包经营权、宅基地使用权、林业纠纷等案件21件，助力乡村全域振兴。

【优化法治营商环境】 2022年，龙泉市人民法院出台司法服务保障优化营商环境15条意见，审结涉企、投资消费等案件946件、标的3.3亿元。开展涉企案件“暖冬”执行行动，为187家企业执行到位金额4883.59万元，对积极配合执行的51家企业及时进行信用修复，护航企业健康发展。如巧用“活封”措施，助力一诚信被执行人“8年长跑”还清债务；发挥破产府院联动机制和破产专项基金作用，完善“立转破”“审转破”“执转破”等机制，审结破产案件13件，化解银行不良资产6814.73万元，盘活工业用地119.54亩、厂房5.47万平方米、企业存量资产6083.16万元。持续深化虚假诉讼打击工作，查处虚假诉讼案件9件，其中移送公安机关立案3件、罚款6件。3月成立龙泉市人才科技司法服务保障中心以来，审结涉人才科技案件68件，为企业科技成果保护、人才招引提供司法保障。自5月设立龙泉市知识产权司法保护服务中心暨龙泉市人民法院“共享法庭”（龙泉剑瓷保护服务站）以来，协助调处知识产权纠纷10件，及时回应企业知识产权司法保护需求。圆满承办第五届世界青瓷大会陶瓷行业知识产权保护论坛，主动参与省高院地理标志商标司法保护调研课题，助力剑瓷产业发展。

【深化改革赋能基层治理】 深化司法领域“最多跑一次”改革，通过“移动微法院”“浙江ODR”等线上平台，为当事人提供在线立案、调解、审理、送达等司法服务，完成网上立案3776件、跨域立案63件、智能送达2764件。立足“全域数字法院”改革，创设案件履行跟踪和“庭前预备”小程序，融入案款退费、庭前准备提醒等功能，全年正常审限内结案率100%，平均审理时间指数居全省第二。开发被执行人泊车动态预警系统，建立“执行+智慧停车”联动机制，扣押车辆67辆，查找到被执行人59人，到位金额458.95万元。扎实推进执行“一件事”改革，在丽水率先建立被执行人最低生活保障金机制，作为2022年丽水法院首项被全省推广的执行“一件事”应用子场景，在省高院智慧执行2.0系统上线。完善网拍机制，提升网拍体验，成交89件、金额7025.11万元。加大司法救助力度，为131名经济困难的当事人缓减免交诉讼费用，发放司法救助金14.3万元。法院诉服中心整体入驻社会治理中心，构建“人民调解+诉调对接+简案速裁”解纷模式，诉前调解案件912件、成功率51.82%，万人成讼率同比下降9.03%，居全市前列。建成“共享法庭”点位283个，建立庭务主任以奖代补工作机制，相关做法获省高院领导批示肯定。加快人民法庭建设，挂牌成立八都人民法庭，省委机构编制委员会办公室批复设立安仁人民法庭，推进司法服务更高效便捷。强化涉诉信访化解，常态化开展“周五开门接访日”活动，多起疑难复杂积案得到实质性化解，上级交办信访积案实现清零。开展“送法下乡”“法进校园”“法治云课堂”普法活动百余次，印发《以案释法》《物业十八问》等普法手册，不断增强群众学法、尊法、守法、用法意识。

【执行工作】 2022年，龙泉市人民法院执结执行案件2641件，到位金额1.52亿元。健全综合治理执行难大格局，市委专题部署终本库存案件出清专项行动，在职能部门协同实施、乡村干部合力攻坚下，率先在丽水完成出清任务并在工作推进会上作经验交流，专项行动期间有效执结案件1178件（执行完毕888件），同比上升211.6%，执行到位标的9338.9万元，同比上升115.5%。如2004年吴某骑黄包车撞伤钱某妻子需赔偿4.49万元，一直逃避未执行，活动期间通过对吴某采取协查布控、移送拒执等措施，促成案款全部履行到位，钱某专门写信致谢。加强执行惩戒，开展先“礼”后兵、集中拘传、拒执打击等专项行动，制裁违法率72.85%，其中纳入失信被执行人名单1048人次、限制高消费1826人次、限制出境1394人次、罚款379人次、作出拘留决定357人次，以拒执罪追究刑事责任15件18人。首次执行到位率32.04%，位居全省第八、全市第一。

【法治文化】 高标准建成并运营龙泉司法档案博物馆，最高人民法院党组成员、政治部主任马世忠到现场参加揭牌活动，央视新闻、人民网、浙江卫视等媒体纷纷报道，最高人民法院将龙泉司法档案博物馆作为落实中共二十大报告“传承中华优秀传统法律文化”四个实践之一，列在公众号榜首进行报道，宣传稿《一百多年前的老百姓是怎么打官司的？1.7万余卷司法档案带你“穿越”》获评全省法院“十佳司法好新闻”。截至2022年底，博物馆共接待各级党政机关、专家学者、社会群众等60余批900余人次，获得上级领导及专家学者的高度肯定。

2022年9月15日，龙泉司法档案博物馆揭牌并正式对外开放 （市法院／供图）

【涉案资金达2.2亿余元非法经营“炒期货”案】 该案主犯冯某成立澳汇公司，在未经国家证券监督管理部门批准的情况下，非法从事经营期货业务，先后招揽被告人饶某某等人，通过网络、展会、培训会等方式进行宣传，招揽代理商及客户，吸引投资者投资，从中赚取“点差”费和佣金。经鉴定，非法期货交易金额共计人民币2.2亿元。被告人杜某等3人明知被告人冯某从事违法犯罪活动需要，仍提供自己及亲戚、朋友的银行卡给冯某使用，并通过转账、取现等方式帮助冯某转移资金，数额分别达4765万元、780万元、420万元。

【某返还原物纠纷一案】 原告被告系父子关系，原告因自身疾病，享有民政局困境儿童救助金，在2019年1月至2022年8月累计享受补助47114元，款项打入其社保卡账户。因父母离异随母亲生活，该社保卡存放于被告其父处，被告领取了32704元款项并用于他处。龙泉法院经审理认为，案涉款项系国家为保障困境儿童、残疾儿童生活给予原告的特殊经济补助，具有人身专属性，应由原告独自享有。现被告将原告账户内的32704元经济补助金领取后另作他用，侵犯了原告的合法权益，判决被告返还。

【台胞张某房屋征收权益案】 龙泉水南地块征迁过程中，一处房产涉及台湾继承人，该处房产原系张氏三兄弟从父辈处继承，因张某3去往台湾，张某1与张某2签订协议分割部分房产给张某3。征迁时张氏兄弟均已去世，征收部门在无法与张某3后代取得联系的情况下，与居住于此的张某1后代签订协议，其承诺保管补偿款。张某2后代不服，向法院起诉张某1后代要求共同保管，张某1后代应诉答辩时改称补偿款应属自己继承所有。考虑到补偿款存在被侵吞的风险，龙泉法院层报上级法院，启动涉台司法互助程序，历时9个月寻得张某3在台湾的后代，并依法认定房屋征收补偿款权属。台胞张某感激龙泉法院平等保护其权益，除写信感谢承办法官外，还专门致信市长，表示要悉数捐赠补偿款67万余元，用于龙泉当地教育事业。

【诚信被执行人“8年长跑”还清债务案】 2015年，周某某曾因资金周转向20余人借款，后因生意不顺无法及时偿还，于2015年起陆续被起诉并强制执行。执行过程中，周某某积极配合法院工作，处置了名下厂房偿还部分借款。为尽快还清债务，周某某另租厂房从事木制品加工。法院为减少执行措施对企业生产的影响，对其厂房和机械设备采取“活封”措施，使其可以正常经营。周某某每年按时将加工厂盈利打入法院账户，经8年长跑最终归还了全部债务200余万元。

【王某虚假诉讼被处罚案】 甲公司在乙公司经营的P2P平台上借款100万元，款项支付到甲公司的存管账户后，甲公司立即全部转回给乙公司，后乙公司将该笔债权转让给王某。王某向法院起诉要求甲公司返还借款100万元，但起诉时隐瞒款项回流的事实，主张100万元已交付且借款未归还，法院核实后要求王某作进一步说明，王某编造该回流款项抵作保证金、居间费和利息等。龙泉法院认定王某行为已构成虚假陈述，属于妨害民事诉讼秩序的行为，故驳回其诉讼请求并决定对其罚款10万元。

【数字赋能促成化解18年执行积案】 2004年吴某驾驶机动车撞伤刘某后，拒绝支付4.49万元赔偿款被强制执行。其间，法院多次联系吴某未果，家属也不知其去向，案件一时陷入僵局。2022年，法院开展专项行动，通过大数据系统比对，发现吴某经常出现在某社区附近，并借此成功找到被执行人吴某。经核查发现，吴某在案件未履行完毕的情况下，仍在2020年用10万余元购买了新房，而未用于履行法定义务，其行为致使人民法院生效判决无法执行，法院以涉嫌拒执罪移送公安机关立案侦查，吴某随之履行了剩余款项。对此，刘某丈夫钱某专门向法院写了感谢信。　　（丁海芳）

司法行政

【概况】 2022年，龙泉市司法局调解各类矛盾纠纷1723件。其中，镇村两级排查化解各类矛盾纠纷97件，化解成功97件，化解率100%；调解中心受理化解894件。市行政复议局（设司法局）收到行政复议申请53件，审结54件（含上期结转）；经调解撤回复议申请33件，调解率61.10%；行政应诉案件收案48件，审结45件（含不予受理、上期结转），败诉3件，败诉率6.67%；调撤率26.67%；行政机关负责人出庭率100%。市法律援助中心接待来访来电咨询2186人次，受理法律援助案件202件，认罪认罚案件324件。在册社区矫正对象270人，其中，缓刑243人，假释25人，暂予监外执行2人。累计接收149人，解除139人，死亡1人，执行地变更6人，完成审前社会调查评估46件，收监执行3人，训诫65人，警告7人，脱漏管人员0人，严重再犯罪人员0人；律师人数25人，办理业务1297件，其中刑事50件，行政29件，民事630件，其余588件。龙泉市司法局被龙泉市人民政府评为基层社会治理工作成绩突出集体；1名干部被浙江省司法厅评为全省司法行政系统2022年度“最美司法行政人”。

【法治建设】 2022年，龙泉市委依法治市办秘书处推进法治龙泉（依法行政）建设工作，运用“五制度一专班”机制，开展监督和模拟实地核查，下发交办单56份，助力丽水创成全国法治政府建设示范市。对交通运输局、民政局、农业农村局等7家单位党组织开展法治巡察，通过抽查行政执法案卷、查看台账、听取工作汇报等方式，提出问题17个。全面铺开法治示范乡镇（街道）创建，实施《龙泉市基层法治建设三年行动计划》，督促参评乡镇对照重点任务的100条量化指标开展自查，建立负面清单。推动乡镇（街道）合法性审查全覆盖工作，出台《龙泉市关于加快推进法治人才工作发展的实施意见》，举办5期法治业务专题培训，全年乡镇（街道）共完成合法性审查事项443项。抓好重大行政决策全流程管理，对全市48项决策进行公示，抽查归档卷宗32件。“行政裁决综合试点工作探索”入选浙江省县乡法治政府建设“最佳实践”项目。

2022年，市司法局审查政府（市府办）行政规范性文件49份，提出合法性审查意见92条。对非规范性文件进行合法性审查，审核非规范文件300余件，提出书面审查意见80余条，口头审查意见120余条。收到各乡镇（街道）、市直部门报备的行政规范性文件48份，反馈审核意见390余条。8月，龙泉市行政机关合同管理“一体化”应用系统上线运行，落实涉合同单位负责人和专管员业务培训2场，500余人次参加培训。根据《行政机关合同管理办法》《行政机关合同信息化监管工作细则》要求，开展标的额50万元（含）以上的重大合同信息录入工作，该应用系统覆盖全市244家单位，录入行政机关合同700余份，涉及金额57.60亿元。

2022年，市司法局印发《关于龙泉市全面加强行政争议实质性化解工作的实施意见》，配套6项工作机制，进一步规范行政争议化解工作体系。出台《关于印发龙泉市综合行政执法争议协调办法（试行）和龙泉市综合行政执法部门与业务主管部门执法协作配合机制实施方案（试行）的通知》，建立联席会议制度，牵头负责综合行政执法争议协调工作。加强跨部门沟通协作，通过府院联席会议、信访工作联席协调会议等形式，协调各类行政执法争议24件。

推进县、乡两级行政执法协调监督工作体系建设，制定《关于龙泉市行政执法协调监督工作体系建设的实施意见》，成立丽水市首个行政执法协调监督委员会。在10个赋权乡镇（街道）司法所增挂行政执法协调监督办公室牌子，出台《关于龙泉市推进乡镇（街道）行政执法协调监督办公室建设的实施意见》，成功入选《浙江省“大综合一体化”行政执法改革制度成果50例》。拓宽社会力量参与行政执法监督渠道，聘请11名特邀执法监督员，63名镇街司法监督员。依托龙泉市警务培训基地开展3

期涉及152名“大综合一体化”行政执法改革下沉人员的半军事化管理、全脱产业务培训，编制《龙泉市行政执法指导手册》。

【公共法律服务建设】 2022年，市法律援助中心深入实施“法助共富、法护平安”专项行动，扎实推进公共法律服务体系建设。司法服务窗口共接待咨询2186人次，受理法律援助202件，提供刑事法律帮助312件，挽回经济损失2392.8万元，“12348”法律咨询服务热线满意率达98.95%。开展法律援助宣传活动17场次，发放各类宣传资料15000余份，现场提供法律咨询300余人次。设立龙泉首个涉侨法律服务站，维护侨胞、归侨侨眷、侨资侨属企业的合法权益。

2022年，市司法局办理各类公证事项480件，其中内地民事、经济公证380件，涉中国港澳台地区公证8件，涉外公证92件。“最多跑一次”办理242件，开通“绿色通道”，上门公证20余件。为政府、企业办理现场监督类、保全类公证34件。与市自然资源和规划局合作，对网上土地拍卖招标进行公证，合作19件，减免公证费用31500元。为3所学校招生摇号提供现场监督公证。

2022年，制定《关于全面推行涉企柔性执法打造一流营商环境的实施方案》，梳理形成217项涉企柔性执法事项清单，全市共有涉企执法案件28件，备案检查37件。出台《关于优化营商环境提供法律保障的16条措施》，为市企业家协会、市汽车空调配件行业协会搭建律师服务企业平台，组织专业律师团队入企，为民营企业提供法治体检548次、法律服务900余次。持续加强与市工商联及所属商会战略协作关系，商会法律顾问累计提供法律服务150余次。

【社会稳定维护】 2022年，市司法局抓好社区矫正执法规范化提升，纪、检、司三方联合对全市126件社区矫正案卷进行审查，发现问题397个，已全部整改到位。严格执行社区矫正对象“红、黄、绿”三色预警分类管理机制，在册社区矫正对象275人，安置帮教对象969人，共开展集中教育2271人次，组织公益活动2722人次，信息化核查9.85万人次，安排远程视频会见服刑人员223人次，一名社区矫正对象高速公路车祸现场勇救驾驶员被公安机关认定为见义勇为案件，并获减刑。完成平安护航中共二十大除险保安工作，无脱漏管、无再犯罪案件发生。

2022年，市司法局发挥人民调解在加强诉源治理工作中的作用。出台龙泉市《关于进一步加强人民调解工作的实施意见》，配套制定30条管理细则，深入推进专职人民调解员聘任改革，落实主管部门聘任及保障责任，聘任专职人民调解员56名，全市各级调解组织共受理矛盾纠纷1723件，调解成功率达100%。召开年度人民调解培训会，覆盖全市各乡镇、调委会，共400余名骨干调解员参会。积极探索化解矛盾纠纷的新方法、新途径，如锦溪镇创新推出“友谊林”做法，鼓励矛盾双方握手言和后“同栽一棵树，共育一片林”，现已认领友谊树12棵。

【普法依法治理】 2022年，龙泉市深入实施“八五”普法规划，进一步构建大普法格局。印发《2022年龙泉市普法依法治理工作要点》《2022年度市直单位法治宣传教育责任清单和主题活动计划》，明确全年普法宣传主题和责任单位。开展“民主法治村（社区）”倍增行动，新创丽水市级民主法治村（社区）63个，覆盖率升至82.3%。建立省级公民法治素养观测点1个（小梅青少年素质教育实践基地），报送丽水市级公民法治素养观测点7个。新培育“法治带头人”402人，“法律明白人”1132人。落实一法一条例宣传工作，开展“乡村振兴 法治同行”“疫情防控 法治同行”“美好生活 民法典相伴”等宣传活动。7月20日，联合丽水学院、龙泉市委政法委在八都镇举办2022年反邪教宣传月启动仪式暨“乡村振兴 法治同行”送法下乡文艺晚会。9月23日，联合市政协社法委组织10余家单位深入道太乡双平村开展“法助共富 法护平安”送法下乡活动，并举办“习近平法治思想”专题讲座。全年共开展宪法、民法典、国家安全法、防范电信网络诈骗、安全生产等各类主题法治宣传活动90余次，发放各类资料6万余份。（叶 子）

军　事

人民武装

【概况】　2022年，龙泉市人民武装部（以下简称“人武部”）在丽水军分区党委和龙泉市委、市政府的正确领导下，坚持以习近平新时代中国特色社会主义思想为指导，以党的二十大精神为引领，深入贯彻习近平强军思想，在实现建军一百年奋斗目标新征程上，积极探索新时代国防后备力量建设特点规律，高标准高质量完成上级赋予的各项工作任务，永做新时代“挺进师”，为全面建设共同富裕的现代化品质龙泉贡献力量。

【政治理论教育】　2022年，市人武部坚持以习近平新时代中国特色社会主义理论体系武装全体人员，抓实各阶段思想政治教育工作，以迎接党的二十大、学习贯彻党的二十大精神为主线，紧扣“忠诚维护核心、矢志奋斗强军”主题教育，严密制订完善政治教育计划，严格落实党委中心组带机关理论学习、每周一夜学、组织生活等机制，开展政治、安全、纪律和“四反”▲保密教育活动。坚持以“五抓”▲为牵引，推动党的二十大精神落地生根。扎实抓牢人武部党组织建设，严格落实各项制度规范，开展“重行政轻党建、重业务轻党务”纠治活动、“四严四整”▲教育整训活动。

▲“四反”：反渗透、反心战、反策反、反窃密。

▲“五抓”：抓动员部署、抓专题教育、抓氛围营造、抓基层延伸、抓群众引导。

▲“四严四整”：严抓政治意识、严防政治风险、严实政治担当、严格政治淬炼，整顿思想、整肃纪律、整饬作风、整治队伍。

【国防教育】　2022年，市委议军会上专题传达军委《关于加强和改进新时代全民国防教育工作的意见》。市人武部以党的二十大召开、新兵欢送暨“从戎之剑”赠剑仪式举行、全民国防教育日、学生军训等重大时间节点为契机，配合宣传部门组织广大干部、民兵、中小学生开展国防教育宣讲、祭扫烈士陵园等活动，坚持每年为市委党校中青班学员进行国防安全授课，联合退役军人事务局及乡镇（街道）开展为立功受奖官兵送喜报活动，创新多层面的教育载体，推动全民国防教育在全社会广泛铺开。

【战备工作】　2022年，市人武部完成作战值班室和指挥信息系统改造。常态落实应急分队值班备勤和战备拉动演练。组织民兵参加辖区部队综合行动演练。依托“全员集训”“每日统计+拉榜通报”的形式，有效提升民兵情报信息正规化水平，龙泉市情报信息上报量、采用量位丽水前列。

【国防动员】　2022年，市人武部认真学习研究国防动员部“十四五”规划，围绕建设打仗型国防动员体系，持续推动人武部民兵整组均衡发展、全面过硬，编强配齐覆盖19个乡镇（街道）的应急队伍、支援保障队伍。依托信息系统开展民兵整组信息采集录入、档案管理工作。组织全市基干民兵队伍集合点验和专业技能考核。高标准迎接省军区民兵工作检查考评。

【军事训练】　2022年，市人武部按照军事训练大纲要求，以“军分区牵头人武部跟训为主和人武部自主训练为辅”的模式，统分结合抓好首长机关训练，在2022年度丽水市第五届民兵岗位练兵比武暨军事体育竞赛活动中，荣获“首长机关考核第一名”的成绩。组织专武干部和专职民兵教练员完成军事理论、基本技能和业务工作等内容训练。按照年度计划安排，组织各类民兵分队分阶段完成年度军事训练任务。利用军事职业教育平台提升基干民兵组训质效经验做法得到省军区推广。全年完成辖区5所学校3036名学生的军训工作。

【兵役工作】 2022年，市人武部组织乡镇（街道）形成基层征兵“五抓”▲工作格局。持续擦亮“从戎之剑”赠剑仪式“金名片”，先后两次承办新兵欢送暨“从戎之剑”赠剑仪式主会场活动，引发军内外各大媒体和网民持续关注，全网综合阅读量超3亿人次。两次协助嘉兴和绍兴嵊州市全省女兵集中赠剑活动。全年在浙江征兵微信公众号共发表10篇新闻。

▲“五抓”：党政主要领导带头抓、专武干部牵头抓、联系村（社）领导分片抓、民兵连长逐个抓、网格员协同抓。

【安全管理】 2022年，市人武部以“迎接二十大、创建安全年”活动为牵引，以开展“百日安全活动”为抓手，常态做好安全常识宣传贯彻、案例警示教育。根据《省军区安全工作检查考评细则》规范部队安全管理，围绕安全工作重点，抓好营门执勤、车辆派遣、装备保养、作战值班、保密办公、定期排查等工作常态落实。高标准迎接省军区“四不两直”检查并做好问题举一反三整改。

【财经管理】 2022年，市人武部争取上级45万元的经费支持，有效保障浙江省、丽水市两次新兵欢送暨“从戎之剑”赠剑仪式主会场活动和丽水市征兵工作“一个过程”规范化建设部分试点任务。按上级要求和时间节点，同步推进全军新预算会计改革、资产清查及资产可视化建设暨累积性难题两年攻关、后勤重点行业领域整治、资金集中收付前期准备等工作任务。

【正规化建设】 2022年，市人武部完善各类基础设施建设，切实提高人武部正规化建设水平。投入19万余元完成消防管道及供排水提升改造工程，投入16万余元完成人武部党委会议室、保密室、市民兵应急连连部、民兵训练基地宿舍卫生间等升级改造，投入11万余元购买补充各类民兵训练装备器材，投入8万余元完成人武部打码贴签设备采购，投入186万余元完成会议室、作战值班室等部位指挥信息系统改造。

【后装保障】 2022年，市人武部为适应后备力量保障要求，投入25万元全面落实营区生活社会化保障机制，完成整体服务外包。继续完善物资集中采购模式，落实零星工程、定点服务及民兵分队人员和车辆保险招投标、政府采购等制度。严格落实车辆维修、加油审批制度，做到定点定车定卡。有序开展民兵训练基地维护管理，完善保障模式，为各项演训活动提供了坚强的服务支撑。 （黄　睿）

武　　警

【概况】 武警龙泉中队（以下简称中队）是一支具有光荣传统和辉煌历史的部队，隶属于武警浙江总队丽水支队，主要担负龙泉突发事件处置、本级力量反恐、抗洪救灾、抢险救援和看守所外围武装警戒等任务，是科左后旗一支重要的武装力量。2022年，中队以习近平新时代中国特色社会主义思想为指导，深入贯彻习近平强军思想，认真贯彻武警部队、总队、支队党委决策部署，突出政治之年一定讲好政治、大事之年一定干好大事，紧紧围绕“稳中求进、进位争先”的目标，更加突出政治提领，夯基固本，开拓创新，争创一流，守好底线，以高标准实现“两个确保”的优异成绩，迎接党的二十大胜利召开。2022年，中队连续两年被武警浙江总队丽水支队评为“四铁”▲先进单位；中队陈尚武同志获武警浙江总队丽水支队颁发个人战备训练三等功一次。

▲四铁：铁一般信仰、铁一般信念、铁一般纪律、铁一般担当。

【思想政治教育】 2022年，中队紧跟时代前沿、紧贴形势任务、紧扣思想脉搏开展思想政治教育，以迎接保卫党的二十大召开、学习宣传贯彻党的二十大精神为主线，以深化主题教育为统领，狠抓基础教育和经常性思想教育，常态长效抓好党史学习教育，狠抓思想政治建设，全力打牢官兵高举旗帜、听党指挥、履行使命的思想政治根基。上半年，中队重点学习贯彻党的十九届六中全会精神、两会精神、军委扩大会议精神、武警部队党委扩大会议精神等；7月至党的二十大召开，突出学好习近平主席最新重要讲话精神，学习中国人民解放军95年来在党的旗帜下前进的光辉历程和宝贵经验。中队党支部始终坚持用习近平新时代中国特色社会主义思想和习近平强军思想理论武装官兵头脑，根据支队年度思想政治教育实施方案统筹抓好政治教育工作。党的二十大闭幕以来，中队迅速购置《党的二十大报告辅导读本》《党的二十大报告学习辅导百问》《二十大党章修正案学习问答》等书籍共30余套；中队全体官兵通过班级理论骨干宣讲、干部领学、个人自学等方式对党的二十大报告原文进行学习；课后，以个人自学的方式全面深刻领会党的二十大精神，撰写个人学习体会并利用党团活动时间进行学习心得讨论交流，确保官兵全面掌握党的二十大精神的核心要义，准确把握精神实质。新《中国共产党章程》公布后，中队党支部迅速专题部署，组织全体党员进行学习并下发新《中国共产党章程》知识点，利用党团活动时间对党员进行理论测试。及时制作党的二十大精神内容摘要橱窗、党的二十大精神专题板报，进一步营造学习宣传贯彻党的二十大精神的浓厚氛围。

党的二十大期间，武警官兵学习主题板报　　（武警龙泉中队／供图）

【军事训练】 2022 年，中队始终贯彻战斗力标准这个根本性要求，立足实战抓训练，苦练打赢之功，坚决完成使命任务。中队认真落实军事训练实战化要求，完善登记统计资料，促进训练秩序正规。突出抓好教练员队伍这个源头，科目开始前教练员统一示范规范动作，对于重难点科目，坚持干部任教，统一教学思路方法，编写各类教学设计、训练教案、教学笔记，提升军事训练标准。针对官兵身体状况，对训练课目、内容进行分阶段训练，提升训练的实效性；严格按纲施训，从落实兵力、内容、时间、质量上抓起，紧盯人员到课率，做到全员参训、干部跟班跟训，确保训练绝对安全；常态组织学大纲、学教材、学指导法，全面提升教练员军事理论素养。通过每月举办军事体育竞赛并颁发奖状，提升官兵军事体育训练比学赶帮超热烈氛围。在日常训练中，武警战士不断转化集训成果，发挥教练员“酵母”作用，组教施教过程中边学边研边练，有效克服不懂装懂、模棱两可凭感觉组织训练的问题；时刻确保训练安全，中队及时抓好训练“安全回头看”工作，加强安全防护教育，打牢官兵安全意识。坚持训练安全检查，确保训练设施安全牢固，防护器材完好有效。严密组织训练，干部全程跟训，对危险性高的科目亲自组训，确保训练组织不出问题。

【执勤战备】 2022 年，中队紧盯哨位和哨兵，提高经常性执勤能力，提高中队的核心战力。瞄准支部管勤这个关键，不断强化中心居中意识，始终坚持以实战为导向，加强对勤务的组织管控，确保执勤工作万无一失。狠抓战备制度，确保拉得出、打得赢，不断提高战备能力水平，做到常训常备，不搞临阵磨枪。围绕新兵补入、重要节日、重点时期，及时分析执勤战备形势，滚动更新各类方案预案；采取不定时拉动方式，全年拉动应急班、应急小组 30 余次，较好地完成了龙泉市“6•20”特大洪水抢险救援任务；严格落实执勤八项制度，狠抓“上哨、站哨、换哨、下哨”期间的正规性、“值班、编班、领班”的组勤模式以及“两小时”的监控，制定层层追责和倒查机制，做到每个哨位有人管、每个环节有人抓、每个时段有人盯。坚持以“每月官兵自评+半年支队考核”的方式开展规范化执勤评定考核制度，累计排查整改执勤隐患 20 项；每月评选优秀监控员和优秀哨兵，累计评选 48 人；每月会同目标单位开展执勤研究，推进隐患治理，逐类逐项挂号销账，确保执勤目标绝对安全。组织全体官兵学习新时代执勤安保集训精神，确保官兵对新执勤规定等法规文件学懂弄通，突出抓好两个阶段入伍新兵执勤能力提升，开展专勤专训，采取强弱搭配、新老互补的形式，全面促进新兵能力素质的整体提高。定期组织执勤安全监控员、执勤哨兵、押解人员执勤能力考核，强化各岗位人员执勤业务素质。全年，中队担负全国两会期间龙泉联勤武装巡逻勤务，为固定和专项勤务安全托底。

【后勤保障】 2022 年，中队以全面建设现代后勤为主线，坚持勤俭节约、建管并举，抓好后勤服务保障工作。严格落实资产管理各项制度，在资产管理上，认真开展军队存量资产打码贴签工作，对中队所有资产进行贴码标识，规范资产使用、存放和管理，严格落实相关登记统计；狠抓后勤队伍建设，注重建好、用好、管好后勤队伍，通过岗位锻炼、送学培训、以老带新等方式，实现梯次培养、持证上岗。该年，中队推荐卫生员、驾驶员各 1 名前往浙江总队培训学习。扎实开展“厉行节约、反对浪费”活动，发扬艰苦奋斗优良传统，中队担负“四小工”（小泥瓦工、小水电工、小园艺工、小土木工）的人员多次牺牲休息时间，对营产营具、安全隐患及时维修整改，将多处营产营具变废为旧、变旧为新，实现“小修不花钱、大修少花钱”目标。严格管控增效益，以“军队存量资产打码贴签工作”为契机，在营产营具的管理上，严格计价挂账，落实责任到具体人，定期进行维护保养，保证性能状态良好；对无法使用需要报废的资产，按规定进行报废处理。伙食保障精准有力，坚持每周召开经济民主会，通畅官兵民主渠道，区分不同层级、不同地域、不同民族人员，广泛听取意见建议，科学合理调剂伙食口味。鼓励炊事员业余时间学习制作蛋糕甜品，提升炊事人员专业素质。严把食品采购、制作和储存关，落实餐厨具消毒、食物留验制度，从源头上杜绝了病情传入，确保官兵吃出健康、吃出战斗力。（张　益）

人民防空

【工程建设管理】 2022年，龙泉市新增人防质量监督工程2个，完成验收并投入使用人防地下室项目3个。全年审批人防工程项目47个，其中政策减免农民自建房和工业建设项目人防易地建设费项目42个，征收人防易地建设费项目5个。人防1401工程启动智能化提升改造，已完成省人防办初步设计审批。

【宣传与指挥通信】 2022年，根据浙江省、丽水市人防办统一部署，该市分别于3月1日、5月6—12日、9月18日在南大洋小学、各人防重点镇等场所组织应急救援队队员、学生、社区群众及各专业队队员共1000余人，开展“国际民防日”、“5·12”防灾减灾日宣传周、“9·18”警报试鸣等活动，发放各类宣传资料2000余份。11月8日，组织人防指挥部成员单位参演“浙江金盾—22（丽水·龙泉）”实兵演习，通过演习熟悉和掌握战时人防指挥流程和人民防空行动指挥程序，提高人民防空应急应战实战化建设水平。（刘　影）

财政 税务

财政工作

【概况】 2022年，龙泉市实现生产总值170.32亿元，按可比价格计算，同比增长3.1%。其中，第一产业增加值18.09亿元，增长4.5%；第二产业增加值59.63亿元，增长1.5%；第三产业增加值92.60亿元，增长3.8%。三次产业结构比10.6:35:54.4。按常住人口计算，人均生产总值为68266元，增长3.1%。全市财政总收入16.86亿元，增长3.7%；一般公共预算收入11.54亿元，增长10.3%，税收收入8.67亿元，增长0.6%；一般公共预算支出58.00亿元，增长11.2%。2022年财政收支平衡。

2022年，市财政局建立组织收入"月调度、季研讨、年考核"机制，统筹执收部门力量，强化沟通配合，压实执收责任，拓宽增收途径，形成组织收入齐抓共管新格局。该市一般公共预算收入分别占GDP的6.8%和财政总收入的68.5%，税收收入占一般公共预算收入的75.1%。深化统一公共支付平台应用，通过平台网上缴款23.70万笔，收缴金额25.85亿元。完成地方政府非税收入42.80亿元，同比增长1.6%，其中纳入一般公共预算管理的非税收入2.87亿元，增长55.4%。

【助力经济发展】 2022年，龙泉市落实减税降费政策，全年新增减税降费及退税缓税缓费5.64亿元。安排资金2.08亿元，支持减负强企、科技创新、"两稳一促"等重点领域。兑现生态工业、剑瓷业、金融业、建筑业、电子商务等产业扶持及惠企资金2.85亿元。综合运用政府采购政策，梳理制定《政府采购负面清单》，开展减负纾困助力中小企业发展专项行动，该年中小企业合同授予金额3.52亿元，占比达92.9%。获得中央直达资金6.24亿元，建立直达资金运行管理机制，支出管理综合得分居丽水各县(市、区)第二位。优化产业基金运作，安排拨付政府产业基金813万元，完成投资2200万元。与上海厚同瑞吉股权投资管理合伙企业签订龙泉首个汽车科技产业投资基金战略合作协议，基金总规模10亿元。推进政府性融资担保业务提质扩面，加强小微企业和"三农"金融支持，丽水市政策性融资担保有限公司龙泉分公司在保项目456个，在保余额3.34亿元，其中已放款项目447个，金额3.17亿元。

【支持重大战略】 2022年，龙泉市实施助力乡村振兴战略，农林水支出8.16亿元，保障"大搬快聚　富民安居"工程、美丽城镇创建、历史文化村落保护等农村事业发展。安排资金5.50亿元支持兰巨生态产业平台和城乡发展一体化提升改造项目。完善财政支农政策体系建设，统筹涉农资金4.51亿元，推进"竹茶菌蔬""峰果药渔"全产业链提升工程，助力黑木耳全程机械化协同项目取得突破。落实生态公益林补助、雨露计划等政策帮扶资金8100万元。整合财力16.55亿元保障政府性投资项目，推进土地和房屋征收、西街历史文化街区综合治理工程、小城镇环境综合整治、三改一拆等重点工作，支持G25长深高速(丽龙段)龙泉东互通改建工程、龙泉城乡发展一体化提升改造项目、龙泉市百山祖国家公园投资建设项目、教育基础设施提升工程等重点项目建设。科学技术支出1.39亿元，用于实施科研项目、建设新型研发机构、扶持科技创新平台、兑现科技政策等科技创新事业。筹措资金8.93亿元化解政府隐性债务，推动322国道龙泉安仁段、528国道龙泉西街至兰巨段改建工程通过浙江省财政厅政府投资项目资金来源落实和风险评估。

【保障民生重点】 2022年，龙泉市民生支出42.81亿元，增长10.1%，占一般公共预算支出比重达73.8%。其中，教育支出9.97亿元，支持教育人才引进培育、"名校+"合作办学，保障第五中学新建，第二中学、第四中学扩建，青瓷宝剑技师学院提升改造等教育项目。文化旅游体育与传媒支出1.58亿元，支持第五届世界青瓷大会、公共文化服务先行县创建、推进城市书房建设、披云山景区基础设施改造等文旅事业建设。社会保障和就业支出7.88亿元，加大稳岗补贴、技能提升补贴等政策力度，其中面向2359家企业安排稳岗返还资金871万元。安排卫生健康支出6.39亿元，第一时间下拨"6·20"抗灾救灾应急资金620万元。

【赋能财政改革】 2022年，市财政局推进财政金融协同支农数字化改革省级试点任务，完成"龙财通"迭代升级，贯通26个部门政策申报入口，受理申报项目6957个，同比增长74.1%。"龙财通"入选浙江省2022年度数字经济系统最佳应用名单及第二批丽水市数字化改革优秀应用，荣获浙江省财政数字化改革创新应用大赛二等奖，系一、二等奖获奖市县中唯一的县(市、区)。在丽水率先试点上线"浙里报"公务报销系统，完成报销单1.46万笔，报销金额1334.60万元。7月底实现165家预算单位全覆盖。10月数字政府省级重大应用对口部门双月评价中，试点任务推进情况、意见建议贡献情况、应用贯通落地情况三项指标均获最高分，位列丽水各县(市、区)第一。在浙江省首创EPC项目施工图财政经济性审查中，完成在建EPC项目回头看工作22个，落实优化建议831条，共节约财政资金1.14亿元。

【开展效能革命】 2022年，市财政局强化财政资金绩效评估，首次开展年中预算项目评估调整工作，核减或取消96个低执行、低绩效项目，预算1.29亿元。完成政府投资项目工程预算审查63个，工程变更方案备案及审查305个，核减8386.58万元，平均核减率达8.4%。优化绩效管理，监控重点项目55个，督促11个部门整改问题42个。出台《龙泉市财政专项资金竞争性分配办法》，完成统筹特色精品农业发展等11类专项资金竞争性分配工作，涉及资金5189万元。出台《龙泉市产业政策资金管理办法》20条，通过"龙财通"应用兑现产业政策资金6.10亿元，压减办理时限72.3%。市财政局获评浙江省财政管理绩效考评优秀单位，在年度两次(一类)龙泉市直单位"互看互学·互比互评"争先创优活动中综合排名第三，并获评"比学赶超·打造品质龙泉"工作先进集体。

【强化队伍建设】 2022年，市财政局加快实施变革型财政组织三年行动计划，开展财政干部建设"六大专项行动"，深化夜学制度，举办"财政讲堂"8期。举办"变革型财政组织建设·能力提升"培训班，参加对象包括财政局全体干部、19个乡镇(街道)财政所负责人及财务人员，共计120人，市财政局获评浙江省财政系统变革型财政组织建设优秀试点单位。突出党建引领，常态化开展主题党课，组织党员干部到居住地、共建社区双报到，协助政策宣传、志愿服务等工作。出台《加快推进清廉财政建设三年行动方案(2022—2024年)》，推进清廉财政、模范机关建设。市财政局获评浙江省清廉财政建设成效突出单位、丽水市"建设清廉机关、创建模范机关"工作先进集体、龙泉市"十佳清廉示范点"。（金鑫洋）

税务工作

【概况】 2022年，龙泉市税务局组织各项收入53.55亿元，同比增长4.22%。入库税收收入13.82亿元，同比下降9.7%，其中县级收入9.22亿元，同比增长2.06%。入库社会保险费14.14亿元，同比增长11.0%。入库非税收入25.58亿元，同比增长9.64%。全年办理新增减税降费及退税缓税缓费超5.95亿元，惠及市场主体1.83万户，为企业纾困境、增活力、强后劲。持续优化出口退税办理

2022年10月21日，市财政局"变革型财政组织建设·能力提升"培训班一期干部合影

（叶文军/供图）

流程，该年市税务局出口退税办结时间缩短至 1.05 个工作日，办理出口退税 2.28 亿元，同比增长 34.85%，助力外贸企业盘活资金。

【纳税服务】 2022 年，龙泉市税务局推进“便民办税春风行动”，优化升级“纳税服务咨询热线+线上征纳沟通平台+远程辅助办税助手”三位一体“办问协同”税费服务新模式，做到第一时间响应、第一时间反馈、第一时间解答，累计为纳税人办实事解难题 1.2 万余次。拓展“非接触式”办税缴费事项，网办率达 98.96%。升级老年人、残疾人等特殊群体“一站式”服务，提供“帮办代办”服务。加强与金融机构的协作，围绕“以税促信、以信换贷、以贷扶微”的主线，加快推进“银税互动”，助力小微企业跨越“融资门槛”，金融机构依托共享数据共为企业提供授信额度 5.29 亿元。联合邮政储蓄银行开展“税邮合作 温暖到家”活动，走进社区联合宣传“税务蓝+邮政绿”的便民服务新模式，设立税邮“微税厅”，扩大税费服务的辐射范围。强化宣传辅导，深化打造税宣品牌，创作出各种形式的“有温度、讲深度、接地气”的纳税宣传辅导作品，拍摄的《智享税惠 触手可及》获丽水市纳税宣传辅导优质作品一等奖。

【征收管理】 2022 年，龙泉市税务局围绕征管数据质量提升，根据上级税务机关部署，集中开展 3 批税费种清查及整改工作；同时依托丽水税务中台，持续开展数据清理工作，核查并处理疑点数据 862 条。积极落实发票电子化改革，持续推进数电发票受票扩围试点工作，完成数电票预先服务任务 695 户次。加强建筑、竹木、剑瓷等重点行业监管，利用指标模型定期扫描体检，规范行业税收秩序，查补税款 137.33 万元。落实税收法定原则，进一步规范印花税征收管理工作，推动《中华人民共和国印花税法》平稳落地。在龙泉市开展的机制砂行业清查整治工作中，配合做好检察院转办的 10 户机制砂纳税人清查整治工作，查补税款 122.91 万元。立足龙泉实际出台《关于发挥税收职能 助推地方财力增长的十大举措》和助力打造品质龙泉 30 条税收“硬举措”，为地方经济社会高质量发展贡献税务力量。通过多部门数据交互、并联审批，推动不动产登记缴税“一站式”办理，“不动产登记+公证+税务”一件事改革工作领跑丽水。

【依法治税】 2022 年，龙泉市税务局规范推进精确执法，全面推行“三项制度”▲，开展税务中台执法中心实时指挥试点，向社会公开各类税收执法信息 786 条。立足纳税人、税务干部、青少年、社会公众等不同受众群体开展普法，组建税收普法校园联盟，深化税务司法协作，全年开展破产企业债权申报 12 户，民事强制执行税费债权 2 户 20.8 万元。建立健全税务机关负责人依法出庭应诉制度，支持法院审理税务行政诉讼案件，尊重并执行生效裁判，未发生复议应诉案件。落实发票电子化改革，推进全电发票受票扩围试点。建设“法治+智治+共治”融合的“和合税务所”，打造新时代“枫桥式”税务所的龙泉样板。畅通纳税人投诉渠道，设置 4 部举报投诉监督电话，对投诉事项实行限时受理、处置和反馈。通过内控监督平台和网格化内控管理平台，开展日常过错提醒纠正，进行风险数据分析，打造“全面覆盖、全链防控、全员有责”的内部风险控制管理体系。

▲“三项制度”：行政执法公示制度、行政执法全过程记录制度、重大执法决定法制审核制度。（叶子纯）

国资国企工作

【概况】 2022 年，龙泉市行政事业单位资产总额合计 169.78 亿元，国有企业（纳入财务监管的龙泉市属国有企业）资产总额 362 亿元。通过“资产云”系统线上和线下完成龙泉市行政事业单位及临时机构的资产处置（报废、出售、资产调拨）涉及资产原值 1.27 亿元。行政事业性国有资产收益上缴财政合计 681.79 万元，其中行政事业单位国有资产出租出借收入 43.62 万元，资产处置收入 240.49 万元，其他国有资产（资源）有偿使用收入 397.68 万元。国有资产经营有限公司租金收入 820.61 万元，其中自有资产出租收入 621.68 万元，代管资产出租收入 198.93 万元。

2022 年，通过国有企业平台整合优化后，龙泉市共有市属国有企业 102 家。全年共招聘 37 人，其中国有企业正式编制招考 9 人（含人才引进 2 人），市场化用工 23 人，劳务派遣招考 5 人。

【秀洲—龙泉山海协作“飞地”产业（一期）】 秀洲—龙泉山海协作“飞地”产业（一期）项目嘉兴•秀龙山海智造园于 2020 年投入运营，占地 75 亩，建筑面积约 4 万平方米，总投资约 1.7 亿元。厂房全部出租给 2 家企业，均已入驻并投产。2020—2022 年租金收益 5160 万元，2022 年租金收益 1720 万元，三年共带动 98 个消薄村创收 1479 万元。

国资国企改革

【国企改革三年行动】 2022 年，龙泉市推进国企改革三年行动，围绕完善中国特色现代企业制度、推进国有经济布局优化和结构调整、健全市场化经营机制、形成以管资本为主的国有资产监管体制机制和加强国有企业党的领导和党的建设5个方面22项重点任务开展实施。

【国企平台整合优化】 2022年6月，龙泉市出台《龙泉市国有企业平台整合提升方案》，将90家市属国有企业全面整合重组形成龙泉市国资控股有限公司、龙泉市城市建设发展集团有限公司、龙泉市两山投资发展集团有限公司、龙泉市文化旅游投资发展股份有限公司和浙江龙泉经济开发区集团有限公司五大核心公司，并于2022年12月正式印发《龙泉市国资控股有限公司等五家国企主要职责、内设机构和定员规定》。

【投融资体制改革】 2022年6月，龙泉市发布《龙泉市国有企业信用等级提升及债券发行方案》。8月，发布《龙泉市国有企业年度投融资计划及融资担保审批程序》。8月8日，国资控股有限公司2022年企业债券成功发行，系龙泉市首支企业债券，发行规模5.2亿元，票面利率3.35%，创丽水地区历史以来企业债券最低发行票面率。

【国有资产整合集中攻坚行动】 2022年1月，龙泉市印发《龙泉市国有资产整合集中攻坚行动实施方案》，并召开全市国有资产整合集中攻坚行动动员部署会，正式启动开展全市国有资产整合集中攻坚行动。通过国有资产整合集中攻坚行动，系统梳理全市国有资产（资源）3117宗，累计完成资产办（换）证1344宗，整改违规侵占、权属不一等问题500余个，并将201宗资产划转至龙泉市城市建设发展集团有限公司。

（潘雨辰）

2022年1月6日，龙泉市召开国有资产整合集中攻坚行动动员部署会

（潘雨辰／供图）

金融管理

金融发展

【概况】 2022年，龙泉市金融发展中心稳健实施系列金融政策、举措，保持流动性合理充裕，金融业增加值10.49亿元，同比增长8.7%，占GDP比重6.16%，拉动GDP增幅0.5%。银行业信贷资金要素保障进一步增强，12月底本外币存贷款余额596.63亿元，同比增长17.87%。其中，存款余额305.67亿元，同比增长15.93%；贷款余额290.97亿元，同比增长19.98%。保险业市场回暖重塑韧性，12月底保费收入5.33亿元，同比增长3.98%。其中，财险收入2.25亿元，同比增长8.87%；寿险收入3.08亿元，同比增长0.70%。

【实体经济培育】 2022年，龙泉市金融发展中心制发《龙泉市关于促进制造业信贷投放的实施意见》《龙泉市2022年度银行业保险业金融机构考绩办法》，开展模拟打分、预警通报、结果运用等行动。贷款呈现价降量升，12月底制造业贷款余额39.86亿元，同比增长33.88%，增幅排名丽水第三；余额占贷款总额13.70%，同比提高1.42%，比丽水同期平均水平高1.41%，排名丽水第五；制造业贷款平均利率由4.66%降至4.42%，较同期LPR（贷款市场报价利率）降幅多0.09%。信贷结构持续优化，12月涉农贷款、小微企业贷款分别同比增长26.86%、48.36%。突出政策性融资担保支农支小功能，在丽水市率先实现银担合作全覆盖，融担费率由0.5%降至0.25%，12月底在保456笔、余额3.34亿元，制造业融担占比51.94%。力推无还本续贷扩面增量，累计办理5284笔、4358户、续贷36.84亿元，制造业续贷金额占比26%。建立联合会商帮扶机制，8家重点联系企业新增贷款1175万元，无还本续贷1180万元，化解担保链465万元；企业服务中心累计办理248笔、183户、转贷10.97亿元；小微企业出口信用保险联保范围达到100%。

【企业股改上市】 2022年，龙泉市金融发展中心制发《龙泉市推动企业股改上市三年行动计划(2022—2024年)》《龙泉市关于推进"凤凰行动"计划支持企业股改上市的十五条意见》，开展新政宣传、市场对接、咨询服务等。三田压缩机入选丽水市第五轮重点拟上市企业培育清单，龙泉宝剑厂、郑氏刀剑挂牌浙江股权交易中心，人才企业基金融资实现"破零"。着手券商招引，财通证券入驻龙泉，协助编制国企整合提升建议。搭建资本平台，携手浙商证券开展战略合作，完成国企股权架构梳理、资产整合划转，协助城发集团信用获评2A、估值突破"百亿"。积极融入投融资体制建设，人保财险市场份额领跑丽水，宁波银行开业运营。

【金融创新】 2022年，龙泉市金融发展中心创新探索"云上金融"服务，新建剑瓷产业大脑"融汇通"场景，打造"信贷、续贷、融担、保险"四大业务板块，上架剑瓷信贷产品10余种。创新应用"益林富农"场景，2174户林农"一键办理"信贷3.4亿元、合计降本500余万元。创新助力农村宅基地"三权分置"改革，实施普惠金融服务乡村振兴提升行动，生态贷、两山贷全年新增1.6亿元。创新推行"连续贷+灵活贷"信贷机制，290余户在沪龙商享受信贷597笔、余额2.27亿元。开展气候投融资试点工作，生猪"保险+期货"投保模式、茄价格指数保险、竹林碳汇贷款系全省"三个首创"，实现政府、市场、农户"三满意"。实施"专利权+商标权+N"质押融资，助力16家企业"知产"融资1.37亿元。

【金融风险防范】 2022年，龙泉市金融发展中心建立"1+8+N"风险处置机制▲、"政银法"协调会商机制，订发金融风险闭环管控实施方案，配合终本库存案出清、低效企业整治，常态化开展“两链”(资金链、担保链)风险化解、养老防诈、金融安全宣传“六进”▲活动,成功化解众应公司退市涉稳风险、国家级重点信访交办件、公安部信访积案督办件、原兴龙房产债权人与佳和集团代位诉讼纠纷,完成美达典当年审及分类评级、佳和小贷公司年度监管评级,全市银行不良贷款率控制在0.63%。用好保险政策“工具箱”,“6·20”水灾理赔5092万元,水稻旱情理赔526万元,全年全险种赔付率61.16%。

▲“1+8+N”风险处置机制:“1”即省委财经委,“8”即省防范化解地方政府隐性债务风险领导小组、省金融风险化解委员会、省金融突发公共事件应急联席会议、省企业债务风险防范化解工作联席会议、省地方法人银行风险防控处置工作机制、省打击和处置非法集资工作领导小组、省清理整顿各类交易场所联席会议、省互联网金融风险专项整治工作领导小组,“N”即省房地产市场风险防控处置工作协调机制以及根据形势变化将来需要新设的其他风险处置议事协调机构。

▲“六进”:通过线上线下方式进入机关、工厂、学校、家庭、社区、村庄等开展讲座、宣讲活动。 (季　丹)

人民银行

【概况】 2022年,中国人民银行龙泉市支行持续提升金融服务和管理水平,为地方经济社会发展提供强有力的金融支撑。截至12月底,该市金融机构本外币各项存款余额305.67亿元,较年初增加42亿元,同比增加7.54亿元,同比增长15.93%;本外币各项贷款余额290.97亿元,较年初增加48.46亿元,同比增加2.31亿元,同比增长19.98%;余额存贷款比为95.19%。

2022年龙泉市金融机构本外币主要指标一览表

表19　　单位:万元

机　构	各项存款			各项贷款		
	年初余额	年末余额	比年初新增	年初余额	年末余额	比年初新增
工　行	320790	300390	-20401	276380	335135	58755
农　行	201587	239039	37452	304155	328076	23921
中　行	165427	205816	40390	244451	289057	44606
建　行	237690	281092	43402	239354	315805	76451
邮储银行	320625	353205	32580	143530	167477	23946
农商银行	1000963	1186471	185508	839500	994649	155149
泰　隆	103180	113060	9880	144853	159303	14451
稠　州	102817	104284	1467	61954	65031	3077
浙　商	37882	73614	35732	23406	35838	12432
民　泰	126537	157655	31118	121290	142682	21392
台　州	19199	40148	20949	26177	40974	14797
宁　波	—	1887	1887	—	35635	35635
合计	2636697	3056661	419964	2425050	2909662	484612

【助力融资畅通】 2022年,中国人民银行龙泉市支行发挥“窗口指导”作用,从政策协同、多维联动、落地执行等方面精准发力,聚焦打通金融服务“最后一公里”。1—12月,落地央行再贷款资金3.95亿元,发放普惠小微贷款支持工具激励资金1383.44万元,两项指标均保持丽水各县(市)支行前列。开展小微企业和个体工商户融资破难、首贷户拓展行动,建立民营企业金融联络员制度,继续加大“贷款码”推广应用力度,共有829家小微市场主体通过“贷款码”平台提交融资需求,获得15.35亿元贷款授信,累计用信10.84亿元。利用支农再贷款资金对辖内63个集体经济薄弱村发放优惠利率贷款66笔金额3216.5万元,用于山海协作“飞地”共富项目,助力集体经济“消薄增收”。

【服务地方产业】 2022年,中国人民银行龙泉市支行协同政府相关部门推出“无还本续贷”业务激励政策,将其完成情况纳入政府财政性存款招投标考核范畴。针对前期经营正常但因疫情影响短期还款存在困难的市场主体,鼓励辖内金融机构积极给予贷款延期、续贷等支持,帮助企业渡过难关。为受到疫情冲击企业办理“无还本续贷”等延期还本付息业务24.21亿元,为50余户因疫情防控导致无法还款的经营主体办理了30天以上的宽限期。联合市委组织部制定印发《关于开展“人才贷”融资服务工作的通知》,组织辖内金融机构从保障信贷资源、优化授信方案、实施利率优惠等7个方面为人才科技企业创新信贷产品,提供专属金融服务,如农商行推出“红耀绿谷贷”、邮储银行推出“大师贷”、浙商银行推出“剑瓷人才贷”等。截至12月底,累计发放人才贷68户1.16亿元,加权平均利率为4.25%。其中,以信用方式发放贷款占比71%;运用支小再贷款发放11笔1253万元,加权平均利率4.03%,有效推进人才科技企业金融服务提升工程建设。

【普惠金融服务乡村振兴改革】 2022年，中国人民银行龙泉市支结合“共富丽水”金融服务年活动部署，立足辖内实际，制订印发金融支持山区县跨越式高质量发展“一县一策”工作方案，推动金融资源向惠农助农倾斜。将“益林富农、数字便农”绿色贷款作为年度重点立项工作，推进绿色抵质押融资模式和绿色信贷产品创新。截至12月底，累计为3057户林农发放“益林富农”贷款3.55亿元，累计发放林地地役权补偿收益质押贷款454笔4013万元、“林业碳汇权”贷款12笔235万元。推进以现代化支付体系为核心的农村“普惠金融”建设，丰富助农服务内涵，有效改善乡村支付服务环境。辖内已建成集农村电商、村级邮递、基层政务等合作共建、资源共享的综合型金融服务站230个，其中乡村振兴金融服务站192个、“两山” 金融服务站63个、国债便民服务站20个，评定乡村振兴金融服务站示范点15个，着力满足新时代乡村美好生活的高质量金融服务需要。

【经理国库】 2022年，中国人民银行龙泉市支行全面落实经理国库职能，持续做好日常基础性业务，注重加强凭证审核，确保税收收入、预算收入退库、预算拨款、预算更正等的合规性、合理性和合法性，牢牢守住国库资金安全、国库业务系统运行安全和国库信息数据安全“三条底线”。发挥经理国库效能，全面做好减税降费政策措施的落实工作，将政策红利直达企业和个人。全年共办理留抵退税273笔，金额2.71亿元；“六税两费”▲减免退税1616笔，金额314.6万元；个人所得税汇算清缴1.41万笔，金额740.07万元。

▲“六税两费”：资源税、城市维护建设税、房产税、城镇土地使用税、印花税（不含证券交易印花税）、耕地占用税和教育费附加、地方教育附加。

【现金服务】 2022年，中国人民银行龙泉市支行累计现金投放6.22亿元，回笼5.35亿元，净投放0.87亿元。以持续优化现金服务水平为目标，协调银行机构向500余家城乡商户推广“新券找零”服务，拓宽城乡小面额新券投放渠道，满足人民群众对流通中人民币现金不同券别的合理需求。加强明察暗访，持续做好整治拒收人民币工作，联合市场监督管理局开展非法使用人民币图样联合检查，着力维护人民币流通秩序。开展反假货币知识培训与主题宣传活动，增强人民群众反假风险意识和识假能力水平。

2022年9月27日，中国人民银行丽水市中心支行党委书记、行长阮建明（左排左三）带队到龙泉市八都镇调研　（中国人民银行龙泉市支行／供图）

【支付服务】 2022年，中国人民银行龙泉市支行进一步规范和优化企业银行账户管理，指导银行机构建立健全小微企业账户管理机制，通过完善质效考核、厘清涉案账户责任链、开展常态化监督检查等措施，实现优化服务与风险防控有机结合，推动减费让利等政策落地见效。推动移动支付向各领域延伸，借助“云闪付”App成功开展“龙腾虎跃‘泉’民迎新春”“嗨购夏日　惠享龙泉”等消费券发放活动，在带动消费的同时，有效推广移动支付应用。

【征信服务】 2022年，中国人民银行龙泉市支行积极优化征信服务，做好征信查询服务点升级改造，更好满足征信查询需求；开展征信知识宣传，提升个人信用信息保护意识。立足普惠金融，推进信用建设成功应用。指导法人银行机构深化运用央行内评（企业）评级结果，创新推出“央行信用贷”信贷产品，专项支持26户受疫情影响的小微企业，共计授信1.6亿元，征信惠企促融质效再提升。

【老年人金融服务】 2022年，中国人民银行龙泉市支行开展老年人金融服务示范点创建，对辖内各银行机构网点和金融服务站进行全面摸排、宣传发动，实现11家银行机构老年人金融服务示范点创建全覆盖。指导申报单位完善亲老、适老设施，优化各类延伸服务，成功新增丽水市级老年人金融服务示范点4个，以点带面助推老年人金融服务质量整体优化提升。

【金融消费权益保护】 2022年，中国人民银行龙泉市支行深入推进金融消费权益保护“金惠工程”建设，指导辖内银行机构升级改造金融消费维权绿色专区11个、“五星级”农村金融消费者权益保护工作站3家、“四星级”工作站4家、“三星级”工作站5家，打造邮储银行安仁镇永和义警工作站、农商银行住龙镇红色金融教育基地。在“百村示范·千村提升”金融知识进乡村宣传活动中，组织银行机构顺利完成5场直播宣传、9场录播宣传。全年共组织80余场线下宣传活动，其中有20余场宣传进校园活动，积极推动将金融知识纳入国民教育体系。

【防范化解金融风险】 2022年，中国人民银行龙泉市支行持续推动建立健全跨部门风险监测会商机制，凝聚各方监管合力守稳区域金融安全底线。动态分析、准确把握潜在的不良贷款攀升风险，严格抓好存款保险制度落实。加大防范和处置非法金融活动力度，加强与公安等部门沟通联系，持续推进反洗钱、打击治理电信网络诈骗和跨境赌博工作，指导辖内金融机构成功堵截电信网络诈骗21起，帮助群众避免损失72.7万余元，以实际行动守护人民群众“钱袋子”。 （周佳静）

中国工商银行龙泉支行

【概况】 2022年，中国工商银行龙泉支行（以下简称“工行龙泉支行”）各项存款余额30.04亿元，比年初减少2.04亿元，其中对公存款余额12.18亿元，比年初减少2.18亿元，储蓄存款余额17.86亿元，比年初增加0.14亿元。各项贷款余额33.51亿元，比年初增加5.88亿元，其中公司贷款余额17.20亿元，比年初增加4.27亿元，个人贷款余额16.31亿元，比年初增加1.60亿元。各项存款、贷款余额居“工、农、中、建”四大行第一。实现拨备前利润9956万元，同比增加787万元，净利润5419万元，同比减少670万元。年底不良贷款余额271万元，同比增加12万元，不良率0.10%，为四大行最优。全年无案件、无事故、无风险发生，做到安全稳健经营；规范服务不断深化，服务水平持续提升，全年无银保监转办投诉。

【支持实体经济】 2022年，工行龙泉支行推动金融服务实体经济，信贷资源重点投向制造业和普惠金融领域。制造业贷款余额7.39亿元，客户99户，制造业贷款余额和企业数均列“工、农、中、建”四大行第一；银保监口径普惠贷款余额8.06亿元，比年初增加0.46亿元，全面推行普惠政策，降低企业融资成本，解决企业融资难等问题。

【优化网点服务】 2022年，工行龙泉支行通过岗位调整、客服通岗、弹性排班、优化劳动组合等措施，发挥整个网点整体合力，保证窗口的开工数量和厅堂人员的配备，加强网点的现场管理，重点解决等候时间偏长的问题，推动网点从操作服务型向营销服务型转变，全面提升网点客服经理的运营服务效能。营业部超时等候时间控制在2.1%以内，客户满意度达99%以上，有责投诉为零。

【履行社会责任】 2022年，工行龙泉支行多次组织进社区、进校园、进企业开展金融知识普及、消防安全知识、防电信诈骗等宣传活动。与锦溪岭上村党建开展结对帮扶活动，全体党员、中层干部与锦溪岭上村低收入村民一对一结对，深入结对村民家里，了解村民生活、子女教育、饮用水等实际情况，为生活困难的村民提供帮助，同时为贫困村毕业生提供专项招聘信息，拓宽就业渠道。 （周火平）

中国农业银行龙泉市支行

【概况】 2022年，中国农业银行龙泉市支行（以下简称“农行龙泉市支行”）践行新时代金融工作“政治性、人民性、专业性”，围绕龙泉市委市政府中心工作，在各级监管部门的指导和支持下，推进服务实体经济、实施乡村振兴、助力共同富裕三大工程，支持龙泉市高质量绿色发展。截至12月底，该行各项存款余额23.90亿元，较年初新增3.75亿元；各项贷款余额32.81亿元，较年初新增2.39亿元。不良贷款余额727万元，较年初下降144万元；不良率为0.22%，较年初下降0.07个百分点，实现不良额率“双降”，风险控制力持续提升。

【服务区域战略】 2022年，农行龙泉市支行贯彻落实龙泉市委市政府“匠心铸城、实干复兴”的战略部署，发挥金融主力军的作用，深化政银担合作关系，审批上下水南未来社区、凤起路拆迁安置项目、南秦安置房及龙泉山股权收购等多个重点民生项目贷款，授信金额共计 50 亿元，持续加大民生领域重点项目贷款投放力度，服务龙泉市共同富裕县域样板建设。

【普惠金融】 2022 年，农行龙泉市支行做好稳经济惠民生金融服务，帮助受疫情影响的市场主体纾困，对受疫情影响暂时遇困的企业实行应贷尽贷、应延尽延、应减尽减政策，开展“百行进万企”“春蕾行动”“抗疫暖企”等小微企业服务活动，扛起国有大行服务“稳增长”的责任担当。着力做好基础设施重大项目、制造业、科技创新、绿色发展等重点领域信贷投放，保持普惠贷款稳定增长。普惠贷款增量 1.50 亿元，提前超额完成融通 e 信全年投放计划，较好支持了实体经济融资需求。对接“双招双引”战略先导工程，实现专精特新“小巨人”企业开户合作面 100%覆盖，同时对接安仁昌文区块精密制造产业园、正泰新能源光伏发电等项目，为支行资产业务打下扎实基础，有力打响“服务实体经济主力银行”品牌。

【服务“三农”】 2022 年，农行龙泉市支行以服务“三农”为初心和使命，做细做实金融服务，加大乡村振兴金融服务的力度、广度和深度，创新“三农”金融产品，提供“融资+融智”“资金+方案”等综合服务模式，实现“三农”产品更丰富、服务更到位。2022 年，支行完成既定目标，普惠农户贷款较年初新增 6285 万元，惠农 e 贷较年初新增 6463 万元。坚持金融下沉服务，实现龙泉 19 个乡镇（街道）惠农通服务点全覆盖，设立惠农通服务点 83 个，开展“深耕乡村”活动 30 余次。同时，派驻督导员担任临江村第一书记，建设金融自治村，助力乡村振兴、普惠金融工作，在龙泉“6·20”特大暴雨洪涝灾害中，全行党员捐赠 5 万元用于临江村灾后重建工作。参与由丽水人行和丽水广播电视台联合主办的 2022 年“全民学金融 共富看浙丽” 金融知识线上直播活动，走进田间地头，向农民普及基础金融知识，获得有关部门的充分肯定。

2022 年 9 月 13 日，中国农业银行龙泉市支行走进炉田村开展金融知识普及宣传直播活动 （中国农业银行龙泉市支行 / 供图）

【服务升温工程】 2022 年，农行龙泉市支行深入践行“客户至上、始终如一”的服务理念，实施“服务升温”工程，通过改善服务环境、丰富服务内容、创新服务活动、营造服务氛围、扩大服务半径、做优厅堂服务六大举措推动网点服务质效提升，逐步打造“爱心敬老”“最暖厅堂”的标杆网点。10 月，农行龙泉市支行营业室成功创建“丽水市老年人金融服务示范点”；11 月，完成农行龙泉市剑瓷支行重新升级改造对外营业。深化“服务升温”工程，针对特殊群体及老年群体的金融需求，优化业务办理流程，制定、传导爱老适老相关制度办法，开辟绿色通道，完善硬件设施，切实维护特殊群体及老年群体权益工作。

【风险管控】 2022 年，农行龙泉市支行树牢底线思维，坚持“合规优先、风控为要”总基调，统筹平衡好稳增长和防风险的关系，落实“稳定大局、统筹协调、分类施策、精准拆弹”要求，提升防范化解金融风险的预见能力、应对能力、处置能力。2022 年，支行持续保持内控评价良好、无案件发生、无重大风险事件发生。强化重点领域信用风险“精准拆弹”，前瞻应对市场和流动性风险，确保资产质量稳定和各类风险可控。持续加固案防合规堤坝，注重源头治理，强化过程管控，全力保障网络和 IT 生产运行安全。密切关注受疫情影响较大的行业与客户风险变化，关注用信大户、外向型企业、劳动密集型企业、线上小微企业出现违约等情况，确保不良率控制在 0.5%以内。 （周 敏）

中国银行龙泉市支行

【概况】 2022 年，中国银行龙泉市支行（以下简称“中行龙泉市支行”）深入学习贯彻习近平新时代中国特色社会主义思想，以“泉聚匠心”为党建品牌，发挥党组织的战斗堡垒作用和共产党员的先锋模范作用，切实做好金融支持疫情防控工作，做好普惠金融服务、履行支持民营企业和制造业企业发展的政治担当。在支行党总支的团结带领下，全面贯彻落实丽水市行“全力打造同业领先，系统一流专精特新山区强行”的奋斗目标，各项工作取得稳健高效发展。截至12月底，支行各项存款余额20.58亿元，较年初新增4.04亿元，增幅24.42%；各项贷款余额28.91亿元，较年初新增4.46亿元，增幅18.25%。实现营业收入7341.86万元，增幅18.07%。普惠余额6.57亿元，较年初新增1.48亿元，增幅29.04%，在中行丽水辖内各县(市)支行普惠金融比拼中名列前茅。

【资产业务】 2022年，中行龙泉市支行成功获批三个重点项目(即德光集团龙泉窑望河滨坊项目、鹤思医疗项目、丽水山泉项目)，为资产业务增长、制造业考核及KPI作出贡献。个金特色产品“剑瓷贷”项目落地后，累计投放剑瓷贷30余笔，金额超过800万元，该产品为剑瓷贷客群后续置换他行抵押类普惠奠定了基础，为支持山区26县发展、助力龙泉特色产业发展贡献了中行力量。

【国企合作】 2022年，中行龙泉市支行通过发债资金业务有效深化与地方国企合作，提升存款余额及四大行市场份额。经过中行龙泉市支行前期持续跟进，8月成功承销国资平台公司国资控股发债资金2亿元，占整个债券资金规模的38.5%，份额排名同业第一，该行是龙泉四大国有银行中唯一中标的银行。

【党建引领】 2022年，中行龙泉市支行始终坚持以“泉聚匠心”为党建品牌，巩固和完善“1+6+6”党建形式▲，坚定理想信念，促进党建与业务融合发展。7月27日，该行党总支与宝溪乡党支部举行党建共建和廉洁伙伴签约仪式，对接12名溪头村困难群众，完成群众微心愿并送上温暖与关怀；通过党建平台搭建助力宝溪乡乡村振兴，增强银政合作，提升战斗力和凝聚力。

▲“1+6+6”党建形式：凝聚1支具有活力的党员队伍，确定每月6号为“党员学习日”，组建6支服务不同业务维度的党员先锋队。 (张　梅)

中国建设银行龙泉支行

【概况】 2022年，中国建设银行龙泉支行(以下简称“建行龙泉支行”)各项存款余额28.11亿元，较年初增长4.34亿元。其中，对公存款余额为11.84亿元，较年初增长1.59亿元；个人存款余额为16.27亿元，较年初增长2.75亿元。各项贷款余额31.58亿元，较年初增长7.64亿元。其中，对公贷款余额为13.36亿元，较年初增长5.74亿元；个人贷款余额为18.22亿元，较年初增长1.9亿元。不良贷款余额461.87万元，较年初下降234.52万元，不良率0.15%，较年初下降0.15个百分点。其中，对公不良贷款余额12.68万元，较年初下降20.7万元；个人不良贷款余额449.19万元，较年初下降213.82万元。税前利润5282万元。

【服务乡村振兴】 2022年，建行龙泉支行成立“龙泉支行集成推进乡村振兴工作领导小组”，设立裕农通双达标服务点37个，做好“送金融知识下乡”活动。与地方烟草建立合作，将“红色驿站”与“裕农通”融合推广，提升建行品牌。与兰巨乡签订整乡合作协议，定制六大专属礼包，探索“善融商务+产业扶持+金融赋能”，助力农产品销售新模式。借助建行裕农好货平台，1天时间售罄1万公斤兰巨勤蓝大米，为农民创收增收10万元，助力共同富裕示范区建设。2022年，个人支农贷款新增额在建行丽水分行排名第三。

【支持地方经济发展】 2022年，建行龙泉支行投放3个支持地方经济发展重点项目。城市会客厅项目再次投放7000万元，已累计投放2亿元；碧桂园项目再次投放1.5亿元，已累计投放2亿元；大搬快聚再次投放24462.5万元，已累计投放26562万元。为龙泉市人民医院发放医院贷款700万元，该笔贷款是全省医疗卫生领域首笔设备更新改造的贷款，用于该医院DSA急救中心医疗设备配置更新，助推龙泉医疗服务能力提升和优质医疗资源有效下沉，该行动获浙江卫视中国蓝新闻《二十大精神在基层》专栏播报。对公信贷客户浙江新劲空调设备有限公司入选“建总行先进制造业”客户名单，系丽水建行系统内首家，同时为该企业批复设备更新技改贷款2700万元，已按进度投放146万元。联合龙泉市市场监督管理局制定专利质押目标客户清单，一户一策定制金融方案，借助专利质押贷款财政补贴政策东风，主动授信，打开制造业贷款营销新局面。2022年，累计通过专利贷款营销获得客户19户，总授信3.83亿元，其中专利质押贷款余额2790万元。

【合规经营】 2022年，建行龙泉支行进行“党建+金融服务”宣传，在营业机构、社区、校园、乡村、企业开展反假币宣传、反赌反诈、送金融知识到乡村、金融知识普及等活动，联合市科协多次到市老年电视大学开展“银龄跨越数字鸿沟”科普专项行动。建立健全反诈反洗钱工作考核机制，明确责任，加大宣传力度，做好客户身体识别、客户身份资料保存和交易记录。规范三个营业网点理财销售区、双录标准化、消保工作站制度与劳动者港湾建设。

【考核评优】 2022年，建行龙泉支行在龙泉市委市政府组织召开的金融支持经济稳进提质推进会上，获龙泉市2022年二季度制造业贷款考核第二名，并在会上作经验介绍，同时4个季度均保持第二名；在2022年度龙泉市委市政府金融机构综合考绩中，获优胜档；连续5年获评人民银行年度银行业金融机构综合评价A类；在打击治理电信网络新型违法犯罪工作中贡献突出，被人民银行丽水市中心支行评为先进集体，获龙泉市打击治理电信网络新型违法犯罪工作联席会议办公室和人行龙泉支行表扬函；在第七轮安全评估中位列第一。此外，支行获得丽水建行系统内2022年开门红综合贡献一等奖全量资金贡献奖、私人银行优胜奖等荣誉。 （林观超）

中国邮政储蓄银行龙泉市支行

【概况】 2022年，中国邮政储蓄银行龙泉市支行（以下简称“邮储银行龙泉市支行”）坚持以习近平新时代中国特色社会主义思想武装头脑、指导实践、推动工作，以“质量第一、效益优先”为主线，坚持新发展理念、服务新发展格局。截至12月底，该行各项存款余额为35.32亿元，其中自营网点存款余额为9.77亿元，自营网点存款余额较年初下降0.18亿元；各项贷款余额为16.75亿元，较年初增加2.39亿元。

【风险管控】 2022年，邮储银行龙泉市支行深入贯彻落实集团公司、总行和省市分行工作会议精神，坚持“引导转型发展”和“落实风险管控”，压实案防主体责任，加强宣传贯彻总行“一案五问”▲工作要求，强化责任意识。全面落实“除险保安”安全生产问题隐患阶段性清零行动，围绕“平安邮储建设”，树牢安全发展理念。提升内控合规管理质效，提高合规管理意识，开展常态化警示教育、合规风险教育，使全体职工始终保持清醒头脑，强化合规风险意识。建立科学规范的反洗钱工作考核体系，明确各部门反洗钱工作职责，有效落实反洗钱工作要求；扎实做好客户尽职调查、客户身份信息记录保存、高风险客户管控、可疑交易报告等重点工作，提升反洗钱履职能力和洗钱风险防控有效性。该年，该行评为“丽水市分行关于2022年度创建平安邮储”优秀单位，“丽水市分行2022年机构风险评价结果”A+，“丽水市分行2022年度反洗钱工作考核”第一名。

▲“一案五问”：案件发生后，要分别问当事人责任、机构管理责任、条线管理责任、监督检查责任和问责责任。

【普惠金融】 2022年，邮储银行龙泉市支行深入践行普惠金融惠及企业，持续推进稳经济政策，截至12月底，普惠贷款余额6.92亿元，年度净增1.47亿元。以“无还本续贷”为营销抓手，降低企业融资还款的压力，稳存量、促增量取得突破。累计为16家企业累计办理无还本续贷5641万元，为企业节约转贷资金成本约16.8万元。紧跟上级行政策导向，深耕科技型企业贷款市场，推广科技信用贷业务，累计发放科技信用贷款3679万元，占全年小企业贷款累放量的15.98%。推动线上转型，对接税务、政府、园区等平台，推广小微易贷、E支用等线上产品，实现线上申请、线上审批、线上支用全程无接触服务。截至12月底，小微易贷及E支用累计发放1.51亿元。

【绿色金融】 2022年，邮储银行龙泉市支行发展绿色金融，助力碳达峰碳中和。对接上级行并开展可持续金融、绿色金融、转型金融等领域业务营销，截至12月底，绿色贷款结余803万元，年度净增597.99万元。同时，推进绿色办公、倡导绿色低碳生活，营造绿色低碳办公新时尚。

【特色金融产品】 2022年，邮储银行龙泉市支行着力打造特色化产品，有效助力地方特色产业发展。该行坚持服务“三农”、服务小微、服务社区的大型零售银行战略定位，践行“回归本源、服务实体”的企业使命，结合地方实际，自主创新推出青瓷宝剑“大师贷”“邮储剑瓷贷”等产品。截至12月末，累计为青瓷宝剑行业授信1.9亿元，贷款结余1.2亿元，以实际行动有效支持龙泉特色产业经济发展。

【稳经济大盘工作】 2022年，邮储银行龙泉市支行认真贯彻落实国务院稳经济33项一揽子政策措施，以及龙泉地方政府和监管部门工作部署，成立稳经济一揽子政策措施专项工作领导小组，制定下发《龙泉市支行落实稳经济一揽子政策措施实施方案的通知》，并通过“掌上龙泉”微信公众号向社会公开发布，从加强信贷投放、优化产品服务、主动减费让利、全力对接民生领域金融需求等方面加快推进各项金融政策全方位、全覆盖直达企业，发挥金融要素在经济稳进提质中的支撑作用。同时，与员工签订《稳经济一揽子政策员工知晓书》，落实好稳经济一揽子相关政策员工知晓度达100%，推进落实稳经济一揽子政策措施。（练　英）

浙江龙泉农村商业银行股份有限公司

【概况】 2022年，浙江龙泉农村商业银行股份有限公司（以下简称“龙泉农商银行”）全力服务地方经济发展大局，各项工作取得显著成效。主营业务稳健增长，各项存款余额118.64亿元，比年初增加18.56亿元，年增幅18.55%；各项贷款余额99.46亿元，比年初增加15.51亿元，年增幅18.48%；存、贷款总额占全市金融机构近40%。信用风险总体可控，五级不良贷款余额8756万元，比年初增加1397万元，不良贷款率0.88%，与年初持平；不良贷款拨备覆盖率517.08%。处置不良贷款11853.86万元，其中呆账核销5184.40万元、现金收回（含司法处置）5341.40万元、盘活优化1328.06万元；共收回核销贷款本金3969.78万元、利息761.56万元。营业收入稳中有进，存贷利差3.61%，同比下降0.71个百分点，降幅16.44%；净息差2.71%，同比下降0.58个百分点，降幅17.63%；净利差2.50%，同比下降0.58个百分点，降幅18.83%；全行实现营业净收入3.98亿元，剔除资产处置收益影响，同比增加576万元，增幅31.47%；实现拨备前利润2.35亿元，剔除资产处置收益影响，同比增加410万元，增幅1.78%；贷款利息收入5.10亿元，同比增加421万元，增幅0.83%，债券、同业存单利息收入0.80亿元，同比增加2731万元，增幅52.04%。

【惠民利企】 2022年，面对复杂多变的新冠疫情和经济下行双压力，龙泉农商银行积极贯彻各级稳住经济大盘的决策部署和要求，第一时间出台金融助力稳经济15条措施，专列20亿元信贷资金，让利3000万元，推动符合条件的企业应贷尽贷、能贷足贷，对受疫情影响无法正常还款的企业和客户不盲目抽贷、断贷、压贷，并主动减费让利，为实体经济纾困解难。同时，全面推广无还本续贷产品“龙信宝”，做好信贷资金到期后的接续转换工作，有效降低企业的融资成本和时间成本，实现续贷“无缝衔接”，切实解决“转贷难”“转贷久”“转贷繁”等问题。截至12月底，累计转贷“龙信宝”无还本续贷31.32亿元，使用率高达98.77%。

【反哺社会】 2022年6月，面对龙泉市出现的持续极端强降雨灾害，龙泉农商银行发挥地方金融排头兵的作用，与全市人民勠力同心，坚守一线，并肩战斗，干部职工走访受灾农户、受灾企业，第一时间为23户受灾群众发放贷款1325万元，发放“灵活贷+连续贷”机制贷款150笔、920万元，做到了金融服务不断档。同时全体员工奉献爱心，主动认捐，共向龙泉市红十字会捐款20余万元，用于支持灾情救助和灾后重建工作。12月，龙泉农商银行向龙泉市慈善总会捐赠“低收入农户精准帮扶”资金共75万元，助力农民农村共同富裕。近五年来，龙泉农商银行累计向市慈善总会等单位捐赠近1000万元，助力疫情防控和地方社会经济发展，被丽水市慈善总会授予慈善贡献奖。2022年，累计缴纳税费9336.58万元，成为龙泉市最大纳税大户，对地方经济发展作出贡献。（周祖华）

浙江泰隆商业银行丽水龙泉支行

【概况】 2022年，浙江泰隆商业银行丽水龙泉支行（以下简称“龙泉泰隆银行”）坚持“疫情要防住、经济要稳住、发展要安全”，聚力金融服务高质量发展，围绕发展目标紧盯不放，以“稳经济保增长”为契机，积极创新，合规经营，力控风险，各项工作稳步推进。截至12月底，该行各项存款余额11.31亿元，各项贷款余额15.93亿元。

2022年，龙泉农商银行位居2022年度全市纳税企业第一，获评2022年地方财力贡献企业（连东红／供图）

【助力乡村振兴】 龙泉泰隆银行坚持小微定位不动摇，始终把目标客户锁定在“信贷需求强烈但得不到很好关注和服务”的小微客户上，给予小微客户充分的信任和尊重。2022年，紧紧围绕龙泉市委市政府、各级监管部门以及总分行工作要求，以“助力乡村振兴”为主攻点，致力服务“三农”，支持农民创业创新，全面推进“人人可贷”项目，推广“一次授信、随借随还、循环使用”的小额信贷模式，服务美丽乡村建设。

【助企纾困】 2022年，龙泉泰隆银行落实泰隆银行丽水分行出台的16条助企纾困政策，以扎实有力的举措，精准触达各类市场主体。投放专项资金，持续深化减费让利，降低融资成本，强化金融支持，针对受疫情影响较大的行业，主动配套延期还本付息、无还本续贷服务，为企业“造血”腾挪时间，缓解小微企业还款压力。针对确因受疫情影响较大，但自身具备一定还款实力的客户，采取征信保护或进行到期日调整等措施，切实减轻企业负担。

【产品创新】 2022年，龙泉泰隆银行持续推进绿色信贷服务，探索绿色金融与乡村振兴、供应链、园区等重点工作的结合，创新绿色金融模式，拓宽发展路径和重点客群，并推进排污权抵押贷款。该行运用排污权抵押贷款、碳排放配额抵押贷款等作为2022年主推绿色特色产品，借助专利权质押的“专利贷”和商标专用权质押的“标贷通”两大创新产品，把小微企业的无形资产转化为融资信用。同时，对接监管部门与政府性融资担保机构，结合龙泉实际，推动政府性融资担保，加强对小微企业的金融服务。

【风险防范】 2022年，龙泉泰隆银行将传统的三查五核▲动作线上化、系统化，整合大数据，集约展示客户贷前的资信状况。建设精准贷后体系，通过引入风控模型进行贷后分层，差异化进行客户标识，有效提升贷后管理的效率和质量。

▲“三查五核”：“三查”为外部数据分析、黑名单分析、账户分析；“五核”为信用状况核实、经营状况核实、资产负债情况核实、贷款用途核实、还款来源核实。（吴鹿鸣）

浙江稠州商业银行丽水龙泉支行

【概况】 2022年，浙江稠州商业银行丽水龙泉支行（以下简称“龙泉稠州银行”）坚持“支持中小、服务个私”的市场定位，深耕市场，满足客户多元化需求，赢得广大客户的信任与支持。截至12月底，该行各项存款余额10.43亿元，各项贷款余额6.50亿元，存贷比为6.25%。

【助力“三农”】 2022年，龙泉稠州银行助力“三农”发展，推出“乡村振兴贷”，为农户提供免担保信用贷款，截至12月底，该行已录入村居110个，申请“乡村振兴贷”4385笔，签约3575户，授信总金额52085万元，贷款余额19421万元。开展乡村振兴金融服务站建设，设立乡村振兴金融服务站11个，打通农村金融普惠服务最后一公里。

【助农直播】 2022年，龙泉稠州银行聚焦防范电信诈骗，深入金融覆盖和反诈宣传较为薄弱的山区开展助农金融服务。9月23日，在龙泉大窑村乡村振兴金融服务站开展电信反诈直播，守住农户钱袋子，助力共同富裕。（胡海媛）

浙商银行丽水龙泉小微企业专营支行

【概况】 2022年，浙商银行丽水龙泉小微企业专营支行（以下简称“龙泉浙商银行”）始终按照总分行工作部署，立足龙泉、稳健发展，以“夯基础、调结构、控风险、创效益”十二字方针为指引，树立“小而精”的支行发展理念，各项业务取得了一定的发展。截至12月底，各项存款余额7.36亿元，各项贷款余额3.58亿元。

【产品服务创新】 2022年，龙泉浙商银行立足龙泉经济实际，结合“一县一特色”，主动对接特色行业，同时利用数字化改革契机，推动产品服务创新，推出“剑瓷数智共富贷”产品。截至12月底，累计落地“数智共富贷”业务51户，授信金额1863万元。利用“省农担”“丽融担”“省担保”等优势产品，加大对龙泉两特两优行业的支持力度，普惠小微贷款较年初新增7876万元。

【基础客群建设】 2022年，龙泉浙商银行聚焦基础客群，过程管理效果明显。龙泉浙商银行将客群建设放在首要位置，通过加强过程管理、丰富主题活动、服务效能提升等方式，基础客群建设稳中求进，得到了较好的提升。通过一系列创新产品的落地，进一步扩大了客群，获得龙泉主流社会的认可，龙泉浙商银行影响力得到进一步提升。

【社会担当】 2022年，龙泉浙商银行根据龙泉市政府及监管部门统一部署，聚焦服务品牌建设，履行社会责任。参与政府各项活动，参与龙泉市政府组织的疫情组团包联活动，对结对帮扶贫困户开展访贫慰问，开展公益赠饮、“慈善一日捐”等活动。通过网点服务优化，提升网点服务效能，获评“丽水市老年人金融服务示范点”“放心消费金融网点”等。此外，持续开展金融知识宣教，对龙泉金融行业的有序运行起到了正向作用。（张陈林）

浙江龙泉民泰村镇银行

【概况】 2022年，浙江龙泉民泰村镇银行（以下简称“龙泉民泰银行”）在市委市政府关心指导下，贯彻各级监管部门方针政策，坚持稳中求进工作总基调，以合规发展为首要任务，控成本、优结构，各项业务稳健发展。截至12月底，各项贷款余额14.27亿元，存款余额15.77亿元，缴纳各项税费总计1189.68万元。

【业务发展】 2022年，龙泉民泰银行坚持“支农支小”（支持“三农”和小微企业）的市场定位，推动信贷业务增长。开展“大走访、大调研、拓客户、优服务”贷款专项营销活动，下沉信贷业务重心，针对制造业小企业和个体工商户，开展走访活动2000余户，实现贷款增量超2亿元。强化市场营销，依托“营销点”“示范点”建设，推进村居营销，做大做强基础客群。做好稳经济、助企纾困工作，结合政策要求制定龙泉民泰银行15条稳经济工作措施，同时精准对接小微制造业需求，提升服务质效，创新了“畅贷通”“绿融通”等绿色信贷产品，推进“连续贷+灵活贷”机制建设，全年新增制造业贷款1.28亿元，累计办理普惠无还本续贷3.93亿元。降低小微企业融资成本，主动让利助企发展。2022年，龙泉民泰银行贷款利率下调近50个基点，并持续推行“零”费用银行服务。

2022年3月15日，浙江龙泉民泰村镇银行在人民广场开展金融知识宣传
（浙江龙泉民泰村镇银行/供图）

【风险管控】 2022年，龙泉民泰银行制订风险管控方案，坚持贯彻“夯实基础、控新降旧、持续处置”总思路，推进全行信用风险、舆情及流动性风险防控，优化风险管理体系，做好全面风险管理。按月召开信用风险防控工作研讨会，加强对信用风险防控的前瞻性预判，制定差异化处置措施，做好风险前置处理，有效提升信用风险管理水平。同时，该行成立授信审批中心，梳理工作流程，明确岗位职责，修订授信相关制度，加强准入风险把控，提高业务审查、审批质效。（陈雅婧）

台州银行丽水龙泉小微综合支行

【概况】 2022年，台州银行丽水龙泉小微综合支行（以下简称“龙泉台州银行”）树立“简单、方便、快捷”的优质金融服务品牌，始终坚持“中小企业的伙伴银行”的市场定位，专注于中小企业的金融服务，以市场为导向，以客户为中心，对市场精耕细作，不断管理创新，为客户量身定做金融产品，提供个性化的优质金融服务。该行深耕龙泉特色的四大行业（香菇木耳行业、汽配行业、玻璃门窗行业、竹木行业），遵循可持续发展的理念，以推广“小本贷款”为抓手，致力于为小微企业创造平等的金融服务，让更多弱势群体平等享有融资权，着力打造“更懂客户需求的银行”。截至12月底，该行各项存款余额4.01亿元，较年初新增2.09亿元；各项贷款余额4.10亿元，较年初新增1.48亿元，其中制造业贷款1.01亿元。

【“双保”工作】 2022年，龙泉台州银行响应分行部署，通过线上线下融合方式开展客户金融服务需求满足行动，深入小微企业，收集了解客户金融服务需求，多措并举支持小微企业复工复产、复商复市，加大对稳企业保就业的金融支持力度，竭尽全力帮助小微企业渡过难关，确保金融支持“双保”各项工作落实落细。该行与丽水市政策性融资担保有限公司龙泉分公司展开合作，从机制、流程和信贷条件等多方面予以优化，简化目标企业应急融资的办代手续，同时加大

排查摸底力度，通过存量客户排查和增量客户排摸相结合的方式，增强与政府部门的联动，与浙江省金融综合服务平台及“三服务”“订单+清单”等外部平台信息联动，确定目标企业清单，及时对接。

【金融服务乡村振兴】 2022年，龙泉台州银行将“深扎村居”作为基石工程，将金融支持“三农”工作列入年度重点工作，深化“金融网格员”机制和作用，完善村居金融服务体系，明确支行规划地村居覆盖率，重点激励和监测全行村居基础建档工作，并将持续提升对“三农”领域金融服务纳入授信指导意见中推动落实。制定并推动一系列金融支农制度政策的落地实施，如《台州银行金融服务乡村振兴实施方案》《台州银行村居金融服务指引》《关于倡议开展乡镇(街道)、村居金融干部挂职等活动的通知》等，鼓励营业机构结合公益活动、节假日活动等方式融入农村客户群体中，围绕农户特定的、核心的金融需求，提供高品质的服务和极致的客户体验。

【深化村居标准作业】 2022年，龙泉台州银行由丽水市分行牵头成立分、支村居标准化作业专家小组，开展机构结对及帮扶，推广村居标准化作业经验与典型做法以提高规划地村居覆盖率及有效客户覆盖率；制定村居建档模板，实行农户信用档案电子化、标准化建档，引入三张评分卡开展农户风险量化监测与管理，并每月开展全行村居建档情况的监测与跟踪，鼓励各支行主动对接辖内乡村开展整村授信与预授信工作，推广以“村聚易贷•兴农卡”为代表的为农户量身定制的金融产品，解决农户融资难问题。同时，每个村居由专门的客户经理负责，当好村居金融网格员与金融指导员，及时有效对接乡村融资需求。在辖内村居配置一村一专属客户经理，每月下村入户开展村居金融服务，上门为农户办理业务、开展服务。加强政银联动，结合多方政府力量资源完成整合，与其他领域的专家顾问协作深入农村市场开展金融服务，精准对接农户需求，并帮助农户防范金融诈骗，普及金融知识，做好村居管理的辅助工作。 （胡浩南）

2022年7月23日，台州银行丽水龙泉小微综合支行为岩樟乡桃子种植农户开展直播带货爱心助农活动 （台州银行丽水龙泉小微综合支行／供图）

银保行业监管

【概况】 2022年，龙泉市辖内共有银行机构12家，网点71个，其中国有大型银行5家(工商银行、农业银行、中国银行、建设银行、邮储银行)、股份制商业银行1家(浙商银行)、城市商业银行4家(泰隆银行、稠州银行、台州银行、宁波银行)、农村法人机构2家(龙泉农商银行、龙泉民泰村镇银行)。截至12月底，各项存款余额305.67亿元，贷款余额290.97亿元，存贷款增速17.9%。涉农贷款余额232.64亿元，普惠型涉农贷款余额98.64亿元，同比增长27.28%，增速排丽水9县(市、区)第一。普惠型小微企业贷款余额118.8亿元，同比增长23.6%，小微企业信用贷款占比18.03%，高于全市平均水平。不良贷款余额1.86亿元，不良率0.64%。

2022年，龙泉市辖内共有保险机构17家，其中财产险公司10家(人保财险、太保财险、平安财险、国寿财险、浙商财险、阳光财险、大地财险、天安财险、大家财险、中华财险)，人身险公司5家(中国人寿、太保寿险、平安寿险、人保人寿、新华人寿)，保险中介(华凯保险、北京瑞金恒邦保险)，共有网点18家。截至12月底，龙泉市辖内保险公司实现保费收入5.33亿元，同比增速为3.98%，其中财产险公司实现保费收入2.25亿元，人身险公司实现保费收入3.08亿元。支付赔款及给付2.19亿元，同比增速为31.4%，其中财产险公司支付赔款及给付1.66亿元，人身险公司支付赔款及给付0.53亿元。

【保障经济稳进提质】 2022年，龙泉监管组实施金融要素助力经济稳进提质攻坚行动，推进精准滴灌小微企业和个体工商户、优化农户新市民金融服务等“金融为民”十件实事。聚焦制造业、小微企业等重点领域和薄弱环节，推广“双保”助力融资、“连续贷+灵活贷”机制、延期还本付息等政策工具，主动让利降低企业融资成本，帮助企业纾困发展。

【聚力强基共富】 2022年，龙泉监管组开展“金融支持山区县跨越式高质量发展推进年”活动，建立“一县一策”政策、县域重点项目和产业、县域金融需求、银行保险机构服务措施等四张清单，构建支持山区县跨越式高质量发展的金融政策保障、目标计划、产品和服务体系。聚焦乡村振兴等重点民生领域，争取中央财政支持。推进农户家庭资产负债表融资模式，为龙泉辖区内48.16%的农户建立家庭资产负债表。加强新市民金融服务，创新剑瓷贷、青年创业贷等特色金融产品。推广农业保险，实现政策性水稻完全成本保险财政补贴全覆盖。

【奋力改革攻坚】 2022年，龙泉监管组指导设立绿色支行、零碳金融网点等气候投融资特色金融机构3家。落地首笔林业碳汇“未来收益权+保险单”质押贷款，探索开展商业性竹林碳汇价格指数保险，丰富气候投融资金融模式。推进金融数字化改革，上线丽水市生态金融综合服务平台。落地保险创新项目保护机制，推动浙江省首例茄价格指数保险落地和丽水市首单政策性玉米种植保险落地，创新“龙泉灵芝”等地理标志被侵权损失保险。

【营造安全稳定金融环境】 2022年，龙泉监管组建立完善信用风险监测机制和报告机制，加大存量风险处置力度。龙泉辖内机构全年处置不良贷款2.5亿元，不良率0.64%，较年初下降0.05个百分点。召开消保工作暨安全维稳工作会议和安全生产会议，稳妥处置豫皖村镇银行风险外溢，推动龙泉村行制定“一户一策”的风险处置化解方案，统筹推进风险化解和改革发展。强化法人机构公司治理，以巡视整改为契机，建立问题整改销号机制，加强股东教育管理，不断提升公司治理水平。完善金融纠纷多元化解机制，成立银行业保险业“共享法庭”，完善农村金融消保工作站标准，推进金融服务适老化改造，深化“放心金融”网点建设。

【推进清廉金融文化建设】 2022年，龙泉监管组把加强清廉金融文化建设作为推动银行保险机构全面从严治党向纵深发展的重要工作，推动清廉金融文化建设纳入对高管任前谈话、履职评价、监管通报等监管业务环节。组织开展“清廉金融文化深化年”活动，指导辖内机构在日常警示教育、丰富活动形式、加强宣传引导上整合资源、协同发力，共同推进清廉金融文化建设落地生根。

【绿色金融】 2022年，龙泉监管组指导全省首单竹林碳汇价格指数保险落地并进行配套授信。10月21日，全省首单竹林碳汇价格指数保险在龙泉落地，投保户周连武获得20万元的授信额度。该保险的标的为周连武家里60亩竹林产生的碳汇在上海环境能源交易所所产生的价格浮动，当上海环境能源交易所的碳汇价格指数低于保险价值时，就会触发保险公司理赔。在实现“双碳”目标的引领下，龙泉监管组与太保财险龙泉支公司、龙泉农商银行创新工作思路，将龙泉农商银行的益林共富贷款与太保财险龙泉支公司的竹林碳汇价格指数保险相结合，既增加了林农的授信额度，降低了贷款的利率，又能降低贷款风险，提供赔款兜底，为护林固碳增添了“新武器”。

【保险助力山区县共富】 2022年8月1日，由太平洋财产保险龙泉支公司牵头，与人保财险龙泉支公司、中华联合财产保险龙泉支公司组成共保体，茄价格指数保险正式投保，系浙江省首例。“龙泉茄”入选全国名特优新农产品名录，是龙泉市政府为本地长条茄品种的蔬菜品牌，实行统一育苗管理，统一包装，统一品牌，统一质量标准，主要销往温州、宁波、上海、杭州等，深受外地客商的欢迎。该保险参保对象为在龙泉市域内种植龙泉茄的蔬菜产业农合联合会会员，保费按照8:2的比例由政府财政和种植户共同出资。农户投保后，在每年茄上市期间(7月至10月)，由市场价格波动造成标的茄平均市场交易价格低于约定目标价格比例超过5%(含)时，视为保险事故发生，为农户种植收入扣好“安全带”。该价格指数保险的试点成功，标志着当地农业保险从传统的成本保险逐步向收入保险转型，为进一步深化金融服务乡村振兴，助力打造共同富裕美好社会山区发展样板贡献了保险力量。 （夏雪雯 邹 忆）

保险公司选介

【中国人寿保险股份有限公司龙泉市支公司】 2022年，中国人寿保险股份有限公司龙泉市支公司(以下简称“中国人寿龙泉支公司”)实现总保费收入10514.07万元，市场占比为35.37%，总保费和市场占比均居全市第一。该公司连续17年荣获“丽水市文明单位”称号。

2022年，中国人寿龙泉支公司针对不同群体实施了多种保险项目，包括重大疾病保险、意外保险、补充医疗保险、独生子女家庭意外伤害保险、特殊家庭重大疾病保险、两性安康保险、农村小额保险、学生平安保险、行政事业单位公共交通意外险、事业单位疗休养保险和农民自建房保险等，分别在大病保险、意外保险、补充医疗等方面提供保险保障，同时该公司也是浙丽保的承保单位。该年，个人意外保险保费实现8019.8万元，团体业务保险保费实现779.39万元，银行渠道保险保费实现1714.87万元。计生系列保险投保了15.52万人次，理赔639人次，赔付423.93万元，保障覆盖至每一个行政村，在改善民生、服务困难群体、完善社会保障体系、辅助社会管理和促进经济发展等方面起到积极作用。农村小额保险承保1.05人次，理赔175人次，赔付41.74万元，有效缓解农村地区因意外致贫、因意外返贫的问题，完善农村居民的风险保障网，有效推动乡村振兴建设。

2022年，中国人寿龙泉支公司持续开展反洗钱、防范非法集资、扫黑除恶、乱象整治及十九届中央第八轮巡视整改等各项风险防范工作，有效治理销售过程中的不合规行为，通过风险教育与现场检查相结合的方式，防范化解销售风险，强化整改责任落实，及时消除风险隐患，促进公司持续稳步健康发展。同时，该公司有效开展客户服务节、总经理接待日、金融知识宣传月等客户服务工作。

2022年，中国人寿龙泉支公司协助龙泉市社会保险事业管理局开展对全市参保人员外伤案件的调查工作，全年共受理调查外伤案件3478件，其中调查发现案件“阳性件”1290件，有效降低了政府的财政支出。开展保险知识“进社区、进农村、进学校”的宣传活动，全年共计50余场次，受益群众2000余人，同时参与地方政府乡村振兴、社区共建、疫情防控等相关工作，持续开展环境卫生保洁、责任区块巡查、健康教育、平安社区创建等工作。与城北乡双溪村进行结对帮扶14户，每月联系结对农户，并且多次进村入户，详细了解帮扶对象及家庭成员的身体健康状况、家庭收入、生活保障、致贫原因、住房安全、义务教育保障等方面情况，询问其在生产生活中遇到的问题和困难，并力所能及地提供帮扶物资，给予最大帮助。（夏雪雯 毛盛瑜）

【中国人民财产保险股份有限公司龙泉支公司】 2022年，中国人民财产保险股份有限公司龙泉支公司（以下简称“中国人保财险龙泉支公司”）扎实推进“卓越保险战略”，服务民生需求、参与社会治理、致力共同富裕。该年，完成保费收入11056万元，同比增长20.8%。

2022年，中国人保财险龙泉支公司坚持多措并举，推进业务快速发展。针对民生需求，挖掘特色险种，开发推广茄子保险等特色险种，实现份额内保费80万元；落实扩展水稻、生猪、母猪条款，新增商业险保费100多万元。截至9月底，支公司农险保费规模首破1000万元，成为全市系统县域第二家保费规模破千万元的支公司。聚焦民生保障，创新产品服务，成功承保龙泉市野生动物肇事公众责任保险，新增保费26.8万元；健全市建筑施工行业安全生产风险防控机制，提高企业风险抵御能力；新增建筑行业建工安责险，份额超过60%，保费新增112.31万元；全面推进落实工程款支付担保制度，保障农民工合法权益，独家承保全市房开项目建设工程合同款支付保证保险，新增保费24.39万元。

2022年，中国人保财险龙泉支公司强化政保合作，全面服务社会治理。与乡镇开展共建活动，宣传推广“乡村振兴保”保险产品，率先在西街街道周村签单了“乡村振兴保”产品，制订了“乡村振兴保”推广实施方案。助力浙丽保参保，配合协助市政府和医保局做好“浙丽保”宣传发动推广工作，短期内参保率达到95%以上，份额内保费1446万元，参保率居丽水市前三名。深化警保合作，联合交警大队成立龙泉市警保联动快处中心提升小额赔款结案率；共建农村交通安全劝导站，独家取得龙泉市新国标电瓶车置换社会上牌点，每月电瓶车承保率均90%以上，带动落地全省首个交通执法民警责任险。

2022年，中国人保财险龙泉支公司强化党建引领，激励队伍创先争优，持续开展“青春不停步、奋斗正当时”党建带团建活动、交通安全主题宣传活动、“青春激扬敢争先、团结奋进创佳绩”的双过半冲刺和“同心协力破亿关、砥砺奋进谱新篇”主题团建活动等，激发干事创业的信心、决心。积极推进志愿活动，成立“党员突击队”并带头奋战百年一遇暴雨洪灾和旱灾突击行动，开展“红耀剑瓷 守望相助”助力灾后重建集中志愿服务活动，在大灾中守护群众、彰显央企担当。以特色活动推进品牌创建，持续开展“迎七一、促共富、表心声”党建主题活动、“2022年清廉金融，学典型、树标杆”主题活动、“寻访红色印记、讲述清廉故事”主题演讲活动、“喜迎二十大、重走初心路”活动、“喜迎二十大，永远跟党走”主题观影活动等。（邹忆 徐雅珍）

证券公司选介

【中国银河证券龙泉华楼街营业部】 中国银河证券龙泉华楼街营业部前身为龙泉服务部，成立于1995年11月，曾隶属于丽水证券营业。2009年12月4日，经证监会批复后正式升级为中国银河证券龙泉新华街证券营业部，隶属于浙江分公司，总部设在北京。2016年整体搬迁至龙泉市华楼街268号财富大厦东四楼，改名为龙泉华楼街营业部。龙泉华楼街营业部(以下简称"营业部")主要为投资者提供股票、基金、债券、融资融券、期货、代销金融产品、销售贵金属制品等多种交易品种。营业部总面积400余平方米，设立柜台区、客户体验区等，为客户提供全方位的综合金融服务。2022年，累计新开客户数1152户，开户市占率0.080‰，较上年增长63.4%。

2022年，营业部为配合"开门红"营销推广活动，延续开展"新春送福"活动，为投资者提供现场手写春联等新春祝福。为助力公司财富管理转型，进一步丰富"财富星"产品体系，推进从股票、基金到固收的投顾服务体系建设，提高"财富星—股票"及"财富星—私享"签约覆盖率，开展"财富之星·福虎生威"大赛等系列活动。在渠道营销方面，营业部与龙泉建行、工行深入合作，下沉乡镇、企业、工厂等地发掘潜在客户，宣传普及金融知识，累计开展协作营销活动10余次。

2022年，营业部在3月15日以及5月15日开展投资者保护宣传活动。7月，开展"银河守护·专业相伴"投教活动，通过"专场培训""户外宣传"等方式开展防范非法证券、打击场外配资和"杀猪盘"、远离洗钱、远离非法集资以及退市新规等宣传教育，帮助客户提高投资风险意识，树立理性投资理念。10月，为增强群众反诈意识，保障人民群众的财产安全，营业部联合龙泉公安开展"反诈、反洗钱及投教宣传活动"。12月，营业部积极响应金融工会号召，开展"宪法宣传周"活动。 (田宜云)

农业农村

综　　述

【概况】 2022年，龙泉市面对“6•20”特大暴雨以及罕见持续高温干旱天气等不利影响，攻坚克难、真抓实干，全市“三农”发展保持良好态势，该年实现农林牧渔总产值26.2亿元，同比增长4.81%；农林牧渔业增加值18.24亿元，同比增长4.6%。实施村级集体经济巩固提升重点项目12个、衔接推进乡村振兴项目66个，全市农民人均可支配收入达30424元，同比增长7.2%；低收入农户收入达16481元，同比增长15.1%；城乡居民收入比降为1.88:1，连续两年缩小到全省平均水平以下；村级集体经济总收入达1.45亿元，同比增长18.5%，经营性收入8513万元，同比增长37.2%。深入实施农村人居环境整治提升行动，成功争取历史文化村落保护利用重点村1个、一般村12个；打造省级美丽乡村示范乡镇1个，特色精品村3个；创成新时代美丽乡村25个，丽水市精品花园乡村5个。该市连续四年获评浙江省实施乡村振兴战略实绩考核优秀县，连续四届获浙江省“河姆渡杯”粮食生产先进县铜奖，首次获得“神农鼎•铜鼎”，入选浙江省农业“双强”行动“赛马”激励地区，革命老区综合试点项目获优秀等次；获评中国道地灵芝核心产区，龙泉市瓷乡茶韵养生度假游入选2022“夏季避暑到茶乡”全国茶乡旅游精品线，“龙泉灵芝”“龙泉灵芝孢子粉”成功注册国家地理标志证明商标，“龙泉灵芝”入选浙江省农业非物质文化遗产名录；兰巨省级现代农业园区获评2022年度十佳省级现代农业园区。

农业科技服务

【农业“双强”行动】 2022年，龙泉市拥有各类农业机械近3.3万台，农业机械总动力18.67万千瓦，水稻耕种收综合机械化水平达70.1%，成功创建首批省级“肥药两制”改革综合试点县和土壤健康整治试点县。与浙江大学、上海市农科院、浙江省农科院、黑龙江省科学院微生物研究所等科研院校保持深度合作，在灵芝种质资源、食用菌新型基料、黑木耳液体菌种、高山蔬菜育种等种业振兴项目上持续攻关，全年柔性引进专家教授、硕博人才3人，引进急需紧缺人才200人；拥有农业科技特派员19名，实现农业科技特派员乡镇(街道)全覆盖。新增2个省级稻渔综合种养示范基地；龙泉浙农现代化农事服务中心成功晋级首批省级现代化农事服务中心，建成西街街道祥禾农事服务中心和小梅镇城南农事服务中心，辐射周围10余个乡镇，年服务能力7万余亩。深化“数字三农”引领，益农信息社覆盖19个乡镇(街道)236个行政村，覆盖率100%，完成“浙农码”赋码1.7201万次，用码51.6206万次。

【农业绿色生产】 2022年，龙泉市以入选首批省级“肥药两制”改革综合试点县为契机，持续深入开展“对标欧盟•肥药双控”新三年行动计划，落实最严肥药管控措施，实行农药、化肥实名制购买和定额施用制度，进一步完善肥药“进—销—用—回”闭环管理。开展商品有机肥替代化肥、主要农作物配方肥推广及冬绿肥种植，全年完成商品有机肥推广超1.4万吨，主要农作物配方肥和按方施肥0.6697万吨，采购绿肥种子18797千克，种植面积超2.6万亩，建立化肥定额制示范方5个。以农作物病虫害统防统治与绿色防控融合为抓手，大力推广水稻主要病虫生态控制技术，大力推进高新植保器械应用，建成省级农作物病虫害绿色防控(农药定额制施用)示范区2个、省级示范性统防统治服务组织1个、绿色防控示范基地4个，无化学农药投入示范点2个，完成主要农作物统防统治5.32万亩，水稻重大病虫害危害损失率低于3%。

依托省级土壤健康行动试点县创建工作，委托浙江大学、丽水学院等科研院所打造健康土壤2000亩、治理受污染耕地安全利用1000亩，创建省级健康土壤基地4个、省级低碳生态农场3家，以点带面推动健康土壤培育。建立绿色防控核心示范基地2.2万亩，推广绿色防控面积8.7万亩，创建省级绿色防控示范区2个，省级星级植保组织1家；创建农业高品质绿色科技示范基地18个，筛选、推介发布主导品种179个、主推技术51项。取土测土工作顺利推进，该市28.77万亩耕地21656个图斑（田畈）施肥方案全覆盖，农户通过"浙样施"微信小程序可查询自家田块地力水平及作物推荐施肥建议。积极培育美丽牧场，在全市范围推广秸秆"五化"利用▲模式，农作物秸秆综合利用率达95%以上；新建农田氮磷生态拦截沟渠示范点1个。大力开展垦造耕地后续耕种管护整改，垦造耕地后续耕种项目耕种验收合格率92.4%，垦造水田（旱改水）项目全部完成冬绿肥（紫云英）种植。入选省级"浙农优品——农废回收"场景第一批"先行先试"名单，试点开展肥料包装废弃物回收试点工作，全年共回收处置农药包装废弃物18.17吨，进一步健全完善农废回收处置体系，农业面源污染治理效果显著。

▲秸秆"五化"利用：指秸秆肥料化、饲料化、燃料化、原料化和基料化。

【农业绿色品牌创建】 2022年，龙泉市开展绿色食品认证资料审核13家、29个产品，开展基地现场检查8家，获证主体年检9家，完成新申报绿色食品5家、8个产品，新增绿色食品7家、9个产品，有机食品4个，无公害复查换证2个。累计认证"三品"生产基地189个，认证主体数140家、产品253个、面积21.4469万亩，其中，无公害农产品137个、绿色食品53个、有机食品63个，主要食用农产品"三品"比例为56.68%。

【农民素质培训】 深入实施"千万农民劳动力素质培训工程"，2022年，龙泉市完成农民培训18375人次，其中，农村实用人才培训9期499人，高素质农民培训3期151人，普及性培训295期17725人次，开展农广校中专学历培训106人。新增丽水中级"农三师"38名、高级"农三师"6名、丽水市"绿谷英才"乡土精英3名，推荐2022年乡村产业振兴带头人培育"头雁"17名，丽水市首批乡村振兴优秀导师14人，新评定"新农匠"35名。

农村经营管理

【农村治理与"三资"管理】 2022年，龙泉市成功创建省级善治示范村5个，省级善治村17个。全面推广农村集体经济数字化管理系统场景应用，236个村集体经济组织完成省级"浙农经管"中新增的"会议管理""合同管理""资产台账"等场景应用上线工作，CAE指数90分以上。加强村级财务队伍建设，共培训村级报账员200余人次，补助离任村会计314人、补助金额965755.2元。

【消除集体经济薄弱村】 2022年，龙泉市村级集体经济总收入14571.18万元，其中经营性收入8513.23万元。完成经营性收入15万元以上的行政村200个、集体经济强村43个、总收入100万元以上的行政村26个，落实集体经济发展用地指标187.37亩，扶持集体经济巩固提升资金投入9798.07万元。19个乡镇（街道）强村公司正常运转，实现利润2718.09万元。

【培育新型农业主体】 2022年，龙泉市培育省级示范家庭农场5家，丽水引领性示范家庭农场4家，龙泉市示范家庭农场14家。培育大学生农创客210个，其中引领性大学生农创客2家。培育提升社会化服务组织38家，其中引领性社会化服务组织2家。新增龙泉市示范性农民合作社1家。

【产权制度改革】 2022年，龙泉市全力推进产权制度改革工作，稳定推动农村土地规范流转，全年发放土地流转经营权证15本，完善农村土地经营权流转市场，全年完成活产权促增收3070.5万元。与淘宝（中国）软件有限公司合作，成功开发龙泉市农村产权网络竞价平台。

【农村宅基地管理】 2022年，龙泉市积极稳慎推进宅基地"三权分置"改革，出台《关于开展农村宅基地"三权分置"改革工作的若干意见（试行）》文件。19个乡镇（街道）全部完成注册线上审批系统，全年审批宅基地239宗，线上审批率99.2%。盘活利用闲置宅基地（农房）1617宗，占地面积288.09亩，用于发展农家乐（民宿）、屋顶光伏等农村产业，有效促进乡村振兴、助力共同富裕。

【清产核资工作】 2022年，龙泉市摸清19个乡镇（街道）236个行政村农村集体所有的资金、资产、资源状况情况，共核实资金5.17亿元、资产27.34亿元、资源461.02万亩，并将清查核实后的集体资产录入全国农村集体资产清产核资管理平台，实行台账管理、动态更新。

生态精品农业

【特色精品农业示范创建】 2022年，龙泉市制定出台了《关于推进特色精品农业高品质发展的若干政策》，坚持以深化农业供给侧结构性改革为主线，以现代农业“两区”建设为主平台，以“延链、强链、补链”为主方向，以农业“双强”行动为突破口，不断优化现代农业产业发展扶持政策，基本形成了以“茶菌蔬”为主导、以“蜂果药渔”为特色的品质农业发展新格局。2022年，该市实现农林牧渔总产值26.2亿元，同比增长4.81%，实现增加值18.24亿元，同比增长4.6%。

【食药物质同源省级试点】 2022年，龙泉市制定出台《龙泉市灵芝、铁皮石斛全产业链高质量发展助力共同富裕示范区建设三年行动计划》和《龙泉市关于推进灵芝、铁皮石斛全产业链高质量发展的若干政策》，推动食药物质同源省级试点工作。谋划了龙泉市灵芝、铁皮石斛全产业链基本建设项目库（2022—2025）和2022年重点项目库，其中，龙泉市铁皮石斛智能化育种育苗中心、龙泉市年产200吨中药材生产及加工基地建设、龙泉市“浙八味”标准化示范基地建设等3个项目被列入“浙八味”道地药材优势特色产业集群项目并顺利实施。浙江龙泉山食品有限公司、浙江森芝宝生物科技有限公司、浙江科达生物科技有限公司、浙江盛益生物科技有限公司、浙江龙泉正大生物科技有限公司5家企业8个产品获食药物质试点同意告知书。持续开展林下套种三叶青、黄精等示范推广，取得较好预期成效。

【龙泉茶品牌推介活动】 2022年7月23日，龙泉市举办了第六届斗茶大赛，共有52家单位、119个茶样参赛。经专家评比，评出了名优红茶、大宗红茶、野生红茶、岩茶、绿茶等5个系列的茶王、金奖、银奖。组织企业参加厦门国际茶产业博览会、第十九届中国国际农产品交易会（成都）、丽水“三茶节”展示展销等活动，大力推广龙泉红、龙泉金观音等优质茶叶。

农业生产安全监管

【农业行政执法】 2022年，龙泉市农业行政执法队出动执法人员990余次，检查农业投入品经营点160余次、农（水）产品生产单位150余次，监督抽检农业投入品51批次，其中种子10批次、农药16批次（含隐性成分检测）、肥料12批次、兽药5批次、饲料及饲料添加剂8批次，立案查处违法案件23起、罚没金额7.6万元。

【农产品质量检查】 2022年，龙泉市委组织部省级各类农产品质量抽检221批次、丽水市级各类农产品质量抽检73批次、龙泉市级农产品质量安全定量监测403批次（定量检测），省级农产品质量安全例行抽检合格率98.86%，不合格产品处置率达100%。动态监测蔬菜9620批次（定性检测），合格率99.89%。监测屠宰场瘦肉精4851份，结果全部为阴性。

【农业机械化】 2022年，龙泉市拥有农机总动力18.67万千瓦，同比增长4.05%。其中，耕作机械8129台，动力合计44414千瓦；种植机械81台，动力合计1215千瓦；排灌机械12513台；植保机械2000台，动力合计2000千瓦；收获机械155台，动力合计6200千瓦；农产品初加工机械3200台，动力合计20250千瓦；畜禽业机械319台，动力合计1222千瓦；渔业机械150台，动力合计745千瓦；农田基本建设机械200台，动力合计19000千瓦。全年完成机耕面积22.72万亩、机播面积2.47万亩、机电灌溉2.3万亩、机械植保11万亩、机械收获10.73万亩（其中机收水稻9.99万亩、油菜0.74万亩）、粮食烘干1.68万吨、农机跨区作业面积5万亩，主要农作物耕种收综合机械化率达69.07%，水稻耕种收综合机械化率达70.1%。

【农机安全】 2022年，龙泉市开展农机平安自查工作，着重查处、严厉打击无证驾驶、无牌行驶、酒后驾驶、改装超载、违法载人等严重违法违规行为，及时为农机驾驶、操作者消除隐患。全年共开展农机检查30余次，检查各类农业机械100余台次，排查一般隐患3个并完成整改。开展农机反光贴免费发放和安装工作，累计发放反光贴300余张，实地张贴农机具近60台。积极推动变型拖拉机淘汰工作，开展警农联合执法9次，查处和解体外省籍变型拖拉机12台，拆解已报废未解体拖拉机26台，清退工作完成率达75%以上；实施拖拉机和联合收割机实地检验工作，100%完成市域内拖拉机和联合收割机年检工作，全年未发生拖拉机道路交通安全事故。

【农机服务】 2022年，龙泉市拥有农机化服务组织24个，包含农机合作社3个、农机户5802个、农机维修厂及维修点20个、农机修理人员26人、农机销售机构7个、乡村农机从业人员5852人。全年开展农机化培训1180人次，农机作业服务收入2800万元，同比增长12.9%。

【农机技术推广】 2022年，龙泉市加快“机器换人”步伐，大力推进“一县三基地”建设▲，统筹推进新技术新装备推广应用、社会化服务体系建设，推动农机装备结构更加合理、粮油和主导产业机械化发展更加协调、农机化和数字化应用更加融合，成功创建食用菌产业“机器换人”高质量发展先行县，建成农机服务中心2个、农机创新研究基地1个、全程机械化应用基地3个。全年龙泉市新增各类农业机械1281台，总购机额1931.9万元，累计拨付补贴资金575.523万元，其中，中央补贴资金537.173万元，省级补贴资金25.41万元，县级补贴资金12.94万元。

▲“一县三基地”建设：农业“机器换人”高质量发展先行县，高标准农机综合服务中心、高水平农艺农机融合示范基地、农机创新研究试验基地。

【农事服务中心】 2022年，龙泉市城区祥禾农事服务中心、城南农事服务中心建成并投入运营，年服务能力达7万余亩，年服务水稻种植户3000余户，累计为种植户节约成本500余万元，为服务组织增收80余万元。

粮食作物

【概况】 2022年，龙泉市粮食播种面积18.15万亩，总产量7.69万吨，实现粮食产值2.33亿元，其中水稻12.1万亩、亩产519.62千克、产量6.29万吨。充分利用高山区域优势，大力发展旱粮作物，玉米种植面积2.02万亩，豆类种植面积1.99万亩，薯类种植面积2.03万亩。完成粮食生产功能区“非粮化”整治优化面积14456亩、抛荒耕地整治面积12352亩，完成率均达100%。粮食生产功能区调整优化工作全面完成并通过省级核验，上图入库率100%。落实中央耕地地力保护补贴政策1356.44万元，享受耕地地力保护补贴面积18.086万亩，受益农户53848户。完成冬种油菜播种面积1.1万亩，成功创建精品油菜花海农旅融合基地3个。

【粮食绿色高产创建】 2022年，龙泉市出台《2022年龙泉市粮食生产工作实施意见》，落实各项粮食生产扶持政策，科学指导粮食生产，全年龙泉市建成水稻高产千亩示范片7个，晚籼稻百亩示范方1个，番薯、马铃薯等旱粮生态精品百亩示范方4个。结合“三联三送三落实”“科技下乡”等活动，组织有关粮食合作社、种粮大户开展粮食生产社会化服务，深入乡镇(街道)检查指导统一育秧、田间管理等工作，全年组织粮食生产技术培训12期，培训农户650人次，发放粮食高产创建活动、粮食生产宣传资料1400余份。

【粮食主导品种和主推技术】 2022年，龙泉市结合示范片生产、区域生态等特点，经专家组论证确定2022年粮食主导品种，单季晚稻主推“中浙优8号”“甬优1540”“甬优1526”“泰两优217”，其中水稻高产创建千亩示范片良种覆盖率达100%；玉米主推“浙甜2018”“金银208”“金太阳6号”等优质高产品种，马铃薯主推“兴佳2号”和当地优质传统品种，番薯推广高产、高出粉率品种“浙薯13”。水稻生产主要推广机插配套、全程机械化生产和单季晚稻“五改”高产栽培技术，选用大穗型品种，大力推广小苗移栽、培育壮秧、宽行少本足苗，精确定量施肥，实行干湿交替、绿色综合防病虫等技术配套应用。

【优质米品牌化发展】 2022年，龙泉市大力培育优质稻米品牌，支持引进水稻优质绿色品种，全市拥有品牌包装种植大户13户，规模种植“中浙优8号”“外引8号”“华浙优223”“明珠4号”等优质品种面积约3000亩，自主销售优质优价大米超1000吨。在“2022浙江好稻米”“2022丽水好稻米评选”中，龙泉市同时喜获“两金三优”佳绩，其中，祥禾粮食产业综合服务有限公司、童家统家庭农场获“浙江好稻米”金奖，丰穗粮油有限公司、添力水稻专业合作社、双樟家庭农场获“浙江好稻米”优质奖；童家统家庭农场、双樟家庭农场获“丽水好稻米”金奖，丰穗粮油有限公司、添力水稻专业合作社和祥禾粮食综合服务有限公司获“丽水好稻米”优质奖。

【规模种粮大户】 2022年，龙泉市30亩以上规模种粮农户逐年增加，符合政策补贴条件规模种粮大户306户，水稻种植面积3.84万亩(不包括垦造水田和旱改水项目种植面积)。其中，30—50亩种粮大户49户，水稻种植面积0.18万亩；50亩以上种粮大户257户，水稻种植面积3.66万亩，居丽水市首位。50亩以上旱粮(玉米、甘薯、马铃薯)种植大户29户，旱粮种植面积0.34万亩。50亩以上油菜种植大户29户，连片油菜种植面积0.48万亩，主要集中在小梅、兰巨、查田、安仁、锦溪、道太、宝溪、础石等8个乡镇(街道)。

经济作物

【概况】 2022年，龙泉市“茶菌蔬果药”等特色农业产业蓬勃发展。全市食用菌栽培量18530万袋，总产量22.5万吨鲜品，总产值12.6亿元(不含灵芝)，产量及产值持续位居全省第一，其中香菇4500万袋、产量3.79万吨鲜品，黑木耳1.295亿袋、产量18.4万吨鲜品，鹿茸菇1080万瓶，新增灵芝5000立方米。茶园总面积6.66万亩，茶叶总产量3760吨，产值5.66亿元；红茶产量1731吨，产值3.178亿元。蔬菜播种面积11.2万亩，产值5.76亿元，其中，商品蔬菜播种面积6.54万亩，产值4.7亿元。（草本）中药材种植面积1.12万亩，产量1310吨，产值9600万元。

【项目建设】 2022年，龙泉市加快推进现代农业产业发展项目相关茶叶项目以及省茶叶产业团队项目，完成2021年现代农业产业发展项目——茶产业相关项目的验收工作和2022年特色精品农业高品质发展竞争项目——茶产业项目的申报工作。争取2022年度国家地理标志农产品保护工程项目资金450万元，并组织该项目实施。

【食用菌产业科技应用】 2022年，龙泉市实施农业特色产业数字化发展示范建设项目食用菌类子项目13个，建设内容涵盖食用菌一、二、三产，总投资10779万元，其中争取上级补助资金4377万元。建立黑木耳液体菌种养菌中心2家，全年示范栽培推广黑木耳液体菌种短包300余万包，技术推广到江西、福建等省外地区。实施黑木耳全程机械化协同攻关项目，全力攻克黑木耳产业“排场、采摘、风干、废菌棒回收”等生产过程机械化程度低瓶颈，实现黑木耳全程机械化生产。

【“菜篮子”保供】 2022年，龙泉市持续做好蔬菜等重要农产品保供工作，将龙渊街道、西街街道、剑池街道、础石街道、安仁镇、兰巨乡、八都镇蔬菜基地定为蔬菜供应基地，做好动态管理，保障农产品有效供给，维护市场销售稳定。培育各种蔬菜瓜果种苗560多万株，其中龙南乡高山蔬菜智能化集约化育苗中心从7月底开始分批次开展高山夏秋季育苗嫁接播种，确保种子种苗供应充足。

【“龙泉茄”产业】 2022年，龙泉市有“龙泉茄”种植面积1万亩，总产量5万吨，总产值1.5亿元，平均亩产量5吨、亩产值1.5万元。对“龙泉茄”种植实行统一品种、统一种苗、统一技术、统一品牌、统一收购、统一包装、统一销售，“龙泉茄”在原有供应渠道的基础上，新拓展了北京、云南等北方蔬菜市场。

【水果生产】 2022年，龙泉市有园林水果面积1255.7公顷，水果总产量5107吨，总产值5990万元。其中，柑橘400.7公顷、李子65.5公顷、杨梅142.3公顷、梨138.2公顷、桃子245.8公顷、猕猴桃135.8公顷、枇杷15.4公顷、青梅5.2公顷、葡萄21.8公顷、蓝莓21.5公顷，其他水果（樱桃、枣、柿、苹果、火龙果、果桑、树莓等）63.5公顷。刘建伟家庭农场成功争取到2022—2024年浙江省水果产业团队“桃形李品质提升集成技术示范与推广”项目，并承办了丽水市桃形李防裂果技术现场观摩研讨活动，该家庭农场生产的“柘山里”牌晴姬杂柑被评为“2022年浙江省精品杂柑”。市农业农村局组织编写的《山区特色水果高质高效栽培技术》一书出版发行，主编吴建峰被评定为农业技术推广研究员职称，系丽水市农业农村部门首个水果专业正高级职称。

畜牧业

【概况】 2022年，龙泉市生猪饲养量20.07万头，其中生猪存栏8.69万头，生猪出栏11.38万头，同比增长30.35%。家禽饲养量153.18万羽，其中，家禽存栏34.45万羽，同比下降31.59%，出栏118.74万羽，同比增加54.99%；牛羊饲养量3.3万头，肉类产量13064.27吨。

【畜牧业规模化发展】 2022年，龙泉市坚持“六化”▲引领，建成美丽牧场3家。加快推进龙泉福鑫生态农业发展有限公司、浙江玖宝农业发展有限公司等生猪养殖基地和浙江安牛牧业有限公司等大型规模养殖场项目建设，形成畜牧业主导和特色品种共同发展良好格局。

▲“六化”：畜禽良种化、养殖设施化、生产规范化、防疫制度化、粪污处理无害化、监管常态化。

【中蜂产业】 2022年，龙泉市广泛种植蜜源植物，大力推广中蜂活框养殖技术和特种蜂箱养殖中蜂，中蜂养殖量达3.7万群，新建美丽蜂场7家、蜜蜂大观园8个、中蜂特种蜂箱实验示范基地11个。实施安卓蜂业有限公司蜂业高质量提升项目，建成1个成熟蜜基地大观园、9个成熟蜜示范基地和1个展销平台。

【重大动物疫病防控】 2022年，龙泉市免疫猪口蹄疫21.15万头，猪蓝耳病12.2万头，猪瘟21.35万头，高致病性禽流感164.1万羽，鸡新城疫15.7万羽，牛羊口蹄疫1.5万只，山羊小反刍兽疫0.21万只，狂犬病0.03万只，各种应免畜禽免疫率达100%。举办2期乡村兽医培训，参加学员96人并取得结业证书。每季度开展各类疫病检测，抽取样品1万余份，检测结果均合格。对跨县调运的种猪、仔猪、商品猪随机采样检测4000余份，结果均为阴性。对重点养禽场开展禽流感血清学及病原学专项检测工作，采集血清样品180份、鸡泄殖腔和喉拭子210份，检测合格率为81%。

【畜产品质量安全】 2022年，龙泉市积极开展畜禽产品定量检测工作，抽取猪肉、猪肝、蜂蜜、禽肉、禽蛋等畜禽产品120批次，检测均为合格。配合省和丽水市级开展畜产品风险、例行和监督抽检，抽检100余份均为合格。依法开展动物检疫工作，全年产地检疫50510头，屠宰检疫33026头，产品检疫3238474公斤。加强病死动物无害化处理监管，累计处理生猪7824头，处理产品20余吨。

渔业渔政

【概况】 2022年，龙泉市水产养殖面积4006亩，其中，水库养殖2416亩，池塘养殖1200亩，其他形式养殖390亩。稻渔综合种养面积13300亩（不计入总面积），水库人放天养洁水鱼模式养殖面积23267亩（不计入总面积）。水产品产量4118吨，其中养殖产量2934吨、捕捞产量1184吨，产值7769万元。

【渔业产业发展】 2022年，龙泉市完成4个溪鱼养殖基地、2个石蛙养殖基地提升改造，实施石蛙省级水产养殖技术团队项目。推广养殖新技术新设备，指导约2万平方米帆布池光唇鱼设施养殖基地建设。推广养殖新模式，完成417万尾稻渔推广鲤鱼鱼苗发放，推广稻渔综合种养面积1.33万亩，成功创建2个省级稻渔综合种养示范基地。完成实施省级农业“双强”项目——大鲵良种繁育基地建设项目。

【初级水产品安全】 2022年，龙泉市深入实施生态健康养殖模式推广行动和水产养殖用药减量行动，严格贯彻落实《中华人民共和国农产品质量安全法》，加强规范用药宣传和技术指导，指导水产养殖对症用药、精准用药和依法用药。2022年，累计检查水产品养殖场40家次，签订初级水产品质量安全承诺书40份，举办培训班2期，水产用兽药使用量平均减少5%以上、抗生素类水产用兽药使用量减少30%以上，抽检水产品合格率为100%，没有发现使用禁用鱼药和使用禁用饲料添加剂现象，没有发生水产品安全事件。

【渔船安全生产】 2022年，龙泉市积极开展渔业船舶安全生产监督检查，与各渔船主、涉渔企业、相关乡镇（街道）签订《渔业安全生产责任书》。定期排查渔船安全隐患，按规坚决淘汰劣质渔船、破旧渔船，全年开展渔船安全生产检查74船次，举办安全生产培训班1期，发放渔业安全生产宣传资料500多份，发送预警信息4500多条，全年未发生人员伤亡事故。

【渔业资源养护】 2022年，龙泉市持续推进禁渔工作，严格执行丽水市新发布禁渔通告，开展春秋季封河禁渔工作，严格控制渔业资源捕捞强度，严厉打击非法捕捞。持续开展水生生物增殖放流，全年完成3次共1317万尾光唇鱼、草鱼、倒刺鲃等鱼苗增殖放流工作；强化龙泉紧水滩倒刺鲃省级水产种质资源保护区管理，完成1次保护区资源调查、8处保护区告示牌更新。 （程荣龙　陈　追）

林业　国家公园

综　　述

【概况】 2022年，龙泉市森林面积386.9万亩，森林覆盖率高达84.73%。该市以林长制为抓手，建立竹木精深加工产业链链长制，全面推进林业振兴，竹木产业整体态势良好，一、二、三产呈多维度发展。完成国土绿化面积3015亩，完成瓯江源头区域山水林田湖草沙一体化保护和修复工程建设总面积22943亩。积极开展美丽乡村建设，建成“一村万树”示范村3个，“千村万元”林下经济增收帮扶工程示范村6个。率先开展商品林权属落界工作，完成落界26万亩。开展2022年森林资源管理“一张图”年度更新工作，结合森林督查、森林资源年度更新等工作，完成2022年度森林资源管理“一张图”年度更新县级成果数据库。松材线虫病防控实现市域清零，森林防火形势总体稳定。迭代升级“益林共富”应用，获省改革突破奖、省数字化改革“最佳应用”、省数字乡村“金翼奖”，并被纳入省数字政府“一地创新、全省共享”“一本账”S0名单。

森林生态体系建设

【概况】 2022年，龙泉市林业科学研究院生产杉木良种482.9千克、木荷良种42.8千克，完成国家杉木良种基地提升建设2084亩。培育轻基质容器苗木68.01万株，其中珍贵彩色树种苗木54.07万株。成功申报县级以上科技项目2个，认定杉木良种杂交组合4个，授权发明专利3项。

2022年10月，丽水瓯江源—龙泉溪国家级水利风景区　　（徐永明／供图）

【森林系列创建】 2022年，龙泉市积极开展美丽乡村建设，安仁镇安福村、兰巨乡桐山村、龙南乡兴川村成功创建“一村万树”示范村。深入推进“千村万元”林下经济增收帮扶工程，屏南镇坪田村、兰巨乡大赛村、竹垟畲族乡良溪村和五四村、锦溪镇黄永村、住龙镇红星村成功创建“千村万元”示范村。

【美丽森林建设项目】 2022年，龙泉市新增百万亩国土绿化建设3015亩，投资107.8万元；完成珍贵树种造林面积4198亩，投资532.6万元；完成食药用菌原材料林造林面积1303亩，投资142.5万元；完成人工更新造林面积2450亩，投资98万元；完成国土“三调”认定森林管护面积1048亩，投资22.15万元；完成油茶和香榧新造林1455亩，投资139.1万元。完成瓯江源头区域山水林田湖草沙一体化保护和修复工程建设总面积22943亩，总投资1870多万元，其中，五大森林建设面积10386亩，投资915万元；大径材培育示范推广与应用项目建设面积4302亩，投资273万元；健康森林建设面积7000多亩，投资683万元。完成森林抚育面积19164亩，投资529.3万元；完成大径材基地培育面积4501亩，投资285.4万元。开展丽水市“美丽林相”建设10.84万亩，组织开展全民义务植树1.2万人次、栽植树苗3.9万株。市林业局获评浙江省湿地保护修复工作成绩突出集体。

林业产业体系建设

【林业产业】 2022年，龙泉市实现林业总产值111.11亿元，其中，一产产值29.8亿元、二产产值50.6亿元、三产产值达30.5亿元，龙泉市竹木产业示范园区入选第二批国家林业产业示范园区。该市获评浙江省森林休闲养生城市，兰巨乡官浦洋村入选浙江省自然保护地融合发展镇(村)，龙泉山入选2022年度浙江省森林康养基地。

【竹木产业】 2022年，根据《龙泉市产业链链长制工作方案》，市林业局以立意破题助企纾困为目标，建立竹木精深加工产业链链长制，全力推进竹木产业健康持续向好发展。2022年，规划林道1385千米，构建了符合现代林业经营管理需要、适应竹产业高质量发展所需的竹林道路网络；建成竹木小微园14个，在八都镇、查田镇、小梅镇、上垟镇建设毛竹初加工点4个，年可加工原竹500万株。加快竹木产业电商园建设，竹木云仓建成投入使用，2022年，进驻竹木企业11家、进驻直播商户7家、快递企业3家(邮政、百世、圆通)，全年库存量约12.3万件，日均出库量达1.49万件。

【优化营商环境】 2022年，龙泉市制定出台《龙泉市做大做强竹木产业实施方案》《关于推进竹木产业高质量发展的若干意见》《关于印发龙泉市竹木产业政策兑现管理实施细则的通知》等系列专项政策，全力支持竹木产业做大做强。全年，受理“新上规”“体系认证”等定补类项目34条，累计补助资金336.3477万元，受理“融资贴息”和“企业技改”等核校类项目27条，累计补助资金800余万元。组织龙泉市竹木产业协会联合合作社开展监测评估，并委托第三方公司编制实施方案，规范认证材料，成功通过了FSC-FM认证，认证竹林面积39.9万亩，涉及全市9个乡镇、107个行政村，带动林农增收1900余万元。

林业改革

【概况】 2022年，龙泉市累计发放林权抵押贷款30362万元，林权抵押贷款余额97589万元，其中小额循环贷款余额84615万元。公益林补偿收益权质押贷款余额204万元，经营权证抵押贷款余额5706万元，林地地役权补偿收益质押贷款余额260万元。林木(林地)流转面积1.53万亩。

【林长制工作】 2022年，龙泉市全面推行“林长制”，构建了由948名市乡村三级林长、142名市乡村三级警长和216名基层护林员组成的“三长一员”机制体系。创新设立技术林长，由林业局局长担任市级技术林长，17个乡镇(街道)林业工作站站长担任乡级技术林长，负责林业政策与林业技术的指导服务；出台《龙泉市林长制会议制度(试行)》等5项配套制度，将林长制纳入党委和政府年度考核，切实保障林长制工作有力推进。2022年，各级林长开展巡林调研工作1000多次，其中市级林长开展巡林81次，协调解决多个林业重点难点问题。8月，上线护林巡护应用场景，形成“网格巡护、及时预警、联动响应、协同处置、检查督促、结果反馈”工作闭环，全年巡护在线人数892人，巡护里程达3.8万余千米。

【林业数字化建设】 2022年，龙泉市以林地权属落界为切入口，全国首创数字落界方法和技术标准，完成落界26万亩，发放首本带有宗地图的林权不动产证，得到全国政协副主席李斌关注，工作成效被自然资源部《内部要情》和《中国自然资源报》专题刊发。统筹推进数字化改革和共同富裕重大改革，持续迭代“益林共富”应用，重点打造“权属落界、经营流转、产业链动、资源管理、林区安全”五大核心业务场景，贯通7个层级、打通17个部门、归集196项业务数据、构建36个子应用，形成具有龙泉特色、走在全国前列的数字林业共富平台。

林业安全

【概况】 2022年5月，市林业局根据全省统一部署要求，组织开展2022年森林督查工作，省林业局下发现地核实图斑任务共计730个，县级督查工作历时5个月，森林督查图斑核实涉嫌违法行为43个，林业局按案件销号要求对涉嫌违法行为依法进行查处整改。10月，根据林业“双随机、一公开”工作制度要求，组织开展对林木采伐许可等审批事项进行“双随机”抽查，随机抽取检查对象63个，其中，林木采伐对象50个，林地使用许可事项5个，林木种子生产经营许可事项5个，食用林产品质量安全及投入品使用检查1个，陆生野生动物经营利用1个，自然保护地1个，检查工作历时2个多月，检查情况在林业双随机抽查系统平台上录入和公示。

【森林资源管理】 2022年，龙泉市完成森林资源管理“一张图”年度更新县级成果数据库，全市森林面积386.9万亩，森林覆盖率84.73%，林木蓄积量2409.78万立方米，与上年度相比净增161.79万立方米。持续做好林草湿数据与第三次全国国土调查数据融合工作，以第三次全国国土调查数据为“统一底版”，厘清林地、草地、湿地与其他土地的现状范围界线，构建与“三调”数据无缝衔接的林草湿资源图。2022年，全市共办理政府重点项目林地审批许可127宗，面积3569亩，其中，占用林地2576亩、临时占用林地235亩、林业生产服务设施758亩，收取(年应收)森林植被恢复费4896万元。办理林木采伐许可证1348份，林木蓄积137155立方米，占全年采伐限额457500立方米的30%。

【野生动植物保护】 2022年，建立龙泉市野生动植物保护工作联席会议制度，发布《龙泉市陆生野生动物禁猎区和禁猎期的通告》，开展外来物种普查，有序开展疫源疫病监测和野生动物救助与保护。2022年，开展野生动物救助48起，成功救助1只中华鬣羚和1只毛冠鹿并放归大自然。首次开展野生动物肇事公众责任险，向中国人民财产保险投保野生动物肇事公众责任险(保费26.8万元/年)，野生动物致害农作物面积327.8亩，理赔28起，理赔金额共136040元。

【森林植物检疫】 2022年，龙泉市开展林业检疫执法专项行动，组织行动17次，检查涉松企业18家，发放宣传资料236份，签收宣传资料企业18家，销毁房前屋后疫木2312公斤。对全市范围的松林进行松材线虫病春秋两季普查，其中，春季调查松林面积61万亩，占调查面积的100%，调查小班30259个，共发现枯死松木0株；秋季调查松林面积244.3万亩，占总面积的100%，调查小班30259个，共发现枯死松木7437株，涉及10个乡镇(街道)101个行政村567个小班共计6.9万亩；全年清理枯死松木77890株，防治面积6.9万亩。对市内挂牌古松树、森林公园、自然保护区、农村风水树及路边山场内较大的松树进行注干防治，累计保护18780株。全年开展虫情调查累计面积376.0815万亩次，累计防治病虫害面积176853.5亩，保护名木古树280余株。完成四率指标：成灾率0，无公害防治率100%，测报准确率95%，种苗产地检疫率100%。

【森林消防】 2022年，龙泉市发生火情1起，因处置及时未成灾，年森林火灾受害率控制在0.8‰以内，火灾控制率在6公顷/次以内，辖区内未发生较大森林火灾，未发生人员死亡和群死群伤事故。为全市180.405万亩生态公益林投保森林火灾保险，其中，168.2188万亩投保政策性林木火灾保险，12.1862万亩投保政策性林木综合保险。完成森林火灾风险普查评估与区划报告，森林火灾风险普查成果通过专家评审。　　（雷佩雯）

2022年3月，市林业局在周际村开展古松树打孔注药保护工作

（市林业局／供图）

百山祖国家公园龙泉保护中心

【概况】 百山祖国家公园地处浙江丽水南部，龙泉、庆元、景宁三县(市)交界处。分为龙泉、庆元和景宁3个片区，其中龙泉片区面积249平方千米，占49%；庆元片区面积205平方千米，占41%；景宁片区面积51平方千米，占10%。龙泉片区作为百山祖国家公园中占比最大的保护片区，是中国野生大型真菌种质资源重要分布区、浙江省第二大河瓯江发源地、华东地区和长三角区域重要生态屏障。龙泉片区下设兰巨、屏南、龙南、均溪、瑞垟5个保护站，设有公检

法凤阳山生态保护联络站、凤阳山警务室。

【重要活动】 2022年2月16日，10株百山祖冷杉苗在凤阳山大田坪苗圃地定植。2月24日，国家林草局规划司副司长马爱国、生态司二级巡视员蒋三乃一行到龙泉调研山水林田湖草沙一体化保护和系统治理工作，考察国家公园生态系统建设。7月6—7日，浙江省人大常委会环资工委副主任戴均玺一行到龙泉开展百山祖国家公园立法调研。7月9—10日，中国科学院生态环境研究中心主任、研究员欧阳志云一行到龙泉调研生态环境发展与保护情况。8月4日，丽水市副市长叶伯军带队到龙泉开展百山祖国家公园创建、林业产业和林长制调研工作。9月28日，北京自然博物馆原馆长、中国科学院植物研究所原常务副所长李承森一行到凤阳山进行生物多样性研学路线规划考察。10月11日，原浙江凤阳山—百山祖国家级自然保护区管理局凤阳山管理处全体人员整体转隶到钱江源—百山祖国家公园龙泉保护中心。

【森林防火】 2022年，国家公园龙泉保护中心深入开展资源保护和森林消防宣传教育，发放《防火倡议书》8000份，发送平台短信5.79万条。针对特殊的持续高温干旱天气，在毗邻乡镇新建2支51人扑火队伍，联合毗邻乡镇全面执行24小时值班制度，在干旱高温期连续在岗100多天，全天候值守巡护覆盖3个乡镇14个毗邻村，全面排查安全隐患。

【安全生产和应急管理】 2022年，国家公园龙泉保护中心开展安全防范“百日攻坚”暨安全生产“执法季”行动，班子成员带队深入辖区排查各类安全隐患，各保护站成立巡查队伍，实行24小时值班制度，积极开展安全检查。督促龙泉山景区、各类项目施工方落实安全生产主体责任，完善管理机制，确保54个项目施工安全。

【山林纠纷调解】 2022年6月，国家公园龙泉保护中心根据《关于开展百山祖国家公园“迎设立、保和谐”县际山林纠纷调解行动的通知》要求，开展山林纠纷调解专项行动，对涉及龙泉片区的34起纠纷进行调解，成功调解31起，调解成功率达91%以上。

【司法执法】 2022年，国家公园龙泉保护中心联合市委政法委、公检法等11家单位，制定出台《关于建立“瓯江源”生态保护联盟协作配合机制的意见》，构建“行政执法+刑事司法+生态修复+数字治理”四位一体协作联动机制，推动生态领域执法司法一体打击、系统治理。依托龙泉市“大综合一体化”行政执法改革，成立3支百山祖国家公园综合行政执法队，实现国家公园龙泉片区全覆盖。

【项目建设】 2022年，国家公园龙泉保护中心保护工程投资4163.2万元，其中投资3612.2万元用于凤阳山栈道、大田坪—乌狮窟等29条、共98公里的巡护道提升改造，完善保护类基础设施。科研监测工程投资2627万元，其中投资2136万元建设浙江凤阳山—百山祖国家级自然保护区（凤阳山部分）保护与监测体系建设项目和“江浙之巅”国家公园数字孪生应用项目，保护与监测体系项目投入使用，国家公园数字孪生应用项目在“浙政钉”正式上线。社区发展工程投资3233万元，其中投资3025万元用于坪田村、炉岙村、龙溪村等8个村开展美丽乡村建设，改善乡村人居环境。

【科研合作】 2022年，国家公园龙泉保护中心与浙江大学、南京林业大学、中国林业科学研究院亚热带林业研究所等团队合作开展课题研究17个，合作发表科研论文14篇。与华东药用植物园、浙江省森林资源监测中心等单位合作，发现动物新物种凤阳巨基叶蜂、植物新种华大花忍冬，记录新分布物种槭叶小牵牛。救助1只中华穿山甲并在百山祖国家公园龙泉片区放生。

【宣传联动】 2022年，国家公园龙泉保护中心进一步推进百山祖国家公园建设，提升百山祖国家公园品牌，举办百山祖国家公园首届青瓷形象创作大奖赛活动，评选出获奖作品102件（组）；举办“百山祖国家公园杯”凤阳山春夏季摄影、短视频创作大赛，评选出获奖作品199件（组）；承办2022年“诗画名山浙里行”环国家公园“最美路线”骑行活动，直播吸引300多万人次在线观看；与屏南镇联合举办2022年“江南之巅”半程马拉松比赛，与龙南乡联合举办乡村文化漫游节、山货节，有效提升百山祖国家公园知名度和美誉度。百山祖国家公园龙泉自然教育中心全年接待中小学校研学团队1000余人次，与龙泉市实验小学合作编写百山祖国家公园教材。2022年，借助“天下龙泉”“龙泉旅游”“百山祖国家公园”等微信公众号、抖音号大力推广国家公园，“美丽凤阳山”公众号累计发布推文245篇，多篇文章被“学习强国”学习平台、浙江新闻、中国基层网、浙江林业公众号等省级以上媒体和政务号转载，点击率超过8000万人次。 （刘胜龙）

水利水电　气象

综　述

【概况】 2022年，龙泉市水利局完成年度水利固定资产投资2.35亿元，共实施建设水利项目14个，其中，续建项目11个、新建项目3个（重大项目前期1个）；谋划10亿元以上重大项目1个、5000万元以上项目1个、专项债项目5个。全面完成山塘整治3座、农村供水管网改造59千米、农业灌溉泵站机埠和堰坝水闸提升改造19座等3个省级民生实事工程，以及创建1条美丽河湖、完成20平方千米水土流失治理、建设雨量监测站10个等3个龙泉市级民生实事工程。编制完成《龙泉市抗旱应急预案》《龙泉市山洪灾害防御预案》《龙泉市城市超标洪水防御预案》等预案，完成防洪保护区洪水影响评价，增加157个山洪灾害重点村落，安排水毁自救资金500万元用于水利行洪设施修复、抗旱自救资金208万元用于农饮水设施维护。该局获评2022年度全省水利工作综合绩效考评优秀，实现“三连优”。

【水利“多评合一”改革】 2022年，市水利局完成水利涉企鉴定评估事项清单和“多评合一”“一评多用”水利事项改革工作，受理、办结群众和企业办事事项638件，其中，水利行政许可事项150件，行政征收事项488件，服务对象满意率100%；全年应收规费681.69万元，其中，水资源费征收645.1万元，水土保持补偿费征收36.59万元，全部上缴财政国库。

【河道砂石专项整治行动】 2022年，龙泉市组建河道砂石资源管理整治专班，在全市开展“亮剑”专项整治行动，制定出台《龙泉市河道管理专项会议制度》《龙泉市河道巡查制度》《龙泉市河道砂石资源联动管理机制》等，切实保护河道砂石资源,规范涉水工程砂石资源的利用管理。2022年，累计开展检查224次，出动执法人员521余人次，核实移交至市综合执法局案件12件，其中2件为占用水域、10件为河道非法采砂。

【重点水利工程建设选介】 2022年，省重点水利建设项目竹垟一级水库及供水工程完成投资8410万元，主要开展主体工程、道路改建工程及其他临时工程施工建设；梅溪河流综合治理工程完成投资3080万元，其中金村——骆庄段综合治理工程Ⅱ标段开工建设；八都溪河流综合治理工程完成投资5420万元，其中八都溪流域八都镇下游段综合治理工程开工建设；岩樟溪流域综合治理工程完成投资2100万元，（二期）生态河道治理工程Ⅰ标主体工程完成工程量90%，Ⅱ标完成工程量70%；均溪流域水资源保障及水生态修复工程开工建设，完成投资700万元，主要开展兰巨堰坝及大赛段护岸建设。

【山水林田湖草沙一体化保护和修复工程】 2022年，龙泉市山水林田湖草沙一体化保护和修复工程系浙江省瓯江源头区域山水林田湖草沙一体化保护和修复工程系龙泉市《水安全保障“十四五”规划》重点推荐实施项目，主要包括大贵溪流域综合治理工程、道太溪流域综合治理工程、安仁溪流域综合治理工程。分别完成投资2650万元、1623万元、2680万元，完成工程量的55%、50%、55%。

【民生实事项目】 2022年，龙泉市农业水价综合改革投入资金595万元，下达精准补贴及节水奖励198万元，提升改造堰坝水闸50座，其中19座被列入省级民生实事项目，盖竹村堰坝、梅垟堰坝入选省级农田水利灌溉工程堰坝水闸优秀典型，梅垟灌片入选省级改革灌区灌片优秀典型案例，陈华家庭农场、杨志杰家庭农场入选省级农民用水合作主体优秀典型案例，桐山村入选省级改革示范村优秀典型案例。山塘整治工程总投资

175.07 万元，主要完成田儿门山塘、对塘山塘和上田山塘等 3 座被列入省级民生实事项目的山塘综合整治。安福水库除险加固工程开工建设，完成投资 80 万元，主要开展大坝左岸原放水涵管封堵、大坝右侧山体新建放水设施、大坝上游新建 C25 钢筋防渗面板等施工。

【水土保持工作】 2022 年，龙泉市完成道太溪、豫章溪、锦溪等生态清洁型小流域水土流失综合治理项目，完成水土流失治理面积 20 平方公里。共受理审批生产建设项目水土保持方案 27 件，征收水土保持补偿费 16.46 万元，为企业减负 4.12 万余元；生产建设项目验收报备 8 个，生产建设项目法人变更备案 2 个。完成国家级、省级图斑复核 68 个，其中：发现问题图斑 2 个，经核查认定该 2 个，均已完成整改。

水　政

【水资源利用】 2022 年，龙泉市年降水量为 2228.9 毫米（折合降水总量 63.03 亿立方米），水资源总量为 43.58 亿立方米，较多年平均值偏多 17.7%，产水系数平均 0.69，产水模数为 142.5 万立方米/平方千米，人均年拥有水资源量为 17501.41 立方米（常住人口）。总用水量 0.9055 亿立方米，水资源利用率 2.08%，其中，农田灌溉用水量占 69.9%，林牧渔畜用水量占 1.2%，工业用水量占 7.9%，城乡居民生活用水量占 10.8%，城镇公共用水量占 7.7%，生态环境用水量占 2.5%。人均综合用水量 363.65 立方米，人均生活用水量 39.44 立方米，农田灌溉亩均用水量为 271 立方米，万元 GDP 用水量 53.16 立方米，万元工业增加值用水量 14.38 立方米。

【水资源管理与节约保护】 2022 年，龙泉市取水许可证存量 157 本，取水许可量 465359.94 万立方米。其中，水力发电取水许可证 99 本，许可取水量 452774.96 万立方米；火（核）电和其他电力生产取水许可证 2 本，许可取水量 186.53 万立方米；工业自备取水许可证 11 本，许可取水量 146.33 万立方米；农业自备取水许可证 20 本，许可取水量 8346.12 万立方米；城乡供水取水许可证 25 本，许可取水量 3906 万立方米。该年新增取水许可证 7 本，延续取水许可证 77 本，注销取水许可证 2 本，征收水资源费 654 万元（不含紧水滩分成）。浙江浙能龙泉生物质发电有限公司、龙泉市将军大酒店有限公司创成节水标杆单位，锦绣苑、佳和铭都、佳德名苑、瓯江花园创成省级节水型小区，浙江龙鑫化工有限公司创成省级节水型企业，浙江铭峰管道装备有限公司创成丽水市级节水型企业。岩樟溪水库水源地连续四年获县级以上集中式饮用水水源地安全保障达标评估优等次。

【水法宣传】 2022 年，龙泉市结合世界水日、中国水周、送法下乡、宪法日等重要时间节点，在媒体开展公益宣传，组织水法律法规广场宣传活动，全年通过移动信息平台向广大市民发送宣传短信 40 万余条。建成龙泉市节水宣传教育基地并成功创建省级基地，该基地总投资 385 万元，占地面积 800 余平方米，内设水资源、水科技、水生态、水文明四大功能展示区，采用先进的声光电等现代化展示技术向群众展示水资源和节水科普知识，辅以节水体验实验室、家庭循环用水微观模型、节水宣传小天地等。与东升教育集团联合举办节水专题画展，通过举行国旗下讲话、开展节水教育等方式，向广大学生宣传节水意义。

水　文

【概况】 龙泉市境内设有水文站 1 处，水位站 1 处，流量站 2 处，国家基本雨量站 16 处，陆地水面蒸发站 2 处。2022 年，新建雨量站 10 个、地下水位站 2 处，完成流量测验 67 次，采集收集水位、雨量、蒸发、水温等各类水文资料 8000 余份。

【雨水情监测】 2022 年，龙泉市区域年降水分布不均，降水量相对集中在 2—6 月。据龙泉市 18 处雨量站降水资料统计，2—6 月降水量占全年的 75.3%，龙泉溪流域洪水主要发生在梅雨期，台风雨对龙泉溪的影响相对较小，但局部地区小流域台风雨灾害偶有发生，域内 6 月 20 日发生洪水，南大洋水文站测得最高水位 200.16 米，流量 2800 米^3/秒。1 月 4日，南大洋水文站实测年最低水位 193.97 米，最小流量 4.98 米^3/秒。南大洋站年平均流量 58.2 米^3/秒，径流量 18.37×10 亿立方米，径流深 1513.2 毫米。据南大洋水文站监测资料统计，2022 年平均水温 19.1℃，7 月 27 日出现年最高水温 30.8℃，2 月 24 日出现年最低水温 7.2℃。年蒸发量 934.6 毫米，8 月 24 日出现年最大日蒸发量 7.4 毫米，1 月 15 日出现年最小蒸发量0.1 毫米。

水　电

【水电开发和管理】 2022 年，龙泉市农村水电站在运行 97 座（总装机 22.13 万千瓦），在建 2 座，年度总发电量 5.51 亿千瓦时，上网电量 5.49 万千瓦时，发电收入 2.66 亿元，上缴发电税金约 3013 万元。完成瑞垟一级、广安、雁溪、均溪一级等29座农村水电站安全生产标准化复评，并对97座水电站开展风险隐患排查，并上报小水电安全检查信息系统。

【农村水电站智能化改造】 2022年，龙泉市完成黄皮水电站装机1×800千瓦、青井水电站装机2×500千瓦、龙星水电站装机4×800千瓦、青石水电站装机1×630千瓦+1×160千瓦4座农村水电站智能化改造，总投资180万元，提高了水电站的持续、经济、可靠、高效运行能力。　（郑子丹）

气　　象

【概况】 2022年，龙泉市气象局加强防灾减灾服务工作，全年13次重大天气过程无漏报，启动台风、暴雨等重大气象灾害应急响应18次，发布气象灾害预警信号24万条次，气象、应急、自然资源、水利等部门通过省级突发平台发布防灾预警15次，科学迎战“6•20”强降雨过程，完成全市重大活动气象保障服务。创建省级气象防灾减灾标准化村16个。

【重大天气气候事件】 2022年，龙泉市气温显著偏高，但起伏大、高温日数异常偏多且强度强、低温日数明显偏少且强度偏弱，降水较常年偏多但分布极不均匀、暴雨日数偏多，日照较常年略偏多但起伏大。主要天气气候事件有：1月22日至2月23日，长达1个月的阴雨寡照天气；3月下旬，多暴雨过程引发较明显春汛；梅汛期明显的降水集中期，不仅暴雨过程多、强度强，而且累计雨量大；6月16—22日，受梅雨带南北摆动影响，全市出现持续强降水天气，其中6月20日全市普降大暴雨、局地特大暴雨，多地多时段雨量达到《龙泉市气象灾害防御规划》中百年一遇标准，甚至突破历史极值。6月19日20时至20日20时，全市平均雨量167.2毫米，共有21个站超过200毫米，最大为披云山321.6毫米，为全省最大。夏季出现自1953年有完整气象记录以来综合强度最强高温，夏秋的伏秋连旱引发较明显的水资源短缺，10月初罕见酷热天气，夏末冬初冷空气强度强，夏秋和秋冬季节转换快。

【气象防灾减灾工作】 2022年，龙泉市全力做好重大灾害性天气的监测预报预警工作，全年启动Ⅰ级应急响应1次、Ⅲ级应急响应4次、Ⅳ应急响应13次，发布道路结冰、霜冻、暴雨、雷电、大风、高温、寒潮、低温等各类气象灾害预警信号146次，制作《气象信息内参》等决策服务材料188期，发布灾害性天气提醒短信194条共31万多人次；叫应制度实现市分管领导、市应急管理局、相关部门分管领导和属地乡镇全覆盖，对灾害性天气影响乡镇开展“靶向”预警。完成年度16个省级气象防灾减灾标准化村的创建工作，进一步提升基层气象防灾减灾的意识和能力。开展人工增雨火箭作业6次，实现增雨量115.99万吨，在服务农业生产、支持防灾减灾、助力生态文明建设等方面做出积极贡献。

【气象现代化】 2022年8月，龙泉市暴雨精细化监测预报预警工程雷达设备投入试运行。开展区域自动气象站加密工程建设，完成新建区域自动气象观测站45套，站点网格平均间距缩小至5千米。完成龙泉市气象灾害风险普查项目，并编制风险普查技术报告。

【生态气象服务】 2022年，龙泉市持续推进丽水国家气象公园(龙泉二期项目)建设，完成避暑养生、观星观云、气象科普等4个点位建设，进一步助推生态气候资源价值转换。开展“直通式气象服务”，每周以短信方式向新型农业经营主体发布天气预测，不定期发布农业气象服务产品。与龙泉电视台《剑川热土》栏目合作，发布一周天气趋势及农事建议。

【气象安全社会管理】 2022年，龙泉市优化提升营商环境，气象行政审批服务事项100%实现“网上办”“掌上办”，全年办理保险自助查询数据理赔158件。公布114家防雷安全重点单位。全力推进防雷安全数字化监管，完成危化企业“一企一档”和防雷风险应用，持续实施龙泉市旅游景区雷电防护提升改造工程建设。　（谢敏星　叶　美）

工业　经济开发区

综　　述

【概况】 2022年，龙泉市实现规上工业产值112亿元，同比增长7%；实现规模以上工业增加值增长2.1%。其中，不锈钢、汽配、水电气、泵阀、剑瓷、健康医药规模以上产值分别增长23.7%、17.4%、17.1%、15.8%、11.3%、6.8%，竹木、采掘建材规模以上产值分别下降11.8%、15%。外贸出口额达25.6亿元，同比增长26.3%。高新技术产业、装备制造业、战略性新兴产业增加值，分别同比增长3.9%、9.4%、6%。规模以上工业亩均税收11.9万元，同比增长5.9%；亩均增加值81.7万元，同比下降6.1%。新增"小升规"企业17家，新增产值1.7亿元，带动增长1.5%；新增国家专精特新重点"小巨人"企业1家、国家专精特新"小巨人"企业2家，省隐形冠军企业2家、省专精特新中小企业17家。新增工业用地619亩，完成省高耗低效企业整治销号33家，盘活低效及"用而未尽"土地整治85宗1079亩。完成工业投资16.86亿元，同比下降16.57%；完成制造业投资13.95亿元，同比下降14.02%；完成工业技改投资4.66亿元，同比增长11.91%。

【小微企业园建设】 2022年，龙泉市建成小微园10个，分别为开发区芳野小微企业创业园、青瓷产业园、八都镇平山岭竹木小微园、八都镇竹产业扶贫小微园、八都溪坪小微园、八都大坦一期、查田镇茶丰小微园、查田镇金圩小微园、查田溪口小微园、安仁镇昌文木制小微园，总用地面积1314.9亩、建筑面积70.19万平方米，总入驻企业178家，从业人员3800余人。其中，获得省认定小微园7个、省数字化示范园区1个、省三星级小微园1个。

【数字经济"一号工程"升级版】 2022年，龙泉市聚焦"数字产业化、产业数字化"，持续推进数字经济领域数字化改革。扎实推动数字赋能产业转型，三田压缩机有限公司成功创建省级"未来工厂"，系丽水市首家；新劲公司入围省2022年第一批智能工厂(数字化车间)，国镜药业被列入丽水市"未来工厂"培育企业；成功创建3个"企业大脑"，6个省生产制造方式转型项目通过验收，省台(套)产品和产业链上下游共同体实现"零的突破"。全力壮大数字经济新能级，成功培育1家数字经济核心制造业规模以上企业，数字经济核心产业增加值达5.48亿元，同比增长20.5%，增速排丽水第四，其中规模以上数字经济核心制造业增加值同比增长20.3%，增速排丽水第二；大力培育工业互联网平台，优化升级行业数字平台汽配云，剑瓷产业大脑被列入省工业领域第二批产业大脑试点名单。积极培育数字应用新业态，深入实施国家电子商务进农村综合示范县建设工作，建成数字化电商公共服务中心；升级农村商贸流通体系，推动剑瓷商城、供销e城、云尚买菜等特色平台建设，网络销售额从2019年的34.09亿元增至2022年的54.57亿元，年均增长17%。促消费兴市场成效显著，全年累计发放消费券约1000万元，带动平台限额以上电商企业累计销售超4亿元，企业销售额同比增长31%。不断夯实数字发展新基建，全年建成5G基站300座，累计建成5G基站872座，高质量完成省、丽水市提出的"五年任务三年完成"目标，延伸实现行政村5G网络100%覆盖。

【传统制造业改造2.0版】 2022年，龙泉市以企业有感为标准，对产业政策体系进行制度重塑，制定出台《龙泉市关于加快推进生态工业高质量绿色发展的若干政策》《龙泉市关于进一步促进开放型经济高质量发展的若干意见》等一系列产业扶持政策，为企业提供最优惠的政策体系。深入实施省新一轮“腾笼换鸟、凤凰涅槃”攻坚行动，盘活低效及“用而未尽”土地企业整治85宗1079亩。深化智能化技术改造，1家企业成功创建省级未来工厂，1家企业被列入省2022年第一批智能工厂（数字化车间），实施省2022年生产制造方式转型示范项目6个并完成验收。推进绿色发展，新增省级节水型标杆企业1家、省级节水型企业1家、丽水绿色低碳企业5家，淘汰落后产能企业9家。强化技术创新，完成省首台套装备和产业链上下游共同体1个，实现“零的突破”，新增“浙江制造精品”3个、丽水市企业技术中心2家，新鉴定工业新产品6个。

【消费市场】 2022年，龙泉市创新消费形式，精心策划开展“龙腾虎跃•‘泉’民迎春”“嗨购夏日•惠享龙泉”和龙泉青瓷宝剑商城电商产品促销等系列促消费活动，累计发放消费券2000万元，带动消费近5亿元。大力推进全国电子商务进农村综合示范县建设，健全完善农村电商公共服务体系、县乡村三级物流配送体系，建成快递统仓共配中心，改造升级100个电商服务示范站（点），实现农村电商服务站（点）功能和模式迭代，电商快递服务行政村覆盖率100%；打造农村商贸流通体系，推动剑瓷商城、供销e城、云尚买菜等特色平台升级，其中，龙泉青瓷宝剑商城入驻企业206家、培育限额以上电商企业23家。积极争取省级试点示范，成功申报2023年度浙江省县域商业体系建设示范县项目，争取中央资金1000万元。加强“老字号”企业培育，新增“丽水老字号”企业19家，“老字号”企业数量居丽水市首位、浙江省前列。

【外贸出口】 2022年，龙泉市充分运用“订单+清单”监测预警管理系统，对全市70余家外贸企业进行实时监测，并精准帮助企业协调解决难题，提高企业风险抵御能力。推广运用全省“国际集装箱一件事”“海外仓服务在线”应用场景，有效缓解企业遇到的缺舱缺箱难题。加大政策倾斜力度，全年兑现外贸政策资金1192.3万元，特别是强化了出口信用保险政策覆盖面，全市55家小微出口企业实现政府联保全覆盖，出口超500万美元以上企业投保率达70%。组织企业参加了第131届、132届网上中国进出口商品交易会及中国国际消费品博览会、中国—中东欧国家投资贸易博览会、中国国际进口博览会等线下展会。龙泉汽配行业出口额占该市出口总额的64%，同比增长40.3%。

【服务企业】 2022年，龙泉市全面开展“千名干部驻千企”专项行动，建立了专项行动开展后规模最大的领导干部结对联系队伍，全市35名副处以上领导、198名市直单位领导、289名驻企服务员及30名派驻总经理助理联系328家全产业链重点企业，全方位开展企业服务工作。建立“企业码线上诉求直达+问卷调查+三服务小管家问题流转+135限时交办”的问题收集流转交办机制，2022年，累计服务企业7000余次，收集企业问题诉求252件，协调解决246件，问题解决率达97.6%，企业满意率96.98%。全面上线“龙财通”数字兑现应用，实现多维信息一码触达、多重业务一码通办，累计上线政策事项298个，受理企业申报项目4602条，核定奖补资金5.73亿元，惠及企业4383家次，兑付时间较往年平均提前90天。深入实施“小升规”、创新型中小企业、专精特新中小企业、专精特新“小巨人”企业、隐形冠军等优质中小企业梯度培育管理，截至2022年12月，全市有规模以上企业160家、创新型中小企业27家、省级专精特新中小企业23家、国家级专精特新重点“小巨人”企业1家、国家级专精特新“小巨人”企业3家、省隐形冠军企业3家。围绕企业中级、高级技能工培训，着力培养专业技术型人才，全年完成技能培训330余人次，新增技能人才132人次。

主导产业

【精密制造产业】 2022年，龙泉市有精密制造产业规模企业69家，实现规上产值56.1亿元，同比增长19.1%。其中，汽车（空调）零部件产业有规模以上企业43家，国家高新技术企业35家，亿元以上企业10家，规模以上总产值达31亿元，在全国开设销售网点600多家，在外专门从事汽车空调零部件营销人员5000余人，形成覆盖全国及东南亚、中东、欧美等国家和地区的销售网络。

【经典时尚产业】 2022年，龙泉市有经典时尚产业规模企业44家，实现规模以上产值20.9亿元，同比下降9.1%。其中，竹木产业有规模以上企业34家，国家高新技术企业14家，亿元企业4家，规模以上企业总产值达17.9亿元；青瓷宝剑产业有规模以上企业10家，实现规模以上总产值3.02亿元。

【健康医药产业】 2022年，龙泉市有健康医药产业规模企业8家，亿元企业2家，实现规模以上产值9.3亿元，同比增长6.6%。以链主型企业国镜药业为依托，聚焦中医药、原研药、仿制药、医疗器械等领域，重点开发中药饮片、中药配方颗粒、中药茶饮、生物制剂和康复器械，构建现代生物制药全产业链。大力发展农副产品精深加工，积极招引培育以灵芝、铁皮石斛、食用菌、茶叶等为主要材料的保健食品加工企业，特别是“健字号”和“妆字号”企业，大力发展健康食品、功能食品、特殊膳食食品等高附加值产品。（季　奕）

经济开发区

【概况】 2022年，浙江龙泉经济开发区有入园企业293家，国家级高新技术企业52家，省级高新技术企业研发中心25家，省级企业研究院9家，省级企业技术中心5家，省科技型中小企业133家。实现规模以上工业增加值18亿元，同比增长6%，完成有效投资13.45亿元，规模以下样本企业营业收入同比增长31.5%。其中，汽车（空调）零部件产业发展势头强劲，全年实现规模以上产值30.8亿元，同比增长17.5%；不锈钢行业增速迅猛，全年实现规模以上产值18.9亿元，同比增长23.2%。2022年，经济开发区获龙泉市综合考核一等奖、丽水市开发区综合考核三等奖。

【开发区整合提升工作】 2022年，经济开发区根据省委省政府《关于整合提升全省各类开发区（园区）的指导意见》（浙委发〔2020〕20号）、《关于打造高能级战略平台的指导意见》（浙委发〔2020〕25号）、《关于高质量建设“万亩千亿”新产业平台的指导意见》（浙政办发〔2019〕10号）和丽水市政府《丽水产业平台整合提升指导意见》（丽政办发〔2020〕55号）等文件精神，完成开发区整合提升工作。整合后总规划面积46.8平方千米，呈“1+3+X”▲空间分布情况。

▲“1+3+X”空间分布：“1”指开发区城区核心区，规划总面积35.7平方千米；“3”指八都、安仁、查田等功能区，规划面积4.87平方千米；“X”系指上垟、小梅及其他区块和乡镇小微园，规划面积6.23平方千米。

【产业培育】 2022年，经济开发区制定出台《龙泉汽车空调配件产业链提升方案》，深入实施“大企业”“专精特新”“隐形冠军”“小升规”等优质企业梯度培育工程，三田压缩机有限公司成功入选国家制造业单项冠军、国家级专精特新重点“小巨人”企业，成功创建省级“未来工厂”，系丽水唯一；新劲空调、三田滤清器成功入选国家级专精特新“小巨人”企业，新劲空调入选省2022年第一批智能工厂（数字化车间），兰通空调、创新空调、凯森板业成为省级隐形冠军企业，新劲空调、施克汽配2个项目入选浙江省2023年第一批“领雁计划”项目。新增上规企业12家，其中艺廊陶瓷、青为铝业、星泰等5家企业实现当年投产、当年上规；新培育亿元以上企业5家，2亿元以上企业2家，5亿元以上企业1家。

深入实施“亩均论英雄”改革，按照公开公平、疏堵结合、部门联动原则，坚决推进低效企业、低效闲置用地、违规租赁企业、高耗低效企业整治。2022年，盘活低效及“用而未尽”土地1002.6亩，其中，实现“腾笼换鸟”“退二优二”5宗47.94亩；完成“政府收回”7宗119.69亩；扩大企业产能、提升企业亩均税收，完成39宗500.71亩；清退无手续占用使用土地1宗50亩；促进“用而未尽”土地开工建设33宗284.26亩。完成省高耗低效企业整改销号30家。

【双招双引】 2022年，经济开发区深入实施“双招双引”战略先导工程，以龙泉市十大产业链项目招引为导向，通过产业链、平台、基金、以商招商等多种方式有力推进汽车（空调）零部件产业链进一步完善，实现新能源热管理系统全配件本土化生产，三田、毅力、科博乐、中泰、新劲等重点企业逐步向新能源赛道转型。2022年，完成项目签约18个，其中亿元以上项目6个，完成年度任务的112.5%；实际利用内资17.4亿元，完成年度任务的116%；完成项目落地17个，完成年度任务的155%，其中顺锋、青为、星泰3家企业完成当年签约当年投产。开发区获龙泉市“双招双引”成绩突出集体嘉奖。

【产城融合】 2022年，经济开发区科学谋划新工业空间拓展，重点做好兰巨生态产业平台大汪区块、砩石岭后、砩石项坊、芳野下坑源和安仁昌文二期等五大区块开发建设，可新增工业空间5000亩以上。2022年，兰巨生态产业平台完成3400余亩土地征收工作，巨龙汽配科创园、青瓷产业园二期、智能物流基本完工，八都竹木小微园、安仁木制玩具小微园、金岗三期污水排放收集工程顺利竣工，芳野小微园三期、安仁精密制造产业园、电商大楼、鞋产业链回归工程市政一期和二期建设有序推进。同时，萧龙科创园竣工并启动招商运营工作，平湖—龙泉“飞地”产业园完成竣工验收。

【安全环保】 2022年，经济开发区深入开展“碧水行动”，顺利通过2022年度经济开发区及砩石金岗园区“污水零直排”三轮“回头看”复评；规范危（固）废管理，完成辖区内130余家企业转运协议签订；规范运营砩石污水处理厂，日处理废水量达200吨。完善应急管理领导小组、安委会和专委会机制，联合相关部门开展多轮次专项行动，推广辖区270余家工业企业安全在线系统常态化使用，组织开展安全消防综合培训9期、应急演练5期，线上线下同步完成安全生产百万员工大培训4000余人次，完成辖区企业覆盖式检查263家次，整改隐患624条，实现辖区安全形势稳定。

【服务企业】 2022年，经济开发区结合“千名干部驻千企”活动，深化“三个一”服务机制▲，定期走访企业，精准对接企业需求，加快推进政策兑现，全年累计走访企业2592次，为企业解决难题286件。指导企业落实“亮码、测温、戴口罩”等疫情防控措施，对辖区1000余家企业及个体工商户开展进口物品排摸。用好“一站式”企业服务中心，构建产业项目全流程闭环管理服务机制，该年为现代旅游、新普金属等7家企业补办规划许可和不动产证，为国镜药业办理分期验收，为19家在建、待验收以及意向建设企业办理土地延长手续。

▲“三个一”服务机制：一个班子成员＋一个联系干部＋一个经济发展科联络员联系企业。 （刘光晖）

青瓷宝剑产业

【概况】 2022年，龙泉市剑瓷行业有从业人员3万余人，中国工艺美术大师7人、中国陶瓷艺术大师7人、中国工美行业艺术大师1人、浙江省工艺美术大师67人、丽水市工艺美术大师96人，正高级工艺美术师13人、副高级工艺美术师197人。有剑瓷市场主体5195家，其中青瓷2727家、宝剑2468家，剑瓷企业1687家，其中青瓷973家、宝剑714家，规模以上企业10家，其中青瓷6家、宝剑4家，限额以上企业（个体户）23家；新增上规企业1家，上限企业5家，“个转企”40家。拥有省级重点企业研究院1家（金宏瓷业），省级科技型中小企业31家；中国驰名商标2件（龙泉青瓷、龙泉宝剑），浙江省著名商标5件，省级及以上老字号17个。实现剑瓷产业增加值10.09亿元，现价同比增长8.5%，占GDP的比重为5.92%；实现规模以上产值3.03亿元，同比增长11.32%；实现剑瓷产业应征税款3219.51万元，同比增长16%；实现剑瓷电商销售额（不含龙泉青瓷宝剑商城）22.12亿元，同比增长23.5%；实现出口额6963万元，同比增长22.35%。

【宝剑小镇】 2022年5月11日，龙泉宝剑小镇创成国家AAA级旅游景区；11月2日，龙泉宝剑小镇•宝剑风情街举办开街仪式并正式对外开放，风情街集聚了宝剑及相关产业商户96家；12月30日，正式命名为第六批省级特色小镇。2022年，小镇客厅全面开放，旅游咨询、商贸服务等七大功能健全完备；宝剑大师园建成落地，11位国家级、省级大师相继入驻。截至2022年12月底，龙泉宝剑小镇累计完成固定资产投资48.2亿元，其中特色产业投资36.5亿元。

2022年8月18日，龙泉市国家AAA级旅游景区宝剑小镇 （张有钢／供图）

【产业发展】 2022年6月23日，龙泉市发布《龙泉宝剑及日用刀具产业链标准体系建设指南》，系全国首个刀剑及日用刀具产业链标准体系；《龙泉宝剑传统制作技术规范》省地方标准成功立项并通过专家评审会；《龙泉菜刀》《龙泉传统宝剑》《动漫刀剑》3个项目通过“浙江制造”标准立项，并启动标准研制工作。

8月30日，龙泉市出台《剑瓷产业高质量发展若干意见》，围绕产业培育壮大的目标，积极推动剑瓷产业规模、产业体系、产业布局、产业培育良好局面的形成，助力剑瓷产业高质量发展。剑瓷产业专项政策累计兑现申报补助项目211个，发放资金518.04万元，惠及企业118家。龙泉青瓷第九次入选世界互联网大会定制礼品，龙泉正武刀剑公司制作的“越王勾践剑”被海军绍兴舰收藏。

9月2日，龙泉市通过招商引资方式，引进尚德能源公司，注册成立了龙泉市首家混合所有制企业——龙泉市青瓷资源开发服务有限公司，开展瓷土采购、生产、经营，实现瓷土标准化生产加工。同步研发“符合《QBT 4254-2011 陶瓷酒瓶》标准的陶瓷酒瓶原料”“适用于龙泉传统艺术瓷的朱砂胎、哥窑和铁胎泥料”“百吨级批次的标准化日用青瓷原料”3款瓷土原料，并于12月开始生产。

10月10日，龙泉青瓷入选省市场监督管理局第一批GM2D示范县域先行试点，25家青瓷企业37类在产产品、2家宝剑企业2类在产产品实现一物一码，累计赋码1196个。

2022年，龙泉市剑瓷产业发展有限公司完成35款青瓷产品设计开发，并投放于龙泉青瓷宝剑商城平台销售；累计开发文创产品100余款；“青瓷宝剑商城”平台累计入驻分店204家，服务销售额达8.5亿元，同比增长154%。

【数字赋能】 2022年，龙泉市开发上线刀剑行业监管系统“龙剑链1.0”，全市覆盖率达95%，注册刀剑从业单位801家，刀剑产品备案3054款，刀剑赋码107486个，实现刀剑溯源全覆盖，同时全面启动“龙剑链2.0”研发工作。开发上线剑瓷行业产业大脑，系集数据共享、业务协同、资源整合、集聚发力等功能于一体，完成系统架构上架IRS（一体化数字资源系统），“泥管家、气安心、人才汇、剑瓷宝、融汇通、剑管家、文旅通、好供销”八大子场景上架“浙政钉”并试运行，该应用被列入全省第二批工业领域行业产业大脑建设名单，“人才汇”被列入2022年省人社数字化改革各地创新项目清单。龙泉市剑瓷产业发展有限公司、龙泉宝剑厂、沈广隆剑铺等企业共开发54款剑瓷数字藏品，在唯一艺术数字艺术电商平台、鲸探、阿里巴巴、元本空间、七级宇宙、超维空间App、支付宝小程序、“豹豹青春宇宙”、魷物、国文等10多个平台上线，销售额达300多万元。

【剑瓷电商平台】 2022年，龙泉市加快推进跨境电商园建设，3家刀剑出口企业成功申请“竹木草”备案，16家成功申请自营进出口资质。快手电商龙泉宝剑产业带招商30家，销售额达1600万元；“剑瓷工场”正式成为视频号服务商，招商90多家，销售额达350多万元；龙泉陶溪川直播基地招商190家，销售额9500多万元。

【亚运会龙泉青瓷特许经营产品设计大赛】 2022年4月6日，龙泉市青瓷宝剑产业局组织举办第19届杭州亚运会龙泉青瓷特许经营产品设计大赛，共收集82件参赛作品，共评选出22件获奖作品，其中金奖2件、银奖4件、铜奖6件、优秀奖10件。龙泉青瓷生产线产品12款，手作产品15款，销售额达120万元。（刘嘉嘉）

经济 商贸

发展和改革工作

【概况】 2022年，龙泉市发展和改革局坚持稳字当头、稳中求进工作总基调，以"全面复兴剑瓷之都、奋力打造品质龙泉"学习实践为抓手，深入开展"互看互学·互比互评"争先创优活动，高效统筹疫情防控和经济社会发展，全市经济运行总体平稳。全年实现地区生产总值(GDP)170.32亿元，同比增长3.1%，三次产业结构调整为10.6:35.0:54.4。

【社会发展】 2022年，龙泉市深入开展"扩中""提低"专项行动，制定《龙泉市"扩中""提低"三年行动方案》，实施"9大群体激励计划"▲和"万人万元"乡村振兴车间、"菜单式"帮扶、富民强村等项目，农村常住居民人均可支配收入30424元，同比增长7.2%，城镇常住居民人均可支配收入57331元，同比增长4.4%，低收入农户人均可支配收入16481元，同比增长15.1%，城乡居民收入比进一步缩小至1.88。落实"1+4+N"教育综合改革，完成龙泉二中、龙泉四中扩建工程和龙泉市启明实验学校新建工程，公办园在园幼儿占比达51.23%；开办丽水职业技术学院龙泉分院，填补龙泉高等教育空白。深化卫生提质工程，中医院迁建工程、公共卫生应急救治中心、公共卫生综合服务中心等项目加快建设，县域就诊率达90%以上。扎实促进就业创业，青年创业园孵化创业实体31家，全市新增就业人数2236人，城镇登记失业率1.25%，实现"零就业"家庭动态清零。

▲"9大群体激励计划"：针对技术工人、科研人员、个体工商户、小微创业者、高校毕业生、新型职业农民、新就业形态从业人员、进城农民工、低收入农户和困难群体等9大群体的激励计划。

【规划管理】 2022年，龙泉市以规划为引领，持续推进全市经济社会跨越式高质量发展，为加快"全面复兴剑瓷之都 奋力打造品质龙泉"步伐，加快推进中国式现代化品质龙泉和革命老区共同富裕示范区建设打下良好基础。深入实施"十四五"规划，全年实现地区生产总值(GDP)170.32亿元，同比增长3.1%。制订全市2022年度规划编制计划，全年下达规划编制计划40项，其中，续编规划18项，新编规划22项，主要包括生态产品价值实现机制创新平台控制性详细规划和产业规划、生态产业平台多规融合专项行动规划、千万亩森林质量精准提升工程实施方案(2021—2025)、水资源节约保护和开发利用总体规划、"十四五"城市建设发展规划、城镇老旧小区改造"十四五"规划、固体废弃物资源循环利用发展规划、百山祖国家公园龙泉分区5年共富发展规划、共同富裕新时代美丽乡村示范带创建规划等。

【共同富裕】 2022年，龙泉市围绕"奋力打造山区跨越式高质量发展推动共同富裕县域样板"总体目标，持续推进共同富裕示范区建设，挂牌成立由市委副书记任主任、常务副市长任第一副主任的龙泉市委社建委。绘制龙泉市奋力打造山区跨越式高质量发展推动共同富裕县域样板系统架构图(1.0版)，印发实施2022年度共同富裕工作要点，细化66项"1+7+N"▲重点工作清单和46项"1+5+N"▲重大改革清单，聚力在五大板块十大领域打造一批标志性成果和典型案例。制定《龙泉市"扩中""提低"行动方案》，围绕促增收、优分配等八大路径，实施技术工人、科研人员等九大群体激励计划，着力构建橄榄形收入分配结构。4篇群众增收案例入选丽水市共同富裕群众增收优秀案例，5个项目被列入丽水市"共富123行动"乡镇试点，入选数量均系丽水第一。2022年，城乡居民收入比缩小至1.88，获全省共同富裕考核良好等次。

▲“1+7+N”:1 个指标体系,54 个指标 +12 个特色指标;7 个领域,即经济发展、公共服务、协调发展、收入分配、文化建设、生态文明、社会治理;N 指 50 个标志性成果名称。

▲“1+5+N”:“1”即“扩中”“提低”改革;“5”个领域,即经济高质量发展、公共服务优质共享、缩小城乡差距、缩小地区差距、文化生态和社会治理;“N”指 50 个标志性成果名称。

【投资管理】 2022 年,市发展和改革局负责重点项目和政府性资金投资项目的综合管理,对政府性投资项目严格执行法人(业主)责任制、招投标制、合同管理制、建设监理制,确保工程质量和资金使用效益。创新开展《龙泉市投资项目“极简审批”改革实施方案》《龙泉市政府投资项目代建制管理办法》等机制建设,清单化、闭环化推进项目全周期管理,持续优化投资环境。组织开展项目建设大比拼、“百日攻坚”大会战等系列活动,全市固定资产投资同比增长 13%,其中,交通投资同比增长 24.8%,生态环境、城市更新和水利设施投资同比增长 25.4%,高新技术产业投资同比增长 21.9%。2 个省重点建设项目完成年度计划的 134.5%,5 个省“4+1”重点项目完成年度目标的 133.2%,9 个省“六个千亿”产业投资工程完成年度目标的 129.9%,43 个丽水市亿元以上项目完成年度计划的 120.3%,67 个市本级重点建设项目完成年度计划的 101.62%。

【能源工作】 2022 年,龙泉市全社会用电量 10.46 亿千瓦时,天然气消费量 2237 万立方米。新增充电站 6 座,充电桩 49 个,综合供能服务站临江站、里下畈站、上垟站完成浙里办“一键找桩”应用上线。全市分布式光伏项目并网 81 个,装机规模 2.88 万千瓦。500 千伏丽西变建成投产,220 千伏剑池(龙南)变、110 千伏查田变开工建设,抽水蓄能电站项目完成项目预可研审查;浙江龙泉磷酸铁锂储能项目被列入省“十四五”第一批新型储能示范项目,并于 12 月 12 日获得施工许可并开工建设。16 个新建、改扩建项目完成节能审查、备案,共计 3.4 万吨标准煤,3 个项目完成节能验收,3 家工业企业和 1 家非工业单位完成节能监察。龙泉市获 2022 年低碳试点县奖励资金 1000 万元,《借“益林富农”应用推进林权落界管理和碳汇价值实现》案例入选全省 2022 年度绿色低碳转型典型案例。

【大花园典型示范创建】 2022 年,龙泉市新增国土绿化面积 3036 亩,完成投资 111.432 万元。全力打造沿瓯江全域绿道网络,通过瓯江绿道建设不断谋划推进驿站建设,完成三江口、济川风华 2 个驿站建设。加快绿道与康养、旅游、体育、农业、文创等产业融合发展,建成上茶街二期项目及武潭绿道,将茶马文化、体育康养与绿道建设实现有机融合,进一步丰富瓯江山水诗之路黄金旅游带。推进增花添彩工程,实施项目 11 大类共 64 个项目,建设美丽林相 10.84 万亩,种植美丽花卉 1680 亩,实现增花添彩行动全覆盖,已完成竹垟畲族乡花海、道太双平花海、岩樟乡五彩树木大道、东茶路段花园大道、白云浪漫玫瑰花园等赏花点位打造。推动 AAAAA 级景区城创建工作,制订创建实施方案,打造景区城建设的龙泉样板;推进龙泉青瓷文化旅游度假区建设,完成投资额 10000 万元;推进城市文化会客厅项目,完成投资额 79856 万元。持续培育大窑龙泉窑国家考古遗址公园等五大耀眼明珠,完成投资 52333.7994 万元。深入开展“人人成园丁、处处成花园”活动,全年开展大花园系列活动 35 项。

【服务业发展】 2022 年,龙泉市实现服务业增加值 92.6 亿元,同比增长 3.8%,对 GDP 的贡献率为 66.7%,拉动 GDP 增长 2 个百分点。创成浙江省第二批物流示范县(市、区),系丽水唯一;指导龙泉市国资控股有限公司发行企业债 5.2 亿元,系龙泉首次;组织龙泉市民营企业申报国家中长期贷款,获批核准贷款资金需求 4.39 亿元。2 个省级特色小镇全年完成投资 10.55 亿元,其中龙泉宝剑小镇正式命名为第六批省级特色小镇。

【生态产品价值实现机制】 2022 年,龙泉市在生态资源利用上推陈出新,唤醒“沉睡”资源,激发土地活力。截至 2022 年底,盘活闲置农房 1617宗,占地面积 19.2 公顷;成立龙泉市瓯江建材公司,对全市砂石资源进行统一经营开发管理,累计收储 18 个砂场 71.4 万立方米砂石原料;成立龙泉市青瓷资源开发服务公司,开展瓷土资源收储、生产、销售等一站式服务,已生产 100 吨瓷土原料。生态资源金融赋能进一步深化,签订浙江省首单商业性竹林碳汇价格指数保险,达成 4 笔碳汇交易。因地制宜探索实施林权抵押贷款、公益林收益权质押贷款、地役权收益质押贷款等绿色金融业务,破解林权抵押瓶颈,截至 2022 年底,三类模式贷款余额 9.81 亿元。努力培育水产业新经济增长点,“丽水山泉”龙泉生产基地一期项目正式投产,产能 15 万吨。加快整县屋顶分布式光伏开发试点,2023—2025 年已完成选址的地面光伏项目共计 11 个,装机总容量为 25.11 万千瓦。

【数字社会建设】 2022年，龙泉市高效率完成省级重大应用贯通，率先在丽水市落地贯通“浙里康养”“浙有善育”“浙医互认”等社会领域省级重大应用，其中，龙泉市“浙里新市民”应用作为全省第一批复制推广地区，1个月内高效完成浙里办上线及运行工作。持续性抓好应用建设工作，全年迭代、改革本地特色应用2个，启动上线“浙里办”应用3个，谋划储备应用10个，其中重点对标打造标志性应用1个，谋划建设“浙丽乡村好医”应用。2022年9月，“浙丽乡村好医”应用场景在砝石街道黄土村、兰巨乡仙仁村和道太乡际头村开展试点工作。宋韵西街社区、城东社区分别入选省第五批、六批未来社区试点，竹垟畲族乡金田村、住龙镇住溪村入选省第二批未来乡村试点。

【信用社会建设】 2022年，完成80余批次信用核查，其中涉及自然人1513人，涉及企业2600余家，通过“信用浙江”平台帮助企业成功信用修复5例。新增37个行政村申报生态信用村，其中西街街道、兰巨乡（生态产品价值实现机制工作试点乡镇）生态信用村覆盖率达80%以上。开展“信用监管——企业失信率”专项整治行动，清理失信被执行人企业19家，涉及案件93个；清理严重违法失信企业20家，清除失信记录32条。

【价格管理】 2022年，龙泉市扎实做好市场价格监测工作，根据现行的价格监测报告制度，针对55个重要民生商品做好价格监测，及时掌握重要民生商品市场行情，分析价格动态趋势，全年共形成报表112份，处理数据1618条。有序组织成本监审调查工作，开展2019—2021年城市生活垃圾处理成本和绿谷实验幼儿园保教费成本监审工作，并对城市道路占用、挖掘修复收费情况、闲置和低效工业用地处置情况、物流快递行业收费情况、天然气价格机制展开专项调研，为政府决策夯实基础。积极落实价格监管工作，及时核定龙泉市滨江壹号小区2号楼人才公寓租金标准10元/平方米·月；发布龙泉市居民管道天然气销售价格，建立居民生活用气阶梯价格制度，其中第一档气量为0—360（含）立方米/年·户，气价3.00元/立方米，第二档气量为360—540（含）立方米/年·户，气价3.60元/立方米，第三档气量为540立方米以上/年·户，气价4.50元/立方米；核定绿谷实验幼儿园保教费收费试行标准，其中托班保教费试行收费标准为530元/生·月，小、中和大班保教费试行收费标准为430元/生·月；落实建立龙泉市公办幼儿园成本分担机制；进一步规范转供电环节加价行为，确保降价红利落实到位；建立电力接入工程费用分担机制，优化用电营商环境。依法执行价格认证工作，全年完成价格认证案件86个，认定总金额419.57万元，其中，涉及公安案件74个，认定金额415.64万元；涉及综合执法案件12个，认定金额3.93万元。

【铁路发展】 2022年2月24日，省委书记袁家军、省长王浩赴国铁集团对接温武吉铁路前期工作，全力争取国铁集团关心和支持；4月，浙江、福建、江西三省发改委联合向国铁集团行文，恳请适当提高项目建设标准，按新建双线，设计时速160千米，预留200千米条件建设；6月，中铁二院和丽水市铁委办一行到龙泉市开展温武吉铁路前期工作调研，进一步优化温武吉铁路线位；10月，金华至南平铁路预可研报告正式开始编制。12月28日，衢宁铁路龙泉市站货运开通，龙泉市站正式开办货运业务。2022年，衢宁铁路龙泉市站客运量13.98万人次，运行车次10趟，分别为C495、C496次（上海南—庆元往返），C481、C482次（上海南—庆元往返），C491（上海南—庆元），C492（庆元—杭州），K804、K803次（福州—重庆北往返），K1091、K1092次（福州—徐州往返）。

粮食和物资储备

【科学储粮】 2022年，龙泉市积极推进“浙江粮仓”信息化改造工程，投资37.8万元，完成“浙江粮仓”出入库系统建设，实现“浙政粮安”多场景应用县域全线贯通，实行数字化粮储情况动态管理。启动龙泉市剑湖粮库修缮工程，投资522.3万元，改造面积2600平方米，有效缓解仓容紧张压力。

【应急物资信息化管理】 2022年，龙泉市应急物资保障工作数字化全面提升，实现ERMS物资管理系统全面贯通应用并发挥实效，做到应急物资“找得到、调得快、用得上”。截至2022年12月底，龙泉市乡村级库点覆盖率达到100%，共录入库点298个。 （杨亚卉）

招商引资工作

【概况】 2022年，龙泉市经济合作交流中心（招商服务中心）更名为龙泉市投资促进中心（经济合作交流中心、招商服务中心），强化招引指挥作用。全年新引进项目50个，其中亿元以上大项目17个，完成年度任务121%；实际利用市外内资23.6亿元，完成年度任务107%；落地项目38个；投产项目22个。

【工作创新】 2022年，龙泉市投资促进中心全新组建派出上海、杭州、温台、景金义、京津冀、中西部、粤港澳及服务督导专班8个驻外分局（专班），建立汽车零部件等十大产业链，形成以招引指挥部（投促中心）+招引工作分局（专班）+链长制责任单位的“1+8+10”招商格局。编制汽车零部件、竹木加工、健康医药、机械电子4份“招商图谱”，建立靶向企业盯引库，按图索骥开展精准招引，有效推动良工阀门、千束家具、恒睿丰新能源、星泰电子、青为科技等一批强链补链延链的制造业大项目及总投资5亿元的“浙江龙泉磷酸铁锂储能示范项目”招引落地，并与吉利集团旗下厚同资本签订战略合作协议，合作建立10亿元的汽车科技产业投资基金。

【山海协作】 2022年，山海协作类新签约产业合作项目19个，全年实到项目建设资金34亿元，争取萧山区、秀洲区、前湾新区帮扶资金702万元，消薄“飞地”返利收益3260万元，农特产品消费帮扶销售3125万元，劳动力协作培训技术人才3123人次；萧山—龙泉“飞地”产业园（萧龙科创园）竣工验收，与萧山区正式签订“产业飞地”合作协议；秀洲—龙泉“飞地”产业园企业入驻率达到100%。新增3个山海协作共建乡村振兴示范点，分别为萧山—龙泉乡村振兴示范点（龙渊街道沙潭村）、秀洲—龙泉乡村振兴示范点（城北乡河坑塘村）、前湾新区—龙泉乡村振兴示范点（兰巨乡下沙桥村），示范点总数达7个，共争取结对县（市、区）用于乡村振兴援建帮扶资金800余万元，重点用于实施大白鹅养殖基地新建工程、小黄牛养殖基地扩建项目、乡村旅游休闲综合体等援建产业项目。

【爱心援助】 2022年，龙泉市妇联与秀洲区妇联签订山海协作“圆梦行动”合作协议，秀洲“姜奶奶”爱心援助工程连续三年每年出资5万元为龙泉贫困家庭完成100个微心愿。在萧山区举办“山海携手、同心聚爱”龙泉剑瓷作品义卖助残活动，共募得善款120余万元，全部用于龙泉市残疾人运动康复训练场所建设。萧山区第15批“公民爱心”援助行动向龙泉捐赠100万元爱心捐款，为龙泉10名患重病未成年人每人提供10万元的医疗救助资金。 （徐子豪 邓伟庆）

供销合作

【概况】 2022年，龙泉市供销社系统经营总收入3.62亿元，其中批发零售销售额3.18亿元、电商销售额4391万元，龙泉市农合联模式入选全省强村富民乡村集成改革典型案例。在丽水市率先完成县级农合联换届工作和19个乡镇（街道）农合联换届工作。龙泉市竹笋产业综合服务中心建成投入使用，为全市笋制品提供统一对外展示展销平台，并在八都镇建成1家笋干加工示范点。

【流动供销致富车】 2022年，市供销社印发了《关于建立龙泉市“浙丽产”农合联入户服务制度实施方案的通知》《关于建立龙泉市“浙丽供”生活用品下村服务制度实施方案的通知》《关于建立龙泉市“浙丽销”农产品进城服务制度实施方案的通知》等系列文件，推动“流动供销致富车”提质扩面。流动供销致富车增至39辆，同比增长8倍，服务里程达21.62万千米，为山区群众提供代购、代办服务2500余件次，帮助山区群众销售农产品价值1500万元。

【龙泉农师“共富工坊”】 2022年，市供销社依托党建联建，从“共”字出发，围绕党建赋能、规范建设、吸纳就业、带富效能、管理机制等5个方面，以龙泉农产品“供销e城”为载体，建立龙泉农师“共富工坊”。2022年，该工坊重点对接50余家农业企业、农民合作社和农场基地，吸纳村民就业1000余人，其中低收入农户100多人，直接受益农业企业100余家，受益农户人均增收7000元，农产品“供销e城”营业收入达3300万元。

2022年5月，龙泉市农合联换届大会召开 （市供销社/供图）

【数字农合联建设】 2022年，市供销社加快“农智链”应用场景建设，打造了农业数据中台、农产品电商公共服务中心线下线上两个服务平台和“数字服务中心”微信公众号、农业App两个服务端，构建产供销一体的“供销e城”子场景，有效破解生产端、供应端、销售端“三端分离”难题，为农产品稳销、农产业增值、农民就业增收提供有力支撑。2022年，共有150余家合作社被纳入“供销e城”服务网络，通过“供销e城”线上销售额达2000余万元；“数字服务中心”微信公众号累计注册用户数1027户，其中电商商家数419户；运营农业App，农户通过手机端远程进行农事处置，实现水肥一体化自动灌溉，与传统育种方式相比，每亩每季可节约肥料农药及人工成本1010元，增产率达75%。

【高山蔬菜数字农合联试点】 2022年，市供销社开展龙泉高山蔬菜数字农合联试点工作，建设“浙农服”服务平台，完成农资、农产品、物流、信用、担保、政策信息及流动供销致富车等基础数据在平台上线，通过服务集成、业务融合、企业运营、设施建设等举措，构建农合联数据资源体系，夯实农合联“数字底座”。与杭州宋小菜网络科技有限公司签订购销合同，根据该公司提供的销售数据信息，以市场消费端数据指导生产端，为农业种植规划提供指导，形成集生产、供销、信用、销售于一体的产供销体系。

【区域农产品公用品牌推广】 2022年，市供销社完成“龙泉农师”文字与图形商标注册工作，共计8项商标注册证。制定《龙泉农师品牌使用准入标准》，新增10款产品包装设计，主要包括甜橘柚、蜂蜜、茶叶、红糖、大米、羊肚菌、姬松茸、竹荪、茄子、四季豆等系列产品，并在竹茶菌蔬蜂果药产品类型中，累计打造20款以上农产品。制订“天下龙泉·龙泉农师”区域农产品公共品牌推广方案，组织3场营销推广活动，“龙泉农师”品牌销售额达330万元。

【龙泉茄价格指数保险试点】 2022年，市供销社开展浙江省首例龙泉食用茄价格指数保险试点工作，按照5:4:1的比例，由中国太平洋财产保险股份有限公司龙泉支公司、中国人民财产保险股份有限公司龙泉支公司和中华联合财产保险股份有限公司龙泉支公司共同承保，为首年试点开办。参保对象为龙泉市蔬菜产业农合联会员中的茄子种植大户，保费按照2:6:2的比例，由市、县两级政府财政和茄子种植大户共同出资。2022年，龙泉市投保面积2000亩，保障金额2000万元，共计产生赔付金额137.75万元，整体赔付率68.9%。 （瞿津津）

烟草专卖

【卷烟营销】 2022年，龙泉市烟草专卖局（分公司）全面对接“智慧营销”工程落地要求，全方位加速构建营销管理新生态，经济运行稳中有进。全年共销售卷烟12259.01箱，同比下降0.25%，实现销售额59510.76万元，同比提升4.85%；实现毛利1.69亿元，同比提升5.36%；单箱销售额4.8万元，位居丽水市第一，同比增加2363元，全年市场价格坚挺，主销规格价格普遍高于往年同期，社会动销平稳，市场状态持续向好。持续提升终端数采质量，通过“专人负责、专班攻坚、跨区评价”模式，开展全域数采户数据诊断，促进数采质量长效提升，数采质量分位列丽水市第二。全面推动品牌梯次发展，重点品牌销售11163.3箱，同比增长5.73%，销量占比91.1%，一类烟销量6680.09箱，同比增长6.49%；高端烟销量6680.08箱，同比增长9.18%；高价烟销量292.15箱，同比增长21.31%。积极培育国产雪茄，扎实开展雪茄特色体验终端选点、雪茄柜配置工作，全年建设特色雪茄终端6户，销售国产手工雪茄1.247万支、传统机制雪茄19.438万支。

【专卖管理】 2022年，龙泉市烟草专卖局（分公司）紧紧围绕智慧化监管主线，聚焦本土市场净化，升级监管模式，集成作战优势，高压推进各项重点任务。2022年，共查获各类违法案件104起，移送案件12起，查获各类违法卷烟1047.203件，同比增长17.02%，其中真烟123.174件、假烟924.029件。全年自主查获运假专车8辆，查获涉案卷烟46189.8条，案值898万余元，抓获涉案嫌疑人10人，违法卷烟查获量比上年增长23.86%，查获量位居丽水市第一；协助其他县局查获运假专车8辆，协助查获涉案假冒卷烟40585条，案值689万余元。高强度推进内管内控，以违法大户为着眼点，紧抓物流寄递、高速省道等关键区域监管，强化真烟异流监管，全年外流省外卷烟14条，同比下降80.28%，降幅位居丽水市前列；查获省外流入卷烟3125.9条（不含省内不经销卷烟），同比上升13.01%。联合公安部门开展“上头电子烟”专项治理行动，抓获违法嫌疑人31人，其中采取刑事强制措施10人，治安处罚21人。全力配合政务服务2.0系统建设，严格贯彻许可证准入要求，引入许可证总量控制模式，优化辖区内烟草制品零售点布局，全年办理各类许可证申请833份，其中新办许可证204份（含电子烟3户），网上办证率达到100%。 （陈家琳）

经济管理

审计管理

【概况】 2022年，龙泉市审计局完成审计项目21个，查出主要问题金额386473.11万元，其中违规金额673.11万元、管理不规范金额38.58亿元；移送司法机关、纪检监察机关和有关部门处理事项4件，移送处理人员3人；审计促进整改落实有关问题金额27万元。出具审计报告和专项审计调查报告19篇；审计提出建议72条，被采纳72条；促进被审计单位制定、完善规章制度54项；提交审计信息以及专报信息共计231篇，被批示、采用227篇。

2022年，市审计局被评为浙江省优秀县级审计机关，丽水市审计系统综合考核优秀等次，龙泉市综合考核优秀等次。1个审计项目获评省优秀项目二等奖，1个审计项目获评丽水市优秀项目，3个内审项目获评省优秀项目，4个内审项目获评丽水市优秀项目，省级优秀论文、案例6篇，丽水市级优秀论文、案例11篇。

【财政预算执行审计】 2022年，市审计局谋划财政预算执行审计，围绕市委市政府中心工作和经济社会发展大格局，实行“核心+专题”方式实施审计。财政同级审项目除了核心部分，还新增5个专题，内容为历年最多。该项目审计报告共反映11个方面46个问题，并在审计期间促进出台《关于进一步完善龙泉市招商引资项目闭环管理工作机制的意见》《龙泉市部门项目支出预算管理办法》等4项制度；领导批示专报信息4篇次。

【政策跟踪审计】 2022年，市审计局采取“开门办审计”等举措，邀请“两代表、一委员”参与市卫健局、人社局、民政局等10个部门牵头实施的全市2022年省政府十大民生实事推进情况专项审计调查，重点调查托育机构及托位建设、居家养老服务中心建设运营管理、公办幼儿园及幼儿学位建设、农村供水管网改造等6项民生实事项目或事项，审计发现资金支付使用、运营管理、项目绩效等方面仍存在12个问题，查出管理不规范金额523.6万元，促进被审计单位建立健全规章制度1项，另外邀请“两代表、一委员”参与民生实事推进情况审计的特色做法被中国网、新华网等媒体报道，扩大了审计影响力，促进了民生项目的落实落地。

2022年，市审计局开展储备粮食管理情况专项审计调查，审计发现储备粮储存、购销管理不规范，内控管理不健全等13个问题，另外撰写了《我市超标粮食处置意见亟待细化》《我市储备粮油中心储备库仓储能力不足》等2篇审计信息专报，得到龙泉市委书记和常务副市长的批示，推动龙泉市发改局、财政局、农业农村局等8部门联合印发《龙泉市超标粮食处置实施（细则）》，对严格执行国家粮食收购政策，维护粮食市场秩序，保障全市城乡居民口粮供应和粮食安全具有重要意义。

【经济责任审计】 2022年，市审计局完成经济责任审计项目8个，涉及被审计领导干部10人，查出主要问题金额207400万元，促进领导干部依法用权、秉公用权、廉洁用权。在全省首创出台《龙泉市领导干部生态产品价值责任审计办法（试行）》，并选取兰巨乡开展领导干部生态产品价值实现责任审计试点，确定审计试点中政策落实、决策部署等六大方面9个主要内容，围绕生态产品价值的供给等方面设立一、二级评价指标，形成了领导干部生态产品价值责任体系完整、链条清晰的定责全过程、闭环式管理。

【内部审计】 2022年，市审计局探索建立内审工作协同机制，组成专项检查组，分赴26家市直单位、19个乡镇（街道）进行督查，加强“一把手”对内审工作的重视，推进国家审计与内部审计统筹协作、共享互补。同时，浙江省内审协会全省内审培训会，丽水内审协会2022年度内审协会会长、秘书长交流培训会相继在龙泉召开，龙泉成为全省唯一一个连续3次承办省市内审培训班的县级单位，证明了龙泉内审是浙江审计的“金名片”。

【巡审联动】 2022年，市审计局认真落实上级审计机关审计任务及龙泉市委巡察工作，选派8名审计骨干参加省审计厅和丽水审计局组织的项目审计，安排1名干部担任驻村“第一书记”，选派11名审计业务骨干参加省委巡视（温州泰顺）巡察、云和县提级政治巡察及本市林业局、总工会等12个单位的巡察工作，将审计监督与市委巡察相结合，做到工作信息互通、工作互动、业务互补、成果共享，实现“一审多果”“一果多用”。并且按照“党建统领、整体智治”的工作要求，牵头研究制定了“1+4”制度体系，以市委审计办公室名义出台了《关于中共龙泉市委审计委员会实体化运作相关意见》，推动审计监督与纪检监察、巡视巡察、党政督查等相结合，一体化构建多跨协同的大监督格局。

【审计管理】 2022年，市审计局向党政部门、上级审计机关报送审计工作结果报告、专报信息及其他信息231篇，获领导批示或录用227篇（次），其中审计专报信息获市委市政府主要领导批示17篇次。2022年，完成审计项目21个，两个项目分别荣获省优秀项目二等奖（县级审计项目第一名）和丽水市优秀项目三等奖，查出违规金额673.11万元，管理不规范金额38.58亿元，非金额问题247个，提出审计建议72条，移送处理事项4起。

2022年，市审计局以“重大问题清单”为主抓手，依托审计整改一体化智能管理系统，实现底数清、管控严；坚持边审边改，建立审中良好沟通反馈机制，推动问题在审计过程中及时整改。2022年，查出问题437个，其中立行立改类问题359个，分阶段整改类问题78个。项目已完成整改问题累计397个，整改率90.84%。未完成整改问题40个，其中，未到整改期限问题11个，分阶段整改问题29个，分阶段整改问题均已制订整改方案，阶段整改率为100%，较好地推动审计监督闭环管理。 （叶君春 张梦莉）

统计工作

【概况】 2022年，龙泉市统计局在市委市政府正确领导和丽水市统计局的精心指导下，深入贯彻党的二十大精神，以提高统计数据质量为宗旨，进一步加强统计法治建设，夯实统计基层基础，紧紧围绕经济发展目标，为领导决策当好参谋，提供优质统计服务。

2022年，市统计局全面贯彻实施“一套表”制度，准确及时地完成工业、农业、批发零售住宿餐饮业、固定资产投资、综合、核算等30多项统计调查年报、季报和月报任务。加强对数据指标跟踪比对，加强与发改、经商、财政、农业农村等部门工作对接，共同分析经济发展状况，针对经济发展情况和行业发展状况做好专业预测预警分析和统计指标监测，对工业、固定资产投资、贸易、服务业等主要经济指标发展及时提出意见和建议。立足统计职能，深入部门、乡镇、企业走访调研，及时反映发展趋势问题，有针对性地提出对策建议，为政府科学决策提供依据。发表统计信息102篇，印发《统计专报》9期、《统计分析》36期。其中，2篇专报获市委市政府主要领导批示。编发《数据龙泉》《龙泉统计信息数据》等统计资料，及时发布月度、季度、年度统计数据。编撰完成《龙泉统计年鉴（2021）》。

2022年，市统计局精准指导企业“上下规”工作，组织召开企业上下规业务培训会，对各行业主管部门进行业务辅导培训。主动跟踪拟上规（限）企业经营情况及发展趋势，协助各行业主管部门认真做好新开业投产单位及“四下”升“四上”单位摸底、申报和退出工作。

【创新数字化改革】 2022年，市统计局积极推动数字化改革。科学有序推动统计民调在线，采用多种模式开展涉及营商环境、残疾人共同富裕、基层医疗卫生服务等调查，共回收调查样本12000余份。积极推广“最多报一次”应用，组织部门业务骨干率先学习“一键”上报系统，做好企业的宣传推广应用工作，多形式做好“最多报一次”统计报表培训工作，顺利举办“最多报一次”业务培训班6期，组织各专业统计人员培训累计近300人次。加快推进统计网格智治工作，进一步完善网格员运行相关制度，出台基层统计网格智治实施方案；各专业协同配合，精准发力，提高“统计e家”活跃度。累计搭建一级统计网格1个，二级统计网格12个，四级统计网格36个，网格覆盖率100%，激活企业326家，企业覆盖率100%，建立统计之家1个，并应用“统计e家”的走访调研功能，实时记录调研企业情况。

【统计法治】 2022年，市统计局充分利用LED大屏幕、宣传车、报纸、电视、网络、手机短信等手段宣传统计法律法规，把统计法律法规学习作为专业培训会议上一个重要环节进行落实，制作印发《中华人民共和国统计法》和宣传折页，以通俗易懂的漫画形式宣传统计法律法规。加强统计执法检查，开展“双随机”执法检查60家，并立案处罚3家。同时省市带队到龙泉市开展督察整改和专项纠治检查、数据质量核查等检查累计有10余次。完成国家统计督察反馈问题整改，根据国家督察组问题反馈清单，及时向市委市政府汇报并组织开展督察整改销号工作。督促31个有关单位和19个乡镇（街道）建立防惩统计造假问责制度，清理纠正违反统计法精神的文件和做法。配合省统计局对国家统计督察查实的数据失实企业，进行双随机执法检查，同时继续做好迎接国家督察组“回头看”相关工作。推进法治政府建设，严格执行行政执法“三项制度”▲，开展“政务+监管”工作，完善行政执法监督体系。

▲“三项制度”：建立执法全过程记录制度、严格执行重大执法决定法制审核制度、推行行政执法公示制度。（曾欣怡）

统计调查

【概况】 2022年，国家统计局龙泉调查队（以下简称龙泉调查队）围绕上级统计部门和龙泉市委市政府决策部署，扎实开展城乡住户、农业、农村、劳动力、消费价格等10余项统计调查工作，高质量完成住户、粮食等专业样本轮换工作。龙泉调查队获浙江市县国家调查队2022年度工作综合考核优秀等次，在16个被列入全省调查队系统考核的专业中，获优秀等次12个，良好等次3个，优良率93.75%，居全省第二位。2022年，龙泉调查队主要负责人获评全国统计系统先进个人；龙泉调查队获评全省国家调查队系统党建文化示范点。

【统计服务】 2022年，龙泉调查队立足统计调查职能，充分发挥监测预警功能和决策参谋助手作用，及时发布月度、季度、年度统计数据，撰写统计分析文章43篇，其中国家统计局录用3篇，浙江调查总队录用40篇，获龙泉市领导批示10篇。参与上级部门组织的专题信息71次，其中中央办公厅、国务院办公厅采用11次，省委办公厅、省政府办公厅采用30次，浙江调查总队采用30次，参与调研的专题信息被国家领导批示2篇，省委省政府领导批示7篇。独立承担浙江调查总队立项课题2个，参与联合课题3个，获评丽水市社科联立项课题2个、龙泉市社科联立项课题4个，相关课题研究在浙江国家调查队系统评比中获奖2篇次，在丽水市统计协会评比中获奖4篇次，在龙泉市社科联评比中获奖3篇次。发挥基层调查队“轻骑兵”优势，通过市委办市府办向上级报送专题信息，其中省委办公厅、省政府办公厅录用2篇，丽水市委办、市府办录用5篇。庆祝党的二十大胜利召开，编印《数说民生 非凡十年——党的十八大以来龙泉市民生发展成就报告汇编》，集中展现发展成果。

【住户调查】 2022年，龙泉市住户调查工作共有22个调查点，其中城镇调查点10个，农村调查点12个，共计样本户220户，由22名调查员承担调查工作。龙泉调查队加强培训指导，通过月度例会、季度走访、年度业务培训，以“请上来、走下去”相结合的培训模式，实现业务指导全覆盖，全年累计走访90余次，培训1000余人次，数据质量稳步提升。2022年是住户调查样本轮换年，龙泉队高度重视新样本轮换工作，通过因户施策、重点突破、层层推进的方式，圆满完成了新一轮住户调查样本轮换工作。

2022年2月，在道太乡供村开展住户调查入户指导工作　（王美／供图）

【居民消费价格调查】 2022年，龙泉市共有消价采价网点150个，采价员6名，代表规格品838个，每月采价笔数3213笔。龙泉队坚持以党建为引领、提高数据质量为核心、破解工作难点为重点、强化服务水平为目标，全面高质量完成消价调查工作。

【粮食产量监测调查】 2022年，龙泉调查队负责粮食产量监测调查工作，龙泉市共有调查样本村25个，调查样方共计75个，分布在14个乡镇（街道），辅助调查员25名，配备28台PDA设备（个人数字设备）。全年完成了春播、早稻、夏播和秋冬播共四次面积调查，完成春粮实产调查、夏粮实产调查、早稻及单双季晚稻实割实测调查等六次单产调查，完成粮食产量调查大样本轮换工作，并积极开展无人机调查试点工作。2022年，累计下乡走访40余次，覆盖所有样本村。

【畜禽监测调查】 2022年，龙泉调查队负责畜禽监测调查。截至2022年底，龙泉市共有生猪规模养殖样本户111个，羊规模养殖样本户2个，抽中的散养户样本村5个。2022年，共聘用辅助调查员35人，召开培训会议2次，覆盖所有乡镇统计员和辅助调查员。积极开展下乡走访，及时向养殖户了解畜禽相关信息，提高数据质量。

【劳动力调查】 2022年，龙泉调查队负责劳动力调查工作，共有10个样本点（其中一个为合并村），其中城镇样本点6个，农村样本点4个，共涉及6个乡镇（街道）144户，每个样本点每月调查16户。龙泉调查队以“线上+线下”等方式强化调查员的业务水平，全年累计入户陪访20余次，业务培训40余人次，实现样本点陪访和调查员培训全覆盖。 （季　悦）

应急管理

【概况】 2022年，龙泉市应急管理局围绕龙泉市经济社会发展中心工作，认真贯彻落实国家和省市关于安全生产、应急救援和防灾减灾救灾工作的决策部署，充分发挥安委办、防指办、森防指办等综合协调功能，以“应急先锋”党建品牌创建为引领，深入开展全省自然灾害综合风险普查成果应用试点、全省社区应急体系改革试点、全省应急管理行政执法能力建设试点和丽水市县域应急管理交叉行政执法试点工作，积极承办丽水市基层应急管理体系和防汛防台标准化建设推进会，圆满完成党的二十大安全生产和森林防灭火等安全维稳工作，整合打造“大应急、大救援、大储备”“三位一体”的县级应急救援中心，科学应对“6•20”百年一遇强降水，实现人员零伤亡，在安全生产和自然灾害等各项工作防范和应对中积极有为。

龙泉市应急管理局在浙江省以及丽水市2022年度安全生产和消防工作考核中均位列丽水第一；荣获浙江省平安护航党的二十大成绩突出集体、浙江省基层防汛防台标准化建设优秀单位称号。

【基层基础建设】 2022年，本级财政安排180万元用于避灾安置场所建设，累计完成避灾安置场所规范化建设196个，规范化率达78.71%，且规范化建设后的避灾安置场所可视化率达100%，规范化率和可视化率均位居丽水市前列。按照“县—镇—村”三级配备灾害信息员工作要求，19个乡镇（街道）均明确一位专职灾害信息员和一位兼职灾害信息员，249个行政村（社区）均配置两名灾害信息员，明确AB岗，全市在册在岗的三级灾害信息员共有536人。

2022年，龙泉市开展突发事件应急可视化指挥调度能力提升项目建设，项目总投资115万元，配备卫星便携站1台、移动单兵20台，实现19个乡镇（街道）单兵配备全覆盖，单兵运用通过培训演练及省市县三级联调联试，实现连线成功、30分钟响应、连线质量达标三个100%。卫星便携站的配备实现了在公网中断条件下，接到指令后1小时通过卫星通信方式可视化的指挥调度。完成大会议室和应急指挥中心指挥室改造提升，完成气象、水利专线专网，基本可满足防汛防台会商研判，通过视联网和可视化指挥调度系统，实现省、丽水及

2022年4月5日，市应急管理局开展森林消防队伍演练培训　（蔡向航/供图）

乡镇(街道)的实时连线。

【安全生产】 2022年,龙泉市结合安全生产三年行动及“五一”假期等重点时期安全风险管控和事故防范,开展大检查10次,召开分析会30余次,开展督查检查12轮,发布进度通报8期,全市上下检查企业10023家次,排查隐患10765项,已完成整改10723项。其中,在全省“除险保安”月度评价指数晾晒排名第2期、第5期和第7期分别位列全省第九、第十一和第十一,均位列丽水市第一。

党的二十大胜利召开期间,龙泉市成立护航党的二十大工作专班,实行每日轮班值守,下点督导,市安委办、市森防指每日开展督导检查,下发交办函8份,交办问题隐患31个,编发工作专报11期,通报全市各专委会、安委会成员单位及各乡镇(街道)安全生产和森林防灭火工作开展情况。专项行动工作开展中,全市共检查企业(场所)2218家次,排查整改问题1296项;森防指主要成员单位及乡镇(街道)组织巡查检查组258个,巡查检查482个行政村,发现问题隐患54个。

全市开展“25项整治”、“有限空间整治”、“重点工业企业火灾防范”、工贸行业安全生产专项整治、“百日清零行动”等,开展有限空间整治34家次,25项重点任务整治131家次,重点行业火灾防范81家次,工业企业自建燃气整治7家次,涉粉企业129家次,发现隐患376条,下发整改指令书48份,关停5家,完成整改13家;开展低效工业企业整治装修行动,检查企业76家次,发现隐患220余条;完成293家企业风险管控体系建设;办理烟花爆竹零售许可27件,危险化学品经营许可27件,非煤矿山安全设施设计审查1件。

【防汛防台风抗旱】 2022年汛期(5月26日至6月21日),龙泉市连续出现3个降水集中时段,降水集中期时城区累计雨量仅次于1998年,为历年同期第二多。其中,6月19日20时至20日20时,本市24小时平均降水量167.2毫米,居全省第一。6月20日8时至20日20时,该市12小时平均降水量125.2毫米,居全省第一。6月20日11时至17时本市累计降水量149.1毫米,突破1953年有记载的历史极值(137.1毫米)。披云山站点,2小时、6小时、12小时、24小时均突破建站最大纪录。其中,24小时最大321.6毫米,突破百年一遇的纪录(218.7毫米)。6月20日下午,龙泉市普降暴雨,巡查人员在巡查重点区域过程中,发现欧立木业区块后侧山体有泥土砂石散落,旁边就是龙泉市城市文化客厅项目的员工宿舍,随时有倒塌风险,情况非常紧急。工地负责人、社区网格员、派出所民警立即组织员工进行转移,历时半小时,113名受困员工全部转移至安置酒店,并关闭工地大门,禁止员工回流。晚上7时58分,欧立木业区块后侧山体发生塌方,5栋宿舍轰然倒塌,因转移及时,无一人员伤亡,确保了广大人民群众生命财产安全。该案例入选2022年全国地质灾害成功避险十大案例。

梅汛期该市境内高速、322和528国道、227省道等公路多处中断,通往乡镇的主干道全部中断,全市不同程度断水、断电、断网。共发生公路中断354条次,乡村康庄路、机耕路塌方2164处;农作物受损3742.83公顷;河堤损毁604处,山塘水库受损5处,供水中断104处;房屋倒塌117间,房屋严重受损337间,进水3311处;电力线路中断43条,杆线倒塌92处,通信中断32处;工业企业停产126家。全市受灾人口128538人,直接经济损失12.10亿余元。

市防指成功处置“轩岚诺”“梅花”等台风,副处级以上领导召开防汛部署会议28次,市防指共召开防汛会商会议91次,通过全网发布发出33万余条短信提醒群众做好安全防范,开展防台工作巡查6870人次,安全码赋码人员3721人,448名村级转移责任人全部完成开通“掌上应急”,修编村防汛防台形势249幅。

【森林防灭火】 2022年,龙泉市共发生森林火情14起,未造成较大损失,无人员伤亡。市森防指在春节、清明、国庆、党的二十大召开及秋冬季重点防火期,对森林防灭火工作进行专题部署,并开展森林火灾隐患排查专项整治行动,落实整改隐患26处,实现闭环管理。市森防指还部署开展林区输配电设施火灾隐患排查治理专项行动,着力解决“树线矛盾”,解决树障隐患点263处,山火隐患点195处。在清明期间(3月20日至4月10日)和秋冬季高火险等级天气三次发布禁火通告,林区禁止一切野外用火。17个林业工作站不间断开展巡逻检查和宣传,216名护林员在高火险等级天气全员开展巡护。

2022年,全市19个乡镇(街道)各建立了1支30人的综合应急救援队伍,共有667人,其中小梅、安仁被列入省、丽水示范队伍,队员各50人;8月,市应急管理局组织开展了全市乡镇综合应急救援队伍技能比武,19支队伍200多名队员参加高压接力水泵“引水灭火”、沙袋堆垒等项目竞技,有效提升了队伍的实战能力。加强森林消防队伍建设,在全市较大行政村建立和完善23支区域性森林消防队伍,队员601人,投入资金100多万元,购置高压接力水泵等装备;新

2022 年 8 月 3 日，龙泉市公路应急抢险中心开展演练　　（江利平 / 供图）

增"引水灭火"森林消防队伍 8 支，进一步提升扑救森林火灾的能力；通过购买服务招录 8 名专职应急队员和整合 20 名兼职队员，完成应急管理局直属大队组建工作。　（周丽艳）

安全消防

【概况】 2022 年，龙泉市消防救援大队认真履行消防安全委员会办公室职责，切实发挥党委政府的参谋助手作用。提请市委常委会专题听取汇报、分析研究消防工作 1 次，市政府常务会议专题听取汇报、分析研究消防工作 2 次；政府全额补助共计 149.1664 万元用于弱势群体民房提升改造和老旧小区电动车集中充电桩增设项目，安装联网式烟感 1729 个、改造老旧民房电气线路 688 户，新增电动车集中充电点 10 个。积极推动行业主管部门落实消防安全监管责任。年初与各乡镇(街道)及相关部门签订消防安全责任书，强化对各单位的日常量化考评和责任追究；以消安委办名义召开专题部署推进会议 20 余次，组织社会单位开展警示约谈 3 次；向各行业主管部门发送工作建议或提醒函 40 份；同市公安局联合制定印发《龙泉市公安派出所消防业务指导制度》，全市各基层派出所发现、督促整改火灾隐患或违法行为 1257 处，同比提升 125.27%；稳步推进消防行政执法改革，先后完成对 10 个乡镇(街道) 12 项消防执法事项的划转，划转后，市综合执法部门现场填写受理案件 47 起。强势推动社会单位和个人落实消防安全主体责任。在全市范围内有序开展火灾隐患排查整治工作，统筹推进了消防安全专项整治三年行动、除险保安"百日攻坚"、生产经营租住村(居)自建房重大火灾风险综合治理、农村民房火灾隐患排查整治，全国两会以及党的二十大期间消防安保等各类专项行动；防火人员共检查单位 1164 家，督促整改火灾隐患 994 处，下发责令改正通知书 651 份，下发行政处罚决定书 134 份，临时查封 24 家，责令"三停" 21 家，罚款 80.435 万元，移送行政拘留 2 人；对存在严重问题的金太阳幼儿园和城东花园小区提请政府挂牌重大火灾隐患单位；对"4·21"宏亚竹制品厂房、"1·16"电动车违规充电火灾事故的社会单位和个人，依法依规追究相关人员的责任，构成犯罪的，依法追究刑事责任。全市共发生火灾 76 起，无人员伤亡，直接经济损失 726.50 万元；同比上年，火灾起数下降 10.58%，直接财产损失上升 503.50%。共接警 157 起，出动 182 次(含增援)，出动消防车 345 辆次，消防人员 2029 人次，抢救被困人员 74 人，疏散人员 158 人，抢救财产价值 1895.70 万元；同比上年，接警起数上升 21.70%，出动次数上升 15.92%，出动车辆数上升 23.21%，出动消防人员数上升 17.35%，抢救被困人员数上升 54.16%，疏散人员数上升 7800%，抢救财产价值上升 11.58%。

市消防救援大队积极开展"隐患随手拍"推广应用工作，2022 年，共受理消防隐患举报案件 1011 个；先后举办了自建房(电动车)火灾实验暨灭火救援实战演练、"119" 消防宣传月暨少年消防员学校集训等大型活动，央视频、浙江消防、平安鼎、1818 黄金眼等主流新媒体直播平台全程直播；利用春节、党的二十大安保、"119" 消防宣传月等重大节假日、重要活动特殊时期，高频次开展消防宣传"五进"工作；借助掌上龙泉微信公众号、天下龙泉 App、社会单位 LED 屏、移动 E 管家短信平台等媒体力量，滚动播放、发送消防安全提示，营造浓厚的消防安全氛围。2022 年，联合各乡镇(街道)、行业主管部门开展消防安全培训及演练 200 余场，组织入户宣传活动 3500 余次；张贴、发放宣传资料 2 万余份，动员 22789 人完成全民消防云平台注册，全民消防安全知晓率不断提升。

市消防救援大队党委始终把讲学习作为班子建设的第一要务，作为提高驾驭全局能力的重要途径。带头建立中心组定期集中学、专题固定学、业余自主学"三位一体"学习模式，积极推进"喜迎二十大，全力保安全"深化"牢记领袖训词，永做忠诚卫士"主题教育、"抓基础、强主业、转作风"专项活动、"党的二十大精神学习”等系列活动，重点抓好“四级教育模式”。年内共组织党委集中理论学习12次，交流研讨26次，党委班子“四个意识”进一步增强，践行“两个维护”更加自觉。

【应急救援队伍建设】 2022年，市消防救援大队着力提升业务基础，夯实灭火救援根基。完成145家重点单位、12家不放心单位、12个灾害易发点的全景、二维、三维影像制作及通信测试，修订完善重点单位145家、不放心单位12家、自建房1家数字化预案，切实做到底数清、情况明。完成辖区重点单位熟悉演练104次，联合多部门开展高层、地下、化工、隧道、水域、商市场等实战性灭火救援演习7次，磨合了机制，检验了预案，锻炼了队伍，有效提升灭火救援综合能力。对辖区570只市政消火栓进行了全面检查和维护保养，并发文给市供排水公司对存在问题的228只消火栓进行维修，对辖区11处天然水源取水口进行实地取水测试，切实掌握辖区水源情况。深入辖区排查本地缺水、道路拥挤等重点地区，结合本单位力量进行供水测试，制定供水预案。2022年，成功处置“4·21”龙泉市八都镇宏亚竹制品有限公司火灾，完成“6·20”龙泉市强降雨抗洪抢险救援、“7·14”龙泉市浙江龙鑫化工厂火灾等较大影响的灭火救援任务。 （洪秀松）

2022年7月14日，浙江龙鑫化工厂火灾扑救现场 （市消防救援大队／供图）

市场监管

【概况】 2022年，龙泉市新登记市场主体6980户，其中个体工商户6090户、企业881户（公司制企业836户）、农民专业合作社9户。龙泉市市场监督管理局（以下简称市市场监管局）深入开展漠视侵害群众利益网络直播问题专项整治，约谈直播经营主体73家次，立案查处违法案件32件，结案罚没款24.12万元，解决消费投诉15件。严厉打击商标侵权和傍名牌行为，查办商标侵权假冒案件27件，办理知识产权外观专利侵权调解案件5起。

【优化涉企服务】 2022年，市市场监管局实施餐饮服务、食品销售2个准入准营“一件事”改革，实现餐馆行业营业执照、食品经营许可证、消防安全检查意见书和食品销售行业营业执照、食品经营许可证“一键集成办理”，切实提升企业办事便利度和获得感。建立简易注销容错机制，市场主体退出提速50%以上。落实歇业备案制度，歇业环节由5个压缩至1个，提交材料压缩70%以上，办理时限平均压缩90%以上。开展“金蓝领”职业技能培训200多人次。开展“浙里检”特色服务活动和实验室开放，为企业提供检验检测便利。

【助力消费环境】 2022年，市市场监管局持续开展放心消费建设，列入培育库的777家放心消费单位全覆盖走访到位，将评价不合格的单位进行移除。推进消费者权益保护“一件事”改革，全年受理消费者投诉举报2116件，为消费者挽回消费损失98.86万元。与市人民法院联合成立消费维权“共享法庭”，促进消费纠纷多元化解。淘汰置换备案非标电动自行车69428辆，淘汰置换率达92.99%。召开电动自行车价格规范行政约谈会，要求各经营主体守法诚信、合规经营。

【助企纾困见成效】 2022年，市市场监管局加快落实稳经济一揽子政策，用“真金白银”惠企纾困增效，最大限度发挥扶持政策激励引导作用，兑现“助力市场主体提质增效”奖励资金595.6万元，惠及企业141家。为新办企业减免公章刻制等费用达40万余元。知识产权质押金额超1.51亿元，惠及企业17家。开展小微企业计量服务120次，为企业减免检定费金额达30余万元。开展涉企收费专项检查，督促落实转供电主体退费、水资源减免政策等，帮助企业减轻负担。

【强化风险管控】 2022年，市市场监管局建成网络餐饮“阳光厨房”400余家，公布网络餐饮曝光台6期，发布“你点名 我来查”外卖系列视频4期，大大提高了社会关注度。深入开展食品安全“守底线、查隐患、保安全”专项行动，紧盯白酒、牛蛙、校园食品等重点行业、重点领域，闭环处置风险隐患数312个，完成食品安全监督抽样684批次，流通领域产品质量安全监督抽查55批次，基本药物抽检合格率达100%。强化叉车、起重机械专项整治，督促整改风险隐患79项。落实疫情防控措施，筑牢进口冷链食品防线，查处进口冷链食品相关案件21件。

【执法办案提质增效】 2022年，市市场监管局立案查办383件，同比增长29%，结案365件，同比增长20%，大要案30件，移送公安12件。破获一起生产、销售有毒有害食品案，涉案金额达1000余万元。查处一起以“低价团”吸引老年游客进行非法聚众营销保健食品案，入选省、市局典型案例，也作为省局典型案例上报国家总局。查处一起违法收取公墓“物业费”案，及时制止了105名消费者待付的20年管理维护费共57.26万元。

【推进产业发展】 2022年，市市场监管局以灵芝、铁皮石斛食药物质管理试点为契机，助推灵芝、铁皮石斛全产业链高质量发展。5家食品生产企业通过现场评价并取得食药物质试点告知书。支持国镜药业等龙头企业参与灵芝中药材、中药饮片一体化质量控制试点，探索建立“共享实验室”“共享车间”等，保障龙泉灵芝、灵芝孢子粉产品质量。

【品牌经营有力度】 2022年，市市场监管局成功入选首批国家知识产权强县(传统知识特色县)建设试点县。“中华灵芝第一乡”“中国灵芝核心产区”“龙泉灵芝”“龙泉灵芝孢子粉”已获评国家地理标志保护产品，“龙泉灵芝”“龙泉灵芝孢子粉”地理标志证明商标成功注册。鼓励刀剑企业积极参加宝剑技艺大比武、长三角“龙泉论剑”武术大赛等活动，发挥宝剑文化品牌效应，通过“直播平台”和跨境电商贸易强化品牌推广，由龙泉发往全球的日均单量超过400单。

【释放创新动能】 2022年，市市场监管局成功创建浙江省(龙泉)知识产权维权援助中心，发挥知识产权“全链条”保护效能，为企业提供专利纠纷行政裁决、调解等多元解决渠道。10家企业导入卓越绩效等管理模式，推动企业质量管理提升。新增6家“品字标”浙江制造企业，10家企业入库开展各级政府质量奖创奖培育。

【标准生产有突破】 2022年，市市场监管局强化标准推广运用，指导企业规范生产标准、质量标准、品牌标准，以标准化引领产业化发展。扎实开展龙泉传统宝剑省地方标准制定，发布全国首个刀剑及日用刀具产业链标准体系《龙泉宝剑及日用刀具产业链标准体系建设指南》。《龙泉传统宝剑》《动漫刀剑》《龙泉菜刀》三项团体标准顺利发布，并完成浙江制造标准立项；省级地方标准《龙泉传统宝剑锻制技术规程》已通过专家评审。发布以龙泉惠博检验检测有限公司为主制定的两项行业标准《汽车空调用冷凝器》《汽车空调用蒸发器》，填补了国内产品标准的空白。发布《地理标志产品 龙泉灵芝》《地理标志产品 龙泉灵芝孢子粉》两个市级地方标准，实现了全省地理标志产品市级地方标准“零的突破”。 (项彤昕)

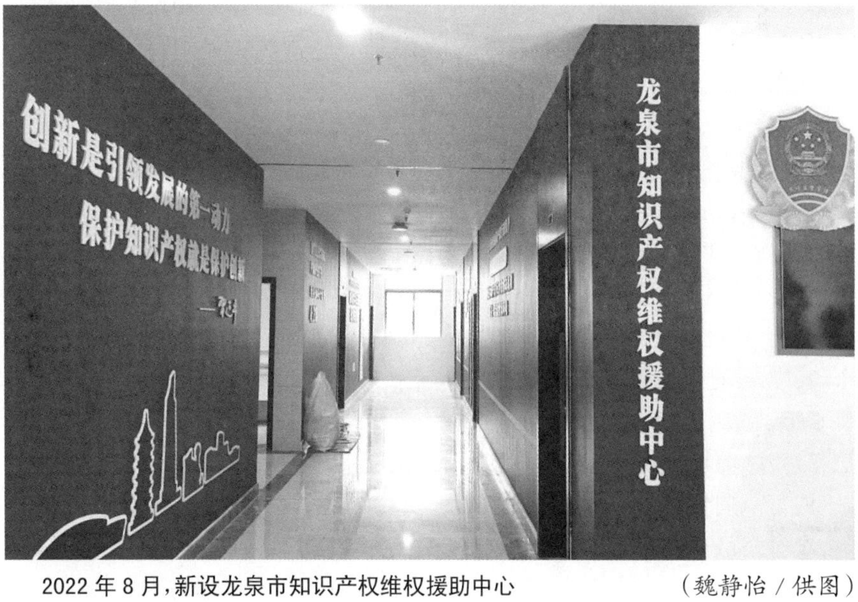

2022年8月，新设龙泉市知识产权维权援助中心 (魏静怡/供图)

交　通

综　述

【概况】 2022年，龙泉市交通运输局坚持交通先行战略，以现代化综合立体交通体系为中心，抓项目、强产业、重服务，形成“干大交通 大干交通”氛围，获评浙江省2020—2021年忠实践行“八八战略”奋力打造“重要窗口”立功竞赛先进集体、“城市更新·未来社区”——水南区块土地和房屋征收工作成绩突出集体、“匠心铸城、实干复兴”跨越追赶活动表现突出集体；“智安农路”数字应用入选2022年全省交通数字化改革基层和社会“最佳实践”。13个“铁公水空”重大项目被列入《浙江省综合交通运输发展“十四五”规划》，累计总投资达322亿元，项目数量及总投资均居丽水九县(市、区)首位；实施重点交通项目9个，其中，续建类项目3个、新建类项目6个，完成交通固定资产投资7.09亿元，同比增长36%。龙泉市成功入选“四好农村路”全国示范县创建名单、农村公路管理养护体制改革省级试点单位。

龙泉市入选“四好农村路”全国示范县创建名单；西独线被评为“全国最美公路”月度冠军；交通运输局被评为全省忠实践行“八八战略”奋力打造“重要窗口”立功竞赛先进集体，“智安农路”数字化应用入选2022年全省交通数字化改革“最佳实践”名单，龙泉市被评为2022年度治堵综合考核优胜市，获项目奖励资金20万元，交通运输局被评为丽水市交通运输系统2022年度扩大交通有效投资先进单位，获项目奖励资金100万元，交通运输局被评为丽水市疫情防控大考大赛先进集体，获龙泉市2022年度一类市直单位综合考绩优秀单位、“比学赶超·打造品质龙泉”先进集体称号和2022年度龙泉市“互看互学·互比互评”争先创优活动(一类)市直单位综合第二名。

【深化改革】 2022年，龙泉市交通运输局积极推进“互联网+监管”执法监管系统深化应用，完善抽查事项清单库和检查表单，动态调整执法检查人员名录库和健全完善检查对象库。截至12月底，290项监管事项全覆盖，覆盖率100%。开展“双随机”执法检查5次，其中跨部门检查3次。抽查企业25家次，出动执法人员64人次。双随机抽查事项覆盖率100%、应用信用规则率100%、任务完成率100%、跨部门监管率60%，所有指标均达省定目标。

【法治建设】 2022年，龙泉市交通运输局共查处违法案件163件，其中联合交警治超案件95件，出动执法人员5780人次，检查车辆8110辆，共处罚款35.67万元，未发生行政复议及诉讼等相关情况。持续深化交通综合行政执法改革，安排31名干部(16名全时、15名分时)下沉派驻5个乡镇，辐射乡镇14个。开展“百吨王”专项治超整治行动，共查处违法案件132件，出动执法人员5420人次，检查车辆7560辆，罚款17.56万元；查处超限车辆100辆，超限100%车辆18辆，卸载车辆129辆，卸载3518.3吨。开展《浙江省交通建设工程质量和安全生产管理条例》《浙江省公路条例》等交通运输法律法规宣贯，覆盖公路、运输、工程等交通运输各个领域。

【交通治堵】 2022年，龙泉市交通运输局完成凤起路(贤良路—华楼街段)市政路网建设工程，共计0.2千米，累计投资1400万元。分别在东茶路万达广场门口和中山路大转盘(山水酒店对面)完成新建、改造港湾式停靠站各1个，公交首末站建设1个(住龙镇)，跳车整治1处(东大桥)，优化公交线路“龙泉—住龙”、特色公交线路“龙泉—仙仁”各1条。完成剑川大道双向高峰绿波带工程，累计投资58.5万元。完成万达广场地下停车场新建停车位500个的建设任务，升级停车诱导系统。劝导占用人行道的经营者入室经营4500余户次，劝导机动车规范停车5200余辆次，处理违停相关信访举报件58件(包含电话投诉举报),对人行道违停车辆贴单2281辆。开展2022年龙泉市"绿色出行、你我同行"暨"治堵十周年"主题宣传活动。

【运输服务】 2022年,龙泉市公交公司有公交车60辆,其中新能源39辆,共有18条公交线路供市民选择出行,全年服务224.81万人次。龙泉市车辆综合性能检测站有限公司坚持"一件事"集成改革,把车检"多件事"变成"一件事",车辆年检耗时从原来的90分钟减少至30分钟,全年车国内年检1772车次。

【国防交通】 2022年,龙泉市交通运输局圆满完成春运、两会、安全月、平安护航建党百年等重点工作。开展平安交通建设年、农村地区道路交通安全综合治理三年行动、安全生产风险普查、安全生产三年专项整治、危货运输专项整治、交通事故多发点段治理等专项行动。

公路管理

【概况】 2022年,龙泉市国省道公路技术状况指数居丽水九县(市、区)第三位,公路优良路率97.69%,全省排名第21位。龙泉市普通国省道路面技术状况指数(PQI)均值为93.58,位列全省第24名、丽水第四名;农村公路优良中等路率为88.32%,位列全省第31名。境内公路总里程2515.474千米,其中,高速公路88.676千米、普通国道151.599千米,普通省道50.597千米,县道614.032千米,乡道218.1162千米,专用道32.289千米,村道1360.165千米;高速和一级公路91.816千米,占总里程的3.65%,二、三级普通公路里程334.158千米,占总里程的13.28%,公路密度为82.23千米/百平方千米;公路桥梁689座49622.87延米,公路隧道75座60386延米。

【维修行业】 2022年,龙泉市交通运输发展中心运管局全面开展汽车电子健康档案数据联网工作,2021年电子健康数据质量合格率达到99%。推出车主应用App软件、微信公众号评价系统,各项指标均排名丽水市前列。推广完善汽车维修电子档案,在保持一、二类维修企业上传基础上,完成三类维修企业100%数据上传、数据共享和闭环管理。督促龙泉市维修企业与符合资质要求的危废收集处置企业签订《危险废物处置协议书》,完成率达100%,有效防范机动车维修过程中产生的危险废物污染环境。

【公路管养】 2022年,龙泉市交通运输发展中心投入国省道公路小修保养1525万元,农村公路小修保养1117.75万元,探索农村公路市场化养护管理机制,投入农村公路财产保险314.2万元。实施养护专项工程总投资8653万元,其中,实施国省道路面大中修14.584千米,"四好农村路"路面大中修工程156.208千米,提升改善工程118.5千米。

道路建设

【国省道建设】 2022年,龙泉市普通国省道公路养护大中修工程国道项目实施路线2条,共计里程10.584千米,总投资1078.18万元,省道项目实施里程4千米,总投资294.25万元。实施龙泉市普通国道桥隧维修加固工程,对龙泉境内宏山桥、坛湖桥、竹口桥3座桥梁进行维修加固,总投资225.65万元;对龙泉境内坑岭底隧道、严山岭隧道、凤凰山隧道、牛头岭隧道、新岭隧道、西山隧道、下堡岭隧道7座隧道进行维修加固,总投资575.61万元。所有项目已于2022年12月底前全部完工。

【城市道路建设】 2022年,按照"东拓、西进、南优、北连"思路,规划推进龙窑路西延、华楼街东延、武潭路南延等城市路网建设,12月9日,龙泉市华楼街东延工程——执中大桥项目正式开工。该项目路线呈东西走向,起于华楼街与东茶路交叉口,向东延伸跨越龙泉溪,终于武潭村北,路线全长600米,按城市次干路标准设计,其中,东茶路至江滨北路段采用双向4车道,路基宽度40米,江滨北路至终点段采用双向2车道规模,路基宽度16米。项目主桥单跨80米,采用下承式桁架拱桥结构形式,概算投资1.092亿元,工期24个月。

【农村联网公路建设】 2022年,龙泉市出台《龙泉市农村联网公路建设实施意见(试行)》,建设农村联网公路9条,共计32.9千米,总投资4565万元,上级补助资金937万元。

道路运输管理

【客运市场管理】 2022年,龙泉市交通运输局完成城乡公路一体化78辆农村客运班线和线路国有化改造工作,报废巡游出租车50辆,新增新能源出租车12辆。全年客运量67.33万人,周转量2270.37万人千米(含城乡公交与出租车),与2021年相比递增9.82%。

【货运物流】 2022年,龙泉市交通运输局聚焦营商环境优化提升,探索完善货运、物流发展模式,整顿和扶持物流行业,提高企业服务质量,实现三个"零的突破":成立中共龙泉市交通运输行业党委,切实加强对龙泉市交通运输行业党建工作的领导和指导；成立龙泉市交通运输物流行业协会，打造“协会服务企业、企业支持协会”互动双赢局面；成功培育龙泉市首家交通运输规模以上企业龙城渣土运输有限公司。

【行政执法】 2022年，龙泉市交通运输行政执法队开展执法领域“百日攻坚”专项行动，全年共查处违法案件164件，案件数量同比增长79%；出动执法人员5780人次，检查车辆8110辆，交通罚款35.59万元，其中，公路管理查处133件，查处超限车辆100辆，超限100%车辆18辆，联合治超95件，提供虚假材料申请行政许可案件1件；道路运输案件查处25件，质监4件，水上执法1件，在水上执法、工程质量监督和超限超载非现场执法等三大领域实现案件办理“零的突破”，大件运输提供虚假材料申请行政许可处罚案件系全省首例。开展“双随机”执法检查11次，累计出动执法人员30人次，检查企业10家；12项抽查事项已全部完成，其中跨部门监管3次，“双随机”抽查事项覆盖率100%、应用信用规则率100%、任务完成率100%，所有指标均达省定目标。

水上交通管理

【概况】 2022年，紧水滩龙泉辖区水域面积为18.9平方千米，航道龙泉南大桥—武溪（云和界）全长39.5千米，为7级航道。沿库共涉及剑池、龙渊、道太、安仁4个乡镇（街道）10个行政村，涉及人口约1.5万人。辖区内有码头4个、渡口14个、渡船23艘，客船1艘，持证渡工26人，年渡运量为3万人次。

【平安港航】 2022年，龙泉市交通运输局全面落实安全生产责任，成立安全生产工作领导小组，健全完善安全生产各项制度，推动安全生产工作规范化、制度化、全员化。开展安全生产和消防安全专项整治、安全隐患大排查大整治等专项活动，及时消除安全生产隐患。强化现场安全监管，对辖区内码头、渡口和在建项目安全巡查达135天415人次，检验船舶160艘次，发现隐患9次并全部整改到位。侧重重点时段、重点水域安全监管，在“春运”“清明”“五一”等节假日重点时段进行重点检查，确保渡口码头整洁适靠、航道畅通、航标清晰；加强汛期、台风、暴雨时期的预警，确保人员值守到位，防范物资齐全、信息发布及时。

【重点项目】 2022年6月2日，龙泉市安福水上交通救助指挥中心项目全面完工并顺利通过竣工验收，经专家组一致认可，项目被评定为合格工程。2022年11月，沈村渡口、坑口渡口（沙潭渡埠）提升改造工程开工建设。

【美丽航道】 2022年，龙泉市完成2020年度美丽航道创建工程竣工验收及2021年美丽航道创建工程交工验收等工程后续工作，完成2021年度美丽航道、安仁狮子岩渡埠接线工程绩效评价等工作。完成航道养护、水毁工程以及边坡治理工程、渡口清理等工程，累计投入90余万元。

【船舶检验】 2022年，龙泉市常态化开展阳光船检工作，共完成23艘客渡船以及交通船龙电001，浙海巡0778、0756，丰荷号等船舶营运检验工作。2022年11月，为配合渡运公交化改革，完成浙龙泉渡0036、0039等9艘客渡船的所有权证书变更，并及时进行临时检验工作。完成渔业船舶换证检验173艘，其中，捕捞渔船75艘，养殖渔船98艘。

交通项目选介

【义龙庆高速公路义乌至龙泉段工程】 义龙庆高速公路义乌至龙泉段工程是省级主导高速公路，起点位于龙泉与松阳交界处，途经道太乡、龙渊街道、西街街道，终点位于兰巨上淤接龙庆高速公路，龙泉段路线长约40.4千米，采用高速公路建设标准，设计速度100千米/小时，路基宽度26米，估算投资约108.2亿元，是龙泉市历史上投资最大的单体项目。2022年，该项目已被列入《浙江省综合立体交通网规划（2021—2050年）》和省发改委“十四五”重大建设实施类项目，取得省发改委出具的立项批复，并召开线位论证报告评审会和工程许可报告审查会，丽水段取得省发改委项目补正告知书，完成丽水段勘察设计招标工作。

【G25长深高速（丽龙段）龙泉东互通改建工程】 G25长深高速（丽龙段）龙泉东互通改建工程位于龙泉市砧石街道，在长深高速龙泉东互通处增设往返庆元方向的两条匝道，与现有匝道形成完整T形互通，新增互通匝道全长约1.46千米，同时对互通连线（利用丽浦线）进行扩容改造，改造线全长约1.28千米，总投资约2.64亿元。2022年，已完成桥梁工程93%、路基工程100%、路面工程45%。

【龙泉市旅游集散换乘中心】 2022年9月30日，龙泉市旅游集散换乘中心项目主体工程顺利结顶。该项目位于龙泉市火车站东北侧、剑川大道东南侧，项目总投资概算15128万元，建设标准为一级客运站，主要建设内容为旅游集散中心、客运站场、公交首末站、汽车修理车间及经营性用房等。 （章赟璐）

教　育

综　述

【概况】 2022年，龙泉市有各级各类学校（包括幼儿园）83所，其中，幼儿园48所，小学24所，初中7所，普通高中2所，中等职业学校1所，特殊教育学校1所。在编教职工2596人，其中，幼儿园195人，小学1132人，初中622人，普通高中348人，中等职业学校291人，特殊教育学校8人。在校生35586人，其中，幼儿园7373人，小学14776人，初中8059人，普通高中3844人，中等职业学校1488人，特殊教育学校46人（未包含随班就读人数）。

【履行教育职责督导评估】 2022年11月3日至4日，丽水市人民政府教育督导委员会组织督导组对龙泉市人民政府2021年度履行教育职责情况开展实地督查。此次督查评价的主要内容包括政府重视、立德树人、保障到位、规律规范、人民满意五大板块18个评价指标，督查组听取了龙泉市人民政府履行教育职责情况汇报，听取了市委编办、发改局、财政局、人力社保局等4个部门专题汇报，核查了相关政策文件和资料数据，实地督查15所学校和1家校外培训机构，召开“两代表一委员”座谈会，访谈校长、教师、学生、家长及群众130余人次。督导组认为：龙泉市深入学习贯彻习近平总书记关于教育的重要论述和全国教育大会精神，大力实施教育现代化战略，全面推进各级各类教育改革发展，总体上较好地履行了教育职责。

2022年龙泉市各级各类学校情况表

表20

类　别	学校数（所）	毕业生数（人）	招生数（人）	在校生数（人）	班数（个）	教职工总数（人）	专任教师数（人）
总　计	83	9070	8394	35586	1016	3634	2872
学前教育	48	2141	1802	7373	270	1123	566
义务教育	31	5135	4760	22835	620	1864	1729
其中，小学	24	2558	2214	14776	435	1132	1114
初中	7	2577	2546	8059	185	732	615
普通高中	2	1221	1238	3844	87	348	308
中等职业教育	1	570	594	1488	35	291	262
特殊教育	1	3	0	46	4	8	7

说明：表中教职工数和专任教师数包含民办学校非在编教职工人数

【教育综合改革】 2022年6月17日，龙泉市高规格召开教育振兴发展大会，深入贯彻落实习近平总书记关于教育工作的重要论述，以办好人民满意的教育为目标，最广泛、最全面地动员全市上下凝心聚力，吹响全面深化教育改革的号角，举全市之力推进“1+4+N”教育综合改革，以强力举措推动教育全方位提质振兴发展。

2022年，龙泉教育事业发展呈现新局面。扩容优质教育供给有成效，公办园在园幼儿占比较上年提升11个百分点，新增义务教育学位2920个，龙泉市教育局获评省规范民办义务教育发展专项工作成绩突出集体。创成省现代化学校3所，中考、高考成绩均创历史新高，龙泉成为全省深化新时代教育评价改革综合试点地区。龙泉市中职校成为省区域中高职一体化人才培养改革试点，丽水职业技术学院龙泉分院成功开办，首批58名2022级艺术设计（工艺美术）专业学生于2022年9月报到入学，开启龙泉高等教育新篇章。

实施中小学教师"市管校聘"管理改革，建立"竞聘上岗、优上劣让"比选模式，实现全市统筹、适岗竞聘和教师流动，队伍管理绩效显著提升。全市2200余名教师参加"市管校聘"，产生跨校交流教师77人，其中待岗教师14人，解除聘用合同2人。开展教师全员绩效考核，以"半年一小考、一年一大考、三年定绩效"的形式，围绕教学业绩、教科研成果、德育管理、辐射带动等方面开展差异化考核，将考核结果与绩效奖励、职称评聘等挂钩，有效破解"职业倦怠"。新增特级教师2人，正高级教师2人，丽水市教学能手、教坛新秀、教坛新苗等510人；1名教师获省"春蚕奖"，3名农村教师获省"红烛奖"。加强教辅后勤岗位与教学岗位转换通道管理，从事教辅后勤为主的教师不再晋升教师系列专业技术职务，转入教辅后勤岗位的高级教师一律予以低聘，进一步规范教师队伍管理，全年累计有10名教辅后勤教师退出高级职称岗位。

【教育经费投入】 2022年，龙泉市教育经费总投入104778万元，比上年增加7710万元，同比增长7.94%，其中，一般公共预算安排的教育经费投入91862万元，占总投入的87.67%；政府性基金预算投入1763万元，占总投入的1.68%；事业收入8376万元，占总投入的7.99%；其他收入2770万元，占总投入的2.64%。争取省补助经费9409.31万元，其中，教育发展专项资金1154.17万元，支持学前教育发展专项资金172万元，扶困助学专项资金891.28万元，义务教育经费保障机制补助经费3873.52万元，改善基础教育办学条件专项资金1543万元，义务教育薄弱环节改善与能力提升补助资金842.4万元，现代职业教育质量提升计划资金406.35万元，规范民办教育专项经费526.59万元。

【重点项目建设】 2022年，龙泉市机关幼儿园和瓯江幼儿园扩容工程、绿谷实验幼儿园改建工程完工并投入使用，新增公办幼儿园班级26个，学位780个。龙泉一中宿舍楼提升工程、龙泉二中扩建(二期)项目、西新小学综合提升与改造工程顺利竣工并交付使用，龙泉市第一所九年一贯制学校龙泉市启明实验学校建成并投入使用，新增初中班级42个、学位2080个，新增小学学位840个。龙泉四中扩建工程、龙泉市体育场工程、龙泉青瓷宝剑技师学院(中职校)综合改造提升工程稳步推进，龙泉三中食堂新建工程、安仁镇中心小学校园提升工程等开工建设。统计入库项目6个，新增2个，出库1个，累计完成固定资产20897万元。

【智慧校园建设】 2022年，教育技术装备投入1200万元。新型教学空间投入287.9万元，新增智慧黑板95套，常态录播教室4个，教室采光照明提标改造68间。推进教育数字化转型，投入322万元建设"龙泉教育大脑"智治平台；投入69.55万元建成龙泉教育资源共享云平台；投入283.7万元大力改造学校基础设施，新增计算机76台，改造学生机房5个，新建创新实验室1个，为10所学校改造提升校园广播系统和网络设施，完成智安校园建设12所；教育软件服务等其他项目投入236.85万元。创建丽水市智慧校园6所，实现智慧校园全覆盖。

【德育教育】 2022年，龙泉市深化"五心"德育品牌建设，用好深厚的红色资源和文化资源，上好"大思政课"，加强中华优秀传统文化教育。建立龙泉市未成年人保护联动联席会议制度，加强未成年人保护工作。体卫艺等各类赛事成绩和学生素养提升明显，13件作品在全省第23届学生信息素养提升实践活动中获奖，中职校2名学生以全省第一的成绩进入全国总决赛；龙泉浙大中学1名学生获省"新时代好少年 强国有我"主题读书活动一等奖；在丽水市第12届"绿谷之春·文艺"比赛中获6金10银10铜，3个节目入选省中小学校园文化艺术节；在丽水市第九届"绿谷之光·科技"比赛中获8金11银，在丽水市第四届现场书法大赛中获5金13银；在丽水青少年游泳锦标赛中获4金，实现金牌"零的突破"；江南小学在丽水青少年网球锦标赛中斩获7金6银。

【党风廉政建设】 2022年，龙泉市持续深化教育系统"红立方"党建品牌和"杏坛清风、教育廉韵"清廉教育品牌，组织开展党建品牌和清廉学校建设品牌大比拼，遴选出城东小学"培心育人、崇阅育才"、东升小学"幸福红"等优秀党建品牌。市实验小学教育集团党建课题获浙江省三等奖，龙泉一中、龙泉二中2项党建课题获丽水市一等奖。推进清廉学校建设，评定清廉学校13家，东升小学被评为2022年度丽水市清廉文化示范点并被推荐参加省清廉文化示范点评比。

【人才引进培育振兴工程】 2022年，龙泉市人民政府出台《关于加强教育人才引进培育振兴工作的十条政策(试行)》，强化人才引进、职称岗位设置、校长奖励资金等方面政策保障，并在浙江师范大学等高校设立"龙泉教育引才驿站"，全年招引优秀高校毕业生78人，其中硕士研究生13人，定向培养教师23人，招聘硕师（在农村学校从事教育工作的硕士研究生）6人。率先在丽水成功招募“银龄讲学计划”2人，其中招募省高中数学教研员、特级教师张金良为龙泉一中首席学科指导师，中国美院教授陈立勋为丽水职业技术学院龙泉分院特聘教授，柔性引进特级教师、正高级教授11人担任龙泉一中学科指导师。

【教育教学提质增效】 2022年，龙泉市紧扣教育提质发展工作中心，优化教研管理机制，落实教研员联系学校制度，推进城乡共同教研。组织开展教师集体大备课、业务考试和全员晒课等活动，优化作业管理、深化素养导向的考试评价等研究，改进教育教学质量管理。开展乡村学校教研“共富”活动，学科教研工作室、教学名家名师工作室研修，引领教师专业成长。2022年，龙泉中考实现17年最优成绩，在丽水排名第四。龙泉市顺风实验学校获丽水教育质量发展四星级学校，龙泉四中获丽水教育质量发展进步奖。龙泉一中、龙泉三中、龙泉市民族中学、龙泉市实验小学教育集团等4所学校获丽水教育提质突出贡献集体奖，17人获丽水教育提质突出贡献个人奖。龙泉一中信息技术教研组、龙泉市滨江幼儿园课改中心教研组获评丽水先进教研组，龙泉市机关幼儿园大教研组获评省优秀教研组。1名教师获全省课堂教学评审一等奖、2名教师获二等奖，14名教师获丽水课堂教学评审一等奖、14名教师获二等奖。1名教师获省中小学班主任基本功大赛一等奖，并代表浙江参加长三角地区大赛获综合三等奖和3个单项二等奖。

【城区小学午餐配送工程】 2022年9月，龙泉市城区小学全面开启午餐及管理服务，根据城区小学普遍未建食堂的实际，科学合理制定餐标及营养食谱，择优确定优质配餐公司，以校外统一配送方式解决学生午餐配送问题。该学期在校就餐人数4200人，占比达35.2%，困扰家长多时的午间接送难和就餐难问题得以解决，实现“午饭学校管，饭后有人管”，家长问卷调查满意率达97%。

【“除险保安”专项行动】 2022年，龙泉市教育局以深化校园安全“五化”管理为总抓手，扎实开展“除险保安”专项行动，重点做好校园安全稳定及隐患排查研判整治工作，开展校舍、食品、交通、消防、反诈骗、防溺水、反邪教、防汛防雷防台、校园周边环境等排查整治，拉起最严密联防联控网络。加强“护校安园”行动，做响剑瓷护学岗品牌，形成由公安、教师志愿者、家长组成的“三色护学岗”队伍，形成“处处有人看，时时有人管、段段有人巡”工作格局。加强校园法治教育，全市88所中小学、幼儿园配备法治副校长91名，全市1058个班级分别配备1名法治班主任。

【阳光分班】 2022年，龙泉市教育局坚持教育优质均衡发展，全面启动小学起始年级“阳光分班”工作，推行义务教育“零择班”机制，让每个孩子都享有公平优质的教育。“阳光分班”遵循公开性、均衡性、随机性原则，全市城区8所小学1582名学生参与均衡分班，各学校每个班级学生总数和男女生人数实现均衡搭配，并综合年龄、教龄、职称、学历、教学业绩等因素，均衡搭配班主任及科任教师，为学生全面健康成长提供坚实保障。为确保公平、公正、公开，市纪委市监委派驻第七纪检监察组、市教育局、各学校校监会、教师代表、新生家长代表等多方力量全程参与、现场监督。

【教育数字化转型】 2022年，龙泉市教育局积极对接省“教育魔方”工程，深入推进“龙泉教育大脑”应用建设。完成“龙泉教育大脑”一期建设，打造了各层级数字驾驶舱和数据场景屏，形成基础框架，实现学校教育教学常规管理在线化；启动“龙泉教育大脑”二期建设，通过打造区域教育大脑，实现教育部门、学校和社会公众智能协同，构建教育智治一张图。同时，建兰龙泉二中数字化教育管理在线平台获丽水市首届教育领域数字化改革创新应用大赛二等奖，并获省信息化课题立项1项。

【省教育现代化学校创建】 2022年，龙泉市教育局以创建省现代化学校为契机，以《龙泉市“浙江省现代化学校”创建推进方案》为指导，建立创建组织机制和奖励机制，建立尊重学生个体和追求群体发展需求相结合的现代发展理念，建立顺应时代和社会发展对人才培养需求的育人目标，建立与学校发展条件相一致的现代学校发展方式，以创建促发展，拓宽办学思路，优化办学模式，打响龙泉教育品牌。2022年，滨江幼儿园、东升教育集团、社区学院安仁分校3所学校通过浙江省现代化学校评估认定。

【“双减”工作】 2022年，龙泉市教育局按照“规范一批、整改一批、关停一批”总体思路，深入推进“双减”工作和校外培训机构专项治理，形成“政府统一领导、乡镇（街道）属地管理、部门分工合作、社会齐抓共管”的工作推进机制。截至2022年11月，龙泉市学科类校外教育培训机构全部注销清零，部分机构转登为非学科类培训机构继续经营，57家非学科类校外培训机构分别被纳入市文广旅体局、科技局等主管部门进行归口管理。

【民办义务教育规范发展工作】 2022年，龙泉市教育局以"安全、稳定、规范、发展"为宗旨，一校一策、有力有序，高质量完成规范民办义务教育发展工作，获评全省规范民办义务教育专项工作成绩突出集体。2022年，龙泉市绿谷外国语实验小学停止办学，整体搬迁至龙泉市启明实验学校；继续保留民办初中学校龙泉市顺风实验学校，在校生1082人，占比降为4.78%，教职员工104人，原公办在编教师全部完成备案制管理。

【特殊教育工作】 2022年，龙泉市有3—17周岁特殊学生总人数354人，其中，学前段60人，入学率95%；义务段219人，入学率100%（其中，上门送教0.09%）；高中段75人，入学率97%（其中，上门送教45%）。龙泉市培智学校在校生26人，教师8人，特教专业4人。1名教师在丽水市特殊教育教师教学基本功展示中获二等奖。

【龙泉市第一所九年一贯制学校开办】 龙泉市启明实验学校是龙泉市第一所九年一贯制公办学校，位于龙泉市大沙张家、曾家地块的后沙路东侧，学校占地7.27公顷，总投资近3.32亿元，学校规划设置66个班级，其中：小学部24个班、初中部42个班，容纳学生2500人。学校委托优质教育集团管理，为小班化教学，初中部实行寄宿制封闭式管理，致力于打造设施条件一流、师资力量雄厚、教育质量领先的优质现代化学校。2022年7月中旬，学校启动网上报名工作，小学部、初中部报名人数均超过招生计划数，经资格审核、名单公示、电脑随机派位等程序，小学部录取140人，初中部录取560人；同年8月，学校正式命名为启明实验学校，校名中"启明"二字，取自龙泉历史上第一位进士——北宋年间的周启明，同时包含"启智明德"之意，即"启发智慧、知晓道德"，立意学生成为德才兼备、全面发展、立足未来、幸福生活的人。

2022年9月，龙泉市启明实验学校航拍图 （启明实验学校／供图）

【心理健康阳光工程】 2022年，龙泉市教育局开展全市各学校心理健康教育专项督查。全市学校开展"开学第一课性教育"、"525"心理健康系列活动及全员心理筛查、心理家访、个案交流等活动，查田镇中心幼儿园、城东小学、民族中学、龙泉浙大中学等学校心理健康教育活动获《中国教育报》《浙江教育报》国家级行业媒体和丽水市级媒体报道。城东小学通过丽水市级中小学心理健康教育示范点验收，2名教师获丽水市第八届学校心理健康教育教师技能大赛一等奖、1名教师获二等奖，1名教师获浙江省心理健康教育教师技能大赛二等奖，1名学生获浙江省首届心理绘画一等奖。龙泉市中小学心理健康教育指导中心（教育局心指办）自主创编"性教育系列课程"，涵盖幼儿园至高中学段共8节课，拍摄完成心理微课程"影响性技术"8节。

学前教育

【概况】 2022年，龙泉市教育局深入贯彻落实《龙泉市学前教育补短提质改革实施方案》精神，建立完善各项学前教育经费保障机制，学前财政性教育经费投入6450万元，占同级财政性教育经费的比例为6.89%，较上年提高0.54个百分点。出台《学前教育高质量发展三年行动计划》《学前教育发展第四轮行动计划》，完善发展保障机制，建设高质量学前教育体系。龙泉市有幼儿园48所，在园幼儿7373人，其中，公办幼儿园24所，在园幼儿3778人，占比达51.23%；等级幼儿园比例为100%，其中，一级幼儿园4所、二级幼儿园19所、三级幼儿园25所；普惠性幼儿园46所，在园

2022 年 10 月，龙泉市绿谷实验幼儿园正式开园　　（市教育局 / 供图）

幼儿覆盖率达 95.17%。幼儿园教职工总数 1123 人（在编 195 人），教师总数 627 人，持证率达 100%，其中专任教师 566 人，大专以上学历 547 人，占 96.64%。

【优化学前教育资源布局】 2022 年，龙泉市加快推进公办园建设，新建 1 所、扩容 1 所、调剂国资扩容 1 所、改造租赁 1 所，新增班级 26 个、学位 780 个，公办幼儿园在园幼儿占比达 51.23%，同比增长 11 个百分点，其中城区公办幼儿园在园幼儿占比达到 41.14%，提升 14 个百分点，实现乡镇公办园全覆盖。10 月，绿谷实验幼儿园正式开园，该园系租赁改造，前身为绿谷外国语实验小学，建设规模为 15 个班，新增公办幼儿学位 450 个，12 月通过省二级预评。2 月，住宅小区配套幼儿园——凤凰幼儿园正式开园，该园总投资 328.4 万元，建设规模为 3 个班，新增公办幼儿学位 90 个。

【师资队伍保障】 2022 年，龙泉市教育局与市委编办等部门形成合力，市委编办根据《浙江省公办幼儿园教职工编制标准指导意见》，审核提出公办幼儿园教职工编制，市委编委批准共核定全市公办幼儿园教职工编制 280 名，新增编制 108 个，提升学前教育保教质量。根据新增学前班级需求，新招引在编教师 30 人、合同制专任教师 36 人、保育保健员 17 人，配足配齐“两教一保”。提高教师工资待遇，把“幼儿园保障合同制专任教师工资达到 2019 年龙泉市当地社平工资的 8%”作为普惠性民办幼儿园奖补的前置条件，共发放劳动合同制工资保障奖励 214 万余元，较上一年度增加 47 万余元。强化队伍建设，8 名教师被评为丽水市教学能手，25 名教师被评为丽水市教坛新秀，8 名教师被评为丽水市教坛新苗。

【幼儿园课程改革】 2022 年，龙泉市教育局深入推进课程改革，以丽水市级学科带头人工作室为引领，编制完成全部一、二级幼儿园的园本化课程实施方案，三级幼儿园有效运用新的审定教材，3 个课程入选丽水市幼儿园精品课程，1 个教研组获评浙江省先进教研组，2 个教研组获评丽水市先进教研组。滨江幼儿园通过省现代化幼儿园创评工作，八都镇中心幼儿园通过省一级园新评工作，江南幼儿园等 6 家幼儿园顺利通过二级园新评和复评工作，优质幼儿园增加 2 所，覆盖率达 77.51%，较上年提升 2.49 个百分点。

义务教育

【概况】 2022 年，龙泉市有义务教育学校 31 所，其中，初中 7 所（含民办 1 所），小学 24 所。义务教育阶段在校生人数共 22835 人，其中，初中 8059人、小学 14776 人。义务教育阶段外来务工人员随迁子女 2044 人，占学生总人数的 8.95%，其中就读公办学校 1972人。

【公民同招工作】 2022 年，龙泉市教育局出台《2022 年义务教育阶段学校招生工作实施办法》，全面推行公民同招政策即公办民办学校同步报名、同步开展录取、同步注册学籍，消除起始年级大班额，实现免试就近入学、规范有序入学、阳光分班入学，规范义务教育阶段学校招生工作。积极探索试行“长幼随学”服务，有效减轻二孩家庭家长的接送负担，全年累计受惠 87 个学生家庭。妥善安排外来务工人员子女、军人子女等相关人员子女入学，2022 年秋季共安排 255 名随迁子女、军人子女（包含现役、退役残障军人子女）就读义务教育阶段学校。高质量完成规范民办义务教育发展工作，民办学校在校生占比降为 4.78%，公办在编教职员工清零，市教育局获全省规范民办义务教育专项工作成绩突出集体。

【“五心”德育品牌创建】 2022 年，龙泉市教育局深入推进“五心”德育品牌创建工作，进一步弘扬践行浙西南革命精神，发挥新时代“龙泉精神”引领作用，深入实施“耕读立身、慈孝养德”教育，加快推进“红色传承、绿色生活、古色记忆”德育品牌建设。4月28日，龙泉市教育局举办第二届“五心”德育品牌创新大赛，龙泉浙大中学、龙泉一中、实验小学教育集团本部、查田镇中心小学获评龙泉市“五心”德育品牌三星级学校。宝溪乡研学基地升格为省级研学实践教育基地，成功创建10家丽水市中小学生社会实践基地，全年共组织开展研学游10213人次，引进市外到龙泉研学游1141人次。

【课程改革】 2022年，龙泉市教育局持续落实“双减”工作，以教育教学评价改革为导向，优化拓展性课程和课后服务项目开发，强化课程育人，改善教学过程。组织召开第四届小学集团化办学改革推进会，总结推广学校、学科典型经验，提升集团化办学水平。积极探索山区教育高质量发展区域评价改革，以“朝向教师教学改进和儿童成长”为依托，组织校长论坛、学科组长研讨等活动，利用全市集体大备课、全员晒课、实施“五课”教研等载体，聚焦学科分项等级和情境测评工具的研制与实施，组织加强非纸笔测评，重视学习过程评价，促进育人方式变革。龙泉市被列入小学生综合评价改革省试点县，并在浙江省小学生综合评价改革培训会上作《三维一体：推进山区县域综合评价改革的龙泉实践》经验介绍。

【思政教育】 2022年，龙泉市教育局深入推进中小学思政一体化建设，组织教师参加丽水市中小学十九届六中全会精神宣讲微课评比，3位教师获一等奖，获奖人数居丽水第一；参加“喜迎二十大 奋进共富路 品质话龙泉”主题理论宣讲课件大赛，2个课件获一等奖，4个课件获二等奖，4个课件获三等奖。积极组织中小学思政骨干教师参加丽水市中小学思政一体化研讨会，开展第六届龙泉市少先队活动课暨“红领巾学院”思政微队课评比等活动，思政课质量不断提高，育人作用得到有效发挥。

【素质教育】 2022年，龙泉市一批体育、艺术特色学校逐步形成，构建了龙泉二中排球、龙泉三中篮球，实验小学足球，东升小学科技体育、健美操，城东小学轮滑，江南小学网球等学校特色名片，实现“人人有体育项目、班班有体育活动、校校有体育特色”，江南小学、东升教育集团获评浙江省科技体育特色学校。成功举办2022年龙泉市中小学生田径运动会，40余个项目突破龙泉市运动会历史纪录；成功举办中小学生排球、游泳、羽毛球、足球、篮球、健美操、田径运动会等8项校园体育赛事，同时组团参加省、丽水市各级运动项目比赛并获奖。学生体质健康水平被列入学生综合素质档案重要内容并形成制度，组织开展学生体质健康测试、学生健康体检及《国家学生体质健康标准》测试工作，全市中小学生体质健康检测总合格率为97.88%，其中，优秀人数3892人，优秀率14.68%；良好人数12557人，良好率47.37%；及格人数9494人，及格率35.82%。大力推动劳动教育创建工作，绿谷教育集团兰巨校区、实验小学教育集团本部分获丽水市劳动教育试点学校成果评比展示一、二等奖，绿谷教育集团兰巨校区获评丽水市劳动教育示范学校。

2022年9月25日，龙泉市举办中小学生篮球比赛 （市教育局/供图）

【义务教育提质增效】 2022年，龙泉市教育局建立“龙泉市初中学校和小学集团化学校城乡同步教学、同步诊断和同步教研”机制，开展“精准教学、提质增效”“毕业复习、提质增效”和“双减”专项教学视导，全力助推义务教育提质增效。制定《龙泉市学校集体备课要求与操作流程指南》，组织开展教师集体备课、业务考试和全员晒课等活动，举办“双减”背景下的学校教育提质发展校长沙龙、校长论坛，搭建教师成长平台，助推教育生态建设。2022年，该市初中毕业生学业水平考试总分平均分排名丽水市第四，顺风实验学校获评丽水教育质量发展四星级学校，龙泉四中获丽水教育质量发展进步奖，龙泉三中、民族中学、实验小学教育集团获丽水教育提质突出贡献集体奖。

高中教育

【概况】 2022年，龙泉市有普通高级中学2所，教学班84个，在校学生3829人，其中，龙泉一中有教学班46个，在校学生1924人，龙泉浙大中学有教学班38个，在校学生1905人。

【“五心”德育建设】 2022年，龙泉一中坚持德育为先，致力于全面提升学生精气神，精心组织举办校园吉尼斯等特长赛事以及成人礼、高考百日加油、高考送考、毕业典礼等激励教育活动，开展晒被子、厨艺大比拼等暖心活动，营造了以德为先的全员育人氛围。龙泉浙大中学积极打造“芳野新青年”德育品牌，通过组织举办首届文化节、艺术节，表彰大会、誓师大会等活动以及建立特殊学生动态跟踪档案，引导学生树立正确的世界观、人生观、价值观。

【县中崛起】 2022年，龙泉市全面贯彻落实《浙江省山区26县和海岛县“县中崛起”行动计划》，启动实施提质强校三年行动计划，出台《龙泉一中三年提质强校行动实施方案》《龙泉浙大中学三年提质强校行动实施方案》，强化人才引进、职称岗位设置、校长奖励资金等方面政策保障，以非一般的决心和力度推进龙泉一中和龙泉浙大中学提质发展。在2022年高考中，龙泉一中毕业生录取率达99.8%，其中，C9等顶尖高校录取突破10人，“双一流”高水平大学录取73人，省属重点大学录取211人，各项高考录取数据均创新高；龙泉浙大中学本科上线152人，其中艺术上线41人，均创新佳绩。

【创新人才培养方式】 2022年，龙泉市首次设立“剑瓷英才奖”，奖励对象为高考成绩全市前十的优秀毕业生，由龙泉市四套班子领导颁发奖杯和奖金，“剑瓷英才奖”青瓷奖杯▲取名《我心飞翔》。8月17日，在龙泉市经济社会发展促进会支持下，龙泉一中举行创新人才培养基金创立启动仪式，有效保障一中“强基计划”“高校专项计划”等培训顺利开展，加快学校创新人才培养进程。龙泉一中完成5个实验室改造，打造4个创新后备人才早期培养基地；实施竞赛生领军培养计划，设立竞赛生培养专项资金50万元，组建C9名校冲刺班，采取“一生一策”战术，私人订制培养路径，个性化培优补缺。

▲“剑瓷英才奖”青瓷奖杯：由浙江省工艺美术大师王武创作，奖杯为上下结构，上以青瓷圆盘为主体，寓意着高中阶段学习圆满完成，粉青色则代表青出于蓝而胜于蓝，下以棕色木托为底，代表富有文化底蕴的龙泉大地，青瓷内刻六支迎风飞舞的羽毛，与底座的祥云相呼应，预示着学子们汲取龙泉大地滋养，鲲鹏展翅，翱翔九天。

【教师队伍建设】 2022年，龙泉一中致力于外引内培，打造精品师资。推进实施《龙泉市第一中学柔性引进名师实施方案》，实施银龄讲学计划，成功招募省高中数学教研员、特级教师张金良为首席学科指导师。出台师资培养“追梦工程”，分年龄、分阶段、分步骤，推进全员进阶培养模式；成立杏坛书院，开设“青葵班”“青拓班”，举办读书会、练题会、演讲会等活动，努力提质青年教师队伍。2022年，新增丽水市教学能手8人、丽水市教坛新秀4人、教坛新苗11人，3位教师的课例入选省级基础教育精品课，技术教研组获丽水市优秀教研组，获浙江省课题立项2项、龙泉市课题立项5项，丽水市2021年度课题成果一等奖1项，二等奖2项，三等奖3项。

龙泉浙大中学努力构建学习型团队，积极开展教师业务培训工作，提升教师专业素养。注重校际交流，与温州翔宇中学实施共建校际合作项目，派出31名青年骨干教师赴翔宇中学跟岗实习。加强集体备课，高三备课组与龙泉一中高三备课组结对，提升高考复习有效性及针对性。2022年，在丽水市优质课评比中获一等奖1名、二等奖2名，新增丽水市教学能手2名、教坛新秀13名、教坛新苗13名。

【课程建设】 2022年，龙泉一中深入贯彻执行《浙江省深化普通高中课程改革方案》，及时更新课程理念，完善课程体系，形成具有学校特色的青瓷宝剑文化、灵芝文化、社团活动系列等课程，满足学生个性化发展需求。其中，“龙泉青瓷”“龙泉灵芝”“两性奥秘——高二异性交往心理辅导”“开启高考的另一扇门——三位一体招生考试辅导教程”“生涯探索篇之能力训练营”“生涯认知篇之成长加油站”等7个为省级精品选修课程。强化生涯规划指导团队建设，实施职业生涯系列校本选修课程，开展生涯体验活动和职业分享活动，科学规划学生个性化的成长路径和发展方向。龙泉浙大中学以“精致课堂”建设为抓手，成立教学检查小组、段务听课小组，每周进行年级段随机交叉检查，展示优秀教案，并对不符合教学要求的教案进行扣分通报。

【项目建设】 2022年，龙泉一中重点完成了学校A、B幢寝室改造提升工程，新建教学综合楼项目有序推进，包括教室、学科及创新教室、办公室和报告厅等，以硬件设施提质推进教育教学事业新发展。龙泉浙大中学完成音乐文化长廊装饰项目、报告厅地下室色彩基地及美术作品展厅装修工作，新建2个美术创新教室，完成艺术基地校项目，与龙泉二中、三中、四中联合构建美育共同体。

【艺体特色办学】 2022年，龙泉浙大中学提亮艺体办学特色，初步实现龙泉浙大中学三年提质强校行动实施方案（2022—2024年）中美术招生目标；加强体育健康工作。开展每天跑操（桌边操）、阳光体育等活动，确保学生每天锻炼时间不少于1小时，提高学生身体素质。2022年，学生体质测试成绩明显提高，大学生体质健康测试成绩在全省高中测试成绩排名中提升至290名。

职业教育

【概况】 龙泉市中等职业学校是国家级重点中等职业学校，占地243亩，校舍建筑总面积112637.5平方米，全校在籍班级90个，在校班级80个。学校按二级学院管理，分为商贸文旅学院、智能制造学院、剑瓷艺术学院，涵盖财会、导游、文秘、数控技术应用、3D打印技术应用、民族工艺品设计与制作（青瓷）、民族工艺品设计与制作（刀剑）等14个专业。2022年，有在编教职工285人，高级职称教师110人，“双师型”教师121人，拥有省技能名师（大师）工作室3个，长期聘请徐朝兴、毛正聪、夏侯文、徐定昌、陈爱民、陈显林、卢伟孙、张晞等10位国家级青瓷大师为学校兼职教师；新增丽水市教坛新苗1人、教坛新秀25人、教学能手4人，省学科带头人1人；发表各级各类论文63篇，课题获奖12篇，丽水市级优质课获奖5人。参加单考单招404人，录取401人，录取率99.3%；五年一贯制（3+2）165人，录取150人，录取率90.9%；升入高级工阶段280人，整体升学率97%，本科上线29人。

【职业教育长学制人才培养】 2022年4月20日，省委副书记、省长王浩在龙泉中职校调研时作出“要培养大批地方经典特色产业集群迫切需要的复合型高端技术技能人才”的重要指示。根据指示精神，市中职校积极探索职业教育长学制人才培养的有效实现方式，联合丽水职业技术学院、本地剑瓷企业行业，按照“高职分校一体统筹、政校行企深度融合、标准衔接一体培养、实施方案一体推进”思路，着力构建基于龙泉剑瓷特色产业的“中高职企”四位一体化人才培养模式。2022年5月，龙泉市中等职业学校入选全省首批试点单位（丽水市仅2所），青瓷工艺和刀剑工艺2个专业与丽水职业技术学院建筑艺术学院艺术设计专业开展区域中高职一体人才培养，其培养模式为五年在中职学校就读，后两年注册为高职院校学生，按照高职院校管理执行的新模式。2022年，学校圆满完成青瓷工艺45人、刀剑工艺35人的招生计划及培养。

【丽水职业技术学院龙泉分院挂牌成立】 2022年5月30日，丽水职业技术学院、龙泉市人民政府共同向省教育厅提交《关于在龙泉开展大专层次人才培养试点的请示》；6月初，省教育厅明确丽水职业技术学院龙泉分院招生专业和招生人数；7—8月，完成丽职院龙泉分院教学、实训、住宿等场所改造和设施设备添置。9月13日，龙泉市人民政府与丽水职业技术学院签订合作协议，丽水职业技术学院龙泉分院正式挂牌成立。9月17日，龙泉分院首批58名大一新生，开启龙泉高等教育新篇章，迈入产教融合人才培养新里程。

【产教融合】 2022年，龙泉市教育局对标产业发展需求，创新产教融合机制，通过政策先导、机制优化、政校企协四元联动，构建校企命运共同体。校企共同制订人才培养方案，创新“订单班”人才培养模式，逐步拓宽校企合作层面，不断提升社会服务能力。2022年，1个项目获省科技奖，3个项目入选省“五个一批”，成功申报省级产教融合实践基地1个，与浙江三田汽车空调压缩机有限公司合办“订单班”1个，遴选丽水市级产教融合型企业3家，申报丽水市级产教融合型企业1家，申请专利18项；为企业服务21项，共建生产性实践基地6个，开发人才培养方案2个，共同开发课程7门，合作企业新增4家，学生实习率100%，毕业生初次就业率96.08%，用人单位满意率97.01%。

【“双高”建设】 2022年，龙泉市教育局以省中职高水平学校、高水平专业建设为总抓手。将“双高”项目建设内容有机融入《龙泉职业教育高质量发展三年提质行动计划》，并将高水平职业院校建设列入龙泉市重点工作任务进行督导推动建设。2022年，完成浙江省教育厅“双高”项目建设中期绩效考核，取得“良好”等次；完成浙江省人力社保厅对学校“汽车空调智能制造专业群”和“青瓷非遗专业群”第一年度建设考核评估，以项目建设带动学校治理水平、人才培养、师资队伍建设及社会服务水平提升。

成人教育

【概况】 2022年，龙泉市共有城区、安仁、八都、小梅、锦溪5所成人文化技术学校（兼挂龙泉社区学院分校牌子），有专职校长4人、兼职校长1人，专职教师23人、兼职教师58人，负责7个乡8个镇4个街道成人教育、社区教育、老年教育培训工作。安仁区域成人文化技术学校创成浙江省现代化社区学校，率先达成浙江省现代化成人学校、现代化社区学校双项现代化目标，小梅区域成人文化技术学校创成浙江省现代化成人学校，其他3所为浙江省标准化成技校，浙江省标准化成技校达100%。

龙泉市成教工作坚持“实地、实际、实用、实效”原则，把成人教育、职业教育与区域经济发展、生产实践、社会服务、技术推广有机结合，全年完成职业教育等共富能力培训4949人次，老年教育27737课时，成果数6579条。全民终身学习成果突出，5所学校获评丽水市级老年教育优质（示范）学校，5个社团获评丽水市优秀学习型社团，市中职校获评丽水市级示范性继续教育（社会培训）基地，安仁镇老年学校获评丽水市级社区教育示范基地；2个教材获评丽水市级老年人智能技术运用培训优秀教材，3个案例获评丽水市老年人智能技术运用培训优秀教学案例；2人获评丽水市社区教育优秀工作者，10人获评“绿谷学习之星”。

【开放教育办学】 2022年，电大开放教育共招收学员319人，超额完成年度招生计划任务，位居丽水市前三。完成省民生实事大专及以上学历提升1230人，超额完成目标任务数。2022年9月，根据《浙江省教育厅关于印发〈浙江开放大学综合改革方案〉的通知》和《龙泉市人民政府关于同意浙江广播电视大学龙泉分校更名为浙江开放大学龙泉学院的批复》精神，龙泉市委编委发文同意，浙江广播电视大学龙泉分校更名为浙江开放大学龙泉学院。

【农民大学生培养】 2022年，龙泉电大招收130余名农村学员就读专科、本科，其中省电大分配的“一村一名大学生”免费生名额45名。利用开放大学体系，以远程开放教育形式，将高等教育网络延伸至农村乡镇，农村青年实现在家门口读大学，推动建设一支“留得住、用得上、有文化、懂技术、会经营”的新型农村实用人才队伍。

【社区教育】 2022年，龙泉市电大积极承担社区教育职能，共举办职业技能培训24个班次，培训人员1154人次。积极承办“龙泉工匠”职业技能大赛，举办大赛4场次，参赛人数343人。积极开展学分银行业务培训，做好浙江学分银行龙泉分中心工作，全年完成53908条成果录入。

师资队伍建设

【概况】 2022年，龙泉市共有在编教职工2592人，其中幼儿园195人、小学1132人、初中622人、高中348人，高级职称558人，占比21.53%，一级职称1201人，占比46.33%；学前专任教师本科学历192人，占比43.54%，小学本科及以上学历990人，占比84.11%；初中研究生学历8人，占比1.3%，高中研究生学历58人，占比9.31%。全市共有特级教师3人，其中2022年新增2人；浙派名校长培养对象4人，浙派名师培养对象7人，丽水市教学名家2人，丽水市教学（德育）名师24人，丽水市学科（德育）带头人105人，龙泉市学科（德育）带头人61人；新增丽水市“绿谷名教师”510名，其中，丽水市教学能手（德育能手）66人，丽水市教坛新秀（德育新秀）346人，丽水市教坛新苗（德育新苗）98人。

【优秀教师评选】 2022年6月，龙泉市教育局组织市级优秀教师（优秀教育工作者）评选工作，授予徐洁等68人2021学年龙泉市优秀教师称号，授予叶杭蔚等22人2021学年龙泉市优秀教育工作者称号，授予陈秀敏等62人2021学年龙泉市优秀德育导师称号，授予张兆福等42人2021学年龙泉市优秀班主任称号。郑爱芬、丁枝仁2名教师被授予省第十三批特级教师称号，曾起波获省春蚕奖，黄玉荣、叶水梅和金家荷获省红烛奖。

【人事档案专项审核】 2022年，龙泉市教育局根据市委组织部的统一部署，开展教育系统人事档案全覆盖工作，完成在职在编330多名教师的“三龄两历”认定，完成人事档案数字化制作2071份，全市教育系统中小学教师档案管理更加科学、规范。

【教师职称评审】 2022年11月，龙泉市教育局经龙泉市中级评审会评审，推荐高级教师17人，评审通过中级教师71人，初级教师确认82人，高级教师推荐率90%，中级教师通过率75%，初级教师通过率100%。全市共有5所学校被列入自主评聘试点单位，其中龙泉一中、龙泉浙大中学、龙泉市中等职业学校为省级试点学校，开展高级教师（高级讲师）及以下职称自主评聘工作；实验小学教育集团（含凤鸣校区）、龙泉二中为丽水市级试点学校，开展高级教师推荐和一级教师及以下职称自主评聘工作。

【人才队伍保障】 2022年，龙泉市教育局实施人才奖励制度，人才奖励资金得到全面落实。截至11月，共发放426.7894万元，其中，高层次人才325.8127万元，教育新政19.4667万元，名优教师61.51万元，特级教师20万元。实施购房租房补助，截至11月，共有14人参与申报，共计28.8万元。

【山海协作】 2022年，龙泉市教育局充分利用杭州、萧山等地的教育优势，采用师徒结对、互联网+义务教育等模式，落实校长教师挂职锻炼等工作。截至12月底，落实跨地区教共体（萧山—龙泉）结对帮扶工作，完成教师结对帮扶60人，8名教师赴萧山区学校参与跟岗实践，1名教师赴安徽蚌埠第一实验学校参与跟岗实践。

【东西部合作】 2022年，龙泉市教育局组织龙泉三中与四川省叙永县两河镇中学结对，东西部教育互动，安排龙泉三中10名教师与两河镇中学10名教师结对，定时通过钉钉直播等形式，开展数学、美术、历史、信息技术等4门学科线上教研活动。同时，龙泉三中结合本校全员晒课评优活动，与两河镇中学开展线上研讨，共享教育资源。

【班主任队伍建设】 2022年，龙泉市班主任工作室组织主题班会研究、展示课、名师工作室研修、"'双减'背景下如何构建高效课堂"线上+线下专题研讨等活动，举办首届班主任节、龙泉市中小学骨干班主任管理能力提升培训，完成"五心"德育品牌大赛。选派6名教师参加丽水市中小学班主任基本功大赛暨浙江省班主任基本功大赛选拔赛，6名教师获一等奖，其中3名教师晋级浙江省班主任基本功大赛，分获一、二、三等奖。

【教师定向培养】 2022年，龙泉市教育局根据《浙江省教育厅办公室关于做好2022年小学全科及中学紧缺学科教师定向培养招生工作的通知》文件精神，结合龙泉市教师需求情况，确定2022年定向培养教师25名，其中，小学全科10名，初中语文2名，初中数学、英语、科学、社会各1名，高中语文、数学、地理（复合思想政治教育）各2名，高中英语、生物、化学各1名。初中语文和高中生物学科，因报考人数不足，各减1人，实际共计23名。

【教师培训】 2022年，龙泉市举办"龙泉市'双减'背景下教育管理者核心素养提升工程"等培训班43个，共培训教师7066人次，完成培训总学分411262分，全市教师人均培训学分145分，学评教满意率98.3%。开展山海协作对口资源协助培训，和宁波市联合举办培训项目3个，培训校长300人次、教师400人次。针对新教师开展为期五年的跟踪培训考核，举办2018—2022年入职教师山海协作对口资源培训等相关培训。开展龙泉市中小学校本研修精品项目评比活动，评出精品项目37项，其中实验小学教育集团《"生涯五课"为新教师开启成长"加速度"》获评浙江省中小学校本研修百项精品项目。4项师训课题获省立项，结题1项，1项成果获省级二等奖。组织省百人千场名师送教活动2个学科8场次培训。

【教育科研】 2022年，龙泉市教育局申报省级课题10项，立项2项，结题3项；丽水市级课题立项32项，龙泉市级两类课题立项142项，申报、结题社科联课题21项。省教科院获奖1项（丽水县级共获2项），丽水市级获奖33项，其中一等奖6项。创新课题管理制度，研究制定《龙泉市学校集体备课要求与操作流程》《龙泉市学生作业编制指南》《龙泉市一至九年学生学习习惯、行为习惯养成准则》。实施教育共富山区样板"美优特"品牌创建活动，积极探索"非遗"进课堂创新路径，打造幼儿园"非遗"课程体系。（周晨婧）

科学技术

科技创新

【概况】 2022年，龙泉市防震减灾科普馆被认定为国家防震减灾科普教育基地，荣获浙江省县级防震减灾工作先进单位称号，入选省“尖兵”“领雁”研发攻关计划2项：浙江施克汽车配件有限公司与浙江大学合作的“低碳环保新能源汽车空调关键技术研发及应用”项目、浙江新劲空调设备有限公司与中国计量大学合作的“新能源车用膨胀阀智能柔性生产线关键技术与应用示范”项目；获得省科技进步三等奖1项：浙江创新空调汽车有限公司和浙江大学合作的“高效低阻换热装置与生产装备研发及产业化”成果；设立登记丽水市首家实体化市校合作载体——龙泉产业创新研究院。

【科技指标】 2022年，龙泉市规模以上工业企业研发费占营业收入比重为4.5%，占比居丽水第一；高新技术产业投资占固定资产投资比重的16.89%，占比居丽水第一；高新技术产业增加值占工业增加值比重的49.16%，占比居丽水第三。市科技局利用网上技术市场发布技术难题75条，登记技术合同98项，网上技术交易额达2.01亿元，登记科技成果28个，发明专利产业化项目6个。

【科技新政】 2022年，龙泉市出台《关于加快推进科技创新引领高质量发展的十八条暂行意见》(简称《暂行意见》)，主要围绕科技创新主体培育、研发机构建设、创新平台打造、科技成果转化、创新生态优化、科技体制改革六大方面展开，每个方面包含3条意见，共计18条意见。其中，涉及资金奖励和补助的意见13条，优化创新环境不涉及直接资金奖励和补助的意见5条。《暂行意见》进一步降低了补助标准、简化了立项补助程序，同时提高了奖励标准，最高可达到一次性补助300万元。2022年，共拨付科技专项资金3395.68万元。

【创新主体培育】 2022年，龙泉市新增省级重点企业研究院1家：浙江国镜药业有限公司“浙江省大容量注射剂及药物重点企业研究院”；新增省级高新技术企业研究开发中心4家：龙泉市中天制冷设备有限公司“浙江省中天高性能汽车空调管路高新技术企业研究开发中心”、浙江鸿业阀门制造有限公司“浙江省鸿业高性能阀门高新技术企业研究开发中心”、浙江龙泉泓业新材料有限公司“浙江省泓业高性能母粒高新技术企业研究开发中心”、浙江龙鑫化工有限公司“浙江省龙鑫化工高分子新材料高新技术企业研究开发中心”；新增丽水市级重点实验室2家：浙江三田汽车空调压缩机有限公司“丽水市热泵空调压缩机重点实验室”、浙江毅力汽车空调有限公司“丽水市新能源汽车传感与控制技术重点实验室”；新认定国家高新技术企业16家：浙江泰丰竹木有限公司、浙江瑞峰新型墙体材料有限公司、浙江新派克制冷设备有限公司、龙泉市餐餐乐竹木制品有限公司、浙江森亚板业有限公司、浙江硕朗机电配件有限公司、浙江利源竹木有限责任公司、龙泉市万嘉铝业型材有限公司、浙江鑫安能源建设有限公司、浙江万鸿高分子材料有限公司、龙泉市龙生不锈钢管有限公司、浙江亿奇木业有限公司、浙江兴华休闲用品有限公司、龙泉市源福汽塑有限公司、浙江恒睿丰新能源科技有限公司、浙江金创制冷系统有限公司；重新认定国家高新技术企业14家：浙江欧亚迪汽车空调器有限公司、浙江太钎机械设备制造有限公司、浙江俊博汽车部件有限公司、龙泉市中泰汽车空调有限公司、浙江郑氏刀剑有限公司、龙泉市金宏瓷业有限公司、浙江基力思汽车空调有限公司、浙江创新汽车空调有限公司、浙江欧特立汽车空调有限公司、浙江施克汽车配件有限公司、浙江森芝宝生物科技有限公司、浙江金宝得汽车制冷配件有限公司、浙江龙泉佳宝生物科技有限公司、浙江鸿业阀门制造有限公司；新增省级科技型中小企业54家：龙泉市启森竹木工艺品有限公司、龙泉市瑞丰竹木有限公司、龙泉市万嘉铝业型材有限公司、龙泉市竹垟乡森旺菇业有限公司、龙泉市金鼎铝业有限责任公司、龙泉市阿虎陶瓷文化创意有限责任公司、龙泉市现代旅游用品有限责任公司、浙江和佳油杯有限公司、浙江嘉德利生物科技有限公司、浙江山茶润生物科技有限公司、龙泉鸿泰植物纤维科技有限公司、龙泉市鼎森炭素有限公司、龙泉市明嘉竹木制品有限公司、龙泉市泉灵谷生物科技有限公司、龙泉市双泉泵阀有限公司、龙泉市银启电子商务有限公司、龙泉旺豪汽车空调有限公司、浙江力科阀门有限公司、浙江麦斯凯阀业有限公司、浙江新普金属材料有限公司、浙江友霓钢业有限公司、浙江粤青管业有限公司、龙泉市合器青瓷有限公司、浙江山联机械科技有限公司、龙泉市寸土文化创意有限公司、龙泉市精龙瓷业有限公司、龙泉市茂林青瓷文化有限公司、龙泉市青之林瓷业有限公司、浙江永健五金配件有限公司、龙泉市康源生物科技有限公司、龙泉市森源木业有限责任公司、龙泉市万字号宝剑有限公司、龙泉新峰青瓷有限公司、浙江鸿桦新能源科技有限公司、龙泉市慧仙瓷业有限公司、龙泉市鹏晓木业有限公司、浙江祥泰新型建筑材料有限公司、龙泉市美美彩印包装有限公司、浙江龙金住空调科技有限公司、龙泉雪拉同瓷业有限公司、龙泉市齐翔工艺品有限公司、龙泉永欣泡沫制品有限公司、龙泉沈广隆宝剑有限公司、浙江龙泉唯珍堂农业科技有限公司、龙泉市华光美术刀剑有限公司、龙泉市龙三秀生物科技有限公司、龙泉市丰穗粮油有限公司、龙泉市华森木业有限公司、龙泉市冠竹竹制品有限公司、浙江泊客电子科技股份有限公司、龙泉东土青瓷有限公司、浙江顶典工贸有限公司、浙江启励文具有限公司、龙泉市景龙瓷土有限公司；新增丽水市级创新联合体1个：丽水市汽车空调产业创新联合体；新增丽水市级成果转化加速器1个：丽水市汽配产业成果转化加速器。

【科技项目】 2022年，龙泉市争取省领雁研发攻关计划项目立项2项：浙江施克汽车配件有限公司的“低碳环保新能源汽车空调关键技术及产业升级示范”项目、浙江新劲空调设备有限公司的“新能源车用膨胀阀智能柔性生产线关键技术与应用示范”项目；争取丽水市级自筹类公益性技术应用研究项目立项5项：龙泉市人

表21

2022年度龙泉市“揭榜挂帅”科技计划项目一览表

序号	项目名称	起止年限	承担单位
1	七味药食两用破壁粉集成应用研究	2022—2024	浙江龙泉正大生物科技有限公司
2	新能源汽车空调电子膨胀阀综合性能测试系统研发	2022—2024	浙江博威汽车空调有限公司
3	骨内植入物表面负载酶响应型抗感染涂层的研制	2022—2024	龙泉市人民医院
4	汽车空调驱动盘自动收料与平面度检测装置研究与应用	2022—2024	龙泉市中泰汽车空调有限公司
5	色纯质细青瓷水晶杯烧制及拼接工艺的研究	2022—2024	龙泉市慧仙瓷业有限公司
6	复合节能型新能源汽车热交换器轻量化关键技术及工艺的研发	2022—2024	浙江基力思汽车空调有限公司
7	草酸艾司西酞普兰口服溶液剂关键技术及产业化研究	2022—2024	浙江国镜药业有限公司
8	生物基可降解非织造布专用改性料研发	2022—2024	浙江龙泉泓业新材料有限公司
9	抗菌青瓷杯的青瓷纳米型复合陶瓷技术的研究	2022—2024	龙泉玉德青瓷有限公司
10	汽车空调金属管件精密制造关键技术研究及设备开发	2022—2024	浙江龙腾空调有限公司
11	绿色环保高强度瓦楞纸板关键技术的研究	2022—2024	浙江国立包装有限公司
12	新能源汽车空调储液器免焊筒体高效稳定制造技术研究及成套装备研发	2022—2024	浙江欧特立汽车空调有限公司
13	新能源汽车板式换热器的研发与应用	2022—2024	浙江兰通空调设备有限公司
14	高精度高性能柴油油水分离总成关键技术研发	2022—2024	浙江三田滤清器有限公司
15	模板幅面自动控制及高效验板生产线研究	2022—2024	浙江东龙工贸有限公司

表22

2022年度龙泉市公益性技术应用研究自筹项目一览表

序号	项目名称	起止年限	承担单位
1	基于新发突发公共卫生事件区域医共体中医药应急防控体系建设研究	2022—2024	龙泉市人民医院
2	基于格林模式的健康教育对冠心病患者经皮冠状动脉介入术(PCI)后护理中的应用研究	2022—2024	龙泉市人民医院
3	龙泉市公益林融合优化成果的细化管理研究	2022—2024	龙泉市生态保护中心
4	肺磨玻璃结节的胸部CT影像特征及其对结节良恶性诊断的研究	2022—2024	龙泉市人民医院
5	基于SPD模式下的手术室耗材精细化管理创新研究	2022—2024	龙泉市人民医院
6	百山祖国家公园(龙泉)松材线虫监测及防控技术研究	2022—2024	钱江源—百山祖国家公园龙泉保护中心
7	中潜3号杨树在浙西南山区选育引种研究	2022—2024	龙泉市生态保护中心
8	艾考糊精腹透液在ESRD中的临床应用研究	2022—2024	龙泉市人民医院
9	耳穴揿针联合人工泪液滴眼液治疗糖尿病干眼症应用价值研究	2022—2024	龙泉市中医医院
10	SGLT2抑制剂联合羟苯磺酸钙逆转早期糖尿病肾病的临床研究	2022—2024	龙泉市人民医院
11	穗花杉种群恢复关键技术研究	2022—2024	龙泉市岩樟乡林业工作站
12	射频消融术联合细胞免疫治疗及化疗治疗中晚期非小细胞肺癌的临床研究	2022—2024	龙泉市人民医院
13	六味地黄汤治疗阴虚阳亢型老年高血压病伴阈下抑郁的研究	2022—2024	龙泉市中医医院
14	家校医——三位一体科普教育模式在山区儿童健康促进中的应用研究	2022—2024	龙泉市人民医院
15	MMC(标准化代谢性疾病管理中心)模式下2糖尿病患者健康管理效果研究	2022—2024	龙泉市人民医院

民医院的“靶向高通量测序(tNGS)在呼吸道感染领域的应用”、龙泉市人民医院的“医共体模式下安宁疗护适宜技术在老年疾病终末期的应用”、龙泉市人民医院的“中医药外治法改善尿毒症性皮肤瘙痒的临床应用研究”、龙泉人民医院的“3D打印技术辅助结构性支撑技术治疗老年肱骨近端骨折的临床研究”、龙泉市林业科学研究院的“容器苗生长和养分积累对施肥的响应”。实施市本级“揭榜挂帅”科技计划项目30项(自筹类15项)。

【科技成果转移支付】 2022年，龙泉市科技局聚焦汽车空调产业，开展山区26县科技成果转移支付试点建设工作。3月11日，举行汽车空调产业科技成果学术报告会。前后组织5轮浙江大学、浙江理工大学等高校院所的专家教授实地走访企业200家次。编制形成《企业技术需求清单》《科技成果匹配清单》《科技成果转化清单》，梳理产业技术需求77项、匹配科技成果27项、拟转化成果20项，其中成功签约先用后转成果9项，通过高校产学研合作11项。企业“超临界CO_2空调系统关键技术研发”“高精度高性能柴油油水分离总成关键技术研发”等11个技术需求成功立项。

【科技特派员】 2022年，龙泉市科技局新增工业科技特派员11人，共实施项目11项，其中汽配类7项、竹木加工类1项，青瓷类1项、化工类1项、食品加工类1项。共有农业科技特派员19人，农业科技特派员团队3个，实施农业科技特派员项目19个。8月19日，市科技特派员工作在2022年度全省山区海岛县人才工作现场推进会上作交流发言。

【市校合作】 2022年，龙泉市坚持“背靠浙大 联姻高校 发展龙泉”战略，全年共开展市校合作项目65个。9月28日，与景德镇陶瓷大学签订《龙泉青瓷产业共性技术难题攻关合作协议》，合作开展青瓷产业共性技术攻关。11月15日，与浙江大学签订《关于支持龙泉产业创新研究院建设的协议》，登记设立龙泉产业创新研究院，系丽水市首家实体化市校合作载体。11月20日，与浙江工业大学签订协议，合作共建浙江工业大学龙泉创新中心，重点围绕智能制造和机器换人、数字经济和信息服务等领域，开展技术创新、项目攻关、成果转化、项目孵化、技术培训、继续教育工作。

【防震减灾】 2022年，龙泉市防震减灾科普馆被认定为国家防震减灾科普馆，龙泉市获评省级防震减灾工作先进单位。编制形成《龙泉市场地地震工程条件钻孔与调查报告》《龙泉市地震危险性分析》《地震构造资料收集与补充调查》等报告成果，《龙泉市构造图数据库》《龙泉市钻孔数据库》等数据库成果，《龙泉市危险性分析图件》《龙泉市 1:25 万地震构造图》等图件成果；龙泉市科技局与龙泉市红十字会在防震减灾科普馆共建龙泉市生命教育体验中心；做好地震监测台站——前兆台、测震台、强震台报、GNSS（全球导航卫星系统）基本台等 4 个台站的维护检查；充分利用“5•12”防灾减灾日、“7•28”唐山地震纪念日、科技活动周等重点时段，联合应急管理局、气象局等单位开展防灾减灾宣传周活动，全年通过各宣传载体循环滚动播放“防震减灾”主题科普教育宣传片。据统计，2022 年防震减灾参与群众 2 万余人次，发放科普资料 1 万余份，提供技术咨询服务 2900 余人次，防震减灾科普馆全年累计接待机关幼儿园、实验小学、八都镇、白云社区等单位团队 5000 多人次学习参观。

【综合体建设】 2022 年，浙西南科创基地被评为 2022 年度省级示范区域性两新组织党群服务中心、丽水市干部教育四星现场教学基地。丽水市汽车零部件工程技术人员中级专业技术职务任职资格评审委员会落地龙泉。第三届中国（龙泉）灵芝大会暨龙泉人才科技峰会开幕，成功举办了“新能源汽车热管理论坛”“科技特派员论坛”两场论坛活动。3 月 24 日，时任省委书记袁家军考察综合体；11 月 16 日，浙江省委人才办专职副主任张旭明考察综合体。首次丽水市汽车零部件中评委评审会在综合体召开，评定助理工程师 8 人，工程师 26 人。 （徐晓婷）

社会科学

【概况】 2022 年，龙泉市着力推进“重要窗口”社科调研基地建设，省社科联俞晓光巡视员、浙江大学中国农村发展研究院、浙江农林大学浙江省乡村振兴研究院和中国（丽水）两山学院等省社科联及高校智库先后到龙开展社科赋能山区 26 县高质量发展调研工作，并组织召开座谈会 7 场，社科联获评 2022 年度省社科赋能行动优秀组织单位。举办《浙江省哲学社会科学工作促进条例》专题学习研讨会；组织召开社科理论界学习贯彻党的二十大精神座谈会，形成理论文章 7 篇。形成《道与器：中华传统文化——龙泉青瓷》等优秀成果 38 项，其中 4 项获评丽水市社会科学优秀成果。12 月成立丽水首家县级社科专家库，首批聘任 23 位专家，专业研究领域涵盖社会经济、医学、教育学、剑瓷文化、地方文史等 7 个学科、研究方向。开展 2022 年度社科课题立项等工作，征集发布研究课题等 60 项，其中《海上丝绸之路上的宋代龙泉青瓷——从龙泉青瓷海外流布看宋韵青瓷文化对外影响》《龙泉宋韵文化概论》等 11 个课题被列为丽水市级课题，《捩翠融青——龙泉青瓷博物馆馆藏龙泉国营瓷厂精品目录》入选 2023 年度省社科联社科普及重点课题（科普读物类），同时被列入省哲学社会科学规划一般课题。举办“龙泉复兴、天下龙泉”社科普及周活动。举办“作家带你‘读’龙泉”等 4 场人文讲堂 30 多场次。

2022 年 12 月 1 日，龙泉市社科理论界学习贯彻党的二十大精神座谈会暨社科专家库成立仪式举行 （市委宣传部 / 供图）

【“喜迎二十大•浙西南革命故事少年说”短视频评选活动】 2022 年，龙泉市开展“喜迎二十大•浙西南革命故事少年说”短视频评选活动，累计拍摄短视频 39 个，在“学习强国”学习平台、“视频龙泉”视频号、“天下龙泉”App 等平台宣传展播，阅读量超 4 万。开展“风展红旗如画”巡展龙泉站活动，全程通过“金蝉视频”视频号、“无限丽水”App、“天下龙泉”App，以及快手、抖音等平台进行同步直播，在线观看人数近 30 万人。《“喜迎二十大——浙西南革命故事少年说”短视频创作推广项目》获评 2022 年度浙江省社科普及创新项目。 （廖杭莹）

生态建设

生态环境保护

【概况】 2022年，龙泉市统筹产业结构调整、污染治理、生态保护、应对气候变化，协同推进降碳、减污、扩绿、增长，生态环境质量持续保持全省领先水平。全市环境空气质量综合指数2.00，环境空气优良天数比例99.5%，PM10年平均浓度为25微克/米^3，PM2.5年平均浓度17微克/米^3，分别位列全省第一、第二。全市16个地表水断面水质全部达到或优于Ⅱ类水质标准，达标率为100%。岩樟溪和6个"千吨万人"集中式饮用水水源地水质均达到或优于Ⅱ类水质标准。龙泉—云和跨行政区域交接断面水质达到Ⅰ类水质标准，年度水质保护管理考核为优秀。声、辐射等环境质量总体稳定。

【污染防治攻坚战】 2022年，龙泉市扎实推进蓝天保卫战，开展环境空气功能区划分，强化工业源、移动源、城乡面源废气及生物质锅炉综合治理，完成竹木行业VOCs源头替代11家，低效提升整治6家以及突出问题整改20家。持续开展机动车污染防治，完成非道登记上牌451辆、尾气检测209辆、柴油车尾气抽测351辆，完成建成区范围7台生物质锅炉综合治理工作。扎实推进碧水保卫战，开展均溪饮用水水源地保护区划分和龙泉溪饮用水水源地保护区调整工作，推进岩樟溪、均溪饮用水水源地标准化建设。完成1个县级以上、6个"千吨万人"及2个其他乡镇级饮用水水源保护区基础环境状况调查。扎实推进净土保卫战，开展龙泉市耕地质量类别划定，推进耕地土壤污染溯源和管控，编制全市5807亩受污染耕地控源方案和成效评估方案，加强7家土壤污染重点监管单位日常监督管理。持续落实以用途变更为"一住二公"地块为重点，严格建设用地准入管理。实施龙泉市青坑底矿泉水补给区地下水环境状况调查项目。全力推进"无废城市"建设，制定实施《龙泉市工业固体废物污染环境防治规划（2022—2025年）》。完善小微危废集中收运体系建设，创成17个"无废城市细胞"。全面强化涉疫医疗废物环境监管，医疗卫生机构医疗废物收集处置体系覆盖率、医疗废物安全处置率和可回收物回收率均达100%。

【生物多样性保护】 2022年，龙泉市建立野生动植物保护联席会议制度，及时查处涉野生动物案件。开展珍贵濒危野生动植物抢救保护工作，全年共救助野生动物48起，落实26.8万元野生动物肇事公众责任保险。2月

2022年2月22日，住龙生物多样性体验馆开馆　（项　松/供图）

22日，住龙镇生物多样性体验馆正式开馆，系全省首批4个生物多样性体验馆之一。

【生态创建行动】 2022年，龙泉市深化生态文明示范创建，编制《龙泉市生态文明建设规划(2023—2027年)》。完成省级生态文明建设示范市创建工作年度评估，积极申报国家生态文明建设示范区，加快推进龙泉市域"绿水青山就是金山银山"实践创新基地建设，住龙镇入选第十二批省级生态文明教育基地，城北乡河坑塘村、兰巨乡官埔垟村、道太乡安平村、岩樟乡郑庄村4个村入围第二批省低(零)碳村试点。

环境管理执法

【生态环境执法】 2022年，龙泉市组织开展"绿剑2022"、"除险保安"、排污许可等各类专项执法行动，紧盯群众反映强烈、企业主观恶意明显的生态环境违法行为，全年立案查处生态环境违法行为59起。积极探索监管新模式，落实"首次不罚""轻微免罚"，2022年，办理6起生态环境领域不予处罚案件。严格落实生态环境监督执法正面清单管理制度，对正面清单内8家排污单位开展差异化监管。

【生态环保督察整改】 2022年，龙泉市全面推进中央生态环境保护督察反馈问题、省委生态环境保护专项督察反馈问题整改工作，完成第二轮中央生态环境保护督察反馈问题暨础石总氮超标问题整改销号工作。完成2022年省委生态环境保护专项督察工作，办结2件交办信访件，办结率100%。

【七张问题清单】 2022年，龙泉市以"七张问题清单"为牵引，系统落实"重大生态环保督察清单"工作。持续增强主动发现问题的意识和能力，加强部门联动协作，常态化梳理查找问题。紧盯清单内的问题，及时归因分析、总结梳理，高效完成问题整改销号，全力推动重大生态环保督察清单指数争先进位。2022年，累计纳入省级问题4个、市级问题23个，全年清单指数排名丽水第一。

【环境信访】 2022年，龙泉市共受理各类环境信访投诉76件，同比下降29.63%。办理76件，办理率100%，其中，涉气类31件，占40%；噪声类18件，占22%；涉水类24件，占35%；其他类3件，占3%。

体制改革和制度建设

【生态文明体制改革】 2022年，龙泉率先在丽水市建立市委生态环境保护委员会，加强对生态环境保护重大问题的组织领导和统筹协调。扎实开展1名领导干部自然资源资产离任(任中)审计，在兰巨乡开展领导干部生态产品价值实现责任审计工作。推进生态环境损害赔偿制度改革工作，全年办理生态环境污染损害赔偿案例3起，累计赔偿11.79万元。开展"三线一单"生态环境分区管控方案调整。健全龙泉—云和瓯江流域上下游横向生态补偿机制。加强多跨协同联动，联合遂昌、福建省浦城县等行政边界区域，建立环境应急联动和污染联防联控工作机制。

【生态环境行政许可审批】 2022年，龙泉市进一步深化"放管服"改革，推进环评审批改革提质增效，全年完成"区域环评+环境标准"改革降级备案12个，审批建设项目18个，登记表备案项目69个。推进"最多评一次""多评合一""区域改革+环境标准"等改革，探索龙泉市首个"打捆环评"审批改革。

【环保助企服务】 2022年，龙泉市开展环保助企服务专项行动，建立全省首个县级生态环境健康体检分中心，实施对企业开展上门指导、上门体检、上门服务，累计上门服务企业443家、体检项目2726个，帮助查改问题865个、解答企业咨询问题377个。积极通过"排污权"抵押贷款解决地方企业"融资难"问题，首批"排污权"抵押贷款授信惠及13家企业，授信总额度3650万元。

【生态环境宣教】 2022年，龙泉市举办国际生物多样性日、世界环境日、浙江生态日、丽水生态文明日等系列宣传活动，更大范围更深层次提升生态文明建设和生态环境保护的影响力。举办3期生态环境保护大讲堂，培训企业300余家次。依托"河小二"突击队、生态环境监督员等多支专项志愿队伍，健全生态环境保护全民参与体系。

"五水共治"工作

【污水零直排区】 2022年，龙泉市以全域"污水零直排区"建设和"找寻查挖"专项行动为抓手，全力营造全民治水大氛围，水环境质量稳中有进、高位运行。初步完成全域"污水零直排区"建设工作，完成8个乡镇(街道)"污水零直排区"提质增效全面排查、规划编制工作。结合省市县三级"找寻查挖"专项行动，对全市"五水共治"存在的问题进行系统摸排，查出问题591个，完成整改销号591个，整改销号率100%，进一步提升了群众治水的获得感。

2022 年 5 月，省级美丽河湖——竹垟溪 （徐永明 / 供图）

【河（湖）长制提档升级】 2022 年，龙泉市全面推行河湖长制工作联席会议制度，落实联席会议成员单位职责，完善河（湖）长组织架构。开展竹垟溪（横溪）、梅溪 2 条河道的河湖健康评价，成功创建竹垟溪美丽河道、丽水瓯江源——龙泉溪国家级水利风景区。完成了从“丽水河长制”平台到“浙水美丽”平台应用的系统更迭、数据迁移等工作。 （孙梦妮）

“三改一拆”工作

【概况】 2022 年，龙泉市持续深化“三改一拆”“无违建”创建工作，推动违法建筑治理向数字化、精准化、常态化转变，加快推进违法建筑依法依规处置，全年完成违建整治面积 29.98 万平方米，为丽水下达年度目标任务（18 万平方米）的 167%；完成“三改”面积 22 万平方米，为丽水下达年度目标任务（20 万平方米）的 110%。

【示范典型项目打造】 2022 年，龙泉市在“宋韵西街”拆改项目打造中，充分挖掘特有的剑瓷文化、宋韵文化，不搞“大拆大建”，追求精致精品，推进旧住宅区、旧厂区、城中村改造和违建拆除，合理确定各区的功能和业态布局，将文脉和商脉有机结合，为彰显剑瓷品质、重塑城市记忆腾出发展空间。该项目获评浙江省 2021 年度十佳拆改示范典型。

【违法建筑再排查专项工作】 2022 年，龙泉市聚焦“全面起底”目标，通过“自查+委托”方式开展违法建筑再排查工作。截至 12 月底，录入浙江省违法建筑防控治理应用场景的违法建筑共 54501 件，其中违建暂缓处置类 45799 件，违法建筑总面积 432.48 万平方米，其中违建暂缓处置面积 249.82 万平方米。

【新增违建管控】 2022 年，龙泉市科学配备网格“1+3+N”力量，创新开展“网格走街、脚印万家”、“两违”治旧控新大走访大整治大比拼活动，以网格落实管控责任，以“走街”践行一线工作法，以“脚印万家”走深走实群众路线。对农民自建房、联建房业主、村委会、商品房小区物业、业主委员会、建设（规划）单位、属地乡镇（街道）、村（社区）进行大走访，掌握违建底数，倾听民声民意，分析归纳总结，进一步推进“两违”治旧控新工作。以“业主谈心、物业走亲、网格会商、工地办公”等方式，开展商品房楼顶搭建侵占消防通道、违规设置阳光房（棚）等“十乱”大整治，实现新增违建“零增长”。 （邱芸芬）

文化 旅游 体育

综　　述

【概况】 2022年，龙泉市旅游人数为269.8万人次，按可比口径恢复至2019年同期的77.1%；旅游收入为29.7亿元，按可比口径恢复至2019年同期的88.9%，入选全国县域旅游综合实力百强县、中国县域旅游发展潜力百强县、中国十佳体育旅游目的地，跻身山区26县旅游业高质量发展实绩评价前10名，龙泉宝剑小镇景区被评为国家AAA级旅游景区。

2022年，共举办乡村文化漫游节活动24场，“不灭窑火”龙泉青瓷传统龙窑烧制技艺活动21场，并策划举办了“天下龙泉——宝剑青瓷传承与创新展”全国巡展、浙江考古与中华文明——浙江青瓷巡礼等系列大型活动。开展文化走亲22场，送戏下乡115场，送书下乡1.19万册，送展览讲座下乡223场，引进艺术剧目7场，建成城市书房2个。龙泉市图书馆接待读者44.78万人次，龙泉青瓷博物馆接待游客17.9万人次。

2022年，深入推进“健康中国”和“全民健身”两大国家战略，新建百姓健身房6个、多功能运动场2个、村级全民健身广场1个，承办第七届浙江省太极拳公开赛、2022年浙江省青少年皮划艇锦标赛等省级赛事，龙泉市代表队在浙江省第十七届运动会中获得5块金牌。龙泉市文化和广电旅游体育局获评“2018—2021年度浙江省群众体育工作成绩突出集体”。

2022年龙泉市国家A级旅游景区一览表

表23

序号	景区名称	等级	景区地址
1	龙泉山旅游区	AAAA	龙泉市凤阳山自然保护区
2	中国青瓷小镇·披云青瓷文化园景区	AAAA	龙泉市上垟镇
3	龙泉宝溪景区	AAAA	龙泉市宝溪乡溪头村
4	龙泉住龙景区	AAAA	龙泉市住龙镇住溪村
5	龙泉白云岩景区	AAA	龙泉市西街街道下樟村
6	龙泉宝剑厂	AAA	龙泉市大沙工业区
7	龙泉青瓷博物馆	AAA	龙泉市剑川大道258号
8	龙泉兰巨现代农业观光园景区	AAA	龙泉市兰巨乡
9	唯珍堂石斛文化园	AAA	龙泉市西街街道周村
10	龙泉沈广隆铸剑园	AAA	龙泉市广通街88号
11	龙泉青瓷小镇	AAA	龙泉市上垟镇
12	龙泉宝剑小镇景区	AAA	龙泉市剑池街道南秦社区
13	龙泉凤羽山庄	AA	龙泉市龙南乡西呑

2022年龙泉市星级、绿色饭店一览表

表24

序号	饭店名称	星级	地址	备注
1	龙泉大酒店	3	龙泉市新华街83号	银树叶级绿色饭店
2	龙泉市南国花园酒店	3	龙泉市剑川大道155号	银树叶级绿色饭店
3	龙泉市将军大酒店	3	龙泉市东茶路668号新人民医院对面	银树叶级绿色饭店 银桂级品质饭店
4	龙泉市信用宾馆	2	龙泉市农资路口	
5	龙泉市红豆林酒店		龙泉市清风路2号	银树叶级绿色饭店 银鼎级特色文化主题饭店 银桂级品质饭店
6	龙泉市金沙温泉酒店		龙泉市金沙路26-1号	银树叶级绿色饭店 银桂级品质饭店 银鼎级特色文化主题饭店
7	龙泉国际大酒店		龙泉市剑池东路29号	银树叶级绿色饭店

2022年龙泉市旅行社一览表

表25

序号	旅行社名称	等级	旅行社地址
1	龙泉市龙城假期旅行社	★★★★	龙泉市龙翔路66号
2	龙泉山水旅行社	★★★★	龙泉市剑池街道宝剑小镇风情街22幢2层D019号
3	龙泉凤羽旅行社	★★★	龙泉市新华街83号
4	龙泉市龙泉起点旅游文化发展有限公司	★★★	龙泉市龙渊街道大洋社区龙翔路206号
5	龙泉市旅游集散中心	★★★	龙泉市欧冶大道299号(新车站)
6	浙江华严文化传播有限公司		龙泉市剑池街道大沙一区A21幢2单元301室
7	龙泉市龙渊文化旅游有限公司		龙泉市华楼街251-253号
8	浙江金腾旅行社有限公司		龙泉市剑池街道工业园区湾头区块15-1双益菇业
9	丽水途美旅游文化发展有限公司		龙泉市龙渊街道环城东路196—1号
10	红豆林旅行社有限公司		龙泉市新华街83号
11	龙泉市易生活智慧商贸发展有限责任公司		龙泉市龙渊街道华楼街228号
12	龙泉市绿野仙踪旅游有限公司		龙泉市垮头路16号
13	浙江万合旅游管理有限公司		龙泉市剑池东路29号
14	龙泉芳野文化传播有限公司		龙泉市龙渊街道贤良社区华楼街御江府西门18-103

文化事业

【概况】 2022年，龙泉市围绕浙江省公共文化服务现代化先行县创建工作，出台《龙泉市乡镇(街道)综合文化站提档升级建设实施方案(2022—2023)》《龙泉市15分钟品质文化生活圈常态化管理机制》《龙泉市乡村博物馆常态化运营机制(试行)》等文件，探索开展《文旅融合背景下的山区市公共文化现代化先行研究》的制度设计研究。规范管理校外艺术类培训机构，截至12月底，在册统计校外艺术类培训机构37家，龙泉同人书院、阳光少年、图腾艺术3家培训机构入选第一批丽水校外机构白名单。

【文化阵地】 2022年，龙泉市持续完善公共文化服务设施，提档升级19家乡镇(街道)综合文化站，4家获评省级一级综合文化站。建成"15分钟品质文化生活圈"75个、城市书房2个(查田镇分馆、西街街道分馆)、文化驿站2个(留槎洲文化驿站、龙渊文化驿站)、乡村博物馆8个,入选省农村文化礼堂建设示范县。围绕"城市书房+百姓健身房"创新融合模式,打造集阅读、健身、文创、休闲等多元服务功能于一体的新型公共文体融合空间,启动城东花园、红豆公园2处"城市书房、百姓健身房"项目建设。

【文化活动】 2022年,龙泉市累计开展文化活动5789场,参与307.8万人次。举办24场乡村文化漫游节活动、21场"不灭窑火"龙泉青瓷传统龙窑烧制技艺活动、17场百姓大舞台活动。坚持艺术特长免费培训,开展"青苗培育"文艺下基层公益培训,全年共有17个门类,课程达196节次。引导艺术类培训机构参与"送艺下乡"公共文化服务,并利用培训机构在乡镇的分支机构场所建成2个"青苗培育"点。

2022年龙泉市重点文旅活动一览表

表26

序号	活动类型	活动时间	活动名称
1	文艺活动	3月8—28日	小梅镇2022年度"春光黄南 醉美花海 共富未来"黄南乡村漫游
2	文艺活动	3月19—25日	"我爱诗画浙江"全民公益行暨"重走红军路 又见桃花源"漫游节
3	文艺活动	6月10—12日	2022年锦溪镇文化漫游节暨"文润千年 灵秀锦溪"非遗市集
4	文艺活动	7月9日	2022年宝溪乡篝火晚会暨啤酒音乐节
5	文艺活动	7月16—17日	"桃"醉盛夏 茶香岩樟——第三届摘桃品茶赏蜜文化漫游周活动
6	文艺活动	7月17日	2022年道太乡乡村文化漫游节"助力促农增收·推进共同富裕"之道太乡第三届考坑蟠桃节
7	文艺活动	7月22日	龙庆景毗邻乡村第十三届香菇文化节暨龙台两地共祭菇神吴三公活动
8	文艺活动	7月23日	阡陌大巨文化漫游节
9	文艺活动	9月8日至10月8日	龙泉市文化铸魂赋能共富路活动暨城北乡2022年"浙丽最美·一路向北"文化漫游季
10	文艺活动	9月17日	"匠心筑品质 青春正当时"龙泉市龙南乡2022年乡村文化漫游节暨云耕龙南天空不夜城云探活动
11	文艺活动	10月15日	2022年砝石街道乡村文化漫游节
12	文艺活动	10月29日	龙南山货走西街云耕龙南山货节暨龙南粉皮乡愁味享活动
13	文艺活动	10月30日	幸福山哈乡村文化漫游节
14	文艺活动	11月2日	宝剑小镇开街仪式暨2022年剑池街道乡村文化漫游节
15	文艺活动	11月17日	"畲乡署网行 同心奔共富"2022年龙泉市八都镇乡村文化漫游节
16	文艺活动	11月17日	"文艺星火赋美"2022龙泉市文化志愿者走基层文艺演出暨乡村漫游(住龙站)
17	文旅活动	11月19日	2022年龙泉市上垟镇"月光集市"暨乡村文化漫游节
18	文艺活动	11月22日	氧吧小镇 长寿仙仁 第五届仙仁长寿文化漫游节
19	文艺活动	11月26日	江南之巅·半程马拉松
20	文艺活动	11月29日	2022年兰巨乡豫章何氏寻亲拜祖文化节
21	文艺活动	11月11—13日	"玩味嘉年华·岁末感恩季"2022年中国龙泉乡村漫游节(龙渊站)暨龙泉万达广场文化艺术节
22	文艺活动	11月19—20日	2022年龙泉市安仁镇乡村文化漫游节暨"月光经济"主题集市活动
23	文艺活动	11月25—26日	2022年"道太乡味"书记出摊节
24	文艺活动	12月24日	2022年绍翁文化节

2022年龙泉市重点文艺演出活动一览表

表27

序号	活动类型	活动时间	活动名称
1	文艺活动	4月12日	“文化让龙泉更美好”2022龙泉市春季成人艺术公益培训成果展演
2	文艺活动	6月7日	“全民反诈•你我同行”龙泉市优秀社会文艺团队节目展演
3	文艺活动	6月8日	“打造文化生活圈 圈出美好新生活”龙泉市优秀社会文艺团队节目展演
4	文艺活动	6月9日	“垃圾分类我先行•建设文明新龙泉”龙泉市优秀社会文艺团队节目展演
5	文艺活动	7月1日	“喜迎二十大童心永向党”少儿专场文艺演出
6	文艺活动	7月3日	筑梦空间寻“乐”子旅电声乐队专场文艺演出
7	文旅活动	7月24日	“喜迎二十大•同心向未来”2022年暑期艺术特长生公益培训班成果展演
8	文艺活动	7月30日	“喜迎二十大•同走共富路”2022年龙泉市优秀社会文艺团队展演
9	文艺活动	8月1日	“喜迎二十大•同走共富路”龙泉市体韵艺术团成立二十二周年文艺展演
10	文艺活动	8月4日	“喜迎二十大•同走共富路”2022年送戏下乡文艺演出
11	文艺活动	11月8日	“礼赞二十大百年恰风华”2022年龙泉市旗袍秀专场文艺演出
12	文艺活动	11月9日	“礼赞二十大秋风明月”2022年龙泉市民乐专场文艺演出
13	文艺活动	11月12日	“欢庆党的二十大共享文化新时代”2022年龙湾—龙泉文化走亲文艺演出
14	文艺活动	11月15日	“文艺星火赋美”2022年龙泉市文化志愿者走基层文艺演出八都站
15	文艺活动	11月16日	“讴歌二十大银耀新时代”2022年龙泉市老年大学专场文艺演出
16	文艺活动	11月17日	“文艺星火赋美”2022年龙泉市文化志愿者走基层文艺演出住龙站

【文化惠民】 2022年，龙泉市深入实施文化惠民工程，开展送戏下乡353场，送书下乡11956册，送展览讲座223次，引进优秀剧目8场次。市文化馆围绕“文化让龙泉更美好”主题，组织专业文艺干部、社会文艺团队深入生活、深入基层，挖掘地方特色文化，开展文艺创作，打造文艺精品，推出《嘿，这老太太》原创小品，《水彩》《时光的褶皱》《好女孩》《风情畲乡》《催芽曲》等原创歌曲。

2022年龙泉市文化获奖情况一览表

表28

序号	作品名称	获奖名称
1	《红色的住溪绿色的家》	浙江省山区26县村歌故事会优秀村歌故事
2	《催芽曲》	丽水市第十七届乡村春晚原创歌曲大赛表演铜奖、创作铜奖
3	《嘿，这老太太》	丽水市第六届原创戏剧小品大赛表演铜奖，创作铜奖
4	《风情畲乡》	丽水市第十七届乡村春晚原创歌曲大赛表演铜奖、创作铜奖
5	《好女孩》	丽水市第十七届乡村春晚原创歌曲大赛表演铜奖、创作铜奖
6	《时光的褶皱》	丽水市第十七届乡村春晚原创歌曲大赛表演银奖、创作银奖
7	《水彩》	丽水市第十七届乡村春晚原创歌曲大赛表演金奖、创作金奖
8	《盛放吧，烈焰中的彩虹》	浙江省首届青少年艺术大赛(舞蹈)丽水赛区选拔赛三等奖
9	《街舞精神》	浙江省首届青少年艺术大赛(舞蹈)丽水赛区选拔赛三等奖
10	《精卫填海》	浙江省首届青少年艺术大赛(舞蹈)丽水赛区选拔赛三等奖
11	《草儿青青花儿笑》	浙江省首届青少年艺术大赛(舞蹈)丽水赛区选拔赛二等奖
12	《伞中情》	浙江省首届青少年艺术大赛(舞蹈)丽水赛区选拔赛一等奖

【青瓷文化标识培育】 2022年，龙泉市以龙泉青瓷文化入选浙江省首批100项“浙江文化标识”培育项目为契机，编制出台《龙泉青瓷文化标识建设专项规划》，大力培育青瓷文化标识。7月14—15日，浙江省文化标识建设成果交流展在衢州儒学馆举行，青瓷文化入选全省十大文化标识，并设立主题展厅。7月23日，杭州国家版本馆（中国国家版本馆杭州分馆）正式落成，龙泉青瓷屏扇惊艳亮相，由7万片纯手工烧制青瓷片组成的屏扇成为版本馆门面担当。

【文化市场管理】 2022年，龙泉市文化市场行政执法队开展未成年人专项整治、校园周边文化环境整治、暑期文化市场检查、网络文化监管等专项行动10余次，出动检查人员693人次，检查文化市场经营单位336家次。开展“双随机、一公开”抽查16次，其中9次为跨部门联合检查。办理行政处罚案件8件，总计罚款1.2万元，停业整顿1家次，没收违法物品164个。组织参加丽水市文化市场行政执法岗位练兵技能竞赛，获团体一等奖，2人分获个人一等奖、三等奖。

【“大综合一体化”行政执法改革】 2022年，龙泉市文广旅体局根据《龙泉市全领域“大综合一体化”行政执法改革实施方案》和《龙泉市“大综合一体化”行政执法改革下沉乡镇（街道）行政执法人员管理考核办法》，明确下沉人员名单，采取“分时+实时”模式下沉乡镇（街道）；根据《龙泉市人民政府公告》，划转12项行政处罚权和与之相关的行政检查权、行政强制权赋予4个街道。

图书管理

【概况】 2022年，龙泉市图书馆总流通44.78万人次，外借文献10.7万册次，数字移动图书馆点击使用131.45万次，电子图书下载7.85万册；新增读者957人，累计有效读者22891人。馆藏地方文献5068种8788册，采购新书2.05万册，送书下乡图书1.19万册，馆藏总量28.5万册。全年开展线上线下读者活动270余场次，参与读者14.24万人次，内容涉及阅读推广、展览、讲座、公益培训等。重点举办龙渊讲堂、家家讲堂、“绘声绘色”绘本故事会等品牌活动，其中，举办龙渊讲堂30场，参与读者2380余人次；举办家家讲堂、家庭教育讲座15场，参与读者980余人次；举办“绘声绘色”绘本故事会12场，参与读者1270余人次。全年招募志愿者120余人，参与图书馆寒暑假志愿服务活动。龙泉市图书馆入选浙江省第二批“满意图书馆”达标名单。

【阵地建设】 2022年，龙泉市投资100万元，建成西街街道、查田镇两处城市书房并对外开放。龙泉市图书馆查田分馆位于查田镇查二村老街6号，总面积110平方米，藏书类别齐全，总量达3848册，精选经典儿童绘本、文学小说、历史传记、科普知识、文化旅游等各类书籍。城市书房西街分馆位于西街647号，建筑面积约142平方米，有藏书1万册，配备自助借还设备，设有数字资源系统，实现市内图书共享共通。

【全民阅读活动】 2022年，龙泉市图书馆围绕迎接党的二十大主题主线，结合世界读书日、全民读书月、传统节日和重大节庆，举办了一系列“喜迎二十大”主题活动，推出“中国有梦 腾飞千载——‘中国梦’优秀文艺作品推荐展”“凝聚奋进的力量——新时代乡村振兴先进事迹展”“同心筑梦新时代 昂首奋进新征程——党的十九大以来五年成就展”等展览25场。开展龙泉市全民阅读节系列活动，举办“喜迎二十大•共读共富”全民阅读节启动仪式、“喜迎二十大”红色故事大家讲、“喜迎二十大”小读者绘本共读活动、“传习经典文脉、分享共同富裕”中华传统晒书活动等主题活动40场，参与读者达2.2万人次。

【基层图书服务】 2022年，龙泉市图书馆赴各乡镇、街道、社区、学校图书室开展业务辅导工作，共开展线上线下辅导12次，赴市退役军人事务局、八都小镇书房、住龙主题图书馆、住龙红色书屋等图书馆（室），就图书登记、分类、编码、管理、借阅等进行指导。8月底，完成1.19万册送书下乡图书采购、编目，按点完成送书下乡工作。

文物保护

【概况】 2022年，龙泉市严格遵守《中华人民共和国文物保护法》《中华人民共和国文物保护法实施条例》及《丽水市大窑龙泉窑遗址保护管理条例》等法律法规，文物保护工作平稳有序，各级文物保护单位安全无事故，文物保护利用工程有序推进。完成1处全国重点文物保护单位保护展示工程、9处省级文物保护单位修缮项目终验，在建1处省级文保单位修缮项目，完成2处市级文保单位修缮方案评审工作，推进2处全国重点文物保护单位保护利用工程前期工作。开展3处考古调查勘探、1处考古发掘。

【文博工作】　2022年，龙泉市博物馆有可移动文物藏品13571件(套)，一级藏品6件(套)，二级藏品85件(套)，三级藏品360件(套)。全年共举办展览12次，接待游客17.9万人次。编写出版《撷翠融青——龙泉青瓷博物馆馆藏龙泉国营瓷厂精品图录》，入选2023年度浙江省社科联社科普及重点课题(科普读物类)和浙江省哲学社会科学规划一般课题。

【大窑龙泉窑国家考古遗址公园】　2022年，龙泉市启动《大窑龙泉窑遗址保护补偿机制实施意见(试行)》起草工作，启动大窑龙泉窑国家考古遗址公园博物馆建设前期工作，启动大窑龙泉窑国家考古遗址公园申报第三批大花园耀眼明珠工作。

【浙西南革命文物保护利用】　2022年，龙泉市完成丽水市革命遗址认定工作，共有16处革命遗址入选丽水市第一批革命遗址名录。完成红色标语类革命文物专项调查工作，共登记上报11处红色标语类革命文物。

【文博展览】　2022年1—12月，“天下龙泉——龙泉青瓷宝剑传承与创新展”先后在上海市闵行区博物馆、慈溪市博物馆、信阳市博物馆、东莞棠美术馆及驻马店市博物馆展出，展品萃集200余件古今龙泉青瓷、龙泉宝剑作品，全方位、立体化展现龙泉青瓷及龙泉宝剑的历史文化变迁以及独具艺术风格的工艺。1月20日至4月5日，“砂壶尚黑——传统黑紫砂工艺的传承复烧展”在龙泉青瓷博物馆举办，展出紫砂制作大师袁野的100件紫砂作品。4月15日至5月8日，“芳菲四月——龙泉当代女性生活艺术青瓷展”在龙泉青瓷博物馆举办，共展出31位龙泉青瓷女艺人的49件青瓷作品。5月15日至6月15日，“大元瓷仓——太仓樊村泾元代遗址出土文物展”在龙泉青瓷博物馆举办，共展出150余件(套)古代龙泉窑青瓷器物、标本。9月23日至10月31日，“文兴丽水、瓷说中国——喜迎二十大书韵青瓷展”在龙泉青瓷博物馆举办，展出丽水学院陶瓷艺术二级教授、首席专家张建平和中国青瓷学院专业教师的100余件青瓷作品和书法绘画作品。

非遗保护

【概况】　2022年，龙泉市有人类非遗代表性项目1项、国家级非遗代表性项目2项、省级10项、市级37项、县级68项，有非遗代表性项目代表性传承人250名。

【非遗保护和传承】　2022年，龙泉市文广旅体局积极组织非遗传承人参加国家、省和丽水市各级非遗保护和传承活动。4月2日，举行中国体育彩票“中国瓷·龙泉窑”非遗主题即开型体育彩票上市发布仪式。10月1日，组织开展“非遗走进横店影视城清明上河图景区”活动。10月15日，与东风HONDA、凤凰网联合举办“我是英仕派——阅非遗、越非凡”浙江龙泉

2022年龙泉市省级及以上非遗代表性项目名录一览表

表29

名称	级别	年份	类型	备注
龙泉青瓷传统烧制技艺	人类非遗	2009	—	—
龙泉青瓷烧制技艺	国家级第一批	2006	传统技艺	—
龙泉宝剑锻制技艺	国家级第一批	2006	传统技艺	—
龙泉青瓷	省级第一批	2004	民间造型艺术	—
龙泉宝剑	省级第一批	2004	民间造型艺术	—
炼火	省级第一批扩展名录	2009	民俗	龙泉、云和
高机与吴三春传记	省级第二批扩展名录	2009	民间文学	—
龙泉窑传说	省级第三批	2009	民间文学	—
凳花	省级第三批	2009	传统体育、游艺与杂技	—
开天门	省级第三批	2009	传统体育、游艺与杂技	—
香菇砍花技艺	省级第三批	2009	传统技艺	龙泉、庆元
菇民防身术	省级第四批	2011	传统体育、游艺与杂技	龙泉、庆元、景宁
石马“抢灯(丁)”习俗	省级第五批	2016	民俗	—

2022 年龙泉市省级及以上非遗代表性项目代表性传承人名单一览表

表30

姓名	级别	年份	项目名称
徐朝兴	国家级第一批	2006	龙泉青瓷烧制技艺
沈新培	国家级第一批	2006	龙泉宝剑锻制技艺
毛正聪	国家级第四批	2012	龙泉青瓷烧制技艺
夏侯文	国家级第四批	2012	龙泉青瓷烧制技艺
张绍斌	国家级第五批	2018	龙泉青瓷烧制技艺
陈阿金	省级第一批	2008	龙泉宝剑锻制技艺
翁清泉	省级第三批	2009	高机与吴三春传记
赖火林	省级第三批	2009	开天门
季大科	省级第三批	2009	凳花
叶时木	省级第三批	2009	香菇砍花技艺
项木松	省级第三批	2009	炼火
陈坛根	省级第四批	2013	龙泉青瓷烧制技艺
徐定昌	省级第四批	2013	龙泉青瓷烧制技艺
陈爱明	省级第四批	2013	龙泉青瓷烧制技艺
卢伟孙	省级第四批	2013	龙泉青瓷烧制技艺
郭家兴	省级第四批	2013	龙泉宝剑锻制技艺
郑国荣	省级第四批	2013	龙泉宝剑锻制技艺
周有平	省级第五批	2017	菇民防身术
沈　州	省级第五批	2017	龙泉宝剑锻制技艺
龚益华	省级第五批	2017	龙泉青瓷烧制技艺
李　震	省级第六批	2021	龙泉青瓷烧制技艺
邹建明	省级第六批	2021	龙泉宝剑锻制技艺
柳世菊	省级第六批	2021	菇民防身术
项文其	省级第六批	2021	处州板龙

非遗文化探访之旅活动。10 月 23 日，协助《万里走单骑——遗产里的中国》第三季“天下龙泉篇”拍摄。全年举办“不灭窑火”龙泉青瓷传统龙窑烧制技艺活动 21 场。

【中外文化合作交流】 2022 年，龙泉市文广旅体局持续深化与文化和旅游部中外文化交流中心的战略合作。1 月 28 日和 2 月 8 日，中外文化交流中心联合中央广播电视总台英语环球节目中心（CGTN）推出新春主题文旅慢直播系列活动，分别对井岸龙窑和溪山窑进行慢直播，两场慢直播收获总阅读量 15.59 万人次、总观看量 2.3 万人次、总互动量 4.6 万人次。8 月 13 日，由中外文化交流中心、龙泉市人民政府和中国文化产业协会携手北京瀚涛智映科技有限公司共同打造的“千峰翠色·碧玉流光”暨龙泉青瓷烧制技艺国家级代表性传承人数字藏品线上首发系列启动，毛正聪创作的青瓷作品《鼎》、夏侯文创作的青瓷作品《龙纹扁瓶》作为首批作品在鲸探平台上线。“一剑钟情·从瓷开始”精品旅游线路作为 2022 年中国旅游日重点推出的旅游项目，被全球 46 家驻外文化和旅游机构选用推介，“龙泉青瓷重塑跨界设计活动”项目被纳入驻外文化和旅游机构项目资源库。

文化旅游

【项目建设】 2022 年，龙泉市文广旅体局持续推进省 AAAAA 级景区创建工作，完成《龙泉AAAAA级景区实施方案（初稿）》《龙泉市文化和旅游资源普查报告（送审稿）》。推进旅游业“微改造、精提升”行动，启动项目88个，完成投资额2.54亿元，培育完成30个旅游业“微改造、精提升”示范点。加快推进城市文化客厅、龙泉宝剑小镇、龙泉瓯江文化康养中心等重点文旅项目建设，其中城市文化客厅项目总投资21.44亿元，完成投资额8.5亿元；龙泉宝剑小镇项目•风情一条街项目总投资14.3亿元，完成投资额2.28亿元；龙泉瓯江文化康养中心总投资40亿元，完成投资额6.5亿元。

【品牌培育】 2022年，龙泉市创成省中医药文化养生旅游示范基地1家、省工业旅游示范基地1家、省AA级采摘旅游体验基地2家、省中小学生研学实践教育基地1家、“丽水山景”示范基地4家、省旅游等级民宿3家（银宿级）、省“诗画浙江•百县千碗”体验（示范）店3家，宿隐民宿“龙泉酸枣糕”获第三届“浙宿好礼”乡村民宿伴手礼大赛共富奖。按照“一村一品”建设目标，健全景区镇、景区村的公共服务配套设施和功能，创成国家AAA级旅游景区1家（龙泉宝剑小镇景区）、浙江省AAA级景区镇6家、浙江省A级景区村51家。

【旅游行业管理】 2022年，龙泉市文广旅体局有序推进文旅领域行政许可改革，优化审批服务，落实一次性告知制、首问负责制、分工替岗制、告知承诺制等便民服务规范，编制审批服务指南，方便办事群众查阅。2022年，共受理行政许可70件，办结70件，办结率100%。严格落实安全监管职责，市文广旅体局与各旅行社、星级饭店、A级景区等签订安全目标管理责任书，签订率达100%，开展非法卫星地面接收设施、春节安全生产、“五一”劳动节安全生产、汛期安全、消防安全、安全生产“百日攻坚”、塑料污染治理、不合理低价游、防养老诈骗、除险保安等专项整治行动。建立高效旅游投诉处置机制，及时、妥善处理游客投诉举报，维护消费者合法权益。严格落实安全播出制度，实现重要保障期安全播出“零事故”。2022年，退还旅行社质保金112万元。开展2021年度旅游业发展扶持资金兑现工作，对旅行社、浙江省A级景区、民宿、星级饭店、“百县千碗”美食体验店等旅游企业补助纾困资金约246.96万元。

【品质提升】 2022年，龙泉市文广旅体局加快培养品质旅游饭店、旅行社，对红豆林酒店三星级旅游饭店、旅游集散中心四星级旅行社创建工作提前介入，指导参评企业严格按照评定标准进行对标整改，完善软硬件设施。加强旅游人才队伍建设，举办龙泉市旅游饭店品质服务技能大赛、旅游统计培训班、文旅系统酒店服务行业礼仪培训讲座、全域旅游人才培训等活动，共计培训11593人次。

【旅游营销】 2022年，龙泉市以“走出去”“请进来”相结合模式推动旅游市场营销，加强与秀洲区文化和旅游局、萧山区文化和广电旅游体育局的山海协作，邀请温州主客源地旅行社负责人到龙泉踩线，并组织文旅企业参加杭州、温州、金华、湖州、嘉兴、丽水、山东、四川等8个地区的文旅推介活动。2022年6月16日，组团参加“宋韵杭州奇妙夜”活动，将宋韵文化旅游线路与剑瓷元素歌舞演艺相结合，进行“剑瓷之都•品质龙泉”文旅推介。7月19—20日，组织国家AAAA级旅游景区、星级酒店、星级旅行社等10余家重点旅游企业，赴温州市开展“一剑钟情•从瓷开始”旅游宣传推广活动。8月3—6日，参加以“乘着高铁游丽水”为主题的2022浙江丽水•庆元/松阳/龙泉/遂昌文化旅游（山东）联合推广周活动。11月1—3日，带领旅游企业参加2022浙江（四川）旅游交易会，活动现场设置龙泉特色展示区、售卖区、百县千碗展示区以及“丽水三宝”展示区。11月16—18日，带领文旅企业赴湖州举办2022浙江•丽水文化旅游（湖州、嘉兴）推介会。11月24—26日，组织文旅企业参加2022丽水首届艺术节万象市集暨丽水文旅时尚购物消费季活动。

【媒体宣传】 2022年，龙泉市邀请浙江经视、FM93浙江交通之声等省级媒体和当地媒体对“不灭窑火”传统龙窑烧制技艺活动、“我有一件瓷•出自龙泉窑”文旅宣传推广活动、“乡村文化漫游季”之“城北好物集市”带货专场直播活动等大型活动开展文旅宣传，助力龙泉品牌宣传推广。与浙江经视合作，在《新闻深呼吸》栏目进行特约标版、品牌广告、片尾贴片播出宣传，提高龙泉旅游品牌曝光度。2022年，“龙泉旅游”微信公众号粉丝量达13.4万，“天下龙泉”抖音号推出120余条短视频，其中“不出龙泉拍大片”系列视频浏览量达70万次，“龙泉的城市记忆”系列视频浏览量近50万次，“龙泉美食探店”“龙泉花事”系列视频浏览量均超40万次，“露营去”系列视频浏览量超25万次，《带你逛龙泉•VLOG》《看见龙泉》系列视频浏览量超10万次；全年发布龙泉青瓷、宝剑等非遗相关视频20余条，总浏览量超40万次。

【“我有一件瓷 出自龙泉窑”系列推广活动】 2022年6月11日，龙泉市文广旅体局举办“我有一件瓷 出自龙泉窑”系列推广活动，内容包括“不灭窑火”龙窑开窑纳福仪式、青瓷主题体验游、龙泉青瓷NFT数字藏品发布、龙泉臻品直播会、龙泉青瓷限量押窑盲盒活动等，全网直播观看量超120万人次，“共同富裕在浙江，广电名嘴舒中胜走龙泉”直播观看量超80万人次。

2022年6月11日，“我有一件瓷　出自龙泉窑”系列推广活动举行

（市文广旅体局/供图）

体育工作

【概况】 2022年，龙泉市深入推进“健康中国”和“全民健身”两大国家战略，新建西街街道白云社区、八村以及龙渊街道一村、查田镇竹舟村、城北乡上田村、道太乡大白岸村等6个百姓健身房，剑池街道曾家村、锦溪镇中锦村2个多功能运动场，小梅镇1个村级全民健身广场建设，更换维护健身器材350余件。举办群众体育赛事活动20余场、体育健康讲座2场。

【群众体育】 2022年，龙泉市人民政府印发《龙泉市全民健身实施计划(2021—2025年)》，举办“全民健身日”系列活动启动仪式暨龙泉市健步走活动、龙泉市“农商银行杯”第五届全民篮球联赛等大型群众体育赛事活动20余场。成功策划举办柔力球初级培训、健身点优秀体育项目展演等活动，群众反响热烈。龙泉市代表队在“建行·共富杯”浙江省助力山区26县篮球联赛总决赛中夺冠。龙泉市社会体育指导员协会获评2022年浙江省“最佳体育志愿服务组织”。

【竞技体育】 2022年，龙泉市代表队在浙江省第十七届运动会中摘得5枚金牌，其中沙滩排球比赛获1金、2铜，实现丽水市在沙排项目金牌“零的突破”；与丽水市少体校合作的航海模型项目，获得2金；与杭州车辆模型俱乐部合作的车辆模型项目，获得1金；龙泉市文化和广电旅游体育局获得“先进集体”称号。成功承办2022年浙江省青少年皮划艇锦标赛，龙泉籍运动员获得2银1铜。龙泉市代表队在2022年丽水市青少年游泳锦标赛中获4金3银7铜，实现丽水市级青少年游泳项目金牌“零的突破”。2022年，向杭州少体校输送拳击运动员4名，向萧山排球队输送运动员2名，向丽水少体校输送皮划艇运动员3名，向省队输送的沙滩排球运动员刘郭宝完成转正。

【“中国瓷·龙泉窑”主题即开型体育彩票上市发布仪式】 2022年4月2日，中国体育彩票“中国瓷·龙泉窑”主题即开型体育彩票上市发布仪式在龙泉市举行。本次活动由国家体育总局体育彩票管理中心、浙江省体育局、丽水市人民政府联合主办，该款彩票是中国体育彩票顶呱刮系列票之一，是在全国范围发行的首款非遗主题彩票，也是浙江省首款以地域文化产品命名的即开票。彩票票面分别采用龙泉青瓷经典器型凤耳瓶、玉壶春、铁胎鬲式炉、弦纹梅瓶、三足鼎为背景图案，在全国近20万个体育彩票点销售，有效提升龙

2022年4月2日，“中国瓷·龙泉窑”主题即开型体育彩票上市发布仪式举行

（市文广旅体局/供图）

泉青瓷知名度。

【体育产业】 2022年，龙泉市文广旅体局推进文体旅深度融合，将体育元素融入乡村文化漫游节等文化旅游活动，龙泉市入选“2022中国十佳体育旅游目的地”。

结合百山祖国家公园八大基地、“环浙步道”（龙泉段）等项目建设，培育打造屏南户外运动产业，越野文化广场、星空露营基地、生态保护与利用培训基地、古道修复等项目稳步推进，屏南镇政府所在地被纳入百英里越野线路。

【第七届浙江省太极拳公开赛】 2022年7月15—17日，“全民健身奔共富•喜迎党的二十大”浙江体育助力山区26县系列赛事——第七届浙江省太极拳公开赛在龙泉市举办。本次活动由浙江省体育局、农业农村厅、体育总会、乡村振兴局主办，浙江省武术协会支持，浙江广播电视集团民生资讯广播承办，分为太极拳单练及双人项目、太极器械项目、太极对练项目和集体项目四大项，全省各地55支代表队804人参赛。

2022年7月15—17日，第七届浙江省太极拳公开赛举行　（市文广旅体局/供图）

【浙江省青少年皮划艇锦标赛】 2022年7月28—30日，2022年浙江省青少年皮划艇锦标赛在龙泉市举办。本次活动由省体育局主办，省船艇运动协会、龙泉市文化和广电旅游体育局承办，分为男子、女子甲乙丙共计6个组别，全省9个代表队、16支队伍、218名运动员参赛，比赛项目为200米、500米、1000米、2000米单、双人皮艇。（龚晓懿）

融媒体　华数

综　述

【概况】 2022年，龙泉市融媒体中心积极发挥舆论主阵地作用，媒体融合持续深入、新闻宣传出新出彩、干部队伍凝心聚力、安全阵地持续夯实，为全面建设共同富裕的现代化品质龙泉营造浓厚舆论氛围。中心业务成绩良好，获2022年度丽水市电视全媒体传播协作先进单位三等奖、丽水日报社先进基层报道单位称号、浙报集团融媒共享联盟（丽水）2022年度融媒新势力奖、2022年度县（市、区）转播台站“安全播出奖”。

2022年6月14日，市融媒体中心7楼机房开展安全播出应急演练讲解活动

（市融媒体中心／供图）

【融媒体矩阵】 2022年，龙泉市融媒体中心坚持围绕中心、服务民生，在《今日龙泉》、龙泉新闻网、龙泉新闻频道和“龙泉发布”“掌上龙泉”微信公众号、“天下龙泉”App开设“喜迎二十大”、“营商环境建设、作风效能革命”等专栏（专题）135个，全年共发布图、文、视频等各类稿件50182篇（条）。强化新闻舆论监督，协助完成龙泉市首个大型媒体问政栏目“阅卷”首期录制，制播《龙泉聚焦》34期；新设“捉谣”“曝光台”等栏目，刊播稿件和视频100多条，阅读量超310万人次。

【对外宣传】 2022年，龙泉市融媒体中心紧盯中央、省级主流媒体发稿，加大龙泉元素宣传力度，放大龙泉典型亮点。2022年，配合央视驻浙记者站完成“走进老区看新貌·浙西南篇”在龙拍摄任务，并全程参与配合《走进老区看新貌》浙江篇直播，在线观看达30万人次。协同完成新华网直播、浙江卫视深度报道等多项任务，全年在丽水市级以上媒体发表外宣稿件1661篇，其中，央视平台录用稿件10篇，省级平台录用稿件195篇（其中，浙江台23篇，中国蓝头条16篇，对农节目3期），丽水台录用440篇，丽水广播录用593篇，《丽水日报》录用120篇，“学习强国”学习平台录用303篇。

【广播电视保障支撑】 2022年，龙泉市融媒体中心严守安全播出和网络安全“生命线”，投入专项资金，在丽水率先完成节目制作、硬盘播出系统的计算机等级保护2.0版升级和测评工作。出台《关于进一步完善网络安全“三审”制度的规定》，健全完善安全播出与网络安全事前、事中、事后防御手段，常态化开展演练和培训。在党的二十大召开等重大保障期，实行“零报告”制度和领导带班、双人双岗值班、技术人员跟班制度，顺利完成共计14次104天安全播出任务，全年安全播出“零事故”，在丽水市局监测中心安全播出考核中获满分。

报纸　电视 广播

【报纸宣传】 2022年，《今日龙泉》编发148期。聚焦主题主线，开设专栏33个，围绕党的二十大精神宣传，推出《喜迎二十大》《二十大时光》《学习贯彻党的二十大精神》专栏，共刊发相关稿件130余篇，营造浓厚的宣传氛围；围绕营商环境建设，开设《营商环境建设、作风效能革命》和《说出你的故事 听到品质声音》《你奋斗的样子真好看》等5个子栏目，刊发相关稿件260余篇；围绕"全面复兴剑瓷之都、奋力打造品质龙泉"主题，开设《品质龙泉 实干争先》及《品质龙泉怎么看》《品质龙泉怎么干》2个子栏目，在报纸三版开设六个品质城市专版，并结合新时代"龙泉精神"大讨论，新开《剑瓷品质 极致匠心——新时代"龙泉精神"》专栏，引导全市上下统一思想、凝聚共识，形成团结拼搏、大干快干工作合力，共刊发相关稿件1600余篇。同时，强化报微互动，在报纸中刊登优秀新媒体稿件的二维码，延伸报纸阅读价值。

【电视宣传】 2022年，《龙泉新闻》紧紧围绕中心、服务大局，大力弘扬主旋律，讲好新时代龙泉故事，在节目中开设了《学习贯彻党的二十大精神》《全面复兴剑瓷之都、奋力打造品质龙泉》《营商环境看这里 效能革命在基层》《全面推进乡村振兴 助力打造品质龙泉》《奋进新征程 建功新时代》《新时代"龙泉精神"》等新闻专栏33个。全年共编播298档，报道1882条次，播出对农电视专题《剑川热土》144期，《健康教育》专题50期，《龙泉聚焦》34期；播出对农广播专题《龙泉金土地》262期，《健康教育》42期。

【短视频】 2022年，"视频龙泉"视频号共发布1231条，总阅读量923万人次，阅读量超1万人次的稿件183条；"龙泉新闻"抖音号共发布655条，总阅读量4270万人次，阅读量超1万人次的稿件507条，其中，阅读量超100万人次的爆款作品4条，阅读量超10万人次的作品36条。积极探索内容呈现方式，以产品生产的理念拍摄短视频，推出《共同富裕·青年说Vlog》《我的教育故事》《青春创业故事》《高温下的劳动者》《你点名我来查 你常点的外卖店》等系列短视频，收获了粉丝的大力肯定与点赞。

【广播电视对农节目服务工程建设】 2022年，广播《龙泉金土地》和电视《剑川热土》两档对农节目聚焦"三农"工作的热点、焦点、难点，关注和挖掘农村经济、社会、文化、治理等各方面。紧紧围绕党的二十大、促进农民农村共同富裕、耕地保护、乡村新农人、数字乡村等重大主题做好对农宣传和报道阐释，将当下热点和重大主题有机结合，有效提升对农栏目的信息量和服务性，较好地展现了龙泉全面推进乡村振兴的总体面貌。同时重视调查类报道，紧扣"三农"领域新发展新变化，对非粮化整治之后稳定粮食生产的"后半篇文章"、如何利用美丽乡村建设成果，实现从"绿水青山"到"金山银山"的价值转化等问题进行认真的调查分析，展示了对农栏目采编人员关注"三农"前沿、深入一线采访的踏实作风。电视《剑川热土》共播出196期，广播《龙泉金土地》播出262期。《一箱多王 蜜蜂强群又多蜜》《节种增效 分蘖壮秧单本机插新技术全国首次投入使用》等5件作品被省对农通用节目录用，《剑川热土》荣获2022年度浙江省电视对农节目服务工程建设考核鼓励奖。

2022年龙泉广播电台调频97兆赫节目单一览表

表31

节目播出时间	节目内容	播出日期	播出方式	备注
06:00:00—06:04:32	开始曲	周一至周六	播出站	
06:04:32—06:30:00	【重播】龙泉金土地(公益广告2条)	周一至周六	播出站	
06:30:00—07:00:00	【转播】中央人民广播电台《新闻和报纸摘要》	周一至周六	转播	
07:00:00—08:00:00	【转播】浙江之声《浙广早新闻》	周一至周六	转播	8点播放国歌
08:00:00—08:20:00	【转播】浙江之声	周一至周六	转播	
08:20:00—08:50:00	《老白说天下》	周一至周六	播出站	
08:50:00—09:20:00	《音乐旅途》含9点报时	周一至周六	播出站	
09:20:00—09:46:00	【重播】龙泉金土地 (公益广告2条)	周一至周五	播出站	
09:46:00—10:05:00	公益广告展播（公益广告4条）	周一至周六	播出站	

续表31

节目播出时间	节目内容	播出日期	播出方式	备注
10:05:00—10:30:00	《营养最时尚》	周一至周六	播出站	
10:30:00—11:56:00	《乐享生活》	周一至周六	播出站	
11:56:00—12:15:00	公益广告展播(公益广告4条)	周一至周六	播出站	
12:15:00—12:35:00	【转播】浙江之声	周一至周六	转播	
12:35:00—12:55:00	【重播】龙泉金土地(公益广告2条)	周一至周六	播出站	
12:55:00—14:11:00	【转播】浙江之声	周一至周六	转播	
14:11:00—14:30:00	公益广告展播(公益广告4条)	周一至周六	播出站	
14:30:00—15:00:00	【重播】《老白说天下》	周一至周六	播出站	
15:00:00—15:30:00	【重播】《音乐旅途》含15点报时	周一至周六	播出站	
15:30:00—15:56:00	【重播】龙泉金土地 (周六《健康教育》)	周一至周五	播出站	
15:56:00—16:15:00	公益广告展播含报时16点(公益广告4条)	周一至周六	播出站	
16:15:00—16:40:00	《营养最时尚》	周一至周六	播出站	
16:40:00—17:10:00	《乐享生活》	周一至周六	播出站	
17:10:00—18:00:00	【转播】中央人民广播电台	周一至周六	转播	
18:00:00—18:30:00	【转播】浙江之声《浙江新闻联播》	周一至周六	转播	
18:30:00—19:15:00	【转播】中央人民广播电台《全国新闻联播》	周一至周六	转播	
19:15:00—19:36:00	【转播】浙江之声	周一至周六	转播	
19:36:00—20:00:00	公益广告展播(公益广告4条)	周一至周六	播出站	
20:00:00—20:20:00	【转播】浙江之声	周一至周六	转播	
20:20:00—20:45:00	【首播】龙泉金土地	周一至周六	播出站	
20:45:00—21:00:00	【转播】浙江之声	周一至周六	转播	
21:00:00—21:05:00	结束曲 全天节目结束含21点报时	周一至周六	播出站	

说明:周日全天转播浙江之声

2022年龙泉电视台新闻综合频道节目单一览表

表32

时间	播出类型	周一	周二	周三	周四	周五	周六	周日	长度(分钟)
06:59	定时	开机(片头)							1
07:00	定时	中华人民共和国国歌							1
07:01		龙泉宣传片							
07:15	定时	专题(重播)公益广告							20
07:35	定时	广告(经济信息)							10
07:45	定时	通告、公益广告、请您欣赏							10
07:55		广告(经济信息)							5
08:00	定时	龙泉新闻(重播)(含片头广告3秒)公益广告							20
08:20		广告							5
08:25	定时	黄金剧场剧一、公益广告							45
09:10		广告							5

续表32

时间	播出类型	周一	周二	周三	周四	周五	周六	周日	长度(分钟)
09:15	定时	黄金剧场剧二、公益广告							45
10:00		广告							5
10:05	定时	黄金剧场剧三、公益广告							45
10:50		广告							5
10:55	定时	黄金剧场剧四、公益广告							45
11:40		广告							5
11:45	定时	龙泉宣传片、公益广告							20
12:05		广告(本时间段根据本台自办节目时间长短临时调整)							10
12:15	定时	龙泉新闻(重播) (含片头广告3秒)公益广告							20
12:35		广告							5
12:40	定时	爱心传递							20
13:00		广告							5
13:05	定时	自办节目(专题重播)、公益广告							20
13:25		广告							5
13:30	定时	经典剧场剧一、公益广告							45
14:15		广告							5
14:20	定时	经典剧场剧二、公益广告							45
15:05		广告							5
15:10	定时	经典剧场剧三、公益广告							45
15:55		广告							5
16:00	定时	经典剧场剧四、公益广告							45
16:45		广告							5
16:50		公益广告							10
17:00		广告(经济信息)							30
17:30	定时	动画天地、公益广告							30
18:00		广告							5
18:05	定时	爱心传递(本时间段根据本台自办节目时间长短临时调整)							20
18:25	定时	自办节目、公益广告							30
18:55		广告							5
19:00	定时	转播中央电视台新闻联播							30
19:30		广告(本时间段根据《中央新闻联播》时间长短临时调整)							5
19:35	定时	《剑川热土》、公益广告							20
19:55		广告							5
20:00	定时	龙泉新闻、公益广告					每周日首播《剑川热土》		20
20:20		广告(本时间段根据本台自办节目时间长短临时调整)							3
20:23	定时	龙泉气象(含片头广告) 公益广告							5
20:28		广告(含黄金剧场剧一片头)							5

续表32

时间	播出类型	周一	周二	周三	周四	周五	周六	周日	长度(分钟)
20:35	定时	黄金剧场剧一、公益广告							45
21:20		广告(含黄金剧场剧二片头)							5
21:25	定时	黄金剧场剧二、公益广告							45
22:10		广告(本时间段根据本台自办节目时间长短临时调整)							4
22:15	定时	重播龙泉新闻(含片头广告5秒)、公益广告					每周日重播《剑川热土》		20
22:35		广告							3
22:38	定时	龙泉气象(重播)、公益广告							5
22:43		广告(含点播剧场剧一片头)							5
22:48	定时	点播剧场剧一、公益广告							50
23:38		广告(含点播剧场剧二片头)							5
23:43	定时	点播剧场剧二、公益广告							50
00:33		专题　广告							30
01:03		结束							

新媒体

【概况】 2022年，微信公众号“掌上龙泉”“龙泉发布”共发布资讯、新闻3901条，单条阅读量过万的达92条，总阅读量659.2万人次；“天下龙泉”App发布稿件5400篇，总阅读量476.6万人次；龙泉新闻网发布新闻15006篇；蓝媒号“龙泉广电”发布1638篇；新浪微博发布11559篇。

【平台建设】 2022年，龙泉市融媒体中心推进内容布局、技术布局、渠道布局升级，推进各平台融合壮大、一体发展。以“天下龙泉”App为龙头，构筑“1+5”新媒体矩阵。“天下龙泉”App进行全面改版，进一步优化了模块，并新增时政、短视频、政务号等模块，新增了《剑川热土》《龙泉聚焦》等栏目，内容更加丰富、可视可读性更强；8月开始，线上开展多场抽奖活动；10月1日上线积分商场。“掌上龙泉”微信公众号以民生类推文为主，“龙泉发布”微信公众号以时政推文为主，广播电视报纸守好党媒新闻主业职责。在“天下龙泉”App集成司法考试、优化营商环境意见建议征集、信用查询、网上订票等功能，服务群众需求，开展良性互动。

2022年，龙泉市融媒体中心持续挖掘新媒体平台的传播优势，重点在“创新”上动脑筋，深入推进媒体融合。全年阅读量超1万人次的稿件867条：抖音号“龙泉新闻”阅读量超1万人次的485条，微信视频号“视频龙泉”阅读量超1万人次的224条，“天下龙泉”App阅读量超1万人次的66条，“龙泉发布”微信公众号阅读量超1万人次的稿件16条、“掌上龙泉”微信公众号阅读量超1万人次的76条。通过“地推+线上活动+合作推广”开展推介活动，各平台综合影响力不断增强，总粉丝量达27.2万：抖音号“龙泉新闻”粉丝累计33374人、微信视频号“视频龙泉”粉丝累计13150人、“天下龙泉”App注册用户58267人、“掌上龙泉”微信公众号粉丝量127743人、“龙泉发布”微信公众号粉丝量39557人。　　（练　丹）

2022年度丽水广电新闻奖一览表

表33

序号	奖次	作品	获奖人员
1	二等奖	真帅！纵身一跃救下落水女子的90后小伙找到了	记者：周彩萍、徐杰；编辑：潘一小、项和美、王玥
2	二等奖	“云”上种养　市民宅家就能养牛种菜	主创：廖思楚、季子恒、王玥；编辑：潘一小、项和美、刘璐
3	二等奖	700年前龙泉跨国贸易盛景再现　漳浦圣杯屿元代沉船文物被打捞出水	主创：周彩萍、刘璐、徐杰；编辑：项和美、潘一小、王玥

续表33

序号	奖次	作品	获奖人员
4	三等奖	龙泉：76岁老人自编顺口溜 讲述家乡十年变化	主创：叶驰龙、林欣颖；编辑：潘一小、项和美、蒋慧巧
5	三等奖	龙泉：从"守青山"到"变金山" 数字化促进生态价值转化	主创：周彩萍、刘璐；编辑：项和美、潘一小、王玥
6	三等奖	探秘龙泉窑　追寻龙泉青瓷的世界之旅	播音：赵欣
7	三等奖	衢宁铁路龙泉市站货运正式开通	主创：钟伟林、徐杰、王亚成、叶萍；编辑：潘一小、严淑凡

2022年度丽水市新闻奖一览表（新媒体、县域报）

表34

序号	奖次	作品	获奖人员
1	二等奖	龙泉惊现"五大花旦"！个个不得了！	胡春麟、姜爱华、谢卉齐
2	二等奖	底蕴深厚的"千年制造"演绎山区奔富新故事——龙泉宝剑完成"基因解码"	周彩萍、吴向东、姜爱华
3	二等奖	"当时只有一个念头，就是救人"	周彩萍、徐杰、钟伟林、潘一小
4	二等奖	营商环境建设、作风效能革命系列评论	郑沐欣、吴向东、孙琳霁、姜爱华
5	三等奖	"泉"来守"沪"！龙泉100吨爱心蔬菜明晨抵达上海	季卓奕、崔建霞、袁俊龙、胡春麟、潘一小、林熠、周旭华
6	三等奖	2022年5月30日《今日龙泉》三版	李卫阳
7	三等奖	用瓷仿玉破题文润阁的"润"字 龙泉青瓷元素融入杭州国家版本馆	崔建霞、姜爱华、孙琳霁
8	三等奖	周老师你"摔跤"的样子很帅！	杨帆、钟伟林、严淑凡、潘一小

2022年度省县市新闻奖一览表（今日系列报刊类）

表35

序号	奖次	作品	获奖人员
1	一等奖	用瓷仿玉破题文润阁的"润"字 龙泉青瓷元素融入杭州国家版本馆（通讯与深度报道）	记者：崔建霞；编辑：姜爱华、孙琳霁
2	二等奖	周老师，你救人的样子真帅！（消息）	记者：刘茜；编辑：姜爱华、吴向东
3	三等奖	底蕴深厚的"千年制造"演绎山区奔富新故事——龙泉宝剑完成"基因解码"（通讯与深度报道）	记者：周彩萍、刘璐；编辑：吴向东、姜爱华、王玥
4	三等奖	"汽"势如虹　我市全力打造汽车空调百亿产业集群（通讯与深度报道）	记者：林欣颖；编辑：姜爱华、孙琳霁
5	三等奖	4位90后喊你花10元当农场主"云种养+智慧农业"在家就能当农场主（通讯与深度报道）	记者：项素兰、廖思楚；编辑：姜爱华、孙琳霁

2022年度省县市新闻奖一览表（新媒体类）

表36

序号	奖次	作品	获奖人员
1	一等奖	历时 14 天！龙泉 23 岁小伙，骑着摩托去拉萨（融合报道）	记者：谢舒；编辑：谢舒、潘一小、王苏珍、季卓奕
2	二等奖	帅！边跑边脱衣服，他纵身一跃救下轻生女子（短视频现场新闻）	记者：蒋加丽、钟伟林；编辑：潘一小、邹新文、练丹
3	二等奖	致敬高温下的工作者（短视频现场新闻）	记者：严淑凡、杨帆、钟伟林；编辑：潘一小
4	三等奖	暖心守"沪"！龙泉两发小采购 6 万斤蔬菜驰援上海暖心守"沪"！	记者：季卓奕、季丹、胡春麟、钟伟林；编辑：潘一小、周旭华

续表36

序号	奖次	作品	获奖人员
5	三等奖	凌晨三点，龙泉街头……（消息）	记者：季卓奕、崔建霞、杨帆；编辑：潘一小、王苏珍
6	三等奖	失联60余年，当年那个7岁的龙泉孩子终于回家了（消息）	记者：蒋加丽、项素兰、胡春麟；编辑：潘一小、王苏珍、邹新文
7	三等奖	沉默了三年，这次他的"高调"让人点赞（融合报道）	记者：周彩萍、徐杰；编辑：季卓奕、周旭华、潘一小
8	三等奖	叶芳玲老师，恭喜你！（典型报道）	记者：蒋加丽；编辑：潘一小、王苏珍、练丹
9	三等奖	你点名 我检查（舆论监督报道）	记者：杨帆、严淑凡、钟伟林；编辑：潘一小

华数广电

【概况】 2022年，龙泉华数广电网络有限公司实现总体经营收入3474.31万元，利润110.01万元，数字电视大众用户出账数31199户、宽带大众用户出账数9971户。完成投资总额667.50万元，据公司年度全网双向运营本地网络建设方案，为减轻光缆纤芯资源的需求，为后期的光纤到户改造做好准备，公司针对城区区域进行设备下沉，完成新建12个小机房。本年共开工211个工程，DP（分线盒）盒1024个，覆盖用户11884户。

【保障工作】 2022年，龙泉华数广电网络有限公司完成以党的二十大安播保障为中心的一系列重保期安全保障任务。强调安全防范意识和责任意识，层层签署安全生产责任书，做到职责明确，实行安全责任追究制，把安全管理目标落到实处。认真查找问题，迅速堵塞安全管理漏洞，对发现的问题立即整改。定期做好中心机房、各乡镇机房、发电机房巡查记录，并做好安全台账表，省、市主干光缆以及乡镇主干网进行定期巡检、维护。联合龙泉市融媒体中心、龙泉市文化和广电旅游体育局开展2022年龙泉市广播电视安全播出联合演练并及时进行应急演练总结。重保期加强安全防范，严格按照重保期的工作要求，认真制定安全播出应急预案，层层落实工作职责，周密部署各项工作在突发事件处置中快速高效、保障到位，确保安全播出与安全传输；建有重保期信息通报机制，严格执行"零报告"制度，并按要求报送相关工作情况。 （刘　敏）

大数据 通信 邮政

大数据发展工作

【电子政务建设】 2022年，龙泉市使用公文交换系统单位158家，推广使用单位内部协同办公系统100家。全面推进“浙政钉2.0”系统，涵盖274个组织机构，总用户达9657人，月均日活跃人数8686人，活跃工作群3173个，活跃应用数34个。推广“浙里办”App，全年注册用户数已达22.1万户，其中个人注册数19万人，法人注册数3.1万家，月平均活跃数1.7万人。

“互联网+政务服务”运用“一窗受理”平台、丽水市全域一证通办数据共享系统、投资项目在线审批监管平台、中介网上竞价网等互联网平台，实现“数据跑”代替“群众跑”。跑零次实现率100%、即办率93.73%、承诺期限压缩比98.99%、网上办事实现率95.55%、掌上办实现率91.94%、材料电子化率96.83%，办事指南基本信息准确率94.06%、主动评价率17.88%。通过浙江政务服务网和浙里办App办理件数414627件，网办率41.13%。

【一体化智能化公共数据平台建设】 2022年，龙泉市出台《2022年度数字化（信息化）项目计划》《龙泉市电子政务项目建设指南（试行）》，根据“共建共享，资源统筹”原则，依计划对各项目的建设方案开展技术审查评审工作，同时统筹做好龙泉市电子政务项目全生命周期管理工作，截至12月31日，召开电子政务项目建设方案技术审查评审会16次，涉及项目76个（包含9个非计划项目）。

开展应用目录编制和资源关联工作，截至12月31日，应用目录编制方面，录入应用总数49个，应用目录终审通过率100%；数据资源方面，数据目录数量670个，数据关联率54.03%；组件方面，使用组件的应用6个，其余为内网和硬件工具系统；云资源方面，上云应用数44个，应用上云率89.80%，已开通云资源212台，云资源与应用的关联率100%；项目管理方面，49个应用里含数字化项目49个，项目关联率100%。

龙泉市大数据发展中心会同市改革办、市委办（党建统领整体智治）、市府办（数字政府）、市委宣传部（数字文化）、市委政法委（数字法治）、市发改局（数字社会）、市经济商务局（数字经济）六大综合应用系统的牵头单位，落实重大应用贯通工作。全省重大改革项目共94个，重大应用数共143个，截至12月31日，已注册IRS142个，两端已发布107个，已贯通93个。

【“城事共治”场景应用建设】 2022年，龙泉市出台《关于开展“城事共治分”活动的通知》《关于深入开展2022年常态化志愿服务活动的通知》，同时将网格员采集和部门办理工作拟列入龙泉市2022年度平安工作（县域治理现代化）考核指标，建立健全网格巡查、创建工作制度。

2022年，“花园云（城市大脑）”建设项目——城市治理平台（二期）终验通过，实现城市事件治理系统与基层治理信息管理系统事件的“转协—交办—处置—反馈”闭环管理。截至12月31日，城市事件治理系统86%的事件类型实现自动派单。城市事件治理系统共受理2022年城市治理事件5069件，办结率94.04%；城市管理AI系统共受理2022年市容事件46284件，办结率100%；智慧市政设施系统共采集13个社区市政部件36549个。 （吴昌敏）

中国电信股份有限公司龙泉分公司

【概况】 2022年，中国电信股份有限公司龙泉分公司（以下简称“龙泉电信”），移动用户总数47621户，宽带用户37359户。龙泉电信以5G、4G承建，万兆小区推进为指引，积极主动开展网络能力再提升工作。龙泉作为5G网络承建区，在中国电信股份有限公司丽水分公司规划下，面对二、三期建设目标，主动谋划，专业配合，安装开通5G宏站34个（其中5G定制网站点2个）、安装开通5G室分站点33个，提升了主城区5G网络覆盖范围。同时根据共建共享需求，经过连续奋战，完成安装开通4G站点37个、安装开通4G室分站点11个。优化城区及乡镇4G、5G网络，处理各种用户投诉300余起，2022年底的4G村通建设33个，还在施工中，龙泉行政村4G覆盖率由原先的80%提高到97.8%，网络覆盖能力进一步增强。完成砧石机房整改，剑湖、莱茵机房下电退网、绿苑、东景、莱茵等9个小区200多条光路的FTTH（光纤入户）万兆光改和河村、屏南镇、城北乡、道太乡OLT（光线路终端）替换割接。

龙泉电信政企支撑服务对象涵盖了各行政单位，政府部门、医院、银行、电力以及龙泉市内各行各业。负责维护安装的线路包括政企类专线、VPN（虚拟专用网络）电路、MSTP（多业务传输平台）电路等。政企客户支撑中心在做好商务领航工单及ICT（信息通信技术）项目支撑保障外，还对重要党政军、金融保险行业等客户做好差异化支撑工作。2022年初，政支承接了代维的部分工作：室分代维、FTTB（光纤到楼）设备安装维护等，全年视联网会议保障工作涵盖疫情防控、防汛防台等近500场次，为高效召开提供强有力的保障。2022年，解决各类故障1200多条，两线安装近1000条。较好地完成了维修工单指标。为市政府各单位组织的直播活动，提供直播线路保障服务。（吴昌敏　傅　婧）

中国移动通信集团浙江有限公司龙泉分公司

【概况】 2022年，中国移动通信集团浙江有限公司龙泉分公司（以下简称"龙泉移动"）用户总数超22.93万户，4G用户超21.4万户，5G用户超8.3万户，有线宽带用户数超6.6万户。累计建成2/4基站1795个，5G基站344个，其中4G行政村覆盖率100%，50户以上行政村驻地网100%覆盖。

2022年4月28日，龙泉市人大常委会副主任陈有南（左排左二）一行到龙泉移动开展反诈调研（李　莉/供图）

2022年，龙泉移动全年KPI考核列全市同组第一，并荣获2022年度明星县（市、区）公司称号。在党建方面，龙泉移动党支部深入学习贯彻党的二十大精神，倾力打造"剑瓷先锋"品牌体系建设，通过"红+绿"组合拳高水平推动党业融合再升级，获2021年度省级乡村振兴先进集体、首批"十佳支部品牌"和市直国有企业示范党支部等荣誉称号。

【反诈防诈】 2022年初，龙泉移动成立以总经理为组长的信息安全管理小组，负责公司个人客户及集团客户信息安全保护及反诈防诈工作，并积极落实转发龙泉公安发布的诈骗案例宣传与警示教育，提醒全员以此为戒做好诈骗防范工作。4月28日，龙泉市人大常委会副主任陈有南一行到龙泉移动开展2022年一季度反诈工作开展情况调研。座谈会上，陈有南听取了分公司工作落实情况汇报，充分肯定了龙泉移动在强化反诈责任落实与宣传上取得的成效。

【完成5G网络建站任务】 2022年，龙泉移动积极落实中央一号文件精神，践行央企职责使命。专门抽调部门业务骨干成立专班，党员干部靠前指挥，克服天气、场地等困难，发扬连续作战精神；全员拼速度、抢进度、聚合力，相关人员取消休假和节假日休息，连续作战抢抓施工进度，确保在5月17日世界电信日前夕完成龙泉全部行政村5G网络123个建站任务。（吴昌敏　李　莉）

中国联合网络通信有限公司龙泉市分公司

【概况】 2022年5月17日，中国联合网络通信有限公司龙泉市分公司（以下简称"龙泉联通"）办公楼搬迁至龙渊新天地8区2幢。2022年，用户总数 68046 户，宽带用户 13633 户，累计建成 3G、4G、5G 网络站点 653 个，4G 新建 116 个，5G 新建 42 个。传输线路优化 35 千米，新建传输线路 30 公里。2022 年，龙泉联通签约项目 20 余个，新增收入 1100 余万元，其中致力发展创新自研产品（5G 网联无人机平台），参与大数据前期顶层规划、调研，成功引导使用自研产品，解决政府执法短板，具有复制性，自研收入 162.75 万元；与政府同频，参与企业大脑顶层规划设计，唯一入围项目承建，开展“一企一案”攻坚，2022 年签订基力思企业大脑，新增收入 78.7 万元，实现创新和基础收入双带动。　（吴昌敏　曾　莉）

邮政管理

【概况】　2022 年，龙泉市共有 10 家快递公司，32 个快递末端网点，快递从业人员 535 人。全年快递行业评选出丽水市级绿谷先锋•快递小哥 2 名，评选出龙泉市 2022 年剑瓷骑士“最美快递小哥”10 名。2022 年，龙泉市快递业务量累计完成 1866.02 万件，同比下降 19.01%；实现快递业务收入 15593.14 万元，同比下降 4.77%。邮政行业业务总量累计完成 24760.4 万元，同比下降 7.06%。

2022 年，龙泉邮政管理选定龙泉市中山东路 131 号（三楼）为邮政管理局办公用房。8 月 19 日，在省局领导和分管市领导的见证下，邮政管理局正式挂牌成立；9 月 2 日，成立中共龙泉邮政管理局机关支部委员会；11 月 4 日，成功组建龙泉市邮政业安全中心工会委员会。

【行业组织建设】　2022 年 6 月 15 日，龙泉市快递物流行业团工委成立；10 月 27 日，中国共产党龙泉市快递物流行业委员会更名为中国共产党龙泉市快递行业委员会，统筹指导全市快递业党建工作；12 月 15 日，龙泉市快递行业联合工会成立。2022 年，龙泉邮政管理局以暖蜂行动为指引，开展“温暖小哥　齐心防疫”“暖心服务在行动 关爱小哥不停步”等走访慰问系列活动，共计送出“暖心防疫包”328 份、“生活大礼包”365 份、“困难慰问金”7 个，合计金额 56915 元。

【市场监管】　2022 年，龙泉邮政管理局针对寄递渠道重点领域、关键环节，加大龙泉刀剑寄递管控力度和深度，打击违法寄递，杜绝管制类刀剑通过寄递渠道流通。2022 年，共开展检查 12 轮次，其中包括对 9 家处理场所、32 家末端网点进行实地检查，向公安部门移交 2 次线索，对 3 家企业进行处罚。印发《关于开展消防安全大检查的通知》，采取企业自查自改和部门联合检查相结合的办法对全市快递企业和营业网点的消防安全问题开展专项检查，共排查出消防安全隐患 32 个并全部完成整改。根据《浙江省快递业促进条例》文件精神，2022 年顺利完成邮政快递业专用电动三轮车更换 30 辆、更新 24 辆，完成 4 个“扫黄打非”示范点创建工作。

【普遍服务】　2022 年，龙泉邮政管理局认真受理消费者咨询和申诉，依法处理邮政、快递企业服务消费纠纷。共计办结 109 件投诉件，及时化解矛盾，维护社会稳定。根据疫情期间货运保畅通工作要求，常态化落实电子绿色通行证办理，共办理货车司机绿色通行证 149 张，确保龙泉市快递业运输物资畅通。争取财政资金支持，全面推进末端网点建设工作，印发《龙泉市快递网点规范化提升工程实施方案》文件，通过企业申报、规范提升、考核验收等环节，对龙泉市 15 个末端网点进行提升并发放补助资金 5 万元，同时向上级主管部门推荐三星级“共富驿站”2 个、四星级“共富驿站”1 个、五星级“共富驿站”1 个，有效提升末端服务能力，树立快递行业形象。

【重点物品寄递】　2022 年，龙泉邮政管理局面对龙泉刀剑产品在寄递渠道暴露出的涉管制刀具安全问题以及行业安全监管难题，在龙泉市委市政府主要领导牵头协调下，龙泉邮政管理局积极与浙江省、丽水市邮政管理局请示对接，在省邮政管理局指导下，经过多次省、市、县三级腾讯云会议研讨，在浙江省邮政行业智能监管平台三期“浙里快递”应用系统中开发了“平安寄递”之“重点物品收寄”子模块，确定龙泉宝剑寄递全流程闭环管理。该应用构建了系列子环节，涉及邮政管理局、公安局、快递企业和协议用户等多方联动，于 9 月上线试运行，各方反响较好，为实现全省“平安寄递”、龙泉刀剑产业有序发展奠定良好基础。10 月底，龙泉邮政管理局就“重点物品收寄”子模块建设情况在浙江省邮政管理局组织召开的 2022 年度数字化改革应用现场推进会暨“浙里快递”相关应用培训会上作经验交流。　（季金伟　柳霞香）

中国邮政集团有限公司龙泉市分公司

【概况】　2022 年，龙泉市分公司累计完成业务收入 7836 万元，同比增长 11.25%。完成利润 1202 万元，完成全年目标 100.06%，利润规模列全区第三。全年投递平常函件 56.45 万件，给据函件 3.6 万件，邮件处理量 698.96 万件。全市有邮路 24 条，邮路总里程 1355 千米，城市道段投递里程 2046 千米，农村道段投递里程 2446 千米。

【邮政助农直播】 2022 年 6 月 15 日，由龙泉市农业农村局、龙泉邮政分公司联合举办的助农直播活动在龙泉市邮政分公司直播间如期举行。直播间全方位展示龙泉的玉笋片、黄南红糖、龙泉山银耳、蜂蜜等农特产品，将龙泉的农品通过直播间推介给全国各地的网友。

龙泉分公司为共建惠农合作生态，以做好“两个 1000”客户的业务开发为重点，扎实推进惠农合作项目开发工作。建立市场、渠道、寄递、金融各专业协同走访机制，了解到龙泉的农产品品质。该年受疫情影响，销量堪忧。在仔细考量和筛选后，渠道平台部共选取了 5 家农业合作社、2 家家庭农场的 19 款农产品，并精心策划宣传文案、直播顺序、抽奖、秒杀等环节，打造助农直播间。

该次助农直播累计观看 5568 人次，在线观看 1551 人，点赞量超 3.6 万次，直播间销售额 1.04 万元，产生订单 274 单，寄递快包 198 个。龙泉邮政通过线下网点优势，推出“邮粮赞”平台，销售土鸡蛋等产品，为农产品进城提供渠道。该次助农直播间是一种新尝试，龙泉市邮政分公司将总结直播经验，继续完善直播内容及环节，为市民带去更优质的农特产品，助力乡村振兴。

【“6·20”洪灾，龙泉邮政在行动】 2022 年 6 月 22 日，龙泉邮政公司组织党员志愿者支援，参与灾后清理工作，帮助村民们灾后重建家园。7 月 29 日，公司党委书记、总经理廖铁铮和党委委员、副总经理连剑伟分别走访了西街街道周村帮扶结对贫困户，开展“红耀剑瓷 点亮微心愿”活动。带领党员干部为村里“6·20”特大洪水受灾的 14 户困难群众送上电风扇，点亮微心愿，努力为群众办实事。

2022 年 6 月 15 日，龙泉邮政与农业农村局合作助农直播 （陈 曦 / 供图）

【龙泉市分公司中标全县乡村三级物流体系建设项目】 2022 年 7 月 8 日，龙泉市分公司在全县乡村三级物流体系建设项目公开招标中，以 274. 97 万元的价格成功中标，正式取得该项目建设权。根据项目建设方案，龙泉市分公司将继续完善农村物流末端网络建设，统筹商贸、邮政、物流快递等资源，开展共同配送，对市域物流资源进行整合，统一按全国电子商务进农村综合示范项目要求装修门头等场所，统一设计制作管理制度、操作流程、工作职责等内容。构建县、乡、村三级物流体系，建设统仓共配中心，推进镇村级电商服务站（点）功能优化，打造示范精品站点 20 个，升级改造农村电商服务站点 80 个，实现农产品上行和消费品下行双向共同配送。物流效率明显提高，快递物流费用明显降低。

【政企合作】 2022 年 9 月 21 日，龙泉邮政公司与小梅政府合作强村富民邮政服务中心，主要服务于小梅镇人民政府、学校、各村委会的日常打印，文本制作等，同时承担广告类制作、物资采购、农产品销售等业务。截至 2022 年 11 月，强村公司创造收入 11.5 万元，利润 1.2 万元，服务乡村振兴取得阶段性成果；提高普遍服务发展水平、做好“政务+便民”融合。以推进乡村网点“一站式”便民服务，聚焦村级综合服务设施提升，强化农村基本公共服务能力。龙泉邮政积极与各乡镇对接，探索村集体发展壮大新路径和新模式，构建共同发展格局，共同打造乡村振兴的样板。

【“共富驿站”快递网点规范化提升建设工作】 2022 年 11 月，龙泉市邮政分公司申请参与“共富驿站”快递网点规范化提升建设工作，其中 12 个网点通过对网点软硬件设施改造和工作人员的业务培训，有效提升末端服务能力，树立企业品牌形象，使快递服务网点达到标准化、规范化水平，并获验收通过，争取到补贴 1.8 万元。 （柳霞香 章文妙）

人力资源　社会保障

人　　事

【概况】　2022 年，龙泉市人力资源和社会保障局办理事业人员交流 321 人，其中公开选聘 17 人、市外调入 10 人，调出市外 3 人、市内调动 2 人、系统内部调动 287 人、机构改革人员转隶 2 人；办理事业人员新进 190 人，其中公开招聘 63 人、人才引进 69 人，定向委培 46 人、退役士官安置 12 人；办理事业人员解除聘用合同 25 人。

龙泉市人力资源和社会保障局全年办理岗位聘用 539 人，其中专技岗位 523 人，管理岗位 16 人；小级别岗位等级变动 458 人，退休人员小级别岗位变动 19 人。受理申报职称评审 860 人，其中高级 221 人，中级 376 人，初级 263 人；已评审通过 639 人，其中高级 156 人，中级 273 人，初级 210 人。

2022 年，龙泉市人力资源和社会保障局审核办理机关事业单位工作人员的正常晋升工资 288 件，共计 6963 人。审核办理机关事业单位工作人员职务（职称）变动工资调整 709 件，共计 2439 人；调整特殊岗位津贴 49 件，共计 181 人；核实新录用、调动人员工资和开具工资介绍信 889 人次；审核办理职工死亡一次性抚恤金 118 人、遗属生活困难补助 8 人；工龄变更 104 人；审核办理机关事业单位工作人员到龄退休 214 人。

【事业单位管理岗位改革】　2022 年，龙泉市人力资源和社会保障局开展事业单位管理岗位职员等级晋升工作，着力完善事业单位人事管理制度，加强基层事业单位高素质专业工作人员队伍建设，打通管理岗位人员等级晋升天花板，进一步激发全市事业人员干事创业氛围，全年完成 105 人岗位晋升工作。

人　　才

【概况】　2022 年，龙泉市人力资源和社会保障局组织企事业单位赴外参加人才招聘活动 7 场，线上招聘活动 151 场，引进高校毕业生 6386 人，其中博士 210 人，硕士 298 人。举办乡村合作创业带头人培训班 3 期，参训 137 人；该年开展“金蓝领”职业技能提升以及万名技能人才共富能力大提升行动，总共完成培训 120 余期，培训项目制、专项能力证书、职业技能等级证书、特种作业操作证等共计 8036 人次。其中，举办保育师、茶艺师、电工、中式烹调师、养老护理员等职业技能大赛 6 场，共培养技师 7 名，高级工 377 名；推进企业等级自主认定工作，对备案的 7 家企业分别开展车工、铣工、保卫管理员等 10 个工种的职业技能等级认定，培养企业高技能人才 626 名；

2022 年 11 月，第三届全国大学生双选会（丽水）现场　　（周　飞 / 供图）

2022 年 8 月 特色产业共富技能学堂培训现场 （王 青/供图）

组织开展社会类培训机构等级认定工作，累计培养技能人才 3795 名，新增高技能人才 1433 人。发放 2021 年度人才津贴 97 人共 84.64 万元；安家补助 19 人共 11.4 万元；高层次人才“专项奖励”4 人共 45 万元；一次性专技提升奖励67 人 223 万元，学习深造补助 23 人 13 万元；匠心人才奖励 54 人 32.4 万元；养老照护系统奖励 3 人 0.56 万元；发放实用（紧缺）人才 116 人 69.6 万元；“百博入百企”考核，其中 2 家优秀，6 家合格，发放奖励 50 万元。

【青瓷宝剑国家标准制定】 2022 年，龙泉市陶瓷工艺品制作师职业技能标准顺利通过浙江省国家职业技能标准初审会初审。同年，宝剑工被纳入《中华人民共和国职业分类大典（2022 年版）》，根据《2022 年第二批国家职业技能标准制定工作计划》，全面启动民间工艺品制作工（宝剑工）国家职业技能标准开发工作。

【“剑瓷人才汇”数字平台建设】 2022 年，龙泉市人力资源和社会保障局打造符合龙泉剑瓷产业发展需求的人力资源产业协同平台，并纳入浙江省人力社保厅 2022 年人社数字化改革创新项目清单。通过对剑瓷产业业务分析和数据归集，实现“人才培训”“人才招引”等业务流程再造，让产业人才能够“一终端”实现工作生活畅通无忧。

【丽水市汽车零部件工程技术人员中级专业技术职务任职资格评审委员会】 2022 年，龙泉市人力资源和社会保障局经过试点先行、方案报批、实地核查、专家研讨等环节，丽水市汽车零部件中级职称评审委员会正式落地龙泉，该评委会是龙泉市首个行业中级职称评委会，也是丽水市首个立足行业协会成立的中级职称评委会。同年，制定《丽水市汽车零部件行业专业工程技术中、初级专业技术资格评价条件》，并于 11 月 24 日在龙泉市召开首次中级职称评审委员会评审会，评定工程师 26 人，助理工程师 8 人。

【保障专业技术人员能力提升】 2022 年，龙泉市人力资源和社会保障局向省经济和信息化厅申报工艺美术师正、副高级职称人选 69 人，占全丽水地区的 82.14%，占全省的 25.2%，其中 56 人获得高级工艺美术师职务任职资格（正高级 11 人、副高级 45 人），占全省的 25.92%。

劳 动

【概况】 2022 年，龙泉市人力资源和社会保障局劳动保障中心受理各类劳动纠纷 267 件，调解成功 227 起，调解成功率 85%，涉及人员 1433 人，金额 3461.15 万元；劳动监察立案 13 起，涉及人员 468 人，金额 1291 万元。劳动仲裁立案受理劳动争议案件 115 起，涉及人员 115 人，调解结案 115 件，仲裁结案率 100%。

【“无欠薪”专项行动】 2022 年，龙泉市人力资源和社会保障局落实“无欠薪”国务院考核工作要求，常态化开展根治欠薪秋、冬季专项行动。在日常检查、举报专查的基础上，建立“月申报，月检查，月通报”工作机制，“常态化”梳理、交办存在问题，“动态化”反馈整改工作，确保问题能够第一时间发现、第一时间解决。全年共出动联合执法检查 25 人次，排查 2 轮共 37 个企业（项目），发现 126 个问题，整改完成率 100%。

【“无欠薪”机制体制建设】 2022 年，龙泉市人力资源和社会保障局制定《龙泉市根治欠薪常态化预防及处置工作方案》，将“六项制度”工作任务分解落实到各责任单位，推动根治欠薪工作常态化开展。联合公安部门制定《关于开展“恶意欠薪、非法讨薪”专项治理行动的通知》，2022 年，以涉嫌拒不支付劳动报酬罪移送公安机关案件 9 起，涉及人员 407 人，金额 1180 余万元。

就 业

【概况】 2022 年，龙泉市城镇新增就业 2236 人，城镇失业人员再就业 1355

人，就业困难人员再就业 194 人，城镇登记失业率为 1.26%，城镇零就业家庭全部实现动态清零。举办各类招聘活动 18 场，共服务企业 1436 家次，提供岗位 8685 个，初步达成就业意向 2550 人。已认定见习基地 120 家，推荐高校毕业生就业见习 190 人，发放见习补贴 163.81 万元。为 6 家企业发放吸纳高校毕业生就业社保补贴 26.09 万元，为 117 名高校毕业生发放就业补贴 55.28 万元；发放创业补贴 12.8 万余元，其中一次性创业补贴 12.5 万元，一次性创业社保补贴 0.3 万元；新增发放创业担保贷款 1439 万元，发放创业担保贴息 65.76 万元；举办 2022 年度“创意龙泉 创业青春”创业创新大赛。

【人力资源劳务协作】 2022 年，龙泉市人力资源和社会保障局围绕稳企业惠民生工作要求，全方位帮助解决招工、用工难问题。先后赴福建省、贵州省、云南省、四川省及浙江省内温州、台州、金华等地建立劳务合作关系。全年共开展劳务协作招聘活动 5 场，提供 500 多个岗位，达成就业意向 120 多人。成立贵州省平塘县驻龙泉市劳务协作服务工作站，吸纳平塘籍务工人员 200 余人。

【青年创业创新工作】 2022 年，龙泉市人力资源和社会保障局围绕龙泉市第十五次党代会打造青春品质城市的目标，组织举办第五届创业创新大赛，选送的两个项目分获丽水大赛二、三等奖，并获得丽水市优秀组织奖。同年，完成《龙泉市支持青年创业创新政策十二条》以及各项实施细则的制定，全力推动政策落地落实。全年收到电话咨询上千人次，接待到龙泉考察创业项目 29 批次 70 余人，并向首批 55 人发放路费补贴 6.63 万。

【乡村振兴工作】 2022 年，龙泉市人力资源和社会保障局积极开展返乡入乡合作创业村创建工作，对宝溪乡溪头村、城北乡河坑塘村、竹垟畲族乡金田村进行合作创业村认定及建设指导，同年 11 月组织龙南乡粗溪村、宝溪乡溪头村参加浙江省合作创业村对接会。经推荐、考核等工作，龙南乡建龙村、兴川村、粗溪村等 3 个村被评为 2021 年度返乡入乡合作创业村考核优秀单位。

社会保障

【概况】 2022 年，龙泉市基本养老保险参保率 98.57%，各类养老保险参保 22.02 万人。其中，企业基本养老保险参保 10.39 万人，机关事业养老保险参保 1.28 万人，城乡居民养老保险参保 10.35 万人。完成各类参保人员待遇审核、调整和计发工作。全年审核办理企业职工正常退休 2204 人。完成 2022 年度企业职工退休人员调资工作，惠及 32458 人，月人均调整 110.9 元，调整后月人均基本养老金 2548.2 元；完成 2022 年度机关事业单位退休人员调资工作，惠及 4472 人，月人均增资 221.5 元，调整后月人均基本养老金 7280.9 元。

该年全市工伤保险参保人数7.59 万人，比上年底减少 1622 人。该年受理工伤认定申请 600 件，完成工伤认定 577 件，其中未参保 12 件，工伤发生率 0.74%，工伤认定零出错。

该年全市失业保险参保人数 2.78 万人，失业保险基金支出 2289.81 万元，其中发放失业金 4441 人次，690.85 万元，发放失业补助金 1083 人次，80.49 万元，失业人员基本医疗保险费 138.65 万元，发放技能提升补贴 24 人次，3.3 万元，其他失业保险待遇支出 1376.52 万元。

【企业职工基本养老保险全国统筹工作】 2022 年，龙泉市人力资源和社会保障局根据上级统一部署，实现省级养老保险数据与全国统筹数据的对接，打通与浙江省人社政务一体化平台、浙里办 App、自主一体机等数字化公共服务平台之间的技术壁垒，加快实现养老保险服务事项跨省“一网通办”和全国“一卡通用”目标。

【落实社会保险助企纾困政策】 2022 年，龙泉市人力资源和社会保障局落实上级文件精神，制定《关于做好失业保险稳岗位提技能防失业工作的通知》，在失业保险稳岗返还、一次性留工培训补助、一次性扩岗补助等方面为企业提供帮助。依托“数字化”改革，通过后台数据比对的方式，向符合条件的参保单位精准推送政策享受信息，实现“免申即享”。全年兑现返还失业保险 775.84 万元，发放一次性留岗补贴 104.05 万元。 （陈　斌）

城乡建设与管理

综　　述

【概况】 2022年，龙泉市建设局实施政府投资项目共38个，完成固定资产投资34.8亿元。城东综合体双子楼完成结顶，瓯江北岸基础设施提升改造工程全线完工，西街二期项目有序推进，凤起路拆迁安置房、水南未来社区项目完成土地挂牌出让。建成区道路长度达125.24千米，道路密度达8.03千米/平方千米，污水管道达259.61千米，雨水管道达164.91千米，燃气管道达70千米，建成区绿地率达37.87%，绿化覆盖率达42.27%，污水处理率达98.9%，生活垃圾无害化处理率达100%。宋韵西街社区、城东社区分别被列入浙江省第五批、第六批未来社区创建试点，天璟湾被评为省级园林式居住区，龙渊公园被评为省级优质综合公园，环城南路被评为省级绿化美化路，宋韵西街街区被评为省级"高品质示范街区"，江滨北路（西街段）被评为省级"街容示范街"。

【名城提质】 2022年，龙泉市名城提质"1139"项目累计完成26.91亿元，基本完工项目10个，分别为棋盘山基础设施建设工程、瓯江两岸龙泉城区段美丽林相建设项目、龙渊街道F组团（东茶路—后沙路）基础设施提升改造工程、人行道及公园广场等路面修补工程、江滨北岸（三江口至龙梧线）文旅长廊建设工程、广源街（龙泰路至欧冶大道段）市政道路提升改造工程、西街历史文化街区标识牌工程、硋石区块基础设施配套工程市政一期、硋石区块污水收集排放工程、硋石区块基础设施配套工程标准厂房一期项目[龙商鞋产业基地（一期）项目）]。棋盘山基础设施建设工程基本完工并投入使用，西街历史街区内西寺门路以西区块排水排污等基础设施全部完成改造，江滨北岸休闲绿道投入使用，硋石鞋产业区块基本完工。

城市建设

【截污纳管污水处理】 2022年，龙泉市建设局持续推进截污纳管工作，实施东景小区等区块污水零直排建设工程，完成绿茵佳苑、农资小区、粮食局宿舍、剑谷小区等4个污水零直排小区创建，进一步改善城市截污纳管不足问题；完成龙泉市城区污水零直排区创建县级和市级验收。该年完成新建、改造污水管网11.9千米，建设雨水管网6.5千米；龙泉市溪北污水处理厂日处理量达2.80万吨，排放标准达到清洁排放标准，共处理污水857.64万吨，COD（化学需氧量）去除量2182.153吨，氨氮去除量218.426吨，输送城市生活污水867.2万吨，处理清运污泥2724吨。

【历史文化名城】 2022年，龙泉市建设局开展龙泉市桃园路至西寺门路段里弄整治工程、龙泉市西街（西寺门路—公园路区块）提升改造工程、龙泉市林业车队区块整治改造工程、龙泉市江滨北路（公园路入口）整治改造工程、龙泉市龙建区块整治工程，完成龙泉市西街历史文化街区标识标牌工程、龙泉市江滨北路（公园路至杨碓弄段）提升改造工程、龙泉市三江口区块直管公房及林业车队房屋修缮工程。持续推进历史文化街区危旧房治理改造，组织完成57处危房修缮设计方案评审（建筑面积约7100平方米）、53处危旧房修缮施工图评审（建筑面积约5200平方米）、84处危旧房（建筑面积8200平方米）修缮验收。积极推进历史建筑保护利用，完成历史建筑修缮22处、新增公布历史建筑3处、历史建筑挂牌82处。完成2022年名城体检评估，深入分析名城工作相关落实情况。

城市管理

【行政审批管理】 2022年，龙泉市建设局为企业和群众共办理各类行政许可605件，办结率、服务质量和群众满意率均达100%。多举措优化营商环境,深化工程建设审批制度改革。推行电子证照,全面使用云签章、锁签章办理施工许可证业务,实现电子证书数据的互联互通,2022年办理电子证照施工许可证85本。全面深化施工图联合审查改革,落实《龙泉市全面深化施工图联合审查改革的实施细则》,对除装修、改建、扩建以外的建设工程项目取消行政审批阶段的施工图联合审查,改为事中事后监管,一般项目实行施工图审查后置,全年共实施图审承诺制项目76个。推进建设工程竣工联合验收,落实《龙泉市建设工程竣工联合验收实施办法》,全年共办理联合验收项目42个。该局牵头用水报装和用气报装是群众和企业全生命周期重要阶段"一件事"改革,全部完成后台维护,实现网上办理。2022年,完成自来水业务办理3144件,用气报装用水报装1954件。

【建筑业管理】 2022年,龙泉市建设局完成建筑业产值45.82亿元,同比下降0.2%,完成纳税2.88亿元,同比增长15%。该年新开工办理监督手续项目203个,总建筑面积392.62万平方米,总造价92.01亿元。办理竣工验收备案项目77个,总建筑面积68.15万平方米,总造价50.4亿元。对该市203个在建项目开展检查,共发出监督执法整改通知单619份。运用大数据创建智慧安监,已实现在建项目"智慧工地"报建100%,在建项目"浙里建"平台初始化100%,实现新开工项目入平台率100%。大力推进装配式建筑项目和绿色节能建设工作,新开工装配式建筑面积达27.7万平方米;新建绿色建筑38.16万平方米,其中一星级绿色建筑29.8万平方米,二星级以上绿色建筑占新建民用建筑比例达到22%;实施可再生能源建筑面积6.1万平方米;公共建筑节能改造0.63万平方米;居住建筑节能改造0.1万平方米;太阳能光伏安装1兆瓦。

【房地产业管理】 2022年,龙泉市完成房地产投资27.7亿元,完成商品房销售面积15.4万平方米,商品房均价8868.40元/平方米,住宅均价11993.59元/平方米。实现房地产业税收3.6亿元,同比增长20.37%,该年房地产业从业人员315人。该年开盘预售项目有时代风华、云居福邸、美林悦府、翡翠江苑、春风蘭园、金地云著、鼎丰大厦等。出台《关于进一步细化明确"大搬快聚富民安居"工程购房补助政策实施意见》《关于促进房地产业健康发展和良性循环若干措施》《关于促进房地产市场健康稳定发展的实施意见》等相关文件,落实上级有关房地产市场调控政策,强化市场监管,促进龙泉市新建商品房市场健康平稳发展。

【住房保障】 2022年,龙泉市公共租赁住房累计保障住房困难家庭1894户。积极开展重点人群公租房主动保障工作,共计保障重点人群377户,其中低保低收入家庭212户、环卫职工家庭154户、公交司机家庭11户。坚持做好龙泉市"筑巢引凤"高端人才安居服务,人才安居政策已累计惠及200余户高层次人才。2022年,推出青创公寓一期13套房源,最多可满足51人次到龙泉创业青年"周转"居住需求。制定出台《龙泉市创业青年人才公寓租赁管理实施细则》,进一步规范和完善龙泉市创业青年住房保障体系,优化各行各业人才的生活工作环境。

【园林绿化管理】 2022年,龙泉市建成区新增绿地15.62公顷,改造公共绿地2公顷,建成区绿化覆盖率42.27%,人均公园绿地面积达14.67平方米。共完成城区盆花更换约9万盆,时花更换约220万株,补植乔灌木约18万株,修剪灌木及绿地约90万平方米,完成浙江省优质综合公园(龙渊公园)、绿化美化示范路(环城南路)、园林式居住(天璟湾)评选工作。

【城市亮化管理】 2022年,龙泉市建设局统一维护管理的照明路灯共9577盏,景观亮化共32处,道路照明及景观亮化设施亮灯率99%以上、设施完好率98%以上,实现一般性故障投诉24小时内修复,投诉办结率100%。完成2022年春节、国庆、青瓷宝剑节等重要节庆活动期间氛围营造和亮灯保障工作。

【市容环卫管理】 2022年,龙泉市环境卫生服务中心对该市约425万平方米道路、绿化及98座公厕日常卫生保洁情况进行质量考评。完成龙泉市静脉产业飞灰处理工程建设,城区生活垃圾总量增长控制在-11.97%,生活垃圾分类收集覆盖面100%,分类处理率83.77%,生活垃圾回收利用率61.98%,无害化处理率100%,资源化利用率83.55%;集中有效处理率达到100%;完成"老旧"垃圾中转站改造1座,新建中转站1座;创建省级高标准分类示范小区2个;完成"定时定点"商业街创建23条,实现"定时定点"商业街占比88.46%;完成"定时定点"投放小区创建49个,实现"定时定点"投放小区占比70%;建成"两定四分"垃圾分类收集驿站2个,"两定四分"垃圾分类收集房11个、垃圾分类亭12个、垃圾分类收集点15个，商业街撤桶并点30个；共改造提升城镇投放收集设施70个。

【市政设施维护管理】 2022年，龙泉市市政园林服务中心加强城区市政设施维护、巡查及安全隐患排查工作，并督促市政维护单位及时整改到位。全年累计排查隐患1989处，完成整改1987处，其中修复人行道1462处，城市道路525处；疏通管道718米，疏通下水道430处；强化窨井盖整治工作，共修复更换井盖255个。同时积极做好抗旱防汛工作，成立抗旱防汛应急队，制订抗旱防汛抢险预案，加强抗旱防汛值班制度，充足准备抗旱防汛物资等。

【燃气供水管理】 2022年，龙泉市累计共建70千米天然气管线，城镇新增中高压管道4千米，新增次高压管线5.2千米，覆盖21个小区，居民用户6024户，非居民用户165家，其中餐饮类用户48家，新增天然气管线入户1446户，年供气量2237.6万立方米。2022年，累计销售燃气6650余吨，其中民用气4658吨，工商业用气1992吨。2022年，新增用水户3130户，安全供水量1554万吨，完成水表轮换2238只，完成自来水新开户安装3244户，完成ND50(直径50毫米)以上给水管道安装15198.5米。源水、出厂水、管网水水质送检合格率100%，水质综合合格率100%。

城乡一体化建设

【城乡风貌整治提升】 2022年，龙泉市以实现“剑瓷古韵，公园之城”为目标，以三生融合、特色彰显、未来导向为原则，高起点绘就建设蓝图，高质量谋划创建城乡风貌样板区。该年完成龙泉“烟雨瓯江·古城新韵”传统风貌区、“青瓷韵味·文化高地”特色产业风貌区、“不灭窑火·诗意栖居”县域风貌区3个风貌区建设方案编制及建设工作，成功创建龙泉“烟雨瓯江·古城新韵”传统风貌样板区省级样板，并入选浙江省首批“新时代富春山居图样板区”。积极谋划2023年风貌样板区试点创建工作，龙泉“匠心之城·活力之心”城市新区风貌区、住龙—锦溪“红色山水·休闲旅宿”县域风貌区被列入2023年省级风貌样板区试点创建名单，并完成建设方案编制。

2022年10月16日，龙泉“烟雨瓯江·古城新韵”传统风貌样板区

（张有钢／供图）

【美丽城镇建设】 2022年是美丽城镇创建最后冲刺的关键时期，是三年行动收官之年。龙泉市聚焦“重要窗口”，立足生态优势，坚持“一镇一方案”规划策略，统筹市域基础设施、公共服务、产业发展等空间布局和资源配置，激发美丽城镇新动能，构建具有龙泉特色的城乡融合全域美丽新格局。全市8个乡镇开展美丽城镇建设工作，其中安仁镇获评省级县域副中心型样板镇，上垟镇、小梅镇、屏南镇、竹垟畲族乡、兰巨乡、道太乡、岩樟乡获评省级达标乡镇。

【乡村建设】 2022年，龙泉市建设局完成屏南镇周岱村传统村落保护与发展规划编制；2020年度启动的9个传统村落风貌保护项目，其中城北乡双溪村已提前于2022年3月完成项目建设省级验收，其余8个已完成项目建设待省督查组验收，计划于2023年3—6月开展省级验收；2022年龙渊街道石马村被列入第六批国家传统村落。2020年度启动的兴和村、半边月村、安福村和2021年启动的大巨村、建兴村、石马村6个美丽宜居示范村已完成建设任务待省督查组验收。2022年启动的联新村、乡河里村2个省级美丽宜居示范村已完成项目招投标并启动建设。

【农村危旧房治理】 2022年，龙泉市建设局依据《龙泉市农村危房常态化长效治理改造实施方案》等文件，着重解决好农村低保户、五保户、低边户、残疾困难人员与农村其他人员危房治理改造实时救助工作，该年完成农村C、D级危房鉴定治理257户，其中困难群众治理改造129户，农村其他农户治理改造128户，总计治理改造257户，四类困难群众改造资金193.5万元，农村其他农户改造资金 48.96万元，总计农村危房治理改造资金 242.46 万元。2022 年，全市共完成排查自建房系统图斑 83506 处，提前完成排查录入自建房 58492 栋，其中用作生产经营自建房 3507 栋，“初判不安全”自建房 3019 栋，已基本完成全市 3019 栋“初判不安全”自建房的鉴定工作，并将鉴定结果逐步录入“全国房屋建筑和市政设施调查系统”。

【农村生活垃圾分类处理】 2022 年，龙泉市持续开展农村生活垃圾分类处理，全市农村 215 个村全部实施农村生活垃圾分类处理，实施率 100%。现有农村可腐垃圾处理站点、机器快速成肥处理站 31 个，配备农村生活垃圾中转站 24 座，农村生活垃圾移动压缩设备 24 套。建制村农村生活垃圾集中有效处理率达到 100%，农村生活垃圾回收利用率达到 60%以上、资源化利用率达到 99%以上。张畈村、坪田村、蛟垟村、郑庄村创成省级高标准农村生活垃圾分类示范村。

【农村生活污水治理与公厕改造】 2022 年，龙泉市做好农村生活污水治理运行维护工作，全年完成 151 个行政村农村生活污水治理设施运维，完成 349 个农村污水处理设施标准化运维并纳入省监管平台。全年新建、提升改造农村生活污水治理设施 18个，农村生活污水治理工作行政村覆盖率 88.14%，出水达标率 84.17%。全市农村公厕新建 42 座，改造 12 座，投入资金 400 万元，创建星级公厕 36 座，其中示范公厕 3 座。 （刘　影）

乡村振兴

【大搬快聚富民安居】 2022 年，龙泉市强化政策保障，创新搬迁模式，深入推进异地搬迁工作，全市全年完成搬迁 2225 户 8156 人，其中整村搬迁 86 个村（点）1177 户 4093 人，累计已完成搬迁 6958 户 26580 人，其中整村搬迁 183 个村 3064 户 10747 人，搬迁总数位列丽水第一，提前一年半完成丽水下达“五年搬迁 2 万人”的目标任务，超额完成丽水年度搬迁 4000 人指标和该市“确保搬迁 8000 人”任务。有序推进安置小区项目建设，欣南家园、美林公馆、兰巨氧吧长寿小镇（一期）生态居住小区住宅已完工并交付，碧桂园•时代风华、翡翠滨江、云居福邸二期等 3 个在建小区、住宅近 1800 套，已陆续开盘预售。同时，还有 3 处地块已挂牌出让，这些地块拟建小区建成后，将进一步满足搬迁农户对不同区块“市场化+”小区的购房安置需求。

【富民增收】 2022 年，龙泉市成功争取省农业农村厅出台《支持龙泉市乡村全面振兴促进农民农村共同富裕工作方案（2022—2025 年）》，专项扶持龙泉乡村振兴。深入实施“茶菌蔬”“蜂果药渔”全产业链提升工程，持续壮大富民产业，成功举办第三届中国灵芝大会，农林牧渔增加值增长 4.6%。大力推进富民项目实施，成功争取省级革命老区乡村振兴项目，实施衔接推进乡村振兴项目 66 个，“万人万元”乡村振兴车间项目 5 个。组建共富工坊 20 个。落实一村一增收方案和一户一增收举措。农村居民人均可支配收入首次突破 3 万元，达到 30424 元，增长 7.2%，城乡收入比为 1.88:1，比值连续三年小于 2，优于全省平均水平；低收入农户人均可支配收入 16481 元，增幅 15.1%。

【美丽乡村建设】 2022 年，龙泉市对标提升打造新时代美丽乡村要求，扎实推进组团式花园乡村建设。新增省级美丽乡村示范乡镇 1 个、特色精品村 3 个，创建新时代美丽乡村 25 个、花园乡村 28 个、精品花园乡村 5 个。第八批省级历史文化村落保护利用项目村顺利通过绩效验收，并成功争取第十一批项目村 19 个（重点村 1 个，一般村 18 个），共争取省补资金超 1400 万元。实施清廉村居创建项目村 76 个，其中龙泉级示范 10 个，丽水市级引领村 4 个。住龙镇住溪村和竹垟畲族乡金田村成功入选省级第二批未来乡村创建村；宝溪乡溪头村获评未来乡村年度创建成效优秀村。成功争取第三批省级共同富裕新时代美丽乡村示范带 1 条，争取奖补资金 700 万元。 （程荣龙）

城乡供电

【概况】 2022 年，国网龙泉市供电公司完成固定资产投资 7576 万元，其中电网投资 4820 万元；全社会用电量 10.46 亿千瓦时，同比增长 5.37%；营业收入 5.79 亿元，同比增长 17.16%；最高负荷 19.17 万千瓦，同比增长 7.68%。投产 10 千伏配电线路 58.54 千米，新增公变容量 0.8 万千伏安。

【电力保供】 2022 年，国网龙泉市供电公司配合政府建立保供专班、成立负荷管理中心、全丽水率先出台空调负荷管控方案，做到“负荷精准管控”和“设备完备完好”，成功经受住迎峰度夏等严峻考验。对标对表“五个最”，完成党的二十大、中国灵芝大会等重大保供电任务。在“6•20”特大暴雨中积极发挥铁军精神，实现 48 小时以内 5.5 万余户受灾用户全面复电。

【电网发展】 2022 年，国网龙泉市供电公司紧密融入“一园一带三景群”

2022 年龙泉市各行业售电情况表

表37

行业分类	售电量（万千瓦时）	售电到户均价（元/万千瓦时）	到户均价同比（%）
大工业	25802.7335	79.2471	107.59
普通工业	14805.338	79.9196	125.20
农业	1512.8194	59.4155	-2.84
居民	29975.0384	53.5814	3.70
商业	10842.684	79.2889	108.26
非工业	9914.1947	78.8049	111.52
电力销售情况	92852.808	70.7034	74.03

城乡格局，形成适应龙泉经济社会发展要求、适度超前的 7.5 亿元“十四五”电网规划库。以超常规举措助力 500 千伏丽西变工程按期投产，开启东西互济供电新格局。政企紧密联动形成攻坚新合力，全丽水率先完成 500 千伏浙西南网架优化加强工程政策处理，提前一个月开工 220 千伏剑池变，刷新属地工作“龙电速度”。推动受阻遗留 5 年的 21 个配网项目得以定点定时“补课”，28 个新建项目全面铺开，全域供电质量持续提升。

【优质服务】 2022 年，国网龙泉市供电公司实施助企纾困八项举措，坚决执行欠费不停供、免收滞纳金等政策，有力落地“投资到红线”机制，降低企业用电成本 560 万元。开展公共机构绿色低碳行动，打造国镜药业节能改造示范项目，每年帮助企业降低运营成本 102 万元。建立“光储售维”四位一体新型能效服务体系，加速企业绿色低碳转型。全力服务新能源迅猛发展，完成小梅毛山头、宝溪五雷蛇光伏项目接入系统方案审批，同步开展电力配套送出工程前期工作，累计并网光伏 2750 户 6.73 万千瓦。配合政府开展 2 个储能项目前期工作，助推丽西 200 兆瓦时储能项目成功入围省储能示范项目库。

【电助共富】 2022 年，国网龙泉市供电公司助力缩小“三大差距”，实施“乡村振兴·电力先行”三年行动，建成新时代乡村电气化村 10 个。坚持开展可靠性提升行动，户均停电时长同比下降 34.08%，用电体验不断向大城市靠近。首家实现电力表后报修服务入驻浙里办 App，创新运用“服务预报矩阵”将设备主人服务触角延伸至每村每户，获得电力城乡差距逐步缩小。积极履行社会责任，配合投产全省首座公益光伏电站，年产公益基金约3.5 万元。 （何李晔）

综合行政执法

【概况】 2022 年，龙泉市综合行政执法局（以下简称“龙泉市执法局”）贯彻落实浙江省、丽水市关于“大综合一体化”行政执法改革决策部署，围绕执法清单、队伍精简、人员下沉、平台贯通、执法协同等方面，推进行政执法改革走深走实。3 月 24 日，时任浙江省委书记袁家军到龙泉市调研“大综合一体化”行政执法改革工作，给予龙泉高度肯定，认为龙泉改革思考有深度，方向把握很精准；3 月 31 日，市委书记王忠宝在浙江省“大综合一体化”行政执法改革视频调度会上作典型发言，系丽水市唯一；年度改革指数位列全省各县（市、区）第一，改革指数和效能指数综合排名位列全省各县（市、区）第三、丽水市各县（市、区）第一。

【深化乡镇（街道）“一支队伍管执法”】 2022 年，龙泉市执法局通过理顺职责边界、整合执法队伍、强化管理考核，推进乡镇（街道）“一支队伍管执法”。乡镇（街道）综合行政执法队办理一般程序案件 112 件，实现“办案零败诉”；在下沉执法人员年度考核中，获评优秀公务员 41 名、优秀事业单位工作人员 7 名。

2022 年，龙泉市执法局理顺“1+3”执法清单。以浙江省权力事项库（监管库）平台为依托，梳理“龙泉市执法总清单”（5232 项）、“综合执法清单”（1435 项）、“专业执法清单”（2744 项）、“乡镇执法清单（乡镇 330 项、街道386 项）”，形成“1+3”全覆盖的执法事项管理体系。其中，综合执法事项占全市执法事项总数的 27.4%，完成省定 20%的目标。

2022 年，龙泉市执法局组建乡镇（街道）执法队。整合“1+8”执法队伍（综合行政执法局、自然资源和规划局、应急管理局、交通运输局、农业农村局、卫生健康局、市场监督管理局、丽水市生态环境局龙泉分局、文广旅体局），在 4 个街道和 6 个乡镇（八都镇、安仁镇、查田镇、锦溪镇、上垟镇、小梅镇）组建 10 支乡镇（街道）综合行政执法队，实行“1+X”模式，以驻地乡镇（街道）辐射周边 9 个乡镇，实现 19 个乡镇（街道）综合执法力量全覆盖，并推进“一支队伍管执法”进“一园三区”（国家公园、经济开发区、景区、水源地保护区）。锁定下沉编制 248 个，占比 65.5%，下沉人员 204 人，占比 65.4%，远超省定 60%执法力量下沉乡镇（街道）要求。

2022 年，龙泉市执法局开展乡镇（街道）赋权。总结八都镇“一支队伍管执法”省级试点经验，全面完善优化事项赋权目录，将非高频多发的“僵尸”事项收回，乡镇（街道）急需的执法事项重新赋权、动态调整。通过多次向赋权乡镇（街道）及业务主管部门“双向”征求意见，结合各行政执法单位近三年的办案情况和群众信访投诉情况，并经专家论证和第三方风险评估后，形成赋权乡镇（街道）行政执法事项目录清单，在6个乡镇下放17个领域330项行政执法事项，在4个街道下放18个领域386项行政执法事项。

2022年，龙泉市执法局创新提出“721”基本工作要求。“7”：突出主责主业，平衡兼顾执法工作和配合乡镇（街道）中心工作，确保执法队干部70%以上精力用于监管和执法，每月开展执法工作不少于3周，明确执法队干部不驻村；“2”：每个执法干部做到学习、执法“双跨融合”。业务跨部门学，要全面学习掌握多部门赋权至乡镇（街道）的执法事项；执法跨部门干，全面履行赋权乡镇（街道）的所有执法职能；“1”：所有下沉人员一个场所集中办公，便于管理干部、便于群众办事、便于执法队员沟通融合。

2022年，龙泉市执法局推进网格化管理。制定《关于龙泉市乡镇（街道）综合行政执法队网格化管理的指导意见》，推动各乡镇（街道）综合行政执法队全员入网入格，全面整合“1+3+N”网格力量，开展“网格走街 脚印万家”行动，以网格落实管控责任，以“走街”践行一线工作法，以“脚印万家”走深走实群众路线，促进执法队向协调联动、团结协作、执法铁军的化学融合转变，助力现代社区建设。该做法入选浙江省《乡镇（街道）综合行政执法经验做法》。

2022年，龙泉市执法局推动全员绩效管理。制定印发《龙泉市“大综合一体化”行政执法改革下沉乡镇（街道）行政执法人员管理考核办法》《龙泉市“大综合一体化”行政执法改革下沉人员实绩考核细则（试行）》，明确遵循“条块结合，以块为主”的管理模式，全时下沉人员工资、党（团）、工会关系转至乡镇（街道），分时、实时下沉人员工资、党（团）、工会关系保留在编制隶属部门。驻地乡镇（街道）党（工）委负责抓好全时下沉人员的党风廉政、意识形态、党建以及日常管理考核等工作。下沉人员实行单列考核，全时下沉人员绩效考核得分按照驻地乡镇（街道）60%、辐射乡镇（街道）10%、派出单位30%的比例计算；分时下沉人员绩效考核得分按照驻地乡镇（街道）30%、辐射乡镇（街道）10%、派出单位60%的比例计算。

【统筹全市综合执法工作】 2022年，龙泉市执法局依托“大综合一体化”执法监管数字应用，组织协调、指挥调度各执法部门、乡镇（街道）综合行政执法队开展“监管一件事”、“综合查一次”、涉企“最多查一次”等多跨协同执法工作，梳理涉及房屋装修、安全生产等与群众生活密切相关的首批8个类型23项基层网格协同执法事件清单，优化完善涉企柔性执法事项217项、梳理“综合查一次”应用场景36个，开展联合执法检查351次，检查户次1059户，减少检查频次64.4%。

2022年，龙泉市执法局推动“两中心”“两室”共建。县级层面，组建综合执法指挥中心并全面融入社会治理中心，承接浙江省执法监管数字应用推广及运维工作，依托龙泉市“非现场执法”系统AI识别各类违法行为，对上报事件进行流转处置，组织协调各部门开展行政监管、联合检查、联合执法等工作；乡镇（街道）层面，推进综合信息指挥室和综合执法指挥室“两室”共建工作，推动“基层智治”系统与“大综合一体化”执法监管数字应用融会贯通，提升基层治理效能。

2022年，龙泉市执法局推广“大综合一体化”执法监管数字应用。组织全市行政执法部门及各乡镇（街道）开展省执法监管数字应用专题培训会，实现全体入驻、全员使用。召开部署推进会，专题研究执法监管数字应用平台使用情况，并定期通报晾晒系统使用情况，倒逼各执法单位积极使用执法监管数字应用。持续推广“行政行为码”，实时跟踪平台赋码、电子签章、线上办理、线索处置4个100%落实情况。

2022年，龙泉市执法局推行部门联动执法机制。聚焦打造“丽水前列、全省一流”营商环境的目标要求，认领省定71个监管一件事场景，深入开展校外培训监管一件事、批零烟花爆竹安全监管一件事、农民工工资支付监管一件事等场景，同时结合龙泉实际，梳理形成管制刀具监管一件事、三小一摊监管一件事、秸秆焚烧监管一件事、文物盗掘监管一件事、瓷土开采监管一件事、菇棚违章搭建监管一件事等龙泉特色场景。推行柔性执法，常态化开展“综合查一次”，做到“进一次门、查多项事、一次到位”，创新开展涉企“最多查一次”，推行涉企检查备案制度，进一步规范涉企检查流程，推进法治化营商环境建设。 （曾力培）

自然资源管理和规划

综　　述

【概况】 2022年,龙泉市自然资源和规划局坚持规划引领,持续服务民生,为奋力谱写中国式现代化品质龙泉新篇章提供坚实要素保障:完成耕地保护以奖代补资金拨付1084.87万元;完成垦造耕地项目,累计完成项目验收入库254个,产生占补平衡数量指标5755亩,水田指标8771亩,产能指标410万公斤;完成建设用地复垦实施项目29个面积316亩,已验收项目73个面积517亩,其中有68个项目已入库面积479亩;完成新增建设用地指标592亩,指标使用执行率100%;完成全市地下市政基础设施普查,共计普查地下管线1655千米、地下空间6.68万平方米;完成盘活存量建设用地965.13亩;完成出让供地21宗,供应土地面积521.34亩,土地出让金收入337749.63万元。

【土地整治】 2022年,龙泉市自然资源和规划局切实完成涉林垦造后续工作,稳步推进历史项目报备入库工作,完成垦造耕地项目入库254个,产生占补平衡数量指标5755亩,水田指标8771亩,产能指标410万公斤。建设用地复垦实施项目29个面积316亩,已验收项目73个面积517亩,其中有68个项目已入库面积479亩。

自然资源管理

【土地资源管理】 2022年,龙泉市持续加强土地资源管理与开发,持续提高土地管理水平。全力做好用地报批,2022年度累计争取省厅下达龙泉市计划指标592亩,完成10个城市分批次建设用地项目组件报批,计划指标执行率100%。积极争取国家计划指标547亩,完成仙居至庆元公路龙泉下庄儿至兰头段工程等省重点项目组件报批工作。完成础石岭后、项坊区块、货运站场东侧区块以及生态产业平台(一期)等重要平台被纳入土地征收成片开发方案经上报批准。有效提高土地性收入,制定《2022年度土地出让计划表》和《2022年度即可出让商住地块政策处理交办任务清单》,倒排时间督促乡镇街道和有关部门加快拟出让地块政策处理,全年完成土地出让21宗,出让金收入34亿元。做好占补平衡指标调剂工作,指标调剂收入21.7亿元。深化土地节约集约利用,大力推进2009—2018年批而未供处置攻坚动,全年完成处置928亩,完成率108%,超额完成省厅下达任务。完成盘活存量建设用地965亩,超额完成丽水市局500亩考核任务。龙泉市"五未土地"监管机制创新案例入选2022年度全省自然资源系统改革创新优秀案例名单。

【矿产资源管理】 2022年,龙泉市坚持矿产资源开发和保护并重,深入谋划兰巨乡创新平台大湾组团矿地综合开发利用,有序推进青坑底矿泉水采矿权挂牌出让工作,大湾组团矿地综合开发利用项目采矿权、查田镇青坑底矿泉水采矿权成功摘牌,矿业权累计出让收入1.6亿元。研究制定《龙泉市机制砂整治收回砂石处置方案》《龙泉市关于加强机制砂行业长效管理实施意见》《龙泉市矿山综合整治暨绿色矿山创建方案(送审稿)》《龙泉市矿山整治行动方案(送审稿)》,不断完善各项制度举措,持续加强矿产自然资源管理。大力推进绿色矿山建设,2022年龙泉市内所有在采矿山均被评为绿色矿山。完成4宗采矿权的延续(大梅口黏土矿、佳禹黏土矿、海阳方解石矿、埠头萤石矿),完成2宗探矿权的保留(宝溪塘上铅锌探矿权、础石兰头叶蜡石探矿权)。征收5个矿山新增资源量收入550万元,累计计提土地复垦基金2162.37万元,本年度已计提30万元。2022年年产矿石总量217.9千吨,同比上涨137%,年产值2.97亿元,利税总额4450万元。

耕地保护

【概况】 2022年，龙泉市自然资源和规划局严格落实耕地保护制度，推进永久基本农田划定成果调整完善工作，完成2042.63亩耕地“非农化”整治销号，完成耕地保护以奖代补资金拨付1084.87万元用于农田基础设施修缮、地力培育、耕地保护管理等。印发《关于全面推行“田长制”落实最严格的耕地保护制度的实施意见》，设立县、乡、村级三级田长及村级巡查员，其中村级田长、村级巡查员692人，并在“耕地智保”应用场景中开展日常巡查。

【永久基本农田集中连片整治】 2022年，龙泉市自然资源和规划局持续加强耕地质量建设，稳妥推进永久基本农田集中连片整治工作。完成2022年度龙泉市兰巨乡“百亩方”永久基本农田集中连片整治等12个项目立项实施，项目整治总面积11592.00亩，整治后连片耕地面积10594.85亩，其中垦造水田39.78亩，耕地质量等别提升3504.48亩，旱地改水田21.62亩，即可恢复562.416亩。

【生态保护与修复】 2022年，龙泉市共10个项目列入了浙江省瓯江源头区域山水林田湖草沙一体化保护和修复工程，水利项目5个、林业项目3个、矿山修复项目2个，总投资2.88亿元，项目实施周期三年，2022年完成形象进度总投资1.045亿元，累计完成执行率60.7%。

不动产管理

【不动产登记】 2022年，龙泉市自然资源和规划局以数字化改革引领优化营商环境，紧紧围绕服务大局，打造龙泉市最优营商环境。全年共办理各类业务68611件，其中办理登记业务19296件(办理抵押注销登记3634件，查解封登记866件，土地、房屋产权注销登记434件及其他登记业务14362件)，办理不动产信息查询业务49315件，发放不动产权证书6608本，开具不动产登记证明5656份，办结率100%。完成不动产档案数字化整理21669件。配合完成国有资产确权登记发证1345宗。市不动产登记中心荣获龙泉市人民政府2022年“要素保障工作成绩突出集体”、龙泉市行政服务中心2022年度“优秀窗口”等称号。

【不动产智治】 2022年，龙泉市自然资源和规划局实现丽水全域“国有土地及商品住宅产权全链智治”和“不动产信息集成应用”两个子场景贯通应用，实现150个事项不动产登记网办最大精简，利用“不动产智治应用”发放不动产权证书4581本，办结率100%。

2022年，龙泉市自然资源和规划局启动“林权不动产权属落界和确权登记试点工作”，完成15户89处共计2777.42亩山林确权。

用地管理和执法监察

【土地报批】 2022年，龙泉市自然资源和规划局完成省厅下达龙泉市计划指标合计592亩，完成10个城市分批次建设用地项目组件报批，计划指标执行率100%，重点保障了八都溪坪工业园区二期、兰巨生态产业平台安置小区工程等市重点项目的用地需求。积极争取使用国家计划指标547亩，完成G25长深高速(丽龙段)龙泉东互通改建工程、仙居至庆元公路龙泉下庄儿至兰头段工程等省重点项目组件报批工作。将砺石岭后、项坊区块、货运站场东侧区块以及生态产业平台(一期)等重要平台纳入土地征收成片开发方案上报批准。

【土地供应】 2022年，龙泉市自然资源和规划局完成划拨供地77宗，供应土地面积58.14亩；完成出让供地21宗，供应土地面积521.34亩，土地出让金收入337749.63万元；完成批准使用集体土地建设项目11宗，面积20.44亩；完成补办出让用地184宗，土地出让金收入73920万元；完成盘活存量建设用地965.13亩。

【执法监察】 2022年，龙泉市自然资源和规划局高压推进执法工作，建立新增违法占用耕地行为日报告、周通报制度，完善动态巡查制度，早发现、早制止、抓源头，及时有效遏制新增违法行为。2022年，通过日常信访举报、卫片执法检查、其他部门移送等方式发现和查处违法案件20宗，其中17宗违法占地案件，涉及非法占用土地面积44338.27平方米，耕地面积12916.27平方米，罚款总计704296.60元；3宗非法采矿案件，涉及非法采矿2180.37立方米，罚款156854.10元。

国土空间规划与地理测绘

【规划编制】 2022年，龙泉市自然资源和规划局完成“三区三线”省级三轮试划、全国二轮划定，于2022年9月30日经自然资源部批复，正式启用作为用地审批依据。完成编制《龙泉市武谭临江区块修建性详细规划》《龙泉市城北区块控制性详细规划》《龙泉市火车站场区块控制性详细规划及城市设计》《龙泉市河村周边区块修建性详细规划》等方案初稿。完成编制《"小流域一体化综合治理"规划方案》初稿，完成《龙泉中心城区未利用地功能引导研究方案（送审稿）》，完成《城区范围内可审批联建房分类别处置方案（送审稿）》，完成《龙泉市安置房建设选址总体方案（送审稿）》。

【城乡规划委员会工作】 2022年，龙泉市自然资源和规划局协助组织召开四次城乡规划委员会，提交《龙泉市江滨南岸水南区块控制性详细规划》《龙泉市城市文化客厅项目4#地块（鸥鹭忘机）建筑设计方案》等11个议题审议，并形成会议纪要。委托完成《龙泉市武谭临江区块修建性详细规划》《龙泉市城北区块控制性详细规划》《龙泉市火车站场区块控制性详细规划及城市设计》《龙泉市河村周边区块修建性详细规划》规划方案编制，并通过部门和专家论证。

【项目审批及验收】 2022年，龙泉市自然资源和规划局出具土地出让规划条件和规划设计条件共14个，涉及用地面积29万平方米；办理建设项目用地预审与选址意见书159个，涉及应对面积6163974万平方米；组织项目会审41次；办理用地规划许可证105件，涉及用地面积674316万平方米；办理建设工程规划许可证182件，涉及建筑面积455673万平方米，停车位600个；完成建设项目竣工验收规划核实51个，涉及用地面积55万平方米，建筑面积96万平方米，停车位约4500个；依法依规移交城区范围内未取得、未按照建设工程规划许可证建设的违章案件57起。

【测绘地理信息】 2022年，龙泉市自然资源和规划局扎实做好测绘地理信息服务工作，完成龙泉市城区50平方千米地下市政基础设施普查工作，共普查地下管线1655千米，地下空间6.68万平方米；完成天地图数据融合工作，数据融合成果覆盖全市3044.8平方千米范围；完成全市域一、二等永久性测量标志点54个点位的巡查工作和20个点位的维修工作；完成15平方千米1:2000地形图重大要素更新、乡镇22平方千米1:500地形图、城区1.3平方千米1:500地形图等数字线画图更新测量及入库工作；完成龙泉市城区8平方千米实景三维模型建设工作；办理使用国家秘密的基础测绘成果审批18件，提供非密测绘成果服务175件，办理地图审批1件；完成《龙泉市测绘地理信息应急保障预案》组织编制和发布工作，确定应急保障队伍。 （项楚奇）

2022年"开学第一课"国家版图意识宣传教育进校园活动 （李苗林／供图）

卫生 健康

综 述

【概况】 2022年龙泉市共有医疗机构247家，其中公立医院2家，疾控中心、妇幼保健计生指导中心各1家，乡镇卫生院(社区卫生服务中心)19家，卫生分院(社区卫生服务站)25家，民营医院2家，诊所、门诊、卫生所和医务室71家，村卫生室126家。共核定床位数1412张，民营医疗机构床位数187张，占比13.2%。2019年成立以龙泉市人民医院、龙泉市中医医院为牵头单位的两大医共体，其中人民医院医共体管理9个分院，15个服务站，中医院医共体管理11个分院，9个服务站。市医疗机构人员核定编制1682人，实际在编1248人，空编率25.8%，其中人民医院定编780人，在编570人，空编率27%。中医院定编325人，在编206人，空编率36.6%；基层医疗机构编制524人，在编415人，空编率20.8%。在编卫生技术人员中，高级职称189人(正高55人，副高134人)，其中直属事业单位正高4人，副高10人；人民医院111人(正高41人，副高70人)，人民医院医共体23人(正高5人，副高18人)；中医院 24 人(正高5人，副高19人)，中医院医共体 17 人(正高0人，副高 17 人)。

【县域医共体改革】 2022年，龙泉市2家医共体全面落实党委领导下的院长负责制，开展清廉医院建设。医共体落实统一账户、统一预算、统一资产管理，实现全市慢病统一用药目录，药品、耗材实现医共体统一采购、统一配送的管理新模式。积极推进医共体薪酬制度改革。进一步完善双向转诊和疾病诊疗目录，促进分级诊疗制度，医共体内双向转诊人次同比提升，上转住院378例，上转门诊6057例，下转710例。持续深化医共体扁平化管理、实体化运行、同质化帮扶，借助“智慧流动医院”等形式，提升基层综合能力，6辆巡回诊疗车累计巡回661场次，服务15880余人次。2022年医共体总院专家下沉基层分院指导、坐诊1200余人次，服务6000余人次。家庭医生签约132501人，完成率112.29%。2022年基层就诊率达64.88%，同比增长1.33%；县域就诊率达90.02%，同比增长3.84%。

【“山海”提升工程】 2022年，龙泉市打造医疗卫生“山海协作”升级版，与浙大二院签订深化合作协议，浙大二院派赵嵩到龙泉市人民医院任党委书记。2022年，省、丽水市专家累计下沉龙泉市人民医院坐诊5537人次，服务72950余人次，指导手术1562台次，疑难病例讨论375次、培训带教900余次。开设浙二服务专窗，开通会诊、转诊绿色通道，为疑难患者开展远程会诊479例，转诊190例。通过“山海”提升工程、“融入长三角”等平台，23名专家、3支医疗科研团队入驻龙泉，参加浙大二院与浙江大学联合举办的人才培养“山海·飞鹰计划”培训4人，进修8人。龙泉市人民医院共开展新技术、新项目35项，DSA(数字减影血管造影技术)介入中心投入使用，实现心血管介入治疗“零的突破”，危重孕产妇救治中心、危重儿童和新生儿救治中心顺利通过考评。两家公立医院门急诊人次同比增长11.41%，出院人次同比增长8.83%，5个学科被列入丽水市县域龙头学科。

医政管理

【最多跑一次改革】 2022年，龙泉市有序推进“浙丽乡村好医”应用全域村医空白村推广覆盖，在7个试点村服务898名偏远山区乡村居民，形成由主动筛防服务、线上联合问诊、线下精准巡回诊疗等机制组成的山区特色医疗服务模式。深入推进“互联网+”医疗服务，2022年开展互联网诊疗638例，远程会诊442余例，网上护理服务138例。门诊智慧结算率84.19%，病房智慧结算率79.03%，电

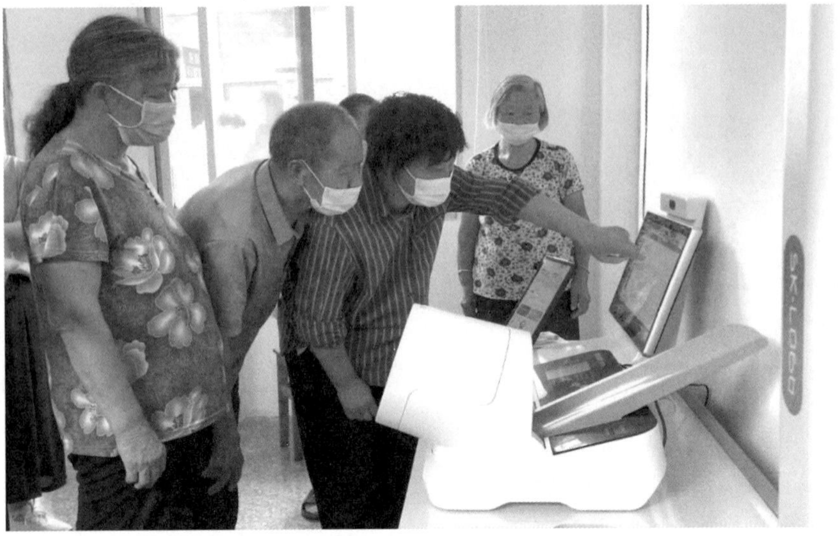

2022 年,“浙丽乡村好医”在道太际头村开展试点工作　（李沈晟 / 供图）

子发票使用率 100%,检查智慧预约率 100%,电子健康档案开放率 84%。2022 年 6 月底,龙泉市所有医疗机构实现医疗机构检查检验互认共享,共完成结果互认 13452 项次,直接节约患者检查检验费用 43.93 万元。依托巡回医疗车打造“智慧”流动医院,重点服务农村巡回医疗、慢病随访、家庭医生签约、健康体检等工作,2022 年出车运行 661 次,行程 24297 余千米,服务 15880 人次,为农村留守人口提供了实实在在的便利。

【无偿献血】 2022 年全市组织“迎新春 献热血”“月团圆 人团圆 爱心与您过元宵”“学雷锋、献热血”“热血青春 助力战‘疫’”等团体献血活动 13 场,有 3411 位爱心人士参与献血,采集全血及成分血 1054 升,完成率 100%。

【院前医疗急救服务】 2022 年,龙泉市建成市“120”急救指挥中心,建筑面积约 223.83 平方米,投入资金 55.6 万元。指挥调度系统具备呼救受理、指挥调度、信息处理平台,接入浙江省“云调度平台”,实现省市县三级信息互联互通,数据共享。龙泉市建成两家乡镇急救服务站(八都镇中心卫生院急救服务站和查田镇卫生院急救服务站)。服务站建设包括功能区改造装修、相关的急救设备和救护车的购置,2022 年乡镇急救服务站出车 84 次,真正方便偏远山区群众院前急救服务要求。

【医疗保障】 2022 年,龙泉市卫生健康局完成市委市政府交办的各项医疗保障工作任务,共承担全市各类会议、赛事活动(全市两会、各乡镇文化漫游节、省市领导到龙泉调研、中高考、事业单位招考、公务员考试、省市各类文体比赛、全市全民篮球联赛、世界青瓷大会等)医疗保障 63 次,派出医护人员 126 人次,救护车 72 车次,保障 6.5 万余人次。

疾病控制

【应急处置】 2022 年,龙泉市总共出动应急队伍及时有效处置应急事件 125 次,总共出动应急队伍 600 人次。2 月 25 日,龙泉市疾控中心处置一起城东小学诺如病毒病例聚集性疫情。3 月 1 日,龙泉市疾控中心处置一起查田镇中心幼儿园手足口病聚集性疫情。3 月 10 日,龙泉市疾控中心处置一起东升小学诺如病毒病例聚集性疫情。9 月 24 日,龙泉市疾控中心处置一起因抓捕宰杀竹鼠引起三例肺炎的聚集性疫情。9 月 23 日 ,龙泉市疾控中心处置安仁镇一例鹦鹉热感染疫情。11 月 10 日,龙泉市疾控中心处置一起学校札如病毒感染聚集性疫情。

【法定传染病疫情】 2022 年度全市共报告甲、乙、丙类传染病 28 种 3508 例,年报告发病率为 1406.01/10 万,与上年同期相比增加 27.28%。报告死亡 0 例,年报告死亡率为 0/10 万,与上年同期相比下降 100%。甲类法定传染病无病例报告。乙类传染病

2022 年 11 月,龙泉市“120”急救指挥中心投入使用　（胡晓芬 / 供图）

共报告发生12种301例，年报告发病率为120.64/10万，与上年同期相比下降1.95%。丙类传染病共报告发生4种3207例，年报告发病率1285.37/10万，与上年同期相比上升40.58%。2022年度甲、乙、丙类传染病发病数居前10位的病种依次为：流行性感冒(2255例，占发病总数的64.28%)、手足口病(825例，占发病总数的23.52%)、其他感染性腹泻(121例，占发病总数的3.45%)、肺结核(69例，占发病总数的1.97%)、梅毒(54例，占发病总数的1.54%)、新冠病毒感染淋病(50例，占发病总数的1.43%)、淋病(43例，占发病总数的1.23%)、乙肝(40例，占发病总数的1.14%)、猩红热(27例，占发病总数的0.77%)、流行性腮腺炎(6例，占发病总数的0.17%)。

【传染病监测】 2022年，龙泉市疾控中心采集手足口病标本90份，其中阳性50份，阴性40份。采集禽流感外环境采集监测点标本51份，检测结果均为阴性。采集养殖、屠宰、厨师等接触牛、羊、猪人员血清33份，进行布鲁氏菌病检测，结果均为阴性。市人民医院皮肤科每月上报“浙江省皮肤病可疑症状病例转诊单”，上报皮肤病可疑症状24人，可疑症状病例排查率100%。

【肠道门诊监测】 2022年，龙泉市疾控中心开展了市售海产品、卤制品、熟食、乳制品的监测。根据当地实际情况，合理设置外环境监测内容，涵盖了江河水、井水、河塘泥、公共厕所、苍蝇等，共监测水体样本37份，未发现阳性标本。海水产品30份，未发现阳性标本。开展霍乱、肠出血性大肠杆菌、伤寒、副伤寒检测，未发现阳性样本。肠道门诊共上报腹泻病例153例，未发现霍乱病例。

【鼠疫监测】 2022年，龙泉市共捕鼠717只，捕获的野鼠以黑线姬鼠和东方田鼠为主，占总数的29.00%、35.05%。捕获的家鼠以褐家鼠为主，占总数的8.43%。共对717只鼠进行了检蚤。染蚤鼠2只，共检获蚤2匹，染蚤率为0.30%，蚤指数为0.0030。共布放粘蚤纸1950张，染蚤0张，染蚤率为0，共粘获蚤0匹，蚤指数为0。共对717份鼠的肝脾样本进行了病原分离培养，结果均为阴性。开展鼠疫“疫情三报”工作，无不明原因病、死鼠(动物)、疑似鼠疫和急死病例报告。

【狂犬病流行与防控】 2022年，龙泉市发现狂犬暴露总数2010例，其中暴露于狗1243例(均为一犬伤单人，城北发生一起一犬伤多人事件，已按规范处置)，暴露于猫631例，其他136例。免疫接种情况：单用疫苗1794例，联合应用(狂犬疫苗+免疫球蛋白)216例。

【免疫规划管理】 2022年，龙泉市各接种门诊有新生适龄儿童1614人，建证1614人，建证率100%。新生儿乙肝疫苗接种率97.0%，首针及时接种率97.5%，卡介苗接种率97.3%，脊髓灰质炎疫苗接种率96.1%，百白破疫苗接种率95.9%，白破疫苗接种率96.2%，麻腮风疫苗接种率96.4%，A群流脑疫苗接种率95.7%，A+C流脑疫苗接种率96.2%，乙脑疫苗接种率96.1%，甲肝疫苗接种率96.6%，疫苗全程接种率达96.3%，各类免疫规划监测报表报告准确率、及时率100%。根据浙江省卫生厅、教育厅《浙江省入托入学儿童预防接种证查验工作规范》及市卫生健康局、教育局《关于做好幼儿学生入托入学查验预防接种证工作的通知》文件要求，每年7—8月暑期放假和春秋两季学年开学期间开展辖区学校、托幼机构入托入学预防接种证查验和查漏补种工作，各类疫苗补种率均达95%以上。疑似预防接种异常反应(AEFI)监测系统共报告预防接种一般反应76例，无死亡病例和群体性反应报告，未发生疫苗接种安全事故，报告覆盖率100%。经对人民医院、中医院2家公立医院门诊病例和住院病历开展AFP(急性弛缓性麻痹)病例主动搜索，未发现AFP病例漏报。

【麻疹疫情监测】 2022年，龙泉市按照《全国麻疹病例监测方案》要求，指导医疗机构开展麻疹病例主动搜索，每旬要求报告麻疹监测病例(包括“零”病例报告)，龙泉市无麻疹、风疹病例，麻疹排除病例6例，2.41/10万，已达到省级要求按常住人口数2/10万的监测率。所有疑似病例均按照麻疹监测方案要求，对疫情报告、调查、风险评估等工作及时采取相关应急和控制措施，并通过麻疹监测信息报告管理系统报告调查处置信息。

【疟疾监测】 2022年，龙泉市人民医院对疑似疟疾病例、临床诊断疟疾病例及不明原因发热病人开展实验室疟原虫检测。2022年，监测175人，达常住人口的0.70‰，已达到省级要求的按常住人口数0.5‰的监测要求，龙泉市人民医院报告1例输入性疟疾病例。

【艾滋病、性病防控】 2022年，龙泉市HIV抗体免费检测86270份，新增确诊HIV抗体阳性9份。其中，自愿咨询检测993人，阳性2例，检出率0.2%；接受梅毒检测993人，丙肝抗体检测993人，检测率100%；被监管人员艾滋病干预检测309人，HIV抗体阳性0人；为109例符合抗病毒治疗条件艾滋病病人提供免费抗病毒治疗，治疗率94.78%。

【结核病防治】 2022年，龙泉市定点医院结核病门诊接诊初诊病人350例，免费摄胸片68例，免费查肝功能248人次，免费痰检935人次，免费痰培养56份（液体56份）。按现住址报告肺结核患者和疑似患者366例重卡32例，到位334例，转诊追踪总体到位率达100%。新登记结核病人68例，其中肺结核61例，结核性胸膜炎7例。与上年同期相比，肺结核登记数下降4.2%，免费使用一线抗结核药品（FDC）达70%以上，规则服药率达95%以上。疑似耐药肺结核患者39例，耐药推送39例，快速耐药筛查39例，快速耐药筛查结果录入39例（对R和H敏感39例），耐药筛查率100%。开展小学四年级及初一、高一新生入学肺结核PPD筛查，共筛查7242人，筛查覆盖率98.33%，其中结果强阳性20人，强阳性率0.28%，预防性服药1人，无新诊断人数，全年无学校肺结核疫情。对八都、龙南、西街3个乡镇（街道）65岁以上老年人开展免费胸片筛查，共筛查2943人，确诊肺结核1人，对街道、乡镇卫生院结核病监测、疑似病人发现、转诊、病人管理、人员培训、结核病防治知识健康教育等工作开展情况进行定期督导，督导市级医疗单位和乡镇卫生院76次，参与督导76人次，医疗机构督导覆盖率100%。

【死因、慢性病监测】 2022年，龙泉市平均人口数287164人，男性146075人、女性141089人。2022年报告死亡个案总数2083例，死亡率为725.37/10万，男1331例、女752例，分性别死亡率为男911.12/10万、女532.99/10万。其中，肿瘤536（恶性肿瘤527）例、循环系统疾病758例、呼吸系统疾病189例，三类慢性非传染性疾病占全部死亡数的71.20%；损伤和中毒外部原因死亡228例，占全部死亡数的10.95%；传染病和寄生虫病死亡17例（病毒性肝炎7例、肺结核3例），占全部死亡数的0.82%；起源于围生期某些情况死亡1例，占全部死亡数的0.05%。2022年报告龙泉市户籍出生数1614人，男824人、女790人，出生性别比为104。死因慢病质量复核工作：2022年按时完成住院复核59例，慢病初访复核287例。死亡漏报调查工作：根据2022年龙泉市居民死亡漏报调查方案的要求抽取5个乡镇2个行政村，完成死亡漏报调查工作。

【慢性病综合防治】 2022年，龙泉市健康卫生局积极开展“全民营养”“世界无烟日”“肿瘤宣传周”“全国爱牙日”“全国高血压日”“全民健康生活方式月”等宣传活动，形式包括现场咨询、健康服务、展板展出、发放资料、媒体宣传等，开展慢病管理，高血压管理22416人，高血压规范管理率79.31%，糖尿病管理5901人，规范管理率75.99%。

【全民健康生活方式行动】 2022年，龙泉市健康卫生局按照“共同富裕示范区”及“健康浙江”建设，通过省慢性病示范区复审，以“三减三健”的健康生活理念推进健康支持性环境创建工作，更新九姑山主题公园健康宣传元素，对滨江健康步道进行延伸，新建万家惠、京优客、发到家3家健康超市，新建棋盘山、滨江北2个健康公园，新建滨江北、青瓷博物馆2条健康步道，培训健康生活方式指导员203人，依托“丽健e行”小程序，举办2022年“大花园·大健康”龙泉市全民健康活力赛暨健康体重大赛活动，历时3个月，全市参与2600多人。

【消毒质量监测】 2022年，龙泉市对市内2级以上2家医疗机构共抽样50余份样品，检测的项目类型有室内空气、物体表面、医护人员手拭子、使用中消毒液、口腔用水、内镜，消毒柜、消毒液、紫外线灯等，检测项目细菌菌落总数和致病菌（铜绿假单胞菌、金黄色葡萄球菌、细菌总数大肠菌群、浑浊度、余氯）等项目，监测率100%。

【食品卫生监测】 2022年，龙泉市积极开展食品安全风险监测，水产及其制品、食用菌、蔬菜及其制品、即食海鲜产品、餐饮食品、茶叶、菌类、大米、水产动物及其制品等12个类别257个样品，微生物合格率99.36%，理化合格率100%，总合格率99.68%。开展食源性疾病监测，哨点医院（龙泉市人民医院/龙泉市中医院）上报病例信息及病例363例、样本246例，如期按量完成月指标数量。检测沙门氏菌、副溶血性弧菌、致贺氏菌，食源性致病菌阳性菌株6例，均为沙门氏菌，阳性率6.1%。全年未发现疑似食源性异常病例/异常健康事件报告病例。辖区发生一起疑似蜡样芽孢杆菌污染（三明治）引起的聚集性胃肠炎事件食源性暴发事件。落实国家卫生健康委国家市场监管总局《关于对党参等9种物质开展按照传统是食品又是中药材的物质管理试点工作的方案》，完成311人食药物质——灵芝的食用消费量调查。

【营养监测与宣教】 2022年，龙泉市疾控中心开展营养周宣传，完成15个乡镇和4个社区宣传和督导开展人群合理膳食指导和营养标签知识宣传活动，发放资料3000余份，督导率100%。开展营养干预宣传工作，覆盖养老机构60%、幼儿机构60%、学校100%。上报食源性疾病监测或食品污染及有害因素结果的风险提示类科普3篇，完成食谱图谱采集6个家庭户，36道菜制作和图谱上传。

【环境卫生监测】 2022年，龙泉市完成城乡农村19个乡镇生活饮用水抽样监测及市自来水厂和岩樟溪水源水、瓯江水源水、二次供水、管网水等监测，完成丰水期和枯水期及加强水质监测，监测水样124余份，监测项目5000余个。

【职业卫生】 2022年龙泉市辖区网络直报单位用户授权率及开通率100%，辖区内职业病体检机构重点职业病监测危害因素体检个案卡上报率100%。上报36例中毒信息卡，与网报信息一致，职业有毒有害健康监护卡上报114张，完成尘肺病人随访12人。完成职业病危害因素现场监测40家。

【放射卫生监测】 2022年龙泉市对各医疗单位从事X光放射工作人员进行个人剂量检测，检测9家医疗单位合计53人，个人剂量均在国家标准值内（每3个月<5mSv的四分之一）。完成医疗机构（人民医院）反射防护监测和职业病反射性疾病监测。

妇幼保健

【国家级儿童铁流调项目及孕妇尿碘筛查项目】 2022年，龙渊街道社区卫生服务中心、安仁镇中心卫生院、八都镇中心卫生院被国家列为中国学龄前儿童铁缺乏症的流行病学调查点，2022年完成508例学龄前儿童体格身高体重检查、血常规和铁蛋白检测。妇计中心门诊完成孕妇尿碘监测105人，随机抽取105名孕妇采集孕妇随机尿样（中段尿）5毫升和家庭食用盐30克，检测尿碘、孕妇尿碘中位数≥150微克/升（达166.3微克/升）。

【孕产妇心理筛查工作】 2022年，龙泉市妇计中心与各乡镇卫生院将孕产期抑郁症筛查纳入常规孕检和产后访视中，由经过培训的医务人员进行孕期和产后抑郁的筛查追踪。妇计中心负责孕产妇筛查评估工作的组织管理，研究确定筛查方案，制作筛查PHQ-9筛查量表二维码，举办人员培训班。各医疗卫生机构将抑郁症防治知识作为孕妇科普宣教内容，提高孕产妇及家属防治意识，与精神卫生医疗机构以联合门诊或会诊的形式，为孕产期妇女提供专业支持，2022年已经筛查孕产妇787人，对筛出的可疑抑郁1人追踪随访和转诊治疗。

【婚前医学检查】 2022年龙泉市结婚登记2034人，婚前医学检查2043人，婚前医学检查率100.44%，免费孕前优生检查1568人次，目标人群覆盖率101.69%，当地影响生育的主要健康问题有高血压、糖尿病、肥胖、吸烟、酗酒等，评估出具有风险因素的共1117人，男性550人、女性567人，其中营养风险因素597人，遗传风险因素50人，慢病风险因素398人，感染风险因素137人，生殖风险因素367人，环境风险因素3人，行为风险因素396人，社会心理风险因素137人。婚前疑难病例21人，均已随访，并得到相应的治疗。根据检查结果，对有异常结果及时通知电话通知复查，并进行面对面指导，提出进一步复查、治疗、转诊等医学建议和干预措施。

【0—6岁儿童健康管理】 2022年龙泉市按照儿童健康管理规范，强化儿童健康监测筛查，筛出营养性疾病/高危儿管理896例，在案管理884例，管理率98.66%。要求严格按规范执行分级分类管理，动态跟踪随访，及时干预，实行个性化矫治措施，促进儿童健康成长。5岁以下儿童死亡率3.23‰，婴儿死亡率2.42‰，高危儿管理率98.66%，新生儿访视率99.19%，7岁以下儿童健康管理率97.27%，3岁以下儿童系统管理率95.78%，0—6岁儿童眼保健和视力检查覆盖率96.33%，0—36个月儿童中医药健康管理率86.85%，0—3岁儿童标准化发育筛查率88.25%，入园体检率100%，保教人员体检率100%。

【托幼机构卫生保健】 2022年龙泉市妇计中心托幼机构督导小组在6月和11月对龙泉市33家托幼机构进行了卫生保健工作的督导，多次对申请登记与备案的托育机构进行卫生保健工作指导，按照卫生评价标准对存在问题予以指导并督促整改。举办保育员保健员培训班，共251人参加线上培训并通过考核，对考核合格者发放“保育员上岗证”和（或）“保健员上岗证”的校验。持续开展儿童入园前体检，入园体检率100%。乡镇街道新增托育机构2家，新增托位330个，超额完成2022年“浙有善育”民生实事任务。

【养育照护服务】 2022年龙泉市根据省民生实事“浙有善育”项目及2022年丽水市妇幼健康工作要点工作要求，确定龙渊街道社区卫生服务中心创建“医、养、护”儿童健康管理中心。龙渊街道社区卫生服务中心业务用房面积1960平方米，现有职工35人，其中注册儿科医师3人，可开展儿童常见病诊治、预防接种、0—6岁儿童健康管理工作。落实养护照护服务流程制作上墙，养护照护活动场地布置，养育照护活动包、投影仪等设备采购，组织人员外出学习培训，已经启动养育照护小组活动10期。

【孕产妇系统管理】 2022年龙泉市妇计中心根据浙江省基本公共卫生服务规范做好孕产妇系统管理工作，专人负责流动孕产妇信息交换，定期将非辖区户籍的孕妇建册和出生信息发送至各相关县妇保及基层卫生院。及时落实异地接收的孕产妇信息，做好追踪、催诊，并做好孕产妇保健册及各类登记本的登记，2022年早孕建册率99.26%，孕产妇系统管理率96.03%，产后访视率96.60%，产前筛查率94.82%。

【高危孕产妇管理】 2022年龙泉市严格按照浙卫办〔2018〕6号文件精神落实孕产妇筛查妊娠风险评估与管理要求，加强孕妇首诊负责制落实，强化高危孕产妇专案管理，实行妇计中心专人负责，收集上报及交换高危信息工作，2022年新增橙色以上高危270例，其中橙色217例，主要高危因素为年龄≥40岁，BMI≥28，剖宫产≥2次，需要药物治疗的糖尿病，甲减，甲亢等；红色10例，疤痕妊娠1例，急性心衰肺栓塞1例，胎盘早剥4例，精神病急性期1例，剖宫产3次2例，急性早幼粒细胞白血病1例；紫色56例，梅毒6例，病毒性肝炎50例。在案管理橙色高危98例，红色1例（剖宫产≥3次1例），紫色25例（梅毒1例，病毒性肝炎24例）。

【艾滋病、梅毒、乙肝母婴阻断】 2022年龙泉市全面落实艾滋病、梅毒、乙肝预防母婴传播工作要求，乙肝表面阳性产妇个案表填写工作已落实，确定龙泉市妇计中心、人民医院、中医院、三家社区卫生服务中心为孕产妇提供艾梅乙检测和咨询服务。妇计中心专人负责感染孕产妇和儿童追踪管理，2022年艾梅乙孕期检测率为100%，梅毒产妇3人，均已规范治疗，新生儿均予预防性治疗，并定期规范随访，未发生先天梅毒病例。乙肝表面抗原阳性产妇25人，新生儿25人均予免费注射乙肝免疫球蛋白，预防率100%。乙肝表面抗原阳性孕产妇所生儿童12月龄内乙肝表面抗原检测65例，乙肝表面抗原阳性率为0，乙肝表面抗体产生率98.46%。

【两癌筛查】 2022年，龙泉市共完成宫颈癌筛查10034人，完成率102.9%；乳腺癌筛查9992人，完成率102.5%，筛查出乳腺良性疾病667人，乳腺癌8人（1期4人，2A期4人），筛查出的癌症患者均已随访。

【叶酸增补预防神经管缺陷儿工作】 2022年，龙泉市妇计中心利用婚前医学检查、孕前优生检查、早孕建册等时机发放免费叶酸，指导追踪服用情况，通过加强宣传和随访提高服用率、知晓率、依从率，应服用1190人，服用1179人。2022年，结婚登记2034人，婚前医学检查人数2043人，婚前医学检查率100.44%，免费孕前优生检查1568人次，目标人群覆盖率101.69%。切实落实免费胎儿心脏超声检查民生实事工作，2022年，胎儿心脏超声检查任务数88例，筛查阳性8例，6例已经顺利分娩，剩余2例在跟踪随访中。2022年，产前筛查875例；无创DNA筛查411例；0—12月龄耳聋基因筛查567例，筛查率93.87%，筛出阳性数35例；完成先天性心脏病筛查率91.37%，确诊3例；新生儿遗传代谢病筛查率100.45%，新生儿听力筛查率100.45%，确诊听力障碍4例。

【免费药具管理】 2022年龙泉市统一使用浙江省免费药具管理新平台，规范管理，做到账物相符，时刻注意各类药具的有效期，减少药具报损，保证各免费发放点和免费药具自助发放机的正常运行，方便群众领取免费药具。利用“三八”妇女节、母乳喂养宣传日、世界避孕日等契机普及“科学避孕”“优生优育”“国免检测”等健康知识，大力宣传基本避孕服务项目，并发放相关的宣传资料，不断提高群众的知晓率。

【健康宣教】 2022年，龙泉市妇计中心每月开办“孕妇学校/育儿学校”1期，采用线上线下结合的模式，根据乡镇（街道）、学校、社区、企业的实际情况举办特色的讲座活动，内容涉及生育新政策、健康养生、宫颈癌乳腺癌防治、更年期保健、出生缺陷预防、小儿常见传染病的识别与预防、创伤急救、青春期心理健康、学生营养知识等方面的知识，普及人数达8000余人，覆盖人群包括育龄群众、青少年、学生、孕产妇等。针对婚检对象、二胎三胎备孕妇、已孕妇、家长进行面谈、播放健康教育录像、发放新婚新育知识读本、孕期营养知识处方、胎动计数处方、产后保健知识处方等健康教材2000多份，现场咨询100余人。2022年，通过开展三优大课堂进学校等活动共举办各类健康教育课18期，妇计中心宣传栏更新健康宣教知识6期，健康素养工作如期开展，积极开展健康知识课程和宣传活动。

卫生监督

【医疗卫生与传染病】 2022年龙泉市辖区内共有244家医疗机构，其中二级医院2家，一级医院2家，疾控机构1家，基层医疗机构239家，其中个体诊所61家。市卫生监督所组织各医疗机构按照相关要求，结合各医疗机构实际情况，开展自查自纠，实现了医疗乱象专项自查全覆盖。并对辖区内各医疗机构开展医疗乱象专项监督检查，对辖区内各级医疗机构、疾控机构传染病防治工作开展监督检查。检查内容主要针对传染病疫情防控、传染病疫情报告、预防接种工作、医疗废物处置、病原微生物实验室生物安全管理、消毒隔离制度执行情况。

【公共场所卫生】 2022年龙泉市辖区内公共场所共370家，其中沐浴场所17家，游泳场所5家，住宿场所155家，美容美发场所146家，其他公共场所19家，不发证单位28家。公共场所双随机共抽取68家，共检测60家。行政处罚案件共办理39起，均已结案，其中一般程序案件31起，简易程序案件5起，不予行政处罚案件3起，共罚款3万元。在辖区5家游泳场所安装在线监控设备，并已接入“浙江省游泳场所水质卫生智能监管平台”。组织生活美容场所进行医疗美容相关内容培训，并签订责任书，并分区块对辖区内的公共场所发放告知书。

【饮用水卫生】 2022年，龙泉市卫生监督所完成4个季度的集中式供水单位的水质监督抽检，农村小型式供水单位的抽检工作。每月对确定的4个社区20个监测点各进行一次居民生活饮用水水质快速监测项目的检测合格率100%，完成涉水产品生产企业的监督检查工作。

【职业(放射)卫生】 2022年，龙泉市卫生监督所组织召开职业卫生专项培训会，共培训企业70余家，培训职业卫生管理人员或负责人70余人，发放宣传培训资料140余份。指定专人负责对辖区内用人单位、职业卫生技术服务机构填报的自查表、暴露风险分级表以及综合评估报告进行审核确认。在开展双随机检查时，根据用人单位职业卫生监督类别，实施“分层抽样”随机抽查，全年职业卫生双随机抽查企业共40家，其中丙类企业16家，乙类企业15家，甲类企业1家。

【食品安全】 2022年，龙泉市有餐饮具集中消毒单位1家，共计出动执法人员30人次，累计检查7次，监督抽样检测消毒后餐饮具6批次60份样品，合格58份，合格率96.7%。按要求拓展了检测项目，在继续开展“大肠菌群”“感官指标”项目检测同时增加了洗消剂残留和致病菌检测指标，结果全部合格。

【“双随机”工作】 2022年龙泉市卫生监督所通过“浙江省互联网+执法平台”共抽取171家机构，已经按照要求全部完成监督检查工作，并对60家公共场所(游泳场所100%)进行了监督抽检，对检查和检测有问题的机构全部进行立案处理。按照要求完成“互联网+监管”相关工作，双随机监管事项100%覆盖，任务100%完成，应用信用规则率100%，跨部门监管率66.6%，事件处置率100%。

【卫生许可】 2022年龙泉市卫计窗口共接件办结行政许可事项625件，其中公共场所卫生许可事项106件，放射诊疗许可12件，医疗机构执业登记注册6家，医疗机构变更27家，医疗机构校验130件，医护人员执业注册、变更、多机构备案309件，放射诊疗建设项目预评价审查6件，放射诊疗建设项目竣工验收4件。母婴保健专项技术服务许可9件，集中式供水卫生许可4件，中医诊所备案3件，病媒生物预防控制服务到位备案3件，医疗广告审批5件，职业健康检查机构备案1件，做到了件件有着落、事事有结果。

卫生应急

【完善卫生应急预案】 2022年，龙泉市重新修订了《龙泉市卫生健康系统防汛防台应急预案》，印发《龙泉市卫生健康系统防汛防台分级响应措施清单》，有效提高医疗卫生单位防汛防台应急处置能力，确保发生汛情时及时、有力开展抢险救灾、医疗救治、卫生防疫等工作。依托各医疗机构构建和完善卫生应急指挥平台建设，通过视联网技术，实现与应急指挥平台的对接。开展不定期的实战和模拟相结合的演练方式，不断提高全市卫生健康系统的应急救援快速响应和应急处置能力，为实战应急处置和救护打下良好的基础。

【完善应急物资储备体系】 2022年龙泉市以人民医院、中医医院、疾控中心作为该市卫生应急物资储备点，储备适量医疗救援、防疫消杀类应急物资。依托省应急物资仓储管理系统(ERMS)开展管理，每月开展库存盘点，局应急办可动态掌握包括库存数量、型号、批次等明细信息，通过信息化手段有效增强应急物资监测预警和预判研判，提高应急处置的科学性和救助效率，全面、快速、高效地整合资源有效应对突发事件。

【突发公共卫生事件风险评估】 2022年龙泉市建立风险评估工作制度，建立风险评估工作制度，组建评估专家队伍，全年共开展4次日常风险评估和1次专题评估，及时对鹦鹉热、诺如病毒聚集性的疫情形势进行准确的评估。

中 医 药

【全国基层中医药工作示范县创建】 2022年11月正式出台《龙泉市创建全国基层中医药工作示范县实施方案》，获得财政局划拨180万元，用作创建全国基层中医药工作示范县经费。积极推进创建工作，从基层村卫生室中选取中医药服务能力条件较好的15家，打造具有中医药特色的中医阁，提升中医药服务能力。优化提升乡镇卫生院（社区卫生服务中心）中医馆，龙泉市中医药适宜技术培训基地，补充中医药设备。选送30余人参加"西学中"培训班，遴选10人参加全省中医馆骨干人才培训等，及时组织召开系统内创建工作会议，开展自评、找差距、落实整改，整理工作台账等。

2022年，龙泉市中医类别执业（助理）医师135人，千人口中医师数为0.54人，乡镇卫生院、社区卫生服务中心中医类别医师数共58人，占比达到20.64%，达到健康浙江考核标准。

【中医处方"一件事"改革】 2022年，龙泉市根据《浙江省卫生委员会等关于印发全面开展"中医处方一件事"改革实施方案的通知》文件要求，结合中医药产业和服务发展需求，以数字赋能中医药事业发展为目标，实现中医药治理体系和治理能力现代化，积极推进"中医处方一件事"改革工作，现已完成市中医医院所有中草药品、中医疾病证候、中医相关治疗等的编码对照工作，按规范完成市中医医院HIS（医院管理信息系统）相关模块的系统改造工作。

人民医院医共体

【概况】 2022年，龙泉市人民医院门急诊病人625163人，出院病人24801人次，医疗总收入38061.92万元。在全院各类专业技术队伍中，高级职称114人，中级职称179人。2022年，龙泉市人民医院被国家卫生健康委办公厅首批纳入"千县工程"县医院综合能力提升工作的县医院名单，被浙江省卫生健康委员会授予爱心献血团队荣誉称号，被龙泉市人民政府授予龙泉市模范集体荣誉称号。2022年度，发展党员8人，其中高知分子2人，开展"红耀剑瓷、点亮微心愿"活动，认领群众"微心愿"70余个，开展党员志愿服务活动40余次。龙泉市公共卫生应急救治中心（龙泉市人民医院传染病防治中心）项目已完成主体建筑结构施工。完成电子病历系统应用水平分级评价全院相关系统改造升级，并通过国家四级评审。

【人才队伍和学科建设】 2022年，龙泉市人民医院选派4名医务人员赴浙大二院参加人才培养"山海·飞鹰计划"；选派8名医师、4名护士赴上级医院进修学习。加强人才招引工作，2022年共引进紧缺人才12人，公开招聘编内人员2人，定向委培生分配14人。2022年，龙泉市人民医院开展新技术、新项目35项，包括冠状动脉CTA、经肝动脉化疗栓塞术（TACE）、脾动脉栓塞术、CT引导下肝、肺肿瘤射频消融术等。通过健全三级医疗质量控制体系，制定晨会督查制度，2022年度龙泉市人民医院重点监控各类指标均呈向好趋势。龙泉市人民医院举办市级继教班11期，成功申报省医学会级科研课题1项，丽水市级科研课题4项自筹类项目，龙泉市级科研课题9项自筹类项目、1项财政补贴项目。

中医院医共体

【概况】 2022年，龙泉市中医医院总收入10314.79万元，较上年同期增加1616.13万元，增长18.58%。其中，医疗收入较上年同期增长18.37%。门诊收入较上年同期增长20.15%，住院收入较上年同期增长14.83%，出院人数较上年同期增长15.57%。现有职工236人，其中编内207人，编外22人，返聘7人。其中，卫生专业技术人员211人，占职工总人数的89.4%；高级专业技术人员19人，占专业技术人员的8%；中级专业技术人员38人，占专业技术人员的17%；现有研究生2名，占专业技术人员的0.9%；本科152名，占专业技术人员的69%；大专57名，占专业技术人员的27%；中专13名，占专业技术人员的5.8%。中医医院的迁建工程完成主体工程建设，预计2023年交付使用。

【人才队伍和学科建设】 2022年，龙泉市中医医院公开招聘5人（其中护理3人，中药2人），定向委培7人（其中护理1人，中医3人，临床3人）。外出进修12人，其中医师8人，参加住院医师规范化培训6人，其中临床专业3人，组织各类业务学习18次，线上培训平台学习66人次，外出参加各类学习班30余人次，继续医学教育培训27人。开展干部选拔工作，2022年共拟提拔任用干部36人。开展2022年医疗质量效能提升年活动，建立健全现代医院管理制度170余份；召开医学伦理、医疗技术管理委员会工作会议，评议出新技术、科研项目17项；医护人员在二级以上医学刊物发表论文2篇，参加市级及以上学术发言4人次，申报并立项县级科研课题2项，中西医结合内科成功申报丽水市县域龙头学科；顺利举办了2022年丽水市级继续教育项目《基层偏头痛中医疗法》培训班和两期龙泉市中医药适宜技术推广应用培训班；开展QCC（护理质量管理工具）项目2项并获得丽水市中医院护理持续质量改进比赛“优胜奖”。

【结对帮扶】 2022年，龙泉市中医医院持续推进与杭师大附属医院消化内科、肛肠外科、甲乳血管外科、中医妇科、中西医结合肿瘤科、妇科、耳鼻喉科、心血管外科、心超科等科室合作；浙江大学医学院附属第二医院呼吸科定期到医院坐诊、病区查房、授课，并实施支气管镜检查及治疗等新技术；浙江省中山医院针灸科万全庆团队定期到医院坐诊，实施小针刀、火龙灸等新技术；萧山区中医院山海协作工作持续推进，三个月驻点中医内科、中医骨伤科、护理部、药剂科开展帮扶工作；丽水市中医院皮肤科定期在龙泉市中医医院坐诊。

【信息化建设】 2022年，龙泉市中医医院实现住院电子病历一体化升级，新建移动护理系统、手麻系统，提升信息共享及质控管理。新建固定资产系统、物资管理系统、财务预算系统，加强智慧管理建设。医共体所有分院、服务站完成检查检验项目编码对照及系统建设对接，检查检验互认共享于2022年7月正式上线投入使用。 （陈志萍）

医疗保障

【概况】 2022年，龙泉市医疗保障局（以下简称“市医保局”）认真贯彻落实党的二十大、省市党代会和市两会精神，以“全面复兴剑瓷之都 奋力打造品质龙泉” 学习实践活动为载体，全方位开展“龙泉精神”大讨论，扎实开展“医保纾困•携手共富”年、“作风提效、服务提质”年“两年”活动，深化医疗保障制度改革，建立多层次医疗保障体系，强化医保基金监管，优化医保经办服务，提升参保群众的获得感、幸福感、安全感，为奋力打造共同富裕的现代化品质龙泉贡献医保力量。

【医保扶贫】 2022年，龙泉市医疗救助困难人员18.04人次，救助金额1721.15万元；城乡居民医疗保险费实行困难群众免征缴，在册医疗救助对象13365人，低保8802人，低边4039人，特困524人，资助641.52万元；成立“泉”力救慈善医疗救助公益基金，募集捐款33.3万元。

【基本医疗保险】 2022年，龙泉市户籍人口基本医疗保险参保人数26.02万人，基金总收入58380.29万元，总支出61164.51万元，年底累计结存48578万元。职工医保（含生育）收入24216.71万元，支出24124.37万元，年底累计结存21002.41万元，其中统筹基金累计结余1413.94万元，个人账户累计结存19588.47万元；城乡医保收入34163.58万元，支出37040.13万元，年底累计结存27577.59万元。

【全民健康补充医疗保险（浙丽保）】 2022年，全民健康补充医疗保险（浙丽保）正面清单连续6次扩面增量，通过谈判和专家评审准入28个高值药品、115个自费诊疗服务项目、29个“指南用药”，为参保群众提供待遇保障，进一步缓解因病致贫、返贫问题，发挥制度性保障的效能。2022年，龙泉市参保24.84万人；报销5.05万人次，支出金额1868.48万元。

【医保基金监管】 2022年，龙泉市定点医药机构112家，其中公立医疗机构47家，民营医院及诊所17家，定点零售药店48家。通过组织开展专项检查、“双随机、一公开”检查、交叉检查、自查自纠，实现检查全覆盖，处理违规定点医药机构累计82家，扣回违规金额235.07万元，约谈4家，行政处罚1家，予以罚款4.82万元；查处参保人员骗保案1例，追回违规金额0.08万元，予以行政处罚0.16万元。

【惠民便民】 2022年，龙泉市医保系统全面接入“智慧医保”平台，打破区域医保信息壁垒，缩小区域发展差异。2022年，网上受理2.32万件，办结2.32万件，办结率100%。全市定点医疗机构64家，开通异地就医直接结算60家，开通率93.75%。“双通道药店”1家，国谈药品配备率42.5%。医保电子凭证结算率42%。 （方雨平）

社 会 生 活

民政工作

【概况】 2022年，龙泉市民政局积极开展村改居工作，对龙渊、西街、剑池3个街道涉及22个村，总涉及人口27190人实施村改居。陆续开展龙泉现状调研、征求意见，通过了村改居工作的实施意见和方案，制定了《工作指导手册》并召开动员会。全程严把程序关，做好各方面的业务指导，确保村改居工作全过程规范、依法依规。

2022年，龙泉市民政局扎实推进基本民生保障、基层社会治理、基础社会服务等工作，民政事业整体实现跨越发展，为全市经济发展、社会稳定、民生改善做出了重要贡献。积极推进民生实事项目建设，推进基础社会服务建设。完成殡仪服务中心提升改造，推进安泽园公墓建设项目，做好各项行政审批服务，规范开展龙泉市婚姻登记服务，有序办理社会组织登记、地名证明、老年优待证及门牌证等。做好流浪乞讨人员救助工作，全年共救助流浪人员154人，为5名长期滞留龙泉的无主流浪精神病人解决落户问题和办理特困申请，帮助6名滞留龙泉的精神障碍流浪乞讨人员回家。

2022年，龙泉市民政局有序推进兰巨撤乡设街道工作。成立兰巨撤乡设街道工作专班，多次赴省政府、民政厅对接，对兰巨撤乡设街道区划调整方案进行了6次大的修改，形成三个备选方案。《龙泉市人民政府关于同意兰巨乡新设立炉田等5个社区》已批复同意。

【社会救助】 2022年，龙泉市民政局继续加强社会救助兜底保障工作，截至12月累计发放各类社会救助资金9990.03万元，帮促在册救助对象14197人，加强低保对象动态管理，做到不错保、不漏保。从2022年7月1日开始，全市最低生活保障标准由每人每月910元调整为1035元，增长13.7%，低保救助“补差率”达83.40%，在丽水各县市区排名第一。提高困难残疾人生活补贴标准，每人每月从273元提高到311元。落实低收入农户中的重病重残单列低保1515人；完成337户公租房申请对象经济核对。开展“人情保”和“关系保”专项整治，清退16人次，对12户违规领取的27.79万元社会救助资金及时追回并上缴国库。全市完成低保家庭成员2人户以上对象“善居工程”项目改造，共投入112万元。做好儿

2022年8月17日，民政局社会福利救助科工作人员会同上垟镇民政助理员到困难群众家里进行入户调查
（市民政局／供图）

童福利工作，完成收养评估24次，22次依照政策完成收养登记，完成儿童之家建设9家、评估运营26家，共下拨建设、运营经费43万元。

【养老服务】 2022年，龙泉市民政局圆满完成各级民生实事。完成19家乡镇（街道）居家养老服务中心无感服务智能终端配置；建设1个认知障碍照护专区，新增48张认知障碍照护床位；新建1家智慧养老院（阳光老年福利中心）并投入使用；建成2家康养联合体（阳光老年福利中心、住龙镇居家养老服务中心）；提升城区中心敬老院和住龙镇养老服务中心，经验收后达到国家养老机构二级标准；八都镇等11个乡镇居家养老服务中心实现助餐、助医、助洁、助浴、助购服务“五合一”提升；新增持证养老护理员78人，新增高级养老护理员69人；为偏远农村留守老人提供流动爱心理发服务1万余人次。

推进养老项目建设，做好龙泉市养生养老服务中心项目招商引资工作，一期用地26亩被纳入龙泉市“三区三线”规划，已发放青苗补偿费，完成清表工作。推动安仁镇、锦溪镇养老服务中心项目建设，2022年6月安仁镇养老服务中心已投入试运营，锦溪镇养老服务中心完成初验。

加快养老服务体系建设，推进“浙里康养”工作，城北乡山区农村养老创新案例入选2022年度丽水市“山区养老”十大创新案例。实施老年人自理能力筛查，完成全市59771位老年人自理能力初筛，为其中4463位疑似失能失智老年人进行专业评估并建立信息化档案。开展城镇居家养老服务保障专项治理，对19家居家养老服务中心、237家城乡居家养老服务照料中心开展检查和整改。推进“适老化”改造，投入87万元

2022年，龙泉市阳光老年福利中心认知障碍照护专区　（李　珊／供图）

完成145户家庭困难老年人适老化改造。

【婚姻收养登记】 2022年，龙泉市民政局办理结婚登记1565对、离婚登记380对、补发结婚登记证344件、补发离婚登记证36件。开展结婚登记颁证工作和婚姻家庭辅导工作，为新婚当事人免费颁证17次，为离婚当事人离婚前调解和辅导146次。认真执行《中华人民共和国民法典》，2022年共办理收养登记22件，解除收养关系0件。龙泉市6名弃婴寄养在丽水市万地爱心儿童福利院，在院特困对象2人（均为重度残疾）。

【社会组织管理】 2022年，龙泉市民政局依法办理登记社会组织12家，完成全市301家社会组织年检，注销“僵尸型”社会组织11家。联合市场监管局开展行业协会商会乱收费清理工作，开展社会组织公益创投，扶持10个社会组织发展项目，社会组织等级评估工作完成率达31.2%。积极培育品牌社会组织和社会组织领军人物，龙泉市民防应急救援队队长张伟仁被评为2022年浙江省社会组织领军人物。

【殡葬管理】 2022年，龙泉市民政局根据《关于印发〈龙泉市开展迎亚运“两路两侧‘青山白化’”专项整治行动实施方案〉的通知》（龙民字〔2022〕12号）文件要求，采取坟背覆土、绿化等生态化改造整治方式完成整治工作。通过融媒体“掌上龙泉”公众号发布《关于2022年清明节祭扫有关事项通告》，开展清明节祭扫及移风易俗改革宣传工作。充分利用融媒体信息服务平台、印刷2000份纸质通告张贴、宣传车循环播报、放置图文宣传展板、移动发送短信100余万条。倡导丧事简办、生态安葬、低碳祭扫、文明殡葬理念，引导群众推动移风易俗，树立厚养薄葬的良好风尚。龙泉安泽园公墓投入使用，公墓价格上墙明码标价。召集乡镇（街道）民政分管领导、民政助理员等对公墓建设、管理，骨灰跟踪管理、惠民殡葬政策以及殡葬违法行为属地管理响应联动机制等内容进行培训，对相关知识详细详尽讲述，对难点痛点及相关注意事项进行列举阐述。骨灰跟踪管理工作被列入乡镇（街道）年度考核，对骨灰跟踪管理及日常巡查中发现的问题，及时交办所属乡镇（街道）进行整改到位。统筹推进节地生态墓园

建设工作。积极深化节地生态殡葬改革，龙泉市已有公益性节地生态安葬设施12处，建有树葬、草坪葬、壁葬、小型卧碑葬等多种节地生态安葬方式。

社区工作

【城乡社区建设】 2022年，龙泉市共有154个城乡社区，其中28个城市社区，126个农村社区，城市社区专职工作者147人。19个乡镇(街道)社会工作站实现全覆盖，完成15个社区办公用房提升改造，25个社区办公用房面积已达标，3个社区居民会客厅投入使用。剑池街道南秦社区获评省五星级社区服务综合体。加强人才队伍建设，2022年社会工作师资格考试通过139人，同比增长167%；组织社区专职工作者培训2次。2022年，各社区充分发挥职能，取得明显成效：黄灌社区推行"全覆盖走访、全要素采集、全天候办理、全环节反馈、全维度评价"的网格工作"五步法"，划分最小治理单元，高效解决群众反馈问题。大洋社区党委书记金晓蕴入选浙江省民政厅第七期全省社会工作督导师，荣获2022年度丽水市"社区工作领军人才"称号；党委副书记吴南丽荣获2022年度丽水市"优秀社区志愿者"称号。东升社区完成东悦府组建"红色治理联建"，打造了"悦之府•温馨港"阵地。清风社区党委书记叶继清作为市人大代表，关注群众需求，多次建议整改西一综合楼外墙瓷砖脱落问题，最终于2022年完成整改。白云社区通过社区资源整合和空间集约利用，打造上城邻里微中心；引进蒋达琼来料加工，实现共富工坊落地小区；重点打造"一米菜园"服务品牌；设立"就业服务站"；社区党委书记林莹荣获丽水市"优秀社区志愿者"称号。南大洋社区重点围绕"村改居"工作，事先做好村改居"五不变"政策宣传工作，事后摸排南秦联建房人口信息，完善村居体制衔接，协助村民快速融入社区环境。南秦社区被评为浙江省五星级社区服务综合体、浙江省老年电视大学示范教学点。水南社区党委书记林梅荣获丽水市"担当作为好支书"称号。大沙社区致力于提升改造居家养老服务照料中心就餐、淋浴设施，真正做到让辖区老人感到安心、便捷的社区养老服务；同时围绕妇女儿童工作，联合文旅委建设城市书房，并对妇女儿童驿站再次进行提升改造。

【城乡社区党建】 2022年，龙泉市各社区持续打造社会党建服务品牌、组建志愿服务团队，引导社区居民参与社区自治。黄灌社区拓展"一社一品"特色建设，强化"红色治理联建"，深化暖心工程。大洋社区通过"弹好党建'五线谱'奏响服务主旋律"党建品牌——学习服务一把抓，画好"党建引领线"；党员先锋冲在前，筑牢"平安建设线"；文体活动添趣味，穿好"文化生活线"；为民服务暖人心，划定"民生服务线"；志愿服务伴你行，谱好"和谐文明线"党建五线谱不断推进现代社区建设。东升社区创建"东升仁"党建品牌，打造"红小二"志愿服务队，以"舒心、省心、暖心、安心、放心"五个方面为抓手，推行"红色治理联建"机制和"党群连心•网格走亲"两大服务载体，助力现代社区建设，提升基层治理水平。贤良社区努力推进共建共治共享的现代化社区建设，在巨龙中心花园建立红色治理联建，建立邻里议事厅。清风社区党委依托消防志愿队打造"安全清风"品牌，为社区居民打造和谐平安的居住环境。白云社区持续优化"匠心•云意"党建品牌，紧紧围绕辖区内上城花园小区"下山安置集聚"小区的实际，形成了"三聚融合"的经验做法。南大洋社区持续深化"有我在"党建品牌建设，建设改造新型红色会议大厅，强化党员志愿服务队伍建设。南秦社区以社区党群服务中心改造提升项目为抓手，建立一中心四方位的"秦光大院"，采用"秦光方位工作法"，打造5个小院，切实发挥"秦光大院"党建品牌作用。水南社区创新"1+3"共建模式，强化构建共建服务路径，不断提质提优，持续打造有烟火味、人情味、文化味、幸福味的现代社区。大沙社区精心打造"三四五工作法"党建品牌，依托红色治理联盟，创新社区治理与服务方式，实现社区服务零距离。金岗社区继续着力党建引领，持续深化"暖心N次方"党建品牌建设，讲好暖心话、当好暖心人、办好暖心事。

【城乡社区活动】 2022年，龙泉市黄灌社区搭建"一老一小"特色服务平台，与龙泉市人民医院医共体龙渊分院合作，协助医养护三位一体工程，以"医疗+养育+预防护理"为主旨，定期开展服务活动。大洋社区紧紧围绕"微笑邻里 情暖大洋"的奋斗目标，依托"夕阳红"服务队、"爱宠"志愿团、"解铃人"调解队三支队伍，不断提升社区居民的幸福感和归属感。东升社区组织开展"永远跟党走，献礼二十大"活动，党员们进行了"对党说句心里话 立足岗位当先锋"承诺践诺行动，志愿者们入户陪同年老体弱党员观看中共二十大开幕会，切实加强党员理论武装，不忘初心，坚定理想信念，始终保持对党的绝对忠诚。贤良社区以"关爱一老一小"为立足点，开展"粽叶飘香情系邻里 浓情端午温暖人心"端午节包粽子活动，举办"微笑邻里 欢乐无穷"趣味运动

2022 年 5 月 29 日，大洋社区在龙翔华府小区组织举办“微笑邻里 情暖大洋”系列活动——“邻里一家亲 祥和庆端午”包粽子比赛，营造健康文明的佳节新风尚

（刘丹红 / 供图）

会、“赏味重阳节 共话敬老情”茶话会活动。清风社区举办题为《让孩子不再沉迷电子产品》的讲座，通过何火兰讲师的精彩讲解，家长们了解了孩子沉迷于电子产品的原因，也得到了许多专业的建议；联合龙泉市追梦文艺团举办主题为“共建平安龙泉，共享平安成果”的宣传活动，通过丰富多彩的演出、现场知识问答、编创方言顺口溜等形式，提高居民朋友对平安龙泉建设的了解。白云社区开展“上城聚”系列活动，包括邻里茶话会、十五届社区邻居节、银龄生日会等活动共 8 次；持续举办老年合唱团、暑期公益班等活动；为留守老人提供上门理发、量血压等服务。南大洋社区围绕“一老一小”主题，开展免费理发、上门体检、微心愿认领、“共享药箱”等各类暖心活动共计 169 次。南秦社区牵头成立“秦光公益志愿协会”，通过秦光志愿者队伍开展“月满中秋，爱伴成长”“黄花染双鬓，重阳守深情”“每月 15 日义剪”等志愿服务活动 67 场，共服务 3000 余人次。水南社区举办“细致五微”民族团结主题活动，共绘民族团结进步新图景。大沙社区为解决社区“一老一少”服务需求，连续近 10 年免费开展暑期夏令营活动，服务周边村社青少年 2000 余人，同时以外来务工人员及留守儿童为主要服务对象，开展“清廉剪窗花”“硬笔书法公益培训”“防拐防骗”等特色活动，不定期开展防诈骗、消防安全检查、五水共治、垃圾分类等志愿服务活动。

慈善工作

【概况】 2022 年，龙泉市慈善总会接受省内外国企及社会爱心人士定向捐款 920 万元，专项用于乡村振兴及扶贫项目。

接收省、市慈善总会专项救助金 242.6 万元，其中丽水市慈善总会提供救助金 110.1 万元。用于助学、助困及救灾项目。

制作宣传展板三批次，不定期修改展出内容；制作宣传活页 1000 余份，分发各乡镇及部门。在电视台、今日龙泉等融媒体上多次宣传慈善方面有关内容，微信公众号上开设专门窗口，及时报道及公示慈善专题内容。通过一系列宣传，增强人们对慈善的关注度，激发更多人投身到慈善事业中。

持续举办“不忘初心 匠新同行”百名工艺美术师龙泉青瓷宝剑作品爱心拍卖会。继杭州、东莞、厦门、广元、丽水成功举办后，2022 年与龙泉市残联联手在萧山也成功举办了“山海携手·同心聚爱”青瓷宝剑义卖会。现场拍卖捐赠的青瓷宝剑作品 119 件，获得善款 129.87 万元。该款项全部用于残疾人事业。

全年共支出各项救助款 1135.2 万元。其中，救助困难学生 66 人，发放救助金 9.1 万元；救助患病困难群众 107 人，发放救助金 62.95 万元；救助临时困难群众 15 人，发放救助金 1.8 万元；救助专项项目 27 项（含定向捐款项目），发放救助金 916.18 万元。

【基层网点建设】 2022 年，龙泉市慈善总会进一步加强基层网点建设，已建立城北乡微孝夕阳分会、八都镇慈善分会。城北乡分会有资金 31.91 万元，八都分会有资金 75.92 万元。各乡镇均已建立慈善工作站。为提振乡镇慈善理念，扩大慈善影响力，每年 40 余万元的春节慰问金都按人口基数划拨到乡镇，由乡镇发放到慰问对象手中。 （陈志超）

移民工作

【概况】 龙泉市是浙江省重点移民（县）市，水库移民人数在丽水市各县（市、区）中位居第二，从 60 年代承担新安江移民安置工作开始，已有紧水滩、滩坑等 6 个大中型水库移民，其中龙泉市内的有紧水滩、瑞垟一级、大白岸和岩樟溪水库电站，市外的有新安江、滩坑水库电站。现有大中型水库移民 8156 户 27413 人，约占全市总人口的 10%，另有小型水库 30 座。全市“撤村并村”后现有 129 个移民村（并村前 167 个）分布于 18 个移民乡镇（街道）。

【举办三级水库移民培训班】 2022 年 3 月 3 日，龙泉市举办市、乡、村三级水库移民政策培训班，龙泉市分管副市长余华明出席会议并讲话。市移民工作中心全体干部，财政局、发改局农业农村局等相关单位专家，全市各乡镇（街道）移民工作分管领导、资金管理和移民干部、各移民村村党支部书记、主任参会。会议特别邀请省市专家集中上课，结合移民村的特点，对乡村振兴的新战略、新思路、新方向做了深入浅出的讲解，为移民村在乡村振兴中发展指明了方向。培训内容既有政策解读、案例分析又有现场业务操作交流，夯实移民干部的理论基础，提升业务水平，提高项目管理绩效意识和廉政风险意识，为开创新时期移民工作新局面提供强有力保障。

【创新出台县域共同富裕示范项目竞争比选机制】 2022 年，龙泉市移民工作中心创新出台县域共同富裕示范项目竞争比选机制，率先在全省开创县域水库移民共同富裕示范性竞争项目资金分配方式，打破以移民人数为主的项目分配方式，促进项目优中选优，好中选好，进一步提升资金绩效。4 月 7 日，召开 2022 年度水库移民共同富裕示范性竞争项目评审会，市移民工作中心邀请丽水市移民服务中心、龙泉市财政局、龙泉市发改局等单位的 7 位专家参与专业评审，最终从上报的 9 个乡镇（街道）项目中评审优选 5 个示范性项目，补助资金共 898.07 万元。

2022 年 3 月 3 日，龙泉市水库移民工作大会暨水库移民政策培训会召开

（吴承泽 / 供图）

【信访积案化解工作】 2022 年，龙泉市移民工作中心紧紧围绕“二十大”胜利召开为重点，结合“入千村、访万户、话家常、办实事”活动，倾听群众呼声，掌握移民诉求，解决移民困难。2022 年，接待移民信访件 5 件次，结报率 100%。同时中心深入开展水库移民信访积案化解工作，成功化解 2 起信访件。

【后期项目扶持】 2022 年，龙泉市移民工作中心以绩效为导向，全年共投入后扶资金 3420.07 万元扶持项目 120 个，其中，生产扶持类项目 29 个，扶持资金 1131 万元，占比 33.7%，壮大村集体经济类 9 个，扶持资金964.07 万元，占比 28.18%。重点解决移民群众急难愁盼问题，其中面对 2022 年 6 月 20 日特大暴雨灾害，中心第一时间统筹安排资金 428 万元，为灾毁较严重的移民村立项 66 个，助力移民村恢复生产生活，得到乡村、移民群众的一致好评。

【移民民生保障】 2022 年龙泉市移民工作中心组织开展对全市水库移民直补人口进行复核，复核后直补人口为 20768 人，并安全有序发放直补资金 1246.305 万元。同时市移民工作中心严格落实《龙泉市大中型水库移民精准扶持项目管理办法（试行）》，针对因病、因灾等致贫的困难移民，给予兜底困难补助，共实施困难移民救助 23 人，补助 10.35 万元。2022 年市移民工作中心组织开展移民短视频直播带货、民宿（农家乐）收纳整理、保健按摩、安全员等培训，共安排专项资金 13.9240 万元，培训库区移民 569 人，有效提高移民的就业本领和致富能力。（徐雯婷　叶慧君）

革命老区

【概况】 龙泉市革命老区开发建设促进会（简称市老促会）是中共龙泉市委、市人民政府领导下以退休党政老干部、老党员、老军人、老专家为主体组织的专门为革命老区建设发展服务的特殊团体。老促会践行的是党的宗旨，代表的是党委和政府的形象，承载的是老一辈革命家的嘱托，联结的是党联系老区人民的纽带，搭建的是社会各界关心支持老区的桥梁，协助配合市委，市政府调查研究，当好参谋，拾遗补阙、服务老区、推动老区发展、促进老区建设，振兴老区乡村，实现共同富裕。

2022年，市老促会积极争取省老促会领导的关注和支持，由中国狮子联会浙江代表处舜江（余姚）服务队无偿捐助中共处属特委干部训练班重建资金30万元。争取到浙江省2022年革命老区乡村振兴扶助资金3000万元，扶持重点老区宝溪、住龙、促进乡村振兴，实现共同富裕。

【宣传革命老区】 2022年，市老促会积极主动讲好党的故事，革命的故事、浙西南革命根据地的故事、革命烈士的故事、为市直各单位和老区乡镇党员干部、群众、学校师生讲党课20多次，受教育上千人。制作10个微视频美文图照报省老促会网群。利用今日龙泉、龙泉电视台、掌上龙泉等新闻融媒体做好宣传老区工作。市老促会《以求真务实的作风助推联系村发展》一文在省老促会五届四次全会上发言交流，受到与会领导的一致好评。为水塔革命纪念亭、中共处属特委干部训练班展示馆等布展撰写文章28份、楹联20副，宣传了老区的红色革命精神。住龙红色小镇被省老促会、团省委授予浙江省青少年红色基因传承基地称号。

2022年，深入住龙、宝溪、八都、城北、岩樟、锦溪、安仁、道太、西街等9个老区乡镇（街道）、20多个老区村调研，指导工作，听取老区人民的心声，密切了同人民群众的联系。

【革命遗址修复】 2022年，龙泉市水塔中共处属特委干部训练班展示馆重建并布展，建胜红星村烈士陵园、西井六英烈广场、城北乡新宏村红色记忆馆、道太乡仙源村红色宣教广场、锦溪镇上锦村红色纪念馆、八都镇龙竹枫树湾县委旧址纪念碑、宝溪乡溪源田村红色文化展示厅等10处革命遗址修复完成。（卢书田）

乡镇　街道

龙渊街道

【概况】　龙渊街道总面积 84.9 平方千米，山林面积 7394.6 公顷，耕地面积 785.2 公顷，下辖 9 个社区、8 个行政村，户籍人口 3.1 万人，常住人口 5.5 万人，是一个城市社区和农村山区相结合的综合型街道。2022 年，该街道实现规模以上工业产值4.6 亿元，规模以上工业人均薪酬增长 5.3%。通过飞地政策、小微园建设、村村协作等方式，推进集体经济薄弱村拓宽增收渠道，经营性收入 50 万元以上的村有 5 个，占比 33.3%；经营性收入达 20 万元以上的村有 7 个，占比 46.7%。成功打造龙渊街道本级、金乐社区、大洋社区等 5 个省级枫桥式退役军人服务站。

【社区规模调整和村改居】　2022 年，龙渊街道优化社区调整，在原 5 个社区的基础上，对社区设置、人员配备进行重新调整，新增后甸、东景、古井、黄灌 4 个社区，调整后街道下辖 9 个社区，其中城东社区入选全省第六批普惠性未来社区创建名单。2022 年 11 月，在社区规模调整的基础上开展村改居工作，将原一村、二村、三村、四村、五村、菜村、临江村等 7 个城中村撤销并入相应社区，7 个城中村均以村民高同意率完成村改居工作，实现社区服务范围100%覆盖。

【生态工业】　2022 年，龙渊街道规上工业产值达 4.6 亿元，规模以上工业人均薪酬增长 5.3%；外贸出口总额 1.55 亿元，同比增长 16.02%；规模以下企业营业收入 1528 万元，同比增长 43.56%；投入科研经费 3402 万元，同比增长 6%。承担了 25 个市重点项目的政策处理和建设工作，G322、村沈线、衢宁铁路历史遗留问题顺利解决和收尾。浙江龙鑫化工有限公司未来智慧工厂、龙泉市休闲养老中心等 2 个乡镇长（主任）工程加速推进，项目建设进度位列龙泉市第三；新引进龙泉星程酒店和张村“渔光互补”2 个项目，合同投资额 2100 万元；续建项目 2 个，投资额达 1.06 亿元，累计到资 9271 万元；全年实际利用内资 2552 万元，指标完成率 170.1%。

【乡村振兴】　2022 年，龙渊街道大力发展生态农业，中草药材等经济作物面积 6950 亩，生猪出栏 1.24 万头，家禽出栏 2.91 万只。落地衔接竹坑木岱自然村至大堂畈新建机耕路等乡村振兴项目 2 个，改造梧桐口村垃圾中转站，新建竹坑村、梧桐口村公厕。沙潭村成为“山海协作”乡村振兴示范点，石马村入选省级美丽宜居示范村。深入实施“大搬快聚、富民安居”工程，完成 11 个自然村 493 人的整村搬迁现场踏勘、登记，完成整村搬迁、零星搬迁、购房安置 61 户、213 人。

【民生保障】　2022 年，龙渊街道开展自建房安全隐患排查、鉴定 4623 户，落实整改措施 60 余户；完成城镇餐饮可燃气体安全排查 292 家，督促整改 52 家；检查各类场所消防安全 1650 余处，排查安全隐患点 120 处。完成农村污水标准化运维终端 18 个，基本实现农村污水处理设施覆盖率和接户率双达标；大洋小区、东景小区列入该年度老旧小区改造项目，提升改造外立面、绿化 58786 平方米，改造“污水零直排”管道 20487.7 米。

【社会治理】　2022 年，龙渊街道加强基层治理，将原 33 个网格调整为 76 个网格、478 个微网格。强化基层治理“四平台”运用，通过“四平台”、平安浙江等报送事件 1.51 万件，其中上报市级 17 件、上报街道处置 54 件，均已落实办结。推进矛盾纠纷化解，“民呼我为”统一平台受理 303 件，市信访局转办初访信访件 16 件，均已全部办结；成功化解积案 3 件。开展各类监督执纪检查39次，处置问题线索12条，办理信访件6件，立案查处10件，党纪政务处分8人。

【"6·20"特大洪灾】　2022年6月20日，龙泉遭遇百年一遇的强降雨天气，引发的特大洪灾给龙渊街道造成直接经济损失2.06亿元，200余处道路塌方塌陷，尤其是安泽园项目弃土堆积形成的堰塞湖突然决堤，导致S227被冲毁，形成巨大的泥石流直冲下游村庄、农田，竹坑、砿步、村头、石马4个村受灾严重，117户农户受灾，169.36亩农田受损。灾情发生后，龙渊街道全体干部众志成城战洪灾，1000余名党员干部、群众和志愿者奔波在防汛一线，对风险点位人员及时转移、对被困人员及时营救、对塌方造成道路阻断的重点点位及时清障。洪水退去后，又立即进行环境清理、恢复供水供电通信网络、核实受灾情况、安置受灾群众等善后工作，并积极对接相关部门争取资金做好灾民援助救助安置和河道堤防、康庄路等基础设施修复工作。截至6月22日，主干道路、康庄路基本抢通，供水供电通信基本恢复，居民生产生活基本恢复正常。　（吴燕萍）

2022年6月20日，龙渊街道出动皮划艇救援被困群众　（龙渊街道／供图）

西街街道

【概况】　西街街道总面积662平方公里，下辖4个行政村、4个社区居委会，户籍人口9460户、23233人。2022年，西街街道社区基层治理取得一定成效，清风社区入选全国综合减灾示范社区，西新社区成功创建省级无障碍社区和健康社区，白云社区在上城花园建成龙泉市首个小区里的"邻里微中心"。全力打造风清气正的政治生态，街道入选丽水市乡镇（街道）政治生态优胜榜，获评丽水市司法公正感受度提升工作先进集体；西街人大代表联络站入选全省首批践行全过程人民民主基层单元和数字化改革提升创建名单，获评丽水市基层单元建设先进单位。加快推进"人产城"融合，"宋韵西街"拆改项目获评浙江省"十佳拆改"示范典型，西街街区入选第五批省未来社区创建名单（旧改类），"烟雨瓯江·古城新韵"传统风貌样板区入选省"新时代富春山居图样板区"名单。

【重点项目】　2022年，西街街道齐心破难，集中攻坚，用时一个月完成林业车队和西寺门两大区块58户签约任务，创造了政策处理新的"西街速度"；平稳高效处置宫头100号占用问题，实现应腾尽腾20户25间，启动原龙建公司和公园路入口区块房屋征收工作。岩后省级历史文化（传统）村落提升项目顺利通过省级验收，青瓷国礼艺术文创项目完成主体工程建设，河村老糖厂地块提升改造项目顺利结顶，宫头溪沿路景观打造顺利完工。持续推进"三改一拆"工作，完成点位拆除53个，拆除违法建筑面积2.31万平方米。

【生态农业】　2022年，西街街道推动农业稳产增产，高效完成390余亩农田"非粮化"整治及耕种工作，全面完成2个高标准农田建设项目。持续做好"大搬快聚、富民安居"工程，累计完成"大搬快聚"53户174人，购房补助9户33人。谋划打造"白云山居图"文旅项目，依托周村铁皮石斛文化园区、绍翁故里、白云岩景区等优质资源，将下樟、岩后、周村等村庄有机串联，推进农文旅深度融合。持续推进"消薄"工作，2022年，实现村集体经济总收入1271万元，其中经营性收入1112万元，增速位居龙泉市前列；街道强村公司实现营收利润158.48万元，位列2022年前三季度丽水市乡镇（街道）第19名。

【社会治理】　2022年，西街街道纵深推进"大综合一体化"改革，全时下沉人员17人，全年办理各类执法领域一般程序案件14件。严格落实"周五接访日”、领导班子包案等机制，成功化解信访积案3件，完成市领导挂牌信访积案2件，来电、来信、来访、网上信访等各类信访件168件。高效处置“6•20”特大洪灾宫头山体滑坡、周村仓廊泥石流等突发性自然灾情，确保人民群众生命财产安全。

【文旅产业】 2022年，西街街道大力发展月光经济，积极探索“文化+商业+创意”模式，西街三江口街区“嫂子很忙”“313羊庄”“半醒”民宿等商铺成为热门打卡点。联动各部门、乡镇在西街举办20余场月光集市活动，引流40余万人次，带旺街区人气财气商气。美丽乡村建设同步推进，创建美丽乡村3个，西独线获推申报全国“十大最美农村路”，联新村启动创建省级美丽宜居示范村。大力发展乡村旅游和农家乐(民宿)，截至2022年，有“农家乐”24家、民宿14家，年接待游客15.2万余人次，营业总收入超1000万元。

【民生保障】 2022年，西街街道做好149户、208人低收入农户的扶贫“兜底”工作，其中，实施“菜单式扶贫”项目20户，补助资金3.86万元，全部完成验收；完成临时救助18户26人，发放救助金6.9万元。

【省十佳拆改示范典型】 2022年10月8日，省“三改一拆”(违建别墅清查整治)行动领导小组办公室通报了2021年度十佳拆改示范典型名单，“宋韵西街”拆改项目名列其中，系丽水市唯一。该项目总投资3.9亿元，改造面积约12.3万平方米，其中，旧住宅区改造面积1.3万平方米，旧厂区改造面积4.5万平方米，城中村改造面积6.5万平方米，违法建筑处置面积2.2万平方米。通过建筑局部改造、违建拆除、功能置换、保留修缮、活化利用等方式，引入文化休闲业、餐饮娱乐业、零售业等多业态提升城市品质，同时围绕留槎洲旧厂区改造提升，精心打造剑泉广场、留槎书院、古戏楼台等10余个标志性景观节点，重塑“活着”的城市记忆。 (陈　鸿)

剑池街道

【概况】 剑池街道区域面积37.5平方千米，耕地面积383公顷，山林面积1829公顷，辖4个社区、11个行政村51个自然村103个村民小组，其中水南村、南秦村、周际村、张仁村、吴岭村、宏山村、曾家村、芳野村8个行政村为城中村，户籍人口23216人，其中农业人口14816人。2022年，街道完成固定资产投资在库项目2个，其中新增入库1个，投资额1876万元，新增规模以上其他服务业1家，谋划“一库两清单”项目47个，乡镇长工程(产业类)2个，村主任工程10个，17家规模以下工业样本企业营业收入根据上报数据加权计算后同比增长4.2%。村级集体经济总收入1526万元，其中经营性收入1291万元，水南、南秦、曾家、宏山4个村超100万元，张仁、周际、石武3个村超50万元。

【政策处理】 2022年，剑池街道完成水南村书堂畈区块土地征收、瓯江两岸城区美丽林相改造、文化客厅四幢房屋征收腾空、丽西—宏山220千伏线路工程等重点项目政策处理工作，积极谋划武潭区块土地房屋征收前期摸底调查工作，水南未来社区扫尾工作全速推进。农村宅基地“一户多宅”专项整治100%完成，完成市机制砂交办点位整改验收8个，完成省治违除患促安全督查交办点位整改，18户企业按时拆除，拆除违建面积13564.44平方米。

3月20日，龙泉市城市更新•未来社区——水南区块项目剑池街道水南村书堂畈区块完成签约112户，超过法定的生效比例，该区块征收补偿协议正式生效。8月14日，剑池街道曾家村井窟区块拆迁户“以房换地”完成签约；9月8日，汽车空调产业创新服务综合体东侧商住地块(花海云居)“以房换地”完成签约；12月13日，剑池街道顺利完成禹王庙土地清表工作，至此，三个征地历史遗留问题均得以妥善解决。

【“6•20”洪灾】 2022年6月20日，龙泉市遭受百年一遇特大暴雨，洪水引发剑池街道南大洋41号中建二局工地宿舍生活区后侧山体塌方压毁5栋宿舍，所幸街道、社区干部提前完成113名员工转移工作，未造成人员伤亡。6月24日，剑池街道4个社区联合各共建单位，积极开展“6•20”灾后环境卫生清洁志愿服务活动，志愿者对各网格的住宅小区、受灾严重户、里弄小巷、卫生死角进行清理，对各主次干道进行垃圾和淤泥清理，还居民群众一个安全、干净、卫生的居住环境。

【村改居工作】 2022年，剑池街道全面推进社区现代化建设，完成社区规模调整，9月8日，由4个社区调整为14个社区，新增秦溪、青瓷苑、棋盘山、七星井、松溪弄、周际、芳野、宏山、江南、望江等10个社区，水南、南秦、周际、芳野、曾家、张仁、吴岭、宏山等8个村均以90%以上的高同意率完成撤村建居，变更股份经济合作社，高标准完成村改居工作。确定10个社区办公用房选址，其中，2个社区租用国资用房,3个社区租用村委会办公楼,5个社区租赁社会用房。在统筹考虑岗位胜任度、群众认可度和本人意愿的基础上,选优配强新社区成员,社区干部队伍人数达65人。

【民生保障】 2022年,剑池街道持续做好街道“一老一小”工作,完成4543名老年人自理能力初筛及专业评估工作,为自理能力转专业评估的314名老年人完成上门评估工作并纳入“浙里康养”系统。为422名老人代办老年人优待证,智慧养老院智能化设备安装投入使用,持续做好困境儿童救助工作。精准开展扶贫工作,通过“雨露计划”帮扶7名大专、中职、高职学子完成学业,通过“菜单式”扶贫帮助12户低收入农户实现增收。组建“五彩义工”“秦光公益”等志愿服务队,全年开展志愿服务活动180余场次,大沙社区连续10年举办暑期“春泥计划”活动。

【美丽城市】 2022年,剑池街道持续做好“五水共治”“六边三化三美”等中心工作,2022年,完成巡河470次,每月巡河率100%,发现上报问题32个并全部整改,累计拆除违法建筑面积31666.88平方米、完成率105.56%,整治涉“低散乱污”企业532家,回收处置农药废弃物包装物1.3吨,综合利用农作物秸秆0.25万吨。做好剑谷小区、吕家屋等“污水零直排区”建设政策处理工作,积极实施生活垃圾分类处置和无害化处理工作,推动全街道经济发展与生态建设互促共进。

【平安建设】 2022年,剑池街道扎实推进“除险保安”工作,宏山村、南秦社区2个避灾安置点完成规范化建设,对253家企业开展风险普查、85家工矿企业开展安全检查,实现辖区企业、在建工程、交通、文化旅游、教育卫生等行业全覆盖。高效推进“大综合一体化”行政执法改革工作,20天完成剑池综合行政执法队办公场所建设,41名编制“双锁定”人员下沉,率先开办“执法夜校”。组织开展平安志愿者大巡防、平安暗访等工作,完成15个村(社区)“无邪教村社”申报创建工作,累计上报网格事件17789条。集中开展反诈宣传活动,发放宣传手册5000余册,发送手机反诈短信200余万条。落实“周五接访日”活动,成功化解4件信访积案;排查各类矛盾纠纷540件,调处成功率100%;成功办理转办信访件383件,“12345”来电信访220件。

(曹 雨)

础石街道

【概况】 础石街道辖区面积109平方千米,山林总面积14.18万亩,耕地面积10413亩,下辖11个行政村、1个社区、68个自然村,总户数2979户,人口8989人。2022年,础石街道获评丽水市法治示范乡镇(街道),炉地垟村成功创建2022年度浙江省美丽乡村特色精品村,李山头、季边、炉地垟等3村获评龙泉市级花园乡村。黄土村入选“浙丽乡村好医”试点村。

【生态工业】 2022年,础石街道规模以上工业产值达4800万元,规模以上工业增加值达43.7%,增幅位列龙泉市第一。投入2300万元开展金岗工业园区污水总氮处理工程并于4月建成运营,废水实现达标排放,7月统一纳管至溪北污水处理厂,9月通过省级环保验收销号,实现工业污水零排放。启动岭后区块和项坊区块近1400亩工业空间拓展政策处理前期工作。

【生态农业】 重点发展茶产业、果蔬产业,新培育近郊果蔬采摘园1家,完成茶叶技术升级1家,炉地垟地阳红茶叶获第十二届“中茶杯”特别金奖。引入5名乡村振兴人才指导茶叶、果蔬种植,实现亩净利润增加值1万元。新增省级五星级农家乐1家、丽水市级四星级农家乐1家,获评省级示范性家庭农场1家。持续推进村集体“消薄”工作,村集体经济总收入达483.5万元,其中经营性收入达208.32万元,实现年总收入超20万元、经营性收入超10万元的村全覆盖,其中经营性收入超50万元的行政村1个。持续推进“大搬快聚、富民安居”工程,完成农户搬迁28户104人,购房搬迁21户81人。推进全域耕地“两非”整治工作,累计完成50个图斑1115.086亩耕地整治任务,第一批通过市级验收。

【基层治理】 2022年,础石街道积极开展信访积案大化解工作,严格落实“周五接访日”、领导班子包案等机制,共接待受理群众来访56批146人次,100%化解市委市政府交办的信访积案,成功化解长达20余年的丽龙高速政策处理历史遗留问题。纵深推进“大综合一体化”行政执法改革,优化调整赋权执法事项,全年办理执法领域一般程序案件9件。加快构建现代化社区,健全三级网格,精准划分22个村社网格,实现网格党组织覆盖率、楼栋长建立率和“1+3+N”网格力量配备率3个100%。面对“6·20”百年一遇强降水自然灾害,街道上下团结一心、奋力抗灾,在最短时间内恢复正常生产生活秩序,实现人员零伤亡。

【党风廉政建设】 2022年，础石街道圆满完成十四届市委第十一轮巡察“回头看”整改工作，逐一对照四大方面14类共30个问题进行整改。累计批评教育1人，提醒谈话10人，集体约谈1次，收回违规资金15.6774万元，挽回其他经济损失5.83万元。

【民生保障】 2022年，础石街道高效推进“浙丽保”参保工作，参保人数6712人，参保率95%。扎实谋划推进民政工作，新增低保34户44人，低边25户46人，临时救助47人，共发放救助金15万元。系统性组建基层便民服务“代办员”队伍，发展“代办员”70余人，累计帮助办理各类民生小事600余件。

【文化教育】 2022年，础石街道组织举办乡村漫游、留守儿童集体生日会、“金岗小夜话”、书法学习、夜话沙龙、光瓶行动等120多项主题活动，满足群众多元化的文化需求。扎实开展“十五分钟品质文化生活圈”民生实事项目提升建设，以上坞村、垟畈村为圆心，建成2个文化生活圈；新建3个村级文化礼堂，3个农家书屋，4个新时代文明实践点，2个文化广场，提升3处百姓健身房。 （叶淑婷）

八都镇

【概况】 八都镇是全国重点镇、省级中心镇，镇域面积142.8平方千米，辖22个行政村，户籍人口24793人，常住人口1.69万人。2022年，八都镇获评省级疫情防控执行力指数评价优秀乡镇，入选省农业“双强”行动首批创建名单，创成省四星级“残疾人之家”、省五星级乡镇（街道）食安办，八都镇司法所获评浙江省“枫桥式”司法所；章府会村、松渠村、安田村、青山村、龙竹村入选全省首批共富村试点，署网村入选2022年度省级民族乡村共同富裕点，章府会村创成浙江省AAA级景区村，安田村创成浙江省AA级景区村；八都民族中学入选第五批省级民族团结进步创建重点培育单位名单，八都镇中心幼儿园创成省一级幼儿园。

【基层党建】 2022年，八都镇高效完成基层管理体制改革试点工作，加强基层党组织建设，完善村级组织阵地，石川、双溪口、东音村委会大楼投入使用；引导村干部多谋产业、促增收，高大门村党支部书记徐昌根获评丽水市“担当作为好支书”，安田村党支部书记刘春平获评丽水市疫情防控大考大赛先进个人。

【生态工业】 2022年，八都镇规上工业产值达5.31亿元，规模以下样本工业企业营业收入达4102万元，累计投入科技研发费用1591万元，同比增长11.1%。成功化解溪坪区块二期143亩土地政策处理工作，近十年的历史遗留顺利销号。完成工业园区“污水零直排区”、溪坪竹产业小微园、溪坪区块区间道路等项目，为企业解决办证、供地等发展难题，持续优化营商环境。完成7个建设用地复垦项目，新增耕地面积34.3545亩。谋划实施集创业培训、电商孵化等功能于一体的农村共富电商园，启动地热资源勘查项目，取水钻井深度1100余米。举办“畲乡署网行·同心奔共富”乡村文化漫游节、“奔跑八都·共富兰巨”月光集市等活动，持续提升旅游吸引力。

【双招双引】 2022年，八都镇与浙江千束家居用品有限公司成功签约投资1亿元的节能侧压板自动化生产项目，与金采未来（浙江）城乡融合发展有限公司（浙江省金融控股有限公司下属子公司）签订总投资2亿元的食用菌共富双创园项目投资协议，引进浙农集团股份有限公司共建农事服务中心项目，总投资2100万元。

【生态农业】 全面推进食用菌全产业链一体化改革，建成龙竹村、青山村食用菌标准化栽培基地，食用菌年种植量达6755万棒，实现产值3.04亿元。发展壮大村集体经济，2022年，强村公司收入274万元，进入丽水市强村公司20强，系龙泉唯一；实现村集体经营性总收入467.5万元，22个行政村经营性收入均达10万元以上，其中石川村经营性收入达50万元以上。推进“大搬快聚、富民安居”工程，完成搬迁农户277户998人，其中整村搬迁6个自然村132户483人。加大“非粮化”整治力度，完成11个行政村57个图斑区块1421.35亩土地的整治验收工作。

【美丽城镇】 2022年，八都镇完善镇域交通网络，完成章府会村环境整治及道路改造提升、振兴路与长安西路交叉口“断头路”连接、枫锦—樟溪通村道路提升等项目。巩固“无违建乡镇”和美丽城镇建设成果，全年完成拆违2.89万平方米，拆后土地利用率达98.3%；完成集镇“污水零直排区”一期二期创建项目，推进“五水共智”治水数字化改革，通过“五水共治”监测探头实现镇区重点地段全覆盖实时在线监控。深入挖掘村庄特色，松际村获评丽水市首批“石榴红”民族非物质文化遗产传承基地，安田村获评丽水市清廉村居引领村。新建四村、石川、枫锦、松际4个农村文化礼堂，实现村级全覆盖。2022年，松渠村文化礼堂获评丽水四星级文化礼堂。

【民生保障】 2022年，八都镇加快推进民族中学扩建、八都卫生院迁建等项目前期，启动"一老一小"综合体项目，增强公共服务能力。动态落实低保、低边政策，在册低保人员383户537人，其中新增28户36人，核销127户171人；在册低边人员104户173人，其中新增39户61人，核销54户92人。开展"6·20"受灾后临时救助工作，对住房受灾户发放救助资金20户5.32万元，提供物资援助60户，对接红十字会救助受灾农户50户17万元。八都乡贤年度爱心支出38.7万元。持续做好"菜单式"扶贫、雨露计划、结对帮扶等工作，全年共计帮扶1625人次，补助资金57.7384万元。以"共富工坊"带动家门口就业，建设共富工坊3个，开设共富学堂点位6个，累计培训2400余人次。

【社会治理】 2022年，八都镇深化"大综合一体化"行政执法体制改革试点工作，有效承接执法力量和执法事项下沉，开展联合执法16次，立案15件，"吹哨"50余次，罚款4.49万元。深化法治化综合改革试点，成立龙泉首个乡镇法庭，获评第一批法治丽水建设示范乡镇。成立G322综合整治专班，对沿线隐患点进行排查和治理，全年道路安全事故下降明显，通行效率有效改善。 （王雅琪）

安 仁 镇

【概况】 安仁镇是龙泉市首个省级中心镇、国家经济综合开发示范镇、全国新农村建设示范点，镇域面积208平方千米，下辖14个行政村，户籍户数6636户，总人口19064人，其中常住人口14153人。

2022年9月，安仁镇全景 （黄邦辉／供图）

2022年，实现规模以上工业企业产值10.33亿元，同比增长7.85%，财政总收入15309.72万元，同比增长9.9%，为年初预算的117.76%；村级集体经济总收入894.19万元，其中经营性收入338.23万元。安仁镇获评全省林业科技工作成绩突出集体，刘坊村、安福村创成省级美丽宜居示范村，张畈村获评省级引领型农村社区，安福村上榜省级"一村万树"示范村。

【生态工业】 2022年，安仁镇规模以上工业企业产值首次突破十亿元大关，达10.33亿元，同比增长7.85%。投资1.5亿元的巧艺生产线项目（一期）和投资0.4亿元的虹盛生产线项目（一期）投产并顺利上规，规模以上工业企业累计达18家，超过该市一类乡镇之和，通过企业高质量发展，获得龙泉市税收奖励分成357万元。完成工业投资3874万元，同比增长205%，其中投资1580万元的麦斯凯阀业年精加工4000吨泵阀生产线智能化改造项目正式投产，实现"机器换人"智能化生产线"零的突破"，投资1.02亿的良工阀门年产1万吨精加工阀门总成项目和投资5.8亿元的昌文磷酸铁锂储能项目开工建设，安仁镇天然气阀站建设和利用工程完成初设批复。规模以上企业实现科研经费投入4411万元，鸿业阀门获评省级高新技术企业研究开发中心；恒祥玩具上榜省级"专精特新"中小企业，创成丽水市级绿色低碳工厂；巧艺玩具创成省级数字化智能化技术改造示范项目。昌文一期工业园区平台招商圆满收官，昌文竹木加工小微园获评省级小微企业园，入驻具备上规前景小微企业9家，其中2家已顺利投产；昌文二期工业空间拓展项目顺利开工。

【美丽城镇建设】 2022年，安仁镇突出"城市东门户"城镇品质建设，以"元瓷丝路·廊桥追梦"为主题，成功创建省级"县域副中心型"美丽城镇样板。完成工业园区、居住区主道路改造提升和安和、安康小区等老旧小区立面改造，打造了永和文化公园、亲水绿道堰坝等景观节点，"小镇文化客厅"开门迎客；对安仁鱼头特色一条街进行微改造、精提升，入选全省县域商业体系建设示范单位建设项目，"鱼味古镇"文化品牌更加凸显。加快构建外联内畅交通路网，集镇"三纵三横"主道路网的"永宁西路"建成通车，"后河路"连接线完成初设批复，广季线拓宽提升工程、严山至歇场道路提升工程完工通车，G322龙泉安仁段完成补偿款支付。

【民生保障】 2022年，安仁镇全方位兜底民生保障，低保救助718人，低边救助674人，残疾人补贴637人，爱心帮扶贫困学生32人，实现“零就业”家庭动态清零。共富增收稳步推进，完成428户共139万元的项目验收和资金拨付，“大搬快聚富民安居”工程搬迁安置204户669人，完成整村搬迁年度任务133.6%。全面完成“20+10”消薄任务，村集体总收入达894万元，同比增长27.8%。创成丽水市级“共富工坊”2家，开展技能培训9期，带动就业190余人。安仁镇养老服务中心正式开园，安仁镇中心小学综合提升工程投入使用，张畈村获评丽水市四星级文化礼堂，龙泉首个志愿服务积分兑换超市试点运行。

【文旅融合】 2022年，安仁镇挖掘天平红色文化、龙泉东区窑址文化、张畈五贤进士文化、永和文化等特色文化资源，串联张畈—安福“瓷韵乡村慢享区”、狮子岩“渔乐运动休闲区”、天平—季山头“红色文化体验区”、集镇“鱼味古镇文娱区”，形成安仁特色文化旅游精品线路。举办乡村文化漫游节暨“月光经济”主题集市活动，安仁鱼头入选“一起跨越•最美山城”百家网红打卡点，五贤乡村博物馆入选浙江省乡村博物馆，成功打造“十五分钟便民文化圈”。建设安福村萧龙合作龙窑烧制技艺研学基地，龙窑主体建设完成，成功举行首窑开窑仪式。深化张畈研学基地二期项目建设，构建体验经济、文创经济、辅助产业经济三大文旅产业体系，G322沿线村庄露营经济、“月光经济”等新业态发展持续升温。

【基层治理】 2022年，安仁镇常态化开展“每周五接访”活动，面对面接访50余次，接访群众近百人，解决问题40余个。广田村创成省级善治村，10个村获评省级民主法治村，4个村创成丽水市级民主法治村，安仁镇派出所获评全省模范公安基层单位、全省“枫桥式公安派出所”，“永和义警”获评浙江省二十佳平安类社会组织。国防动员、双拥共建深入开展，安仁镇武装部获评浙江省军区“先进基层武装部”、丽水军分区“五星级基层武装部”，刘坊村、张畈村获评省级“枫桥式退役军人服务站”。

【改革创新】 2022年，安仁镇扎实推进“大综合一体化”行政执法改革示范点建设，“综合查一次”办理案件21起，办结全省首个未经批准擅自进入自然保护区案，减少检查频次75%，实现案件办理成效和群众幸福感满意度双提升，在丽水市“大综合一体化”行政执法改革现场会作经验发言，系丽水唯一发言的乡镇(街道)。设立龙泉市首个“助企观察点”，多部门联合安仁商会设立线上“共享法庭”，为企业发展保驾护航。建立“导师帮带+岗位练兵+食宿保障”产学研融合引才模式，成功协助恒祥玩具招引24名大学生，搭建“永和萤火•云上招聘”板块吸引域外300余人就业。该镇入选省级亲清政商关系示范乡镇试点，安仁商会被评为全国“四好商会”、全省乡镇(街道)商会优秀实践案例、浙江省工商联“百家示范商会”，系丽水唯一。基层治理“最小作战单元”建设深入开展，国资整合攻坚行动全面完成。 (徐佳雯)

上垟镇

【概况】 上垟镇地域总面积162平方千米，辖12个行政村，户籍人口17200人，常住人口8069人。2022年，该镇入选浙江省美丽城镇基本达标城镇和健康乡镇，获评丽水市规范化数字档案室单位，“红绿融合、竹梦共富”案例入选丽水市共同富裕群众增收优秀案例名单；镇人武部获评丽水市军分区五星级基层武装部；源底村获评浙江省历史文化(传统)村落保护利用示范村，源底村乡村振兴金融服务站入选丽水老年人金融服务示范点。全面推进从严治党，查处违纪违法案件8件，批评教育15人，诫勉谈话10人。

【生态工业】 2022年，上垟镇实现规上工业产值1.51亿元，同比增长16.67%；规模以下样本企业营业收入112.31万元，同比增长273.08%；固定资产投资10663万元，同比增长144.56%；科研经费投入299万元。天丰陶瓷获评丽水市重点文化企业、丽水市产教融合型企业，天丰陶瓷“共富工坊”入选丽水市级示范“共富工坊”。完成青瓷小镇产业园基础设施工程，新增实际可利用工业用地414亩。启动通天桥竹材初加工点建设项目，完成土地平整前期工作，入选丽水市“共富123行动”试点乡镇建设重点项目。

【乡村振兴】 2022年，上垟镇持续发展食用菌产业，香菇种植170.6万棒，木耳种植661.5万棒，20万棒以上种植大户2户。发放一次性补贴种粮1471户、28.85万元，耕地地力4146户、109.1万元。持续推进“消薄”工作，村集体经济总收入达702.1万元，经营性收入达389.84万元，实现年总收入超30万元、经营性收入超10万元的村全覆盖，镇强村公司收入105.79万元。持续做好“大搬快聚富民安居”工程，完成农户搬迁241户946人，其中整村搬迁118户458人，零星搬迁123户488人。完成39个垦造耕地项目复核入库、2个建设用地复垦项目,新增耕地面积28.58亩,完成旱改水项目1个,新增水田面积20亩。完成1479亩耕地质量提升、424亩耕地“非粮化”整治。

【特色文旅】 2022年,上垟镇做好文旅融合文章,青瓷小镇入选浙江省山区26县百佳网红打卡点、“处州游学”十佳基地、丽水100个最美拍摄点,2022年,景区接待游客16.23万人次,实现旅游收入5031万元。礼读源底·乡村博物馆、“向上扬”青瓷展示馆入选浙江省第二批乡村博物馆。“凡·己”民宿客栈入选浙江省四星级民宿、首批“百县千宿”培育名单。在城区西街三江口举办“月光集市”上垟专场暨乡村文化漫游节活动,吸引游客3000余人。建成上垟镇精品书屋,完成源底、木岱口、五都楼、泗源4个村“15分钟品质文化圈”创建。启动青瓷小镇陶艺村、剑瓷廉韵馆、文昌学堂等项目建设,打造全国青瓷文化研学基地。

【社会治理】 2022年,上垟镇深入推进“大综合一体化”行政执法改革,中国青瓷小镇综合行政执法队暨上垟镇综合行政执法队揭牌成立,下沉人员11人,其中全时下沉人员10人,“一支队伍管执法” 全年立案38件、结案37件。开展辖区企业、行政村、项目施工现场等重点领域安全生产检查248次,走访排查各类隐患700个。“七张问题清单”整改问题16个,其中省级1个、丽水级4个,办结率100%;基层治理平台受理事件5604条,办结率100%。完成国有资产清理办证任务18宗,化解白条抵库遗留问题102笔75.1万元。“6·20”短时强降雨期间出动应急抢险队伍167次,安全转移91户375人。

【民生保障】 2022年,上垟镇深入开展“浙丽保”宣传,参保人数12759人,参保率达95.02%。完成336户664人救助对象“人情保”“关系保”专项排查,实施困难群众临时救助67人次,发放补助资金15.2万元。完成630户残疾人康复入户调查及4户残疾人危房改造宜居提升工程,发放残疾人“两项”补贴101.3万元。结对帮扶低收入农户372户642人,实施低收入农户“菜单式”帮扶项目129户,发放补助资金37.25万元,发放“雨露计划”22户6.6万元。新建农村联网公路12千米,农村公路养护里程达42.13千米;启动查供线泗源道路拓宽工程,全长10.5千米,涉及7个行政村。 (严远权 汤 剑)

小 梅 镇

【概况】 小梅镇是省级历史文化名镇、省级粮食生产功能区、丽水市培育的特色小镇,总面积102.48平方千米,山林面积7572公顷,耕地面积1170公顷,辖14个行政村99个村民小组,总户数3854户,总人口12216人,其中常住人口5998人。2022年,全镇农业总产值达1.66亿元,同比增长5%;财政总收入8143.74万元,同比增长12.12%;村级集体经济总收入571.05万元,同比增长15.93%;农民人均纯收入26508元,同比增长6.89%。

【民生保障】 2022年,小梅镇14个村村集体总收入达662万元,其中经营性收入306万元,半边月村、骆庄村村集体收入突破50万元。完成低保低收入“菜单式”帮扶项目250户394人,发放低保保障金27.5万元;临时救助22人,发放救助金8.8万元;发放特困供养资金18户18人,共3.2万元;发放困境儿童基本生活费21人,共2.8万元。全面完成大搬快聚工作,零星搬迁22户85人并完成资金发放。全力推进城乡居民基本养老保险、医疗保险和“浙丽保”全民参保工作,社保扩面医保参保和养老参保率均在99%以上。持续关注教育和师生健康,小梅镇中心小学被评为2022年浙江省健康促进学校(金牌)。动员825名妇女参加“两癌”免费筛查,完成宫颈癌筛查414人次、乳腺癌筛查409人次,完成50—74周岁结直肠癌免费筛查126人次。设置11个村19个体检专场开展农民健康体检,发放应急药箱20个,购置100个救生圈。

【生态农业】 2022年,小梅镇深入实施“农业双强”助力粮食安全工作,小梅镇农事服务中心建成完工。绿色农田项目开工建设,项目总投资1251万元,涉及农田面积1700亩,2022年,完成主体建设项目80%,以及电力工程、通信工程、智慧农业进场工作。完成8个行政村62个点位耕地“非粮化”面积2192亩,其中粮食功能区“非粮化”整治面积1020亩、调整优化面积520亩、耕地抛荒整治面积651.88亩,完成永久基本农田集中连片整治200余亩,成功创建省级粮食绿色高产创建示范片、黄南村绿色防控示范区、骆庄村绿色防控示范点。

【工业发展】 2022年,小梅镇深入推动工业高质量发展,实现规模以上工业产值1.3亿元。丽水重点项目黄南大健康产业园一期顺利完工;东垄20亩竹材初加工点建设完工,建设简易钢结构厂房6000平方米、堆场5000平方米。完成590千瓦时青溪小微园楼顶光伏项目，并于10月19日全面并网，总发电量184797.39千瓦时，促进镇强村公司增加收益10万余元。

【文旅融合】 2022年，小梅镇全力保障大窑龙泉窑亭后窑址考古发掘工作，该项目获评2022年度浙江考古重要发现。精心打造优质旅游线路，“稻香鱼肥、共品秋味”秋季丰收体验之旅入选全国乡村旅游精品线路。完善旅游基础设施，成功创建2022年度浙江省美丽乡村示范乡镇，梅二村获评省级善治村，金村村获评省级“民主法治村”“美丽乡村特色精品村”，半边月村获评丽水市二类精品乡村。成功举办“春光黄南•醉美花海•共富未来”黄南乡村漫游活动，吸引游客5万余人；举办“品宋韵•探瓷源•护文脉•助共富”文化和自然遗产日活动1场、“不灭窑火”龙窑开窑活动2场、“非遗集市”2场。

【大综合一体化改革】 2022年，小梅镇持续深化“大综合一体化”行政执法改革，推进基层“一支队伍”管执法。围绕“镇队合一”目标，科学制定下沉人员管理、考核办法，实现下沉人员与乡镇干部队伍的有机融合。优化赋权执法事项22条线332项，全年执法案件处置16件。全力推动党建引领+基层法理四平台+全科网格建设，完成网格事件受理7650起，办结率达100%。 （叶子涵）

查田镇

【概况】 查田镇是丽水市级中心镇，素有“五金名镇、哥窑故里”之美誉，镇域总面积122.36平方千米，下辖17个行政村，户籍总人口16867人、总户数5713户。2022年，该镇获龙泉市“比学赶超•打造品质龙泉”年度先进集体；茶丰村成功申报丽水市青少年素质拓展研学基地，溪口窑遗址博物馆入选浙江省第二批乡村博物馆，查田馄饨（女人街店）入选2022年百县千碗•丽水味道美食示范店；溪口村、查二村成功创成浙江省AA级景区村，溪口村获评2022年度省级民主法治村、查四村获评2022年度省级善治村，茶丰村获评丽水市二类精品花园乡村。

【生态工业】 2022年，查田镇工业经济稳步增长，实现规模以上工业产值3.72亿元，同比增长13.86%；工业投资6960万元，其中技改投资683万元；工业研发费投入1161万元，同比增长9%；人均薪酬增长2.8%；外贸出口总额2508万元，同比增长10.78%。培育祥泰、东惠2家规模以上企业，整治高耗低效企业3家，完成市校合作项目3个，万鸿、兴华、瑞峰成功获评省高新技术企业，金圩小微企业园入选浙江省第八批审核认定小微企业园名单。全力推进重点工业项目建设，丽水山泉、祥泰新型建材2个亿元项目建成投产，生物质集中供热、“泉圩莲”小微园基础设施、茶丰园区污水零直排等项目建成投入使用，110千伏输变电工程等一批重点工程快速推进；成功引进总投资3500万元的雾耕生态产业园项目和总投资1865万元的年出栏1万头商品猪标准化养殖场项目。抓好安全生产，累计排查、整改各类问题隐患800余处，责令2家企业停产整顿。

【生态农业】 2022年，查田镇扎实开展村集体经济巩固提升行动，依托小微园厂房、光伏发电、秀洲飞地产业园等入股项目，实现增收85万元；整合各村优势资源，盘活茶丰青少年素质拓展基地，青坑村投资优质乡贤企业，17个行政村实现“20+10”全覆盖，集体经济总收入达698.12万元，同比增长38.9%，其中经营性收入354.65万元，同比增长41.7%，茶丰村集体经济总收入超100万元、青坑村经营性收入超50万元；镇强村公司实现营利性收入218万元，同比增长118%。高效推进全域耕地“两非”整治工作，累计完成74个图斑1350亩。完成高标准农田建设项目2个，新建高标准农田4200亩。整合农业、移民、水利等资金400余万元，完成农业基础设施项目建设14个，谋划中药材、畜禽养殖等产业和基础设施项目10余个。成功试种350亩新品种节水抗旱型稻，新增水稻和油料作物种植面积4000余亩，有效保障粮油安全。

【美丽城镇】 2022年，查田镇聚力打造美丽城镇“查田样板”，创建重点项目督办“四张清单”，扎实谋划推进5个“互看互学”项目、30个镇村项目。悦来大桥建成投入使用，全线贯通瓯江绿道查田段，溪西区块彩色森林林相改造完成，成功创建查一、查四、溪口、小砻坑、茶丰等5个花园乡村。有序推进农村全域保洁和生活垃圾收运处置，新建垃圾中转站1个，新建（改造）公厕3座，顺利通过国家卫生乡镇创建初次评估。抓好城市污水管网建设，加快推进农村生活污水处理项目，完成工业园区“污水零直排”区创建。

【社会治理】 2022年，查田镇纵深推进“大综合一体化”改革，办理执法领域一般程序案件15件，罚没款总额35624元。积极开展信访积案大化解，严格落实“周五接访日”、领导班子包案等机制，共接待受理群众来访28批44人次，成功化解3件信访积案。

面对“6·20”百年一遇强降水自然灾害，投入100余万元完成道路损毁、山体滑坡、挡墙修复等点位整改50余处，在最短时间内恢复正常生产生活秩序。

【民生保障】 2022年，查田镇扎实推进“大搬快聚富民安居”工程，炉溪自然村完成协议签订32户101人并同步启动房屋拆除，零星及购房搬迁83户334人。在龙泉市率先完成农民自建房排查，完成危旧房改造7户，提升避灾中心3处。开展困难群众帮扶结对489户，慰问困难群众50户，累计发放农村低保、优抚、临时救助资金539.07万元，“浙丽保”参保提前13天达到参保率95%目标。完成查田镇养老中心和残疾人庇护中心融合建设。

【文旅融合】 2022年，查田镇策划举办“不灭窑火”“月光经济”非遗集市等活动，成功创建浙江省AA级景区村2个、浙江省A级景区村4个，推出查田主题旅游线路4条，形成“一窑一江两山”为支撑的全域旅游格局。持续优化公共服务供给，成功打造以查田镇综合文化站、查四村文化礼堂、茶丰村文化礼堂为圆心的“15分钟品质文化生活圈”，完成竹舟村百姓健身房建设，新建文化礼堂4个，完成“小镇书屋”市场化运营；溪口窑遗址博物馆完成展陈布置，入选浙江省乡村博物馆；查二村、查四村“儿童之家”“妇女儿童服务驿站”相继投入使用，查二“儿童之家”获评丽水市示范型儿童之家。 （泮晨曦）

屏南镇

【概况】 屏南镇镇域总面积285平方公里，下辖屏南、瑞垟、均溪3个管理区、9个行政村、28个自然村，户籍人口9948人。2022年，创成浙江省AAA级景区镇，坪田村获评省级民主法治村，金何村获评丽水市级善治村。

【重点项目】 2022年，屏南镇建立项目清单制、责任制，全力推进项目建设，国家公园首期投资2030万元的坪田美丽社区、瑞垟生态体验点、多功能防火带建设等10个项目全面完工；周岱村高山野茶农旅综合体投入运营，茶青价格高出市场均价1/3，产值达150多万元，每年为村集体经济增收6.4万元；车盘坑村省级传统村落保护与利用重点村项目完成第二年度目标任务，淡水石斑鱼养殖基地、高山草莓苗育苗基地、坪田“红旗渠”修复等7个重点项目均完工验收。

2022年11月，江南之巅·半程马拉松比赛活动在屏南镇举办 （殷小明／供图）

【乡村振兴】 2022年，屏南镇有规模以下工业重点单位2家，全年上报营业收入115.876万元；新设市场主体47户，其中个体工商户42户、企业4户、农民专业合作社1户。成功申报省2023年度一事一议财政奖补支持打造共富乡村试点项目，获2000万元省级财政奖补。依托山地特色优势，成功举办“云顶沙滩”开营仪式、“江南之巅”半程马拉松、“屏南山货”好物节等活动，新增、升级民宿3家，新增三星级“农家乐”1家、四钻“农家乐”1家，全年接待游客约6万人次，旅游总收入约650万元。

【民生保障】 2022年，屏南镇积极开展优抚助弱、扶贫帮老工作，完成“人情保”“关系保”专项整治，新增救助低保17户26人、救助低边12户24人，临时救助32户50人，救助金额15.5万元；为25户屏南镇一级残疾人家庭安装无线烟感，为16户孤寡老人、残障家庭安装电线套管，新增困难残疾人生活补贴人员126人、重度残疾人护理补贴人员56人；为204名屏南籍退役军人完成建档立卡，完成优待证发放。持续扩大社保覆盖面，全镇城乡居民基本养老保险参保率达99.8%；全面完成重点人群免费接种流感疫苗、23价肺炎疫苗以及慢阻肺、结直肠癌、低保胃癌筛查项目目标任务；全力做好救灾救济，完成“6·20”特大暴雨灾害重建项目10个。

【生态产业】 2022年，屏南镇扎实推进省级农业绿色发展示范区建设，高山蔬菜、茶叶等优势产业不断发展壮大，新发展及培育提升蔬果园60亩，提升茶园80亩，全年采摘茶青7.5万余公斤，产值500万元；中蜂养殖2300桶，产值达276万元，石蛙养殖0.84万公斤，产值达305万元，有效扩大农民增收途径。持续发展农业电商，引导3家合作社开展电商带货，与浙江大学能源工程学院合作建立屏南原茶数字化赋能体系，“屏南原茶”品牌正式发布。持续推进“消薄”工作，村集体经济总收入达508.06万元，其中经营性收入达261.58万元，同比增长73.56%，镇强村公司实现营业收入118万元。

【平安建设】 2022年，屏南镇建立健全森林防灭火应急指挥体系，制定应急响应等五大机制，完成3个镇级应急物资储备仓库建设，应急物资仓储管理系统（ERMS）应用实现镇、村全覆盖。镇综合应急救援队开展全域常态化巡逻，秋冬季、清明等重点防火期设点值班巡查，完成4次应急处置实战任务，开展食药、交通、消防等联合执法检查60余次，整改安全隐患30余处，重特大事故“零发生”。（林雅慧）

锦溪镇

【概况】 锦溪镇镇域总面积约162平方公里，林地面积207258亩，耕地面积12052亩，森林覆盖率达87.82%，下辖10个行政村87个自然村，户籍总户数3516户，总人口10827人。2022年，锦溪镇以“干部作风提升年”“社会治理提质年”“项目建设提效年”三个年活动为抓手，全面提升干部能效、全力优化营商环境、全速推动经济发展，实现财政总收入4967.18万元，其中，地方财政收入4528.1万元，同比增长12.79%，税收收入167.85万元，同比增长180%；村集体经济总收入500.33万元，同比增长13.09%，其中经营性收入182.93万元，同比增长35.79%。

【项目建设】 2022年，锦溪镇坚持“项目为王”，建立“项目资料档案库”“项目资源储备库”“项目建设数据库”，全年累计谋划、储备重点项目54个，开工建设43个，完工38个。成功落地首个标准化小微园厂房项目，厂房主体工程建设基本完成，实现生态小微园“零的突破”。落地“泉灵谷”红绿融合游步道建设、昴山森林古道修复、昴山通景公路（百里至长河段）等项目，昴山旅游基础设施进一步完善提升。龙泉铅锌矿安全整改顺利通过国家矿山安全监察局专家验收。岩樟溪流域综合治理（锦溪段）、八都溪流域综合治理（桑溪段）项目等水利基础设施有序推进，岭根水厂水源建设工程如期开工。

【乡村振兴】 2022年，锦溪镇多措并举推动村集体经济稳定增长，10个行政村全面完成年总收入20万元以上、经营性收入10万元以上的巩固提升目标，其中7个村经营性收入15万元以上。抢抓“山海协作”机遇，整合“锦秀连心”党群致富联盟资源力量，高质量推进龙泉——秀洲山海协作乡村振兴示范点建设，实施屋顶光伏、奶牛托管、箬叶种植、党建示范点等共建项目15个，助推下锦村集体经济经营性收入达50万元，带动低收入农户增收40多万元。在西街街道三江口举办“文润千年 灵秀锦溪”非遗市集活动，吸引游客超2万人，助推农特产销售20余万元，成为跨域“月光经济”典范。持续推进“一村一业、一区一品”精品农业建设，肖庄笋、黄永中蜂、墙甲四季豆、岭根金刚刺酒等特色生态农业产业稳定发展，“泉灵谷”森林康养基地入选省高品质绿色科技示范基地、省中医药文化养生旅游示范基地、首批“丽水山景”示范基地。

【文化生态】 2022年，锦溪镇群众综合运动场建成开放，形成集镇“10分钟体育健身圈”，建成中锦村、下锦村、吴林村“15分钟品质文化生活圈”和上锦村文化礼堂，为村民提供高质量的家门口文化生活服务。完成首家标准化养老服务中心建设，设置床位90张，提供集特困供养、社会养老于一体的养老服务。打好“蓝天碧水净土”保卫战，持续推进“五水共治”“垃圾分类”“秸秆禁燃”等行动，空气质量全年优良，锦溪、桑溪河道断面水质长年保持Ⅱ类以上，入选省级“森林城镇”创建名单。

【民生保障】 2022年，锦溪镇守牢粮食安全底线，完成耕地“非农化”“非粮化”整治260余亩、建设用地复垦20亩、耕地质量提升921亩、高标准农田建设项目2个。圆满通过“6·20”百年一遇强降水灾情大考，党员干部冲锋一线、逆行抢险，成功转移群众93户578人，无人员伤亡。扎实推进社会保障工作，医疗保险参保率99.79%、“浙丽保”参保率95.19%，发放低收入农户“菜单式”精准扶持资金58万元，发放临时救助资金25.8万元，惠及83人次，帮助残疾人、低收入农户等重点群体公益性岗位就业9人，实现增收40余万元。

【社会治理】 2022年，锦溪镇扎实推进“大综合一体化”行政执法改革，配备下沉执法人员10人，查处案件15起，劝导120余人次，完成吴林村、上锦村2处机制砂案件处置。深化基层治理网格化管理，科学划分15个网格，组建63人暖心小分队，结合“党群连心、网格走亲”活动，开展“敲门问需”服务群众3000余人次，打通为民服务“最后一米”。持续打造“草根调解超市”品牌，创新推出“友谊林”做法，有效化解矛盾纠纷86起，入选省“金口碑”人民调解区域品牌创建名单。扎实开展退役军人和双拥工作，下锦村退役军人服务站获评浙江省“新时代枫桥式退役军人服务站”。 （金 鑫）

住龙镇

【概况】 住龙镇是中国历史文化名镇、浙江省重点革命老区，镇域面积269.7平方公里，下辖6个行政村，户籍总人口6200余人。2022年，住龙镇在全省率先完成镇域生物多样性本底调查，发现生物物种1282种、隶属329科，收集生物物种电子标本1万余张，建成全省首批生物多样性体验馆，入选省首批“生物多样性体验地”；获评省农村文化礼堂建设示范乡镇，6个村文化礼堂均通过示范化创建；成功创建浙江省园林城镇，高分入选丽水市乡镇（街道）政治生态优胜榜，夺得丽水市“红绿融合助共富”红色美丽村庄大比拼一等奖并入选丽水市深化党建联建机制典型案例；建平村获浙江省综合减灾示范社区称号。

【产业发展】 2022年，住龙镇加快推进生态农业观光园项目建设，建设林下经济种植基地1300余亩。开通“三色住龙电商直播间”，助农销售蜂蜜、酸枣糕、娃娃鱼面等35种生态产品，全年增收350余万元。完成红星村试点范围商品林落界工作，全镇发放生态公益林补助金9343250元。完成红色经典研学基地、镇主街区道路硬化和红色小镇基础设施提升改造等项目建设，打造龙星村民宿集群，提升农家乐（民宿）10家以上。

【项目建设】 2022年，住龙镇立足实际，谋划亿元项目2个，实施类重点项目21个，成功争取到2022年度省级革命老区乡村振兴示范区项目资金1450万元。全年实施镇、村两级项目37个，公开招标率达71%。落实“1个班子+1个负责人”重点项目领导联系制度，全年完成固定资产投资2569万元。推进项目强基工程，建平游乐园、红色住龙游客接待中心、红色人居环境提升改造等项目建设有序推进，龙泉市总工会职工学校项目、住龙镇水厂等项目全面开工，住龙镇红色经典研学基地、游客接待中心、建明文化礼堂、中共处属特委干部训练班展示馆等项目建成投入使用。与市文旅投公司合作，1935红色经典研学基地实现市场化运营，全年接待团队游客500余批次，20万余人次，增加村集体经营性收入36万元。

【美丽城镇】 2022年，住龙镇巩固提升国家级卫生乡镇创建成果，持续开展“垃圾革命”“卫生革命”“厕所革命”，全年提升建设公厕5座，建成星级公厕8座。开展全域治水，县、乡、村三级河长App定期巡河。加强环境执法和国土监管保障，完成垦造耕地项目招标1个、规划设计建设用地复垦项目3个。推进智慧工程建设，新增智慧路灯9个，光能路灯90个，景区监控9个，实现安全监管全覆盖。实施增花添彩工程，做好乌溪江两岸亮化、民宿群彩化工作，提升小镇生态颜值。推进“环境整治、民居改造、基础建设、产业发展、旧址复建”等工程，打造住溪村未来乡村“九大场景”。

【社会治理】 2022年，住龙镇深入实践“党建引领+基层治理四平台+全科网格”基层治理模式，全年受理事件3631条，办结率达100%。打造“司法快递员”服务队伍，全年开展普法教育1300余人次。开展防汛防火等村级安全自查35次、镇级集中排查20次，完成除险保安隐患整改93处，企业安全检查21次，整改安全隐患73处，建平村成功创建浙江省综合减灾示范社区。

【民生保障】 2022年，住龙镇扎实开展低收入农户结对帮扶工作，累计结对走访1900余人次，开展临时救助17户63人次，救助金额共计60941元；完成菜单式扶贫项目实施受益对象34户，发放补助金77229元；持续落实“两免一补”“雨露计划”等教育政策，为8名贫困学子申请爱心助学。主动宣传“浙丽保”“农村医疗保险”等惠民利民政策，“浙丽保”参保率达95%，“农村医疗保险”参保率达99%以上。对全镇137户183位低保人员、50户67位低边人员和256位残疾人实行动态化管理，完成志愿服务微心愿129个，达到扶贫工作全覆盖。 （柳智勇）

兰巨乡

【概况】 兰巨乡是龙泉市名城扩容、挺进西南的主阵地,工业空间拓展的主平台,乡域面积155.7平方千米,耕地面积1.8万亩,山林面积18.4万亩,下辖18个行政村116个自然村,总户数6085户、总人口17922人。2022年,全乡农业总产值达3.24亿元,同比增长6%;实现村集体总收入773.48万元,其中经营性收入407.8万元;农民人均纯收入30945元。该乡获评2022年度乡镇(街道)综合考绩优秀单位,实现"七连冠";两夺龙泉市"互看互学、互比互评"争先创优评比活动二类乡镇第一名。

【项目建设】 2022年,兰巨乡坚持"项目为王",高质量谋划25个重点项目,深度谋划实施氧吧长寿家园、国家公园入口客厅(乡休闲文化中心)、便民服务中心提升改造、应急储备用房等重点项目。便民服务中心提升改造工程、应急储备用房建设工程、集镇区块渣土清运绿化亮化工程、氧吧长寿家园一期项目、应急储备用房围墙及周边绿化亮化工程基本完工。五梅垟村完成"以地换房"26户47套,住房面积共计4400平方米。积极争取国家公园项目建设资金,该年启动国家公园建设项目7个,其中5个项目竣工,完成年度投资3379.9781万元;争取浙江省水库移民共同富裕示范项目资金1100万元,"一事一议"项目资金约180万元,完成固定资产投资1.32亿元。

【乡村振兴】 2022年,兰巨乡持续培育壮大"茶果菌蔬渔"等特色优势产业,全乡茶叶种植面积14596亩,种植面积年均增长4.07%;不断壮大红美人、桃行李、翡翠柚等特色水果品种,成为龙泉市水果品种最丰富乡镇。扎实推进"农业双强",项永年灵芝谷获浙江省"科技兴林奖",兰巨省级现代农业园建设入选"十佳省级现代农业园区",系丽水唯一。18个村集体经济总收入达773.48万元,经营性收入407.8万元,全面完成"20+10"工作目标,其中,2个村实现经营性收入50万元,1个村实现总收入100万元,乡强村公司收入126万元。大力培育农村产业带头人,截至2022年,培育农业龙头企业14家、农民专业合作社37家、特色家庭农场28家,新增民宿3家、农家乐3家。

【民生保障】 2022年,兰巨乡完成7060户自建房信息采集,完成危旧房治理,改造C级危房27户,重建D级危房1户。全面完成18个行政村文化活动场馆建设,实现文化礼堂全覆盖,其中官埔垟村文化礼堂获浙江省五星级农村文化礼堂,大巨村党支部书记余刊年获评浙江省"最美文化礼堂人"。2022年,实现全乡616户986人低收入农户帮扶全覆盖,累计实施低收入产业帮扶项目12个116万元,落实菜单式帮扶232户24.1万元,落实"雨露计划"31户9.3万元;争取山海协作援建项目4个,乡村振兴示范点1个,帮扶资金390余万元。设立兰巨乡"光明教育奖",用于奖励辖区学校优秀学生,实现免费营养餐和蛋奶工程全覆盖。大力推进"大搬快聚富民安居"工程,全年完成大搬快聚635人,其中整村搬迁322人,7个自然村实现整村搬迁,分别完成年度任务的105.8%、107.3%;下沙桥安置小区提升工程建设完工,独田安置小区提升工程稳步推进。全乡基本医疗保险、基本养老保险参保率均在99%以上,浙丽保参保93.16%,参保率位居全市前列。

【文旅融合】 2022年,兰巨乡做好"旅游+"文章,兰巨乡现代农业观光园、俊峰家庭农场入选浙江省AA级采摘旅游体验基地,现代农业观光园、杨志杰采摘基地成功创建"丽水山景"示范基地,桐山村成功创建浙江省AA级景区村,蜜蜂岭村、梅垟村、豫章村、大赛村、南山村、独田村成功创建浙江省A级景区村。2022年7月23日,阡陌大巨田趣观光项目正式营业,开园首日游客接待量突破5千人。大巨、仙仁、蜜蜂岭等村建成15分钟文化圈,仙仁村长寿博物馆建成长寿文化客厅,桐山村、南山村成功创建新时代美丽乡村达标村,五梅垟村成功创建丽水市精品花园乡村。

【综合治理】 2022年,兰巨乡排查调处各类矛盾纠纷100余件,调处率达100%;"周五开门接访日"活动被选为丽水试点,获评2022年度丽水市平安建设表现突出集体。严格落实"千名干部驻千企""万人双评议"等工作,建立企业需求清单,全流程跟踪帮办销号,切实为企业发展、项目建设保驾护航。

【空间拓展】 2022年,兰巨乡深入推进"人产城"融合发展,以建设生态产业平台为契机,加快集镇空间布局优化。6月17日,正式启动大汪区块征收,乡、村两级干部秉持"5+2""白+黑"工作精神,在人大代表、政协委员等社会各界人士支持下,仅用百天时间完成了3000多亩土地、涉及1000多户农户的征收工作;完成安豫线—桐山村公路提升改造3.3千米,54省道—炉田村公路"白改黑"0.35千米,桐山村至独田村道路改造拓宽

3千米，完成G528兰巨段土地分户测量及房屋的入户调查工作。

（张舒慧 李凯岩）

宝溪乡

【概况】 宝溪乡是近现代龙泉青瓷主要传承发祥地，乡域面积148平方公里，下辖6个行政村，总人口7821人，辖区内披云山是瓯江、闽江、钱塘江三江发源地。2022年，宝溪乡顺利通过国家卫生乡镇复评，成功创建浙江省健康乡镇，宝花公路获评省级绿化美化精品道路，宝溪乡党员教育培训基地获评“丽水市巾帼文明岗”，溪头村获评浙江省美丽庭院特色村、丽水市首批“清廉村居引领村”、龙泉市“十佳清廉示范点”。

【文旅融合】 2022年，宝溪乡研学峡谷一期项目萌宠乐园（羊先生农场）投入运营，单日最高收益达5万余元，全年营收达60万余元，红军挺进师入浙第一仗革命历史馆累计接待1.2万余人次，2个项目带动乡域旅游经济增长近250万元。立足各村资源禀赋，宝溪乡实现景区村全覆盖。新增四星级“农家乐”2家、三星级“农家乐”5家，新增浙江省A级景区村2个。持续开展“不灭窑火”传统龙窑烧制活动，推出“溪”游记文旅主题系列活动10余活动，累计接待游客18万人次，旅游收入达3000多万元。深化旅游品牌创建，成功打造星空帐篷基地和青瓷龙窑文化中心，“陌上归人”民宿获评“丽水山居”精品民宿和银宿，“古窑里”民宿获评银宿。与丽水学院中华青瓷学院开展党建联建共建活动，宝溪成为中华优秀传统文化传承基地（青瓷）、浙江省2011龙泉青瓷协调创新中心延伸教学点；宝溪乡研学基地成功入选浙江省中小学研学实践教育基地。

【产业发展】 2022年，宝溪乡坚持抓重点、补短板、强弱项，主动对接“丽水山耕”等平台，拓宽高山蔬菜、天然野茶等农特产品销售渠道。成功争取到2022年度省级革命老区乡村振兴示范区项目，并有效推进实施。积极发展农村商贸经济，成功实施逢五集改造提升，打造优质赶集市场；发展综合性商品零售商店3家、农贸放心示范店2家、“龙窑宴”特色餐饮店5家以上。引进浙江龙泉纯清食品有限公司，完成浙江溪源饮用水有限公司改造升级，新增生产线3条。积极推进“非粮化”整治工作，完成整治394.71亩；落实耕地力保护1630人，5453亩，发放补助资金40.9万元；落实实际种粮补贴325户，1399亩，发放补助资金6.01万元。

【民生保障】 2022年，宝溪乡做好困难群众临时救助，动态调整维护低收入农户1320多人次；落实低收入农户“菜单式”扶贫28户，带动农户增收6.3万元；深入实施“大搬快聚富民安居”工程，实现下山搬迁脱贫37户136人，谋划地质灾害避让搬迁6户46人。新设立宝溪乡社工工作站和慈善工作站，宝溪乡居家养老服务中心实现专业化管理运营。新成立“垫脚人”公益基金，首期募集资金达11万元，接续传承“一村好爱心”。深入开展反电信诈骗、反养老诈骗、反邪教等主题宣传活动，累计发放宣传资料3000余份，成功创建4个无邪教村。加快乡村卫生院全科医生培养，成功开设中医养生馆，有效推动中医养生服务等融入居家养老服务，成功创建浙江省健康乡镇。

【美丽城镇建设】 2022年，宝溪乡持续完善“一把扫帚”环卫体系，推进农村生活污水治理体系建设和农村饮用水提标改造，不断完善农村生活垃圾分类处理体系建设。有序实施古巷花街项目，有机推进“三改一拆”，共拆除违章面积1.1万余平方米，超额完成全年拆除任务。全面推进宝花公路和住溪—上垟红色旅游通景公路（宝溪—宝更段）“四好”农村公路建设，持续加强景区交通、城乡交通一体化建设，建成生态停车场3个，增加车位近300个。加快推进数字乡镇建设，实现5G信号部分覆盖，4G信号、4K高清信息全覆盖。建立乡域农村建房风貌管控机制，严格审批手续。完成溪头村“浙里未来乡村在线”系统“三化九场景”基础数据录入，通过省级审核并上线。大力实施移风易俗和小城镇文明行动，在旅游接待服务中心设立新时代文明实践站，组建由乡村振兴“金牛奖”得主、青瓷大师、乡村干部等30余人组成的宣讲队伍，定期举办“乡村大课堂”；成立“红色传承”“乡贤惠民”等6支志愿服务队伍，持续加强乡风文明宣传和实践。

【社会治理】 2022年，宝溪乡结合“县乡一体、条抓块统”、“大综合一体化”行政执法改革、141基层管理体制改革等工作，按时完成基层管理体制改革和平台迭代升级工作。全面升级“雪亮工程”建设，实现监控网络乡域全覆盖。出台《宝溪乡法治政府建设方案》，主动排查问题、对照找问题，形成问题清单18个，研究制定整改措施17条，实现闭环管理。与上垟派出所加强日常联络，建立协同工作机制，邀请派出所参与网格员工作例会，定期分析乡域维稳形势。深化乡村治理改革，构建“大网格+大服务+大调解”体系，推动“三治融合”（自治、法治、德治）发展，全年主动发

现矛盾纠纷和维稳隐患60件，矛盾化解率达100%，成功创建社区治理与服务创新省级实验区乡镇，系丽水唯一。（季虹辰）

龙南乡

【概况】 龙南乡是典型的高山气候地区，全乡平均海拔800米以上，乡域面积212平方公里，山林面积243725亩，耕地面积2706.09公顷，下辖15个行政村91个自然村，总户数7546户，户籍总人口21176人，其中常住人口2636人，是龙泉市人口最多的乡。2022年，龙南乡农村居民人均可支配收入达5.62万元，同比增长32.3%；龙南乡获评龙泉市综合考绩优秀单位、2022年度丽水市打击治理电信网络新型违法犯罪工作成绩突出集体，成功创建浙江省AAA级景区镇。

【产业发展】 2022年，龙南乡成功引进2名乡贤投资农业产业，落地资金450万元，流转农田800亩，盘活闲置国有资产760平方米。建成稻鱼示范基地2个、数字化高山农场1个，其中高山数字化农业党建联建项目成功入选丽水市“共富123行动”试点乡镇项目、浙江省省级低碳生态农场项目。“龙南山货”商城上线运营，依托“微拍堂”平台销售农产品近1000单，通过“企业+合作社+农户”一体化运营，实现农产品产供销精准匹配。与杭州医学院、省农科院、中国香榧研究院等科研院所合作，实施“云耕龙南”生态精品种养项目，打造“高山900”种养产业带，新建特色种养基地500亩，年产特色农产品120万公斤，年销售额超600万元，带动农民增收80万元。上田村高山智能育苗基地完成番茄育苗300万株，占丽水番茄育苗产量的30%，同时积极探索高山草莓育苗，育苗5亩。

【重点项目】 2022年，龙南乡完成固定资产投资1706万元，完成年初目标的213%，9个重点项目均完成既定建设目标，新增入库项目4个，上报乡镇长工程项目2个、村主任工程项目15个。及时化解项目推进中出现的难点、堵点，现场解决问题30余个，落实整改交办问题12个，部门联动、“两代表一委员”参与化解疑难政策处理10余个。完成5个美丽宜居示范村和传统村落保护提升项目建设，建兴村通过丽水市精品花园乡村验收，底村村、大庄村通过传统村落保护提升省级验收。

【乡村振兴】 2022年，龙南乡成功创建浙江省AAA级景区镇，新建周庄村、粗溪村、黄万岱村3个村文化礼堂建设，完成蛟垟村、大庄村、下田村3个村“15分钟文化圈”建设。上线龙南全域旅游数字化导览图，举办第十三届香菇文化节、“天空不夜城”云探活动、“龙南山货”走西街等系列文旅活动，带动入境游客18万人次，过夜游游客1.6万人次，实现旅游收入500余万元。创新开展村级环境卫生“互比互学互评”活动，全年组织环境卫生整治30余次，完成环境卫生自查点位整改100余处，清理河道10余千米，完成拆违8726.12平方米，年度完成任务率达275.87%。建成省级垃圾高标分类示范村1个、丽水市级重点村5个，成功创建15个无疫村，实现垃圾清运行政村全覆盖。

【社会治理】 2022年，龙南乡全面深入开展“书记会客室”工作机制，持续开展“党群连心网格走亲”活动，各项指标完成率均达100%，圆满完成党的二十大维稳安保工作，获评2022年度“丽水市打击治理电信网络新型违法犯罪工作成绩突出集体”。成功创建1个省级民主法治村、7个丽水市级民主法治村，完成15个村共享法庭、反邪教“三级联创”工作。

【应急救援】 2022年，龙南乡建立百山祖国家公园应急联防联动机制，组织开展百山祖国家公园毗邻三县市七乡镇联合应急演练，签订“和谐边界”协议书，全年共组织应急演练8次，安全培训10次。在重点时段设置19个森林防火监督卡口，组织开展森林防火巡查督查30余次，参与防火宣传600余人次。新建3个标准化村级避灾场所，科学高效处置兴源自然村、安豫线K37+100—200米段、下田村山体滑坡风险隐患及“6•20”特大洪水灾害，其中，龙南乡成功处置一起滑坡险情案例获国家、省、丽水市应急部门通报表扬，龙南乡综合应急救援队在龙泉市乡镇街道综合应急救援技能比武大赛中获团体三等奖。

【民生保障】 2022年，龙南乡实施低保低边动态管理，全乡在册低保615户1035人、低边300户519人，注销低保143户221人、低边80户137人，累计发放低保低边补助金918.09万元。开展临时救助70人次，救助金额24.72万元。新建下田、东峰、兴川3个标准化避灾安置场所，完成一级残疾人联网烟感报警器安装78户。升级“山上山下代办”便民服务模式，全年代办事项1万余件，基层治理综合信息平台实报网格事件10867件，办结率100%。深入推进“大搬快聚富民安居”工程，整村搬迁6个村、55户200人，零星搬迁75户289人。（张欢 杨昕）

道 太 乡

【概况】 道太乡是华东地区面积最大的乡，乡域面积351平方公里，耕地面积1.4万亩，水域面积2.2万亩，山林面积47万亩，下辖19个行政村232个自然村260个村民小组，总户数4618户，总人口15056人。2022年，道太乡实现村级集体经济总收入863.1万元，其中经营性收入424.1万元，19个行政村经营性收入均在15万元以上；成功创建浙江省美丽城镇、浙江省AAA级景区镇，入选"共富123行动"项目丽水首批试点乡镇、省级乡村振兴综合试点项目，勇夺龙泉市乡镇（街道）"互学互看　互比互评"争先创优活动三类乡镇（街道）第一名，龙泉市乡镇（街道）综合考核获评良好等次。

【共富产业】 2022年，道太乡渔业和石蛙产值保持龙泉市第一。建立"党建+产业"联盟模式，投资380万元发展光唇鱼养殖项目，建成2个养殖基地、173个养殖池，其中双平基地以1300元/池的价格整体出租，年收益9.88万元，安平基地按照"1+4+N"方式▲共同运营。新培育石蛙基地6家，总数达11家，存蛙55万只。中蜂、生猪、油茶等产业稳中有升，扶持专业合作社创建道太乡首个茶叶品牌。

▲"1+4+N"方式：1个养殖专业户入股负责光唇鱼养殖、销售，并按入股比例享受分红；4个村集体以养殖池租金入股享受分红；"N"户农户资金入股享受分红。

【重点项目】 2022年，道太乡仙居至庆元公路道太段红线内474.95亩土地、29幢房屋的征收工作。推进涉林垦造整改工作，在完成105个整改项目基础上，全年入库项目39个。协助完成道太溪流域综合治理和大白库岸综合治理等重点水利项目建设，完成4个砂场、1个堆场机制砂整治工作。完成655亩"非农化""非粮化"整治任务，完成大白岸特色街区等16个项目建设。

【集体经济】 2022年，道太乡19个行政村通过物业出租、光伏发电、飞地投资等举措，实现集体经济总收入863.1万元，同比增长17%，其中经营性收入424.1万元，同比增长48.4%，经营性收入50万元以上行政村2个（双平村52.12万元、安平村51.06万元）、40万元以上行政村1个、20万元以上行政村3个，19个行政村经营性收入均在15万元以上。

【文旅融合】 2022年，道太乡加快推进双平滨水花海（房车）营地建设项目，完成场地平整、花苗试种、停车场（房车基地）建设、AAA级旅游公厕、吴庄农家乐改造提升等子项目，并与丽水市房车协会达成合作意向。举办考坑品桃节、第九届道太乡亲渔节，道太乡成功创建浙江省AAA级景区镇，"天青等烟雨"民宿创成四星级精品民宿并通过省金钻民宿专家组验收，新培育石野露营基地。

【民生保障】 2022年，道太乡新增低保71户117人，清退低保135人，共有在册低保382户629人。申请临时救助60户，发放救助资金22.4万元。完成"浙丽保"参保任务，参保率93.3%。"浙丽乡村好医"试点改革落地道太乡际头村，完成社会工作站站点建设和7户适老化改造。严格落实疫情防控相关要求，创新推出疫情防控储备物资"一箱子"、采样点现场布置"一张图"、村民运送"一张表"的"三个一"工作机制，确保辖区群众健康安全。扎实推进"大搬快聚富民安居"工程，整村搬迁旧房拆除、零星及购房搬迁共计198户719人，完成年度目标的110.6%。

【社会治理】 2022年，道太乡打造"贴心老娘舅"人民调解工作品牌，矛盾纠纷化解水平不断提升。开展"周五开门接访日"工作，打造"民情直通站"接访工作品牌，信访收件同比下降27%，化解国家、省、市级历史积案8件。常态化开展"除险保安"大排查大整治工作，开展"安全隐患大排查大整治"百日攻坚行动，成功完成护航党的二十大安保工作任务。（蒋宁宁）

岩 樟 乡

【概况】 岩樟乡乡域面积101平方公里，山林面积达13.6万亩，森林覆盖率达到93%，下辖岱岭、坑源底、郑庄、柳山头4个行政村45个村民小组，全乡总户数1541户，总户籍人口4015人。2022年，财政总收入1932.59万元，同比增长13.7%；村级集体经济总收入301.95万元，同比增长34.2%。

【水源保护】 2022年，岩樟乡立足水源保护区的功能定位，持续抓好"五水共治"、美丽城镇建设、农村环境卫生综合整治工作，常态化开展巡河与河道清理，岩樟溪交接断面水质监测常年达到Ⅰ类标准，水质达标率100%。积极争取落实生态补偿机制，推动毛竹林人工抚育补偿成为常态化机制，全年完成17555亩毛竹林人工抚育。以"无废"乡镇创建为抓手，完善垃圾分类体系建设，岩樟乡美丽城镇创建工作通过省级验收，郑庄村创成省级垃圾分类示范村并成功申报省第二批低(零)碳村试点创建。

【生态农业】 2022年,岩樟乡因地制宜走高质量绿色发展之路,打造了"百亩蜜薯、百亩香椿、百亩茶园、百亩桃园、百亩茄子、百亩四季豆、百亩蜂蜜"的"七个一百"绿色产业基地,其中中蜂产业产值达1500万元。坑源底村新引进蜜薯产业,并与丽水市行政中心机关食堂签订采购协议,全年实现产值100多万元,辐射带动周边100余户低收入农户就业创收。与浙江经视合作,全力打造"浙样红·龙泉岩樟红茶基地""浙样红·龙泉岩樟百花蜜基地",岩樟源磨石栏牌龙泉红老枞红茶获"中茶杯"第十二届国际鼎城茶王赛金奖,岩樟源野生红茶获中茶杯红茶组金奖、"丽水山耕杯"银奖、"龙泉红"斗茶赛金奖。完成非粮化整改480.23亩,拨付结算资金121万元。

【文旅产业】 2022年,岩樟乡启动编制岩樟乡农文旅发展专项规划,以"生态+"牵引带动"农耕+""文化+""旅游+",实现景区村全覆盖,成功创建浙江省AAA级景区乡。盘活岩樟小学闲置资源,成功引进上海乡贤投资建设"云之居"民宿项目。深挖革命老区红色文化基因,改造提升坑源底红色基地,坑源底村获评浙江省美丽乡村特色精品村、丽水市爱国教育基地,坑源底村中共龙泉县委旧址入选省级乡村博物馆,岱岭村文化礼堂创成省级特色文化礼堂。积极拓展"毅行"活动路线,打造了岱岭至郑庄"观景路线"、岱岭至坑源底"体育路线",成功举办"桃花节""摘桃品茶节"等乡村漫游活动,打响"又见桃花源"毅行乡村旅游品牌。发挥省文联结对帮扶优势,12月27日起,省文联结对帮扶龙泉岩樟美术作品特展连续在浙江展览馆、丽水美术馆展出近2个月,并出版作品画册;与省文联签订柳山头村艺术家工作室项目,打造集"摄影+写生+书画+文化"于一体的艺术家工作室,全年接待浙江画院、浙江油画院、钱江书法研究会等艺术家驻村研创采风6批次,游客50余批次600余人次,打响艺术乡建品牌。

【项目推进】 2022年,岩樟乡在西独线开展"微改造、精提升"工程,建设水库观景平台,打造穗花山古道,完成蜂情谷游步道、狮子源峡谷游步道建设。2022年,在交通部"我家门口那条路"十月主题"产业兴旺路"TOP名单中,西独线名列第一,获"十大最美农村路"月度评选冠军。新修建通村公路1.1千米,硬化石坑—何坑公路、郑庄狮子源—大横坑机耕路,打通岱头—何坑联网公路,开工建设大风岙—城北石九岙联网公路,破解交通瓶颈,实现富民增收。乡强村公司的屋顶光伏项目增收12万元。

【民生保障】 2022年,岩樟乡大力推进"大搬快聚富民安居"工程,完成岱岭半岭自然村和高山自然村67户217人的整村搬迁工作,零星搬迁15户59人,超额完成年度目标任务数,工程进度排名龙泉市第一。完成养老保险参保3215人,参保率99.61%;医疗保险参保3242人,参保率100%;"浙丽保"参保3136人,参保率97.12%。扶持低保对象125户169人,低保边缘对象66户124人,特困人员6户,发放民政补助资金7.56万元。 (冯潇晴)

城北乡

【概况】 城北乡是浙江省生态乡,乡域面积232.1平方千米,下辖14个行政村133个自然村,户籍人口1.2万人,其中常住人口3400人。2022年,城北乡成功创成浙江省戏曲之乡、浙江省AAA级景区乡,获评"平安护航党的二十大"系列维稳安保工作成绩突出集体,乡食安办获评浙江省三星级乡镇(街道)食安办;上田村被评为浙江省AAA级景区村、浙江省民主法治村,河坑塘村被认定为浙江省善治村、丽水市级民主法治村,川溪、东莱、河坑塘、季岱4个村被认定为丽水市级民主法治村。

【生态农业】 2022年,城北乡投资500余万元实施"共富农场"项目建设,养殖小黄牛100余头。大贵溪村30亩山地茄子基地连作障碍治理实验首次取得成功,并举办龙泉市级现场技术观摩学习会。成立浙江省林业科学研究院城北专家服务站,依托"共富学堂"累计开展19次猕猴桃技术培训指导服务。大力发展茶产业,小书家庭农场"黄金芽"茶叶获2022年度"龙泉红"斗茶赛绿茶组银奖。依托山海协作,与秀洲区王江泾镇和浙江经视达成年25万元的农产品销售协议,与浙江省味德丰食品公司签订商品鹅保价收购协议。打造"城北好物""城北十大碗"区域公共品牌,推动"小黄牛品鉴馆""城北豆腐娘"等直营店日营业收入超3000元,"城北十大碗"获"丽水味道"创意大赛美食评比铜奖。推动建设"龙泉茄"、小黄牛、来料加工3个共富工坊,带动130余名农户在家门口就业。完成建设用地复垦23亩,土地"非粮化"整治1180亩,11个垦造耕地项目通过省级验收。完成吴岱、东书等村24处垦造水田耕种任务和河坑塘、金黄鹤等村8处耕地管护验收工作。

【农文旅融合】 2022年,城北乡成立丽水市首个钢笔画写生基地,吸引艺术家1300余人长期入驻开展活动，谋划的上田“钢笔画村”项目成功争取到丽水市“艺术助推乡村振兴”项目比拼资金100万元。实施河里村农耕文化馆、季岱村游客集散中心等11个“微改造、精提升”项目，上田村知青陈列馆入选省级乡村博物馆，毛氏宗祠入选省级文保单位名单，“城北木偶戏”登上央视《乡村大舞台》。举办“一路向北•人间四月”、“一路向北•金秋十月”漫游季、“跟着钢笔画游城北”、“跟着古道游城北”等文旅活动，吸引研学团队38批次、游客8100余人，“城北好物”集市直接带动农产品销售27万元。“七彩田园”研学基地一期项目落地建成，与龙泉市实验小学等5所学校成为合作伙伴。

【社会治理】 创新推出“一榜三清单”工作机制，开展“有事您说话•周五接访日”活动，累计解决各类到访问题84件。以现代化社区建设为契机，配备“1+3+N”网格35个，组建暖心小分队35个，常态化开展“党群连心、网格走亲”活动，全年累计为群众办成好事实事6000余件，解决急难愁盼问题100余件。在“6•20”百年一遇特大暴雨中，乡村干部带头抢险救灾，两天内实现水、电、路三通。开展农民自建房安全专项整治行动，完成2900余栋农房的房屋灾害普查和19栋C级危房修缮。

【民生保障】 2022年，城北乡强村公司经营收入达565万元，实现利润150万元，同比增长388%；村集中经济总收入670万元，其中经营性收入306万元，皂口自然村农民增收样本点人均收入6万元，同比增长35%以上。共实施5个总计125万元的乡村振兴衔接项目和192个“菜单式”扶贫项目，带动低收入农户增收142.8万元。新增低保户16人，临时救助44户，发放临时救助金13.3万元。“夕阳暖”爱心工程被列入2022年民生实事项目，全年为留守老人免费理发1.2万余人次，专职保姆上门服务2万余人次。联合结对部门党支部开展“点亮微心愿”活动，为困难群众、留守儿童实现微心愿140个。全力推进“大搬快聚富民安居”工程，完成整村搬迁58户172人，零星搬迁28户110人。

【生态保护】 2022年，城北乡立足“龙泉后花园”定位，开展全域风貌整治提升行动，扎实推进“三改一拆”工作，全年累计拆除违建面积6230平方米，整治“脏乱差”2200余处，营造全域美丽格局。立足30余万亩林地资源开展碳汇项目建设，双溪、河里、季岱、川溪4个村与国有林场签订林业碳汇项目碳资产协议，河坑塘村成为省级零碳试点村。全面启动商品林落界工作，完成商品林落界5.4万亩。持续营造美丽林相，完成春季造林1835亩及战略储备林大径材培育360亩、森林抚育2328亩的建设目标；完成清理松材线虫病秋普任务240株，完成率达110%，完成除治面积397亩，完成率达106%。严格落实河长制，实现全年河长巡河率100%。（陶晨宇）

竹垟畲族乡

【概况】 竹垟畲族乡是龙泉市唯一的少数民族乡镇，乡域总面积101.5平方千米，山林面积7624.6公顷，耕地面积715.4公顷，下辖8个行政村96个村民小组，全乡总户数2350户，总人口7726人，其中畲族2292人，占29.6%。2022年，该乡工农业总产值达19291万元，其中农业总产值13889万元，工业总产值5402万元；8个行政村完成“消薄”任务，村集体经济总收入490.61万元，其中经营性收入221.12万元；顺利通过国家卫生乡镇复评和浙江省健康乡镇创建验收，获评全省推动农民农村共同富裕成绩突出集体、浙江省清廉村居建设示范单位等。

【产业发展】 2022年，竹垟畲族乡新培育示范合作社1家、示范家庭农场5家；完成非粮化耕地整治624亩，发放种粮大户补贴10户921亩，补贴金额18.43万元。松材线虫病治理基本清零，竹林FSC（国际性的森林认证体系）认证3万亩。新建食用菌标准化厂房1个，全年栽培食用菌1300多万袋。畲族文化体验馆、“移民印象”农家乐投入运营，打造畲夜•星澜房车观星露营休闲基地、“畲小妹”民宿，举办“幸福山哈•房车露营”“月光集市”等文旅活动，催生“月光经济”“过夜游”“研学游”等新兴文旅模式，畲韵公司全年接团50余个2000余人次，全乡接待游客12万多人次，文旅经济迅速回暖。

【乡村振兴】 2022年，竹垟畲族乡以省级美丽城镇创建为抓手，完成集镇污水管网、污水处理终端系统、外立面改造、环境整治等项目建设，在山溪口、金田、盖竹等村开展小流域综合整治项目，集镇环境明显提升。加强文化设施建设，实施“浙文惠享”民生实事项目，完成盖竹、罗墩、金田3个村的“15分钟品质文化圈”建设，良溪、际上、后排岭3个村文化礼堂建设。加快农村交通网建设，完成盖竹、山溪口、良溪3个村“四好农村路”建设，盖竹大桥项目顺利推进。金田村亲水乐园综合体、亲水茶吧、亲水沙滩、玻璃滑道等项目建成完工，获评省第二批未来乡村、省清廉村居示范村和省健康村；盖竹村完成精品花园乡村、省历史文化保护村、老街活水进村等项目建设，获评省“五水共治”实践示范窗口，创成省健康村；后排岭村完成河道整治、聚餐点项目建设，创成浙江省AA级景区村，获评丽水市清廉村居、善治村；良溪村实施河道整治、文化中心项目，获评新时代美丽乡村；罗墩村完成千米花廊项目建设，获评丽水市清廉村居和善治村。

【强村富民】 2022年，竹垟畲族乡集体经济高速发展，完成8个村集体经济巩固提升任务，村集体经济总收入达464万元，同比增长26.5%，其中经营性收入196.99万元，同比增长81.49%，金田、盖竹、山溪口等3个村的村级集体经济收入达100万元以上，金田、罗墩等2个村的村集体经济收入达50万元以上，其余6个村的村集体经济收入达15万元以上。紧紧抓住省委、省政府实施“千企结千村”和“双百村行动”机遇，全面实施“富民壮村”工程，争取结对单位帮扶资金200余万元，实施帮扶项目5个。乡强村公司全年实现利润141.56万元，同比增长170.85%。

【民生保障】 2022年，竹垟畲族乡开展社会救助“人情保”“关系保”专项治理行动，复核在册救助对象267户440人，依规取消低保救助11户、低边救助21户；做好低保低边入户调查工作，核准新增低保4户，低边3户；深化结对帮扶，开展帮扶走访600余次，实施“菜单式”帮扶项目111个，发放补助资金41万元；解决公益性岗位7个，开展临时救助19户40人，发放救助资金13.65万元。发放暖心防疫包1550个，完成“微心愿”150余个。完成60周岁老人和残疾人智能烟感器安装56个，独居老人线路改造56户。大力实施“大搬快聚富民安居”工程，完成后排岭2个自然村52户196人的整村搬迁，全乡零星搬迁78户282人，发放补助905万元。（周俊杰）

人　物

2022年新任市(处)级领导干部简介

【李　力】 男,1967年12月出生,回族,浙江丽水人,1984年11月参加工作,1988年6月加入中国共产党,在职大学学历。历任龙泉市政府办公室副主任,龙泉市计生委副主任、党组成员,龙泉市城北乡党委书记、人大主席,中共龙泉市委组织部副部长(保留正科长级),龙泉市纪委副书记、监察局局长,龙泉市人防办主任、党组书记,龙泉市市场监督管理局局长、党组书记,中共龙泉市委组织部常务副部长、公务员局局长。2022年2月任龙泉市人大常委会副主任、党组成员。

【林先龙】 男,1973年10月出生,汉族,浙江龙泉人,1992年8月参加工作,1994年10月加入中国共产党,中央党校大学学历。历任龙泉市八都镇党委委员、纪检书记,龙泉市宝溪乡党委副书记、纪检书记,龙泉市宝溪乡党委副书记、乡长,龙泉市宝溪乡党委书记、人大主席,龙泉市上垟镇党委书记,龙泉市委办副主任(保留正科长级),龙泉市农办主任、党组书记,龙泉市民政局局长、党组书记,龙泉市政府党组成员、市府办副主任、党组书记。2022年2月任龙泉市政协副主席、党组成员。

【卢劲松】 男,1973年1月出生,汉族,浙江松阳人,1995年8月参加工作,无党派人士,大学学历。历任龙泉市小梅镇副镇长,龙泉市监察局副局长、正科级监察员,龙泉市监察局副局长、正科级监察员、市府办副主任(兼),龙泉市青瓷宝剑产业保护和发展局局长,龙泉市大数据发展中心主任。2022年2月任龙泉市政协副主席。

【郑夏来】 男,1967年6月出生,汉族,浙江缙云人,1988年8月参加工作,民盟盟员,大学学历。历任龙泉市兰巨乡副乡长,龙泉市农业局副局长,龙泉市府办副主任,龙泉市残联理事长,龙泉市科协主席。2022年2月任龙泉市政协副主席。

机构及负责人名录
(2022年度)

【中共龙泉市委员会】
市委书记:王忠宝
市委副书记:翁志鸿(—2022.7)
　　王国锋(2022.7—)
　　李　舜
市委常委:黄国勇
　　雷　蕾
　　廖卫民
　　刘道华
　　徐锡宏
　　孔金峰
　　厉亚萍
　　潘光明

【龙泉市人民代表大会常务委员会】
主　任:叶砿仙
副主任:叶学明(—2022.2)
　　陈有南
　　张长山(—2022.2)
　　叶伟玲(—2022.2)
　　陈惠锋(2022.2—)
　　杨洪斌(2022.2—)
　　卢士俊(2022.2—)
　　何登新(—2022.2)
　　李　力(2022.2—)
党组书记:叶砿仙
党组副书记:叶学明(—2022.2)
党组成员:陈有南
　　张长山(—2022.2)
　　叶伟玲(—2022.2)
　　陈惠锋(2022.2—)
　　杨洪斌(2022.2—)
　　李　力(2022.2—)

【龙泉市人民政府】
市　长:翁志鸿(—2022.7)
　　王国锋(2022.7—)
常务副市长:厉亚萍
副市长:孔金峰

金伟君
王晓燕
全开林
余华明(挂职)
杨摄智(挂职)
丁　杰(挂职)(2022.12—)
党组书记:翁志鸿(—2022.7)
王国锋(2022.7—)
副书记:厉亚萍
党组成员(保留副县级):
诸葛春杰(—2022.1)
市长助理:熊树生
陈思宇

【中国人民政治协商会议龙泉市委员会】

主　席:刘赤波
副主席:雷丽亚(—2022.2)
童巧隽
卢士俊
徐东华(—2022.2)
付建伟
林先龙(2022.2—)
卢劲松(2022.2—)
郑夏来(2022.2—)
党组书记:刘赤波
副书记:黄国勇(2022.1—)

【其他副处以上领导】

市人民法院院长:叶爱英
市人民检察院检察长:周翔
人武部部长:葛基传(—2022.12)
李洪光(2022.12—)
钱江源—百山祖国家公园百山祖管理局党组成员、副局长:李先顶

【人大常委会机关】

监察和法制(内务司法)委员会

主任委员:张长山(—2022.2)
陈有南(2022.2—)
副主任委员:周光明(—2022.2)
项光年(—2022.2)
柳盛华(2022.2—)
游金元(2022.2—)

财政经济委员会

主任委员:叶学明(—2022.2)
陈惠锋(2022.2—)
副主任委员:陈龙根(—2022.2)
徐钢平(—2022.2)
胡武海(2022.2—)

社会建设委员会

主任委员:叶伟玲(—2022.2)
李　力(2022.2—)
副主任委员:唐　军
黄亚荣(2022.8—)

机关办公室

主　任:季文峰
副主任:余良德(—2022.12)
叶　伟
黄　斌(2022.12—)

监察和法制(内务司法)工作委员会

主　任:柳盛华
副主任:钟建友

财政经济工作委员会

主　任:陈龙根(—2022.2)
胡武海(2022.2—)

教育科技文化卫生工作委员会

主　任:叶亚东
副主任:李青羽(—2022.8)
毛金廷(2022.8—)

农业与农村工作委员会

主　任:张永呈
副主任:谢立生

城乡建设与环境资源保护工作委员会

主　任:方晓龙(—2022.8)
管忠新(2022.8—)
副主任:陈亦雄

代表与选举任免工作委员会

主　任:邓红华
副主任:邹国琼

社会建设工作委员会

主　任:唐　军
副主任:何　昀

【政协机关】

秘书长:杨新根
办公室主任:叶有根(—2022.8)
刘宝华(2022.8—)
办公室副主任:
张海燕
张　韬(—2022.12)
季　敏(2022.12—)

提案委员会

主　任:沙永龙
副主任:季　敏(—2022.12)
叶晓芳(—2022.12)
张　烨(2022.12—)

经济委员会

主　任:金益民
吕锦豹(—2022.12)
副主任:叶伟军
胡建清(—2022.12)
李春花(—2022.12)

农业和农村委员会

主　任:洪长胜
副主任:吴照培(—2022.12)
张元汉(—2022.12)
王永卢

社会法制和民族侨台委员会

主　任:董庆文

文化文史和学习委员会

主　任:陈小龙
副主任:季金强
徐　伟

委员工作委员会

主　任:邹迎春(—2022.8)
副主任:(空缺)

人口资源环境委员会

主　任:魏晓霞
副主任:蒋继尔

教育科技卫生体育委员会

主　任:季庆祯(2022.8—)
副主任:林邱平
沈又红

【中国共产党龙泉市纪律检查委员会、龙泉市监察委员会】

纪委书记:刘道华
纪委副书记:刘世映
　　　　连福茂
纪委常委:金　伟
　　　　任　炜
　　　　张刚超
　　　　周良俊(2022.8—)
办公室主任:郑　毅(—2022.8)
干部室主任:徐　茜
宣教室主任:方小萍
党风政风监督室主任:
　　　　吴丽蓓(2022.12—)
信访室主任:吴丽霞
案件监督管理室主任:雷露生
案件审理室主任:杨　杰
第一纪检监察室主任:
　　　　叶　勇
第二纪检监察室主任:
　　　　陈　辉
第三纪检监察室主任:
　　　　吴宝霖(—2022.12)
第四纪检监察室主任:
　　　　徐松有(—2022.12)
机关党委专职副书记:周丽丽

市监察委员会

主　任:刘道华
副主任:刘世映
　　　　连福茂
委　员:任　炜
　　　　徐笑霞
　　　　余海敏(—2022.8)
　　　　吴宝霖(2022.12—)
派驻第一纪检监察组
组　长:叶伟平
副组长:赖铁霞
　　　　沈惠萍
派驻第二纪检监察组
组　长:吴邦南
副组长:吴昌淼
　　　　许年冯
派驻第三纪检监察组
组　长:甄　峻
副组长:项光来
派驻第四纪检监察组
组　长:吴伟影
副组长:金旭波
派驻第五纪检监察组
副组长:吴长辉
　　　　吴火荣
派驻第六纪检监察组
组　长:钟章华
派驻第七纪检监察组
组　长:华盛强(—2022.12)
派驻第八纪检监察组
组　长:刘晓伟
派驻市委组织部纪检监察组
组　长:包成俊
副组长:王　红
派驻市人民法院纪检监察组
组　长:黄亚荣(—2022.8)
派驻市人民检察院纪检监察组
组　长:钟祥奎
派驻市公安局纪检组
组　长:蔡道高(—2022.8)
杨　宇(2022.8—)

市委巡察工作领导小组办公室

主　任:金　伟
副主任:陈智发
市委第一巡察组
组　长:张国华
副组长:王　菲
市委第二巡察组
组　长:杨良泽
副组长:陈维平(2022.12—)
市委第三巡察组
组　长:陈清龙
副组长:蔡道高(2022.8—)
市委第四巡察组
组　长:刘小东
副组长:陈章田
副科级巡察专员:
　　　　赖利平
　　　　夏剑峰
　　　　徐樟明(2022.8—)

【市委工作部门】

市委办

主　任:李先顶(—2022.4)
　　　　刘福明(2022.4—)
副主任:何筱波
　　　　王卫东(—2022.8)
　　　　郭　健(—2022.8)
　　　　连福茂(—2022.8)
　　　　张兆军(2022.12—)
　　　　余海敏(2022.8—)
　　　　项伟青(兼)
机要局(密码管理局)局长:柳　欣
保留副科级:刘黎明
督查考绩服务中心主任:
　　　　杨丽芬(2022.12—)

市委台湾工作办公室(市政府台湾事务办公室)

主　任:李先顶(—2022.4)
　　　　刘福明(2022.4—)
副主任:张亦梅(—2022.8)
　　　　谭海军(2022.8—)

市委党史研究室

主　任:季庆祯(—2022.8)
副主任:鄢　鸣

全面深化改革服务中心

主　任:万莉莉(2022.4—)
副主任:项建飞(—2022.12)
　　　　叶海龙

市委组织部

部　长:潘光明
常务副部长:李　力(—2022.4)
　　　　　　李小春(2022.4—)
副部长:项伟剑(—2022.4)
　　　　蔡章英
　　　　王仁学(兼)(—2022.4)
　　　　周池梅(兼)(2022.4—)
　　　　刘宝华(兼)(—2022.8)
　　　　徐一桂(兼)(2022.8—)
　　　　周光洪(兼)(—2022.4)

项伟剑(兼)(2022.4—)

市委新经济与新社会组织工作委员会

书　记:项伟剑(—2022.4)

蔡章英(2022.6—)

副书记:吴德宝

桂　滨(兼)(2022.8—)

市委直属机关工作委员会

书　记:潘光明

常务副书记:项伟剑(—2022.4)

专职副书记:张军钢(2022.6—)

市委人才办

专职副主任:(空缺)

市公务员局

局　长:李　力(—2022.4)

李小春(2022.4—)

市委宣传部

部　长:雷　蕾

常务副部长:郑高隆

副部长:周华俊

张　震(—2022.8)

柳建松(2022.12—)

文化产业和文明实践指导中心

主　任:吴　敏(女)

副主任:赵永长

丁巧莺

市委对外宣传办公室主任:

柳建松(—2022.12)

市文化创意产业办公室(新闻出版科)

主　任:陶晓丽

市社会科学界联合会

副主席:邱振昌

裘晓翔(—2022.12)

龙泉市互联网信息办公室

主　任:王庆龙

保留副科级:曾志伟

市委统战部

部　长:黄国勇(2022.1—)

常务副部长:张启平(2022.4—)

副部长:许积高

胡丽香

桂滨(兼)

市民宗局

局　长:许积高

市委政法委

书　记:李　舜

常务副书记:翁积文(2022.4—)

副书记:季明龙(2022.8—)

吴谨杰(—2022.8)

梅舒伟(—2022.12)

政治处主任:(空缺)

市委编办

主　任:王仁学(—2022.4)

周池梅(2022.4—)

副主任:姚淡珍(—2022.12)

信访局

局　长:项伟青

副局长:叶淼军(2022.12—)

包立芬

信访督查专员:柳　青

老干部局

局　长:刘宝华(—2022.8)

徐一桂(2022.8—)

副局长:张继友

关工委专职副主任兼老干部局

副局长:陈方顺(—2022.12)

【市政府工作机构】

市府办

主　任:林先龙(—2022.2)

徐宗南(2022.4—)

副主任:叶庾杰(—2022.4)

李良忠(—2022.4)

叶敦全

杨慎荣

周建伟

潘财军(—2022.8)

胡立羽(—2022.8)

李乐平(2022.8—)

谢海根(2022.8—)

吴芝龙(2022.8—)

党组书记:林先龙(—2022.2)

徐宗南(2022.4—)

党组成员:叶庾杰(—2022.4)

李良忠(—2022.4)

叶敦全

杨慎荣

周建伟

潘财军(—2022.8)

胡立羽(—2022.8)

李乐平(2022.8—)

谢海根(2022.8—)

发展和改革局

局　长:张晓峰(—2022.12)

吕　俊(2022.12—)

副局长:曾　强

项吴亮(—2022.12)

任　晔

马百庆(2022.8—)

廖卫阳(2022.8—)

张　博(2022.8—)

饶少军(2022.8—)

金夏鼎(挂职)

党组书记:张晓峰(—2022.12)

吕　俊(2022.12—)

党组副书记:任　晔

党组成员:曾　强

项吴亮(—2022.12)

马百庆(2022.8—)

廖卫阳(2022.8—)

张　博(2022.8—)

饶少军(2022.8—)

金夏鼎(挂职)

经济商务局(龙泉市中小企业局)

局　长:周光洪(2022.4—)

副局长:刘雪波

周美娟(—2022.8)

吴忠明(2022.8—)

刘　渊(2022.12—)

总工程师:吴忠明(—2022.8)

张菊花(2022.8—)

党组书记:周光洪(2022.4—)

党组成员:刘雪波

周美娟(—2022.8)
吴忠明
刘　渊(2022.12—)

教育局

局　长:曾国健
副局长:叶志鹏
王少燕
王　辉
党委书记:曾国健
党委委员:叶志鹏
王　辉
林　峰

科学技术局

局　长:周品旺
副局长:刘　渊
李　平
党组书记:周品旺
党组成员:李　平
刘　渊
季丽友

产业创新服务中心

主　任:季丽友

公安局

局　长:吴华军
副局长:杨孔发(—2022.4)
徐起金
季明龙(—2022.8)
林　俊(2022.8—)
董国栋(2022.8—)
副政委:徐樟明(—2022.8)
何伟高
政治处主任:陈志斌
交通警察大队大队长:
林　俊(—2022.8)
交通警察大队教导员:
吴遇有
书　记:吴华军
副书记:杨孔发(—2022.4)
林　俊(2022.8—)
党委成员:蔡道高(—2022.8)
徐樟明(—2022.8)
陈志斌
何伟高
徐起金
季明龙(—2022.8)
保留副科级:吴杨敏
李汉清
蒋一豪

民政局

局　长:张　平
副局长:季向平
何伟俊
党组书记:张　平
党组副书记:(空缺)
党组成员:季向平
何伟俊

司法局

局　长:洪一浩(—2022.4)
杨孔发(2022.4—)
副局长:叶必忠
江建美
华志平(—2022.12)
党组书记:洪一浩(—2022.4)
杨孔发(2022.4—)
党组副书记:叶必忠
党组成员:江建美
华志平(—2022.12)

财政局

局　长:林晓军(2022.4—)
副局长:商越敏(—2022.8)
邵仲昕(—2022.8)
杨春花
张云英(2022.8—)
总会计师:张云英(—2022.8)
徐　丽(2022.8—)
财政监督局局长(高配副科):
朱光泉
党组书记:林晓军(2022.4—)
党组副书记:商越敏(—2022.8)
党组成员:邵仲昕(—2022.8)
杨春花
张云英
朱光泉
保留正科级:邵仲昕(—2022.8)

人力资源和社会保障局

局　长:周光洪(—2022.4)
项伟剑(2022.4—)
副局长:包伟明
周欧蕾
社会保险事业服务中心主任:
姜旭彤
党组书记:周光洪(—2022.4)
项伟剑(2022.4—)
党组成员:包伟明
周欧蕾
姜旭彤

自然资源和规划局

局　长:余海清
副局长:张志勇
柳伟明
李福兴
党委书记:余海清
党委委员:张志勇
柳伟明
李福兴
赵利龙
吴伟健
不动产登记中心主任:
胡萃利

住房和城乡建设局

局　长:付建伟(—2022.4)
叶庾杰(2022.4—)
副局长:叶培进
龚华锋(2022.12—)
李乐平(—2022.8)
王　浩
陈铁峰(2022.12—)
总工程师:吴　迪(2022.8—)
党组书记:付建伟(—2022.4)
叶庾杰(2022.4—)
党组成员:叶培进
李乐平(—2022.8)
王　浩
胡卫青(—2022.8)
陈铁峰(2022.12—)
保留副科级:胡卫青(—2022.8)

交通运输局
局　长：林晓军（—2022.4）
　　　魏　平（2022.4—）
副局长：李林涛
　　　谢海根（—2022.8）
　　　柳春峰
　　　毛义文（2022.12—）
总工程师：姜　浩
交通战备办公室专职副主任：
　　　方维强
党组书记：林晓军（—2022.4）
　　　魏　平（2022.4—）
党组成员：李林涛
　　　谢海根（—2022.8）
　　　姜　浩
　　　柳春峰
　　　叶新忠
交通运输行政执法队专职副队长：
　　　叶新忠
交通运输发展中心主任：
　　　周裕淼（2022.8—）
水利局
局　长：曾春一
副局长：林宗德
总工程师：管为平
党组书记：曾春一
党组副书记：林宗德
党组成员：管为平
　　　叶华平
农业农村局
局　长：季向阳
副局长：潘余海
　　　林德永
　　　吴芝龙（—2022.8）
　　　刘美菊（2022.12—）
　　　曾光新（2022.8—）
总农艺师：叶松生（—2022.12）
　　　金　辉（2022.12—）
农业综合执法队专职副大队长：
　　　曾光新
党组书记：季向阳
党组副书记：潘余海
党组成员：叶松生（—2022.12）
　　　林德永
　　　吴芝龙（—2022.8）
　　　刘美菊（2022.12—）
　　　曾光新
　　　金　辉（2022.12—）
林业局
局　长：黄培松
副局长：尹　斌
　　　吕建勇
　　　王　军（2022.12—）
党组书记：黄培松
党组成员：林　波
　　　吕建勇
　　　叶茂平（—2022.12）
　　　王　军（2022.12—）
总工程师：林　波
防火办主任：叶茂平（—2022.12）
文化和广电旅游体育局
局　长：胡武海（—2022.8）
　　　蓝幸杏（2022.8—）
副局长：潘水平
　　　毛金廷（—2022.8）
　　　赖　俊
党组书记：胡武海（—2022.8）
　　　蓝幸杏（2022.8—）
党组副书记：毛金廷（—2022.8）
党组成员：潘水平
　　　赖　俊
　　　吴明俊（2022.8—）
文化市场综合行政执法队专职副队长：
　　　季今晨
文物保护中心副主任：
　　　吴明俊（2022.8—）
卫生健康局
局　长：胡盛锋
副局长：钟积水
　　　叶华荣（—2022.12）
　　　徐月霞
党委书记：胡盛锋
党委副书记：钟积水
党委委员：叶华荣（—2022.12）
　　　徐月霞
计生协会专职副会长：
　　　叶华荣（—2022.12）
退役军人事务局
局　长：陈齐军
副局长：季清海
　　　季　瑜
党组书记：陈齐军
党组成员：季清海
　　　季　瑜
保留正科级：季瑜
应急管理局
局　长：骆营彪
副局长：林必力
　　　管　乐
　　　毛义文（—2022.12）
总工程师：钟王林
书　记：骆营彪（2021.8—）
党委委员：林必力
　　　管　乐
　　　毛义文（—2022.12）
审计局
局　长：夏　卫
副局长：余盛宽
　　　任永红
书　记：夏　卫
党组成员：余盛宽
　　　任永红
　　　郑小武
　　　刘滟珍
总审计师：郑小武
市场监督管理局
局　长：季岩平（—2022.4）
　　　李良忠（2022.4—）
副局长：毛建伟（—2022.12）
　　　叶淼军（2022.12—）
　　　李浙龙（—2022.12）
　　　徐志伟（2022.12—）
　　　林　俊（—2022.8）
　　　黄为华（2022.12—）

党组书记：季岩平（—2022.4）
李良忠（2022.4—）
党组成员：毛建伟（—2022.12）
叶淼军（2022.12—）
李浙龙（—2022.12）
徐志伟（2022.12—）
林　俊（—2022.8）
黄为华（2022.12—）
市场监管综合行政执法队
专职副队长：连秋荣

国有资产监督管理办公室

主　任：吴　敏（—2022.4）
林晓军（2022.4—）
副主任：陈正松
总会计师：章俊武
党委书记：吴　敏（—2022.4）
林晓军（2022.4—）
党委委员：陈正松
章俊武

统计局

局　长：朱秀亮
副局长：王　萍（—2022.12）
周　涛（2022.12—）
总统计师：龚荣芬（—2022.12）
陈许法（2022.12—）
党组书记：朱秀亮
党组成员：王　萍（—2022.12）
龚荣芬（—2022.12）
陈许法
社会经济调查队队长：
陈许法（—2022.12）

医疗保障局

局　长：庄承玲
副局长：陆明杭
党组书记：刘朝友
党组成员：陆明杭

综合行政执法局

局　长：蔡章辉
副局长：金建武
陈志敏
方浩平
党组书记：蔡章辉
党组副书记：金建武
党组成员：陈志敏
方浩平

青瓷宝剑产业局

局　长：邱张平（2022.4—）
副局长：邱张平（—2022.4）
钟马馨
党组书记：邱张平（2022.4—）
党组成员：邱张平
叶永平
青瓷宝剑产业服务中心主任：叶永平

丽水市生态环境局龙泉分局

局　长：李小龙（—2022.12）
副局长：邱水强
项朝友
总工程师：吴　慧
专职副队长：张军伟
党组书记：李小龙（—2022.12）
党组成员：邱水强
项朝友
吴　慧
张军伟

邮政管理局

副局长：季金伟

丽水生态产业集聚区龙泉分区（浙江龙泉经济开发区）管理委员会

主　任（浙江龙泉—萧山山海协作产业园管理委员会常务副主任）：
徐宗南（—2022.4）
周光洪（2022.4—）
副主任（浙江龙泉—萧山山海协作产业园管理委员会副主任）：
项少艳
张　伟
专职副主任（浙江龙泉—萧山山海协作产业园管理委员会专职副主任）：
郑　魁
周　涛（—2022.12）
钟剑波（—2022.8）
总工程师：徐志伟（—2022.12）
生态产业服务中心主任：
杨　虹（2022.8—）
书　记：金伟君
副书记：徐宗南（—2022.4）
周光洪（2022.4—）
项少艳
党工委委员：郑　魁
张　伟
周　涛（—2022.12）
徐志伟（—2022.12）
钟章华
杨　虹（2022.8—）

【龙泉市人民法院】

院　长：叶爱英
副院长：郑向东（—2022.6）
吴新宇
陈国树
吴孝龙（2022.6—）
毛向东（2022.6—）
钟连福（2022.12—）挂职
政治部主任：姜伟忠
审判委员会专职委员：
邓雪蓉（—2022.6）
徐科敏
执行局局长（高配副科）：
陈国树（—2022.12）
党组书记：叶爱英
党组成员：黄亚荣（—2022.8）
吴新宇
姜伟忠
邓雪蓉（—2022.8）
陈国树
吴孝龙（2022.6—）
毛向东（2022.6—）
钟连福（2022.12—）挂职

【龙泉市人民检察院】

检察长：周　翔
副检察长：吴孝龙（—2022.7）
程建勇（2022.7—）
熊旭红
王庆生
王　伟

政治部主任：王　乐
检察委员会专职委员：林　晶
党组书记：周　翔
党组副书记：吴孝龙（—2022.6）
　　　　程建勇（2022.6—）
党组成员：钟祥奎
　　　　王庆生
　　　　王　伟
　　　　熊旭红
　　　　王　乐

【龙泉市人民武装部】

部　长：葛基传（—2022.12）
　　　　李洪光（2022.12—）
政治委员：廖卫民
副部长：季　俊

【群众团体】

总工会

主　席：曾高平（—2022.8）
　　　　李小龙（2022.12—）
副主席：李利珺
　　　　李苏敏
党组书记：曾高平（—2022.8）
　　　　李小龙（2022.12—）
党组成员：李利珺
　　　　李苏敏

共青团龙泉市委

书　记：兰雪飞
副书记：潘贤波
　　　　周　杰（2022.12—）

妇女联合会

主　席：周池梅（—2022.4）
　　　　曾　云（2022.12—）
副主席：李伟娟
　　　　曾　云（—2022.12）
　　　　龚荣芬（2022.12—）
党组书记：周池梅（—2022.4）
　　　　曾　云（2022.12—）
党组成员：李伟娟
　　　　曾　云（—2022.12）
　　　　龚荣芬（2022.12—）
　　　　潘芳红
保留正科级：曾　云（—2022.12）

文学艺术界联合会

主　席：杜作秀
党组书记：杜作秀
党组成员：连国芬

工商业联合会（总商会）

主席、会长：连浩松（—2022.6）
　　　　陈庆华（2022.6—）
副主席（副会长）：周火松
副主席（副会长）：李　强
党组书记：桂　滨
党组成员：周火松
　　　　李　强

科学技术协会

主　席：郑夏来（—2022.4）
　　　　季岩平（2022.4—）
党组书记：金建满（—2022.4）
　　　　季岩平（2022.4—）
党组成员：季慧伟（—2022.12）
　　　　龚建胜（2022.12—）
副主席：季慧伟（—2022.12）
　　　　龚建胜（2022.12—）

残疾人联合会

党组书记：胡龙军
理事长：李文英
党组成员、副理事长：邝　捷

红十字会

会　长：孔金峰
常务副会长：张晓芳
党组书记：张晓芳

【市属事业单位】

市委党校

校　长：潘光明
常务副校长：项　敏
教育长：项庆标
副校长：杨素馨
党委书记：项　敏
党委委员：项庆标
　　　　杨素馨

档案馆

馆　长：万莉莉（—2022.4）
　　　　王卫东（2022.8—）
副馆长：钱照武
　　　　徐菊霞
党组书记：万莉莉（—2022.4）
　　　　王卫东（2022.8—）
党组成员：钱照武
　　　　徐菊霞

移民工作中心

主　任：翁远先
党组书记：翁远先

供销社

理事会主任：范建伟（—2022.8）
　　　　吴谨杰（2022.8—）
理事会副主任：季利民
　　　　王伟东
　　　　周伟元
党委书记：范建伟（—2022.8）
　　　　吴谨杰（2022.8—）
党委委员：季利民
　　　　周伟元
　　　　王伟东

行政服务中心

主　任：周建敏
副主任：龚建胜（—2022.12）
　　　　周世娟
　　　　项吴亮（2022.12—）
副书记：周建敏
党组成员：龚建胜（—2022.12）
　　　　周世娟

丽水市住房公积金管理中心龙泉分中心

主　任：管忠新
保留正科级：管忠新
保留副科级：金永元

融媒体中心

主　任：张　震（2022.8—）
副主任：姜爱华
　　　　潘一小
总工程师：潘　宣
党组书记：张　震（2022.8—）
党组成员：项　敏
　　　　姜爱华
　　　　潘　宣

机关事务保障中心

主　任：徐一桂（—2022.8）

　　　郭　健（2022.8—）

党组书记：徐一桂（—2022.8）

　　　　郭　健（2022.8—）

原龙泉市机关事务管理局党组成员、副局长：叶继清（—2022.8）

党组成员：钟鸣亮

　　　　刘松伟（2022.8—）

副主任：钟鸣亮

　　　刘松伟（2022.8—）

大数据发展中心

主　任：卢劲松（—2022.4）

副主任：林卫中

　　　叶　俊

党组成员：林卫中

　　　　叶　俊

经济合作交流中心

主　任：蒋伟平（—2022.8）

副主任：叶紫燕

　　　刘松伟（—2022.8）

　　　徐　强（2022.8—）

　　　商浩伟（挂职）

党组书记：蒋伟平（—2022.8）

党组成员：叶紫燕

　　　　刘松伟（—2022.8）

　　　　徐　强（2022.8—）

　　　　商浩伟（挂职）

钱江源—百山祖国家公园龙泉保护中心

主　任：（空缺）

副主任：季新良

　　　余　英

　　　叶立新

党组书记：李先顶

党组成员：季新良

　　　　余　英

土地房屋征收与储备中心

主　任：卓敬良

书　记：陈维平（—2022.12）

　　　张志伟（2022.12—）

党组成员、副主任：汪　伟

浙江开放大学龙泉学院

校　长：季华欣

项目建设服务中心

主　任：马百庆（2022.8—）

副主任：马百庆（—2022.8）

　　　瞿茂荣（—2022.12）

　　　廖卫阳（—2022.8）

　　　张　博（—2022.8）

党组成员：马百庆（—2022.8）

　　　　廖卫阳（—2022.8）

　　　　张　博（—2022.8）

金融发展中心

主　任：叶　纬

副主任：洪　军

　　　叶学仪（2022.8—）

党组书记：叶　纬

党组成员：洪　军

　　　　叶学仪（2022.8—）

青瓷宝剑产业服务中心

主　任：叶永平

农业农村产业服务中心

副主任：吴炳炎

　　　骆驰宇

　　　金　辉（—2022.12）

总农艺师：叶庆胜

党组成员：吴炳炎

　　　　骆驰宇

　　　　金　辉（—2022.12）

　　　　叶庆胜

城市建设开发中心

副主任：胡卫青（2022.8—）

　　　张金树（2022.8—）

党组成员：胡卫青（2022.8—）

　　　　张金树（2022.8—）

社会治理中心

常务副主任：梅舒伟（2022.12—）

副主任：季　健（2022.12—）

党组副书记：梅舒伟（2022.12—）

党组成员：季　健（2022.12—）

【市属企业单位】

医药资产管理有限公司

董事长：袁灵丰（—2022.8）

龙泉市国资控股有限公司

副总经理：留　丹（2022.8—）

　　　　周　剑（2022.12—）

总会计师：田慧秋（2022.12—）

龙泉市医药资产管理有限公司

董事长：袁灵丰（2022.8—）

龙泉市城市建设发展集团有限公司

总经理：胡立羽（2022.8—）

副总经理：毛晓明（2022.12—）

纪委书记：管晓帆（2022.12—）

总工程师：郑重亮（2022.12—）

龙泉市文化旅游投资发展股份有限公司

董事长：范建伟（2022.8—）

副总经理：吴希玮（2022.12—）

龙泉市两山投资发展集团有限公司

总经理：郭学诚（2022.8—）

副总经理：谢柳依（2022.12—）

浙江龙泉经济开发区集团有限公司

总经理：钟剑波（2022.8—）

副总经理：吴昌贵（2022.12—）

　　　　项小芬（2022.12—）

【市管非直属事业单位】

人民医院

副院长：徐　宇

　　　周小庆（—2022.12）

　　　曹　卓

　　　周永海

　　　汤　慧

　　　张东伟

　　　潘晓荣

　　　周　翔

党委书记：方炳木（—2022.12）

党委副书记：徐　宇

中医院

党委书记：李晓珍

党委副书记、院长：蒋加强

龙泉第一中学

校　长：林　峰

副校长：徐建军

　　　潜银亮

连东初
党总支书记：林　峰
党总支副书记：章　晖
中等职业学校
校　长：张成勇
副校长：陈建敏
龚君艳
陈颖慧
季明华
党委书记：张成勇
党委委员：陈建敏
龚君艳
季明华
蒋雅萍
浙大中学
校　长：周光辉
副校长：兰盛华
陈祝斌
范荣富

【垂直管理部门】
国家统计局龙泉调查队
队　长：柳　宝
副队长：涂韶军
纪检组组长：徐祖波
党组书记：柳宝
党组成员：涂韶军
徐祖波
丽水海关查检二科
科　长：季少华
副科长：徐　旸
国家税务总局龙泉市税务局
局　长：胡来安
副局长：项旭明（—2022.7）
夏永平
李志光
郭家伟
纪检组组长：赖华杰
中国邮政集团有限公司浙江省龙泉市分公司
总经理：廖铁铮
副总经理：连剑伟
张鑫乐（—2022.9）
叶永付（2022.9—）
党委书记：廖铁铮
纪委书记：张鑫乐（—2022.9）
叶永付（2022.9—）
党委成员：连剑伟
吴　健
气象局
局　长：刘伟儿
副局长：何建成（—2022.11）
方江英
罗骏华（2022.11—）
党组书记：刘伟儿
党组成员：方江英
王亚茜（—2022.11）
罗骏华（2022.11—）
烟草专卖局
局长、经理：章建军（2022.3—）
副局长：季必平
副经理：傅臻宇
党组书记：章建军（2022.3—）
党组成员：季必平
傅臻宇
丽水银保监分局龙泉监管组
副组长（主持工作）：朱邦建
中国人民银行龙泉市支行
行　长：汤晓元
副行长：周尔华
汪朝晖
党组书记：汤晓元
党组成员：周尔华
汪朝晖
工商银行龙泉支行
行　长：葛建华（—2022.12）
胡健来（2022.12—）
副行长：雷　华
管明俊
张丽春
党总支书记：葛建华（—2022.12）
胡健来（2022.12—）
农业银行龙泉支行
行　长：吴德龙
副行长：陈林怡
陶学梅（—2022.8）
吴　伟（2022.12—）
党委书记：吴德龙
纪委书记：宋振华（—2022.6）
周夏松（2022.6—）
中国银行龙泉市支行
行　长：邓　琳（—2022.8）
毛　祺（2022.10—）
副行长：方　乐（—2022.10）
李　丹
蔡献朝（2022.10—）
党总支书记：邓　琳（—2022.8）
毛　祺（2022.10—）
中国建设银行股份有限公司龙泉支行
行　长：李志成（2022.1—）
副行长：周　婵
项晓峰
李志成（—2022.1）
党总支书记：李志成（2022.1—）
浙江龙泉农村商业银行股份有限公司
董事长：陈义达
行　长：刘紫波
监事长：陈　晓
副行长：汤伟强（—2022.5）
吴俊文（2022.5—）
金小红
党委书记：陈义达
纪检书记：陈　晓
邮政储蓄银行龙泉支行
行　长：柳　翀（2022.1—）
副行长：柳　翀（—2022.1）
黄玉叶（—2022.7）
王　潇（2022.7—）
国网龙泉市供电公司
总经理、党委副书记：汤俊峰
党委副书记、副总经理：
傅　颖（—2022.8）
陈扬哲（2022.8—）
四级职员：胡　标
党委委员、纪委书记、工会主席：杨　慧
副总经理、党委委员：凌　军

毛正回
副科级协理员：陈　武
杨文杰

中石化龙泉分公司

经　理：季爱俊（—2022.3）
季　刚（2022.3—）

中国电信股份有限公司龙泉分公司

总经理：周瑞晨（—2022.11）
卓敬东（2022.11—）
副总经理：沈忱（—2022.5）
兰建龙（2022.5—）
吴璟瑜
党组书记：周瑞晨（—2022.11）
卓敬东（2022.11—）
党组成员：吴璟瑜
沈　忱（—2022.5）
兰建龙
朱俊鹏

中国移动通信集团浙江有限公司龙泉分公司

总经理：毛春良（2022.12—）
副总经理：胡观华
张志勇
周昌盛（2022.12—）
夏　青（2022.8—）

联通公司龙泉分公司

总经理：郑贤波
副总经理：叶伟勇（—2022.4）
施维妙（2022.4—）

丽水传输局龙泉分局

局　长（主任）：钱林强
副局长：王绍平（2022.12—）

中国人保财险龙泉支公司

总经理：徐　嘉
副总经理：陈　靓

中华联合财产保险公司龙泉支公司

总经理：叶　鹰

【乡镇（街道）领导名录】

龙渊街道

党工委书记：张启平（—2022.4）
陈伟平（2022.8—）
主　任：彭小军（—2022.8）
林　俊（2022.8—）
人大工委主任：叶苏婧
人大工委副主任：张观秀
党工委副书记：彭小军（—2022.8）
林　俊（2022.8—）
瞿璟峰
纪工委书记、监察办主任：周相珍
常务副主任：叶　莉
党工委委员：周相珍
叶　莉
季毛俊（人武部长）
吴卫东（统战）
项火培（宣传）
叶培平（组织）
邹国锋
管筛筤（派出所所长）
副主任：毛传林
梅卫东
曾　宇

西街街道

党工委书记：李小春（—2022.4）
张　伟（2022.8—）
主　任：张　伟（—2022.8）
方　岳（2022.8—）
人大工委主任：张金树（—2022.8）
余良德（2022.12—）
党工委副书记：张　伟（—2022.8）
方　岳（2022.8—）
陈良平
纪工委书记、监察办主任：项大华
常务副主任：周光有
党工委委员：周光有
项大华
刘伦明（统战）
潘　枫（宣传）
毛剑斌（组织）
李海涛（派出所所长）
张光伟（人武部长）
周泽成
人大工委副主任：李旭军
副主任：何冬花
毛亚云
方慧萍

剑池街道

党工委书记：翁积文（—2022.4）
余盛云（2022.8—）
主　任：郑国民
人大工委主任：叶兰华
党工委副书记：杨　华
纪工委书记、监察办主任：吴发扬
常务副主任：梅观龙
党工委委员：吴发扬
梅观龙
吴孟秋（统战）
方廷树
连巧平（宣传）
余展（人武部长）
李和敏（派出所所长）
金　鹏（组织）
人大工委副主任：叶祖深
副主任：徐起金
管俊莉
赖苏谡

砫石街道

党工委书记：杨惠民
主　任：丁金伟
人大工委主任：毛秀梅
党工委副书记：翁正浩
纪工委书记、监察办主任：连倩晖
常务副主任：徐奇平
党工委委员：连倩晖
徐奇平
毛建军（统战）
杨建平（派出所所长）
王文武（宣传）
杨　勇（人武部部长）
叶云飞（组织）
人大工委副主任：潘思源
副主任：刘远波
张左娟
胡存有

八都镇

党委书记：徐锡宏

镇　长：郑绍武
人大主席：方　岳（—2022.8）
　　　　　蒋伟平（2022.8—）
党委副书记：郑绍武
　　　　　　李朝东
　　　　　　叶永华（—2022.12）
纪委书记、监察办主任：吴玉芳
常务副镇长：黄华森
党委委员：吴玉芳
　　　　　黄华森
　　　　　胡伟君（人武部部长）
　　　　　曾　理（统战）
　　　　　江　星（宣传）
　　　　　雷　斌（组织）
人大副主席：季旭雄
副镇长：陆庆军
　　　　吴利花
　　　　梁伟清
　　　　吴增伟

上垟镇

党委书记：吴伟俊
镇　长：叶　俊
人大主席：杨　宇（—2022.8）
　　　　　张　韬（2022.12—）
党委副书记：叶　俊
　　　　　　连福龙
　　　　　　刘　煜（—2022.12）
纪委书记、监察办主任：刘继军
常务副镇长：彭兴龙
党委委员：刘继军
　　　　　彭兴龙
　　　　　周思雯（组织）
　　　　　侯世昌（宣传）
　　　　　刘美玲（统战）
　　　　　余伟卫（人武部部长）
　　　　　蒋路琦
人大副主席：熊　军
副镇长：吴德斌
　　　　张乐翩

青瓷小镇管委会

主　任：吴伟俊
副主任：罗　彬
　　　　叶　虹
　　　　方益彬
党工委书记：诸葛春杰（—2022.1）
党工委副书记（兼）：徐锡宏
　　　　　　　　　　包炳炎
　　　　　　　　　　蓝幸杏
　　　　　　　　　　吴伟俊

小梅镇

党委书记：叶　龙
镇　长：汤如库
人大主席：周英和
党委副书记：汤如库
　　　　　　张福回
纪委书记、监察办主任：沈笑峰
党委委员：沈笑峰
　　　　　梅雪晖（派出所所长）
　　　　　钟林赟（组织）
　　　　　叶芳华（宣传）
　　　　　殷声志（统战）
　　　　　吴正龙（人武部部长）
副镇长：雷叶一舟
　　　　何江龙
　　　　雷　颖

查田镇

党委书记：魏　平（—2022.4）
　　　　　彭小军（2022.8—）
镇　长：吴臻华
人大主席：龚华锋（—2022.12）
　　　　　叶永华（2022.12—）
党委副书记：吴臻华
　　　　　　曾光义
　　　　　　谭海军（—2022.8）
纪委书记、监察办主任：刘　斌
常务副镇长：张家伟
党委委员：刘　斌
　　　　　张家伟
　　　　　巫素敏（组织）
　　　　　叶　磊（宣传）
　　　　　熊军华（人武部部长）
　　　　　吴冰寒（统战）
人大副主席：李健强
副镇长：刘先荣
　　　　徐　萍

屏南镇

党委书记：陈伟平（—2022.8）
镇　长：杨金福
人大主席：周慧文
党委副书记：杨金福
　　　　　　季　健（—2022.12）
纪委书记、监察办主任：汤海涛
常务副镇长：李伯韬
党委委员：汤海涛
　　　　　李伯韬
　　　　　傅　梅（组织）
　　　　　徐晨煜（宣统）
　　　　　周子龙（人武部部长）
副镇长：张伟俊
　　　　翁琳慧

安仁镇

党委书记：张　炜
镇　长：练　敏
人大主席：张志伟（—2022.12）
　　　　　叶正方（2022.12—）
党委副书记：练　敏
　　　　　　叶晓敏
　　　　　　叶正方（—2022.12）
　　　　　　陈春江（挂职）
纪委书记、监察办主任：曹和松
常务副镇长：金小伟
党委委员：曹和松
　　　　　金小伟
　　　　　项　彪（宣传）
　　　　　徐图翔（统战）
　　　　　周　琦（组织）
　　　　　何章根（人武部部长）
　　　　　黄林俊（派出所所长）
人大副主席：叶火菊
副镇长：刘国龙
　　　　周建元
　　　　练景军
　　　　全丽娟
　　　　翁大伟（挂职）

锦溪镇

党委书记：杨华锋

镇　长：潘　立

人大主席：徐龙伟

党委副书记：潘　立

徐　建

纪委书记、监察办主任：毛仁平

常务副镇长：徐　颐

党委委员：张启长（派出所所长）

张根荣（人武部部长）

陈慧欣（组织）

洪　凯（统宣）

副镇长：余盛伟

罗雅丹

吴伟锋

住龙镇

党委书记：余盛云（—2022.8）

潘财军（2022.8—）

镇　长：江雨航

人大主席：刘美菊（—2022.12）

刘　煜（2022.12—）

党委副书记：江雨航

季菁萍

季卫民（挂职）

纪委书记、监察办主任：周雅蕾

常务副镇长：周卫平

党委委员：周雅蕾

周卫平

张　婧（组织）

柯土荣（宣统）

吴盛良（人武部部长）

副镇长：项显兴

管朝魁

兰巨乡

党委书记：吴明娟

乡　长：季文杰

人大主席：孙　峰

党委副书记：季文杰

张建林

曾春亮

周天乐（挂职）

纪委书记、监察办主任：张志军

常务副乡长：刘　翔

党委委员：张志军

刘　翔

刘俊伟（人武部部长）

吴佳玙（组织）

潘燕飞（宣传）

张金根（统战）

人大副主席：许建新

副乡长：汤旭日

吴华辉

雷后焕

宝溪乡

党委书记：包炳炎

乡　长：侯兴怡

人大主席：付良斌

党委副书记：侯兴怡

王　岗

纪委书记、监察办主任：陈　宇

常务副乡长：兰　俊

党委委员：陈　宇

兰　俊

张平平（宣统）

邓叶飞（组织）

金伟清（人武部部长）

副乡长：姜肖瑜

龙南乡

党委书记：叶龙森

乡　长：林少平

人大主席：项和平

党委副书记：林少平

何小珍

纪委书记、监察办主任：廖紫敬

常务副乡长：张翔翔

党委委员：廖紫敬

张翔翔

周振培（组织）

吕晓俊（宣传）

祝红曼（统战）

何章根（人武部部长）

毛鑫根（人武部部长）

副乡长：吴海锋

李元超

兰周杰

道太乡

党委书记：吕　俊（—2022.12）

乡　长：林　琪

人大主席：朱福军

党委副书记：周　展

纪委书记、监察办主任：叶卫平

常务副乡长：毛卫英

党委委员：叶卫平

毛卫英

柳世明

徐　来（派出所所长）

赖　东

刘　莹

副乡长：兰小丽

胡庆龙

韩　峰

岩樟乡

党委书记：季时斌（—2022.12）

乡　长：胡观胜

人大主席：刘卫元

党委副书记：胡观胜

钟建平

纪委书记、监察办主任：方　伟

常务副乡长：杨晓芬

党委委员：方　伟

杨晓芬

毛俊乐（组织）

谢鸿鸣（人武部部长）

副乡长：陈　婕

城北乡

书　记：李文秀

乡　长：张兆军（—2022.12）

人大主席：刘　平

党委副书记：张兆军（—2022.12）

张兆兴

纪委书记、监察办主任：邹　笑

常务副乡长：李光海

党委委员：邹　笑

李光海

周　鹏（组织）

王刘媛（宣统）

叶丽媛

副乡长：刘　羽
　　　　吴　宣

竹垟畲族乡

党委书记：蓝幸杏（—2022.8）
乡　长：钟建飞
人大主席：张海明
党委副书记：钟建飞
　　　　　　徐志勇
纪委书记、监察办主任：林　峰
常务副乡长：吴金美
　　　　　　林　峰
　　　　　　吴金美
党委委员：吴　宣（人武部部长）
　　　　　朱　翔（组织）
　　　　　余丹阳（宣统）
　　　　　周晓峻（人武部部长）
副乡长：钟小伟

（刘铭伟　叶龙伟）

2022 年龙泉市见义勇为先进人物

2022 年度龙泉市见义勇为先进人物一览表

（2022 年 12 月 27 日，龙泉市人民政府记功奖励）

表38

序号	姓　名	单位/身份
1	李林锦	浙江省缙云县东渡镇板举村村民，龙泉新华人寿保险股份有限公司员工
2	徐伟伟	龙泉市龙渊街道苍松路居民，国家电网普耀电力有限公司员工
3	吴国庆	龙泉市龙渊街道沙潭村村民，长运公司汽车检测站员工
4	周叶春	龙泉市西街街道新华街居民，龙泉市第四中学老师
5	林建树	浙江省瑞安市汀田街道居民，浙江华峰物流有限公司员工
6	林松山	湖北省恩施自治州宣恩县沙道镇老岔村村民，浙江华峰物流有限公司员工
7	丁振伟	河北省郸城县白马镇村民，郸城县一刘昌泰物流公司员工

（周璐琳）

附　录

重要文献

深入推进“人产城”融合发展 全面建设共同富裕的现代化品质龙泉

——在市委十五届二次全体(扩大)会议上的报告

(2022年9月20日)

中共龙泉市委书记　王忠宝

这次会议的主要任务是,以习近平新时代中国特色社会主义思想为指导,深入贯彻落实省第十五次党代会、丽水市第五次党代会和丽水市委五届二次全会部署要求,审议通过《中共龙泉市委关于建设青年发展型城市的决定》《中共龙泉市委工作规则》,动员全市上下以永做新时代“挺进师”的奋进姿态,坚毅笃行“丽水之干”,大力弘扬践行新时代“龙泉精神”,深入推进“人产城”融合发展,全面建设共同富裕的现代化品质龙泉!

下面,我代表市委常委会向全会作报告。

一、全面领会“人产城”融合发展的重大意义

从传统的“产城人”融合发展转向现代的“人产城”融合发展,这绝不仅仅是三大“核心要素”次序的简单调整,其根本不同在于从经济逻辑回归人本逻辑、从生产导向转向生活导向、从空间重合升级到功能集成,昭示着城市发展逻辑的重大变革、发展理念的重大升级,需要从全局高度、历史维度、长远角度,准确把握“人产城”融合发展的核心要义、精神实质、丰富内涵。

(一)“人产城”融合发展是顺应时代发展的必然要求。党的十八大以来,习近平总书记对新型城镇化作出了一系列重大决策部署,特别指出要“推进以人为核心的新型城镇化”,为新时代城镇工作指明了发展方向、提供了根本遵循。中办、国办联合印发的《关于推进以县城为重要载体的城镇化建设的意见》,明确提出要坚持以人为核心推进新型城镇化,始终把满足人民美好生活需要作为工作的出发点和落脚点。省第十五次党代会明确提出,要深入实施以人为核心的新型城镇化战略和乡村振兴战略,加快建设青年发展型省份。丽水市第五

次党代会特别提出要建设青年发展型城市，并在市委五届二次全会上作出决定，进一步明确要按照“人产城”融合发展的原则，统筹城市未来发展空间。龙泉市第十五次党代会吹响了“全面复兴剑瓷之都、奋力打造品质龙泉”的号角，作出了加快建设“六个品质城市”的战略部署，擘画了龙泉未来五年的美好蓝图。目前，我市城镇化率约为67.5%，城镇化率持续提升的空间变小、速度变缓，且大城市人口“虹吸效应”还在持续放大，城镇化率不断提升带来的人口红利逐渐减弱甚至消失。无论从贯彻上级部署要求而言，还是从龙泉自身发展阶段来讲，都要求我们必须尊重城镇化发展规律，更加关注人的需求，更加注重产业发展，更加重视城市建设，深入推进“人产城”融合发展，加快建设现代化品质龙泉。

（二）“人产城”融合发展是实现共同富裕的必由之路。中央赋予浙江高质量发展建设共同富裕示范区的光荣使命，省委赋予丽水创建革命老区共同富裕先行示范区的崭新定位，龙泉是全省山区26县和7个重点帮扶县之一、丽水地域面积最大县，在共同富裕上先行实践、勇探新路，这既是全面落实省委“两个先行”的内在要求，也是担纲丽水创建革命老区共同富裕先行示范区的职责所在。生活层面，我们必须把促进全体人民共同富裕摆在更加重要的战略位置，服务人的全面发展，实现物质富裕和精神富有。生产层面，我们必须把创新作为引领发展“第一动力”，打造高能级产业平台，实现从要素驱动向创新驱动跃迁。生态层面，我们必须最大限度地发挥龙泉得天独厚的生态优势，持续擦亮生态底色，把生态优势转化为发展胜势。我们要加快跨越式高质量发展，实现共同富裕，就必须突出“生活、生产、生态”相融共生，深入推进“人产城”融合发展，加快构建“红绿金”相得益彰的发展新格局，奋力打造山区共同富裕县域样板。

（三）“人产城”融合发展是满足群众期盼的必然选择。满足人民群众日益增长的美好生活需要，这是建设现代化品质龙泉的根本出发点和落脚点。近年来，龙泉先后荣膺国家历史文化名城、国家级生态示范区、国家森林城市、国家园林城市、国家卫生城市、全省首批大花园示范县等称号，但和人民群众日益增长的美好生活需要相比，还有较大差距。突出表现在城市功能发展不平衡不充分，教育、医疗、养老、托幼等优质公共服务供给仍然不足；产业规模偏小，企业效益低、创新能力弱等短板仍然较为突出；城市规划、建设、管理精细化水平不高，交通、市政等基础设施仍然不够完善，等等。这些问题短板的存在，较大程度制约了城市化发展进程，影响了品质龙泉建设成色。我们必须以深入推进“人产城”融合发展为路径，更好解决城市功能与群众需求不匹配、产业层次与就业渴求不匹配、城市空间与产业发展不匹配等系列问题，努力让城市更温暖、让产业更发达、让生活更美好。

二、全面把握“人产城”融合发展的总体要求

匠心铸就品质，品质引领未来。全面奋进现代化建设新征程，我们要秉承极致匠心，深入推进“人产城”融合发展，更加注重城市内涵挖掘、设施配套、功能提升，真正让品质成为主导城市发展的灵魂、推动城市发展的引擎。

（一）指导思想：以习近平新时代中国特色社会主义思想为指导，全面落实中央、省委、丽水市委系列决策部署要求，坚持以人民为中心、以产业为纽带、以城镇为载体，深入推进“人产城”融合发展，着力以人兴产、以人旺城，以产聚人、以产带城，以城留人、以城促产，全面建设共同富裕的现代化品质龙泉，为创建革命老区共同富裕先行示范区赋能助力。

（二）总体目标：坚持高水平规划、高标准建设、高层次发展、高效能治理，努力建设活力之城、实力之城、魅力之城，致力打造共同富裕的现代化品质龙泉。

——建设活力之城。经典文化圣地建设取得重大进展，以“剑瓷品质、极致匠心”为内核的新时代“龙泉精神”内化于心、外化于行。城乡居民收入保持较快增长，人的全生命周期公共服务优质共享。城市对青年更友好，青年在城市更有为。

——建设实力之城。绿水青山向金山银山的转化通道全面拓宽，GDP和GEP实现两个较快增长，其中GDP增速进入丽水第一方阵，GEP转化率逐年提升。创新体系更加健全，创新生态持续优化，创新能力显著增强，识才、爱才、用才、尊才蔚然成风。

——建设魅力之城。创成国家级生态文明建设示范县，实现“人、城、境、业”和谐统一。城市胸怀兼收并蓄，市场环境宽松开放，营商环境全省一流。以高铁高速为主干的现代交通网络更加完善，人流、物流、资金流、信息流充分奔涌。城市智治水平明显提高，城市运转更高效、更智慧。

（三）基本原则：以人为核心，加快推进新型城镇化建设，让人人都能有出彩机会，人人都能有序参与治

理，人人都能享有品质生活，人人都能切实感受温度，人人都能拥有归属认同。

——坚持全民共建，注重协调发展。秉承"人民城市人民建、人民城市为人民"理念，把"政府主导、市场主体、群众主力"原则贯穿城市规划、建设、治理全过程，充分激发人民群众的积极性、主动性、创造性。

——坚持产业为基，注重创新发展。牢固树立"工业为先、项目为王"理念，把产业振兴作为城市发展的主引擎、项目建设作为产业振兴的主支撑，集聚人才第一资源，激活创新第一动力，加快提升区域综合实力和竞争力。

——坚持匠心铸城，注重内涵发展。大力弘扬践行新时代"龙泉精神"，把"剑瓷品质、极致匠心"核心价值理念有机融入城市建设，坚持以文兴城，涵养城市气质，让城市建设更加精致、城市管理更加精细、城市治理更加精准。

——坚持乡村突围，注重均衡发展。立足乡村发展现状、资源禀赋、潜力空间，深化乡村集成改革，激活乡村多重价值，促进城乡要素双向流动，形成工农互促、城乡互补、全面融合、共同繁荣的城乡发展新格局。

——坚持生态优先，注重绿色发展。突出人与自然和谐共生，深入践行生态文明理念，积极探索生态产品价值实现多元路径，促进生活空间宜居适度、生产空间集约高效、生态空间山清水秀，建设"三生"融合的全域美丽大花园。

——坚持惠民为本，注重共享发展。牢固树立"发展为了人民、发展依靠人民"的发展理念，以人民需求为导向，以群众满意为目标，推动人的全生命周期公共服务优质共享，让百姓共享发展成果，不断提升人民群众的获得感、幸福感、安全感。

三、全面落实"人产城"融合发展的重点任务

"人产城"融合发展，这既是时代考题，也是发展命题，需要我们创新思维、振奋精神，精准聚焦、靶向发力，加快蹚出一条以"人产城"融合发展推进现代化品质龙泉建设的新路子。

（一）以"人"为核心，建设勇立潮头、开放包容的活力之城。城市因人而生，因人而兴。要坚持以人兴产、以人旺城，充分考虑人的发展需求和生活体验，打造集聚人气、凝聚财气、汇聚商气的"强磁场"。

1.聚力推进思想解放。思想解放的深度，决定发展的速度。龙泉不沿边、不靠海，唯有解放思想、更新观念，以思想破冰引领行动突围，方能赢得先机，实现争先跨越。要破除"自我封闭"的山区意识，树立"大气开放"的向海胸襟。龙泉地处山区，长期以来，既涵养了"吃苦耐劳、坚韧不拔"的大山品格，但也同时存在"封闭保守、画地为牢"的狭隘观念。面对开放发展的时代大势，我们既要把大山品格传承好、发扬好，更要深挖"海上丝绸之路"内陆起始地的开放基因，把"开放包容、兼收并蓄"的沿海意识注入灵魂、融入血脉，以更加开明的观念、更加开放的视野，全面融入长三角，深度接轨海西区，致力打造内外联动、山海互济、立体融通的全方位开放格局。要破除"小进即满"的安逸思想，树立"追求卓越"的赶超意识。当前，我们一些干部习惯纵向自己比、不愿与发达地区比，没有意识到"增速快不等于发展快，我们与发达地区的差距仍在持续扩大，可谓是标兵渐远；小成功不等于真成功，我们与同序列县市的差距正在加快缩小，可谓是追兵已至"。面对日趋激烈的区域竞争，我们要牢固树立"不进则退、慢进也是退"的危机意识，决不躺在过去的"功劳簿"上睡大觉，要打开思想"总阀门"，深挖根源找问题，对标先进谋跨越。要破除"因循守旧"的僵化思路，树立"创新求变"的变革思维。我们一些干部患有严重的思维惯性和路径依赖，办事情、干工作、做决策，动不动就说"上面没文件""领导没讲过""以前没干过"，没有规定不敢办、没有先例不肯办、没有纪要不愿办。面对开放创新的时代潮流，我们要坚决破除"上级没文的不敢想、过去没有的不敢提、别人没做的不敢干"这种现象，以改革的思维去突破，只要有利于龙泉长远发展的，就要大胆试、大胆闯。

2.聚力繁荣特色文化。龙泉独一无二的剑瓷文化，底蕴深厚的非遗文化、耕读文化、红色文化，这是龙泉发展的"根"和"魂"。要传承流淌千年生生不息的历史文脉，促进传统文化与都市文化交相辉映，历史人文与现代文明相得益彰。要以文塑形。深入实施文化基因解码工程，加强宋韵文化视角下的剑瓷文化研究，匠心推进一批历史街区、文化建筑、工业遗存保护开发利用，把更多"工业锈带"变为"创意秀带""文化秀带"。系统实施文化遗迹活化工程，健全历史文化资源名录体系和地理信息数据库，保护修缮古窑址、古码头、古村落等历史遗迹，建设非遗展示馆，让龙泉处处有历史，步步皆文化。要以文扬名。用足用好国家历史文化名城"金字招牌"，大力实施文化品牌推广工程，高标举办世界青瓷大会、重要节点城市"一城一主题"推广等系列活动，持续提升文化传播力、辐射力、影响力。全

领域、全视角、全方位推广运营“天下龙泉”品牌，深化与故宫博物院战略合作，开发“天下龙泉”专属产品，极致放大城市品牌效应，让更多客商慕名来龙泉，兴业在龙泉。要以文化人。大力弘扬践行浙西南革命精神、新时代“龙泉精神”，使之内化为龙泉人民的价值追求，外化为城市的独特气质。健全完善耕读文化学堂等多元文化阵地，精心实施城市书房、百姓健身房、游步道等文体项目，提标建设“15分钟阅读圈、健身圈、生活圈”，打造一座可阅读、可慢行、可感知的品质城市。深入践行社会主义核心价值观，组织开展“最美龙泉人”“最美家庭”等最美系列评选活动，致力打造文明蔚然成风、人文素养彰显的文明城市。

3.聚力促进富民增收。让农民钱袋子鼓起来，让农村集体富起来，这是共同富裕的“基础桩”。要坚持以人民为中心的发展思想，牢牢抓住富民增收这个根本，以共同富裕为导向，深化改革创新，让百姓生活越过越红火、越来越滋润。要激活强村富民新引擎。大力实施居民收入十年倍增计划，持续推广“八个万元”产业富民增收模式，联动实施科技强农、机械强农行动，培育壮大生态农业、农家乐（民宿）、文化旅游、直播电商等多元业态，加快打开居民收入增长新空间。深入实施村级集体经济巩固提升五年行动计划，创新运用村企联姻、飞地抱团、联动消薄等模式，促进集体收益合理分配、农民分成持续提高，形成“村强促民富、全民共同富”的良好局面。要打好“扩中”“提低”关键仗。优化中等收入群体发展扶持政策，提升高校毕业生、科研人员、技能人才、小微创业者、农创客等群体增收能力，减轻中等收入家庭支出压力，推动更多劳动者跨入中等收入群体行列。创新开发式、驻点式、开放式等帮促模式，综合运用产业培育、技术扶持、财税和信贷支持、资产和产权制度改革等扶持方式，帮助低收入群体自立自强，切实兜住民生“网底”。要稳住群众就业基本盘。发挥各类产业园区、小微企业园等平台作用，推动产业政策与就业政策协同联动，吸纳更多农业转移人口实现就业。盘活乡村闲置资源资产等，打造一批“共富工坊”，吸纳农村剩余劳动力和低收入农户就近就业。以提升劳动者技能水平、能力素质为核心，紧贴社会、产业、企业、个人发展需求，扎实开展职业技能培训，切实提高群众的增收致富能力。

4.聚力优化公共服务。城市有温度，幸福有质感。要从城市发展和群众需求出发，持续扩大优质公共服务供给，不断提升城市发展的民生温度、人民群众的幸福指数。要从学有所教迈向学有优教。落实落细“1+4+N”政策体系，持续深化市管校聘、绩效管理等教育领域综合改革，强力实施龙泉一中、龙泉浙大中学三年提质强校行动，职业教育、义务教育高质量发展三年行动计划，推进学前教育、义务教育、高中教育、职业教育全方位振兴发展，切实办好“家门口的好学校”。要从病有所医迈向病有良医。深入实施“健康龙泉2030”行动方案，加强与浙大二院、丽水市人民医院等交流合作，深化“省市县乡”四级联动医疗融合体和医共体建设，推动人民医院创“三乙”、中医院创“二甲”，培育一批扎根基层的“乡村好医生”，打造浙闽赣三省边际区域医疗中心。要从老有所养迈向老有颐养。增强公办养老机构服务能力，鼓励社会力量兴办养老机构，增加居家社区养老服务供给，构建医养护“一体化”健康养老新模式，全力打造“浙里康养”幸福颐养样板县。要从幼有所育迈向幼有善育。提升妇幼保健机构服务能力，完善公共场所母婴设施，发展成本可负担、方便可及的普惠托育和婴幼儿照护服务，支持幼儿园发展托幼一体化服务，探索新建小区配套建设托育服务中心，减轻生育养育费用负担，建设儿童友好城市。要从弱有所扶迈向弱有众扶。充分发挥“浙丽保”等多层次医疗保障作用，以最低生活保障、特困人员供养、受灾群众救助、残障人士帮扶为重点，形成以基本生活救助、专项社会救助、急难社会救助为主体，社会力量参与为补充，覆盖全面、分层分类、综合高效的社会救助格局。

5.聚力激发青春活力。青年是城市发展的希望，城市是青年圆梦的舞台。提交全会审议的《关于建设青年发展型城市的决定》，明确提出要把青年发展摆在全局工作更加突出的战略位置，推动青年与城市双向奔赴、青年发展与城市发展互促互进。要涵养城市青春气质。从城市总体定位、功能布局、产业发展、基础设施、公共服务等各个方面，充分考虑青年发展需求，塑造充满青春活力的城市界面、生活景观、视觉形象，打造青年社区、青年广场、深夜食堂、露天剧场等开放包容的多元场景，构建富有青春气息和创新活力的发展格局。要拓展青年发展空间。建设青年双创园、城市文化客厅等平台，打造一批成本低、要素全、便捷化、开放式的青创空间、众创空间、创新工坊，吸引“龙青”回归，吸纳“龙漂”涌入，广纳青年英才齐聚剑瓷之都。要助力青年就业创业。加大政府产业基金对青年创业的支持力度，推出“青创贷”“新生贷”等普惠金融产品，组织开展青年双创大赛、技能人才大赛、匠心人才评比等系列活动，倡导形成鼓励创新、宽容失败的创业创新文化，激励更多青年投身大众创业、万众创新。要促进青年安居乐业。迭代“1+N”人才科技新政，落实落细“支持青年创业创新十二条”等系列政策，为青年人才创新创业、住房安居、教育医疗、婚育赡养等提供一揽子服务，让青年人才全面融入城市。

（二）以“产”为关键，建设动能强劲、特色彰显的实力之城。城无产不强，民无产不富。要坚持以产聚人、以产带城，打造近悦远来的产业人才生态，推动产城空间融合整合、作用互促互补、发展相辅相成。

1.做大生态工业。工业是财富之源、就业之本、发展之基。要坚定不移实施工业强市发展战略，全面促进产业集聚、平台能级提升、企业发展壮大，推动生态工业提质增效，引领带动一、二、三产高质量融合发展。要推动产业集群发展。坚持以“链长制”为核心抓手，深耕10条重点产业链，培育壮大汽车零部件、剑瓷经典、竹木加工、健康医药、工程机械等战略性支柱产业，加快打造一批比较优势明显、就业容量大、带动能力强的百亿产业集群。大力实施“双招双引”战略性先导工程，全面建强“1+8+10”招商体系，精准绘制“产业招引地图”，加快引进一批旗舰型、龙头型、基地型项目，落地一批“小而优”“小而美”“小而强”的优质项目，聚力打造更富集聚度、更具竞争力的现代产业体系。要力推平台扩容提能。生态产业平台绝不是拿来炫耀的“光环”，而是省委省政府“一县一策”支持龙泉同步实现共同富裕的“关键一招”，必须举全市之力、聚全民之智，坚持行动导向型开发，一体推进规划编制设计、基础设施布局、招商项目谋划等各项工作，用最短的时间、最快的速度打造“万亩千亿”产业航母，全力构建既有绿水青山又有金山银山的空间形态，塑造人产城深度融合发展“金增长极”。构建完善“1+3+X”产业平台布局，推进八都溪坪、安仁昌文、砩石岭后等区块开发建设，形成以经济开发区为主平台，八都、安仁、查田等乡镇功能区为重要支撑，若干小微园为补充的产业发展新格局。要培育壮大工业主体。大力推进企业“数字化”“智能化”，深入实施“个转企、小升规、规改股、股上市”，着力培育一批“专精特新”企业、“链主型”企业，重点扶持一批在细分市场有竞争优势、成长性好、掌握核心技术的优质企业，加快形成大企业“顶天立地”、小企业“铺天盖地”的生动局面。

2.做强创新引擎。人才是第一资源，创新是第一动力。要坚定不移实施创新驱动发展战略，推动产业链、创新链、人才链、资金链多链融合发展，形成“小山城、大科技”的龙泉样板。要围绕产业链布局创新链。着眼汽车零部件、青瓷刀剑、食品药品、灵芝石斛等产业创新发展需求，提标建设浙西南科创基地，持续深化与浙江大学、浙江农林大学等高等院校合作，支持中国美院、景德镇陶瓷大学设立龙泉研究院，推动实体化运作，为产业创新发展提供强有力的科技支撑。要建强人才链支撑创新链。持续深化工程师协同创新中心建设，着力引进一批知名高校院所专家教授和创新团队。全面推广“揭榜挂帅”“赛马制”等模式，加紧攻克一批产业关键共性技术难关，助力企业向智能化、高端化转型。积极创建龙泉职业技术学院，加快培育一批技艺精湛、极致匠心的高技能人才，为产业创新发展提供强有力的智力支撑。要壮大资金链服务创新链。强化财政资金引导作用，鼓励更多民间资金流向科创领域，不断提高R&D经费占比。有效发挥产业基金“四两拨千斤”撬动作用，构筑覆盖科创企业生命全周期、成果转化全过程、产业发展全链条的科技金融体系，为产业创新发展提供强有力的资金支撑。

3.做精特色产业。青瓷宝剑、绿水青山是龙泉的家底和宝藏，必须深挖细掘、深耕细植，加快培育壮大宝剑、青瓷、灵芝、铁皮石斛等特色产业，促进“文化价值”“生态颜值”与“经济产值”共生共赢。要突出产业化发展。积极争取剑瓷产业融合创新试验区试点，高标谋划建设宝剑产业园，全力打造涵盖剑瓷全品类、全产业链的省级生产基地，推动剑瓷历史经典产业全面振兴。以灵芝、铁皮石斛食药物质管理试点为契机，突出抓好中华灵芝种质资源库、精深加工园、文化产业园和产业融合示范基地等重点项目建设，支持国镜药业等龙头企业参与灵芝中药材、中药饮片一体化质量控制试点，谋划实施一批精深加工延链、补链项目，加快打造中国灵芝、铁皮石斛核心产区。要突出标准化生产。扎实开展龙泉传统宝剑省地方标准制定，构建形成全国首个宝剑及日用刀具产业链标准体系。强化标准推广运用，指导企业规范生产标准、质量标准、品牌标准，以标准化引领产业化发展。要突出品牌化经营。充分发挥龙泉宝剑“国家非遗”等品牌示范效应，加快注册“龙泉菜刀”“龙泉茶刀”等集体商标和“龙泉灵芝”“龙泉灵芝孢子粉”等国家地理标志证明商标，立体构建以政府为主导、行业组织为支撑、规模企业为主体的产业综合品牌体系，以品牌化引领高端化发展。

4.做旺文旅经济。文旅融合，不仅承载着山水间的文脉，更蕴含着未来发展的潜力。要着眼厚植特色、放大特色，探索“产城融合、景城一体”全域旅游发展模式，创建国家全域旅游示范区，争创省级 AAAAA 景区城。要做特以青瓷宝剑为内核的文化游。充分发挥青瓷宝剑品牌“溢出效应”，高标建设国家级西街历史文化街区、大窑龙泉窑国家考古遗址公园，龙泉青瓷省级文化旅游度假区、宝剑小镇等特色文旅平台，持续打响“一剑钟情•从瓷开始”“不灭窑火”等特色文旅品牌，彰显剑瓷“独冠天下、举世无双”的独特魅力。要做强以国家公园为龙头的生态游。用足用好国家公园这个顶级 IP，突出抓好国家公园博物馆、国家公园文创大走廊等项目建设，加快推动“国家公园+科普”“国家公园+康养”“国家公园+文创”联动发展，系统抓好文明建设、品质提升、业态融入、市场开发，让游客遇见美丽、畅享品质。要做旺以生态健康产品为依托的康养游。发挥空气清新、水质清冽、气候清爽、土壤清洁、环境清幽的生态优势，开发“竹茶菌蔬蜂果药”等高品质康养产品，丰富食养、药养、水养、体养、文养等特色康养体系，用最美生态和最健康食品征服游客的“胃”，留住游客的“心”。要做优以互动体验为特色的亲子游。顺应大众日益增长的亲子休闲游需要，突出“共享、休闲、调性、多元、学游”功能，以生态田园为载体，以亲子互动体验为特色，谋划建设一批主题乐园、主题农场，让孩子和家长在游玩中体验自然，在嬉戏中增进感情。

5.做火亮点商圈。商圈“火”起来，城市才会“活”起来。要加快打造品质商圈，点燃城市“烟火气”，培育发展新引擎。要以物流商圈辐射带动经济发展。依托火车站前广场，以开展省物流示范县综合改革创新试点为契机，提速建设综合电商中心、旅游集散换乘中心，加快形成更富朝气、更有人气的物流商圈，致力打造电子商务和商贸物流区域节点城市。要以购物商圈引领促进消费升级。依托万达广场、龙渊新天地等商业综合体，打造一批集运动休闲、时尚消费、餐饮娱乐等功能于一体的地标性消费中心，以高端商圈、高端酒店抢占“流量高地”。要以文旅商圈繁荣壮大“月光经济”。依托上茶街、留槎洲等特色场所，培育开发更多彰显国潮时尚、剑风瓷韵的爆款伴手礼，打造集康养休闲、文化旅游等功能于一体的康养文旅商圈。

（三）以“城”为平台，建设宜居宜业、精美精致的魅力之城。城市是“人产城”融合的承载空间。要坚持以城留人、以城促产，以城市高品质成就生活高品质、铸就产业高品质。

1.打造一流营商环境。营商环境好比源泉活水，水清则鱼悦。要以创建新时代“两个健康”示范区为载体，打造“全省一流、丽水前列”的营商环境，以营商环境的“源泉活水”激活跨越式高质量发展的“一池春水”。要提升涉企服务质量。深入开展“千名干部驻千企”活动，大力推行并联审批、模拟审批、容缺受理、限时办理等务实举措，不断提升窗口单位、基层站所服务质效。要强化法治保驾护航。坚决打好“扫黑除恶、打霸、治闹、惩痞”组合拳，纵深推进“最多查一次”“最多评一次”改革，全面推行涉企柔性执法，深化诉源治理，实质性化解行政争议，依法保护企业家合法权益。要强化市场要素供给。创新推进工业用地高质量利用全生命周期管理和差异化供地，探索采用“先租后让”、长期租赁、弹性年限出让等模式，更好地服务保障不同发展阶段的市场主体。充分发挥产业基金作用，搭建政银企合作平台，以“金融活水”浇灌“实体之田”。要拓展企业家成长空间。系统实施“青蓝接力”“导师带徒”行动，广泛宣传企业家创业创新的鲜活案例和典型样本，让广大企业家在政治上有荣誉、社会上有地位、政策上有保障。

2.增强城市发展能级。城市能级是城市实力的综合体现，决定一座城市的竞争力、辐射力和集聚力。要按照人口集中、产业集聚、功能集成的要求，不断提高城市首位度、通达度、宜居度。要提高承载能级。全面拉开城市框架，按照“东拓、西进、南优、北连、中兴”的战略布局，构建“一江两岸、一核四区”的城市发展新格局。“一江两岸”就是要充分发挥瓯江穿城而过的天然优势，深入挖掘滨水空间生态优势，加强沿江两岸天际线塑造，形成山水相间、错落有致的城市风貌。“一核四区”就是要以主城区为核心，辐射带动武潭临江区块、火车站前商贸区块、“河山田”生态融合示范区区块、剑川大道北延伸线区块协调联动发展。要提高交通能级。坚定不移实施交通先行战略，提速推进温武吉铁路、义龙庆高速、G322 安仁段等重大项目前期，全速实施华楼街东延、剑川大道北延、后沙路北延等重点项目建设，加速畅通城区“卡脖子”路段，高水平推进“四好农村路”和美丽经济交通走廊建设，确保外联畅通、内联高效。围绕生产力布局，建设 G528 西街至兰巨段、龙窑路西延、站前大道等基础设施，有机衔接生态产业平台与主城区、高铁商贸圈，以“交通圈”拓展“城市圈”、激活“经济圈”。要提高宜居能级。按照“一流标准、百年工程”的要求，加快建成水南未来社区等一批蕴含龙泉特色、体现当代水平、引领未来潮流的精品建筑。大力推进城市有机更新，以“绣花功夫”实施微改造、精提升，既注重在老旧小区改造、城中村改造、城市外立面改造等“看得见的面子”上下功夫，又注重在地下管网、防洪排涝、市政设施建设等“看不见的里子”上做文章，建设“表里如一、内外兼修”的品质之城。

3.推进城乡融合发展。城乡差距较大、融合程度不高是制约共同富裕的关键瓶颈。要坚持以城带乡、以乡促城，推动城乡融合发展。要突出错位发展。按照宜农则农、宜工则工、宜旅则旅的原则，凸显城乡差别，彰显乡村魅力。对产业基础和发展条件较好的八都、安仁、查田、兰巨等乡镇，要与城市产业发展一体规划、一体布局，促进城乡产业优势互补。对文化、生态、旅游等特色资源较为富集的宝溪、小梅、住龙、上垟、竹垟、城北、锦溪等乡镇，要加强资源保护利用和特色开发，营造主客共享的城乡生活新空间。对地处高山远山、重点库区、水源保护区的屏南、龙南、道太、岩樟等乡镇，要统筹人口下山和资本上山，鼓励和引导工商资本利用闲置资源发展特色产业。大力实施“大搬快聚、富民安居”工程，落实落细“房票”“地票”等系列政策，促进农业转移人口市民化。要深化乡村集成改革。联动实施“强村富民”“强社惠民”集成改革，统筹推进“三位一体”农合联、“三块地”等重点改革，激发乡村内在活力。特别是要大力推进农村土地综合整治、集体经营性建设用地入市、农村宅基地“三权分置”改革，完善城乡建设用地增减挂钩机制，逐步实现土地增值收益城乡共享、土地城镇化与人口城镇化科学匹配、城乡土地权能平等。要推进生态产品价值转化。大力发展根植于生态优势的生态利用型、生态赋能型、生态影响型产业，集中力量把水经济、品质农业、林业产业等打造成为富民强市的重要支柱产业，积极培育“农耕+”“文化+”“古村落+”等新型业态。依托“两山”公司、乡村振兴公司等开发经营主体，做大生态产品价值转化“基本盘”。构建生态产品价值数字化实现手段，有效破解制约生态产品价值实现的“难度量、难抵押、难交易、难变现”问题。要深化“两进两回”行动。聚力推动科技、资金、人才等资源要素流向农村，激发乡村发展活力，让乡村成为投资兴业的沃土。特别是要鼓励青年回乡参与乡村振兴，支持青年回乡发展乡村产业，培育“农创客”“新农人”等乡村振兴青年先锋，引导广大青年踊跃投身品质农业发展、花园乡村建设，在全面推进乡村振兴中积极作为、作出贡献。

4.营造全域美丽格局。龙泉全域3059平方公里就是一个最美大花园。要把“美丽”颜值、“美丽”气质、“美丽”内涵提升至全域新高度，以“最美”的标准构筑空间格局之美、塑造风貌精致之美、厚植乡村迭代之美，实现各美其美、美美与共。要擦亮生态底色。秉持“国家公园就是尊重自然”理念，深入实施美丽河湖、美丽林相、美丽田园等建设行动，构建“国家公园+美丽城市+美丽城镇+美丽乡村”的大花园空间结构，全力打造万山滴翠、层林尽染、鱼翔浅底、繁星闪烁的诗画龙泉。要建设公园城市。依托瓯江穿城而过的天然优势，加快推进三江口、武潭临江等沿江景观工程建设，精致打造城市沿江岸线，精心扮靓棋盘山中央公园，做到城中建园、园中建城、筑景成势，形成山水相间、城水相依、错落有致的空间格局。要优化城乡环境。深入打好城乡环境提质持久战，扎实开展“治脏”“治乱”“治违”环境综合整治，坚决整顿乱搭乱建、乱停乱放、乱闯红灯等现象。大力实施城镇“两拆两绿”改造工程和“金角银边”塑形工程，系统推进花园街区、花园村庄、花园田园、花园庭院创建，全力打造安全、整洁、有序、文明的城乡环境。

5.提升整体智治水平。让城市更高效一些、更智慧一些，这是衡量基层治理现代化水平的重要标尺。要坚持以数字化改革为牵引，注重在科学化、精细化、智能化上下功夫，探索形成符合龙泉实际、体现龙泉特色的城市智慧治理体系。要提升数字治理水平。迭代升级“城事共治”等数字化应用，加强社会治理中心和乡镇（街道）综合信息指挥室建设，全面提升基层管控力、服务力、智治力。要重构基层组织格局。扎实推进社区规模调整、现代社区建设，聚力推进农村股改、村改居，建强一二三级全科网格，激活基层治理最小作战单元，以扁平化管理更好适应社会治理现代化需求。要强化社会整体智治。促进基层治理“141”体系与“县乡一体 条抓块统”“大综合一体化”行政执法改革融通，特色化构建基层智治“1411”体系，有效破解基层“看得见、管不着”问题。构建“四治”融合体系，一体推进法治龙泉、平安龙泉建设，立体构建“多调联动”机制，抓实抓细疫情防控、安全生产和信访维稳等各项工作，奋力夺取“二星平安金鼎”。

四、全面完善“人产城”融合发展的体制机制

深入推进“人产城”融合发展，全面建设共同富裕的现代化品质龙泉是一项系统工程，既需要正确的理念、思路来引领，更需要完善的制度、机制来保障。

（一）坚持党建统领。党政军民学，东西南北中，党是领导一切的。要加强党的全面领导。健全完善党委总揽全局、协调各方的制度体系，支持

和保证人大、政府、政协、法院、检察院、人民团体等依法依章程履行职能、开展工作、发挥作用，切实把党的领导贯穿于各方面全过程。要完善问题管控机制。迭代升级以“七张问题清单”为牵引的党建统领工作体系，健全完善“一把手”统筹推进机制、问题发现机制、闭环管控机制和考核评价机制，确保问题整改全过程不留死角盲区、全面落实到位。要增强组织引领功能。深入实施“红耀绿谷、强基共富”工程，大力推进“十百千”工程，把支部建在项目上、把党旗插在工地上，推动党的建设与经济建设融合共进、互促双赢。高质量发展党员，高标准教育管理党员，激励广大党员干部在一线亮身份、当先锋、做表率，争当“两个确立”的忠诚拥护者、“两个维护”的示范引领者。

（二）坚持空间融合。发展融合，首在空间融合。要强化空间规划统领作用。以“三区三线”为基础，注重国土空间规划与“十四五”规划有机衔接，突出抓好城市开发边界划定、区域控制性详规修编、各类专项规划编制等工作，推动国土空间规划、城市总规和各专项规划多规合一，编制形成空间规划“一张图”，超前谋划重大平台、重大项目、重大政策、重大改革，真正做到项目跟着空间走、要素跟着项目走。要优化城乡空间布局。按照“国土开发与资源环境承载能力相匹配、人口资源环境相均衡、经济社会生态效益相统一”的原则，以百山祖国家公园为生态绿核，以生态产业平台、经济开发区为核心引擎，以各乡镇特色产业基地为多点支撑，加强对各类开发与保护活动的空间引导和落地管控，把该保护的区域严格保护好，把该开发的地方高效集约开发好。要促进空间资源高效利用。坚持框定总量、做优增量、盘活存量、提高质量，全面落实节约集约用地制度，注重城镇核心区地上、地面、地下三维空间立体复合开发利用，建立产业项目“遴选+供应+监管”全链条管理机制，构建低效用地再开发制度体系。扎实推进“腾笼换鸟、凤凰涅槃”行动，持续深化“亩均论英雄”改革和“五未”用地专项整治，有效促进市场出清、存量优化、质效跃升。统筹利用市内市外空间，强化问海借力，打造萧山—龙泉科创园等一批高质量“飞地”。

（三）坚持项目驱动。宏伟蓝图要变成美丽实景图，关键要靠项目夯基垒台、立柱架梁。要强化项目招引。好项目不是等出来的，而是谋出来、跑出来的。要熟练掌握各类招商知识、谈判技巧、政策走向、法律法规和产业动态，全面提升“双招双引”专业化能力。要积极抢抓长三角一体化、国家公园创建等重大发展机遇，系统谋划一批基础性、战略性、支撑性大项目。要强化项目推进。按照“签约项目抓落地、落地项目抓开工、开工项目抓投产、投产项目抓达产”的要求，建立“一个项目、一名领导、一个班子、一套方案”的工作机制，全力以赴推进一批城市建设、产业发展、民生保障等重点领域项目建设，坚决做到项目目标化、目标节点化、节点责任化，加快形成更多的实物工程量和有效投资量。要强化项目服务。坚持“一切盯着项目看、一切围着项目转、一切扭住项目干”，健全完善项目全生命周期服务管理机制，全过程把握土地空间和要素支撑的调度，做到项目推进到哪里，服务保障就跟进到哪里。特别是要把政策处理作为扩大有效投资的基础性工作来抓，做到土地等项目，而不是项目等土地。

（四）坚持要素支撑。大发展需要全要素，全要素支撑大发展。要强化资金保障。按照“统筹安排、用途不变、优势互补、各负其责”的原则，强化专项资金全方位、实质性整合，实行竞争性分配，发挥财政资源统筹的组合效应。持续深化投融资体制机制改革，做大做强“五大国资公司”，全面构建以“财政资金为支撑，国有企业为主体，社会资本为补充”的多层次、多元化投融资体系。要强化指标保障。用足用好国家、省重点项目供地政策，争取更多用地指标。进一步统筹能耗双控与经济社会发展需求，符合条件的重大项目要大干快上。要强化政策保障。加强对中央支持革命老区振兴发展、省“一县一策”等重大政策研究，制订切实可行的落地方案，全面释放政策红利。立体构建财税、金融、产业、科技创新等一系列政策服务体系，推出一揽子含金量高、针对性强的“政策大礼包”，有效增强市场信心，充分激发市场活力。

（五）坚持协同联动。上下同欲者胜，风雨同舟者兴。要下好全市“一盘棋”。全市各级各部门和广大党员干部要把思想和行动统一到市委的重点决策上来，统一到现代化品质龙泉建设的部署要求上来，加快形成党委统一领导、党政齐抓共管、人大政协担当作为、社会各方积极参与的工作格局。要拧成干事“一股绳”。城市开发建设和综合管理工作领导小组要发挥牵头抓总作用，统筹协调职能部门和“五大国资公司”，全面推进城市开发建设各项工作，做到步调一致、同频共振。要坚定全民“一条心”。突出共建共治共享，尊重人民群众的主体地位和首创精神，动员全市广大人民群众共同参与现代化品质龙泉建设。

（六）坚持效能提升。发展靠项目，成事靠作风。要大力弘扬实干之风。激励广大党员干部以“功成不必在我、功成必定有我”的使命担当，强化“今天再晚也是早、明天再早也是晚”的紧迫意识，拿出“人一之，我十之”的拼搏干劲，践行“马上办、现场办”的雷厉作风，以干部的“辛苦指数”换取群众的“幸福指数”和企业的“发展指数”。要大力开展作风效能革命。办好“龙泉聚焦”“阅卷”等监督和问政栏目，持续深入开展正风肃纪“月亮行动”“万人双评议”活动，坚决向“不作为、慢作为、乱作为”亮剑，坚决整治“庸懒散慢推拖”现象，做到政令畅通、令行禁止。

（七）坚持严督实考。督考有力度，落实才有效度。要严督查。市委考绩办要紧扣市委市政府中心工作，联合市纪检监察机关、市委组织部等部门定期开展联合督查，对工作推进不力、落实不佳的单位进行挂牌督办、约谈提醒，确保各项工作部署高效落实。要常晾晒。用好市委“八重”述职会、乡镇（街道）“互看互学”，市直部门“互比互评”、每周实绩晾晒等重要载体，通过比项目、比进度、比亮点、比品质、比作风、比成效，全面营造“争先进位、比学赶超”的浓厚氛围。要实考绩。以KPI考核为导向，迭代完善干部实绩考评系统，立体构建目标管理、动态考评、结果运用的全流程动态考评机制，将考核结果与干部调整任用、年度考核定级、奖金发放等进行全方位关联，激发干部的积极性和创造力。

（八）坚持从严治党。全面从严治党永远在路上，决不能有丝毫松劲歇脚、疲劳厌战的情绪。要严明责任。督促各级党组织切实担负起全面从严治党主体责任，强化“一岗双责”，做到守土有责、守土担责、守土尽责。要严实监督。把政治监督融入日常、抓在经常，把党内监督同国家机关监督、民主监督、司法监督、群众监督、舆论监督贯通起来，加快构建党统一指挥、全面覆盖、权威高效的监督体系。要严惩腐败。一体推进不敢腐、不能腐、不想腐，以案为鉴、以案明纪，全面推动工程建设、公共资源交易、公共财政支出等重点领域监督体制机制改革和制度体系重塑，加强干部理想信念教育、党性教育和纪法教育，全面建设海晏河清的清廉龙泉。

同志们，没有等出来的精彩，只有干出来的辉煌。让我们更加紧密地团结在以习近平同志为核心的党中央周围，忠实践行“八八战略”，坚毅笃行“丽水之干”，坚定不移推进“人产城”深度融合，坚实迈出全面建设共同富裕现代化品质龙泉铿锵步伐，为创建革命老区共同富裕先行示范区贡献更多龙泉力量，以优异成绩迎接党的二十大胜利召开！

名词解释

1. **“1+4+N”政策体系**：“1”，即《关于深化综合改革推进教育高质量发展的若干意见》；“4”，即实施教育人才引进培育振兴、教师队伍绩效管理改革、校长队伍绩效管理改革、教育质量提升三年行动等四大工程；“N”，即教师绩效管理改革的若干操作细则。

2. **“1+N”人才科技新政**：“1”，即人才科技政策；“N”，即教育、卫生、青年创业创新等专项政策。

3. **“1+8+10”招商体系**：1个招引指挥部+8个驻外招引分局+10条链长制单位的协同招商体系。

4. **“五未”用地**：批而未供、供而未用、用而未尽、建而未投、投而未达五类低效用地。

5. **“专精特新”企业**：具有专业化、精细化、特色化、新颖化特征的中小企业。

6. **“链主型”企业**：在整个产业链中占据优势地位，对产业链大部分企业的资源配置和应用具有较强影响力，肩负着提升产业链绩效重任的核心企业。

7. **“揭榜挂帅”**：以科研成果来兑现的科研经费投入体制，旨在解决社会特定领域技术难题，由政府组织面向全社会开放、专门征集科创成果的非周期性科研资助安排。

8. **“青蓝接力”**：聘请民营经济代表人士担任新生代企业家的导师，为新生代企业家授课，传授政商之道及企业经营创新发展经验，帮助解决企业新老交接过程中的问题与困惑。

9. **“三位一体”农合联**：生产、供销、信用“三位一体”农村新型合作体系。

10. **“三块地”**：城镇规划区内建设用地、农村耕地和乡村建设用地。

11. **“城事共治”**：把“城市管理AI系统”“智慧市政管理”“城市治理事件”三大场景集成搭建为“城事共治”一张图，通过多元主体参与，形成“四端采集+治理中心”，四办分级处置，四维度全域治理体系。

12. **“县乡一体 条抓块统”改革**：以重塑县乡管理体制和基层治理体系为发力点，赋权赋能乡镇（街道）、提升乡镇（街道）统筹能力的一项综合改革。

13. **“大综合一体化”行政执法改革**：以“一支队伍管执法”为突破，构建“综合行政执法+部门专业执法+联合执法”的模式，健全完善全覆盖的整体政府监管体系、全闭环的行政执法体系和全方位的监管执法协同体系。

14. **“两拆两绿”**：拆围见绿、拆违建绿。

15. **基层智治“1411”体系**：第一个“1”，即县级社会治理中心；第二个“4”，即乡镇（街道）基层治理“四个平台”；第三个“1”，即行政执法一支队伍；第四个“1”，即全科网格。

16. **“三区三线”**：“三区”，即生态、农业、城镇三类空间；“三线”，即生态保护红线、永久基本农田和城镇开发边界三条控制线。

17. **“万人双评议”**：对部门中层科室和基层站所，围绕落实中心工作、优化办事服务、正确履行职责、严守纪律法律四个方面情况开展评议监督。

18. **“八重”**：重大产业、重大平台、重大布局、重大工程、重要政策、重要改革、重要要素、重要指标。

19. **KPI考核**：Key Performance Indicator的英文缩写，是关键绩效指标考核法。

（蔡如葵）

龙泉市人民代表大会常务委员会工作报告

——在龙泉市第十七届人民代表大会第二次会议上

（2023年2月15日）

龙泉市人民代表大会常务委员会主任　叶砿仙

过去一年工作回顾

2022年是党的二十大胜利召开之年，也是市十七届人大履职的开局之年。在中共龙泉市委的坚强领导下，市人大常委会坚持以习近平新时代中国特色社会主义思想为指导，深入学习贯彻党的二十大精神，坚持党的领导、人民当家作主、依法治国有机统一，深入践行全过程人民民主重大理念，为党传声、依法履职、为民尽责，为全市经济社会发展和民主法治建设贡献了人大智慧和力量。

一年来，共召开常委会会议6次、主任会议12次，听取审议"一府一委两院"工作报告25个、对4部法律法规实施情况开展检查、对3名政府组成部门负责人开展履职评议，形成调研（检查）报告19个、作出决议决定10项、发出审议（评议）意见17份，任免国家机关工作人员77人次，圆满完成了市十七届人大一次会议确定的各项任务。

一年来，我们把党的全面领导作为做好人大工作的最高政治原则，在增强主动自觉中持续把牢正确方向，做到政治站位有高度

人大常委会机关首先是政治机关，政治属性是第一属性。常委会旗帜鲜明、坚定不移把坚持党的全面领导这一最高政治原则贯彻好、落实好，确保人大各项工作都在党的领导下进行。

*以理论清醒坚定思想自觉。*把学习贯彻党的二十大精神作为首要政治任务，坚持在"三个全面""七个聚焦"上下功夫，深入开展"六学六进六争先、极致匠心谱新篇"学习实践活动，常委会党组举行专题学习4场，班子成员依托集中宣讲、调研视察等载体深入代表群众开展宣讲交流。把贯彻落实习近平总书记关于坚持和完善人民代表大会制度的重要思想作为"第一议题"，深刻领会总书记在中央人大工作会议上提出的"六个必须"，同学习中央和省、丽水、龙泉重要会议文件精神有机结合，全年组织常委会党组（扩大）理论学习10次，确保人大工作路线不岔、方向不偏。

*以鲜明立场强化政治自觉。*市委把人大工作摆在重要位置，及时听取研究解决人大工作中的重大问题，重视人大干部培养交流，出台《贯彻落实中央和省委有关人大工作文件精神重点任务分解清单》，支持探索推进开发区人大工作。常委会党组充分发挥在人大工作中把方向、管大局、保落实作用，坚持和完善重大事项请示报告制度，全年就人大"三会"、监督安排、党组工作等，及时主动向市委请示报告。坚持议大事、决大事，广泛发动代表讨论新时代"龙泉精神"，市十七届人大一次会议作出了《关于全面优化营商环境，创建新时代"两个健康"示范区的决议》。围绕支持和保障财政经济、法律监督和乡村振兴等工作，依法作出决议决定，努力做到与市委合拍，与政府合力。

*以使命担当彰显行动自觉。*扑下

身子挑起担子，毫不犹豫地扛起应尽的责任。有效落实“八重”清单、“八联八促”等中心任务，联系帮促2条产业链、20家企业、11个重点项目和6家异地商会，参与推进新时代“两个健康”示范区创建、国有资产集中整合等专班工作，推动落实，汇聚力量。认真完成市委交办的疫情防控组团包联、卡口值守和村改居督导等任务，主动在应对“6•20”集中强降雨、现代社区建设等应急处突和改革攻坚一线奔走。圆满实现市委人事安排意图，依法依程序任免国家机关工作人员，实现任前法律考试和表态发言、任后颁发任命书和宪法宣誓等制度化常态化。

一年来，我们把助力跨越式高质量发展作为第一要务，在围绕中心履职尽责中提升监督质效，做到服务大局有力度

高质量发展是“共富”之基。常委会坚持完整、准确、全面贯彻新发展理念，叠加运用执法检查、调研视察、专项审议等方式精准打好组合拳，助推经济社会发展和改革攻坚任务落实。

*着力经济稳进提质促进高质量发展。*精心组织代表视察全面优化营商环境，创建新时代“两个健康”示范区工作，着眼政策系统集成、工作平衡推进和整体氛围营造，形成意见向政府反馈。持续关注全市经济运行情况，听取审议半年度计划完成情况报告，审查预算、决算、审计、债务等工作报告，依法批准决算、调整预算，确保债券资金纳入全口径预算管理，促进稳经济一揽子措施和积极财政政策落实。深入实施市委关于建立政府向人大报告国资管理情况制度的意见，听取审议国有自然资源资产管理情况专项报告和上年度国资管理情况综合报告，督促政府加强统筹完善机制、健全空间规划体系、优化自然资源配置，进一步摸清自然资源资产家底。

*着力城乡品质提升优化高质量发展。*重点围绕市委关于深入实施“大搬快聚富民安居”工程助力打造品质龙泉若干意见的实施，深入乡镇、村开展专题调研，外出学习考察异地搬迁工作先进经验，提出科学评估加强引导、拓宽就业培育产业、统筹要素强化治理等意见，推动做好“富民安居”后半篇文章。适时跟踪国土空间总体规划编制，主任会议专题听取编制进展情况，提出深化调查研究、优化布局考量、推进“多规合一”等建议，以系统“把牢图”保障高水平规划引领高质量发展。助力巩固城区“污水零直排区”建设成效，通过听汇报、看现场、问绩效等手段，系统检视政府及有关部门过去五年来城市“治污水”工作情况，针对资金要素保障、污染点面管控、运维机制健全等持续性长期性工作谋对策促解决。

*着力深化法治建设护航高质量发展。*与省、丽水市人大联动开展《浙江省综合行政执法条例》实施情况检查，结合综合行政执法局负责人履职评议，在专题调研、实地检查和座谈交流基础上，针对性提出执法事项、执法协同、执法规范3方面11条具体问题交政府研究办理，以督促法律有效实施和干部依法履职推进“大综合一体化”行政执法改革。积极参与宪法宣传日活动并支持法治政府建设。首次听取市监委重点领域监察监督专项工作报告。专题调研法院司法档案博物馆。在听取审议检察院法律监督工作基础上，深化作出《关于加强新时代检察机关法律监督工作，服务保障山区共同富裕县域样板的决定》。与“一府一委两院”凝聚合力，共同营造尊崇宪法、严格执法、公正司法、全民守法氛围。持续发挥“法律巡视”监督利剑作用，开展《就业促进法》和节约能源“一法一办法”执法检查，促使政府扶持企业用工、促进群众就业等一系列政策文件更好执行，能源“双控”与“双碳”目标更好衔接。加强规范性文件备案审查，依法对产业发展扶持、资金政策兑现等“一府两院”37个规范性文件进行合法性、合规性审查的同时，首次组织听取备案审查工作报告。改进人大信访工作，受理和转办信访事项54件，坚决维护人民权益和社会稳定。

一年来，我们把增进民生福祉作为履职导向，在回应群众关切中不断实现人民美好向往，做到保障民生有温度。

治国有常，利民为本。常委会围绕保障和改善民生，着力促进解决好人民群众最关心最直接最现实的利益问题，不断实现龙泉人民对美好生活的向往。

*主动关注群众生命财产安全。*面对“6•20”百年一遇强降雨，市乡两级人大和各级代表闻“汛”而动，第一时间奔赴防汛抢险救灾最前线，以实际行动坚守人民生命财产安全，主任会议及时专题听取灾情和灾后重建情况，进一步促进灾后重建任务落实。着眼群众反响强烈、深恶痛绝的电信网络诈骗犯罪，将听取审议公安局打击治理电诈犯罪工作列入监督重点，在调研中积极听取职能部门、社区基层、金融机构和电信运营商等多方意见，分析对策形成建议，共同从源头守护龙泉人民的“钱袋子”。

*深入关注文旅繁荣富民增收。*致力让百姓口袋鼓起来精神富起来。聚焦疫情之下的文旅产业发展，主任会议专题听取全域旅游发展情况，既查找问题不足给出意见建议，更分析机遇形势赋予希望信心。紧盯转型关口

的竹产业，立足本土、放眼域外，做深调研，全方位视察抚育管理、基础保障和品牌建设等工作。针对一产分散低效，"接二连三"不充分的问题，考察提炼安吉、余杭、资溪、诸暨等地竹林流转模式供政府借鉴。强调保护与发展互融共生，依法批准了竹垟盖竹、城北上田2个历史文化名村保护规划，既有效保护历史文化，又借势推进强村富民。

*持续关注公共服务优质共享。*积极配合上级人大开展环境保护法和《丽水市物业管理条例》实施情况检查，市乡两级人大深入推行年度环境报告制度，持续改善城乡人居环境，促进居有所宜。开展贯彻落实义务教育"双减"政策工作情况专项监督，多维度"对话"职能部门、学校师生和社会家庭群体，回应诉求促成合力，以"减"促"增"助力教育综合改革增效，促进学有优教。开展社会救助专项监督和残疾人帮扶工作专题调研，形成审议意见督促政府落实，有力推进社会救助工作更加规范、更有效率、覆盖更广，促进弱有众扶。

一年来，我们把保障代表履职作为内在要求，在发挥代表主体作用中践行全过程人民民主，做到创新服务有深度

人大代表是人民代表大会的主体。常委会持续在保障代表联系群众"全天候"、发挥作用"全过程"、履职尽责"全方位"上下力气求实效。

*夯实基层基础，履职服务管理进一步完善。*提高代表培训工作的系统化规范化专业化水平，采用"走出去""请进来"相结合，专门用2个月、分10批次实现了新一届市乡人大代表、人大干部和街道居民议事员履职培训全覆盖。以"六访六促"助推共同富裕，建设"剑瓷之都、品质龙泉"和"四级人大千名代表助力经济稳进提质八大攻坚行动"等主题活动为依托，市乡人大共同服务保障各级代表履职，先后组织丽水市人大代表龙泉中心组开展了"优化营商环境，创建新时代'两个健康'示范区"和"访城乡区域发展，促乡村振兴农民共富"主题视察，联合各乡镇（街道）人大代表联络站以"一月一主题"活动机制，合力推进城乡产业培育、企业发展和项目实施。

*坚持常态长效，"双联系"工作进一步增强。*出台《关于以数字化改革推动代表联络站迭代升级，培育打造人大践行全过程人民民主基层单元工作方案》和《"一府一委两院"挂钩联系人大代表联络站制度》，坚持和完善代表列席常委会会议、代表座谈会和代表履职登记管理等制度，重点依托代表联络站这个阵地、数字化改革这个载体，打造"双联系"升级版，切实做到真联系，取得真效果。以西街为试点，"一站一厅N点"模式、"微单元"机制和"老街议事厅""上城聚邻里"品牌得到省、丽水市人大高度肯定，继而实现"一舱两码六应用"架构在19个乡镇（街道）全面铺开。市乡两级千名代表进站"亮码"，通过基层单元线上线下齐头并进，参与立法、监督和收集处理民情民意等工作。

*立足督好办实，民生实事和建议办理质量进一步提高。*在做深民生实事项目代表票决制上下功夫，全面推进项目征集初定、审议票决、监督评估等各环节，通过市乡两级74件有关城乡建设、生态保护、基础设施、民生保障等民生实事项目办理落实，切实解决一批群众急难愁盼、牵肠挂肚的问题。通过建议提交源头把控、交办预评估、重点建议"市长领办""主任督办"、办理结果通报和建议办理评先评优等制度，不断提升代表建议督办实效。以跟踪督办"加快汽车配件产业升级""加强公共交易资源领域中介机构管理"等10件重点建议为主线，专题听取审议政府系统办理代表建议情况。市十七届人大一次会议180件代表建议悉数办结，代表对办理态度和办理结果满意率分别达到99.4%和98.3%。

一年来，我们把履职效能建设作为基础工程，在优化工作作风中不断提升履职能力，做到自身建设有亮度牢牢把握"四个机关"定位要求。常委会在上下级人大之间的沟通联系和工作协同上更加紧密，更加高效。

*强化能力提升。*常态化执行常委会"会前学法"制度，以"主任第一课"学习新修订的地方组织法，邀请政府部门负责人作地方性法规专题讲座4次，系统学习丽水市地方性法规，更好担负起宪法法律赋予的各项职责。注重发挥专委会成员、工委委员和专业代表等作用，积极开展"大走访大调研大服务大解题"等活动，常委会班子成员带头深入基层，扎实开展调查研究，形成了一批含金量较高的调研实践成果，"全面优化营商环境，创建新时代'两个健康'示范区"专项监督被丽水人大评为履职优秀案例，贯彻落实义务教育"双减"政策调研报告等一批成果荣获上级表彰。

*坚持创新引领。*根据省、丽水市人大工作部署，学习周边地区特色亮点工作，拓宽创新空间。借势社区规模调整，探索代表联络总站建设融合和"微单元"试点成果扩面。代表联络总站建设有序推进，乡镇（街道）基层单元"一站一品"基本形成。继续探索"集体听取+分组审议""常委会委员发言+代表座谈""视察+评议""审议+测评"等灵活运用，组合创新履职监督方式，推动营商环境视察、审计整改情况审议、局长评议等活动取得更好成效。

汇聚工作合力。实施好乡镇和街道人大工作条例，重点在贯彻市委决策部署、推动人大数字化改革、人大党建工作等方面密切联系、协作配合，定期召集乡镇（街道）人大工作例会，指导乡镇人代会和街道居民议事会规范召开，形成推动人大工作质量整体跃升的强大合力。在市委关心支持下，常委会党组出台《关于推进浙江龙泉经济开发区人大工作的实施方案》，更好提升开发区内各级人大代表履职的服务保障水平，有序推进开发区计划执行、产业推动、预决算管理等监督工作。大力讲好人大故事传播人大声音，各级人大、各级代表促振兴助共富，促攻坚助抢险，促经济稳进提质、助基层社会治理等事迹通过“学习强国”学习平台、上级人大网站、微信公众号等广泛传播，多名代表荣登《浙江人大》等杂志封面人物，在上级人代会履职交流等平台作典型发言。

各位代表，常委会所取得的每一点成绩、实现的每一点进步，都是在市委的坚强领导下，全体人大代表、常委会组成人员和人大各机构全体同志履职尽责、扎实工作的结果，是“一府一委两院”和各乡镇（街道）人大密切配合、团结协作的结果，更是全市人民和社会各界充分信任、大力支持的结果。在此，我谨代表市人大常委会，向大家表示崇高的敬意和衷心的感谢！

在肯定成绩的同时，我们也认识到存在的问题和不足，主要表现在：综合运用多种监督方式推进中心工作方面仍需进一步努力；与代表和群众的联系渠道仍需进一步畅通；自身建设、履职能力提升和代表管理服务还需进一步加强，等等，这些问题，我们将在今后的工作中认真研究，切实改进。

今年工作主要任务

2023 年是全面贯彻落实党的二十大精神的开局之年，也是奋力推进中国式现代化品质龙泉建设的奋进之年。

常委会 2023 年总体工作要求是：始终坚持以习近平新时代中国特色社会主义思想为根本指引，全面学习贯彻党的二十大精神，深入贯彻落实习近平法治思想、习近平总书记关于坚持和完善人民代表大会制度的重要思想和中央人大工作会议精神，在中共龙泉市委领导下，认真落实市委十五届三次全会部署，紧扣建设中国式现代化品质龙泉目标任务，坚持为党传声、依法履职、为民尽责工作理念，认真履行宪法法律赋予的各项职责，以剑瓷品质、极致匠心深入践行全过程人民民主，为奋力谱写中国式现代化品质龙泉新篇章提供及时有力的民主法治保障。

根据这一总体要求，常委会将着力抓好以下五个方面工作。

面对新形势，旗帜鲜明讲政治，在坚持党的领导上毫不动摇

以习近平新时代中国特色社会主义思想指引方向。在研究制定政策上把握政治方向、在谋划推进工作上贯彻政治要求、在化解矛盾问题上注意政治影响，确保任何时候任何情况下都要站稳政治立场。更加深刻领悟“两个确立”的决定性意义，树牢“四个意识”、坚定“四个自信”、做到“两个维护”，在更高站位上识大势、看长远、谋思路。把市委决策部署贯彻落实到人大履职全过程各方面。进一步完善常委会议事规则和工作程序，坚持和健全向市委请示报告制度，及时向市委报告重大事项、重要工作，主动将市委要求贯穿履职行权的全过程、各方面。以有效抓好市委“八重”清单落实为抓手，切实当好市委重大决策部署的参与者、实践者和推动者，确保人大工作与市委决策同频共振。将人大党建工作摆上更加突出的位置抓紧抓实。着力提高新时代人大党建工作质量，充分发挥常委会和人大常委会机关两个党组作用。深化对人大工作规律的认识和把握，在深入理解中自觉执行，在坚决执行中加深理解。以更优质的制度供给保障高质量发展，以更有力的监督问效推动高标准落实，以更有效的作用发挥促进高效能治理，把新时代人大工作不断推向前进。

面对新要求，围绕中心议大事，在助推改革发展上精准精到

助力经济发展不懈怠。以监督“十四五”规划纲要实施和中期评估调整为主线，深入贯彻中央和省委经济工作会议精神及市委有关决策部署，调研产业振兴、双招双引、平台提能和企业服务，调研财政重点支出与重大投资项目实施情况，系统保障经济稳进提质。视察农业产业发展和粮食生产工作，更大力度推进乡村振兴富民增收。助力城乡建设不松劲。持续关注现代社区建设等社区规模调整“后半篇文章”。以民生实事项目跟踪办理为载体，加强对生态环保、城乡建设等工作监督。继续跟进国土空间总体规划编制和环境报告制度落实。让美丽家园更加宜业宜居。牢固树立“过紧日子”思想，听取审议计划执行、财政预决算、审计查出问题整改和国资专项管理等报告，突出预算审查重点，综合施策防范风险。继续跟踪“营商环境”“检察工作”等决议决定不放松，围绕“抓大事、议要事、解难事”行使好重大事项决定权。助力公共服务不停步。围绕教育、医疗、生育等民生问题，积极开展有关法律法规贯彻实施情况检查。关注退役军人、残疾人等特殊群体，开展针对特殊群体帮扶的专项监督调研。一如既往地支持和推动就业促进和教育改革。努力让广大群众更多享受改革发展成果，更多感受龙泉品质提升。

面对新挑战，厉行法治促发展，在提升治理能力上见行见效

在加强法律监督上求突破。将"系统学法"推向深入，认真配合上级立法调研，做好立法项目建议申报和意见征求等工作，加强与上级人大联动开展法律法规执法检查的力度，检查"八五"普法实施情况，不断健全备案审查和信访工作机制。在加强监察监督上求实效。积极支持监委开展工作，为监察机关依法严格履行职责、行使权力提供保障，推动形成风清气正的良好政治生态。在加强司法监督上求进展。听取和审议2022年法治政府建设情况，政府法律援助工作情况和法院行政审判工作情况，跟进支持"大综合一体化"行政执法改革进展，促进执法公正、维护合法权益、助推依法治市进程。

面对新期盼，履职为民求实效，在联系服务代表上用心用脑

拓展密切联系群众的深度。继续完善"双联系"机制。紧扣中心重点和民生热点，组织代表开展系列集中视察、专题调研等主题活动。建成特色鲜明、功能集聚的代表联络总站，发挥其对乡镇（街道）代表联络站的龙头示范引领作用。深化"一站一厅N点"机制，拓展用好基层单元"联、商、督、促、智"效能。线上线下结合，发挥代表在增进理解、化解矛盾、凝聚力量、推进发展中的重要作用。加大保障代表履职的力度。围绕使命担当、人民情怀和工作作风，深化人大代表学习培训，促使各级代表思想上清醒、政治上坚定、行动上一致。紧盯2023年度民生实事，促进代表更好了解把握全局、精准高效履职。加强代表履职管理，健全完善代表履职档案，组织开展代表履职评议，切实让广大代表干事有舞台、知政有渠道、履职有监督、服务有保障。提升维护人民利益的温度。引导代表以更强意识、过硬本领履行好职责，撰写更多符合客观实际、顺应改革发展、体现百姓需求的高质量议案建议，做到民有所呼、我有所应。通过跟踪问效，硬化约束，提升办理质效，推动一项项利民举措转化为一件件可观可感的民生成果。

面对新任务，满怀激情守初心，在建强"四个机关"上对标对表

树牢奉献意识。胸怀大局、立足本职。基于人大常委会机关领导干部成长本土、富有经验的特点，以强烈的责任感和事业心，定位政治机关高站位、权力机关高效能、工作机关高水平、代表机关高标准，围绕"建设中国式现代化品质龙泉"这一中心，出谋划策、集智献力。树牢创新意识。在宪法和法律的框架内，积极探索理论研究、监督方式、代表工作、履职机制等方面的创新，不断激发人大工作的生机和活力。扎实推进开发区人大工作。创新乡镇（街道）人大工作例会形式，开展基层单元建设、主题活动开展等"互看互学"。共同把监督、决定、任免等法定职权担当起来。树牢规矩意识。落实作风效能建设要求，把守规矩、讲纪律作为人大干部的鲜明标识，一体推进政治、思想、组织、作风、纪律、制度"六大建设"，着力打造一支政治坚定、服务人民、尊崇法治、发扬民主、勤勉尽责的人大工作队伍。

各位代表，新时期人大工作肩负新时代赋予的神圣使命，承载着人民的殷切期盼和嘱托。让我们更加紧密地团结在以习近平同志为核心的党中央周围，坚持以习近平新时代中国特色社会主义思想为指导，全面学习贯彻落实党的二十大精神，在中共龙泉市委坚强领导下，砥砺剑瓷品质，淬炼极致匠心，用实际行动书写让党和人民满意的履职答卷，奋力谱写中国式现代化品质龙泉新篇章！（周晓寅）

政府工作报告

——在龙泉市第十七届人民代表大会第二次会议上

（2023 年 2 月 14 日）

龙泉市人民政府代市长　王国锋

一、2022 年工作回顾

过去的一年，是经受考验、应变破难、承压奋进的一年。市政府坚持以习近平新时代中国特色社会主义思想为指导，在上级党委、政府和市委的坚强领导下，坚决贯彻落实“疫情要防住、经济要稳住、发展要安全”的总体要求，坚毅笃行“丽水之干”，深入开展“全面复兴剑瓷之都、奋力打造品质龙泉”学习实践活动，实现了经济社会平稳较快发展。全年实现GDP 增长 3.1%，增速高于全国、与全省持平；固定资产投资增长 13%；规上工业增加值增长 2.1%；一般公共预算收入增长 10.3%；社会消费品零售总额增长 3.5%；城乡居民收入分别增长 4.4%、7.2%；民生实事全面完成。同时，我们取得了“四优一鼎”好成绩：获得省科技进步目标责任制考核优秀等次、省乡村振兴战略实绩考核优秀县、美丽浙江建设考核优秀县、新时代美丽城镇建设考核优秀县，荣获“五水共治”大禹鼎“银鼎”。

（一）聚焦防疫情、稳经济，发展大盘持续巩固。坚持最大程度保护群众生命健康安全，最大限度减少疫情对经济社会发展影响，开展经济稳进提质“八大攻坚行动”，实现“双赢”目标。

*严实防疫护民生。*完善平急一体指挥长制度，建立疫情防控“七大机制”，抓实抓细疫情防控最小单元建设，构建村（社）—网格—楼栋“三级防控体系”，配备微网格长（楼栋长）1900 余名。建成定点医院，大力推进健康驿站建设，改造面积 1.9 万平方米，建成隔离用房 300 余间，组织培训演练 32 次，常态化核酸检测、联合流调、疫苗接种等工作走在丽水前列，系全省保持零病例时间最长的县（市、区）之一。

*倾力纾困暖企业。*出台稳经济政策“三十六条”，政策知晓度、政策受益面均居丽水第一。打通政策快享尽享通道，全面应用“龙财通”数字化兑现平台，政策兑现时间缩短为 1/3，兑现资金 6.1 亿元。强化财税、金融等支持力度，助力企业减负降本，实施大规模增值税留抵退税、减征小微企业“六税两费”等支持政策，减轻企业和个体税费负担 5.64 亿元，惠及市场主体 1.64 万户，新增小微企业贷款余额 17.14亿元，惠及市场主体 2400 余户。

*全心服务助营商。*全力打造最优营商环境，扎实开展“千名干部驻千企”活动，累计走访 6000 余人次，协调解决企业问题 260 余件，为企业减负 4.6 亿元，提供转贷服务 10.97 亿元，办理无还本续贷 24.2 亿元，制造业贷款余额增长 33.9%，企业问题解决率 97.7%。创新实施“最多评一次”“最多查一次”“项目投资极简审批”等改革，涉企鉴定评估减少 25%，收费减少 20%，一般企业投资工业项目前期审批时间从 17 个工作日缩减至 6 个工作日，市场主体增长 11.8%。

（二）聚焦扬特色、增优势，文化品牌更加响亮。成功创建省级龙泉青瓷文化传承生态保护区，入选全国县域旅游综合实力、发展潜力“双百强县”。

文化弘扬迈出新步伐。第五届世界青瓷大会在杭州精彩举办，高规格、全方位、零距离展示“品质龙泉”特色文化和城市形象，与会嘉宾高度赞誉，成为全网热搜。龙泉青瓷成为米兰国际手工艺品博览会中国展区主推展品，青瓷屏扇惊艳亮相杭州国家版本馆，亭后窑址考古发掘获评浙江考古十大重要发现，龙泉青瓷传统工艺工作站、非遗工坊列入省级培育名单，剑瓷龙泉知名度、美誉度有力提升。

剑瓷振兴呈现新势头。深入推进剑瓷产业高质量发展，剑瓷规上产值、税收分别增长11.3%、16%。出台推进剑瓷产业高质量发展新政，发布全国首个刀剑产业链标准体系。宝剑小镇创成AAA级景区，通过省级特色小镇验收命名，宝剑风情街开街运营。剑瓷行业产业大脑入选省建设名单，成功搭建海关出口刀剑产业云通关平台，剑瓷工场、龙泉陶溪川等非遗电商直播基地投入运营，入驻电商300余家，全市剑瓷电商销售额增长44.1%。

文旅经济增添新内涵。“龙泉青瓷宝剑之旅”入选省首批非遗主题旅游路线，“西街宿集”项目正式签约，完成文旅“微改造”示范点30个，红色旅游教育基地、工业旅游示范基地、采摘旅游体验基地等品牌创建全面推进，入选全国十佳体育旅游目的地，系全省唯一。举办“月光经济”集市活动11场，夜间经济圈加速形成，有效提升商业活力，促进居民消费。

（三）聚焦强工业、快升级，产业实力稳步提升。制定出台一揽子工业经济高质量发展政策，优化产业资源配置，规上工业产值增长7%，工业经济承压企稳、趋势向好。

平台空间加快提级。制定出台开发区整合提升方案，系统推进全市产业平台重构优化。统筹谋划“六大区块”空间开发，生态产业平台完成控制性详规、产业规划等编制工作，共谋划项目56个，总投资324.5亿元，完成土地征收3500亩，新增工业用地619亩。大力推进“腾笼换鸟、凤凰涅槃”攻坚行动，深入开展“两高一低”企业、“用而未尽”土地等专项整治，制定工业用地空间“一张图”，联动完善项目准入、用地转让等配套办法，形成对工业用地、项目引进、产业效益的全方位管理体系，盘活低效闲置用地1079亩。

产业转型加快提速。系统制定主导产业升级方案、支持政策，全面推动产业链、创新链、项目链等多链融合，汽配、不锈钢、泵阀、健康医药产业规上产值分别增长17.5%、23.7%、15.8%、6.8%。实施省生产制造方式转型示范项目6个，为丽水最多，实施数字化、智能化改造项目46个，创成丽水首家省级“未来工厂”，入选丽水“未来工厂”培育企业2家，建成省级智能工厂（数字化车间）3家，省级首台（套）产品和产业链上下游共同体实现“零”突破，丽水首家工程机械整车生产企业试生产，技改投资增长11.8%，高新技术产业、战略性新兴产业、装备制造业增加值分别增长3.9%、6%、9.4%，外贸出口增长26.3%。

企业培育加快提力。深入推进“六企”梯度培育，建立重点企业培育库，实施动态监测、政策引导、帮办服务等措施，建立驻企服务员制度，做好工业、外贸、科技、金融等新政解读，全力帮助企业把政策红利转化为发展动力，新增省级专精特新企业17家、国家级专精特新“小巨人”企业3家，国家重点“小巨人”企业实现“零的突破”，新增规上企业17家、亿元企业4家，新增“浙江制造精品”3个。

（四）聚焦提品质、促融合，城乡形象加快重塑。深入推进以人为核心的新型城镇化，城市规划、建设、运营、管理水平持续提升，城乡融合发展路子不断拓宽。

城市建设铺就新画卷。系统构建“一江两岸、一核四区”城市格局，全面推动城市核心组团开发利用，谋划推进重要区块重点项目28个。城东综合体双子楼顺利结顶，瓯江北岸基础设施改造工程全线完工，欧冶大道全线贯通，中山东路、东茶路、凤起路等城市道路完成改造提升，华楼街东延–执中大桥、322国道安仁段开工建设，龙窑路西延完成施工招标，528国道西街至兰巨段发布施工招标公告，城市文化客厅、旅游集散换乘中心、火车站场商贸圈等加快建设。宋韵西街项目获评省“十佳拆改示范典型”，“烟雨瓯江·古城新韵”传统风貌样板区入选全省首批“新时代富春山居图城市样板区”，系丽水唯一。

乡村振兴展现新面貌。争取省级革命老区乡村振兴示范项目3000万元、乡村振兴综合试点项目3000万元、农村综合集成改革项目6000万元，入选省农业“双强”行动赛马激励县，兰巨现代农业园区获评“省十佳”园区，农林牧渔业增加值增长4.6%。入选省食药物质管理试点，启动灵芝、铁皮石斛全产业链高质量发展助力共同富裕示范区建设计划，举办第三届中国灵芝大会。出台竹木产业高质量发展“一方案两政策”，创成国家林业产业示范园区。列入“四好农村路”全国示范县创建名单，获评省农村文化礼堂建设示范县，8个乡镇完成省美丽城镇创建验收，“大搬快聚”搬迁8156人。

生态环境焕发新颜值。环境空气质量持续位居全省前列，水质达标率始终保持“三个100%”。瓯江源头区域山水林田湖草沙一体化保护修复工程完成投资1.07亿元，完成国土林草植被覆绿1万余亩，创成瓯江源-龙泉溪国家水利风景区、省生物多样性体验地，入选全省首批林业增汇试点县，新增造林面积2600亩。加快绿色能源项目建设，全省首个500千伏“绿色建造”输变电工程顺利投运，全省电网侧储能示范项目开工建设。

（五）聚焦大开放、重创新，发展后劲不断增强。积极构建开放包容、充满活力的创业创新生态，实际利用市外内资23.6亿元，全社会R&D经费支出占GDP比重达到2.22%。

*对外合作日趋紧密。*大力实施“双招双引”战略性先导工程，全面构建“1+8+10”招引体系，引进产业项目50个，其中大项目17个，与吉利集团旗下厚同资本签订战略合作协议，组建规模10亿元的汽车科技产业投资基金，引进博士210人、硕士298人。“山海协作”持续深化，萧龙科创园、平湖产业园竣工验收，上海双创园启动招商，萧龙“产业飞地”汽车零部件智能化工厂等项目开工建设。加快构建外联大通道，龙泉市站货运开通启用，仙庆公路下庄儿至兰头段、G25高速龙泉东互通改建等工程有序推进，义龙庆高速龙泉段通过初设技术审查，温武吉铁路拟按新建双线标准建设。

*改革创新日趋深入。*积极推进数字化改革，“益林共富”入选全省最佳应用，“深化集体林权制度改革”获评省改革突破奖。着力推进国有企业改革，大力开展国有企业平台整合提升和国有资产整合攻坚行动，理顺国企股权架构，排摸国有资产3117宗，盘活固定资产240余亿元，首次发行企业债5.2亿元。“大综合一体化”行政执法改革指数位列全省第一，实现执法力量下沉乡镇（街道）。入选全省首批科技成果转移支付试点县，实施“揭榜挂帅”项目15个，实现省“领雁”项目“零的突破”，获省科技进步三等奖1项，新增省科技型中小企业54家、国家高新技术企业16家。

*跨越动能日趋强劲。*开展重大项目建设攻坚大会战，高新技术产业投资、生态城建水利投资、交通投资分别增长21.9%、25.4%、24.8%，省“4+1”重大项目和省“六个千亿”产业项目投资完成率分别为133.2%、130.2%。着力强化要素保障，完成建设用地复垦入库479亩，向上争资11.6亿元，新增债券额度12.5亿元，争取政策性开发性金融工具1.6亿元。积极抢抓扩大投资窗口机遇，谋划项目88个，总投资249.4亿元，列入丽水亿元以上前期项目25个。

（六）聚焦办实事、暖民心，民生福祉日益改善。坚持把改革发展成果更多更公平惠及全体人民作为重大责任，压减一般性支出1.5亿元用于“三保”等领域，民生支出增长10.1%。

*群众收入稳步提升。*大力激发大众创业创新热情，出台支持青年创业创新政策“十二条”，举办“创意龙泉 创业青春”大赛，搭建年轻创客“创业园”，孵化创业实体31家，“青年发展环境”和“青年社会参与”指数均获全省优秀等次。建成“共富工坊”60家，完成职业技能培训8000余人次，“就业快递”模式获评省就业服务案例优胜奖，实现“零就业”家庭动态清零，城镇登记失业率为1.22%，低收入农户人均可支配收入增长15.1%。

*公共服务更加均衡。*全面构建“1+4+N”教育综合改革政策体系，全市第一所九年一贯制学校开学招生，新增义务教育学位2920个、公办幼儿园学位780个，正式设立丽水职业技术学院龙泉分院，填补龙泉高等教育空白。加快提升医疗服务水平，中医院迁建工程、公共卫生应急救治中心、综合服务中心等项目建设有力推进，携手浙大二院共建医疗“山海提升工程”，县域就诊率提升3.84个百分点，健康浙江考核实现“三连优”。完成社区规模调整，22个城中村完成“村改居”。

*社会环境和谐稳定。*组建社会治理中心并实体化运作，全市安全生产形势总体平稳，成功护航党的二十大，以丽水第一的成绩实现省“平安县”十七连创。法治建设群众满意度位列全省前十，龙泉司法档案博物馆入选“全国法院文化建设特色项目”。面对“6·20”百年一遇强降水自然灾害，以高度的政治责任感，坚持人民至上、生命至上，科学决策、高效应对，实现人员零伤亡，将灾情损失降到最低。

各位代表，过去一年的成绩来之不易，这得益于市委的科学决策、坚强领导，得益于市人大、市政协的有效监督、大力支持，得益于全市人民的同心协力、攻坚克难。在此，我代表市人民政府，向全市人民以及广大建设者，向人大代表、政协委员，各民主党派、工商联、人民团体和社会各界人士，向驻龙部队、武警部队、消防救援队伍、驻龙各单位，向所有关心支持龙泉发展的朋友们，表示衷心的感谢和崇高的敬意！

在看到成绩的同时，我们也清醒地认识到，我市发展还存在一些问题和不足：全面对照品质龙泉建设要求，经济总量偏小、产业层次偏低、竞争实力偏弱；大项目少、大投资少、大企业少的困境亟须突破；优质公共服务供给不够充裕；城乡居民持续较快增收的路子还不够宽；文化特色标识还不够鲜明；城市建设品质还不够高；青年成长创业平台还不够完善；

部分干部思想观念还不够解放，破解难题的能力水平有待提升。对于这些问题和不足，我们将采取有效措施，切实加以解决。

二、2023年主要目标和任务

2023年是全面贯彻落实党的二十大精神的开局之年，是“八八战略”实施20周年，也是奋力推进中国式现代化品质龙泉建设的奋进之年。今年政府工作的总体要求是：始终坚持以习近平新时代中国特色社会主义思想为根本指引，全面学习贯彻党的二十大精神，认真落实上级党委、政府和市委决策部署，以实现共同富裕为目标追求，以“人产城”融合发展为实现路径，以改革创新为根本动力，以厚植特色优势为关键支撑，以新时代“龙泉精神”为制胜密码，以全面从严治党为根本保障，奋力谱写中国式现代化品质龙泉新篇章。

综合考虑各方面因素，2023年全市经济社会发展的主要预期目标为：地区生产总值增长7%左右；规上工业增加值增长12%以上；一般公共预算收入增长8.5%；投资总量、结构实现双提升；城乡居民收入与经济增长保持同步；社会消费品零售总额增长8%以上；主要生态环境指标保持全省领先。

围绕上述要求和目标，市政府将深入对照省委三个“一号工程”和市委“十个聚焦”，尽心竭力跑好接力赛、拼出加速度，以实干诠释初心、用实绩践行使命，重点抓好以下五方面工作：

（一）突出壮大跨越发展“引擎”，聚力强劲品质龙泉硬核支撑。对于龙泉而言，发展不充分仍然是最大市情，产业经济不强是最大短板，项目增量不足是最大瓶颈。无工不强、无工不富，没有今天的投入就没有明天的产出，我们将集中精力全力驱动“工业”和“项目”两大主引擎，以产业品质支撑城市实力，以项目投资积蓄发展后劲，赢得跨越竞跑新优势。

全力提升产业质效。树牢“产业为基、工业为先”理念，坚持在产业变革中迎接挑战、抢抓机遇，力促生态工业提能升级。加快培育产业规模增长点，重抓产业链招商，力争引进亿元以上制造业大项目9个以上，加快建设良工阀门、恒睿丰、新劲空调等一批扩大产能项目，实现国镜药业二期、双枪家居、创丰等项目投产，完成制造业投资增长18%以上，力争精密制造、健康医药、经典时尚三大主导产业产值均增长16%以上。加快打通产业升级突破点，聚焦做强“一县一业”，着力推动空调汽配产业纳入省级“新星”产业群，增强产业链协同创新能力和关键零部件制造能力，大力拓展新能源汽车热管理、储能电池、整车重卡等关键领域招商布局，实现科博乐新能源汽车热管理系统项目投产，谋划打造高能级汽车热管理系统智造基地，推动产品向总成型、整机型、科技型方向升级，力争汽车零部件产业规上产值增长18%以上、高新技术产业投资增长18%以上，争创省级高新技术产业园区。对标数字经济创新提质“一号发展工程”，加快推进智能制造，梯队培育一批“数字化车间—智能工厂—未来工厂”，实施智能化数字化改造项目40个以上，新增工业机器人50台（套），新认定国家高新技术企业、省科技型中小企业50家以上，实现工业技改投资增长12%、规上研发费用增长10%以上、数字经济核心制造业增加值增长15%。加快寻求产业稳链加固点，竭尽所能支持企业稳生产、抢订单、扩投资，加强产业链“供、产、销”监测，加快贯通域内企业，促进供应链本土化。积极引导企业争创“品字标”“浙江制造”品牌，加快提升产品市场竞争力。大力推动外贸出口企业开拓市场，深化“代参展”“双线参展”等模式，支持企业用足用好出入境便利化政策，鼓励企业出境洽谈、出海抢单，力争外贸出口额增长8%以上。

全力培育企业主体。企业是龙泉发展的主力军，企业家是龙泉发展当之无愧的英雄，我们将一如既往把企业家当自家人、企业事当自家事，统筹实施“放水养鱼”“专精特新”“隐形冠军”“凤凰行动”等一揽子政策，集中力量深入把脉，集聚资源精准支持，积极引导企业做大做强。强化龙头企业培育，聚焦新能源汽车、健康医药、时尚产业等重点领域，完善大企业培育“一企一策”扶持体系，集聚要素资源，倾斜扶持政策，培育一批在产业链中具有核心竞争力的龙头企业，新增亿元以上企业5家，力争10亿元以上企业破零、培育上市企业股改破零。强化专精特新企业培育，滚动建立专精特新企业培育库，系统挖掘拥有关键核心技术的中小企业，大力开发创新潜能，新增省级专精特新企业5家以上。强化“小升规”企业培育，完善“小升规”扶持政策，加快培育成长性好、竞争力强、市场前景大的优质规上企业，新增“小升规”企业15家以上。全社会都要像尊敬英雄那样尊敬企业家，合力营造亲商、扶商、安商的最优发展环境，希望我们的企业家也要像英雄那样去战斗，越是艰险越向前，越是艰难越担当，在与市场的搏击中再创佳绩、再立新功！

全力做大投资盘子。坚持把项目投资作为稳大盘、提质量、快发展的生命线工程，一切围绕项目转、一切围绕项目干，力争固定资产投资增长15%以上，结构性指标持续优化。奋力招项目，对标地瓜经济提能升级“一号开放工程”，坚持以非常之力推进“双招双引”，尽最大努力突破发展增量瓶颈。掀起招商热潮，组织开展招商比拼晾晒活动，举办系列专题招商推介会，全面加快签约进度，全力破解落地难点，力争实际利用市外资金22亿元以上。抓牢主攻方向，深入实施“链长制”招商机制，围绕“1+3”主导产业建立补链、延链、强链清单，谋划储备一批重大招商项目，动态更新“产业招引地图”，按图索骥上门招商，力争招引产业项目35个以上，其中亿元以上大项目13个以上。强化示范引领，以招引大项目、头部企业为主目标，逐一建立“七大驻外招引分局”目标企业库，实施“一个重大项目、一个攻坚小组、一张节点计划、一张保障清单”推进机制，全力推动吉利新能源汽车热管理系统总成、新能源动力、竹生物质综合利用等一批优质项目招引，力争3个5亿元以上、2个10亿元以上重大项目落地。丰富招商手段，创新“基金+”投资模式，提升资本招商能力，积极推进“以商招商”“中介招商”“线上招商”等创新运用。借力“山海协作”平台，加快萧龙科创园、平湖产业园招商运营，着力推动萧龙“产业飞地”项目建设。系统谋项目，动态更新“一库两清单”，开展项目谋划大比武，突出城市重点区块开发、“三大一新”产业培育、社会民生事业等战略导向，谋划亿元以上大项目40个。全速推项目，紧抓重点项目前期39个、开工25个、竣工19个、提速19个，建立“点评比学”“挂牌销号”“督查奖惩”等机制，推动投资链条高速转起来。大力争项目，抢抓“26县跨越发展”“革命老区振兴发展”“共同富裕示范区建设”“千项万亿”等政策机遇，实施“三单机制”，积极“跑部进厅”，力争列入省重点项目、省市县长工程等3个以上，争取更多项目列入上级重点建设盘子。

*全力优化营商环境。*坚持“营商环境是竞争力，更是生产力”，对标营商环境优化提升“一号改革工程”，深入创建新时代“两个健康”示范区，让广大企业舒心办事、放心投资、专心创业、安心发展。高效落实降本减负政策，坚持以真金白银让企业有更强的获得感，深化政策直达快享机制，升级“龙财通”平台应用，提升惠企政策兑现效率，为企业减负5亿元以上。积极引导金融机构加大对实体经济支持力度，提供转贷服务10亿元、无还本续贷20亿元以上，制造业贷款余额增长12%以上。全面优化政务服务，严格落实市场准入“全国一张单”管理模式，实施统一的市场准入负面清单制度，深化推进“一网通办”“减证便民”“多报合一”等改革任务，积极推行“全程代办”“容缺受理”“智能审批”等便利化改革新模式，不断提升“大综合一体化”行政执法改革实效，持续完善“轻微免罚”“首违不罚”机制，做到“企业办事无忧、政府无事不扰”，力争新增市场主体10%以上。在精准服务上求实效，协同推进“大走访大调研大服务大解题”活动和“链长制”服务，派驻骨干力量实现重点企业驻企服务员“一对一”全覆盖，提供“店小二”式服务，及时了解企业急难愁盼问题，严格落实“135”办结机制，确保企业难题办结率90%以上，企业满意率95%以上。

*全力强化要素支撑。*提升空间要素保障力，大力拓展空间增量，系统完善生态产业平台“两轴两区八组团”开发计划和项目建设时序，打好大汪组团“第一战”，加快实施矿地综合开发利用、基础设施配套建设等项目。统筹推进砒石岭后和项坊区块、芳野下坑源区块、上垟黄渡区块、安仁昌文二期等开发建设，新增工业空间1500亩以上。深入盘活空间存量，打好“腾笼换鸟、凤凰涅槃”攻坚战，深化亩均论英雄改革，加大差别化政策实施力度，聚焦亩均税收5万元以下低效企业，重点实施连片低效用地整治，处置低效闲置用地500亩以上。着力加快砒石鞋产业基地、安仁昌文一期、八都溪坪一期、巨龙汽配小微园等产业招商，保障小微企业生存空间，推动小微企业集聚发展。精细管控空间变量，理顺各产业平台运管体系，完善规划、招商、供地等统一机制，深入实施工业用地全生命周期管理和企业差异化管理机制，建立“地企对应”数据库，不断提升用地效益。谋划实施跨乡镇土地综合整治项目，力争完成建设用地复垦800亩、垦造耕地500亩、永农集中连片整治3000亩以上。提升资金要素保障力，积极争取债券发行额度和政策性开发性金融工具支持，竞争性分配资金达到11亿元。加快国有企业市场化改革进程，深化国企平台整合提升，加快国企信用等级评定，推动开展公司债、企业债、项目收益债等市场化直接融资，力争企业资产增长10%以上，完成重点项目投资30亿元以上、市场化融资40亿元以上。提升创新要素保障力，深入推进科技成果转移支付试点建设，实施科技成果转化应用、“揭榜挂帅”技术攻关等15项以上，全力争取省“尖兵”“领雁”项目。联动推进招才引智，与浙江大学等大院名校合作共建实体化研究院，打造龙泉浙大科技园·萧龙科创中心，力争引进硕士以上人才180人、各类紧缺人才4500人。

（二）突出打造融合发展“阵地”，聚力提升城市建设综合能级。坚持以人为核心迭代城市发展逻辑，全面促进城市功能集成完善，打造集聚人气、凝聚财气、汇聚商气的“强磁场”，让城市成为联动人口与产业、安居与兴业、青年与创业的大舞台，在“人产城”融合发展中实现产业有力、商业有市、烟火有味。

强化城市集聚功能。大力拓展城市空间，充分发挥城市包容人口转移、承接产业导入、吸纳项目投资的主载体作用。注重规划引领，科学落地城市蓝图。按照“东拓、西进、南优、北连、中兴”战略布局，完成国土空间规划编制，构建完善武潭临江区块、火车站前商贸区块、“河山田”生态融合示范区块、剑川大道北延区块、棋盘山中央公园等规划设计和重点项目库，推动城市建设科学布局。突出点上挺进，激活城市区域板块。着力推进“一江两岸、一核四区”重点工程建设，加快水南未来社区、凤起路安置小区、南秦安置小区、城东安置小区、南大洋综合服务中心、一体化执法办案管理中心等项目实施，积极谋划推动河村区块基础设施建设、武潭临江区块综合开发、棋盘山区块综合开发等牵引性工程。发力线上延伸，打通城市发展圈层。积极发挥“交通圈”带动“人流圈”“商贸圈”的引领作用，完成G25高速龙泉东互通改建，加快322国道安仁段、528国道西街至兰巨段、华楼街东延、龙窑路西延等项目进度，开工建设义龙庆高速龙泉段，谋划推进火车站站前大道、后沙路北延、龙梧线改建、交通智慧物流港等项目，争取温武吉铁路完成可研编制，积极谋划金南铁路，全面借力城市综合交通网带动区域空间开发。

强化城市生活功能。秉持城市让生活更美好，加快建设生活品质城市，让城市更有温度，幸福更有质感。着力打造品质化公共空间，实现城东综合体双子楼竣工、城市文化客厅基本完工，加快市场化运营管理。推动西街历史文化街区建设扩面提质，完成西寺门至公园路区块、林业车队区块等改造提升，开工建设江滨北路（公园路入口）区块、龙建区块等整治项目。启动创建城东沿江片区“匠心之城•活力之心”城市新区风貌区，推进黄灌生态景观工程、武潭临江生态河道综合治理工程等建设。实施城区“两拆两绿”“金角银边”工程，完成14个节点、5.1万平方米改造提升。提标建设“15分钟阅读圈、健身圈、生活圈”，打造一批口袋公园、城市书房、百姓健身房，塑造一批青春、时尚、动感的城市生活场景。着力完善现代化基础设施，加快5G、充电桩、光纤网络等新基建布局建设，启动三江口区块、宫头区块、留槎洲区块基建综合改造项目，推进剑池片区、龙渊片区7个老旧小区改造提升。实施城区道路“打卡连断”工程，加快推进创业大道、后沙路、环城东路、江滨北路等市政道路改造提升，全力打通“断头路”、拓宽“卡口路”、畅通“微循环”。推动建设海绵城市，加强城区管道清淤和内河治理，实施城区排水排污基础配套工程，完成南大洋水厂扩建增容工程，开工建设均溪三级水库改建项目。着力提升精细化管理水平，深入推进村改居和现代社区建设，完善网格化管理服务机制，提升“城事共治”场景应用，全面开展建筑风貌、市容秩序等“治乱”行动。

强化城市创业功能。致力推动城市建设与创业创新交融共进，让城市成为充满机遇、拥抱未来的梦工厂，集聚青春活力打造品质龙泉。紧跟城市产业规划，突出经济开发区、生态产业平台“人产城”融合发展主战场作用，加快谋划建设一批集聚创业创新资源的产业园，全力扩大城市就业创业容量。培育城市新兴业态，积极发展电商、文创、潮玩等青年经济，推出一批“青创门店”，打造一批文创体验馆、月光经济群、网红打卡地，开工建设交通物流快递服务中心，加快综合电商中心建设，健全县乡物流体系。丰富城市青创平台，实施“青创工坊”项目，布局建设培训基地、科研中心、孵化空间等青年创业创新阵地，完成青年“双创中心”二期、“青创公寓”二期建设，推出创业场所1.4万平方米、180间青创公寓，谋划建设青年双创产业园、青年文创休闲驿站，搭建集培育、展示、交流等功能于一体的青年创业服务平台，形成青年兴旺城市人气、城市赋能青年创业的双向奔赴格局。

（三）突出扮靓品质形象“招牌”，聚力厚植乡村振兴富美底色。坚持乡村突围，注重均衡发展，把乡村振兴作为品质龙泉建设不可或缺的重要板块，作为“三生”融合发展的重要示范窗口，充分尊重乡村个性，彰显乡村魅力。

坚持生态为基美乡村。积极推进国家生态文明建设示范县创建，加快和美乡村建设，营造全域美丽格局。实施美丽乡村提标行动，创建省级美丽乡村示范乡镇、丽水市级精品花园乡村等32个，启动创建“红色山水•休闲旅宿”县域风貌区。实施增绿添彩提质行动，严格落实“林长制”，开展国土林草植被覆绿8500亩，治理水土流失1万亩以上，完成安仁溪、道太溪、大贵溪流域综合治理工程。全力创建“钱江源—百山祖”国家公园，实施国家公园龙泉片区“生态系统保护修复”“自然博物馆”等项目建设，打造一批国家公园特色村落。实施减污降碳攻坚行动，持续深入打好蓝天、碧水、净土保卫战，开工建设建筑垃圾消纳场，完成矿山集中整治，推动机制砂行业长效管理，严厉打击环境违法行为。推进低碳试点县、林业增汇试点县创建，力争抽水蓄能电站获项目核准。

坚持产业为本富乡村。把产业发展作为乡村振兴的"当头炮"，增强乡村共富"底气"。着力巩固基础产业，深入实施农业"双强"行动，高标建设省级农事服务中心，农林牧渔业增加值增长2.5%以上。严格落实"田长制"，开展高标准农田改造提升1.1万亩以上，力争粮食播种面积18万亩以上。扎实推进生猪产业"六化"建设，加强保障性蔬菜基地建设，确保重要农产品稳产保供。着力发展优势产业，推进"竹茶菌蔬""蜂果药渔"全产业链提升工程，新建茶叶标准化基地1000亩以上，完成黑木耳全程机械化重点突破协同攻关项目，打造一批精品果蔬基地、生态水产基地、特色中药材基地。全面推进灵芝、铁皮石斛全产业链高质量发展，实施"灵芝产业园""灵芝科创中心""铁皮石斛智能化育苗中心"等项目建设，加快提升食药产业富民效益。深入推动竹木产业全链条衔接提升，合理布局三级加工园区，实施国家储备林、竹木产品公共熏蒸平台等项目建设，推动竹木加工业健康发展。着力丰富乡村业态，举办民俗体验、农业采摘、高山避暑等系列活动，争创星级农家乐、钻级民宿20家，农家乐（民宿）营业额增长5%以上。

坚持活力为源兴乡村。系统挖掘乡村多元价值，全面促进城乡要素双向流动，深入激发乡村内在动力。大力盘活乡村潜力资源，积极稳妥开展农村土地综合整治、集体经营性建设用地入市、农村宅基地"三权分置"改革，力争盘活闲置农房400宗。推动全域自然资源与生态产品价值评估，深入探索生态产品市场交易机制，加强绿色金融服务，推广"生态贷"系列产品，新增涉农贷款20亿元以上。积极培育乡村经营主体，推动"两山"公司、乡村振兴公司等实体化、市场化运作，培育一批"农创客""新农人"等乡村振兴先锋，深化农合联改革，实现"供销e城"销售额4000万元。着力争取乡村援建支持，积极推进"山海协作"乡村振兴示范点建设，加快实施援建项目12个，争取帮扶资金650万元以上，实现"消薄飞地"收益2000万元以上，促进村集体经济持续增收。

（四）突出擦亮剑瓷经典"名片"，聚力发挥文化名城特色优势。坚持培育特色竞争力，充分挖掘剑瓷历史经典这座"丰厚宝藏"，以人文品质塑造城市气质，促进文化影响软实力和文化经济硬实力双提升。

精心塑造文化品牌。秉持活态传承理念，赋予经典传统文化新的时代内涵，力争创成国家级文化生态保护区。深入激发文化开放基因，着力推进"天下龙泉"品牌推广工程，高品质举办世界青瓷大会和剑瓷文化旅游节，开展"天下龙泉全国巡展"活动，推动龙泉剑瓷走进国内重点城市、共建"一带一路"国家和地区。全面提升文化历史底蕴，系统实施文化遗迹活化工程，保护修缮一批古窑址、古码头、古村落等历史遗迹，提升建设大窑龙泉窑国家考古遗址公园，加快打造全国青瓷文化研学基地和省级非遗工坊，申报历史文化保护利用村20个。

精心培育剑瓷产业。加快壮大剑瓷文化"含金量"，力争剑瓷规上产值、税收均增长15%以上。强化平台引领，统筹推进宝剑小镇、宝剑现代产业园、青瓷小镇产业园等集聚平台建设，完成青瓷宝剑苑文旅商业街区改造工程，联动实施剑瓷产业龙头企业培育计划，上规（限）3家、"个转企"25家以上。注重创新突破，筹建省级刀剑检验中心，推广应用剑瓷行业产业大脑，实施青瓷共性技术攻关项目，完成瓷土标准化体系搭建，积极推动中国美术学院龙泉研究院、景德镇陶瓷大学龙泉研究院等项目实施。丰富多元业态，争取培育和引进一批文创服务机构，鼓励剑瓷企业与茶、香、酒、动漫、建筑等产业跨界合作，加强剑瓷营销体系建设，力争剑瓷电商销售额增长15%以上。

精心复苏文旅经济。积极抢抓后疫情时代旅游消费回暖机遇，力争旅游总收入增长12%以上，服务业增加值增长7.5%左右。完善文旅基建，推动青瓷文化省级旅游度假区、龙泉山景区等旗舰文旅平台升级建设，培育A级景区镇2个、景区村10个，争创国家AAAA级旅游景区1个，完成旅游集散换乘中心建设，加快打造高级酒店、品质饭店和精品民宿，争创省AAAAA级景区城。打造拳头产品，迭代升级"不灭窑火""江南之巅"等品牌文旅活动，推进西街宿集、数字宋韵研学等十大文旅项目建设。抢抓"周末经济"等消费热点，打造"半小时"微度假圈，推出10条"龙泉山路"，开展"周末集市""百姓大舞台"等文体活动，推动创建省级夜间文旅消费集聚区。壮大客源市场，开展"一月一城一主题""山海协作文化旅游周"等推介活动，加快龙泉文旅品牌打入长三角、海西区等重点市场，推动旅游人气持续升温。

（五）突出践行民生为本"初心"，聚力推动共富共享品质生活。坚持把为民造福作为最大政绩，像落实发展指标一样抓民生任务，既办好群众牵肠挂肚的"民生大事"，又干好群众天天有感的"身边小事"，让发展成果惠及每个人的生活，让幸福阳光照亮每个人的心坎。

努力让群众获得感更有分量。坚持把经济发展的含金量更多地体现在老百姓的“钱袋子”上。稳固就业大盘，推动产业政策与就业政策协同联动，千方百计创造就业机会，积极做好“线上+线下”招聘服务，开展“龙泉工匠”职业技能大赛，组织就业技能培训1万人次以上，确保城镇登记失业率控制在3%以内。鼓励创业兴业，实施“青年益创”项目，举办6场以上大型创业沙龙，积极搭建小微创业平台，推出“青创贷”“新生贷”等普惠金融产品，让每个人都享有勤劳致富、奋斗圆梦的机会。关注重点群体，大力推动农村居民、城镇低收入家庭、搬迁群众等加快增收，积极推广“共富工坊”等创新模式，拓宽“造血式”增收新路子。深入推进“大搬快聚 富民安居”工程，完成异地搬迁4000人，力争城镇常住居民人均可支配收入增长8%以上，农村常住居民人均可支配收入增长10%，低收入农户收入增长12%以上。

努力让群众幸福感更有成色。聚焦群众对品质生活的需求点、期盼点，扩大优质公共服务供给，让民生幸福可感知、有温度。加快打造品质教育，深化教育综合改革，推动职业教育优质发展，提升丽水职业技术学院龙泉分院办学成效，加快青瓷宝剑技师学院建设，深入推进“县中崛起”“初中壮腰”工程，优化农村小规模学校布局，创建省二级以上幼儿园4所，新增公办园学位750个。加快打造品质医疗，力争人民医院创成丽水首批“三乙”，实现中医院迁建工程、公共卫生综合服务中心竣工验收，推进片区医疗中心建设，深化医共体改革，打造医疗“山海提升工程”升级版。统筹推进文体、养老、抚幼、助残等社会事业发展，加快创建公共文化服务现代化先行县，着力探索现代社区“一老一小”服务新模式，大力实施“善居”工程，积极推动残疾人康复中心、儿童之家、妇女之家等建设，加强公墓建设管理，力争创成省级双拥模范城，认真办好十件民生实事。

努力让群众安全感更有保障。一体推进平安龙泉、法治龙泉建设，确保全市大局和谐稳定。科学精准落实疫情防控优化措施，加强医疗资源配置，完善救治工作流程，努力从“防传染”向“保健康、防重症”平稳转换。完善大平安工作风险闭环管控机制，严格落实安全生产责任制，全面加强社会治安、消防管理、道路交通等公共安全领域监管，力争创成省食品安全示范市，强化应急管理、防汛抗旱、森林防火等体系建设，坚决遏制重特大事故发生，防范系统性金融风险，力争夺取全省首批“二星平安金鼎”。做好国防动员和后备力量建设、退役军人服务，重视人武、关工委、工会、共青团、妇联、侨台、老龄、科协、移民、气象、工商联、文联、地方志、档案、民族、宗教、慈善、残联、红十字、外事、社会科学、统计等工作。

各位代表！征途漫漫，惟有奋斗；大道至简，实干为要。市政府将始终坚持“三个务必”，切实抓牢加快发展第一要务，大力弘扬新时代“龙泉精神”，砥砺剑瓷品质，淬炼极致匠心，努力打造人民满意政府。

一是守初心，做到“干”有恒力。坚持把政治建设摆在首位，忠诚拥护“两个确立”，切实增强“四个意识”、坚定“四个自信”、做到“两个维护”，不断提高政治判断力、政治领悟力、政治执行力，坚决贯彻落实上级党委、政府和市委各项决策部署，做到一个目标奋斗、一个态度落实、一张蓝图绘到底。

二是强执行，做到“干”有效力。牢固树立“落实第一、结果第一”理念，深入开展执行力建设专项行动，健全综合集成、抓纲带目、闭环管理的工作推进机制，突出指标、进度、时限等数据量化要求，实行清单式管理、跟踪式推动、销号式验收，强化执行质量问效，说一件、干一件、成一件。

三是比担当，做到“干”有魄力。增强勇立潮头的使命感，舍我其谁的责任感，时不我待的紧迫感，组织开展政策抢抓、双招双引、产业培育、项目攻坚等比拼活动，全面营造激情澎湃、争先恐后的发展环境，让干部敢为、基层敢闯、企业敢干、群众敢首创，用一个个重大项目落地，一项项改革创新突破，把更多“不可能”变为“可能”。

四是重团结，做到“干”有合力。坚持以团结出凝聚力、出战斗力，严格落实民主集中制、重大事项请示报告制度，自觉接受人大、政协、社会、舆论监督。坚持依法行政，推进全国法治政府示范县创建。及时回应社会关切和群众诉求，努力把群众“盼的事”变成政府“干的事”，把政府“干的事”变成群众“满意的事”。

五是严纪律，做到“干”有定力。严格落实全面从严治党主体责任，坚持把纪律和规矩挺在前面，锲而不舍落实中央八项规定精神，始终筑牢亲清政商关系，在情感上做到真心，在交往上做到公心，在制度上做到安心，以风清气正的“大环境”营造干事创业的“好环境”。

各位代表！新征程是充满光荣和梦想的远征！路虽远，行则将至；事虽难，做则必成！站在新的历史起点上，让我们紧密团结在以习近平同志为核心的党中央周围，在中共龙泉市委的坚强领导下，踔厉奋发、勇毅前行、团结拼搏，为奋力谱写中国式现代化品质龙泉新篇章而努力奋斗！

2023 年度“十件民生实事”候选项目

表39

序号	候选项目	具体内容
1	城市品质提升工程	市民公园生态修复2个；建设100个城区“定时定点”垃圾分类收集点（房）；开工改造老旧小区7个；打造城乡风貌样板区1个；完成城区瓯江两岸绿道提升改造8公里
2	品质社区提升工程	建设共享餐厅3处；建设助餐点10处；完善“一老一小”活动阵地设施配备12处;建设康养驿站2处
3	食品安全工程	提升改造农村家宴放心厨房8家；创建城乡放心农贸市场2家 ；建成灵芝产品检验检测中心；建成养老机构“阳光厨房”2家；新增山区26县及农村阳光食品作坊35家
4	农村出行工程	完成67公里农村公路提升改善建设；新建行政村港湾式停靠站10个；全市城乡公交一体化率达75%以上
5	教育提质工程	完成学校校舍综合提升工程3所；开工建设学校校舍改扩建工程3所；开展职业教育培训5900人次；完成成人初高中学历提升400人；完成大专及以上学历提升900人；提升公办幼儿园2家，新增学位500个；提升幼儿园办园品质，创建省一二级园4所；新增托育机构1个，新增托位60个
6	敬老服务工程	新增认知障碍照护床位30张；新增持证养老护理员30人；配置2个村（社区）居家养老服务中心的智能服务终端
7	助残康复工程	提升残疾人之家1家；开展残疾人无障碍进家庭35户；残疾儿童康复救助120人；重要公共服务场所无障碍改造11个；免费发放助听器200个，辅助器具适配200人
8	文体惠民工程	新增城市书房15个；建设乡村博物馆3个；新建百姓健身房6个；建成“15分钟品质文化生活圈”25个；送书下乡1万册、送戏下乡100场以上
9	应急救护工程	AED配置10台；建设1个救护培训基地（含常态化练习、实训、互动体验、考试考点的功能）；建设红十字博爱校医室1个；新改扩建村卫生室5家
10	除险保安工程	完成1座水库除险加固工程；实施野生动物肇事破坏农作物赔偿保险；完成堰坝水闸提升改造23处；完成7.24平方公里水土流失治理
11	青年服务工程	为创业青年提供创业贷款，计划授信2亿元；组织开展“流动少年宫”等校外青少年公益活动12场次；开展青少年普法、心理健康等专项活动12场次；开展“微心愿”活动，覆盖困难家庭青少年1000人
12	就业创业工程	建成零工市场2个；开展职业技能培训3900人次；丽水级来料加工式“共富工坊”5个
13	便民惠民工程	建成10个乡镇寄递物流综合服务站；结对帮扶家庭困难大学新生约200名

名词解释

1. **“八大攻坚行动”**：常态化疫情防控与经济社会发展共赢攻坚行动、强化政策集成落地攻坚行动、稳企业强主体攻坚行动、畅循环稳工业攻坚行动、扩投资优结构攻坚行动、稳外贸稳外资促消费攻坚行动、优化要素保障攻坚行动、稳就业惠民生攻坚行动。

2. **“六税两费”**：资源税、城市维护建设税、房产税、城镇土地使用税、印花税(不含证券交易印花税)、耕地占用税和教育费附加、地方教育附加。

3. **“最多评一次”**：各行政部门依法依规开展涉企鉴定评估，不得重复性、强制性开展评估，对能合并的评估予以合并，实现涉企鉴定评估一次评估或零次评估。

4. **“最多查一次”**：实行“进一次门，查多件事，一次到位”机制，避免多头执法检查扰民扰企。

5. **工业用地空间“一张图”**：根据“五未用地”“在建企业”“可拓展空间”“政府回收”等用地情况，对开发区直辖范围内的土地、企业在一张图上进行分类展示，直观呈现开发区的工业空间情况，有利于工业用地管理开发。

6. **“六企”梯度培育**：深入实施“小升规”、创新型中小企业、专精特新中小企业、隐形冠军、“小巨人”企业、上市企业等优质中小企业梯度培育管理。

7. **“一江两岸、一核四区”**：“一江两岸”就是充分发挥瓯江穿城而过的天然优势，深入挖掘滨水空间生态优势，加强沿江两岸天际线塑造，形成山水相间、错落有致的城市风貌。“一核四区”就是要以主城区为核心，辐射带动武潭临江区块、火车站前商贸区块、“河山田”生态融合示范区区块、剑川大道北延伸线区块协调联动发展。

8. **农业“双强”行动**：农业“科技强农、机械强农”行动。

9. **三个“100%”**：地表水断面水质达标率、跨行政区域交接断面水质达标率和集中式饮用水水源地水质达标率始终保持100%。

10. **R&D 经费**：指全社会研究与试验发展经费，用于基础研究、应用研究和试验发展的经费支出。

11. **“1+8+10”招引体系**：以投促中心为招引指挥部，以7个驻外招引分局和1个服务督导专班及10个产业链链长制责任单位为重要支撑的招引体系。

12. **“产业飞地”**：在经济发展存在落差的两个地区，打破行政区划限制，通过跨空间的产业共建、园区共建、要素共建，来实现资源互补、互利共赢、协调发展的新发展模式。

13. **“大综合一体化”行政执法改革**：以“一支队伍管执法”为突破，构建“综合行政执法+部门专业执法+联合执法”的模式，健全完善政府监管体系、行政执法体系和监管执法协同体系。

14. **“领雁”项目**：浙江省以抢占技术制高点为目标，聚焦具有重大产业应用前景的前沿技术，重点推进引导新技术、新业态、新产业发展的前瞻性攻关任务。

15. **“4+1”重大项目**：“4”即交通投资，生态环境、城市更新和水利设施投资，高新技术产业投资，民间项目投资；“1”即省市县长工程。

16. **“六个千亿”产业项目**：围绕数字经济、生命健康、高端装备、文化旅游、能源环保、技术改造等六大领域，组织实施一批重大项目和智能化改造项目，年度计划投资超6000亿元，打好产业基础高级化和产业链现代化攻坚战，着力提升浙江产业和企业竞争力。

17. **“1+4+N”教育综合改革政策体系**：“1”是指一份纲领性文件，即《关于深化综合改革推进教育高质量发展的若干意见(试行)》；“4”指人才引进培育、教师绩效管理改革、校长队伍绩效管理、教育提质系列行动等四项主要举措；“N”指教师绩效管理改革若干操作细则。

18. **“1+3”主导产业**：“1”是汽车零部件行业；“3”是指机械电子、大健康医药、竹木精深加工三大行业。

19. **“七大驻外招引分局”**：温台招引分局、上海招引分局、杭州招引分局、景金义招引分局、京津冀招引分局、粤港澳招引分局、中西部招引分局。

20. **“三大一新”**：大智造、大健康、大文旅等主导产业以及数字经济、新能源、新材料等新兴产业。

21. **“三单机制”**：项目清单、事项清单、责任清单。

22. **“两轴两区八组团”**：“两轴”

为G528发展轴、龙泉溪–均溪发展轴;“两区”为“河山田”生态融合示范区、生态产业集聚区;“八组团”为河村宏山城市副心组团、炉田生物医药制造组团、郑岸精密制造组团、大汪特色文化时尚产业组团、未来乡村新社区组团、坡地康养组团、历史经典文创组团、豫章独田汽车产业组团。

23. **“两拆两绿”“金角银边”工程**:“两拆两绿”即拆违(章)建绿(地)、拆围(墙)见绿(色);“金角银边”充分利用闲置空地和边角地块,以“微改造+精提升”方式,打造城市道路景观和城乡风貌样板工程,实现一路一景、移步换景的城市空间景观。

24. **“三权分置”改革**:在坚持农村土地集体所有的前提下,促使承包权和经营权分离,形成所有权、承包权、经营权三权分置,经营权流转的格局。

25. **“县中崛起”**:全省为加强薄弱地区的县域普通高中建设,推进全省基础教育优质均衡发展的行动计划,我市争取“县中崛起”政策支持,实施普高提质强校三年行动计划并出台《龙泉一中三年提质强校行动实施方案》,不断提升教学质量和高考竞争力。

26. **“初中壮腰”**:推进初中强校,提升初中教学质量,举措包含进一步办好初中发展共同体,统筹推进初中学校在教育教学管理、监测评价、资源共享、对外交流等方面的合作,提升初中教学质量,确保初中教学质量位列丽水前列。 (李骋熙)

中国人民政治协商会议
第十届龙泉市委员会常务委员会工作报告

——在政协第十届龙泉市委员会第二次会议上

（2023年2月13日）

龙泉市政协主席　刘赤波

2022年工作回顾

2022年是中共二十大胜利召开之年，是全面实施“十四五”规划关键之年，也是十届市政协履职开局之年。一年来，在中共龙泉市委的坚强领导和上级政协的正确指导下，市政协及其常委会认真贯彻落实中共二十大和各级党委政协工作会议精神，坚持发扬民主和增进团结相互贯通、建言资政和凝聚共识双向发力，充分发挥专门协商机构作用，不断提高政治协商、民主监督、参政议政水平，为“全面复兴剑瓷之都，奋力打造品质龙泉”作出了积极贡献。

一、坚持政治引领，牢牢把握政协事业正确方向

市政协常委会旗帜鲜明讲政治，把加强党对政协工作的全面领导作为政治忠诚的首要原则来把握，切实提高政治站位，坚定政治立场，保持政治定力，自觉接受和服从党的领导，确保政协事业沿着正确的政治方向砥砺前行。

（一）全面加强思想政治建设。切实把学习贯彻习近平新时代中国特色社会主义思想放在首要位置，把迎接中共二十大胜利召开、学习宣传贯彻中共二十大精神作为贯穿全年的重大政治任务，构建以党组学习为引领，常委会会议集体学、机关干部全体学、专题辅导研读学等系列学习制度体系，组织开展“六学六进六争先、极致匠心谱新篇”学习宣传贯彻中共二十大精神等系列活动30余次，教育引导各界人士把思想和行动统一到中共二十大决策部署上来。在“龙泉政协”公众号推出《贯彻二十大，委员话担当》专栏，组织17名委员围绕中共二十大精神谈感悟、抒心声。首次举行全市政协系统暑期读书会，深入学习领会中共龙泉市第十五次代表大会和历次全会精神以及《中共浙江省委办公厅关于加强和改进新时代市县政协工作的实施意见》的部署要求，永葆政协组织的初心使命和政治属性。

（二）始终坚持党的全面领导。充分发挥政协党组把方向、管大局、保落实的领导核心作用，引导广大政协委员深刻领悟“两个确立”的决定性意义，不断增强“四个意识”、坚定“四个自信”、坚决做到“两个维护”，在思想上政治上行动上同以习近平同志为核心的党中央保持高度一致。健全党的领导体制机制，制定加强和改进政协党的建设若干措施，明确年度工作要点，强化统筹协调落实，努力把党的主张转化为市政协各参加单位、各党派团体和全体政协委员的共识。坚定不移贯彻落实市委的决策部署，严格执行重大问题请示报告制度，做到重要会议、重大活动邀请市委领导参加，协商成果及时向市委市政府报送，市领导批示依法依章程办理，努力做到党政中心工作推进到哪里、政协委员履职就跟踪到哪里、政协作用就发挥到哪里。

（三）持续深化政协党建工作。健全政协系统党组织体系，统筹推进政协机关党的建设和政协系统党支部规范化建设，进一步夯实党建工作基础。落实政协党组成员联系党员委员、党员委员联系党外委员等“五联系”制度，多样化开展主题党日活动，常态化开展党组成员同党外委员谈心谈话，实现党的组织对党员委员、党的工作对政协委员的“两个全覆盖”。压紧压实政协系统党组织管党治党政治责任，组织召开全市政协系统党建工作推进会，系统部署“红耀剑瓷•同心向党”党建品牌创建，切实以高质量党建引领政协事业高质量发展。

二、坚持服务大局，充分发挥专门协商机构效能

市政协常委会紧紧围绕市委重要决策部署，突出协商主责主业，广泛开展协商议政，切实增强协商质效，深入推进全过程人民民主在龙泉的生动实践，全力助推和促进全市经济社会高质量发展。

（一）协商议政重点更为精准。围绕市委市政府工作目标和重点任务，及早制定年度协商计划，精准对标选好协商议题，推动协商议政更加务实有效，努力做到建言建在需要时、议政议在点子上、监督监在关键处。市委王忠宝书记亲自参加“着力优化营商环境，持续推动我市民营经济健康发展”协商活动，认真听取协商建议，即时协调解决问题，活动成效得到省政协主流媒体点赞，荣登省政协公众号“同心苑”“一周热文榜”榜首。市政府王国锋代市长应邀参加“加快低效企业整治，助推生态工业高质量发展”协商活动，及时回应委员关切，明确提出办理要求，督促部门抓好落实。系统谋划开展“全力推进做大产业扩大税源行动，加快山区跨越式高质量发展”常委会建议案专题协商、“竹木产业高质量发展”“聚力破解新农人返乡创业五大瓶颈”重点提案办理等专题协商活动，相关建议意见得到市党政领导高度重视和市直有关部门积极采纳。市政协十届一次会议期间，还组织开展了“深化数字化改革，提标打造多跨场景应用县域样板”“加快城市有机更新，提升城市品质”“推动‘两进两回’，促进乡村振兴”3场“请你来协商”活动，通过精心准备、多轮磋商、现场回应，促成协商议政精准有效、建议意见逐一落实。

（二）协商民主内涵更加丰富。坚持主席会议、常委会会议听取重要工作情况通报机制，邀请“一府一委两院”和市直有关部门列席会议，听取半年度全市经济社会发展、年度政府性投资计划执行、年度十件民生实事完成、党风廉政和反腐败工作等情况通报，有效拓宽知情明政渠道。根据省政协统一部署，全力推动政协协商向基层延伸，实现“民生议事堂”平台建设、履职小组、活动开展“三个全覆盖”。9月份在全市范围集中开展了民生议事堂“助力共同富裕示范区建设专题协商议事月”活动，累计开展活动20场，提出建议意见280余条，丽水市政协领导两次莅临现场指导。坚持典型引领、示范带动，积极培育和着力选树宝溪乡溪头村“全过程人民民主”、兰巨乡“美丽乡村向美丽经济迭代升级”、竹垟畲族乡“以民主协商推进民族乡村发展”等多个典型案例，八都镇、西街街道、兰巨乡、安仁镇、查田镇、宝溪乡等乡镇（街道）和经济开发区列入2022年度丽水市“民生议事堂”星级平台。

（三）协商平台体系更趋完善。构建以全会协商为龙头，以常委会会议协商、主席会议协商为重点，以“请你来协商”平台为主轴，以对口协商、界别协商、提案办理协商为常态，集协商、监督、参与、合作于一体的“1+2+6+X”协商议政格局。持续深化各类协商平台建设，成立龙泉市政协新时代协商民主实践中心，新建“民生议事堂”20家，“协商驿站”覆盖全市所有行政村（社区）。按照“全天候、规范化、显特色”的要求，一体推进“委员会客厅”“委员工作室”等平台建设，及时组织开展“疫情防控常态化下剑瓷产业发展的新路径”专题交流探讨，举办“学习党代会精神，当好履职排头兵”“喜迎二十大，建功示范区”等系列活动，使之成为拓展委员履职渠道、提升委员履职质效、展现委员履职风采的重要平台。打造“委员工作室”13家，全部在省政协掌上履职“同心在线”应用上线，与“民生议事堂”、社情民意信息联系点融合贯通，形成“三位一体”复合型基层履职平台。《人民政协报》头版头条报道了我市成立艺术文化交流与宝剑技艺传承委员工作室、青瓷文化传承发展委员工作室的相关做法。

三、坚持人民至上，着力提升政协参政议政水平

市政协常委会始终坚持人民政协为人民，把不断满足人民对美好生活的需要、促进民生改善作为着力点，改进监督方式、拓宽监督渠道、提高监督成效，切实提升群众获得感幸福感安全感。

（一）切实增强提案办理实效。健全完善《中国人民政治协商会议龙泉市委员会提案工作条例》和《中国人民政治协商会议龙泉市委员会重点提案遴选与办理办法》等相关制度，不断深化“做深前期、做实中期、做强后期、做优期末”的分期推进法，构建完善提案“征集、提出、办理、落实、反馈、评价”的闭环机制，全年提案立案209件，办复率100%，提案人对办理满意率达99%以上。积极探索重点提案协商办理新机制，深化落实市领导领办重点提案"五个一"制度，有效实行"清单式"办理，明确重点提案市领导领办绩效和办理单位主体责任，进一步规范办理流程、细化办理事项、明确办理要求。开展重点提案办理民主评议，评议结果首次通过媒体向社会公开，推动重点提案办理质量有效提升。

（二）有效开展专项民主监督。根据省政协、丽水市政协统一部署，围绕数字化改革推进情况，立足龙泉实际，与省市联动开展专项集体民主监督，成立6个监督小组，开展场景谋划大比武观摩和民主监督培训，累计召开座谈交流会11次，实地监督调研部门企业24个，观摩考察场景应用30个。市政协常委会专题听取市政府数字化改革推进情况汇报，形成专项集体民主监督报告，有力推动相关工作落地实施。组织委员参与市直部门、乡镇（街道）"互看互学·互比互评"争先创优活动评议打分，推荐委员参加"聚焦机制砂专项整治""阅卷"栏目问政，参与"十大民生实事审计调研""城区公办幼儿园新生招生摇号""非法占用农用地刑事附带民事公益诉讼案件"和"法院集中宣判拒执案件"等重点领域监督，切实增强民主监督的刚性和实效。

（三）积极拓宽民意反映渠道。立足群众所需所盼，着眼经济社会发展热点难点，关注社会民生福祉，团结和引导政协各参加单位和广大政协委员及时反映社情民意信息。出台《政协龙泉市委员会社情民意信息工作实施细则》，建立社情民意信息工作导师制，召开信息员培训会，组织开展沙龙活动，切实增强政协信息员的主体意识和责任意识。依托民盟龙泉市基层委人才队伍优势，组建"聚薪社"，助力社情民意信息工作争先进位，社情民意信息考核跃升至丽水前三。全年收集社情民意信息110余篇，编发政协信息（专报）7期，先后获得省政协吴晶、陈小平、蔡秀军副主席和丽水市政协任淑女主席批示肯定。编发龙泉《社情反映》专刊10期，多次获得市委市政府领导批转吸收。《建议进一步发挥海外华文媒体作用，讲好中国故事促进中外文化交流》《河道非法采砂活动呈上升趋势亟待重视》均被全国政协办公厅每日社情采用、省政协办公厅专报刊发。

四、坚持凝聚共识，共同谱写团结奋进时代篇章

市政协常委会牢牢把握团结和民主两大主题，发挥政协人才荟萃、智力密集的独特优势，积极献良策、建诤言、出实招，努力寻求最大公约数，画出最大同心圆，为全市经济社会发展凝聚共识和力量。

（一）深入推进团结联谊协作。坚持民主协商、平等议事、求同存异原则，健全落实与各民主党派、工商联、无党派人士、社会团体和各族各界人士联系制度，不断巩固和扩大爱国统一战线。认真贯彻党的民族宗教政策，加强与民族宗教界代表人士的沟通联系。"6·20"洪灾期间，市政协班子成员第一时间奔赴联系乡镇（街道）和联系工程项目，深入实地指导和帮助开展抗洪救灾，并向全市广大政协委员和参加单位发出倡议，广泛联系和团结动员社会各界开展义务志愿救助活动。认真开展"百名政协委员联系帮扶百户低收入农户"活动，组织委员到所联系的乡村振兴重点帮促村和红色示范村，扎实做好联系帮扶工作。

（二）充分发挥文化文史优势。积极配合省政协做好《浙江城市名片》图书征编，上报《剑瓷之都 品质龙泉》文稿。组织编写出版《龙渊春秋——龙泉宝剑文献资料汇释》专辑。"推进龙泉窑大窑——金村遗址申遗"提案在省政协《联谊报》和《丽水日报》刊发。开设《今日龙泉》文史专版，有效发挥"三亲"史料的存史、资政、团结、育人作用。举办"喜迎二十大·同奔共富路"送文化下乡文艺演出，开展送文史书刊进乡村、进社区活动。

（三）全力助推党政中心工作。市政协班子成员主动强化一线作为，全面落实"八联八促"工作任务，积极深入项目现场，走进农村企业，在全市中心工作中留下"政协印迹"、展现"政协担当"。所领衔负责的辖区村改居签约工作率先全面完成，衢宁铁路龙泉市站货运顺利开通，温武吉及金南铁路项目前期工作持续推进，322国道龙泉安仁段改建工程各项前期准备全面完成，竹木精深加工产业链建设取得预期效果。政协主席会议成员所联系的八都溪河流综合治理工程、国鸿大诚翡翠江苑等房地产项目、林业车队区块整治改造工程、查田110千伏输变电工程、竹垟一级水库及供水工程均扎实有效向前推进。

五、坚持固本强基，切实强化政协系统自身建设

市政协常委会主动适应现代化履职能力新要求，突出固根基、强本领、增合力、提水平，加强队伍建设，强化协同联动，为新时代人民政协事业高质量发展提供有力支撑。

（一）切实加强委员队伍建设。针对换届后新委员多的实际情况，把加强委员培训、提高委员履职能力作为年度的一项重要工作，第一时间组织全体委员开展履职能力培训，分批组织委员赴省委党校开展专题培训，有效提升委员队伍整体素质。强化委员和界别组责任担当意识，出台《龙泉市政协委员履职情况综合评价办法》

《政协第十届龙泉市委员会界别组年度工作考核办法》。全面开展“书香政协”建设，修订完善《龙泉市政协学习制度》，开展委员读书活动20余次，号召全体政协委员爱读书、勤读书、读好书、善读书。建立市政协应用型智库，吸纳各界专家学者和本地知名人士33人。

（二）着力完善制度机制建设。聚焦“制度设计”和“制度运行”两个关键，修订完善《常务委员会工作规则》《专门委员会通则》等相关制度，积极探索政协履职新形式、新方法、新举措，努力让制度设计更趋完备、制度运行更加有效，更好地发挥政协制度效能。健全完善界别组向主席会议、专委会向常委会会议、常委会会议向全体会议定期报告工作制度，组织召开市政协参加单位工作交流座谈会，全面夯实政协系统基层基础。

（三）持续推进机关能力建设。以建强“中枢”、激活系统、带好队伍、塑造形象为要求，全力打造学习型、服务型、创新型、智慧型、清廉型“五型机关”。坚持严管厚爱结合，激励约束并重，健全激励干部担当作为具体措施，组织开展干部日常绩效考核评比，努力营造干事创业、团结和谐、昂扬向上的良好氛围。按照“整体智治、高效协同”要求，深入推进“数字政协”建设，加快“六大在线”的场景承接和数据贯通，新建政协门户网站，以数字赋能政协履职现代化。

各位委员，市政协一年来各项工作取得的成绩，是中共龙泉市委坚强领导的结果，是市人大常委会、市政府和社会各方面大力支持的结果，也是市政协各党派团体、各参加单位、各位政协委员以及全体政协机关干部共同努力的结果。在此，我代表市政协常委会向所有关心支持政协工作的各级领导、为政协事业发展作出贡献的各党派团体以及广大政协委员表示衷心的感谢！

在肯定成绩的同时，我们也清醒认识到，与做好新时代人民政协工作的要求和广大人民群众的期盼相比，工作中还存在一些需要加强和改进的方面，主要是：专门协商机构作用发挥还不够充分，全过程人民民主制度体系还不够完善，民主监督质效还有待进一步增强，广泛凝聚共识还有待进一步深化，县级政协“两个薄弱”问题仍须进一步解决。这些都需要我们在今后的工作中给予高度重视，认真研究，切实加以解决。

2023年工作任务

2023年是全面贯彻落实中共二十大精神的开局之年，是实施“十四五”规划承上启下的攻坚之年，也是十届市政协履职尽责的关键之年。2023年市政协工作的总体要求是：坚持以习近平新时代中国特色社会主义思想为指导，全面学习贯彻中共二十大精神，深入学习贯彻习近平总书记关于加强和改进人民政协工作的重要思想，按照“高站位打造政协党建新高地，高起点完善协商议政新格局，高质量架设联系群众新渠道，高水平搭建凝心聚力新矩阵，高标准构建制度机制新体系”的总体定位，认真贯彻落实中共龙泉市第十五次代表大会及历次全会部署，充分发挥专门协商机构作用，深入践行全过程人民民主，积极履行政治协商、民主监督、参政议政职能，广泛凝聚共识，为深入推进“人产城”融合发展、奋力谱写中国式现代化品质龙泉新篇章贡献政协智慧和力量。

围绕上述工作思路和目标，主要做好五个方面工作。

一、厚植忠诚本色，在强化思想政治引领上取得新成效

（一）持续增强思想政治定力。坚持把深入宣传贯彻中共二十大精神，与持续跟进学习习近平总书记一系列重要讲话精神结合起来，与深入学习贯彻习近平总书记在浙江工作期间对龙泉的殷切嘱托结合起来，全面落实市政协党组理论学习中心组学习、主席会议集体学习、常委会会议专题学习等制度，用习近平新时代中国特色社会主义思想凝心铸魂，持续在真学真研、真悟真懂中把握其真理伟力，做到学思用贯通、知信行合一。认真贯彻《中国共产党政治协商工作条例》和《中共浙江省委办公厅关于加强和改进新时代市县政协工作的实施意见》，深刻领会精神实质，认真贯彻落实党委对政协工作的部署要求，全面夯实团结奋进的共同思想政治基础。

（二）坚决把牢正确政治方向。坚定不移把坚持党的领导落实到政协全部工作之中，完善坚定捍卫“两个确立”、坚决做到“两个维护”的制度机制，健全党的全面领导体系，更好担负起把中共龙泉市委的决策部署落实下去、把各方面智慧力量凝聚起来的政治责任。找准自身履职与贯彻落实市委要求的契合点，把建言资政和凝聚共识双向发力贯穿于履职全过程，不断厚植民意基础和社会基础，确保各项工作与市委同向同行、同频共振。

（三）切实强化政协党的建设。认真贯彻落实新时代政协系统党的建设工作要求，充分发挥市政协党组领导核心作用、基层党组织战斗堡垒作用和党员委员先锋模范作用，全面提升新时代政协党建工作质量。深化打造“红耀剑瓷·同心向党”政协党建品牌。严格履行党要管党、全面从严治

党的主体责任，以党风廉政建设为引领，切实把全面从严治党的新思想、新任务、新要求贯穿到政协履职的全过程。

二、聚焦主责主业，在推进协商民主建设上彰显新担当

（一）充分发挥协商平台效能。进一步健全完善“1+2+6+X”协商平台体系，深入推进“请你来协商”“民生议事堂”等平台建设，加强制度建设，完善运行机制，推动政协协商与基层治理有机融合发展。紧贴经济社会发展重点行业领域协商议政，围绕“深化五金汽配行业发展”开展常委会建议案专题协商，围绕“提升市校合作质效，助推创新链产业链深度融合”“深化‘三位一体’农合联改革，提高农业产业化经营水平”“加强县域紧密型医共体建设，促进优质医疗资源普惠共享”开展专题协商，切实提高建言的靶向性和含金量。

（二）健全完善协商议政体系。广泛营造“愿协商、敢协商、善协商”的协商环境，不断推进协商民主制度化、规范化、程序化，进一步厚植社会主义协商民主文化。修订完善政协协商系列配套制度，进一步明确协商内容形式、讨论原则、程序方式。搭建好常态化协商平台，持续推进常委会会议协商、主席会议协商、对口协商、提案办理协商等多种形式的协商议政，积极探索“网络协商”“远程协商”新形式，不断拓宽协商议政渠道，进一步完善县级政协协商议政体系建设。

（三）积极推动协商成果转化。围绕党委政府中心工作，聚焦群众普遍关注的教育、医疗、住房、养老等重要问题，充分发挥专门协商机构作用，坚持先调研后协商，经常深入基层一线，努力使提出的建议意见更具科学性和可操作性。加强政协委员和部门单位、乡镇（街道）的交流互动，健全完善协商成果落实反馈机制，努力使协商成果更具针对性和实效性。依托省、市、县三级政协贯通协同的“协商在线”平台，切实提升县级政协协商参与度和影响力。

三、坚持履职为民，在发挥建言资政效能上展现新作为

（一）着力服务中心大局。积极协同开展“大走访大调研大服务大解题”助力社会治理现代化攻坚行动，真正把事关改革发展稳定、群众切身利益、社会各界关注的热点难点问题作为协商议政的主攻方向，有效助力省市重大决策部署高效落实。按照省政协统一部署，围绕营商环境优化提升“一号改革工程”实施情况和深化“千万工程”、建设美丽乡村情况开展三级政协联动专项集体民主监督。根据丽水市政协统一安排，围绕“革命老区共同富裕先行示范区建设”主动参与开展专项集体民主监督。聚焦市委市政府年度重点工作，紧扣产业层次提级、城市能级跃升、发展动能转化、“三农”工作提质、社会事业发展、基层整体智治等重点领域开展民主监督。

（二）着力深化提案办理。坚持以项目化思维推进提案办理，不断提升提案办理质效。健全完善提案“征集、提出、办理、落实、反馈、评价”机制，认真遴选重点提案，持续深化党政领导共同领办重点提案制度，推动提案办理协商常态化。深入开展重点提案办理民主评议，持续推进评议结果向社会公开。全面落实提案办理“回头看”制度，切实提高提案办理实效和满意度。

（三）着力提升监督质效。坚持把民主监督作为履职为民的重要抓手，充分发挥政协民主监督的独特优势和重要作用，积极推进政协民主监督与其他监督组合发力，不断提升监督实效。丰富完善政协会议监督、视察监督、提案监督、专项监督的内容和形式，大胆探索开展融协商、监督、参与、合作于一体的民主监督新形式，不断增加监督性议题比重。积极配合督查部门加强对政协民主监督意见办理情况的督查，定期听取监督意见办理情况通报，推动市委市政府决策部署落地落实。

四、广泛凝聚共识，在汇聚团结奋进合力上迈出新步伐

（一）增进各方交流协作。坚持以加强大团结大联合作为政协履职的核心要求，把政协各项工作落到争取人心、凝聚力量这个最大政治上来，切实扛起人民政协凝心聚力的职责使命，最大限度地把党的主张转化为各族各界人士的共同意志和自觉行动。不断厚植政协联系面广、包容性强的优势，切实发挥各民主党派、工商联、无党派人士和各族各界群众作用，积极发展融洽和谐、充满活力的政党关系、民族关系、宗教关系、阶层关系、海内外同胞关系，主动协助做好协调关系、理顺情绪、化解矛盾的工作，共同维护社会大局和谐稳定。

（二）加强内外联络联谊。积极参与各级政协组织的交流活动，不断深化与兄弟县（市、区）的交流学习，组织开展外出学习考察，借鉴吸收外地经验做法，在互动交流中不断提升我市政协工作水平。加强同各异地龙泉商会的联系交流，充分发挥桥梁纽带作用，努力实现“龙泉经济”与“龙泉人经济”融合发展。进一步完善社情民意信息征集、整理、传递、反馈机制，奋力将政协“朋友圈”越拓越广，“同心圆”越画越大，最大限度为龙泉经济社会发展营造和谐环境。

（三）汇聚共同奋进合力。充分发挥文史优势，努力挖掘地方传统文化，做好《龙泉宋韵》文史专辑编撰工作，与市融媒体中心合办《今日龙泉》文史专刊。务实开展“五送下乡”“百名政协委员联系帮扶百户低收入农户”和“献真情、解民忧、暖人心”等活动，鼓励和支持委员参与各类社会公益慈善和志愿服务活动。持续建好“委员会客厅”“委员工作室”，适时组织开展“委员工作室”互帮互学活动，注重发挥“政协智库”参谋咨询作用。建成并启用龙泉市政协新时代协商民主实践中心，努力将其打造成强化思想引领的重要阵地、服务基层群众的重要平台、汇聚社会共识的重要渠道。

五、夯实履职基础，在深化政协自身建设上实现新突破

（一）切实发挥政协“头雁效应”。坚持以更高标准、更严要求加强政协常委会自身建设，充分发挥常委会组成人员“头雁”引领和示范作用，切实加强市政协专委会、界别组和参加单位建设，持续深化和完善界别组向主席会议、专委会向常委会会议、常委会会议向全会逐级报告工作制度，着力破解县级政协基础工作薄弱和人员力量薄弱“两个薄弱”问题，努力形成职责清晰、程序规范、关系顺畅、运行高效的政协工作机制。

（二）精彩完成政协“委员作业”。政协历史靠委员来书写，政协责任靠委员来担当，政协形象靠委员来塑造。弘扬新时代“龙泉精神”，深入推进“书香政协”建设，办好政协骨干履职能力提升培训班，提升委员综合素质，引导委员懂政协、会协商、善议政，守纪律、讲规矩、重品行，锤炼当好专门协商机构成员的基本功。加强委员服务和管理，健全委员履职评价和考核激励机制，强化动态管理和结果运用，引导委员以自身的学识在政协履职中担当尽责，以自身的专长在本职岗位上建功立业，以自身的影响在界别群众中示范引领，永葆奋进者姿态，争做“最美政协人”，书写好充满荣光的“委员作业”。

（三）聚力打造政协“五型机关”。持续深化政协“五型机关”建设，充实机关干部队伍力量，提高机关服务水平和质量，完善机关干部绩效考核机制，充分发挥“智慧政协”系统作用，扎实推进“数字政协”建设。积极发挥老干部作用，注重在具体工作实践中锤炼政协机关干部，为推动我市政协事业发展提供坚强组织保障。

各位委员，各位同志！凝心聚力迈向新征程，扎实奋斗铸就新辉煌。让我们更加紧密地团结在以习近平同志为核心的党中央周围，在中共龙泉市委的坚强领导下，同心同德、守正创新、踔厉奋发、勇毅前行，切实干出新时代人民政协新样子，为奋力谱写中国式现代化品质龙泉新篇章作出新的更大的贡献！　　（金　鑫）

文件目录选编

2022年龙泉市委重要文件汇编

表40

龙委发文号	发文日期	标题
1号	2022-02-09	关于全面优化营商环境 创建新时代“两个健康”示范区的决定
2号	2022-02-09	关于建立龙泉市第十七届人民代表大会第一次会议、中国人民政治协商会议第十届龙泉市委员会第一次会议临时党委和临时党组的通知
3号	2022-02-17	关于表彰2021年“推动龙泉复兴，建设文化名城”工作先进集体和个人的决定
4号	2022-03-02	关于表扬2021年龙泉市科技创新、产业发展、项目推进工作成绩突出集体和个人的通报
5号	2022-05-06	关于调整市委常委分工的通知
6号	2022-06-08	关于2021年度综合考核获奖单位的通报
7号	2022-09-08	关于龙泉市经济合作交流中心党组更名为龙泉市投资促进中心党组及叶紫燕、徐强同志任职的通知
8号	2022-09-08	关于撤销龙泉市项目建设服务中心党组的通知
9号	2022-09-08	关于设立龙泉市城市开发建设中心党组及张金树、胡卫青同志职务任免的通知
10号	2022-09-08	关于撤销中共龙泉市委党校党委的通知
11号	2022-09-08	关于设立中共龙泉市委编制委员会办公室室务会的通知
12号	2022-09-01	关于2022年全面推进乡村振兴助力打造品质龙泉的实施意见
13号	2022-09-26	关于建设青年发展型城市的决定
14号	2022-09-26	中国共产党龙泉市委员会工作规则
15号	2022-11-05	关于认真学习宣传贯彻党的二十大精神的通知
16号	2022-11-28	关于开展村改居工作的实施意见
17号	2022-11-28	印发《关于推进县域共青团基层组织改革实施方案》的通知

（蔡如葵）

2022年龙泉市政府重要文件汇编

表41

龙政发文号	发文日期	标题
1号	2022-01-14	龙泉市人民政府关于印发《龙泉市贯彻落实浙江省新一轮制造业“腾笼换鸟、凤凰涅槃”攻坚行动实施方案》的通知
2号	2022-01-24	龙泉市人民政府关于给予城市更新·未来社区—水南区块土地和房屋征收工作中成绩突出集体和个人行政奖励的决定
3号	2022-02-15	龙泉市人民政府关于给予“以房换地”政策处理工作中表现突出集体和个人行政奖励的决定
4号	2022-02-15	龙泉市人民政府关于给予26县发展实绩考核工作中表现突出集体和个人行政奖励的决定
5号	2022-02-15	龙泉市人民政府关于给予2021年龙泉市“匠心铸城、实干复兴”跨越追赶活动表现突出集体和个人行政奖励的决定

续表41

龙政发文号	发文日期	标　　　　题
6号	2022-02-15	龙泉市人民政府关于给予2021年龙泉市“匠心铸城、实干复兴”跨越追赶活动表现突出集体和个人行政奖励的决定
7号	2022-02-15	龙泉市人民政府关于给予2021年文化旅游高质量发展活动表现突出集体和个人行政奖励的决定
8号	2022-02-15	龙泉市人民政府关于给予十四届市委巡察工作中表现突出集体和个人行政奖励的决定
9号	2022-02-15	龙泉市人民政府关于给予叶兴南同志见义勇为行政奖励的决定
10号	2022-02-18	龙泉市人民政府关于印发龙泉市妇女发展“十四五”规划和龙泉市儿童发展“十四五”规划的通知
11号	2022-02-28	龙泉市人民政府关于印发龙泉市2022年基本建设投资项目计划的通知
12号	2022-03-15	关于印发《进一步加强工业用地高质量利用全生命周期管理的实施意见》的通知
13号	2022-03-16	龙泉市人民政府关于命名2021年度龙泉市建筑业龙头企业、骨干企业和优秀企业称号的通报
14号	2022-04-29	关于印发《龙泉市县级饮用水水源地生态保护补偿机制实施意见》的通知
15号	2022-05-12	关于印发《龙泉市关于加快推进生态工业高质量绿色发展的若干政策》的通知-以此件为准
16号	2022-05-16	龙泉市人民政府关于印发龙泉市2022年度数字化（信息化）项目计划的通知
17号	2022-07-21	龙泉市人民政府关于印发《关于开展农村宅基地“三权分置”改革工作的若干意见（试行）》的通知
18号	2022-06-06	关于印发《龙泉市国家级电子商务进农村综合示范工作实施方案（2021—2023）》的通知
19号	2022-06-01	关于印发《龙泉市关于促进商贸流通业发展的实施意见》的通知-此件为准
20号	2022-06-01	关于印发《龙泉市深化“亩均论英雄”改革实施意见2.0版》的通知-此件为准
21号	2022-06-02	关于印发落实省市场监管局支持龙泉特色产业高质量发展事项工作实施方案的通知
22号	2022-06-22	关于印发龙泉市推动经济稳进提质工作实施方案的通知
23号	2022-06-20	关于印发《龙泉市工业用地供应差别化管理实施意见（试行）》的通知
24号	2022-07-08	表彰2022年疫情期间复工复产工作表现突出建筑企业的决定
25号	2022-08-30	印发《关于推进剑瓷产业高质量发展若干意见》的通知
26号	2022-09-07	龙泉市人民政府关于印发《龙泉市房屋征收“房票”安置办法（试行）》的通知-此件为准
27号	2022-11-03	龙泉市人民政府关于调整市政府领导工作分工的通知-以此件为准
28号	2022-11-06	龙泉市人民政府关于表彰龙泉市劳动模范和模范集体的决定
29号	2022-11-23	印发《龙泉市宝剑产业高质量发展三年行动计划（2022—2024年）》的通知
30号	2022-12-07	龙泉市人民政府关于印发《龙泉市征收集体土地房屋补偿暂行办法》的通知
31号	2022-11-30	龙泉市人民政府关于印发《龙泉市国有土地上房屋征收与补偿实施细则》的通知
32号	2023-01-06	龙泉市人民政府关于表彰和奖励2022年度见义勇为先进个人的决定
33号	2022-12-28	龙泉市人民政府关于公布《龙泉市第四批历史建筑保护名单》的通知
34号	2023-01-03	龙泉市人民政府关于印发《龙泉市全民健身实施计划（2021—2025年）》的通知

（李骋熙）

统计资料

2022年龙泉市国民经济和社会发展统计公报

表42

指标名称	单位	2018年	2019年	2020年	2021年	2022年
一、人口、劳动力及土地资源						
(一)人口						
年末总人口(户籍)	万人	29.08	28.98	28.88	28.78	28.66
年平均人口(户籍)	万人	29.09	29.03	28.93	28.83	28.72
常住人口	万人	24.80	24.73	24.90	24.95	24.88
年出生人口(户籍)	人	3048	2681	2225	1847	1614
年死亡人口(户籍)	人	1989	2343	2127	1768	2156
年末总户数(户籍)	万户	9.85	9.89	9.95	10.00	10.00
年末城镇登记失业人员数	人	659	978	923	1571	—
(二)土地面积及水资源						
行政区域土地面积	平方公里	3044	3044	3044	3044	3044
其中,建成区面积	平方公里	15.3	15.6	15.6	15.6	15.6
城市建设用地面积	平方公里	14.69	15.24	15.24	15.24	15.24
其中,居住用地面积	平方公里	3.4	3.6	3.6	3.6	3.6
水资源总量	万立方米	199167	442142	342038	387646	435785
二、综合经济						
(一)地区生产总值(当年价格)	万元	1309436	1418448	1461070	1622558	1703240
第一产业增加值	万元	145424	152599	162833	172544	180893
第二产业增加值	万元	479150	524283	506784	574144	596314
其中,工业增加值	万元	342263	377345	370933	433567	455622
建筑业增加值	万元	136887	146937	135851	140577	140692
第三产业增加值	万元	684862	741567	791452	877583	926033
其中:交通运输仓储及邮政业	万元	36815	37751	37116	41586	38115
金融业	万元	75589	78736	82701	93887	104907
房地产业	万元	119982	120770	114494	116132	115218
地区生产总值(2017—2019为2015年价格,2021年为2020年价格)	万元	1242930	1342544	1461070	1564365	1612083
人均地区生产总值(常住人口)	元	53089	57276	58914	65098	68266
人均地区生产总值(户籍人口)	元	45021	48860	50469	56241	59243
地区生产总值增长率	%	8.2	8.1	2.9	7.0	3.1
(二)财政						
公共财政收入	万元	91018	97922	91747	104677	115430
其中:税收收入	万元	75465	78892	74670	86183	86692
其中:企业所得税	万元	8773	10241	10115	12125	15415
个人所得税	万元	4868	4070	4230	3252	3661

续表42

指标名称	单位	2018年	2019年	2020年	2021年	2021年
公共财政支出	万元	483660	573075	505996	521471	580005
其中,一般性公共服务支出	万元	44313	49595	50731	51969	59284
科学技术支出	万元	9879	10399	10542	12159	13992
教育支出	万元	62335	69515	82052	79521	99749
文化体育与传媒支出	万元	10043	11917	14363	15488	15780
医疗卫生支出	万元	46401	66992	55394	57296	63924
节能环保支出	万元	6931	9893	7602	5656	13560
城乡社区事务支出	万元	113037	147886	47148	36812	30571
交通运输支出	万元	16678	6064	27973	43669	44692
社会保障和就业支出	万元	54593	71907	63416	75318	78800
住房保障支出	万元	5275	1190	3054	2180	4807
(三)金融						
年末金融机构存款余额(本外币)	万元	1858732	2120165	2292100	2636696	3042979
其中,城乡居民储蓄年末余额	万元	1224423	1414369	1578425	1818722	2151284
年末金融机构贷款余额(本外币)	万元	1543895	1714195	2099368	2438557	2909169
三、工业						
规模以上工业法人企业						
(一)工业企业数	个	99	119	137	153	165
(1)内资企业	个	97	116	136	152	163
其中,国有企业	个	1	1	1	1	1
私营企业	个	89	112	130	143	150
(2)港、澳、台商投资企业	个	1	1	0	0	0
(3)外商投资企业	个	1	2	1	1	1
(二)工业总产值(当年价)	万元	612487	738723	737473	1007931	1076374
(1)内资企业	万元	608256	722369	732347	995909	1065551
其中,国有企业	万元	1929	3940	3200	3318	3568
私营企业	万元	577017	696915	702703	902078	937496
(3)外商投资企业	万元	2016	14705	5126	12023	10823
(三)企业财务						
从业人员年平均人数	万人	1.03	1.23	1.28	1.34	1.42
流动资产合计	万元	335289	358327	394688	473487	596481
固定资产合计	万元	204547	211476	244783	262080	464448
营业收入	万元	573453	669849	705747	925000	1008166
营业成本	万元	477907	547007	578503	758186	830822
营业税金及附加	万元	4898	5383	4473	5458	5465
本年应交增值税	万元	21196	23947	24519	31286	32594
利润总额	万元	31753	42388	44732	56214	50518
四、交通运输、邮电通信、能源电力						
(一)交通运输						
民用汽车拥有量	辆	45916	49404	52365	54953	55593

续表42

指标名称	单位	2018年	2019年	2020年	2021年	2022年
其中：私人汽车拥有量	辆	43671	47082	49871	52348	53396
公路客运量	万人	162	182	143	84	82.56
公路货运量	万吨	386	412	665	407	—
境内等级公路里程	公里	2534	2589	2650	2738	—
境内高速公路里程	公里	89	89	89	89	89
水运客运量	万人	2.00	2.00	1.00	1.00	—
水运货运量	万吨	0.00	0.00	0.00	0.00	—
(二)邮电通信						
邮政行业业务收入	万元	—	—	—	25800	26017.8
电信业务收入	万元	17784	18952	19717	22471	27830.9
年末固定电话用户数	万户	2.37	2.03	1.84	1.75	1.66
年末移动电话用户数	户	279583	278407	278650	290823	299127
国际互联网用户数	户	89936	105423	108299	117448	127237
其中，宽带	户	89936	105423	108299	117448	127237
(三)能源电力						
能源消费总量	万吨/标准煤	37.73	39.31	39.44	44.36	46.12
全年用电量(全社会)	万千瓦时	78578	83327	85271	99245	104579
其中，工业用电	万千瓦时	41393	43502	42121	50012	51382
城乡居民生活用电	万千瓦时	20765	22128	24103	25486	28321
五、贸易、外经、旅游						
(一)贸易						
社会消费品零售总额	万元	611318	666513	714169	810182	838200
限额以上批发零售企业数(法人数)	个	24	36	39	54	60
其中，零售业	个	14	22	25	37	36
(二)外贸、外经						
货物进口额(海关数，2021年位商务局数据)	万元	515	1648	143	2026	309
货物出口额(海关数，2021年位商务局数据)	万元	252096	243811	202871	202395	255541
货物进出口(海关数，2021年位商务局数据)	万元	252543	245448	203013	204421	255850
外商直接投资：						
外商直接投资合同项目	个	0	1	0	0	0
当年实际使用外资金额	万美元	100	77	138	0	0
(三)旅游						
入境游客(含一日游游客)	人次	2498	1025	705	144	0
国际旅游(外汇)收入	万美元	121	47	38	6	0
国内游客	万人次	—	—	—	322	214
国内旅游收入	万元	—	—	—	365449	261000
六、固定资产投资						
(一)固定资产投资						
固定资产投资(不含农户)	万元	—	—	—	—	—
其中，房地产开发投资完成额	万元	—	122626	135642	204057	276921

续表42

指标名称	单位	2018年	2019年	2020年	2021年	2022年
其中，住宅	万元	—	106939	126570	184466	251945
全年新增固定资产	万元	—	—	—	—	—
(二)房地产		—				
商品房屋销售面积	万平方米	26.84	20.44	21.74	21.67	15.344
其中，住宅	万平方米	21.70	20.18	21.44	21.58	13.4172
其中：高档别墅公寓	万平方米	1.24	0.77	0.30	0.08	1.9268
商品房屋销售额	万元	262195	287270	257778	275757	173964
其中，住宅	万元	192250	282465	252501	274673	164525
其中，高档别墅公寓	万元	14102	9983	5277	1084	9439
待售面积	万平方米	0.00	0.00	0.00	0.00	10.5665
七、教育、科技、文化、卫生						
(一)教育						
学校数						
中等职业教育学校数	所	1	1	1	1	1
普通中学学校数	所	8	8	8	8	9
小学学校数	所	30	30	31	30	24
专任教师数						
中等职业教育学校专任教师数	人	253	252	254	244	262
普通中学专任教师数	人	904	902	905	904	923
普通小学专任教师数	人	1186	1172	1166	1145	1114
在校学生数						
中等职业教育学校在校学生数	人	3129	3224	3418	3295	1488
普通中学在校学生数	万人	1.23	1.19	1.18	1.19	1.19
高中阶段在校学生数	人	6975	7035	7215	7125	5332
小学学生数	万人	1.61	1.58	1.57	1.52	1.48
初中毕业生升学率	%	98.28	98.52	98.61	98.62	98.84
(二)科技						
R&D人员数	人	795	909	1205	1564	1564
R&D经费支出	万元	20400	29340	31106	35881	37592
专利申请量	项	1259	1182	1820	863	840
专利申请授权量	项	843	1167	1551	1544	1264
其中：发明	项	42	38	37	60	55
(三)体育						
体育场馆数	个	2	2	1	1	1
(四)文化						
剧场、影剧院数	个	3	1	1	1	1
公共图书馆图书总藏量	万册	22.0	24.1	25.0	25.3	28.5
(五)卫生						
医院、卫生院数	个	39	39	39	39	39
医院、卫生院床位数	张	1138	1189	1228	1459	1412

续表42

指标名称	单位	2018年	2019年	2020年	2021年	2022年
医生数(执业医师+执业助理医师)	人	787	864	867	820	848
注册护士	人	643	651	659	689	808
八、人民生活、社会保障						
(一)居民收支						
城镇居民人均可支配收入	元	44399	48439	50473	54915	57331
城镇居民人均消费支出	元	30688	33284	33197	38044	40213
其中,(1)食品烟酒	元	8305	9007	9089	10424	10815
(2)衣着	元	2952	3194	3004	3374	3589
(3)居住	元	8408	9141	9237	10139	11055
(4)生活用品及服务	元	1506	1643	1629	1892	2191
(5)医疗保健	元	2233	2419	2331	4065	4179
(6)交通和通信	元	3152	3395	3473	4423	4613
(7)教育文化娱乐服务	元	3301	3601	3526	2677	2701
(8)其他用品及服务	元	831	884	908	1050	1070
(二)居民生活						
每百户居民家庭拥有						
(1)家用汽车	辆	35	35	37	42	50
(2)计算机	台	61	62	73	72	69
(3)固定电话	部	—	—	—	—	—
(4)移动电话	部	270	268	269	272	275
(5)电冰箱(柜)	台	97	98	101	104	106
(6)彩色电视机	台	190	191	193	189	185
(7)照相机	架	—	—	—	—	—
(8)洗衣机	台	97	99	100	99	99
城镇居民人均住房建筑面积	平方米	41.2	41.9	42.6	42.9	43.9
居民消费价格指数(上年为100)	%	102.1	103.4	102.6	101.1	101.3
(三)社会保障						
基本养老保险参保人数	人	198798	206303	213268	217881	220223
基本医保参保人数	人	267156	267978	264632	263061	255196
失业保险参保人数	人	22481	23976	25305	27458	29577
工伤保险参保人数	人	51666	52983	65072	77504	75882
生育保险参保人数	人	—	—	—	54369	—
提供住宿的社会工作机构数	个	—	—	—	12	25
提供住宿的社会工作机构床位数	张	—	—	—	1386	1232
城镇居民最低生活保障人数	人	248	215	155	161	75
九、补充资料						
全社会从业人员	万人	15.6	15.91	16.12	16.22	16.03
第一产业	万人	2.7	2.21	1.73	1.72	1.7
第二产业	万人	4.82	4.98	5.03	5.09	5.03
第三产业	万人	8.08	8.72	9.36	9.41	9.3

续表42

指标名称	单位	2018年	2019年	2020年	2021年	2022年
全社会从业人员构成	%	100.00	100.00	100.00	100.00	100.00
第一产业	%	36.6	33.55	10.73	10.60	10.61
第二产业	%	28.2	28.33	31.20	31.38	31.38
第三产业	%	35.2	38.12	58.06	58.01	58.02
地区生产总值指数(上年=100)	%	108.2	108.07	102.86	106.88	103.1
第一产业	%	103.1	102.83	102.20	102.76	104.55
第二产业	%	109.7	109.06	100.70	106.45	101.47
其中:工业	%	111.8	111.43	103.14	110.60	102.11
第三产业	%	108.2	108.53	104.80	107.99	103.76
人均GDP指数(上年=100)(常住)	%	107.1	107.7	102.7	106.4	103.1
人均GDP指数(上年=100)(户籍)	%	108.2	108.3	103.4	107.2	1.0341

注:1. 地区生产总值相关指标2015—2018年数据根据四经普数据进行了修订。其中:2016年含研发支出新增的增加值,2021年为季度数据。

2. 2020年前,营业收入为主营业务收入数据。

(陈文贵)

2022年龙泉市青瓷特色人才一览表

(截至2022.12.31)

表43

编号	姓名	职称	企业名称	出生年月
		中国工艺美术大师		
1	徐朝兴	高级工艺美术师	龙泉市朝兴青瓷苑	1943.03
2	毛正聪	高级工艺美术师	龙泉市正聪青瓷研究所	1940.01
3	夏侯文	高级工艺美术师	龙泉市夏侯文龙泉窑研究所	1935.08
4	胡兆雄	高级工艺美术师(正高)	龙泉市天工青瓷厂	1965.01
5	卢伟孙	高级工艺美术师(正高)	龙泉市子芦瓷坊	1962.01
		中国陶瓷艺术大师		
6	陈坛根	高级工艺美术师	龙泉市古窑瓷厂	1949.09
7	徐定昌	高级工艺美术师	龙泉市振昌青瓷厂	1955.11
8	陈爱明	高级工艺美术师(正高)	龙泉市大窑瓷文化研究中心	1962.12
9	陈显林	高级工艺美术师(正高)	龙泉市中艺瓷厂	1964.06
10	董炳华	高级工艺美术师	龙泉市神艺瓷厂	1952.08
11	叶小春	高级工艺美术师	龙泉市小春青瓷研究所	1964.02
12	毛丹阳	高级工艺美术师	龙泉市松林瓷庄	1966.05
		中国工美行业艺术大师		
13	张 晞	高级工艺美术师	龙泉市至德瓷坊	1972.01
		浙江省工艺美术大师		
14	徐 凌	高级工艺美术师(正高)	龙泉市朝兴青瓷苑	1973.01
15	金逸林	高级工艺美术师	龙泉市金宏瓷业股份有限公司(规模企业)	1960.06

续表43

编号	姓名	职称	企业名称	出生年月
16	王传斌	高级工艺美术师	龙泉市元位青瓷工作室	1962.09
17	李邦强	高级工艺美术师	龙泉市古窑瓷厂	1964.07
18	杨建琴	高级工艺美术师	龙泉市中艺瓷厂	1966.10
19	徐峻清	高级工艺美术师	龙泉市天一青瓷工作室	1970.04
20	夏侯辉	高级工艺美术师	龙泉市夏侯文龙泉窑研究所	1972.09
21	梅红玲	高级工艺美术师(正高)	浙江天丰陶瓷有限公司	1972.12
22	毛伟杰	高级工艺美术师	龙泉市正聪青瓷研究所	1974.01
23	竺娜亚	高级工艺美术师	龙泉市朝兴青瓷苑	1976.09
24	李成汉	高级工艺美术师	龙泉市汉龙青瓷艺苑	1962.01
25	蒋同磊	高级工艺美术师	龙泉市孙坑窑瓷庄	1963.03
26	蒋小红	高级工艺美术师	龙泉市斐艺青瓷厂	1965.03
27	郑一萍	高级工艺美术师	龙泉市天工青瓷厂	1965.05
28	徐晓辉(徐晓峰)	高级工艺美术师	龙泉市金宏瓷业股份有限公司(规模企业)	1966.02
29	徐　股	高级工艺美术师	龙泉市佳之韵浮雕瓷画有限公司	1969.01
30	徐建新	高级工艺美术师(正高)	龙泉市瓷中天青瓷坊	1969.05
31	王利军	高级工艺美术师	龙泉尚青瓷艺工作室	1971.04
32	潘建波	高级工艺美术师	龙泉市溢青轩青瓷坊	1974.01
33	周　华	高级工艺美术师	龙泉元昌青瓷厂	1975.02
34	季友泉	高级工艺美术师	龙泉市玉泉青瓷工坊	1976.02
35	黄长伟	高级工艺美术师	龙泉市佳伟青瓷工作室	1979.01
36	李巧强	高级工艺美术师	龙泉市巧强瓷苑(龙泉市中强艺术瓷厂)	1970.04
37	丁绍杰	高级工艺美术师	龙泉市宋元青瓷厂	1956.09
38	王　武	工艺美术师(副高)	龙泉市御品瓷坊	1982.11
39	叶小伟	高级工艺美术师	龙泉市叶小伟青瓷苑	1971.04
40	吴建春	高级工艺美术师(正高)	龙泉市建春青瓷厂	1976.03
41	吴致行	高级工艺美术师	龙泉市致行瓷业有限公司	1971.03
42	张英英	高级工艺美术师	龙泉市弘远瓷艺工作室	1985.02
43	陈永德	高级工艺美术师(正高)	龙泉市君德瓷厂	1977.01
44	陈　勇	高级工艺美术师	龙泉大窑瓷文化研究中心	1984.07
45	金逸瑞	高级工艺美术师	龙泉市南宋哥窑瓷业有限公司	1970.01
46	徐象龙	高级工艺美术师	龙泉市振昌青瓷厂	1978.09
47	龚益华	高级工艺美术师	龙泉市龚三兴青瓷作坊	1963.05
48	廖秀珍	高级工艺美术师	龙泉市秀珍瓷艺工作室	1961.01
49	苏　伟	高级工艺美术师	龙泉市天艺青瓷厂	1975.09
50	王军港	工艺美术师(副高)	龙泉市双渔瓷庄	1986.12
51	孙　威	高级工艺美术师	无	1981.02
52	兰宁莉	高级工艺美术师	浙江龙泉雪拉同瓷业有限公司	1977.04
53	季克强	高级工艺美术师	龙泉市大明青瓷工作室	1975.12
54	李茂林	工艺美术师(副高)	龙泉茂林青瓷工作室	1970.04
55	丁军良	高级工艺美术师	龙泉市宋元青瓷厂	1985.02

续表43

编号	姓名	职称	企业名称	出生年月
56	陈克萍	高级工艺美术师	龙泉市宝溪先明瓷厂	1982.11
57	雷慧仙	高级工艺美术师(副高)	龙泉市慧仙瓷苑	1982.12
58	徐诗微	高级工艺美术师	龙泉市阅微青瓷工作室	1983.08
59	支 持	工艺美术师(副高)	龙泉天问青瓷文化艺术研究院	1984.01
60	张 浩	工艺美术师(副高)	龙泉归圆青瓷工作室	1987.01
61	叶 芳	工艺美术师(副高)	浙江东度文化创意有限公司	1985.04
62	陈慧芳	高级工艺美术师	龙泉大窑瓷文化研究中心	1985.09
63	黄顺明	工艺美术师(副高)	龙泉玉德青瓷有限公司	1983.02
			丽水市工艺美术大师	
64	毛丹峰	高级工艺美术师	龙泉松林瓷庄	1972.06
65	叶 伟	高级工艺美术师	龙泉市叶伟青瓷工作室	1976.02
66	余正青	高级工艺美术师	龙泉市振青瓷厂	1957.11
67	陈少青	高级工艺美术师	龙泉市青子瓷艺工作室	1968.09
68	徐小康	高级工艺美术师	龙泉市徐小康青瓷苑	1961.02
69	潘建武	高级工艺美术师	龙泉市凝翠坊	1969.04
70	廖小林	高级工艺美术师	龙泉市宏泰艺术瓷厂	1954.01
71	李建芬	高级工艺美术师	龙泉市炉窑瓷厂	1956.09
72	叶小军	高级工艺美术师	龙泉市军窑瓷苑	1965.07
73	郑伟东	高级工艺美术师	龙泉市天工青瓷厂	1967.01
74	周方武	高级工艺美术师	浙江天丰陶瓷有限公司(规模企业)	1970.09
75	陈相源	高级工艺美术师	龙泉市相源瓷坊	1972.10
76	张炳权	高级工艺美术师	龙泉市艺峰瓷厂	1957.05
77	周笑平	高级工艺美术师	龙泉市笑艺青瓷厂	1959.11
78	毛一珍	高级工艺美术师	龙泉市斐艺青瓷厂	1962.11
79	沙高小	高级工艺美术师	龙泉市精美瓷厂	1964.03
80	胡旭华	高级工艺美术师	无	1966.07
81	吴学远	高级工艺美术师	龙泉市学远青瓷工作室	1967.02
82	毛剑波	高级工艺美术师	龙泉市宋窑瓷厂	1968.10
83	潘伯军	高级工艺美术师	龙泉市伯军艺术瓷坊	1971.05
84	邵建军	高级工艺美术师	龙泉市中职校	1967.03
85	吴育敏	高级工艺美术师	龙泉河村青瓷厂	1972.12
86	陈成清	高级工艺美术师	龙泉市韵道工坊	1973.09
87	夏侯水平	高级工艺美术师	龙泉市夏侯文青瓷厂	1977.04
88	张启良	高级工艺美术师(副高)	龙泉市良缘青瓷坊	1963.04
89	翁艳萍	工艺美术师	龙泉市赋修瓷坊	1963.11
90	张美华	工艺美术师	龙泉市臻祥剑瓷阁	1965.06
91	黄素珍	高级工艺美术师	龙泉市青玉案	1971.03
92	陈均林	高级工艺美术师	龙泉市均林瓷坊	1971.05
93	刘爱芬	高级工艺美术师	龙泉市宏丰青瓷厂	1972.03

续表43

编号	姓名	职称	企业名称	出生年月
94	黄汉弟	高级工艺美术师	龙泉市九龙青瓷有限公司	1972.12
95	郑　峰	高级工艺美术师(副高)	龙泉市郑峰青瓷工坊	1973.09
96	兰宗民	高级工艺美术师	龙泉市蓝义丰瓷厂	1977.04
97	廖丽聪	高级工艺美术师	龙泉市宏泰艺术文化有限公司	1978.09
98	黄　柯	高级工艺美术师(副高)	龙泉市黄柯青瓷工作室	1984.07
99	龚炳明	高级工艺美术师	龙泉明窑青瓷坊	1982.04
100	刘　杰	高级工艺美术师	龙泉市刘杰青瓷工作室	1985.02
101	刘昌庭	工艺美术师(副高)	龙泉市昌庭瓷苑	1985.05
102	王　艺	工艺美术师(副高)	龙泉市王艺青瓷工作室	1988.07
103	卓鑫伟	工艺美术师(副高)	龙泉市南宋哥窑瓷业有限公司	1988.12
104	王龙宝	工艺美术师(副高)	龙泉市龙宝瓷社	1989.03
105	陈希托	工艺美术师(副高)	龙泉市中艺瓷厂	1989.09
106	丁小良	高级工艺美术师	龙泉市宋元青瓷厂	1982.11
107	叶正茂	工艺美术师(副高)	龙泉市正茂青瓷工作室	1986.12
108	叶传应	工艺美术师(副高)	龙泉市元素贸易有限公司	1981.04
109	边　见	工艺美术师	龙泉市泥悦青瓷工作室	1990.01
110	华凌潇	工艺美术师	华凌潇青瓷工作室	1989.01
111	刘尚青	工艺美术师	龙泉市阿虎陶瓷文化创意有限公司	1985.12
112	刘建波	工艺美术师(副高)	龙泉市永青瑜瓷坊	1963.11
113	汤忠仁	工艺美术师(副高)	龙泉溪山陶瓷有限公司	1984.06
114	李　峰	工艺美术师(副高)	龙泉新峰青瓷有限公司	1979.03
115	杨元兴	工艺美术师(副高)	龙泉市柴匠瓷苑	1967.09
116	杨盛龙	工艺美术师	龙泉市同源青瓷坊	1977.02
117	吴　俊	工艺美术师	龙泉承远瓷坊	1987.08
118	张笃良	工艺美术师	龙泉市弘远瓷艺工作室	1990.03
119	张海平	工艺美术师	龙泉市张海平青瓷坊	1986.03
120	陈昌发	工艺美术师	龙泉市陈昌发青瓷厂	1976.06
121	季　冬	工艺美术师	龙泉市禾匠瓷坊	1994.01
122	竺聪林	工艺美术师(副高)	龙泉市朝兴苑	1978.07
123	金　鑫	工艺美术师	浙江龙泉古由文化创意有限公司	1987.11
124	周庆红	工艺美术师(副高)	龙泉市艺凡青瓷厂	1977.04
125	郑旭东	无	龙泉市天工青瓷厂	1971.01
126	胡少芬	工艺美术师(副高)	龙泉市瓷善青瓷工作室	1981.06
127	徐　星	(副高)	龙泉市星辰瓷业有限公司	1988.09
128	黄　灿	工艺美术师(副高)	龙泉市抱拙青瓷工作室	1989.01
129	龚佐力	工艺美术师(副高)	龙泉市同契青瓷工作室	1987.07

2022年龙泉市宝剑特色人才一览表

（截至2022.12.31）

表44

编号	姓名	职称	企业名称	出生年月
		中国工艺美术大师		
1	陈阿金	高级工艺美术师	龙泉市陈记阿金剑铺	1954.12
2	沈新培	高级工艺美术师	龙泉市沈广隆剑铺	1948.12
		中国工美行业艺术大师		
3	郭家兴	高级工艺美术师	龙泉神锋宝剑有限公司	1968.08
		浙江省工艺美术大师		
4	季樟树	无	龙泉市季字号宝剑厂	1952.07
5	季长强	高级工艺美术师	浙江成龙刀剑有限公司	1960.01
6	张叶胜	高级工艺美术师	龙泉市宝剑厂有限公司	1968.11
7	周康有	高级工艺美术师(副高)	龙泉市千字号剑铺	1964.01
8	郑国荣	高级工艺美术师	龙泉市古越剑铺	1964.04
9	郑爱新	高级工艺美术师	龙泉市秦溪剑庄	1970.1
10	汤汝平	高级工艺美术师	龙泉市古艺铸剑厂	1972.04
11	邹建明	高级工艺美术师	龙泉市元源剑坊	1968.01
12	周正武	高级工艺美术师(副高)	龙泉市正武刀剑有限公司	1968.04
13	郑伟平	高级工艺美术师	浙江郑氏刀剑有限公司(规模企业)	1969.11
14	叶端文	高级工艺美术师	龙泉市端文宝剑厂	1968.1
15	沈　州	高级工艺美术师	龙泉市沈广隆剑铺	1977.12
16	赵沛炎	高级工艺美术师	龙泉市龙池刀剑厂	1968.06
17	周唐强	高级工艺美术师	龙泉市唐人刀剑有限公司	1974.07
18	查长伟	工艺美术师(副高)	龙泉市查氏刀剑厂	1987.09
19	江　龙	工艺美术师(副高)	龙泉市江龙剑庄	1984.01
		丽水市工艺美术大师		
20	朱建林	高级工艺美术师	龙泉市万剑山庄刀剑有限公司	1963.04
21	叶伟南	高级工艺美术师	龙泉市刀剑研究所	1963.04
22	陈少卫	高级工艺美术师	龙泉市天子宝剑厂	1964
23	谢明荣	高级工艺美术师	龙泉市青锋堂剑铺	1971.11
24	蒋丽华	高级工艺美术师	龙泉市兴武刀剑厂	1963.06
25	程建芬	高级工艺美术师	龙泉市程氏刀剑厂	1966.10
26	林必钱	高级工艺美术师	龙泉市钱钱刀剑厂	1966.11
27	蒋丽平	高级工艺美术师	龙泉市蒋武堂剑铺	1968.07
28	章爱忠	高级工艺美术师	龙泉市九狮刀剑厂	1968.08
29	徐冰	高级工艺美术师	龙泉市宏信宝剑厂	1970.07
30	何东桥	高级工艺美术师	龙泉市南秦宝剑厂	1974
31	黄季俊	工艺美术师	龙泉市卓越刀剑有限公司	1976
32	何东龙	工艺美术师	龙泉市古汉刀剑厂	1970.01

续表44

编号	姓名	职称	企业名称	出生年月
33	张建新	工艺美术师(副高)	龙泉市古冶刀剑厂	1974.11
34	周松清	高级工艺美术师	龙泉市古渊刀剑厂	1969.09
35	吴森元	高级工艺美术师	龙泉市古兵斋刀剑厂	1970.01
36	季忠	高级工艺美术师	浙江金龙刀剑有限公司(规模企业)	1972.12
37	谢明友	高级工艺美术师	龙泉市青峰唐剑铺	1974.09
38	曾起良	工艺美术师(副高)	龙泉市起良特种刀剑厂	1967.04
39	曾志友	工艺美术师	龙泉市志友剑坊	1969.05
40	叶海源	工艺美术师	龙泉市尚方堂剑坊	1976.02
41	刘春长	工艺美术师(副高)	龙泉市春长剑铺	1974.08
42	吴建伟	工艺美术师	龙泉市南秦一字号宝剑厂	1989.08
43	陈 栋	高级工艺美术师	龙泉市陈栋剑铺	1981.02
44	卓树平	工艺美术师	龙泉市卓氏刀剑有限公司	1977.02
45	周 强	工艺美术师(副高)	龙泉市德匠工艺品有限公司	1988.08
46	周显光	工艺美术师(副高)	龙泉龙影刀剑厂	1978.06
47	蒋小武	高级工艺美术师	龙泉市匠人青瓷有限公司	1978.01
48	曾保东	工艺美术师(副高)	龙泉市曾氏刀剑有限公司	1977.05
49	管敬鹤	工艺美术师	龙泉市承匠堂刀剑有限公司	1976.07

（刘嘉嘉）

表格索引